일러스트레이터, 그 매력에 빠지다

신은파 저

일러스트레이터, 그 매력에 빠지다.

Copyright ⓒ 2015 by Youngjin.com Inc.
10F. Daeryung Techno Town 13th, 24, Gasan digital 1-ro, Geumcheon-gu, Seoul 153-803, Korea.
All rights reserved. No part of this book may be reproduced or transmitted in any form or by any means, electronic or mechanical, including photocopying, recording or by any information storage retrieval system, without permission from Youngjin.com Inc.

ISBN 978-89-314-4841-2

독자님의 의견을 받습니다.

이 책을 구입한 독자님은 영진닷컴의 가장 중요한 비평가이자 조언가입니다. 저희 책의 장점과 문제점이 무엇인지, 어떤 책이 출판되기를 바라는지, 책을 더욱 알차게 꾸밀 수 있는 아이디어가 있으면 팩스나 이메일, 또는 우편으로 연락주시기 바랍니다. 의견을 주실 때에는 책 제목 및 독자님의 성함과 연락처(전화번호나 이메일)를 꼭 남겨 주시기 바랍니다. 독자님의 의견에 대해 바로 답변을 드리고, 또 독자님의 의견을 다음 책에 충분히 반영하도록 늘 노력하겠습니다.

이메일 : support@youngjin.com
주 소 : (우)153-803 서울특별시 금천구 가산디지털1로 24 대륭테크노타운 13차 10층 (주) 영진닷컴 기획1팀

STAFF
저자 신은파 | **총괄** 김태경 | **기획 및 진행** 정소현, 세이치즈 | **내지 디자인** 세이치즈 | **표지 디자인** 지화경

머리말 Prologue

일러스트레이터는 벡터 드로잉 프로그램입니다. 벡터란 비트맵 방식의 이미지와는 달리 파일의 용량이 적고 그림을 확대해도 깨지지 않으며, 선명하게 보이는 파일 확장자를 말합니다. 일러스트레이터는 다이어그램, 픽토그램, CI, 캐릭터 등의 작업에 벡터 방식의 오브젝트로 드로잉을 할 수 있습니다. 그래서 일러스트레이터에서 활용할 수 있는 드로잉 방식을 알아야 다양한 결과물을 도출할 수 있습니다.

구상한 오브젝트를 선과 면을 이용해서 백지에 그려내기 위해서는 많은 시간과 노력이 필요합니다. 이때 일러스트레이터에서 사용할 수 있는 다양한 기능을 활용하면 시간을 절감해서 좀 더 효율적으로 정확하게 작업할 수 있습니다. 하지만 대부분 일러스트레이터의 기능과 팁을 활용하기보다는 무작정 그려내려고만 하고, 많은 시간이 걸린 만큼 결과물이 마음에 들지 않아서 중도 포기를 합니다.

필자가 디자인을 시작했을 때도 마찬가지로 구상한 오브젝트를 그려내기 위해서 어디서부터 접근하고 시작을 해야 할지, 좀 더 정확하게 그려내기 위해서는 어떻게 해야 할지 막연하고, 답답했습니다. 그리고 강의를 하며 만난 수강생들이 공통적으로 겪는 한계점도 이와 동일했습니다. 그래서 이러한 점을 감안하여 구상한 오브젝트를 그려내기 위한 모든 단계를 독자들이 직접 제작할 수 있도록 교재의 내용을 구성하였습니다. 그리고 일러스트를 좀 더 효율적으로 다룰 수 있는 다양한 팁들을 포함하여 독자들이 겪는 한계를 풀고자 하였습니다.

복잡한 형태의 오브젝트일수록 많은 선과 면이 만들어지는데 이것을 단순히 펜 툴로만 그리려고 한다면 많은 시간이 걸리고, 오브젝트의 좌우 대칭의 정확도, 맞물리는 위치 등이 정확하지 않아서 완성도 높은 결과물을 도출하기가 어렵습니다. 그래서 교재에서는 이러한 상황을 해결하기 위해 펜 툴로 매끄러운 패스를 생성하기 위한 핸들 제어, 도형 툴의 변형 및 패스파인더를 적용한 효율적인 오브젝트 제작, 오브젝트가 입체적으로 보일 수 있는 다양한 채색 기법, 그리고 이것을 활용해서 실무에서 많이 사용하는 기능 등을 상세하게 다루었습니다.

일러스트레이터에의 기능과 팁을 알고 있어도 어떤 작업에 사용되고 응용할지 모른다면 아무런 소용이 없습니다. 일러스트레이터는 얼마만큼의 끈기를 가지고 시간을 투자하느냐에 따라서 같은 작업물이더라도 결과물은 다릅니다. 구상한 오브젝트를 이루고 있는 선과 면을 고려해서 백지에 처음부터 끝까지 그려내어 완성하기란 쉽지 않습니다. 본 교재에서는 오브젝트를 이루고 있는 선과 면을 제작하고 채색해서 이와 어울리는 배경을 제작하는 모든 단계를 담았습니다. 그래서 백지에서 작업의 처음부터 끝까지 독자가 참여해서 완성할 수 있도록 구성하였습니다. 그만큼 교재에서 다룬 예제를 완성하기까지는 많은 시간과 노력이 필요합니다. 일러스트레이터의 기능과 팁만 알고 있는 것에서 머물지 않고, 이것을 실무에 접목하고 다양한 작업물에 응용하기 위해서는 끈기를 가지고 시간과 노력을 투자해야한다는 점을 간과하지 말아야 합니다.

갤러리 Gallery

1. Paint Artworks

2. Music Festival

3. 3D Typography

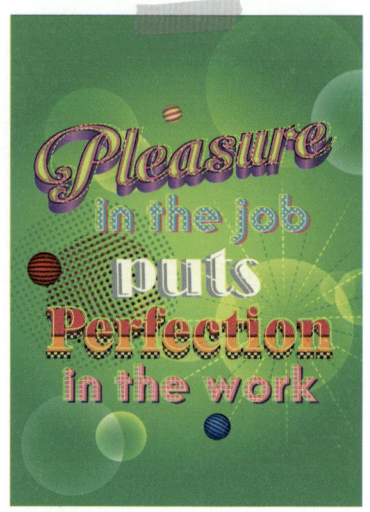

4. Vintage Artworks

5. 3단 접지 배열을 이용한 카드 디자인

6. 큐브 패턴을 응용한 CD Cover 디자인

7. Watercolor Artworks

8. Pop Artworks

9. 로고와 명함 디자인

10. 아이덴티티 디자인(로고 어플리케이션)

10. 아이덴티티 디자인(패키지 어플리케이션)

갤러리 **Gallery**

11. 메시를 이용한 디테일 일러스트

12. 메시를 이용한 제품 디자인(무대 디자인)

13. 모바일 배경 디자인(블랜드)

13. 모바일 배경 디자인(패턴)

14. 모바일 아이콘 디자인

이 책의 특징 Characters

디자이너들이 원하는 일러스트레이터

전문가과의 미팅을 통하여 일러스트레이터를 활용하는 다양한 방법과 노하우를 결정했습니다. 이 책은 일러스트레이터 초보자보다는 일러스트레이터의 다양한 팁을 적용하고 활용하기를 원하는 중급 사용자나 일러스트레이터의 활용 경험이 부족하고 실무에서 사용하는 다양한 팁을 원하는 예비 디자이너를 위해 구성하였습니다.

깊이감 있는 결과물을 도출하기 위한 팁의 활용

일러스트레이터에서 작업한 오브젝트에 다양한 질감을 합성하면 좀 더 깊이감 있는 결과물을 도출할 수 있습니다. 실제로, 깊이감 있는 결과물을 도출하기 위해서 일러스트레이터와 포토샵을 병행해서 작업하는 방식을 많이 활용합니다. 하지만 이에 대한 접근 방식을 몰라서 응용하지 못합니다. 그래서 교재에서는 일러스트레이터에서 작업한 오브젝트에 질감 이미지를 합성하고 색상을 보정하기 위해서 포토샵을 활용하는 팁을 다뤘습니다. 그래서 일러스트레이터에서 제공하는 합성 모드와 포토샵에서 제공하는 합성 모드의 차이점을 알고 어떻게 응용하고 완성할 수 있을지에 대해서 교재를 통해서 이해할 수 있습니다.

교재에서 다루는 주요 내용

- 예제에 사용되는 기능을 활용하여 완성할 수 있는 실무 디자인과 이에 대한 디자이너의 코멘트와 디자인의 노하우와 팁
- 다양한 드로잉 기법을 이용한 아트워크
- 도형 툴과 패스파인더를 이용한 오브젝트 제작을 통한 포스터 디자인
- 문자가 돋보일 수 있는 타이포그래피 디자인
- 출력물 제작 시 필요한 배열 구조 및 후 가공 파일 정리 방식 등 인쇄 전 체크 리스트
- 화려한 패턴 디자인 및 포토샵의 리터칭을 통한 보정 방식
- 일러스트에서 제작하는 인물 드로잉을 응용한 포스터 디자인
- 로고 디자인 및 명함 출력
- 브랜드 로고 개발 및 패키지에 적용한 아이덴티티 디자인
- 입체감을 살릴 수 있는 채색 기법_메시를 이용한 디테일 일러스트
- 패턴과 블랜드를 이용한 배경 디자인
- 모바일 아이콘 디자인

이 책을 보는 방법 How to watch

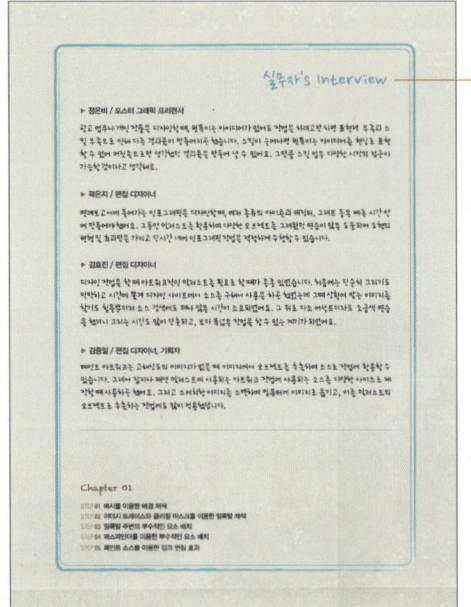

실무 전문가들의 인터뷰

실무에서 활동 중인 전문가들의 인터뷰를 통해 어떤 부분에 활용하는지 알아봅니다. 이를 통해 호기심과 학습 동기를 유발하여 적극적인 학습 태도와 학습 효과를 높일 수 있습니다.

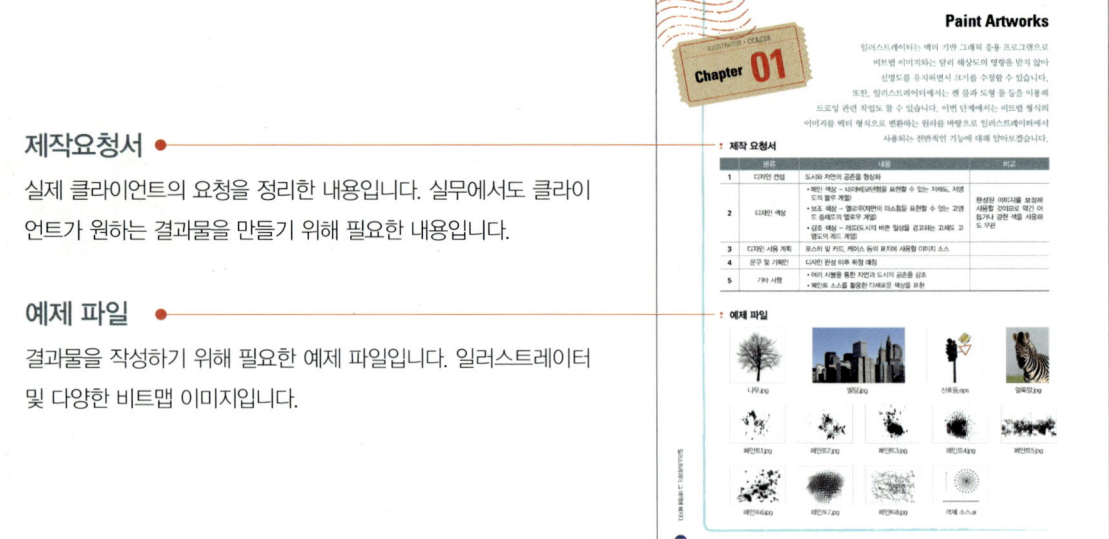

제작요청서

실제 클라이언트의 요청을 정리한 내용입니다. 실무에서도 클라이언트가 원하는 결과물을 만들기 위해 필요한 내용입니다.

예제 파일

결과물을 작성하기 위해 필요한 예제 파일입니다. 일러스트레이터 및 다양한 비트맵 이미지입니다.

완성 파일
예제 파일을 이용해 완성한 최종 결과물 파일입니다.

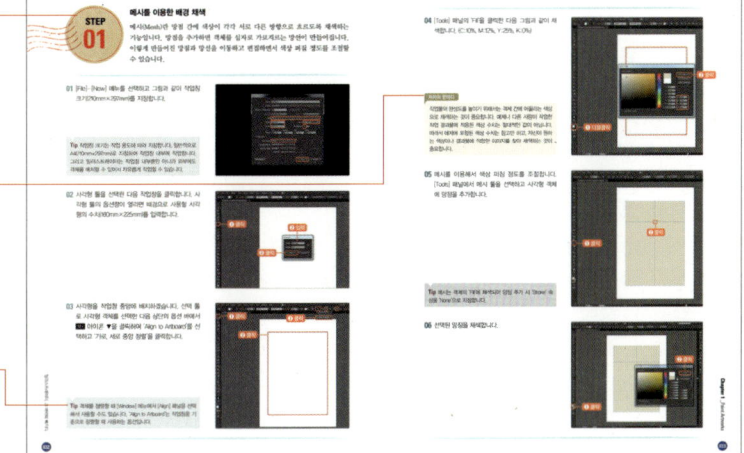

Step
예제를 따라하면서 전문가의 작업 노하우를 익힐 수 있습니다.

저자의 한마디
작업에 필요한 노하우를 담았습니다.

TIP
전문가로 거듭나기 위해 필요한 내용을 공개합니다.

Special TIP
관련 내용에 대해 알아두면 유익한 내용이나 참고 설명을 담았습니다.

목차 Contents

Special 1	일러스트레이터 추가 기능	012
Special 2	일러스트레이터 작업 환경 설정	018
Special 3	일러스트레이터에서 작업을 하기 위한 기본 툴	022

Chapter 01
Paint Artworks

- STEP 01 메시를 이용한 배경 채색 · 032
- STEP 02 이미지 트레이스와 클리핑 마스크를 이용한 얼룩말 채색 · 035
- STEP 03 얼룩말 주변의 부수적인 요소 배치 · 040
- STEP 04 패스파인더를 이용한 부수적인 요소 배치 · 043
- STEP 05 페인트 소스를 이용한 잉크 번짐 효과 · 050
- Special Tip 포토샵의 클리핑 패스와 일러스트레이터의 호환 · 052

Chapter 02
Music Festival

- STEP 01 메시를 이용한 배경 채색 · 058
- STEP 02 그라디언트를 이용한 음향 객체 제작 · 064
- STEP 03 무대 조명 객체 제작 및 실루엣 합성 · 074
- STEP 04 무대 조명을 표현하는 Lighting 합성 · 081
- STEP 05 공연 관련 타이포그라피 제작 · 085
- STEP 06 포토샵을 이용한 Lighting Effect · 089
- Special Tip 인쇄 파일 저장 시 유의 사항 · 094

Chapter 03
3D Typography

- STEP 01 [Kuler] 패널을 이용을 이용한 텍스트 채색 · 104
- STEP 02 3D 효과를 적용한 타이포그라피 · 108
- STEP 03 패턴을 적용한 타이포그라피 · 113
- STEP 04 부수적인 객체 제작 및 배치 · 118

Chapter 04
Vintage Artworks

- STEP 01 도형 툴을 이용한 타자기 글쇠 제작 · 128
- STEP 02 도형 툴을 이용한 타자기 종이 받침 제작 · 134
- STEP 03 캘리그라피 브러시를 이용한 드로잉 터치 제작 · 144
- STEP 04 심벌 객체 합성을 통한 배경 제작 · 150
- STEP 05 포토샵을 이용한 빈티지 질감 합성 · 154
- Special Tip 포토샵과 일러스트레이터의 합성 모드 · 158

Chapter 05
3단 접지 배열을 이용한 카드 디자인

- STEP 01 3단 접지 배열의 이해 및 참고선 제작 · 168
- STEP 02 패턴을 이용한 배경 제작 · 171
- STEP 03 도형을 이용한 컵케이크 제작 · 178
- STEP 04 카드 내지의 문자 입력란 제작 · 188
- STEP 05 인쇄에 적용할 후가공 파일 제작 · 192
- Special Tip 후가공 종류 · 196

Chapter 06
패턴을 응용한 CD Cover 디자인

- STEP 01 큐브 패턴의 CD Cover 배경 제작 · 206
- STEP 02 턴테이블 플래터 제작 · 212
- STEP 03 턴테이블의 부수적인 요소 제작 · 218
- STEP 04 포토샵을 이용한 Lighting Effect · 232

Chapter 07
Watercolor Artworks

STEP 01 아트 브러시를 이용한 인물의 윤곽선 제작 …………………… 242
STEP 02 다양한 객체를 이용한 머리카락 형상화 ……………………… 250
STEP 03 포토샵을 이용한 물감이 번지는 듯한 합성 ………………… 254

Chapter 08
Pop Artworks

STEP 01 브러시와 망점 패턴을 이용한 인물의 팝아트 표현 ………… 266
STEP 02 팝 아트 기법을 이용한 배경 제작 …………………………… 274
STEP 03 부수적인 요소를 통한 배경 제작 …………………………… 279

Chapter 09
로고와 명함 디자인

STEP 01 Silver Wave를 이용한 로고 디자인 ………………………… 292
STEP 02 후가공을 적용한 명함 디자인 ……………………………… 295
Special Tip 로고의 다양한 변형 및 명함 디자인 …………………… 300

Chapter 10
아이덴티티 디자인

STEP 01 로고 디자인 카페 브랜드 'AMOR & COFFEEBEANS' 로고 디자인 ……… 308
STEP 02 패키지 디자인 ……………………………………………… 315
STEP 03 아이덴티티 디자인 ………………………………………… 323
Special Tip 상자 패키지 도안 제작 ………………………………… 330

Chapter 11
메시를 이용한 디테일 일러스트

STEP 01 메시를 이용한 꽃잎 채색 …………………………………… 338
STEP 02 패스와 잉크 번짐을 이용한 꽃잎 채색 ……………………… 345
STEP 03 엽서 제작 …………………………………………………… 348
STEP 04 포토샵을 이용한 빈티지 질감 합성 ………………………… 355
Special Tip 휴대폰 케이스 디자인 …………………………………… 360

Chapter 12
메시를 이용한 제품 디자인

STEP 01 도형 툴을 이용한 모바일 형태 제작 ………………………… 370
STEP 02 메시를 이용한 모바일 앞면 채색 …………………………… 375
STEP 03 메시를 이용한 모바일 앞면 채색 …………………………… 389
STEP 04 메시를 이용한 모바일 옆면, 윗면 채색 …………………… 396

Chapter 13
모바일 배경 디자인

STEP 01 블랜드를 이용한 모바일 배경 디자인 ……………………… 410
STEP 02 패턴을 이용한 모바일 배경 ………………………………… 423

Chapter 14
모바일 아이콘 디자인

STEP 01 아이콘의 배경 제작 ………………………………………… 440
STEP 02 전화기의 다이얼을 이용한 전화 아이콘 제작 ……………… 445
STEP 03 전화 북을 이용한 연락처 아이콘 제작 ……………………… 451
STEP 04 말풍선을 이용한 메시지 아이콘 제작 ……………………… 458
STEP 05 렌즈를 이용한 카메라 아이콘 제작 ………………………… 462
STEP 06 스피커를 이용한 뮤직 아이콘 제작 ………………………… 468

Special 1

일러스트레이터 추가 기능

일러스트레이터 CS6 버전과 CC 버전에서는 오브젝트를 빠르고 편리하게 작업하고 채색할 수 있는 다양한 기능이 추가되었습니다. CS6 버전에서 추가된 기능과 CC 버전에 추가된 기능을 버전 별로 나누어서 살펴보고, 작업 시 효율적으로 사용할 수 있는 기능에 대해서 알아보겠습니다.

1. 일러스트레이터 CS6 추가 기능

일러스트레이터 CS6는 새로운 Adobe Mercury Performance System을 기반으로 작업 속도를 획기적으로 개선하였습니다. 64비트 Macintosh 또는 Windows 운영 체제에서 복잡한 대용량 그래픽 이미지에 효과를 넣을 때도 빠르게 처리되는 것은 물론 미리보기 기능까지 적용할 수 있어 작업 시간과 작업 효율을 올릴 수 있습니다.

01 사용자 인터페이스 색상 및 밝기

[환경 설정] 대화상자(Ctrl+K)의 [User Interface] 탭에서 [User Interface] 항목의 [Brightness] 옵션을 활성화한 후 캔버스 영역의 톤을 인터페이스의 밝기와 일치하게 설정할 수 있습니다.

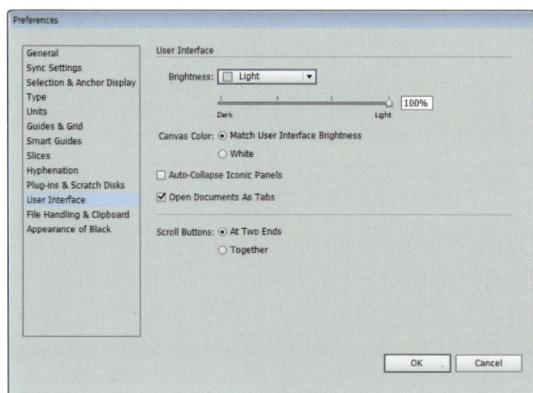
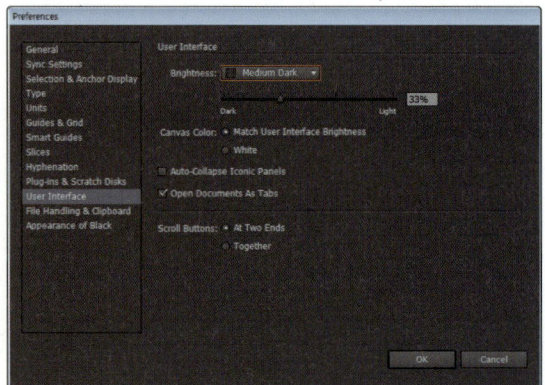

02 글꼴 목록의 스타일 미리보기

새로워진 편의성 개선 사항을 통해 일상적인 작업이나 자주하는 동작을 더 적은 클릭과 단계로 수행할 수 있습니다. 예를 들어, [Character] 패널에서 글꼴 스타일 자체에 글꼴 목록 이름이 표시되어 원하는 글꼴을 빠르게 선택할 수 있습니다.

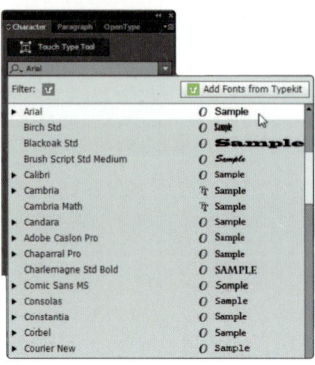

03 오브젝트 속성을 빠르게 편집

오브젝트 속성 값은 마우스 포인터를 컨트롤로 가져가거나 마우스 휠을 돌리기만 해도 이 필드를 빠르게 편집할 수 있습니다. 예를 들어, 획의 두께를 늘이거나 줄이려면 마우스 포인터를 획 두께 컨트롤에 위치한 후 휠을 돌리면 됩니다.

04 [Transform] 패널

획과 효과 크기 조절 옵션이 [Transform] 패널에 포함되었습니다.

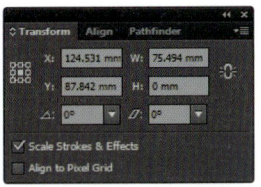

05 [Transparency] 패널

[Transparency] 패널에 마스크 기능이 포함되었습니다. [Make Mask] 버튼을 사용하여 불투명 마스크를 만들고 해제할 수 있습니다.

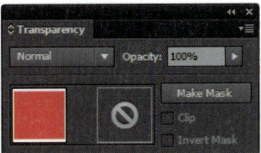

06 간편해진 패턴 만들기

새로운 [Pattern Options] 패널은 패턴을 만들기 전의 디자인을 미리보고 수정할 수 있는 옵션을 제공합니다. [Object]-[Pattern]-[Make] 메뉴는 패턴의 상하좌우 모양을 자동으로 맞춰서 보여줍니다.

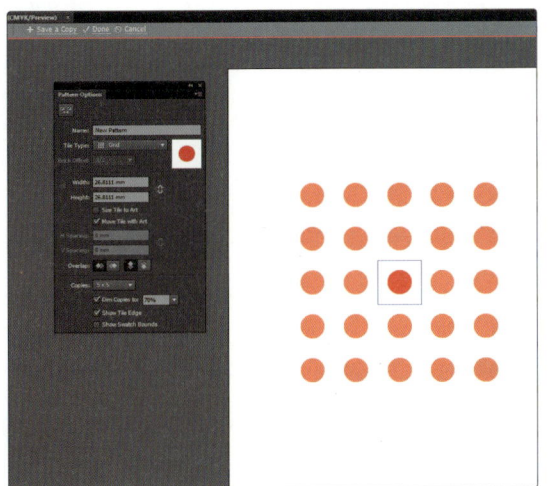

07 획에 그라디언트 적용

획에 그라디언트를 적용할 수 있습니다.

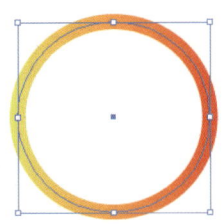 

Special 1

2. 일러스트레이터 CC 추가 기능

일러스트레이터의 작업 영역 설정을 [Creative Cloud]와 동기화하여 어디에서나 사용할 수 있도록 지원합니다. [Creative Cloud]와 연결된 계정에서 테마를 사용하고 자료를 공유할 수 있어 효율적으로 브로드캐스팅 할 수 있습니다. 또한 보다 직관적이고 자연스럽게 도구를 사용할 수 있어 터치 활성 장치에서와 같이 마우스로 쉽게 개체를 조작하고 작업할 수 있습니다. 단, 일러스트레이터 CC는 Windows 7 이상부터 설치 및 사용할 수 있습니다.

01 이미지를 브러시로 등록

래스터화 된 이미지를 Scatter, Art, Pattern 브러시로 등록시킬 수 있습니다.

❶ 확장자(.png) 파일의 이미지를 불러온 다음 이미지를 선택하고 [Object]-[Rasterize] 메뉴를 클릭합니다. 확장자 (.png) 파일은 배경이 없는 이미지로서 투명한 배경 이미지를 만들려면 포토샵에서 작업해야 합니다.

❷ 래스터화된 이미지를 선택하고 [Window]-[Brush] 메뉴를 선택하고 [Brush] 패널로 드래그합니다. 만들려는 브러시 항목을 클릭하여 옵션을 조정하고 브러시로 등록합니다.

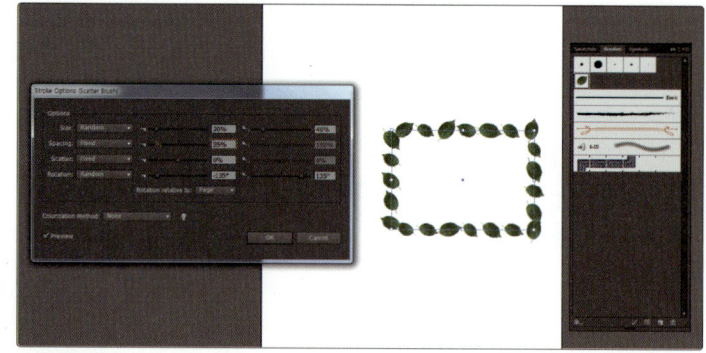

02 패턴 브러시의 자동 모퉁이 생성

패턴 브러시는 모퉁이 타일 만들기 환경이 추가되었습니다. 모퉁이 타일은 4가지 유형으로 생성되어 오브젝트에 자연스러운 패턴 브러시를 적용할 수 있습니다.

❶ 타일로 적용시킬 오브젝트를 제작합니다. 제작한 오브젝트를 브러시 패널로 드래그합니다.

❷ 만들려는 브러시 항목(패턴 브러시) 을 클릭합니다. 패턴 브러시 대화상 자에서 외부 모퉁이, 측면, 내부 모 퉁이, 시작 및 끝 타일에 대해 각각 타일을 선택할 수 있습니다.

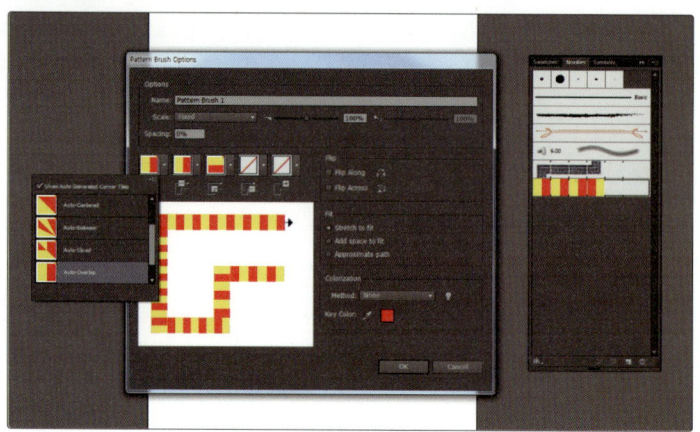

03 색상 검색 기능

[Swatch] 패널의 숨겨진 목록에서 [Show Find Field] 항목을 클릭하고 색상 이름이나 CMYK 값을 입력합니다. 이전 버전과는 달리 해당 필드는 색상 이름의 자동 완성을 강제로 적용하지 않습니다.

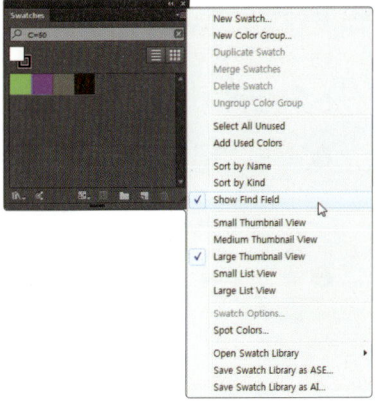

04 [Kuler] 패널

Adobe Kuler는 색상 테마를 공유할 수 있는 웹 기반 응용 프로그램입니다. 따라서 [Kuler] 패널을 작동하려면 일러스트레이터를 시작할 때 인터넷 연결이 필요합니다.

❶ 자격 증명을 할 수 있는 Adobe ID를 등록한 다음 [Window]-[Kuler] 패널을 엽니다.

❷ 패널 하단의 [Launch Kuler Website]를 클릭합니다.

❸ [Kuler] 계정으로 동기화된 페이지에서 원하는 색상 테마를 즐겨찾기로 추가합니다.

❹ 일러스트레이터로 돌아와 [Refresh]를 클릭하여 색상 테마를 패널에 추가합니다.

Special 1

05 문자 손질 툴

문자 손질 툴 사용하여 각 문자가 개별 개체인 것처럼 문장의 각 문자를 따로 편집할 수 있습니다. 단어나 문장에서 알파벳의 하나를 선택하고 크기 조절, 이동 또는 회전 작업을 수행합니다.

❶ [Tools] 패널에서 문자 손질 툴(Shift+T)을 선택합니다.

❷ 텍스트의 문자열 또는 문자를 선택합니다. 문자를 수정하려면 터치 또는 마우스를 사용하여 텍스트 주변에 나타나는 제어 핸들을 조작합니다.

06 자유 변형 툴

터치스크린 기반에서 쓰였던 다양한 변형 기능이 마우스 기반에서도 적용되어 사용할 수 있습니다.

❶ 오브젝트를 선택하고 자유 변형 툴을 선택합니다.

❷ 자유 변형 위젯에서 이동, 크기 조절, 회전, 왜곡 등으로 오브젝트를 변형할 수 있습니다.

07 활성 모퉁이 (일러스트레이터 CC 17.1 버전 이상부터 사용 가능)

오브젝트의 모퉁이를 쉽게 편집하여 모양을 변형할 수 있습니다.

❶ 직접 선택 툴로 하나 이상의 모퉁이 고정점을 선택합니다. 선택한 각 고정점 옆에 활성 모퉁이 위젯이 나타납니다.

❷ 위젯을 드래그하여 모퉁이 모양을 변경합니다. 활성 모퉁이 위젯을 더블클릭하여 모퉁이 대화상자에서 옵션을 수정할 수 있습니다.

 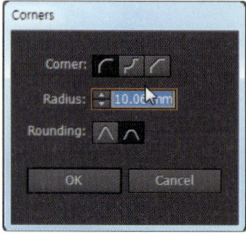

08 모양 변경 선분 작업 과정 및 손질 지원

패스 모양을 변경하는 데 사용되는 작업 과정이 향상되었습니다. 이전 버전에서는 직접 선택 도구를 사용하여 변형할 때 해당 핸들은 항상 원래 각도로 제한되었습니다. 하지만 이제는 펜 툴로 선분을 드래그하면 직선을 곡선의 패스로 변형할 수 있습니다.

❶ 오브젝트를 선택하고 펜 툴을 선택합니다. 오브젝트의 패스에 마우스를 대고 Alt를 누른 채 드래그합니다. Alt를 누른 채 오브젝트의 점에 마우스를 대면 앵커 포인트 툴로 사용할 수 있습니다.

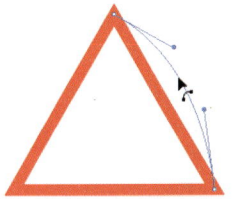

09 사용자 정의 도구 패널 (일러스트레이터 CC 17.1 버전 이상부터 사용 가능)

특정 툴 집합으로 작업하는 경우 해당 툴만 포함되어 있는 사용자 정의 패널을 만들 수 있습니다. [Window]-[Tool]-[New Tools Panel] 메뉴를 선택하고 [Tools] 패널의 이름을 입력합니다. 또는 기존 [Tools] 패널에서 사용자 정의 패널로 드래그해서 추가합니다.

10 Typekit 글꼴 사용 (일러스트레이터 CC 17.1 버전 이상부터 사용 가능)

Typekit 글꼴이 Creative Cloud 응용 프로그램을 통해 데스크탑에 동기화되도록 설정된 경우 Typekit에서 구독한 글꼴이 로컬로 설치된 글꼴과 함께 나타납니다.

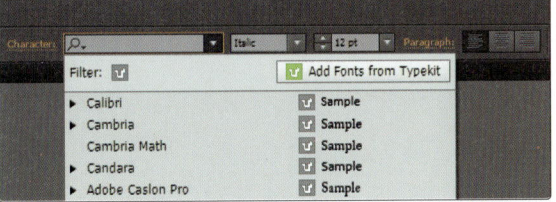

일러스트레이터 작업 환경 설정

일러스트레이터 작업 시 작업 환경을 설정하는 기본 방식을 알고 작업을 해야 파일 관리 및 효과 적용 시 사용하는 단위로 인한 실수를 피할 수 있습니다.

1. 파일 관리

일러스트레이터를 작업하는 데 있어서 가장 기본적인 작업은 새로운 파일을 생성하고 저장하는 것입니다.

01 작업을 위한 새 창 열기 : [File]-[New] 메뉴

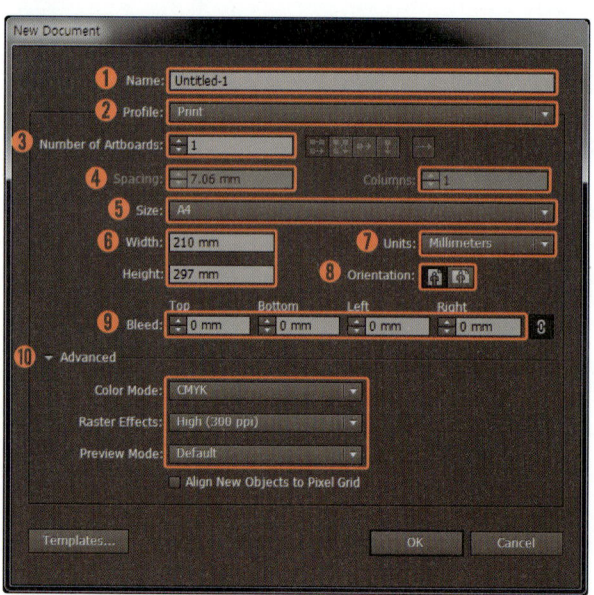

❶ Name : 새 도큐먼트의 이름을 입력합니다.
❷ Profile : 일러스트레이터에서 제공하는 기본 도큐먼트의 크기를 분류별로 제공합니다.
❸ Number of Artboards : 생성할 아트보드의 개수 및 연결 관계를 지정합니다.
❹ Spacing/Columns : 아트보드들 사이의 간격을 조절하고, 나열 형태를 지정합니다.
❺ Size : 일러스트레이터에서 제공하는 기본 도큐먼트 크기를 제공합니다.
❻ Width/Height : 도큐먼트의 가로 및 세로의 크기를 지정합니다.
❼ Unites : 도큐먼트에서 사용할 단위를 지정합니다.
❽ Orientation : 도큐먼트의 방향을 가로, 세로로 지정할 수 있습니다.
❾ Bleed : 용지의 상, 하, 좌, 우에 여백을 설정하여 인쇄물의 재단선으로 활용할 수 있습니다.
❿ Advanced : 색상 모드, 해상도 등을 설정할 수 있습니다.

02 파일 불러오기 : [File]-[Open] / [File]-[Place] 메뉴

- [File]-[Open] 메뉴 : 기존에 작업하여 저장한 일러스트 파일을 불러올 수 있습니다.
- [File]-[Place] 메뉴 : 도큐먼트에 이미지를 불러올 때 사용합니다.

Tip [File]-[Open] 메뉴를 이용하여 이미지를 불러오면 [Color/Swatch] 패널에 영향을 줄 수 있습니다.

- [Color] 패널 : RGB의 색상 모드로 도큐먼트가 열리게 됩니다.
- [Swatch] 패널 : 색상, 그라디언트, 패턴 등을 팔레트에서 적용할 수 없습니다.

03 작업 파일 저장하기 : [File]-[Save] 메뉴

작업 파일의 버전과 불러온 이미지를 유의해서 저장합니다.

❶ Version : 현재 버전 이외의 버전을 선택하면 일부 저장 옵션을 사용할 수 없고 데이터가 변경될 수 있습니다. 대화상자 아래에 경고 메시지를 읽고 데이터가 어떻게 변경될지 확인 후 저장합니다.

❷ Options : 이미지를 불러와 작업한 경우에는 [Include Linked Files] 옵션을 선택한 후 저장합니다.

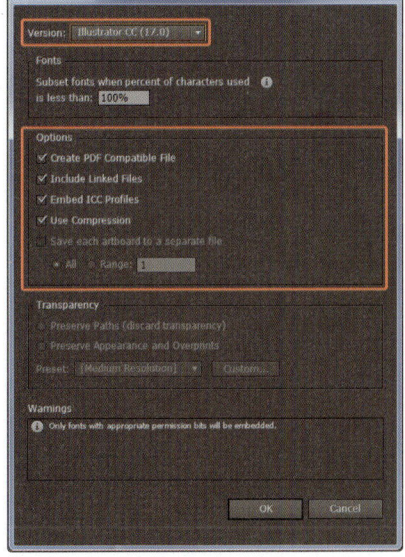

Special 2

> 2. 작업 환경 설정

일러스트레이터에서 제공하는 여러 가지 기능들은 사용자가 원하는 작업 환경으로 설정할 수 있습니다.

01 [Windows]-[Workspace] 메뉴

일러스트레이터의 기본적인 인터페이스를 사용자가 원하는 작업 환경으로 만들고 저장하면 좀 더 편리하게 작업할 수 있습니다. [Window]-[Workspace] 메뉴를 선택하면 기본 작업 환경이 'Essentials'로 지정되어 있는 것을 확인할 수 있습니다. 그 밖의 다른 항목을 선택하면 새로운 작업 환경으로 변경됩니다.

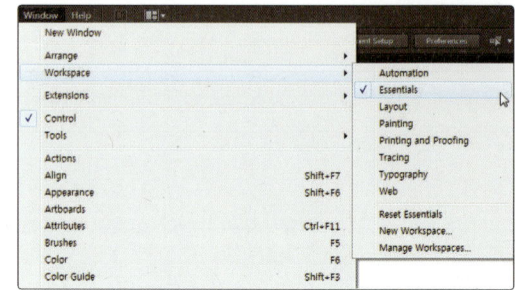

Tip 선택한 작업 환경이 변경되지 않으면 Workspace 하단의 Reset을 클릭합니다.

❶ 현재의 작업 환경을 저장하려면 [Window]-[Workspace]-[New Workspace] 메뉴를 선택합니다. 대화상자가 나타나면 이름을 입력하고 [OK]를 클릭하여 작업 환경을 저장합니다.

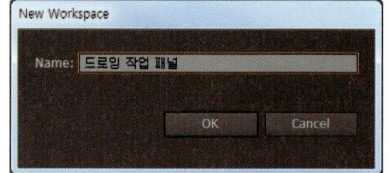

❷ 저장한 작업 환경은 [Window]-[Workspace] 메뉴에서 확인할 수 있습니다.

02 [Edit]-[Preferences] 메뉴

사용자가 일러스트레이터의 기본 세팅을 자신에게 맞는 작업 환경으로 변경할 수 있습니다. 그 중 알아두면 편리한 세팅으로 변경해보겠습니다.

❶ [Edit]-[Preferences]-[General] 메뉴를 선택합니다. [Keyboard Increment] 항목은 선택한 오브젝트를 방향키로 이동할 때 거리를 나타냅니다. 예를 들어 0.05mm를 입력하면 방향키를 한 번 눌렀을 때 선택한 오브젝트가 0.05mm 이동됩니다.

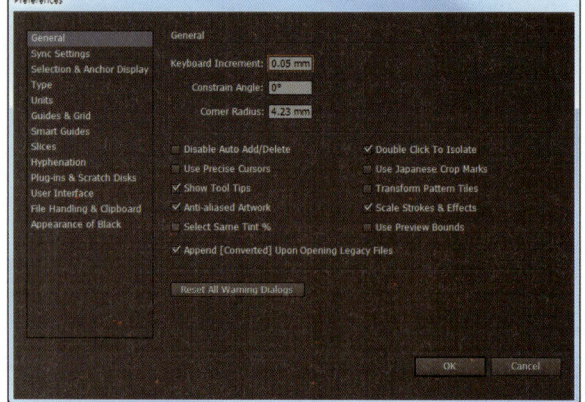

❷ [Edit]-[Preferences]-[Type]을 선택한 다음 [Size/Leading] 항목에 단축키를 입력해 문자의 크기를 조정할 수 있습니다. 예를 들어 '1'을 입력하면 Ctrl+Shift+.을 누르면 1포인트씩 문자 크기를 증가시킬 수 있습니다.

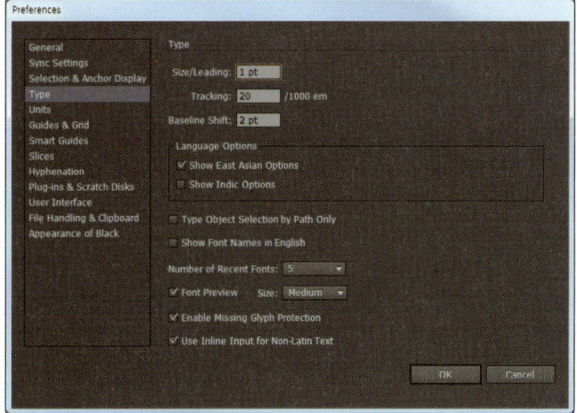

❸ [Edit]-[Preferences]-[Units]를 선택해 [General]에서 작업창의 단위를 설정할 수 있습니다.

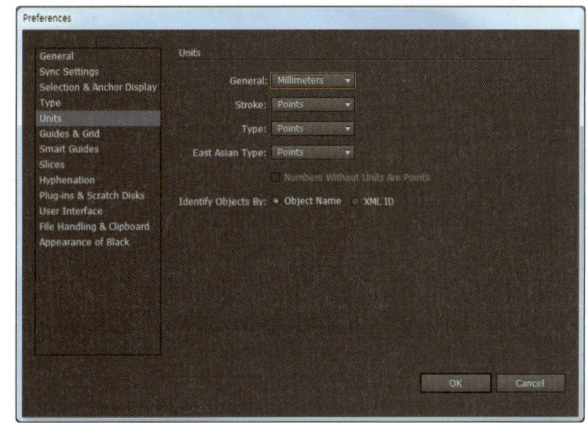

❹ [Edit]-[Preference]-[User Interface]를 선택해 작업창의 색상을 설정할 수 있습니다.

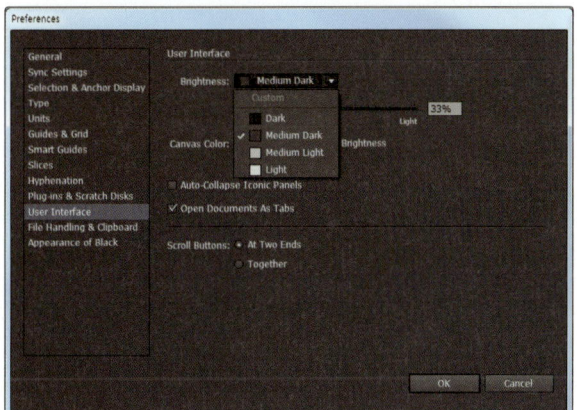

일러스트레이터에서 작업을 하기 위한 기본 툴

일러스트레이터는 오브젝트를 그리고, 그려진 오브젝트에 어울리는 색상을 채색하고 형태를 변형하는 방식을 알아야 작업을 진행할 수 있습니다.

1. 오브젝트 그리기에 사용되는 툴

일러스트레이터는 벡터 기반의 프로그램으로 드로잉을 구성하는 패스와 오브젝트를 작업할 수 있습니다. 직선, 곡선으로 구성된 패스와 면으로 구성된 오브젝트를 작업하기 위해서는 펜 툴과 도형 툴을 제어하는 방법에 대해 알아야 합니다.

01 펜 툴을 이용한 패스 그리기

1. 직선 그리기 : 패스는 2개 이상의 점이 연결되었을 때 생성됩니다.

❶ 작업창에 첫 번째 기준점을 클릭한 다음 오브젝트를 진행하려는 방향에 다음 기준점을 클릭합니다.

> **Tip** 일직선으로 패스 그리려면 첫 번째 기준점 클릭하고 [Shift]를 누른 채 다음 기준점 클릭합니다.

❷ 패스가 완성이 되면 임의의 위치에서 [Ctrl]을 눌러 마지막으로 추가한 점의 선택을 해지합니다.

2. 곡선 그리기 : 곡선은 방향을 잡아주는 핸들을 드래그해서 생성할 수 있습니다.

❶ 작업창에 첫 번째 기준점을 클릭합니다.

❷ 오브젝트를 진행하려는 방향에 다른 기준점을 클릭한 채 드래그합니다. 이때 생성된 방향선을 핸들이라 합니다. 핸들을 따라 다른 기준점을 클릭한 채 드래그합니다. 핸들을 끊으려면 펜 툴로 핸들이 생성된 점을 클릭합니다.

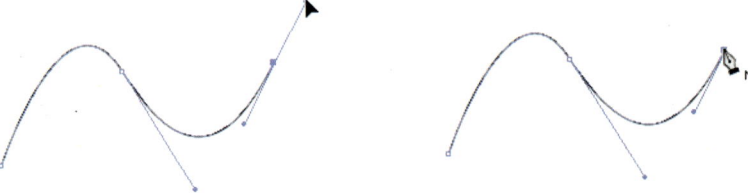

❸ 패스가 완성이 되면 임의의 위치에서 [Ctrl]을 눌러 마지막으로 추가한 점의 선택을 해지합니다.

3. 면 그리기 : 마지막 기준점에서 첫 번째 기준점 위로 가져가 펜 툴 옆에 작은 동그라미가 나타날 때 클릭합니다. 이때 생성된 면을 오브젝트라고 합니다.

02 선택 툴을 이용한 편집

- 이동 : 패스 또는 오브젝트를 선택하고 이동합니다.

- 복사 : 패스 또는 오브젝트를 선택하고 [Alt]를 누른 채 드래그합니다. [Shift]를 누른 상태에서 이동하면 일직선 또는 45도 기울기로 이동할 수 있습니다.

- 채색 : 오브젝트를 선택하고 선 또는 면의 색상을 변경할 수 있습니다.

 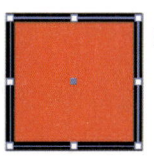

03 직접 선택 툴을 이용한 기준점 수정

- 기준점 수정 : 기준점 또는 곡선의 핸들을 선택하고 위치나 방향을 수정합니다. 여러 개의 기준점을 선택하려면 [Shift]를 누른 상태에서 기준점을 선택합니다.

- 기준점 삭제 : 패스 또는 오브젝트의 기준점을 선택하고 [Delete]를 눌러 삭제합니다.

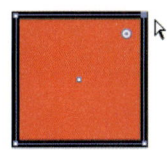 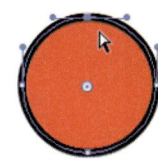

04 도형 툴을 이용한 오브젝트 그리기

도형 툴을 이용해 다양한 모양의 오브젝트를 생성할 수 있습니다.

- 중심점을 고정한 가로와 세로의 크기가 같은 도형은 [Alt]와 [Shift]를 누른 채 드래그해서 생성합니다.

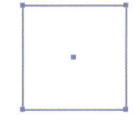

- 둥근 사각형의 모퉁이 반경, 다각형의 모퉁이 개수는 툴을 드래그하는 동안 화살표 키로 조절할 수 있습니다.

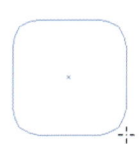

Special 3

> 2. 오브젝트 모양 변형 및 편집

오브젝트는 회전, 반전, 크기 조절 툴을 이용해서 위치 및 크기를 변형할 수 있습니다. 그리고 오브젝트간의 결합을 이용해서 다양한 모양을 만들 수 있습니다. 좀 더 복잡한 모양의 오브젝트를 작업하기 위해서는 변형과 결합 관련 툴을 사용하는 방법에 대해 알아야 합니다.

01 오브젝트 회전

오브젝트는 중심점을 기준으로 회전시킬 수 있습니다. 이때 각 오브젝트를 자체 중심점에 특정각도로 회전하려면 [Tools] 패널의 회전 툴을 사용합니다.

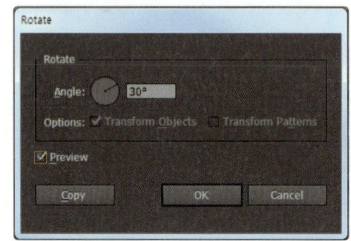

02 오브젝트 반전

오브젝트를 자체 중심점에 반전하려면 [Tools] 패널의 반전 툴을 사용합니다.

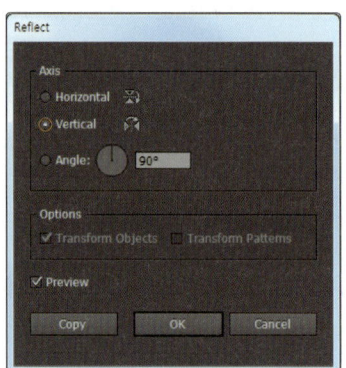

03 오브젝트 크기 조절

오브젝트를 자체 중심점에 수치를 입력해 크기를 조절하려면 [Tools] 패널의 크기 조절 툴을 사용합니다.

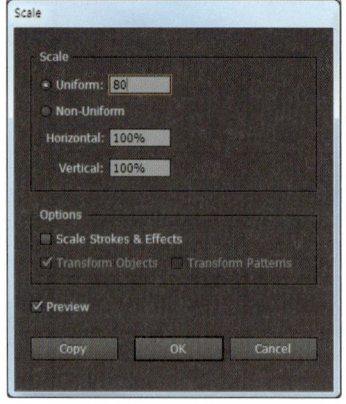

3. 오브젝트의 결합 - 패스파인더

오브젝트는 다양한 방법으로 결합하여 모양을 만들 수 있습니다. 이때 오브젝트들을 결합하려면 [Window]-[Pathfinder] 메뉴를 선택합니다.

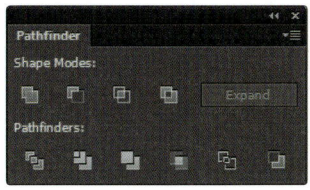

01 Shape Modes
면으로 이루어진 오브젝트에 적용할 수 있습니다.

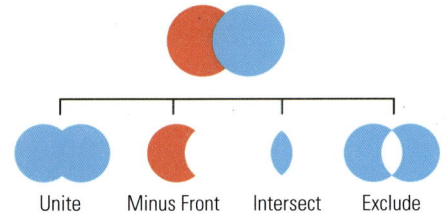

❶ Unite( ) : 선택한 오브젝트들을 하나의 모양으로 병합합니다.
❷ Minus Front( ) : 오브젝트가 겹쳐졌을 때 뒤에 있는 오브젝트에서 앞에 있는 오브젝트를 제외합니다.
❸ Intersect( ) : 오브젝트가 겹쳐진 부분을 제외한 나머지 부분을 삭제합니다.
❹ Exclude( ) : 오브젝트의 겹쳐진 부분만 삭제합니다.

02 Pathfinders
면과 면, 면과 선으로 이루어진 오브젝트에 적용한 후 [Ungroup]으로 분리합니다.

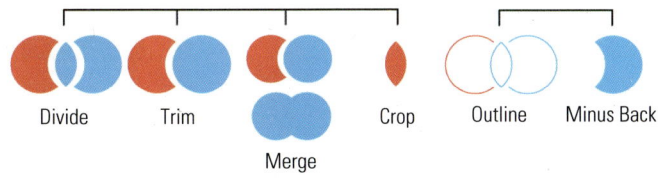

❶ Divide( ) : 겹쳐진 오브젝트의 패스를 기준으로 각각의 오브젝트로 분리합니다.
❷ Trim( ) : 뒤에 있는 오브젝트는 앞에 있는 오브젝트의 겹쳐진 부분만큼 삭제됩니다.
❸ Merge( ) : Trim과 같지만, 같은 색상의 오브젝트를 적용할 때는 하나의 오브젝트로 합쳐집니다.
❹ Cropt( ) : 앞에 있는 오브젝트와 겹쳐진 부분을 남기며 나머지 부분은 삭제됩니다.
❺ Outline( ) : 겹쳐진 오브젝트를 분리하며 각각의 오브젝트를 패스로 만듭니다.
❻ Minus Back( ) : 앞에 있는 오브젝트가 뒤에 있는 오브젝트의 영역만큼 삭제됩니다.

Special 3

4. 오브젝트의 다양한 채색

오브젝트를 구성하는 선과 면에는 그라디언트, 패턴 등의 다양한 채색 방법을 적용할 수 있습니다. [Swatch] 패널에서는 일러스트레이터에서 기본 제공하는 색상을 사용할 수 있으며, 사용자가 제작한 색상을 등록할 수 있습니다.

01 그라디언트

오브젝트의 선과 면에 점진적으로 변색되는 색상 혼합을 적용하려는 경우 그라디언트를 사용할 수 있습니다.

❶ 선택 툴로 오브젝트를 선택한 다음 [Gradient] 패널의 슬라이더를 클릭합니다.

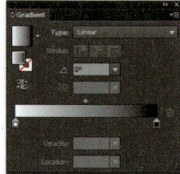

❷ 오브젝트에 적용된 그라디언트의 스타일과 색상을 수정합니다.

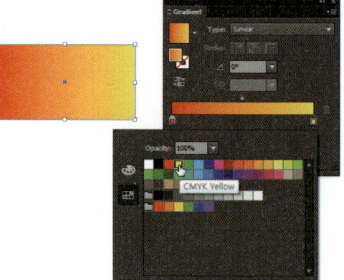

❸ [Tools] 패널의 그라디언트 툴로 적용된 오브젝트의 색상 분포를 조절합니다.

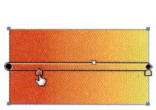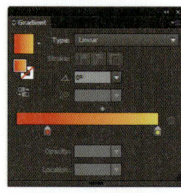

02 메시

오브젝트의 면에 서로 다른 방향으로 흐르는 색상을 적용하려는 경우 메시를 사용할 수 있습니다. 메시를 만들기 위해서는 망선이라는 여러 개의 선을 이용해서 오브젝트의 색상을 쉽게 변환할 수 있습니다. 망선이 복잡할수록 작업물의 성능이 크게 저하될 수 있으므로 작고 단순한 망 오브젝트를 여러 개 만드는 것이 좋습니다.

❶ 선택 툴로 오브젝트를 선택한 다음 메시 툴을 선택합니다.

❷ 망점을 두고 싶은 곳을 클릭한 다음 추가된 망점에 원하는 색상으로 변경합니다. 이때 색상은 [Tools] 패널의 색상 모드, [Swatch] 패널, Color Guide, [스포이트] 툴 등으로 다양하게 변경할 수 있습니다.

❸ 망선을 이용해 색상 분포를 조절합니다.

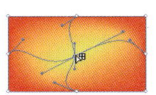 

03 패턴

오브젝트에 반복되는 문양을 일정한 간격으로 표현할 때 패턴을 사용할 수 있습니다. 오브젝트에 적용된 패턴은 회전, 반전, 크기 조절 툴로 수정할 수 있습니다.

❶ 패턴 요소 사이의 간격을 조정하기 위해 패턴 오브젝트에 테두리 상자(칠이 없는 사각형)를 그립니다.

 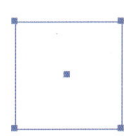

❷ 테두리 상자 안에 패턴으로 등록시킬 오브젝트를 제작합니다.

 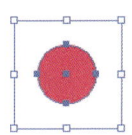

❸ 제작한 패턴과 상자 오브젝트를 [Object]-[Pattern]-[Make] 메뉴를 선택하고 등록시킬 패턴의 옵션을 조절합니다. 또는 [Swatch] 패널로 드래그해서 패턴을 등록시킬 수도 있습니다.

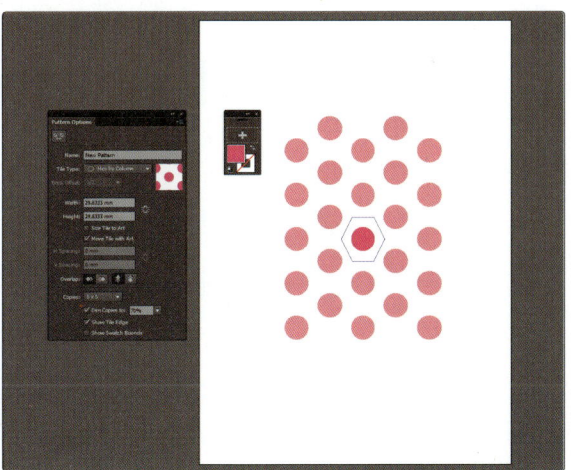

❹ 등록한 패턴은 [Swatch] 패널에서 확인할 수 있습니다.

Paint Artworks

페인트 아트워크는 이미지, 객체 등을 기획한 주제와 구도에 맞추어서 자유롭게 배치하고 이것을 다양한 색상으로 채색합니다. 이때 단조로운 색상의 이미지나 객체에 물감이 번지는 효과를 함께 배치하면 시각적으로 돋보이게 완성할 수 있습니다. 이러한 내용을 바탕으로 도시와 자연의 공존을 형상화한 주제를 표현해보겠습니다. 그래서 물감이 번지는 소스를 제작하고 이것을 도시의 빌딩과 자연의 얼룩말 등의 객체에 다양한 색상과 구도로 제작합니다.

실무자's Interview

▶ **정은비 / 포스터 그래픽 프리랜서**

광고 업무나 개인 작품을 디자인할때, 번뜩이는 아이디어가 있어도 작업을 하려고만 하면 표현력 부족과 스킬 부족으로 인해 다른 결과물이 만들어지곤 했습니다. 스킬이 늘어나면 번뜩이는 아이디어를 현실로 표현할 수 있어 머릿속으로만 생각했던 결과물을 만들어 낼 수 있어요. 그만큼 스킬 업은 다양한 시각의 접근이 가능할 것이라고 생각해요.

▶ **곽은지 / 편집 디자이너**

연례보고서에 들어가는 인포그래픽을 디자인할때, 여러 종류의 아이콘과 캐릭터, 그래프 등을 빠른 시간안에 만들어야했어요. 그동안 일러스트를 활용하여 다양한 오브젝트를 그려왔던 연습이 많은 도움되어 도형의 변형 및 효과만을 가지고 단시간 내에 인포그래픽 작업을 적절하게 수행할 수 있습니다.

▶ **김효진 / 편집 디자이너**

디자인 작업을 할때 아트워크적인 일러스트를 필요로 할때가 종종 있었습니다. 처음에는 단순히 그리기도 막막하고 시간에 쫓겨 디자인 사이트에서 소스를 구해서 사용을 하곤 했었는데 그때 상황에 맞는 이미지를 찾기도 힘들뿐더러 소스 검색에도 꽤나 많은 시간이 소요되었어요. 그 뒤로 다소 어설프더라도 조금씩 연습을 했더니 그리는 시간도 많이 단축되고, 보다 폭넓은 작업을 할 수 있는 계기가 되었어요.

▶ **김종일 / 편집 디자이너, 기획자**

페인트 아트워크는 고해상도의 이미지가 없을 때 이미지에서 오브젝트를 추출하여 소스로 작업에 활용할 수 있습니다. 그래서 잡지나 패션 일러스트에 사용되는 아트워크 작업에 사용되는 소스를 다양한 사이즈로 제작할때 사용하곤 했어요. 그리고 스케치한 이미지를 스캔하여 컴퓨터에 이미지로 옮기고, 이를 일러스트의 오브젝트로 추출하는 작업에도 많이 적용했답니다.

Chapter 01

STEP 01 메시를 이용한 배경 채색
STEP 02 이미지 트레이스와 클리핑 마스크를 이용한 얼룩말 채색
STEP 03 얼룩말 주변의 부수적인 요소 배치
STEP 04 패스파인더를 이용한 부수적인 요소 배치
STEP 05 페인트 소스를 이용한 잉크 번짐 효과

Chapter 01

Paint Artworks

일러스트레이터는 벡터 기반 그래픽 응용 프로그램으로 비트맵 이미지와는 달리 해상도의 영향을 받지 않아 선명도를 유지하면서 크기를 수정할 수 있습니다. 또한, 일러스트레이터에서는 펜 툴과 도형 툴 등을 이용해 드로잉 관련 작업도 할 수 있습니다. 이번 단계에서는 비트맵 형식의 이미지를 벡터 형식으로 변환하는 원리를 바탕으로 일러스트레이터에서 사용되는 전반적인 기능에 대해 알아보겠습니다.

제작 요청서

	분류	내용	비고
1	디자인 컨셉	도시와 자연의 공존을 형상화	
2	디자인 색상	• 메인 색상 – 네이비(모던함을 표현할 수 있는 저채도, 저명도의 블루 계열) • 보조 색상 – 옐로우(자연의 따스함을 표현할 수 있는 고명도 중채도의 옐로우 계열) • 강조 색상 – 레드(도시의 바쁜 일상을 경고하는 고채도 고명도의 레드 계열)	완성된 이미지를 보정해 사용할 것이므로 약간 어둡거나 강한 색을 사용해도 무관
3	디자인 사용 계획	포스터 및 카드, 케이스 등의 표지에 사용할 이미지 소스	
4	문구 및 기획안	디자인 완성 이후 확정 예정	
5	기타 사항	• 여러 사물을 통한 자연과 도시의 공존을 강조 • 페인트 소스를 활용한 다채로운 색상을 표현	

예제 파일

나무.jpg

빌딩.jpg

신호등.eps

얼룩말.jpg

페인트1.jpg

페인트2.jpg

페인트3.jpg

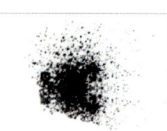
페인트4.jpg

페인트5.jpg

페인트6.jpg

페인트7.jpg

페인트8.jpg

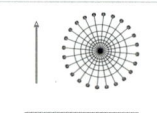
객체 소스.ai

: 완성 파일

메시를 이용한 배경 채색

메시(Mesh)란 망점 간에 색상이 각각 서로 다른 방향으로 흐르도록 채색하는 기능입니다. 망점을 추가하면 객체를 십자로 가로지르는 망선이 만들어집니다. 이렇게 만들어진 망점과 망선을 이동하고 편집하면서 색상 퍼짐 정도를 조절할 수 있습니다.

---

01 [File]-[New] 메뉴를 선택하고 그림과 같이 작업창 크기(210mm×297mm)를 지정합니다.

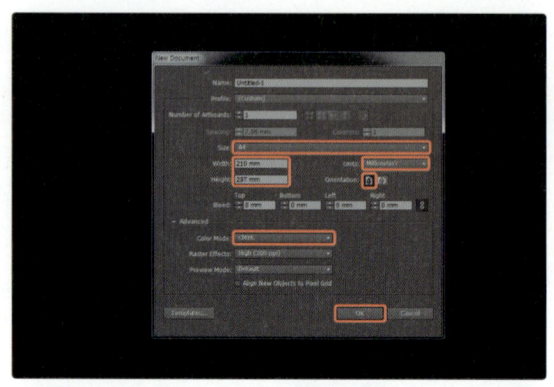

> **Tip** 작업창 크기는 작업 용도에 따라 지정합니다. 일반적으로 A4(210mm×297mm)로 지정하여 작업창 내부에 작업합니다. 그리고 일러스트레이터는 작업창 내부뿐만 아니라 외부에도 객체를 배치할 수 있어서 자유롭게 작업할 수 있습니다.

02 사각형 툴을 선택한 다음 작업창을 클릭합니다. 사각형 툴의 옵션창이 열리면 배경으로 사용할 사각형의 수치(160mm×225mm)를 입력합니다.

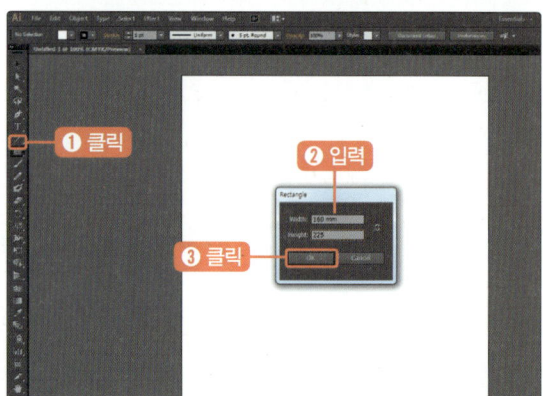

03 사각형을 작업창 중앙에 배치하겠습니다. 선택 툴로 사각형 객체를 선택한 다음 상단의 옵션 바에서 ▦ 아이콘 ▼을 클릭하여 'Align to Artboard'를 선택하고 '가로, 세로 중앙 정렬'을 클릭합니다.

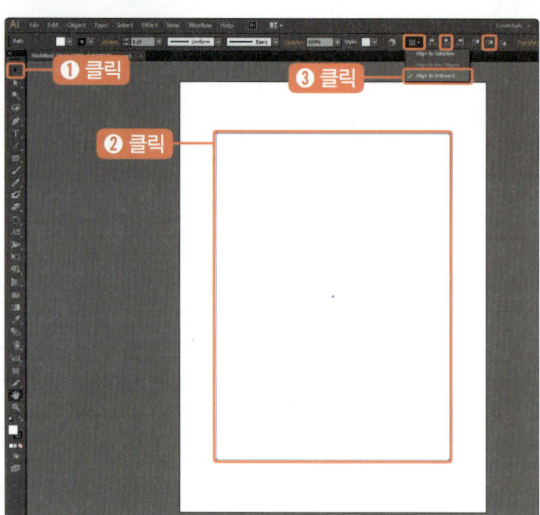

> **Tip** 객체를 정렬할 때 [Window] 메뉴에서 [Align] 패널을 선택해서 사용할 수도 있습니다. 'Align to Artboard'는 작업창을 기준으로 정렬할 때 사용하는 옵션입니다.

04 [Tools] 패널의 'Fill'을 클릭한 다음 그림과 같이 채색합니다. (C:10%, M:12%, Y:25%, K:0%)

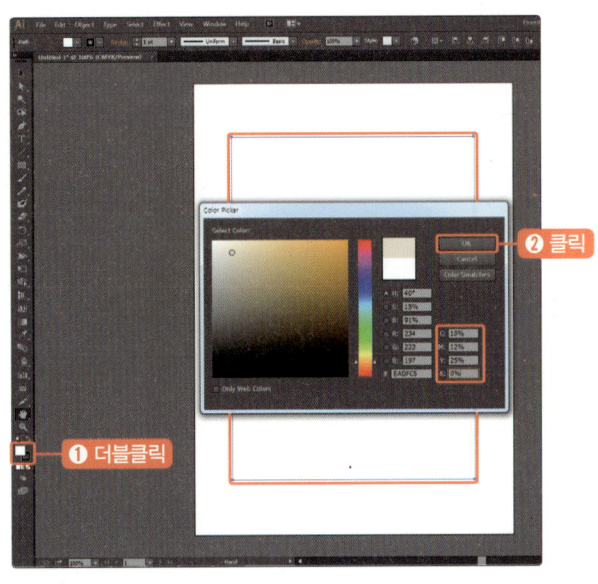

> **저자의 한마디**
>
> 작업물의 완성도를 높이기 위해서는 객체 간에 어울리는 색상으로 채색하는 것이 중요합니다. 예제나 다른 사람이 작업한 작업 결과물에 적용된 색상 수치는 절대적인 값이 아닙니다. 따라서 예제에 포함된 색상 수치는 참고만 하고, 자신이 원하는 색상이나 결과물에 적합한 이미지를 찾아 채색하는 것이 중요합니다.

05 메시를 이용해서 색상 퍼짐 정도를 조절합니다. [Tools] 패널에서 메시 툴을 선택하고 사각형 객체에 망점을 추가합니다.

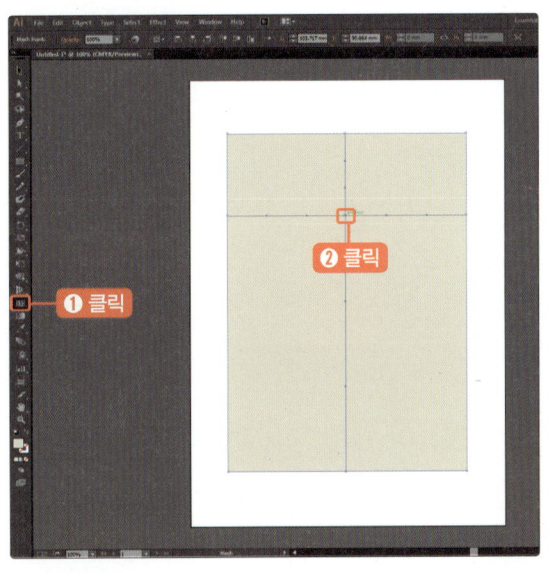

> **Tip** 메시는 객체의 'Fill'에 채색되어 망점 추가 시 'Stroke' 속성을 'None'으로 지정합니다.

06 선택된 망점을 채색합니다.

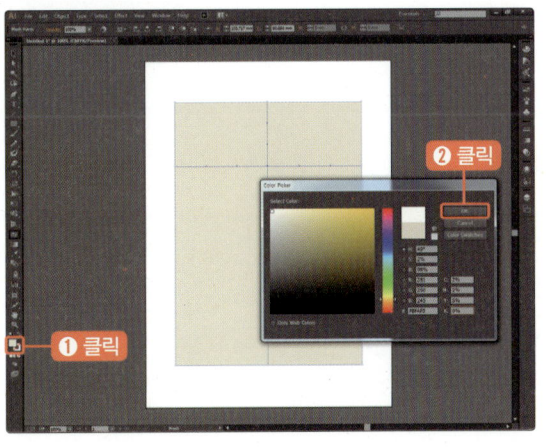

07 메시 툴을 사각형 객체에 클릭해서 또 다른 망점을 추가합니다.

08 망선을 조절해서 색상 퍼짐 정도를 부드럽게 조절합니다.

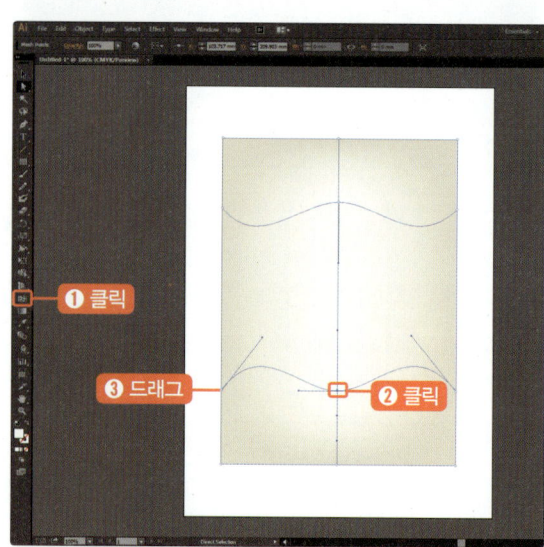

> **Tip** 망선은 메시 툴 또는 직접 선택 툴로 망점을 클릭해 조절할 수 있습니다.

이미지 트레이스와 클리핑 마스크를 이용한 얼룩말 채색

이미지 트레이스(Image Trace)는 이미지를 벡터 기반의 객체로 만들 수 있습니다. 그리고 클리핑 마스크(Clipping Mask)는 객체를 원하는 영역에 보이도록 클리핑 하는 기능입니다. 이를 이용해서 얼룩말 이미지를 객체로 변환하여 내부에 다양한 색상의 페인트로 표현해보겠습니다.

01 [File]-[Place] 메뉴를 선택하고 '얼룩말.jpg' 파일을 불러옵니다.

Tip 벡터 이외의 다른 형식의 파일은 [File]-[Place] 메뉴를 선택해서 작업창에 불러옵니다. 불러온 이미지를 작업창에 클릭하면 이미지 원래 크기로, 작업창에 드래그하면 이미지의 크기를 조절해서 배치할 수 있습니다.

02 이미지 트레이스를 이용해서 이미지를 흑백으로 단순화하기 위해 [Window]-[Image Trace] 메뉴를 선택합니다. 옵션창 하단의 미리보기를 선택하고 원하는 영역이 흑백으로 변환되도록 옵션을 조절하고, 흑백으로 단순화된 이미지는 상단의 옵션 바에서 [Expand] 버튼을 클릭합니다. (Threshold:59, Paths:50%, Corners:82%, Noise:25px)

Tip 이미지 트레이스를 적용하는 이미지에 따라 옵션은 달라지므로 미리보기를 선택해서 조절합니다. 그리고 옵션창 하단의 'Ignore White'를 선택하면 벡터로 변환되는 이미지의 흰 부분을 투명하게 만들 수 있습니다.

03 벡터 속성으로 변환된 얼룩말을 적당한 크기로 조절하고 다음 그림과 같이 채색합니다.

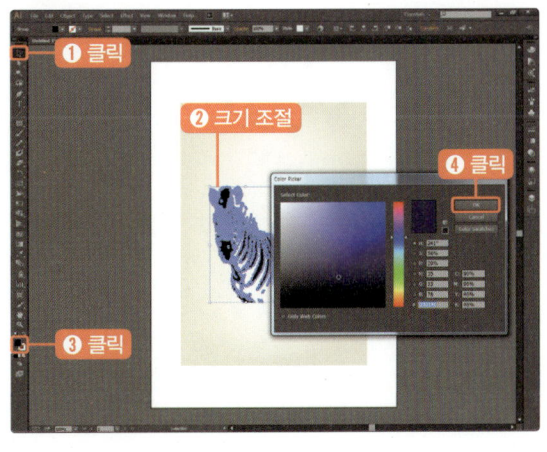

Tip 크기를 조절할 때 선택 툴로 객체를 선택합니다. 그리고 객체의 바운딩 박스 모서리에서 Alt + Shift 를 누른 채 드래그해서 크기를 조절합니다. 이때 Alt 는 객체의 중심을 기점으로, 크기를 조절하고 Shift 는 객체의 가로, 세로 비율을 맞춰 크기를 조절하는 단축키입니다.

04 이미지 트레이스를 적용한 이미지는 'Gray Scale' 모드로 변환되어 색상이 적용되지 않을 수 있습니다. 이때 [Window]-[Color] 메뉴를 선택하고 [Color] 패널에서 색상 모드를 변경할 수 있습니다. 색상 모드는 패널 상단의 화살표를 클릭하고 숨겨진 목록에서 'CMYK' 모드로 변경합니다.

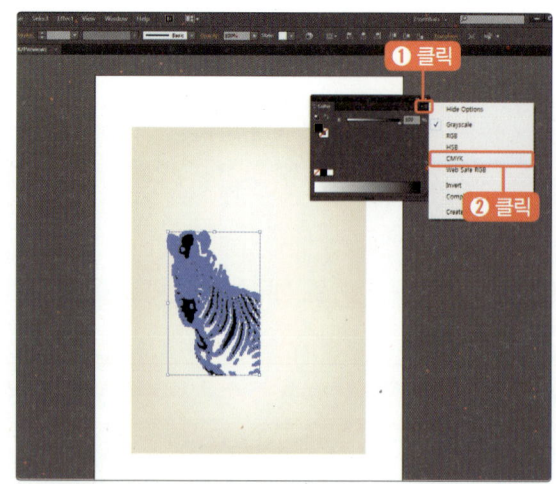

05 [File]-[Save] 메뉴를 선택하고 파일을 미리 저장합니다.

> **저자의 한마디**
>
> 작업 시 예기치 못하게 프로그램이 종료되는 경우가 있습니다. 그래서 파일을 꾸준히 저장하는 것이 중요합니다. 이때 프로그램 버전간의 호환을 위해서 파일을 1~2단계 이전 버전으로 저장하는 것이 안전합니다. 파일 저장 시 단축키는 Ctrl + S 입니다.

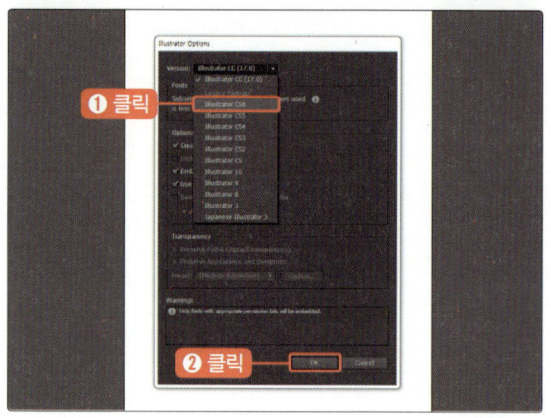

06 얼룩말 무늬에 삽입할 페인트 객체를 제작하겠습니다. [File]-[Place] 메뉴를 선택하고 '페인트1.jpg' 파일을 불러옵니다. 돋보기 툴로 불러온 이미지를 확대합니다.

07 페인트 이미지는 [Window]-[Image Trace] 메뉴를 선택해서 흑백으로 단순화시켜 줍니다. 단순화된 이미지는 상단의 옵션 바에서 [Expand] 버튼을 클릭합니다. (Threshold:100, Paths:100%, Corners:0%, Noise:1px)

> **Tip** 돋보기 툴은 Ctrl + Space Bar 를 누른 채 이미지를 드래그해서 사용할 수 있습니다.

08 벡터 속성으로 변환된 객체를 채색합니다.

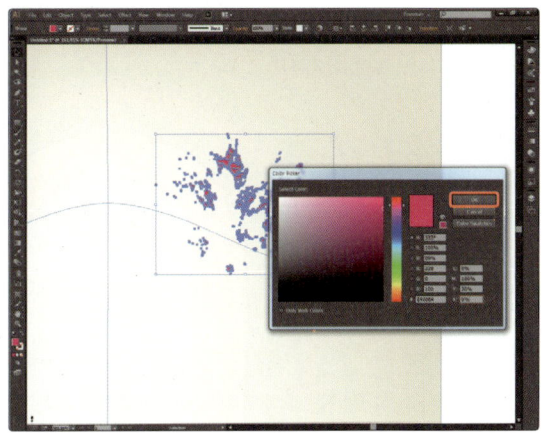

09 다른 페인트 이미지를 불러와서 6~8번 단계를 반복합니다. [Window]-[Color Guide] 메뉴를 선택하고 [Color Guide] 패널에서 서로 어울리는 색상 배열로 채색합니다.

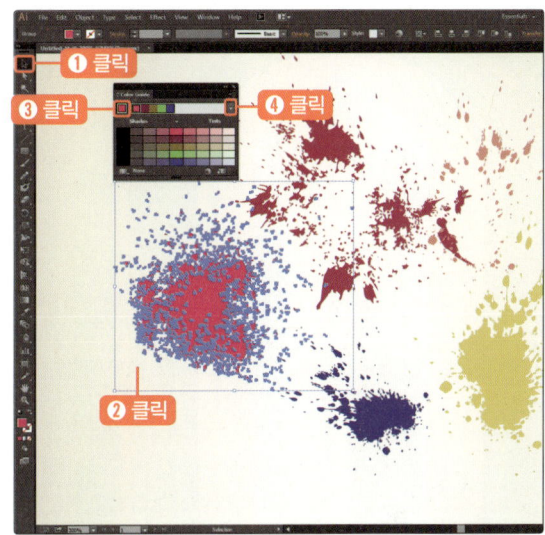

Tip [Color Guide] 메뉴는 객체 간에 어울리는 색상 배열을 선택해서 사용할 수 있습니다. 사용 방법은 먼저, 색상의 기준이 될 수 있는 객체를 선택합니다. 그리고 패널 상단의 기준 색상을 클릭하고 나열된 목록에서 원하는 색상을 선택합니다.

10 페인트 객체를 선택하고 Alt 를 누른 채 여러 개 복제하고 [Color Guide] 패널에서 다양한 색상으로 채색합니다. 객체를 서로 겹치게 배치한 다음 페인트 관련 객체들을 선택하고 그룹으로 묶습니다.

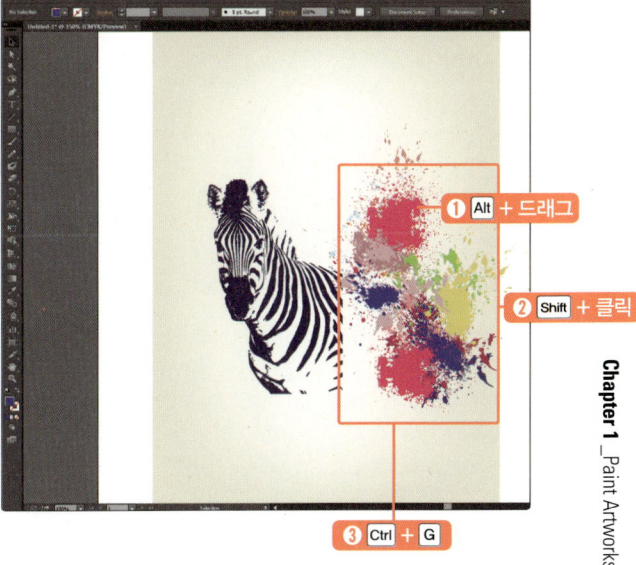

Tip Shift 를 누른 채 선택 툴로 객체를 클릭하면 다중 선택할 수 있습니다. 그리고 그룹은 여러 개의 객체를 한 번에 선택할 수 있도록 묶어주는 기능으로 단축키는 Ctrl + G 입니다. 그룹으로 묶인 객체는 그룹을 해지하고 수정할 수 있으며 단축키는 Ctrl + Shift + G 입니다.

11 클리핑 마스크를 적용하기 위해서 앞에서 제작한 얼룩말 객체를 선택하고 Alt 를 누른 채 드래그해서 복제합니다.

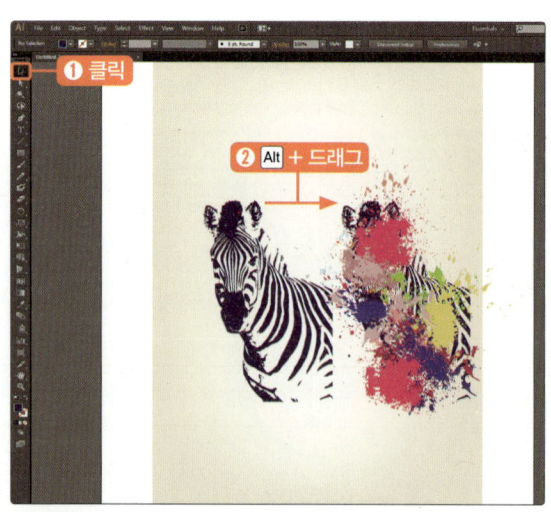

Tip 페인트 객체들이 얼룩말 객체 영역만큼 보이려면 클리핑 마스크를 적용해야 합니다. 클리핑 마스크를 적용하기 위해서는 기준이 되는 객체가 있어야하므로 얼룩말 객체를 복제하였습니다.

12 페인트 객체에 배치된 얼룩말 객체를 선택한 다음 마우스 오른쪽 단추를 눌러 [Arrange]-[Bring to Front]를 선택합니다.

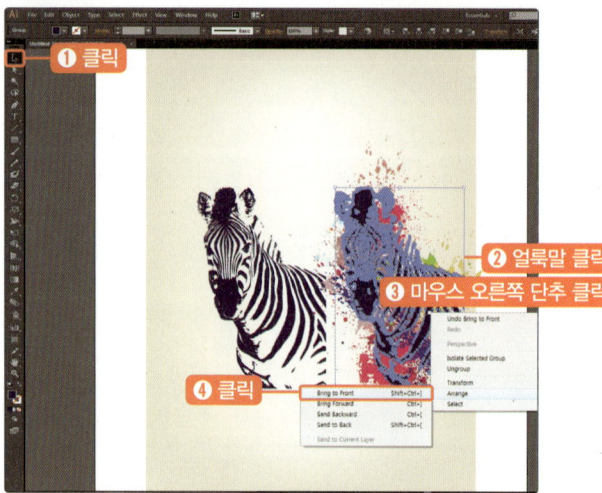

Tip 클리핑 마스크는 기준이 되는 객체가 맨 앞에 배열되어야 합니다. 객체간의 배열 순서는 [Object]-[Arrange] 메뉴에서 변경할 수 있습니다. 이때 객체를 한 단계씩 앞으로 배열할 때는 Ctrl + [ ], 한 단계 뒤로 배열할 때 Ctrl + [ ], 맨 앞으로 배열할 때는 Ctrl + Shift + [ ], 맨 뒤로 배열할 때는 Ctrl + Shift + [ ]를 이용할 수 있습니다.

13 얼룩말 객체를 선택하고 [Object]-[Compound Path]-[Make]를 적용합니다.

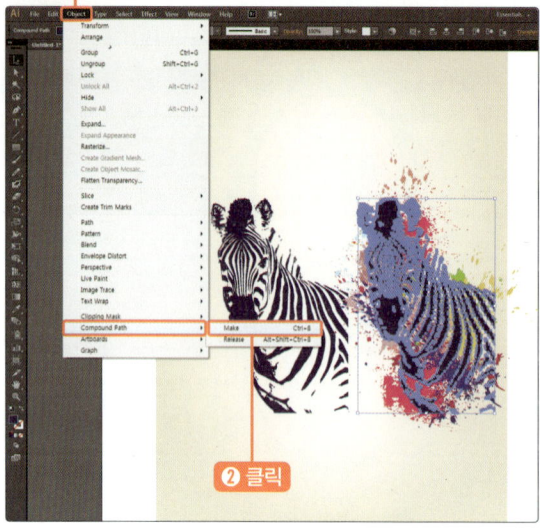

Tip 클리핑 마스크는 하나의 개체를 가진 객체에만 적용할 수 있습니다. 얼룩말 객체는 무늬들로 인해 여러 개의 개체를 가진 객체입니다. 그래서 'Compound Path'를 적용해서 하나의 개체로 만들어야 합니다.

14 객체를 선택한 다음 마우스 오른쪽 단추를 클릭해 'Make Clipping Mask'를 선택합니다. 클리핑 마스크를 적용 여부를 묻는 창이 나타나면 [Yes] 버튼을 클릭합니다.

❶ 얼룩말 클릭 + 페인트 다중 선택
❷ 마우스 오른쪽 단추 클릭 + Clipping Mask
❸ 클릭

Tip 클리핑 마스크는 [Object]-[Clipping Mask]-[Make] 메뉴에서도 적용할 수 있습니다. 그리고 클리핑 마스크가 적용된 객체는 마우스 오른쪽 단추를 클릭한 다음 'Release Clipping Mask'를 선택해 수정할 수 있습니다.

15 클리핑 마스크를 적용한 얼룩말 객체를 이동해서 함께 배치하고 2개의 얼룩말 객체는 그룹으로 묶어줍니다. Ctrl+1을 눌러 작업창을 '100%' 배율로 확인합니다.

❶ 2개의 얼룩말 다중 선택
❷ Ctrl + G
❸ Ctrl + 1

Tip 객체를 정교하게 이동시킬 때 방향키를 이용할 수 있습니다. 방향키로 이동할 때 이동 거리는 Ctrl+K를 누른 다음 [Generl]-[Keyboard Increment]에서 조절할 수 있습니다.

얼룩말 주변의 부수적인 요소 배치

STEP 03

도시와 자연의 공존을 형상화할 수 있는 빌딩, 나무, 신호등 객체를 얼룩말 주변에 배치하겠습니다. 그리고 배치된 객체는 이미지 트레이스를 이용해서 벡터 기반의 객체를 만들겠습니다.

01 [File]-[Place] 메뉴를 선택해 '빌딩.jpg' 파일을 불러옵니다.

02 빌딩 객체는 이미지 트레이스를 적용해서 흑백으로 단순화합니다. (Threshold:110, Paths:100%, Corners:0%, Noise:1px)

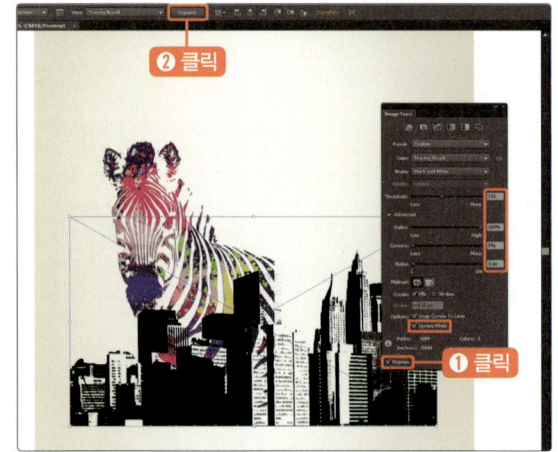

03 빌딩 객체는 얼룩말 객체와 같은 색상으로 채색합니다.

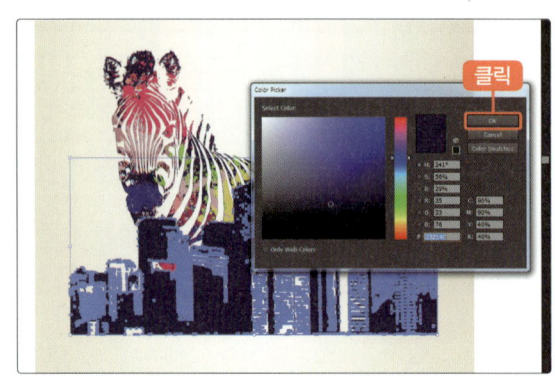

04 얼룩말과 빌딩 객체를 적당한 크기로 조절해서 배치합니다.

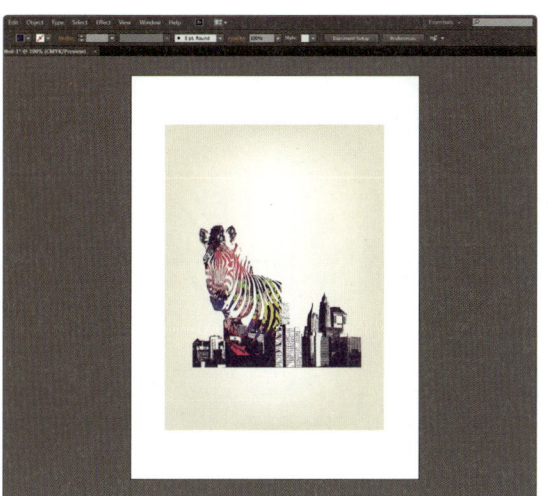

05 [File]-[Place] 메뉴를 선택해 '나무.jpg' 파일을 불러옵니다.

06 나무 객체는 이미지 트레이스와 [Expand] 버튼을 적용합니다. (Threshold:170, Paths:100%, Corners: 50%, Noise:1px)

07 나무 객체를 적당한 크기로 조절해서 배치합니다. 스포이드 툴로 빌딩 객체와 같은 색상으로 채색합니다.

Tip [Tools] 패널의 스포이드 툴은 객체의 속성을 추출해서 같은 색상을 적용할 수 있습니다. 사용하는 방법은 선택 툴로 나무 객체를 선택하고 스포이드 툴로 빌딩 객체를 클릭하면 같은 색상으로 채색할 수 있습니다.

08 [File]-[Place] 메뉴를 선택하고 '신호등.eps' 파일을 불러옵니다.

09 신호등 객체는 이미지 트레이스와 [Expand] 버튼을 적용합니다. (Threshold : 155, Paths:100%, Corners:0%, Noise:1px)

Tip 'eps'는 외부 프로그램의 파일을 호환하여 사용할 수 있는 확장자입니다. '신호등.eps'는 신호등 영역만 사용할 수 있도록 클리핑 패스가 적용된 파일로 자세한 설명은 Special Tip에서 알아보겠습니다.

10 신호등 객체를 적당한 크기로 조절하고 스포이드 툴로 빌딩 객체와 같은 색상으로 채색합니다. 선택 툴로 신호등 객체를 선택하고 반전 툴을 더블클릭해서 좌우 대칭 옵션으로 선택한 후 [OK] 버튼을 클릭합니다.

11 신호등에 빨간 불을 배치하겠습니다. 원형 툴로 객체를 신호등에 맞추어 생성하고 채색합니다. 신호등과 원형 객체를 함께 선택한 후 그룹으로 묶어 줍니다.

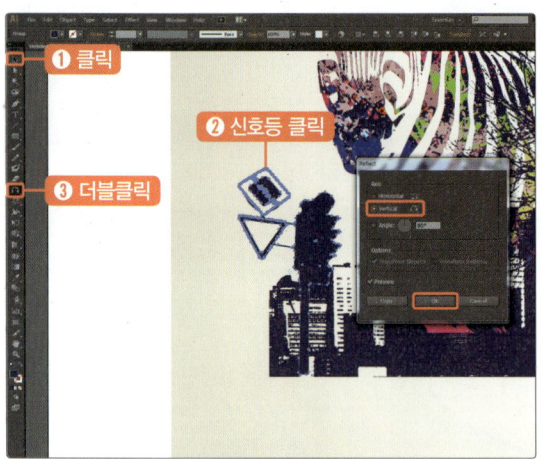

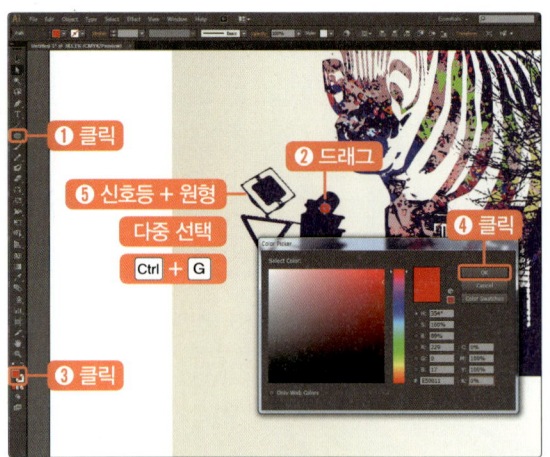

Tip [Tools] 패널의 회전 툴에 마우스 오른쪽 단추를 클릭하면 숨겨진 반전 툴을 선택할 수 있습니다.

패스파인더를 이용한 부수적인 요소 배치

도형 툴로 생성한 객체에 패스파인더를 적용하여 관람 열차, 화살표 등의 객체를 얼룩말과 빌딩 객체의 주변에 배치하겠습니다.

01 작업창 우측에 관람 열차를 배치하겠습니다. 원형 툴을 선택한 다음 Alt+Shift를 누른 채 원형 객체를 생성합니다. [Tools] 패널의 'Fill'은 'None'으로 지정한 다음 'Stroke'는 채색합니다.

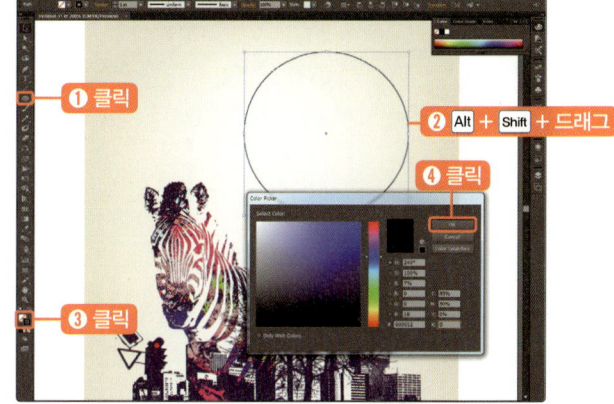

Tip Alt와 Shift를 누른 채 도형 툴을 드래그하면 정비율의 객체가 중심을 기점으로 생성됩니다.

02 원형 객체를 선택하고 상단 옵션 바에서 선 두께를 '5pt'로 조절합니다.

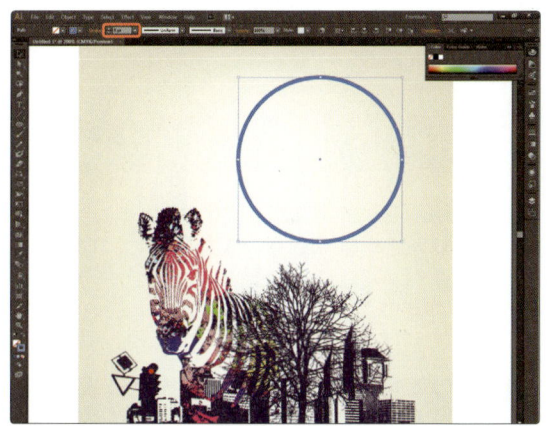

03 원형 객체 안에 단계적으로 크기가 작아지는 원을 배치하겠습니다. 원형 객체를 선택하고 [Tools] 패널에서 스케일 툴을 더블클릭합니다. 'Uniform'에 '75%' 지정한 다음 'Scale Strokes & Effects'를 선택하고 [Copy] 버튼을 클릭합니다.

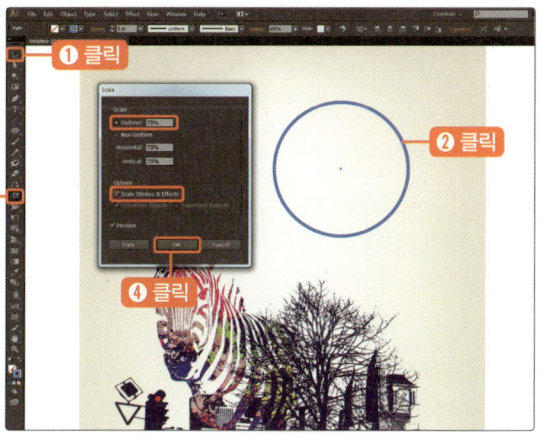

Tip 객체의 선 두께와 [Effect] 메뉴에서 적용된 효과를 객체 크기와 함께 조절할 때 'Scale Strokes & Effects' 옵션을 선택합니다.

04 Ctrl+D를 눌러 단계적으로 크기가 작아지는 원을 복제해서 배치합니다. 원형 객체들을 다중 선택하고 그룹으로 묶어줍니다.

Tip Ctrl+D는 이전 단계에 적용한 객체의 이동, 회전, 복제 등을 반복해서 적용할 때 사용할 수 있습니다.

05 선 툴을 이용해서 Shift를 누른 채 직선을 생성합니다. 선 두께를 '2.5pt'로 조절합니다.

Tip Shift는 일직선을 그릴 때 사용하는 단축키입니다.

06 둥근 사각형 툴로 객체를 생성합니다. 그 위에 사각형 툴로 객체를 작게 배치합니다.

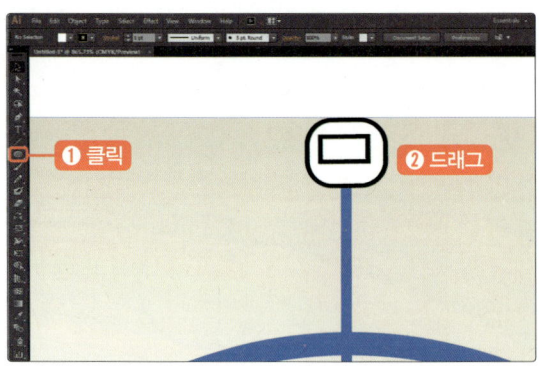

Tip 둥근 사각형 툴을 드래그할 때 좌, 우 방향키를 누르면 모퉁이를 각지게 또는 둥글게 조절할 수 있습니다. 그리고 상, 하 방향키를 누르면 모퉁이의 둥글기를 단계적으로 조절할 수 있습니다.

07 직선과 둥근 사각형, 사각형 객체를 다중 선택합니다. 상단 옵션 바에서 'Align to Selection'을 선택하고 '가로 중앙 정렬'을 클릭합니다.

Tip 'Align to Selection'은 선택한 객체 간에 정렬할 때 사용할 수 있습니다.

08 둥근 사각형에서 사각형 객체를 제외하기 위해 선택 툴로 둥근 사각형과 사각형 객체를 선택합니다. [Window]-[Pathfinder] 메뉴를 선택하고 [Pathfinder] 패널에서 'Exdude'를 클릭합니다.

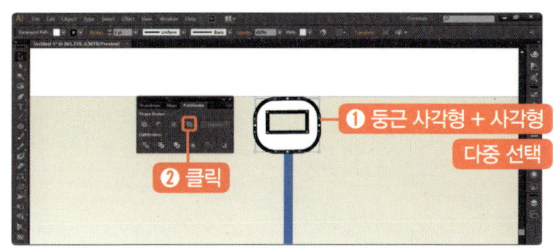

09 객체를 선택하고 스포이드 툴로 직선 색상을 추출합니다. [Tools] 패널의 'Swap Fill & Stroke'를 클릭해서 둥근 사각형의 'Fill'과 'Stroke'의 속성을 변경합니다. 직선과 둥근 사각형 객체는 그룹으로 묶어줍니다.

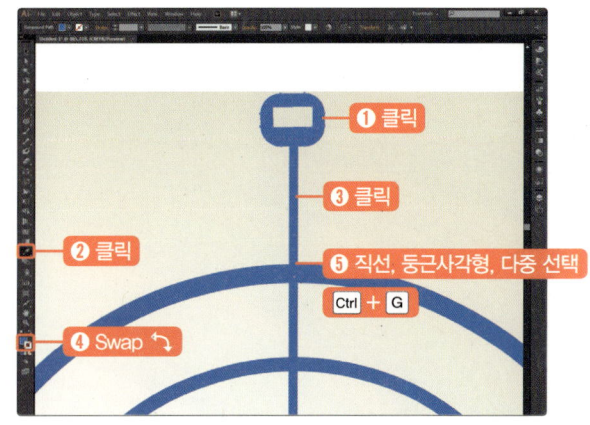

10 객체에 회전, 복제를 적용해서 여러 개 배치해 보겠습니다. 객체를 선택하고 [Tools] 패널의 회전 툴을 객체 하단에 Alt를 누른 채 클릭합니다. 회전 툴 옵션창에 회전 각도를 '15도'로 입력하고 [Copy] 버튼을 클릭합니다.

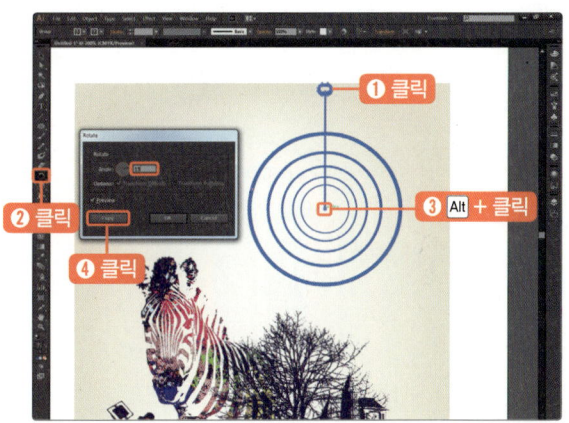

Tip Alt를 누른 채 객체에 회전 툴을 클릭하면 회전축을 지정해서 사용할 수 있습니다.

11 Ctrl+D를 눌러 객체를 회전하여 복제하는 명령을 반복해서 적용합니다. 복제된 객체를 다중 선택한 후 그룹으로 묶어줍니다.

12 원형 객체와 회전시킨 객체를 다중 선택하고 '가로, 세로 중앙 정렬'을 클릭한 다음 그룹으로 묶어줍니다.

13 관람 열차 객체는 적당한 크기로 조절합니다. Ctrl + [을 여러 번 눌러 얼룩말과 빌딩 객체 뒤에 배치합니다.

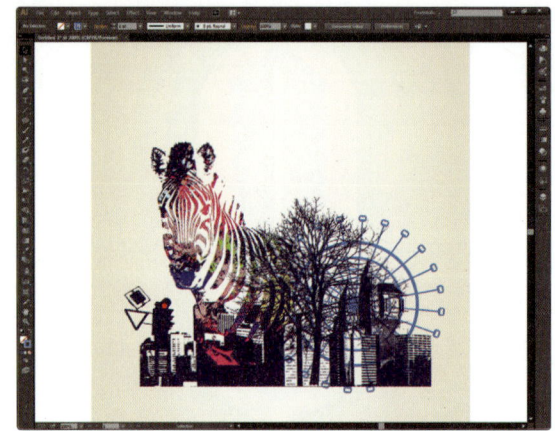

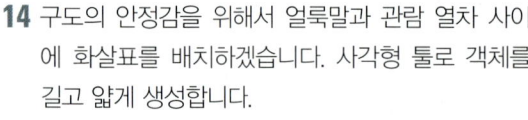

Tip 관람 열차 객체가 배경 뒤로 보내졌을 때 Ctrl +] 를 눌러 배경 앞으로 배치할 수 있습니다. 또는 Ctrl + Z 를 눌러 작업 취소 명령으로 수정할 수 있습니다.

14 구도의 안정감을 위해서 얼룩말과 관람 열차 사이에 화살표를 배치하겠습니다. 사각형 툴로 객체를 길고 얇게 생성합니다.

15 다각형 툴로 삼각형 객체를 생성합니다.

Tip 다각형 툴을 드래그할때 상, 하 방향키로 꼭지점 개수를 조절할 수 있습니다. 그런 다음 Shift 를 누른 채 마우스를 떼면 정방향의 객체를 배치할 수 있습니다.

16 삼각형 객체의 모양을 변형하겠습니다. 선택 툴로 삼각형 객체를 선택합니다. 삼각형 객체의 패스 위에 펜 툴을 대고 점을 추가합니다.

17 직접 선택 툴을 이용해서 점을 선택하고 위치를 조절합니다.

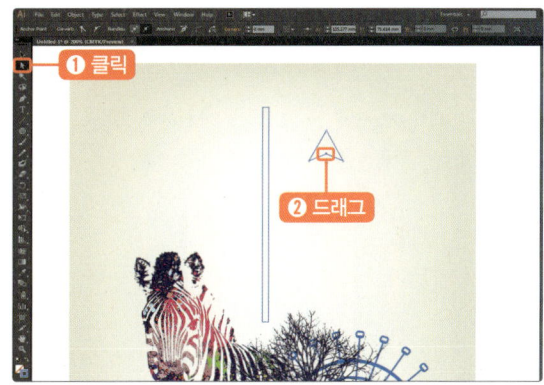

18 삼각형과 사각형 객체를 선택하고 상단 옵션 바의 '가로 중앙 정렬'을 클릭한 다음 그룹으로 묶어줍니다.

19 화살표 객체를 선택하고 채색합니다.

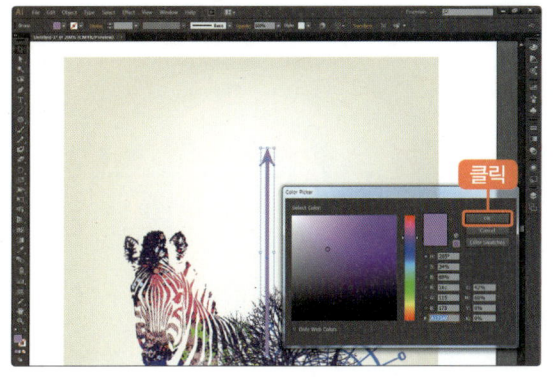

20 화살표 객체를 선택하고 Alt를 누른 채 드래그해서 여러 개의 객체를 복제합니다. 'Color Guide'를 이용해서 어울리는 색상 배열로 채색합니다.

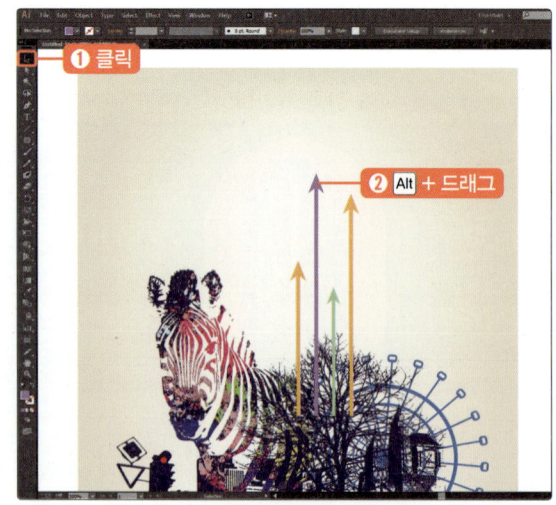

21 빌딩 객체 하단에 안전 바를 배치하겠습니다. 사각형 툴로 객체를 길고 얇게 생성합니다.

22 사각형 객체를 각각의 면으로 분리시키기 위해 또 다른 사각형 객체를 생성한 다음 비스듬히 회전합니다.

23 사각형 객체 시작점에 맞추어 배치하고 Alt+Shift를 누른 채 드래그해서 복제합니다. Ctrl+D를 눌러 우측으로 복제되는 명령을 반복 실행합니다.

24 사각형과 복제한 객체를 다중 선택합니다. [Pathfinder] 패널에서 'Minus Front'를 클릭합니다.

25 안전 바 객체를 선택하고 채색합니다. 하단의 다른 안전 바도 같은 방법으로 제작합니다.

페인트 소스를 이용한 잉크 번짐 효과

페인트 소스는 이미지 트레이스를 이용해서 벡터 기반의 객체로 만들겠습니다. 그리고 얼룩말과 빌딩 주변으로 배치해서 다채로운 색상으로 표현하겠습니다.

01 안전 바 객체를 중심으로 퍼지는 잉크 번짐 효과를 제작하겠습니다. [File]-[Place] 메뉴를 선택해 '페인트4.jpg' 파일을 불러옵니다. 이미지 트레이스와 [Expand] 버튼을 적용합니다. (Threshold:128, Paths:90%, Corners:0%, Noise:3px)

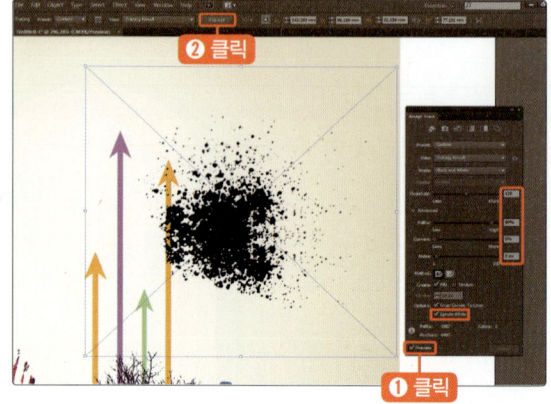

02 벡터 속성으로 변환된 객체를 채색합니다.

03 페인트 객체는 적당한 크기로 조절해서 안전 바 객체 중앙에 배치합니다.

04 [File]-[Place] 메뉴를 선택해 '페인트5.jpg' 파일을 불러옵니다. 페인트 이미지에 이미지 트레이스와 [Expand] 버튼을 적용합니다. (Threshold:128, Paths:100%, Corners:0%, Noise:25px)

05 적당한 크기로 조절해서 안전 바 객체 중앙에 배치합니다. 빌딩 객체와 같은 색상으로 채색합니다.

06 그 밖의 다른 페인트 이미지를 불러와 같은 방식으로 작업 후 각각 어울리는 색상 배열로 채색합니다.

07 배치된 페인트 객체들은 Ctrl+[,]를 눌러 얼룩말, 빌딩, 관람 열차 등의 객체들에 맞추어 배열을 변경합니다. 각 객체들의 크기 및 위치를 조절합니다.

PART 01 Special Tip

포토샵의 클리핑 패스와 일러스트레이터의 호환

일러스트레이터에서 배경 없는 이미지를 사용하기 위해서 포토샵에서 클리핑 패스 작업을 해야 합니다. 이 작업은 이미지 편집 작업 시 프로그램에 빠르게 불러올 수 있어서 용량 대비 작업의 효율성을 높여주기 때문입니다. 클리핑 패스는 사용자가 만든 모양을 통해 이미지의 일부만 보여지도록 잘라내는 기능으로, 이미지의 불필요한 부분은 투명하게 처리하여 출력 관련 프로그램이나 일러스트레이터에서 사용할 수 있습니다. 예제에 사용된 '신호등.eps'는 클리핑 패스가 적용된 파일로, 클리핑 패스를 적용하는 방법에 대해 알아보겠습니다.

❶ 포토샵 프로그램을 실행합니다. [File]-[Open] 메뉴를 선택하고 'S_신호등.jpg' 파일을 불러옵니다.

❷ 펜 툴로 신호등을 따라 패스를 생성합니다.

Tip 'S_신호등.jpg'는 ❷, ❸번 단계가 적용된 파일입니다.

❸ [Window]-[Path] 메뉴를 선택하고 [Path] 패널의 Work Path 이름을 더블클릭합니다. [OK] 버튼을 클릭해서 'Save Path'로 패스를 저장합니다.

❹ 저장된 패스를 클리핑하기 위해서 패스 팔레트의 우측 상단 아이콘을 클릭하고 목록에서 클리핑 패스(Clipping Path)를 선택합니다.

❺ 클리핑 패스 적용 시 패스 경계의 평탄 정도에 대한 수치를 입력해야 합니다. 'Flatness' 항목에 '0.2'를 입력하고 [OK] 버튼을 클릭합니다.

❻ [File]-[Save As] 메뉴를 선택하고 클리핑 패스가 적용된 이미지를 'eps 파일'로 저장합니다.

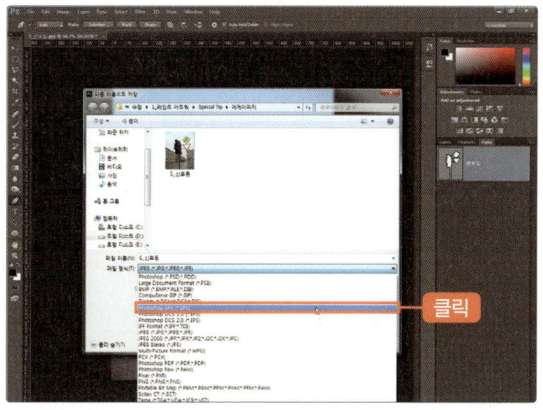

Tip 'Flatness'는 '0.2~100'까지 지정할 수 있는데 일반적으로 '0.2'를 입력하여 최대한 이미지가 매끄럽게 클리핑 되도록 설정합니다.

Tip jpg, tif, png, tag 등의 다른 확장자는 클리핑 패스가 저장되지 않으므로 반드시 'eps' 파일로 저장해야 합니다.

❼ 'eps' 파일로 저장할 때 'Preview'와 'Encoding' 옵션을 적용합니다.

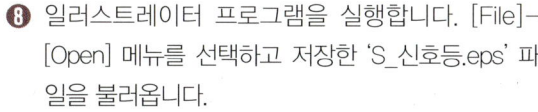

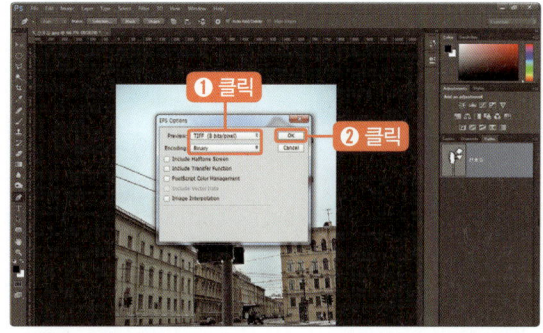

❽ 일러스트레이터 프로그램을 실행합니다. [File]-[Open] 메뉴를 선택하고 저장한 'S_신호등.eps' 파일을 불러옵니다.

Tip 'jpg' 파일을 불러왔을 때 클리핑 패스가 적용되지 않은 것을 확인할 수 있습니다.

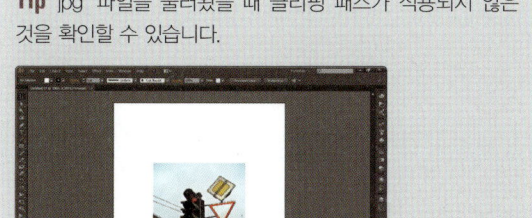

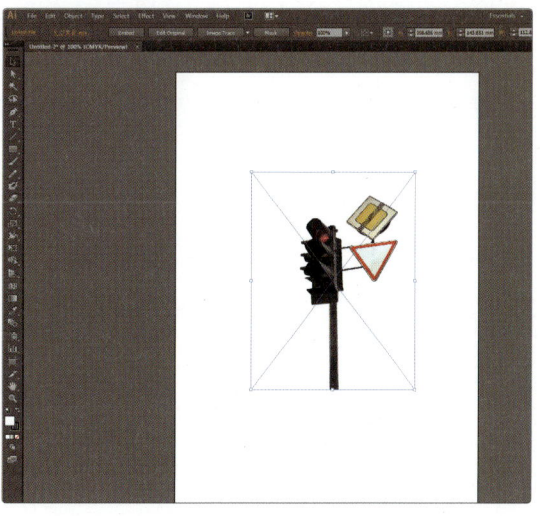

Music Festival

공연 포스터는 디자인 방법에 따라서 사진을 이용하거나 일러스트를 이용한 포스터, 다양한 그래픽 방식을 이용한 포스터 등으로 나눌 수 있습니다. 어떤 방식을 통해서 디자인하느냐는 포스터의 주제 및 컨셉에 따라서 달라질 수 있습니다. 이번 단계에서는 일렉트로닉의 음악을 즐길 수 있는 뮤직 페스티벌의 포스터를 무대 장치와 조명 등의 객체로 제작하여 화려한 분위기를 표현하겠습니다.

실무자's Interview

▶ 조원석 / 영상 디자이너

광고 포스터나 영상에 삽입되는 타이틀을 3D 툴을 이용하여 제작할 때는 배경에 맞추어 색감이나 타이포의 입체면을 깊이감 있게 표현하기 어려울 때가 있어요. 그래서 그래픽 작업물에 사용되는 타이틀이나 자막 제작할때 종종 일러스트의 3D 툴을 이용해서 표현하는게 좋아요.

▶ 민희진 / 기획자

프로그램에 익숙하지 않을 때 멋진 아이디어를 가지고 있어도 표현이 되지 않아 주변 선배의 도움으로 작업을 완성하곤 했습니다. 내 생각을 표현이 따라가지 못할때의 답답함은 누구나 처음엔 다 느껴보았을 거예요. 도형 툴과 패스파인더는 무조건 연습입니다. 계속 여러 디자인을 참고하면서 툴을 손에 익히는 것이 가장 중요해요. 그리고 요즘에는 스톡이미지 사이트에서 일러스트 파일을 다운받을 수 있는 곳이 많아요. 본인이 표현하기 어려운 부분은 그런 소스들을 활용해서 작업의 완성도를 높이는 것도 하나의 방법이라고 할 수 있습니다. 다만, 활용하고 응용할 뿐이니 그대로 가져다 쓰는 마이너스적인 디자인은 하지 맙시다.

▶ 곽은지 / 편집 디자이너

참고서 관련 프로젝트 진행 중 과학 교재에 들어가는 물질의 변화 과정을 담은 이미지를 일러스트 벡터 파일로 제작해야했는데, 그 중 마지막 장면이 빛이 사방으로 뿜어져 나오는 장면을 만들어야 했습니다. 시안으로 준 빛의 이미지가 굉장히 화려했는데, 그것과 최대한 유사하게 하기 위해 그라디언트를 사용하여 농도를 조절해서 표현해보았지만 굉장히 어색하게 보이더라고요. 이때 일러스트에서 작업한 결과물을 포토샵에서 합성해보니 시안에서 제안된 화려한 빛을 표현하는데에 도움이 되었습니다.

▶ 김효진 / 편집 디자이너

디자인 작업을 하다 보면 여러 오브젝트를 한 번에 그려야 할때가 많은데 마감일에 쫓기다 보면 모든 오브젝트를 펜 툴로 그리기엔 시간적 여유도 없을뿐더러 정교하지 못하다는 단점이 있어요. 실제로 디자인을 처음 시작할 때 펜 툴의 핸들 제어가 익숙하지 못해서 애를 많이 먹었고요. 이때 도형 툴과 패스파인더의 조합만으로도 펜 툴보다 훨씬 정교하고 빠르게 작업이 가능해서 자주 사용하고 있는 드로잉 방식이에요.

Chapter 02

STEP 01 그라디언트를 이용한 화려한 배경 제작
STEP 02 그라디언트를 이용한 음향 객체 제작
STEP 03 무대 조명 객체 제작 및 실루엣 합성
STEP 04 무대 조명을 표현하는 lighting 합성
STEP 05 공연 관련 타이포그라피 제작
STEP 06 포토샵을 이용한 Lighting Effect

Music Festival

Chapter 02
ILLUSTRATOR · CC&CS6

일러스트레이터의 합성 모드를 사용하면 겹쳐진 객체 간의 색상을 혼합할 수 있습니다. 이때 겹쳐진 객체의 색상에 따라 어둡거나 밝게 혼합하여 자연스러운 색상을 연출할 수 있습니다. 이번 단계에서는 뮤직 페스티벌을 주제로 객체를 다양한 색상으로 표현하는 합성 모드에 대해 다뤄보고자 합니다. 그리고 전체적으로 좀 더 밝게 비춰질 수 있도록 포토샵을 이용한 'Lighting Effect'를 적용하겠습니다.

제작 요청서

	분류	내용	비고
1	디자인 컨셉	일렉트로닉의 음악을 화려하게 즐길 수 있는 MUSIC FESTIVAL 포스터 디자인	
2	디자인 색상	• 메인 색상 – 블루(음악의 역동성과 화려함을 표현하는 고채도, 저명도의 블루 계열) • 보조 색상 – 퍼플(웅장하고 화려함을 표현하는 고채도, 저명도의 블루 계열) • 강조 색상 – 마젠타(퍼플과 활기를 불어넣는 레드를 혼합한 계열)	화려한 빛이 강조되어야 하므로 저명도의 색상을 사용
3	디자인 사용 계획	공연 포스터 및 초대장의 배경	
4	문구 및 기획안	ELECTRONIC MUSIC FESTIVAL	배치되는 객체에 따라 문구 변경 가능
5	기타 사항	• 페스티벌의 화려함을 다채로운 빛으로 강조 • 공연 타이틀이 한눈에 들어올 수 있는 입체적으로 표현	

예제 파일

그물망.png

사람들.png

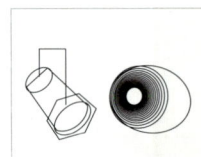

객체 소스.ai

: 완성 파일

그라디언트를 이용한 화려한 배경 제작

배경 중심을 비추는 객체를 생성하고 그라디언트로 채색한 배경과 합성시켜서 화려한 배경을 제작하겠습니다.

01 [File]-[New] 메뉴를 선택하고 다음과 같이 작업창 크기(210mm×297mm)를 지정합니다.

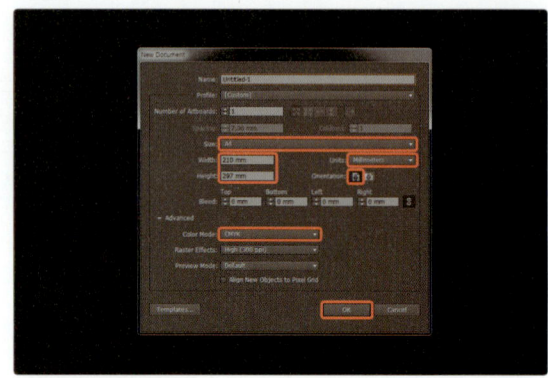

02 사각형 툴을 선택하고 작업창을 클릭합니다. 사각형 툴의 옵션창이 열리면 배경으로 사용할 사각형의 수치(160mm×225mm)를 입력합니다.

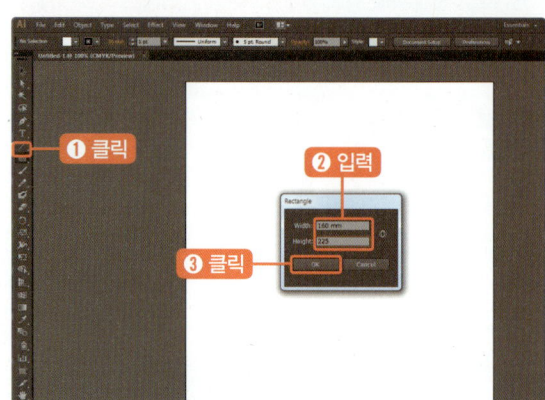

03 상단의 옵션 바에서 'Align to Artboard'를 선택하고 '가로, 세로 중앙 정렬'을 클릭해 작업창 중앙에 배치합니다.

04 그라디언트를 이용해서 배경을 채색하겠습니다. 사각형 객체를 선택하고 [Tools] 패널의 'Stroke'는 'None'으로 지정한 다음 'Fill'을 클릭합니다. [Window]-[Gradient] 메뉴를 선택해 [Gradient] 패널을 열고 슬라이더를 클릭합니다.

Tip [Tools] 패널의 'Fill'을 클릭해 활성화해야 객체의 선이 아닌 면에 채색할 수 있습니다.

05 그라디언트의 'Gray Scale' 모드는 슬라이더를 더블 클릭해서 'CMYK' 모드로 변경합니다.

06 배경으로 사용할 그라디언트의 색상을 수정하겠습니다. 그라디언트 바 아래쪽을 클릭해 슬라이더를 추가한 다음 앞의 슬라이더는 '흰색'으로, 나머지 슬라이더는 다음과 같이 색상을 지정합니다.

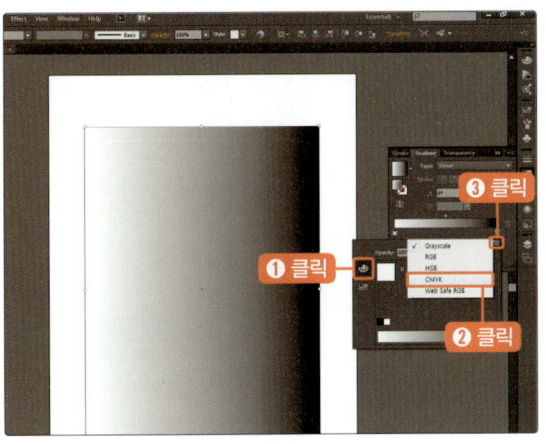

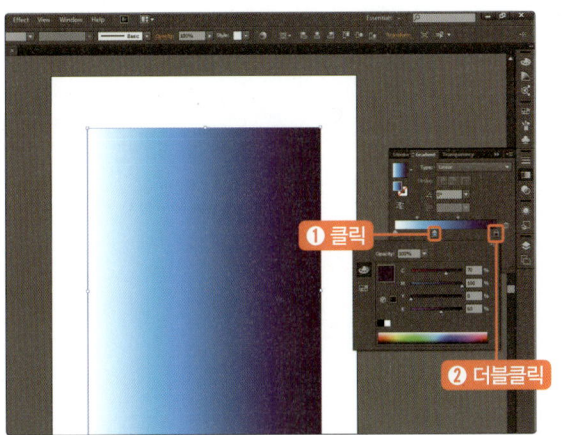

07 그라디언트 종류를 선형에서 원형으로 변경한 다음 그라디언트 툴을 드래그해 색상 퍼짐 정도를 부드럽게 조절합니다.

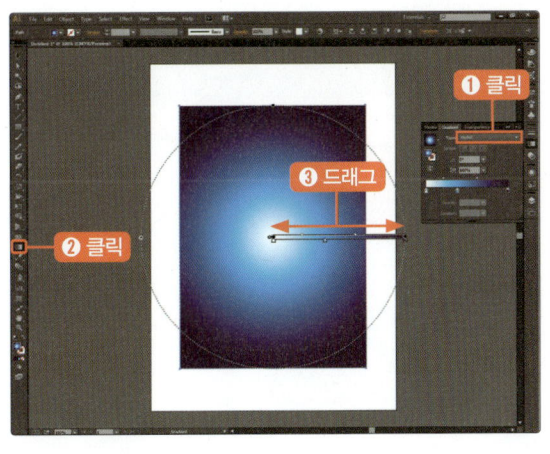

Tip 그라디언트 툴을 드래그할 때 나타나는 안내선의 가시성은 [View]-[Gradient Annotator] 메뉴에서 조절할 수 있습니다.

08 Ctrl+S를 눌러 파일을 저장합니다.

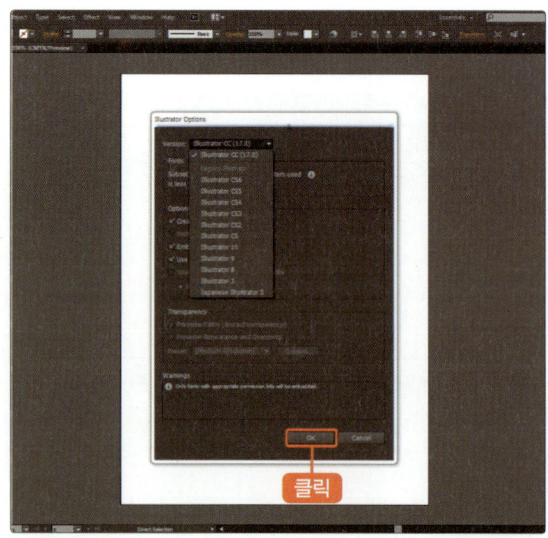

09 배경 중심을 비추는 객체를 배치하겠습니다. 선택 툴로 사각형 객체를 선택하고 Alt를 누른 채 드래그해 복제합니다. 복제한 사각형 객체를 기본 색상으로 변경합니다.

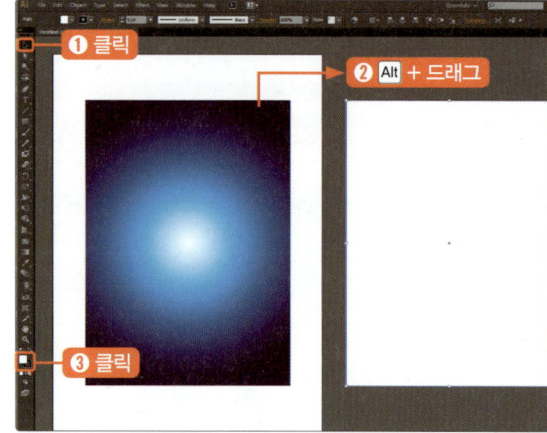

Tip [Tools] 패널의 'Default Fill and Stroke'를 클릭하면 객체를 기본 속성으로 변경할 수 있습니다.

10 선 툴을 이용해서 Shift를 누른 채 직선을 생성합니다.

11 회전 툴을 더블클릭해 회전 각도에 '5도'를 입력하고 [Copy] 버튼을 클릭합니다.

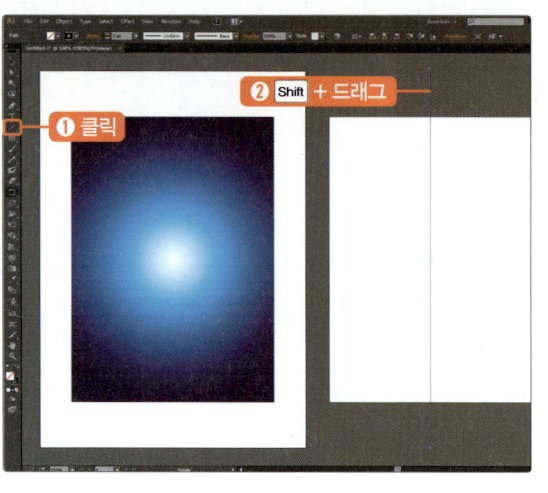

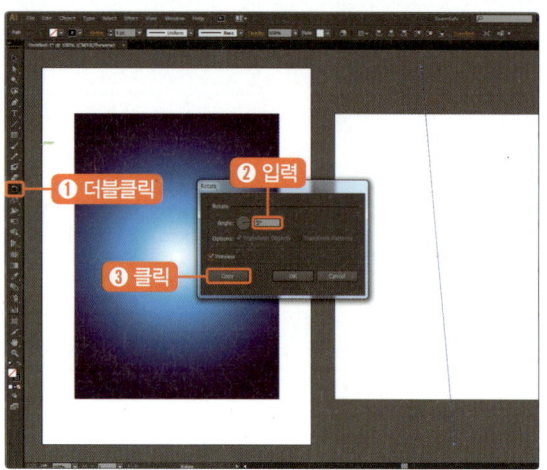

12 Ctrl+D를 눌러 객체를 회전하며 복제하는 명령을 반복합니다. 선택 툴로 사각형과 선 객체를 다중 선택하고 상단 옵션 바에서 'Align to Selection'을 선택한 후 '가로, 세로 중앙 정렬'을 클릭합니다.

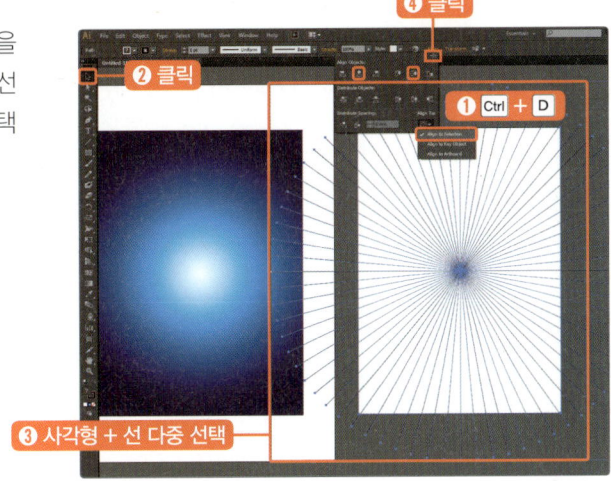

13 [Pathfinder] 패널에서 'Divide'를 클릭합니다. 마우스 오른쪽 단추를 클릭한 다음 'Ungroup'을 선택해 개별 객체로 풀어줍니다.

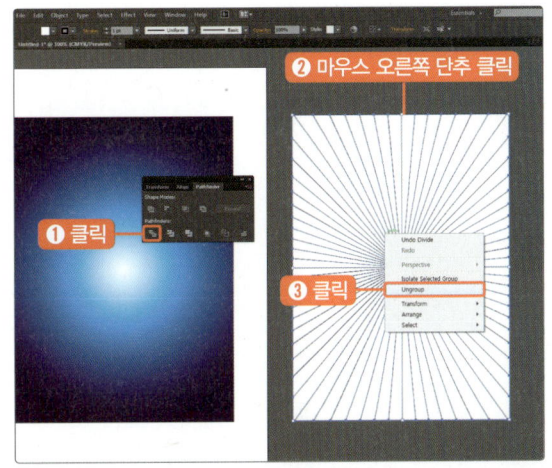

14 선택 툴로 객체를 하나씩 건너서 선택하고 Delete를 눌러 지워줍니다. 남은 객체들을 다중 선택한 후 [Tools] 패널의 'Stroke'를 'None'으로 지정한 다음 'Fill'을 클릭합니다.

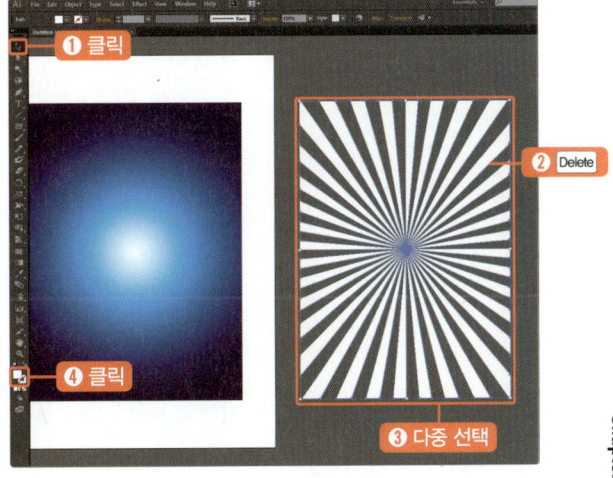

15 객체의 가장자리가 자연스럽게 사라지도록 그라디언트를 채색합니다. 객체를 선택하고 그라디언트 패널의 슬라이더를 클릭합니다. 불필요한 슬라이더는 패널 바깥으로 드래그해서 없앱니다.

16 첫 번째와 두 번째 슬라이더 모두 흰색으로 수정하고 두 번째 슬라이더의 투명도를 '0%'로 변경하고 그라디언트 툴로 색상 퍼짐 정도를 부드럽게 조절합니다. 그라디언트를 객체들은 다중 선택하고 그룹으로 묶어줍니다.

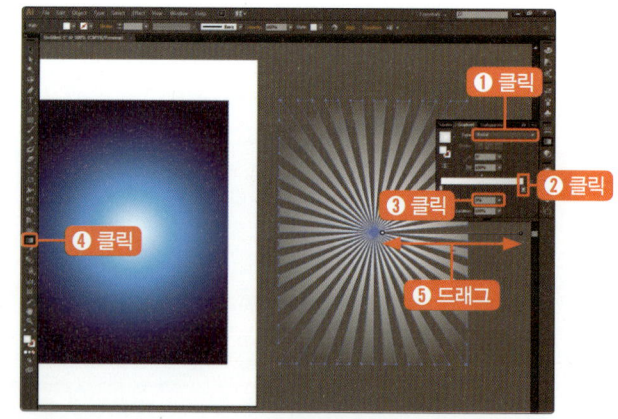

17 배경 중심을 비추는 또 다른 객체를 배치하겠습니다. 먼저 선택 툴로 사각형 객체를 하나 더 복제하고 기본 색상으로 변경합니다.

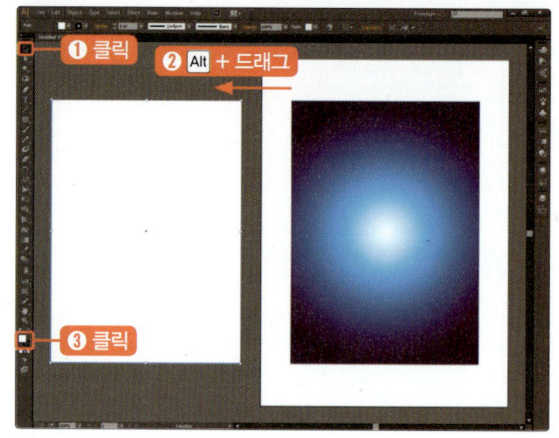

18 선 툴을 이용해서 직선을 그린 다음 회전 툴로 '12도' 간격으로 회전하면서 복제합니다. 선택 툴로 사각형과 선 객체를 다중 선택하고 상단의 옵션 바에서 '가로, 세로 중앙 정렬'을 클릭합니다.

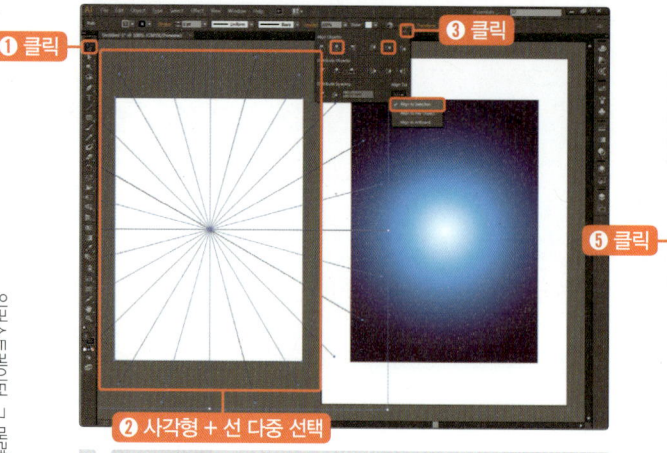

Tip 앞의 과정 11, 12번 단계와 동일합니다.

19 [Pathfinder] 패널에서 'Divide'를 클릭하고 'Ungroup'을 선택해서 개별 객체로 풀어줍니다. 선택 툴로 객체를 하나씩 띄워 선택한 다음 Delete를 눌러 지우고 흰색의 투명 그라디언트로 채색합니다.

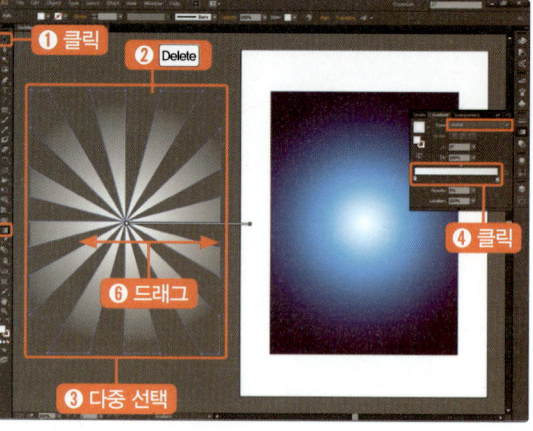

Tip 앞의 과정 13, 14번 단계와 동일합니다.

20 앞에서 제작한 객체가 배경 중심을 자연스럽게 비추도록 합성하기 위해서 배경에 배치합니다.

21 [Window]-[Transparency] 메뉴를 선택하고 [Transparency] 패널에서 합성 모드를 'Overlay'로 지정합니다. 투명도를 '80%'로 낮춰 합성 결과를 좀 더 약하게 수정합니다.

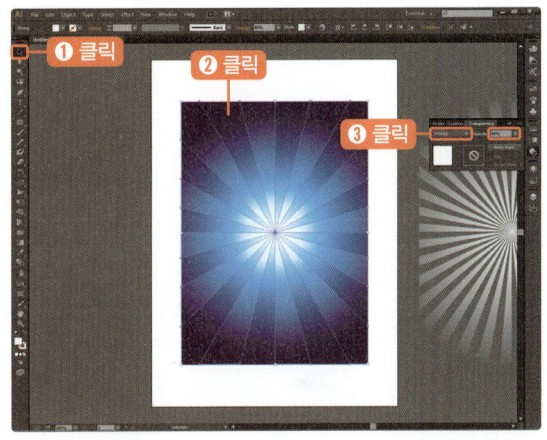

Tip 'Overlay'는 객체의 색상에 따라 어둡거나 밝게 혼합하는 합성 모드로 객체간의 색상을 자연스럽게 혼합할 때 사용할 수 있습니다. 그리고 투명도를 조절할 때 합성 결과를 약하게 표현할 수 있습니다.

22 나머지 객체도 배경에 배치합니다. 합성 모드를 'Overlay'로 지정하고 투명도를 '65%'로 낮춰서 합성 결과를 좀 더 약하게 수정합니다.

그라디언트를 이용한 음향 객체 제작

도형 툴과 패스파인더를 이용해서 음향 관련 객체를 제작하고 그라디언트로 입체감있게 채색하겠습니다.

01 작업창 중앙에 미러볼을 배치하겠습니다. 원형 객체를 생성합니다. 상단의 옵션 바에서 'Align to Artboard'를 선택한 다음 '가로, 세로 중앙 정렬'을 클릭해 작업창 중앙에 배치합니다.

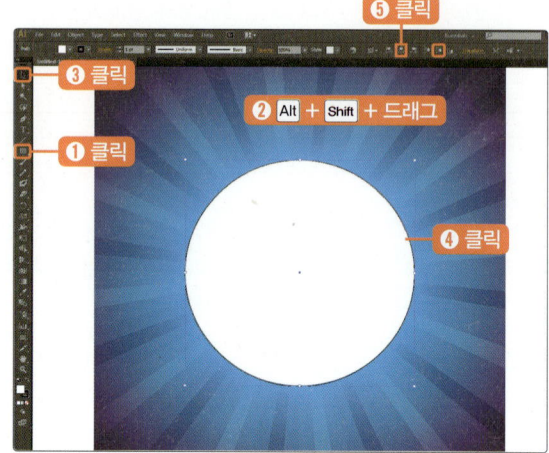

02 원형 객체가 입체적으로 보일 수 있도록 채색하겠습니다. 원형 객체를 선택하고 [Tools] 패널의 'Stroke'는 'None'으로 지정한 다음 'Fill'을 클릭해 그라디언트를 채색합니다. 원형 그라디언트를 적용하고 그라디언트 툴로 드래그해서 색상 퍼짐 정도를 부드럽게 조절합니다.

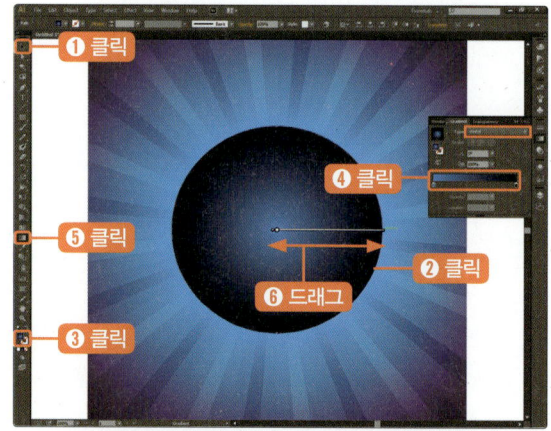

03 [File]-[Place] 메뉴를 선택해 '그물망.png' 파일을 불러옵니다. 원형 객체에 맞춰 크기를 조절합니다.

04 배치한 그물망 이미지를 원형 객체와 자연스럽게 합성하겠습니다. [Transparency] 패널에서 합성 모드를 'Overlay'로 지정합니다. 원형 객체와 그물망 이미지를 다중 선택한 후 그룹으로 묶어줍니다.
(Transparency:Overlay, Opacity:100%)

05 배경에 볼륨 객체를 배치하겠습니다. 볼륨 객체가 작업창 중앙에 배치되도록 안내선을 내립니다. 안내선을 내리기 위해서 [View]-[Ruler]-[Show Rulers] 메뉴를 선택하고 작업창에 자를 꺼냅니다.

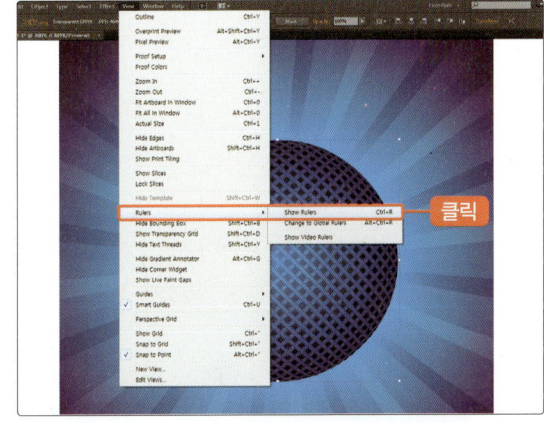

Tip [View]-[Ruler]-[Show Rulers] 메뉴의 단축키는 Ctrl+R 입니다.

06 안내선을 중앙에 정확하게 내리기 위해서 작업창을 크게 확대합니다. 왼쪽의 자에서 '105mm' 위치로 드래그합니다.

Tip 일러스트레이터에서 안내선은 기본적으로 'Lock'이 지정되어 있습니다. 안내선을 수정하려면 [View]-[Guides]-[Lock Guides] 메뉴의 선택을 해지합니다. 이렇게 하면 잠금을 해지한 안내선이 선의 색상이 없는 패스 속성으로 변경됩니다.

07 안내선에 맞춰 사각형 객체를 생성합니다. Alt+Shift를 누른 채 사각형 객체를 아래쪽으로 복제하고 Ctrl+D를 눌러 아래로 복제되는 명령을 반복합니다. 복제된 사각형 객체들을 다중 선택한 다음 그룹으로 묶어줍니다.

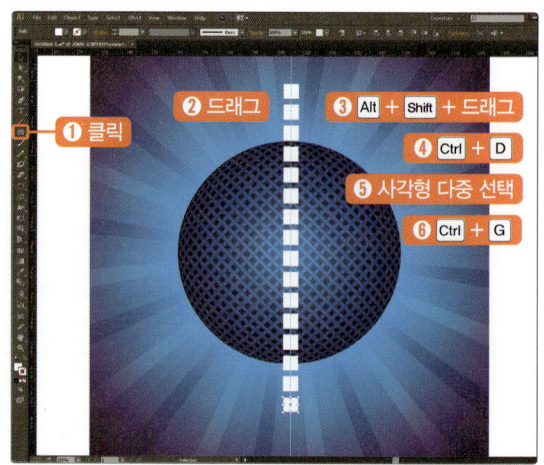

08 객체의 가장자리가 자연스럽게 사라지도록 그라디언트를 채색하겠습니다. 그룹으로 묶인 객체를 선택하고 [Tools] 패널의 'Stroke'를 'None'으로 지정한 후 'Fill'을 클릭해 그라디언트를 채색합니다.

09 그라디언트 종류는 '원형'으로, 두 번째 슬라이더의 투명도를 '0%'로 변경합니다. 그라디언트 툴로 드래그해서 색상 퍼짐 정도를 부드럽게 조절합니다.

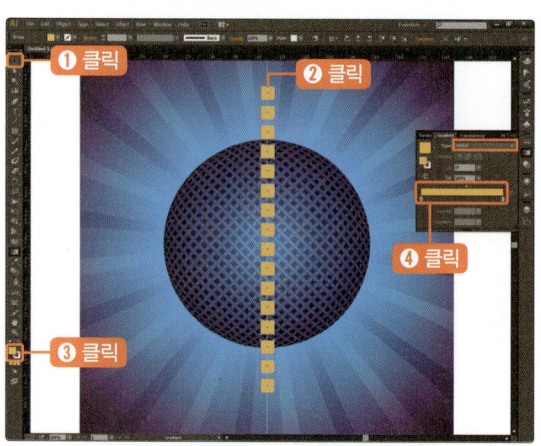

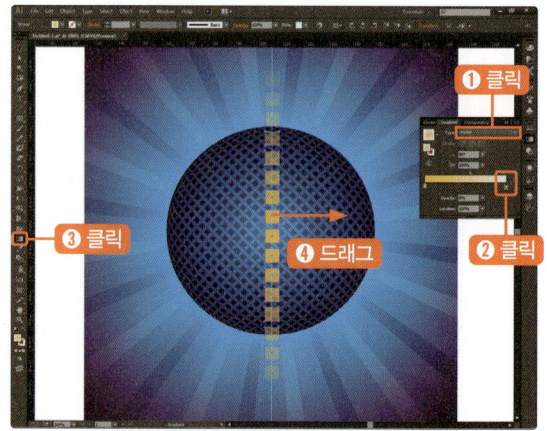

10 채색한 객체를 선택하고 Alt+Shift를 누른 채 왼쪽으로 드래그해 복제합니다. Ctrl+D를 눌러 왼쪽으로 드래그해 복제되는 명령을 반복합니다.

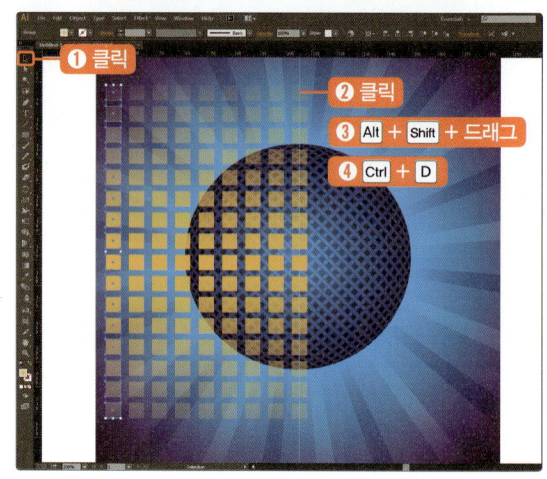

11 객체들이 배경 밖으로 벗어나서 복제되었다면 선택 툴로 다중 선택한 후 크기를 조절합니다. 객체의 높이가 서로 다르게 보이도록 그룹 선택 툴로 객체를 선택하고 Delete를 눌러 지웁니다.

> **Tip** 복제한 객체들은 그룹으로 묶여 있으므로 직접 선택 툴이 아닌 그룹 선택 툴로 객체를 선택하고 지워야 합니다. 그룹 선택 툴은 직접 선택 툴을 Alt를 누른 채 클릭하여 사용할 수도 있습니다.

12 객체에 적용된 그라디언트의 색상 퍼짐 정도가 서로 다르게 보이도록 수정합니다. 한 번의 열개 씩 객체를 선택하고 [Gradient] 패널의 슬라이더와 조절점을 이용해서 수정합니다. 객체들을 다중 선택하고 그룹으로 묶어 줍니다.

13 반전 툴로 작업창의 안내선 위에 Alt를 누른 채 클릭합니다. 좌우 대칭 옵션을 선택한 후 [Copy] 버튼을 클릭합니다.

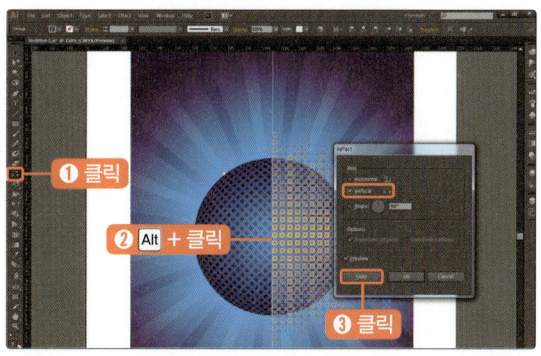

> **Tip** 오른쪽에도 객체를 배치하기 위해 [Copy] 버튼을 클릭하여 복제하였습니다.

14 왼쪽과 오른쪽에 배치된 볼륨 관련 객체는 그룹으로 묶어줍니다. 위쪽의 옵션 바에서 'Align to Artboard'를 선택하고 '가로, 세로 중앙 정렬'을 클릭해 작업창 중앙에 배치합니다.

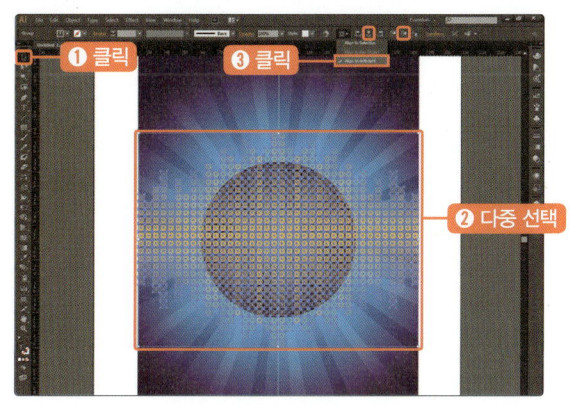

15 Ctrl+[를 눌러 미러볼 객체 아래로 배열을 수정합니다.

16 미러볼 객체 양쪽으로 스피커를 배치하겠습니다. 원형 객체를 생성합니다. [Tools] 패널의 'Stroke'를 'None'으로 설정한 다음 'Fill'을 클릭해 다음과 같이 채색합니다.

17 원형 객체를 선택하고 Ctrl+C, Ctrl+F를 눌러 복제합니다. 복제된 객체는 Alt+Shift를 누른 상태에서 크기를 작게 조절합니다.

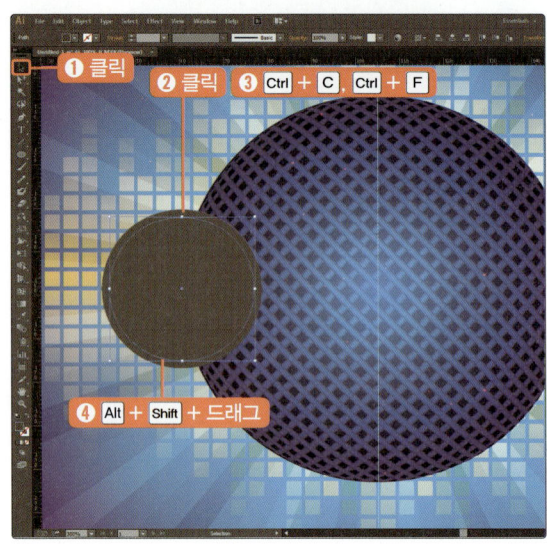

> **Tip** 단축키 Ctrl+C로 복제한 객체는 Ctrl+F, B를 눌러 객체의 앞, 뒤에 배열합니다.

18 복제된 객체는 [Tools] 패널의 'Stroke'를 '검은색'으로 지정하고 선 두께를 '3pt'로 조절합니다.

19 [Tools] 패널의 'Fill'을 클릭해 그라디언트를 다음과 같이 채색합니다.

20 원형 객체를 선택하고 Ctrl+C, Ctrl+F를 눌러 복제된 객체 크기를 작게 조절합니다. 선 두께는 '1pt'로 지정한 다음 [Tools] 패널의 'Fill'을 클릭해 그라디언트를 채색합니다.

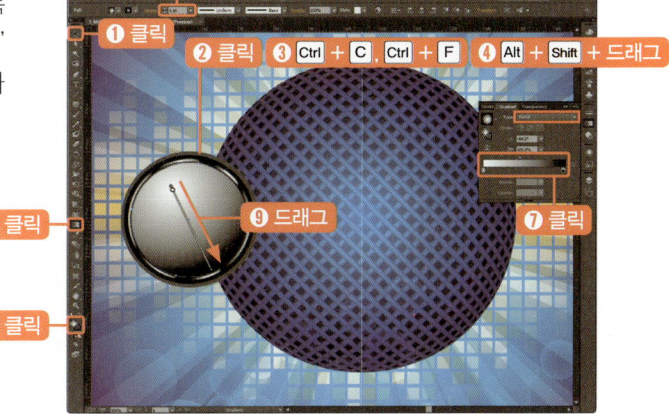

21 원형 객체를 선택하고 Ctrl+C, Ctrl+F를 눌러 복제된 객체 크기를 작게 조절합니다. [Tools] 패널의 'Stroke'는 'None'으로 지정한 다음 [Tools] 패널의 'Fill'을 클릭해 그라디언트를 채색합니다.

22 원형 객체를 선택하고 Ctrl+C, Ctrl+F를 눌러 복제된 객체 크기를 작게 조절합니다. [Tools] 패널의 'Stroke'를 '검은색'으로 'Fill'은 'None'으로 지정한 다음 선 두께를 '3pt'로 조절합니다.

23 스케일 툴을 더블클릭하고 옵션을 지정한 다음 [Copy] 버튼을 클릭합니다.

24 Ctrl+D를 눌러 단계적으로 작아지는 원을 복제하는 명령을 반복합니다.

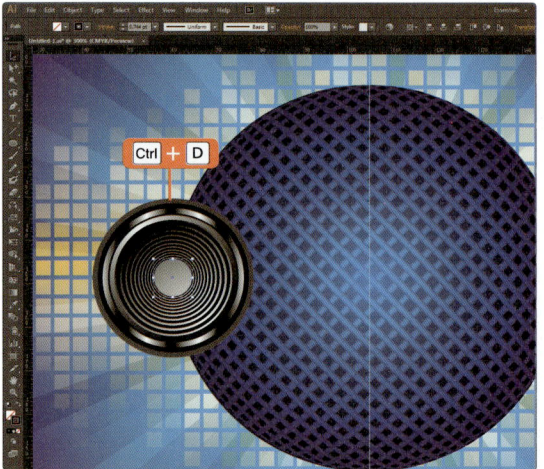

25 원형 객체를 생성합니다. [Tools] 패널의 'Stroke'는 'None'으로 지정한 다음 'Fill'을 클릭해 그라디언트를 채색합니다.

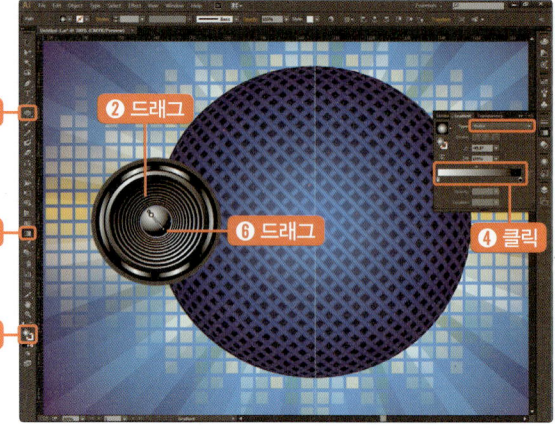

26 스피커 관련 객체는 다중 선택한 후 그룹으로 묶어 줍니다.

27 스피커에 원근법을 적용해서 모양을 변형하겠습니다. 스피커 객체를 선택합니다. [Tools] 패널에서 자유 변형 툴을 선택하고 위젯에서 'Perspective Distort'를 선택합니다.

Tip 자유 변형 툴은 먼저 선택 툴로 객체를 선택해야 사용할 수 있습니다. 그리고 CC 버전 이하의 자유 변형 툴은 객체의 바운딩 박스에 마우스를 대고 Ctrl + Alt + Shift 를 누른 채 드래그해서 사용합니다.

28 객체의 바운딩 박스의 왼쪽 상단의 모서리를 아래로 드래그해서 모양을 변형합니다. 선택 툴로 객체를 선택하고 가로 폭을 줄입니다.

29 스피커의 뒷면을 제작하겠습니다. 타원형 객체를 생성합니다. Ctrl + [를 눌러 스피커 아래로 배열을 수정합니다.

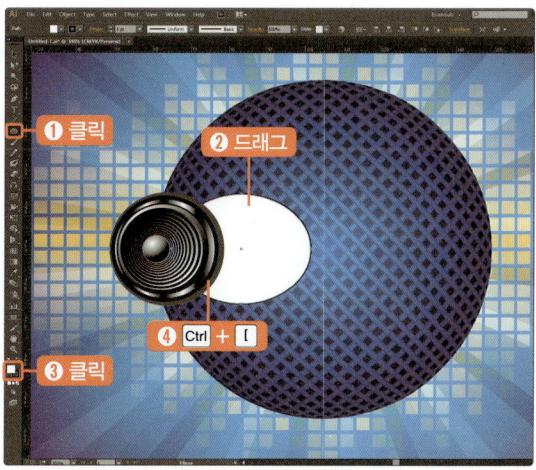

30 타원형 객체는 스피커에 맞춰 배치하고 크기를 조절합니다. 타원형과 스피커 객체를 다중 선택하고 상단 옵션 바에서 'Align to Selection'을 클릭해 '세로 중앙 정렬'을 선택합니다.

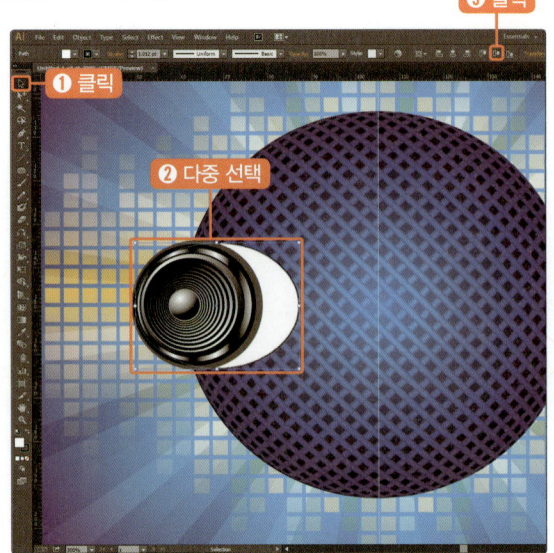

31 타원형 객체가 입체적으로 보일 수 있도록 [Tools] 패널의 'Stroke'는 'None'으로 지정하고 'Fill'을 클릭해 그라디언트를 채색합니다.

32 타원형과 스피커 객체를 다중 선택하고 그룹으로 묶어줍니다. 그룹으로 묶인 스피커 객체는 Ctrl+[를 눌러 미러볼 객체 뒤로 배열을 수정합니다.

Tip 한 단계씩 앞, 뒤로 보내는 단축키 Ctrl+[,]는 객체 제작 순서에 따라서 여러 번 눌러야 하는 경우가 있습니다.

33 스피커 객체를 선택하고 비스듬히 회전합니다. Alt 를 누른 채 하나 더 복제하고 다음과 같이 위치와 크기를 조절합니다.

34 두 개의 스피커 객체를 다중 선택하고 그룹으로 묶어줍니다. 객체를 오른쪽에도 배치하기 위해서 반전 툴로 안내선 위에 Alt를 누른 채 클릭합니다. 좌우 대칭 옵션으로 선택한 후 [Copy] 버튼을 클릭합니다.

무대 조명 객체 제작 및 실루엣 합성

미러볼을 비추는 조명을 제작하고 포스터 상단에 배치하겠습니다. 그리고 포스터 하단에 환호하는 사람들의 실루엣 이미지를 배치하겠습니다.

01 [File]-[Place] 메뉴를 선택해 '사람들.png' 파일을 불러온 다음 배경에 맞춰 위치와 크기를 조절합니다.

02 [Transparency] 패널에서 합성 모드를 'Overlay'로 지정해 배경과 자연스럽게 합성합니다.
(Transparency:Overlay, Opacity:100%)

03 조명 객체를 제작하기 위해 배경 위쪽에 사각형 객체를 얇게 생성합니다.

04 [Tools] 패널의 'Stroke'를 'None'으로 지정한 다음, 'Fill'을 클릭해 그라디언트를 채색합니다. 선형 그라디언트를 적용하고 그라디언트 툴로 드래그해서 색상 퍼짐 정도를 부드럽게 조절합니다.

05 선택 툴로 사각형 객체를 선택하고 Alt + Shift 를 누른 채 오른쪽에 복제합니다.

06 사각형 객체를 하나 더 복제하고 Shift 를 누른 채 가로 방향으로 회전합니다. 객체의 가로 폭을 길게 조절합니다.

07 사각형 객체는 Alt + Shift 를 누른 채 아래 방향으로 하나 더 복제합니다.

Tip Shift 를 누른 채 회전하면 객체를 '45도', '90도'로 회전할 수 있습니다.

08 사각형 객체를 하나 더 복제하고 다음과 같이 배치합니다.

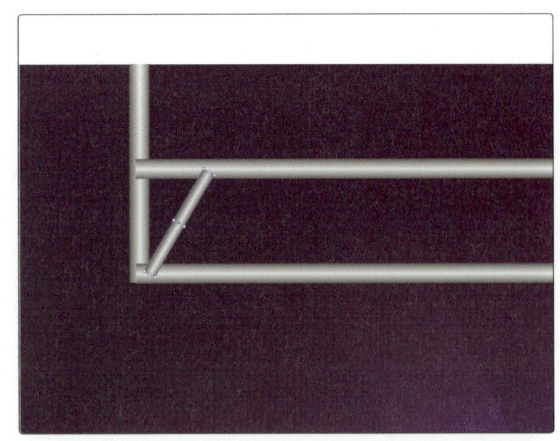

09 반전 툴로 사각형 객체의 상단에 Alt를 누른 채 클릭합니다. 좌우 대칭 옵션을 선택한 후 [Copy] 버튼을 클릭합니다.

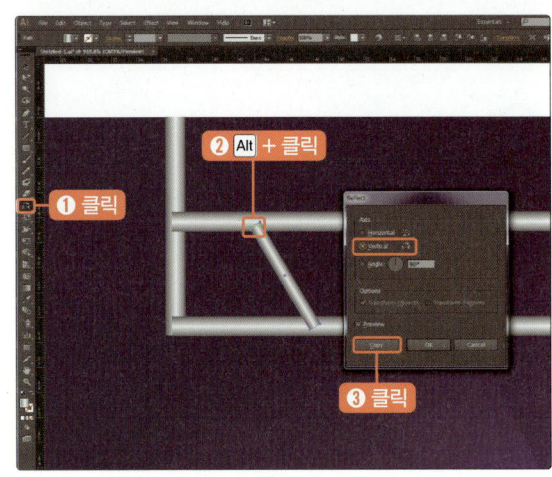

10 회전시킨 객체를 다중 선택하고 그룹으로 묶어줍니다. Ctrl+[를 눌러 가로 방향의 사각형 객체 뒤로 배열을 수정합니다.

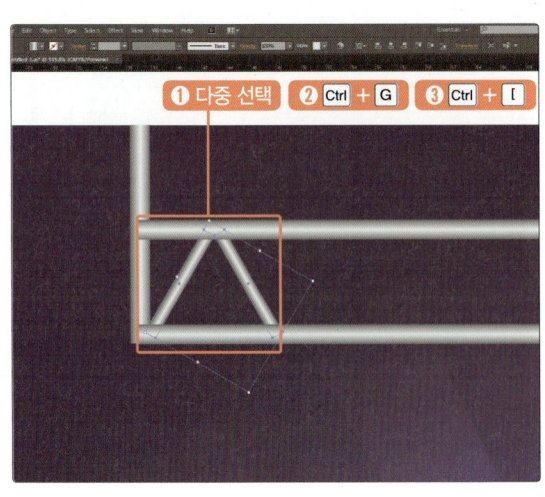

11 객체는 Alt+Shift를 누른 채 오른쪽으로 복제하고 Ctrl+D를 눌러 오른쪽으로 복제되는 명령을 반복합니다. 복제된 객체들은 양쪽의 사각형 객체에 맞춰 크기와 위치를 조절합니다.

12 사각형 객체를 생성합니다. 펜 툴을 오른쪽의 패스 위에 대고 Alt를 누른 채 드래그합니다.

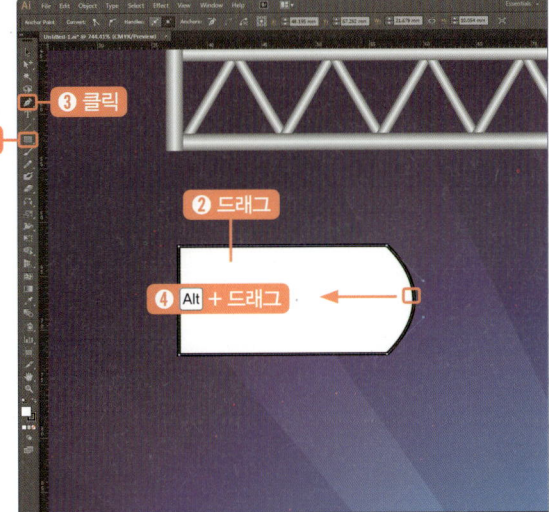

> **Tip** CC 버전 이하에서는 사각형과 원형 객체를 패스파인더로 결합시켜서 모양을 변형합니다.

13 [Tools] 패널의 'Stroke'는 'None'으로 지정한 다음 'Fill'을 클릭해 그라디언트를 채색합니다. 선형 그라디언트를 적용하고 그라디언트 툴로 드래그해서 색상 퍼짐 정도를 부드럽게 조절합니다.

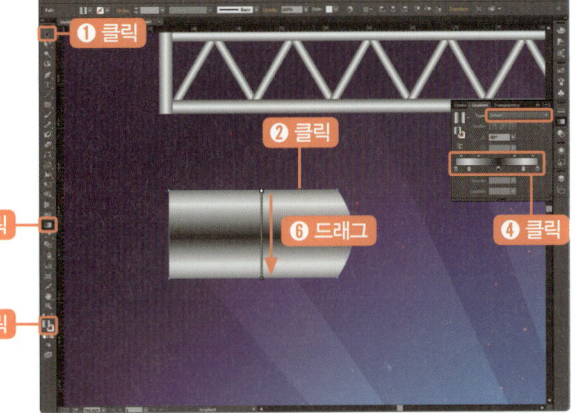

14 [Tools] 패널에서 자유 변형 툴을 선택하고 위젯에서 'Perspective Distort'를 선택합니다. 객체의 바운딩 박스의 왼쪽, 상단 모서리를 아래로 드래그해서 모양을 변형합니다.

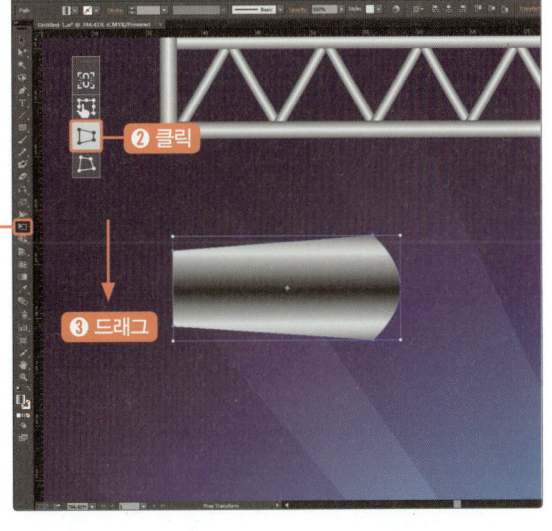

15 타원형 객체를 오른쪽에 생성하고 다음과 같이 채색합니다. Ctrl+[를 눌러 사각형 객체 뒤로 배열을 수정합니다.

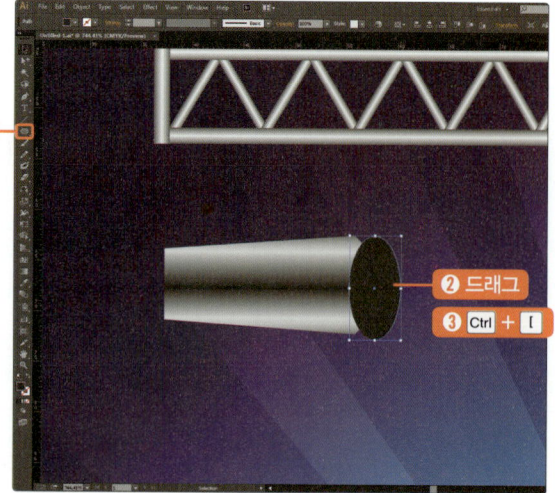

16 타원형 객체를 왼쪽에 생성합니다. [Tools] 패널의 'Stroke'를 'None'으로 지정한 다음 'Fill'을 클릭해 그라디언트를 채색합니다. 선형 그라디언트를 적용하고 그라디언트 툴로 드래그해서 색상 퍼짐 정도를 부드럽게 조절합니다.

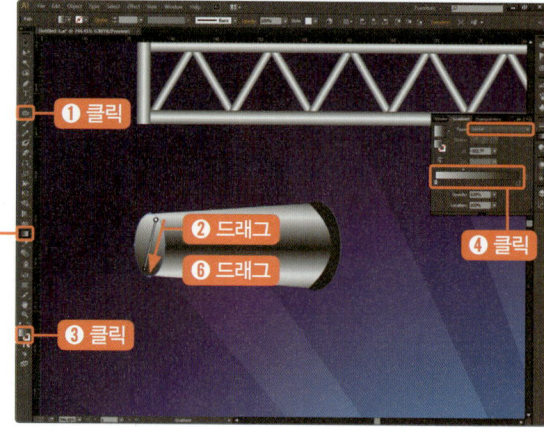

> **Tip** ❷ 드래그는 객체 생성, ❻ 드래그는 그라디언트

17 육각형 객체를 배치하겠습니다. 다각형 툴을 선택하고 마우스를 드래그하는 동안 방향키로 꼭짓점 개수를 조절합니다.

18 [Tools] 패널의 'Stroke'를 'None'으로 지정한 다음 'Fill'을 클릭해 그라디언트를 채색합니다. 선형 그라디언트를 적용하고 그라디언트 툴로 드래그해서 색상 퍼짐 정도를 부드럽게 조절합니다.

19 [Tools] 패널에서 자유 변형 툴을 선택하고 위젯에서 'Perspective Distort'를 선택한 후 모양을 변형합니다.

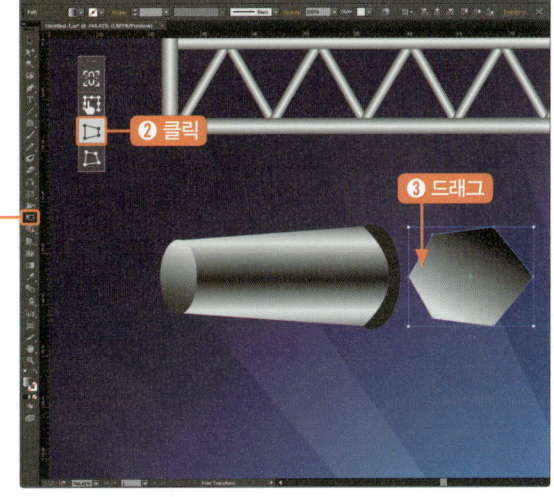

20 선택 툴로 객체의 가로 폭을 줄입니다. Ctrl+[를 눌러 사각형 객체 뒤로 배열을 수정합니다.

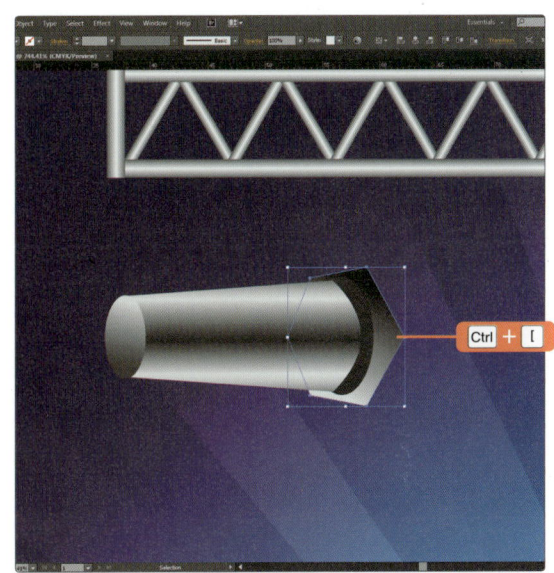

21 조명 객체는 다중 선택한 후 그룹으로 묶어줍니다. 객체를 비스듬히 회전하고 배경 위쪽에 배치합니다.

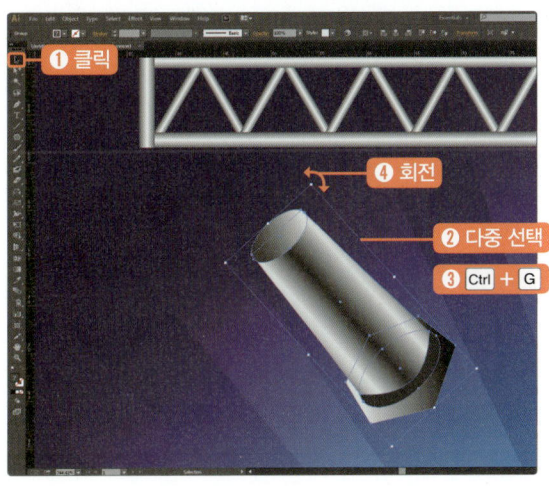

22 펜 툴로 다음과 같이 패스를 생성합니다.

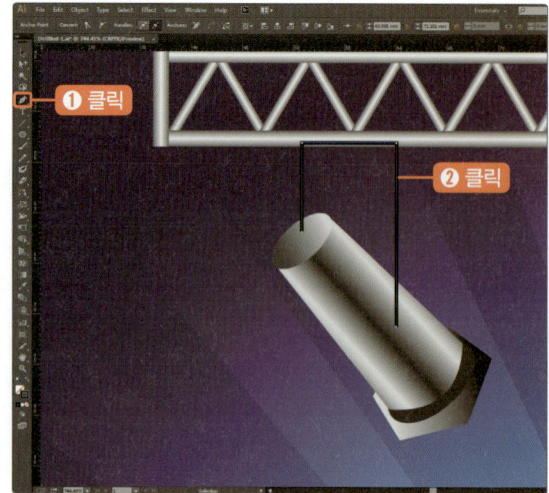

23 선 두께를 '2pt'로 조절합니다. [Tools] 패널의 'Fill'은 'None'으로 지정한 다음 'Stroke'를 클릭하여 그라디언트를 채색합니다.

24 객체를 오른쪽에도 배치하기 위해 Alt 를 누른 채 안내선 위를 반전 툴로 클릭합니다. 좌우 대칭 옵션을 선택한 후 [Copy] 버튼을 클릭합니다.

무대 조명을 표현하는 Lighting 합성

그라디언트와 합성 모드를 이용해서 원형 심벌을 제작하고 미러볼 주변에 배치하겠습니다. 그리고 조명을 비추는 빛을 제작하고 배경과 밝게 합성하겠습니다.

01 원형 객체를 생성합니다. [Tools] 패널의 'Stroke'를 'None'으로 지정한 다음 'Fill'을 클릭합니다.

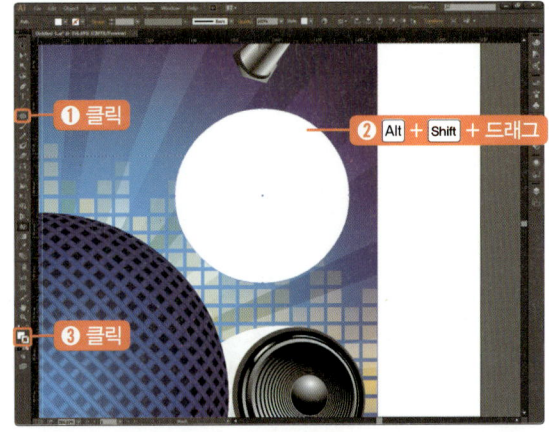

02 원형 객체를 선택하고 [Gradient] 패널의 슬라이더를 클릭합니다. 첫 번째와 두 번째 슬라이더 모두 흰색으로 수정하고 첫 번째 슬라이더의 투명도를 '0%'로 변경한 후 원형 그라디언트를 적용합니다. 그라디언트 툴로 색상 퍼짐 정도를 부드럽게 조절합니다.

03 [Transparency] 패널에서 'Overlay'를 선택해서 배경과 자연스럽게 합성합니다.
(Transparency:Overlay, Opacity:100%)

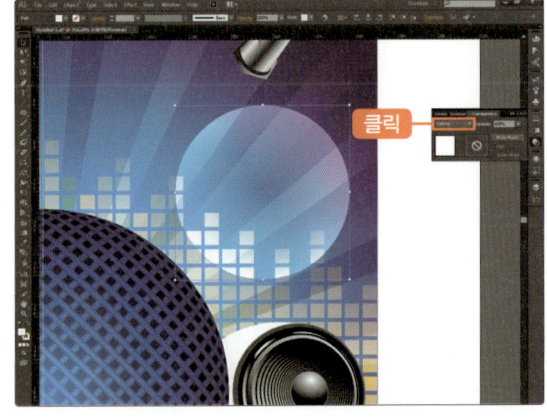

04 배경에 자연스럽게 흩날리도록 배치하겠습니다. [Window]-[Symbol] 메뉴를 선택해서 [Symbol] 패널을 엽니다. 원형 객체를 [Symbol] 패널에 드래그해서 심벌로 등록합니다.

Tip 심벌은 여러 개의 객체를 배경에 흩날리듯이 배치할 때 유용하게 사용할 수 있습니다.

05 [Tools] 패널의 심벌 스프레이 툴을 선택합니다. 마우스 오른쪽 단추를 클릭해 심벌 관련 툴 목록을 꺼냅니다.

Tip 숨겨진 툴 목록의 오른쪽 화살표를 클릭하면 작업창에 꺼내놓고 사용할 수 있습니다.

06 등록한 심벌 객체를 선택하고 작업창에 심벌 스프레이 툴을 드래그합니다.

07 배치된 심벌 객체를 선택하고 심벌 관련 툴을 이용해서 위치, 크기, 투명도 등을 조절합니다. [Transparency] 패널에서 'Overlay'를 선택하고 투명도를 '60%'로 낮춰 배경과 자연스럽게 합성합니다.

Tip 심벌 관련 툴을 객체에 클릭하면 크기를 크게, 투명도는 약하게 조절할 수 있습니다. 그리고 Alt 를 누른 상태에서 심벌 관련 툴을 사용하면 반대로 크기는 작아지고 투명도는 진하게 조절할 수 있습니다.

08 Alt 를 누른 채 반전 툴로 작업창 중앙을 클릭합니다. 상하좌우 대칭 옵션을 선택한 후 [Copy] 버튼을 클릭합니다.

09 조명에서 내리쬐는 빛을 배치하기 위해서 사각형 객체를 생성합니다. [Tools] 패널에서 자유 변형 툴을 선택하고 위젯에서 'Perspective Distort'를 선택해 모양을 변형합니다.

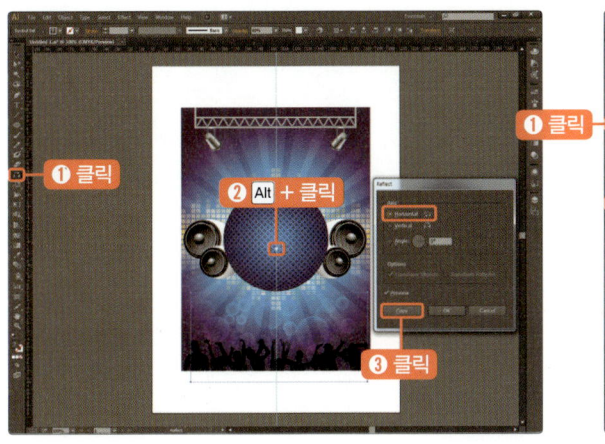
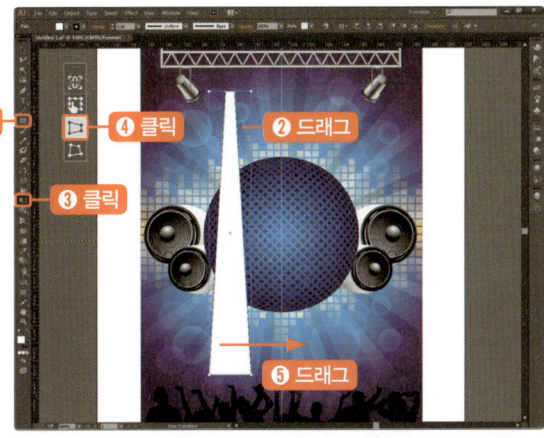

10 [Tools] 패널의 'Stroke'를 'None'으로 지정하고 'Fill'을 클릭한 다음 [Gradient] 패널의 슬라이더를 클릭합니다. 첫 번째와 두 번째 슬라이더 모두 흰색으로 수정하고 두 번째 슬라이더의 투명도를 '0%'로 변경하고 선형 그라디언트를 적용합니다. 그라디언트 툴로 색상 퍼짐 정도를 부드럽게 조절합니다.

11 [Transparency] 패널에서 'Overlay'를 선택해 배경과 자연스럽게 합성시킵니다. 조명 객체에 맞춰 회전한 후 배치합니다. (Transparency:Overlay, Opacity:100%)

12 Alt를 누른 채 반전 툴로 작업창의 안내선 위에 클릭하고 좌우 대칭 옵션을 선택한 후 [Copy] 버튼을 클릭합니다.

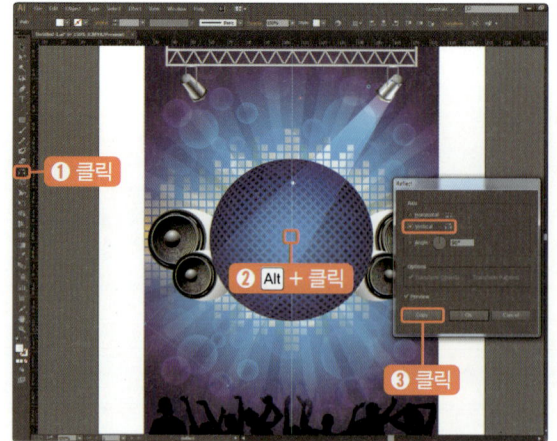

13 위쪽의 조명 객체를 다중 선택하고 Alt+Shift+] 를 눌러 배경 맨 앞으로 배열을 수정합니다.

14 작업창 중앙의 안내선은 Ctrl+; 를 눌러 보이지 않도록 설정합니다.

Tip 안내선의 가시성을 위한 단축키는 Ctrl+; 입니다.

공연 관련 타이포그래피 제작

3D 효과를 적용하여 타이틀을 입체적으로 표현하고 공연 관련 서브 문구를 배치하겠습니다.

01 작업창 중앙에 타이틀을 배치하겠습니다. 'MUSIC FESTIVAL'을 입력하고 [Window]-[Type]-[Character] 메뉴를 선택해서 줄 간격(행간)을 조절합니다.

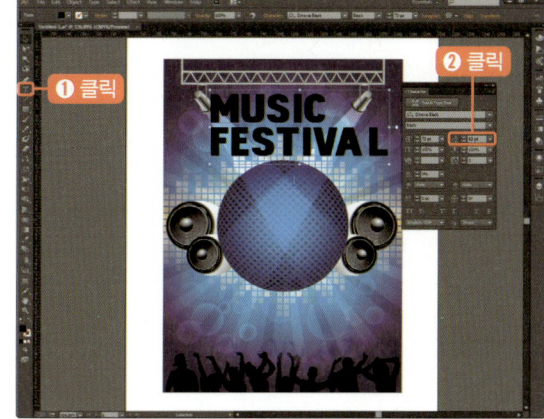

Tip 문자의 폰트 크기 및 두께 등을 [Character] 패널에서 수정할 수 있습니다. [Character] 패널의 단축키는 Ctrl+T입니다.

02 타이틀을 선택하고 상단 옵션 바에서 'Align to Artboard'를 선택하고 '가로, 세로 중앙 정렬'을 클릭해서 작업창 중앙에 배치합니다. 문자 색상은 '흰색'으로 변경합니다.

03 타이틀을 선택하고 [Type]-[Create Outlines] 메뉴를 선택하거나 마우스 오른쪽 단추를 클릭해 'Create Outlines'를 적용합니다.

저자의 한마디

작업창에 사용한 폰트가 유실될 경우를 대비해서 문자는 'Create Outlines'를 적용하여 객체 속성으로 변환하는 것이 안전합니다. 그리고 객체로 변환된 문자는 수정이 안 되므로 변환 전 하나 더 복제해서 원본을 남겨두는 것이 좋습니다.

04 타이틀에 입체 효과를 적용하겠습니다. [Effect]-[3D]-[Extrude & Bevel] 메뉴를 선택합니다. 옵션창 하단의 미리보기를 선택하고 문자가 입체적으로 보일 수 있도록 옵션을 조절합니다. (⬆:15°, ⬅:0°, ↺:0°, Light Intensity :100%, Ambient Light:60%, Highlight Intensity:60%, Highlight Size:100%, Blend Steps:25)

Tip [Effect] 메뉴에서 적용한 효과를 수정할 경우 [Window]-[Appearance] 메뉴를 선택하고 [Appearance] 패널에서 수정할 수 있습니다.

05 입체 효과를 적용한 타이틀에 그림자를 적용하기 위해서 [Effect]-[Stylize]-[Drop Shadow] 메뉴를 선택합니다. 옵션창 하단의 미리보기를 선택하고 타이틀 아래 방향으로 그림자가 보이도록 옵션을 조절합니다. (Opacity:75%, X offset:0mm, Y offset:0mm, Blur:1.5mm)

06 타이틀 위쪽에 서브 문구를 입력하겠습니다. 'TICKETS JUST-ALMOSTSOLDOUT'을 입력한 다음 문자 색상을 '흰색'으로 지정하고 크기를 조절합니다.

07 서브 문구에 맞춰 사각형 객체를 생성하고 다음과 같이 채색합니다. Ctrl+[를 눌러 서브 문구 뒤로 배열을 수정합니다.

08 서브 문구 가장자리에 리본을 배치하겠습니다. 사각형 객체를 생성한 후 패스 위에 펜 툴을 대고 점을 추가합니다. 직접 선택 툴을 이용해서 점을 선택하고 위치를 조절합니다.

Tip ❷ 드래그는 객체 생성, ❻ 드래그는 점 위치 조절

09 리본 객체는 서브 문구에 맞춰 배치합니다. Ctrl+[를 눌러 서브 문구 뒤로 배열을 수정합니다.

10 서브 문구와 사각형 객체를 다중 선택하고 그룹으로 묶어 줍니다. 비스듬히 회전하고 타이틀과 미러볼 객체에 맞춰 배치합니다.

11 미러볼과 사각형 객체에 맞춰서 펜 툴로 다음과 같이 객체를 생성합니다.

12 Ctrl + [를 눌러 미러볼 객체 뒤로 배열을 수정합니다.

13 타이틀 아래쪽의 서브 문구를 다음과 같이 입력하고 작업창 중앙과 아래쪽에 배치합니다. [Effect]-[Stylize]-[Drop Shadow] 메뉴를 선택하고 그림자 효과를 적용합니다. (Opacity:75%, X offset:0mm, Y offset:0.3mm, Blur:1.5mm)

STEP 06 포토샵을 이용한 Lighting Effect

일러스트레이터에서 작업한 포스터를 포토샵으로 가져와서 화려한 조명으로 밝게 빛날 수 있도록 빛을 합성하겠습니다.

01 [File]-[Save As] 메뉴를 선택해 확장자를 'eps'로 지정하고 [OK] 버튼을 클릭합니다.

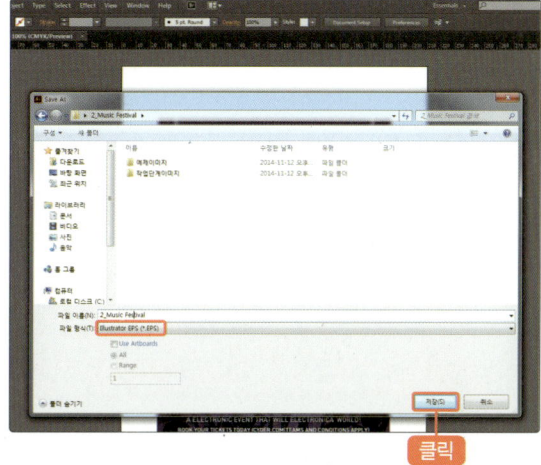

02 포토샵 프로그램을 실행시키고 [File]-[Open] 메뉴를 선택한 후 'eps'로 저장한 파일을 불러옵니다. 불러올 때 해상도 및 색상 모드 옵션을 수정합니다.

> **저자의 한마디**
>
> 인쇄용 파일의 해상도는 '300dpi'의 고해상도와 'CMYK'의 색상 모드를 사용합니다. 하지만 'CMYK' 색상 모드는 빛을 합성하여 이미지를 밝게 표현할 수가 없습니다. 대신, 'RGB' 색상 모드는 웹용 파일에 사용되는 해상도로 화려한 빛을 합성할 수 있습니다.

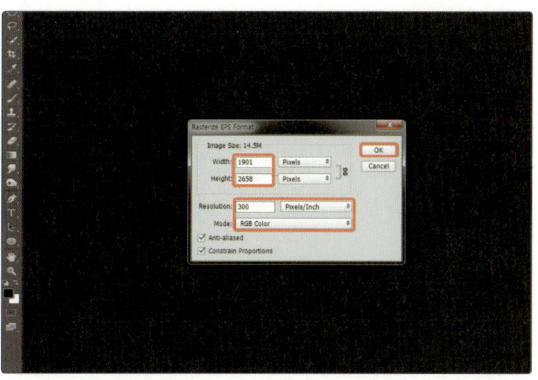

03 조명에 빛을 합성하기 위해서 [Layer] 패널에서 레이어를 생성합니다.

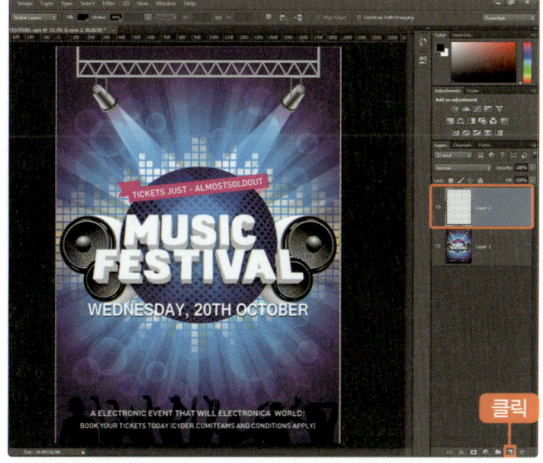

> **Tip** 포토샵은 채색을 할 때 레이어를 생성해야 후 보정 및 수정 작업이 가능합니다.

04 [Tools] 패널에서 브러시 툴을 선택하고 상단 옵션 바에서 브러시 가장자리가 부드러운 'hardness=0'의 브러시를 선택합니다. [Tools] 패널의 전경색을 '흰색'으로 지정하고 조명에 맞춰 채색합니다.

Tip 브러시 크기를 조절할 때 단축키 [,]를 사용할 수 있습니다.

05 조명과 채색한 부분을 자연스럽게 합성하기 위해서 [Layer] 패널의 합성 모드를 'Overlay'로 지정합니다.

Tip 이미지의 색상, 채도, 명도를 자연스럽게 혼합하여 표현하려면 'Overlay'를 사용합니다.

06 미러볼 중앙에 빛을 합성하기 위한 레이어를 생성합니다. 흰색의 브러시를 미러볼에 맞춰 채색합니다.

07 미러볼과 채색한 부분을 자연스럽게 합성하기 위해서 [Layer] 패널의 합성 모드를 'Overlay'로 지정합니다.

08 레이어를 생성하고 나머지 부분도 흰색의 브러시로 채색합니다.

09 배경과 채색한 부분을 자연스럽게 합성하기 위해서 [Layer] 패널의 합성 모드를 'Overlay'로 지정합니다.

10 Shift 를 누른 채 빛으로 채색한 레이어를 다중 선택합니다. Ctrl+G를 눌러 그룹으로 묶어줍니다.

11 포스터 가장자리를 어둡게 표현하는 로모 효과를 적용하겠습니다. [Layer] 패널 하단의 보정 레이어 아이콘을 클릭합니다. 'Solid Color'를 선택합니다.

Tip 'Solid Color'는 이미지 전체에 채색할 때 사용할 수 있습니다. 그리고 레이어 마스크와 함께 생성되어 원하는 부분만 크 보이도록 채색 범위를 자연스럽게 설정할 수 있습니다.

12 'Color Picker'에서 '검은색'을 지정합니다.

13 검은색이 배경과 자연스럽게 합성되기 위해서 [Layer] 패널의 합성 모드를 'Overlay'로 지정합니다.

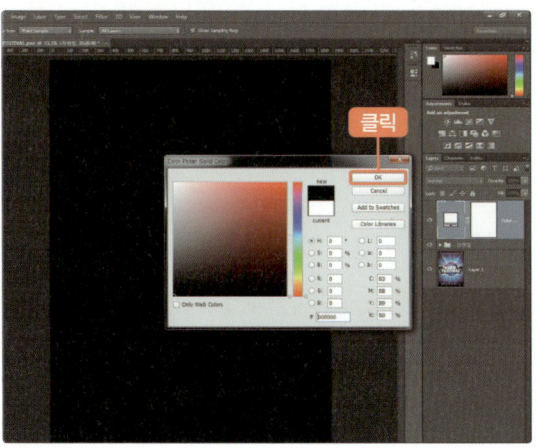

14 레이어 마스크에 검은색을 채색하여 이미지 가장자리만 어둡게 합성하겠습니다. [Tools] 패널의 전경색을 '검은색'으로 지정한 다음 브러시 툴을 선택하고 레이어 마스크의 가장자리를 제외한 부분을 채색합니다.

Tip 레이어 팔레트의 레이어 마스크 아이콘을 선택하고, 가릴 부분을 검은색으로 채색하면 하위 레이어의 이미지를 원하는 부분만큼 보여질 수 있도록 설정할 수 있습니다. 반대로 흰색으로 채색하면 이미지의 가려진 부분을 보이게 설정할 수 있습니다.

15 [File]-[Save As] 메뉴를 선택하고 확장자를 'jpg'로 설정하여 저장합니다.

PART 02
Special Tip

인쇄 파일 저장 시 유의 사항

작업물은 안전한 인쇄 파일로 저장해야 의도한 대로 출력될 수 있습니다. 그래서 이번 단계에서는 그에 대한 유의 사항과 재단선을 제작하는 방법에 대해 알아보겠습니다.

1. 오시

작업 시 색상 모드는 'CMYK' 모드로 작업합니다. 'RGB' 모드로 작업한 후 'PDF'로 변환하면 색상 차이가 많이 발생합니다. 이에 대한 속성은 [File]-[Document Color Mode] 메뉴를 선택하여 확인할 수 있습니다.

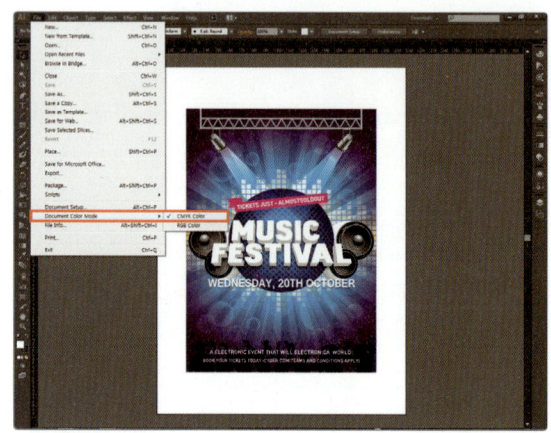

2. 서체 및 윤곽선 처리

작업에 사용된 폰트가 유실될 수 있으므로 텍스트는 객체 속성으로 변환합니다.

Tip 최종 작업물은 [Type]-[Find Font] 메뉴를 선택하고 폰트의 객체 속성 변환 유무를 확인합니다.

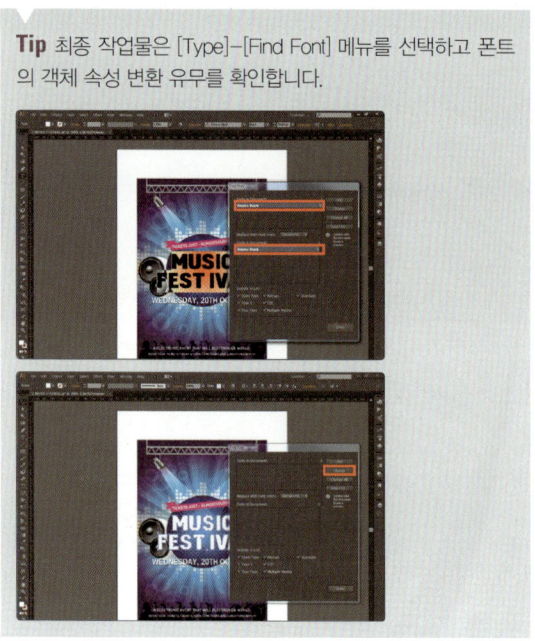

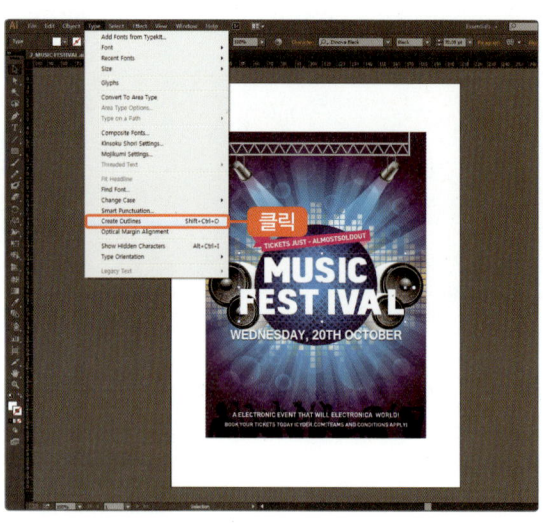

3. 이미지 링크

가져오기(Place)로 이미지를 불러온 경우엔 연결(Link) 옵션을 풀고 불러와야 이미지의 링크가 없어져서 유실의 유무로 인한 사고를 방지할 수 있습니다. 만약 연결(Link) 옵션을 선택하고 이미지를 불러왔다면 이미지를 함께 첨부해서 인쇄 관련 파일을 함께 저장해야 합니다.

Tip 연결(Link) 옵션으로 불러온 이미지는 [Window]–[Link] 메뉴를 선택하고 패널에서 [Embed image]를 적용하여 링크를 해지할 수 있습니다.

4. 투명도 및 효과 병합 처리

'Opacity', 'Drop Shadow', 'Feather' 등의 효과는 겹쳐 있는 객체간의 투명 객체가 만들어져 인쇄 시 출력 에러가 발생합니다. 이를 방지하려면 [Object]–[Flatten Transparency] 메뉴를 선택하고 병합 처리를 할 수 있습니다.

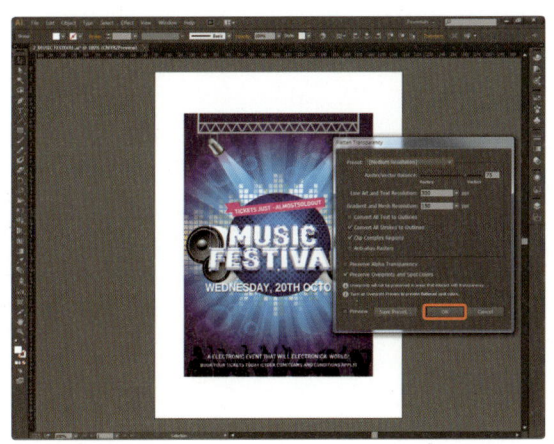
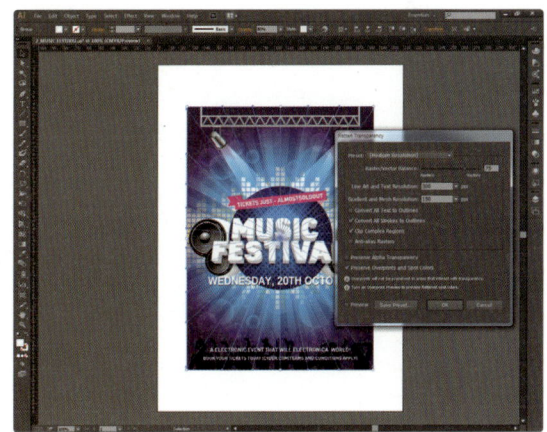

5. 레스터화

그라디언트, 투명도 및 각종 효과를 사용한 부분은 인쇄할 때 반영되지 않을 수 있습니다. 그래서 [Object]–[Rasterize] 메뉴를 선택해 레스터화해야 합니다.

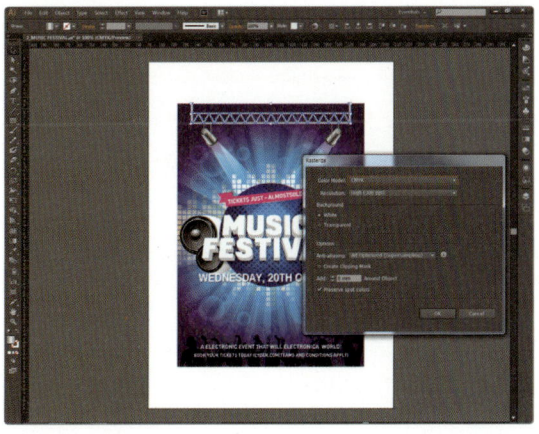

Special Tip

6. 별색 처리하기

[Swatches] 패널의 목록에서 [Open Swatch Library]-[Color Books] 패널에 있는 사용한 별색을 출력하지 않으려면 [Edit]-[Edit Color] 메뉴를 선택해 'CMYK'로 변환해야 합니다.

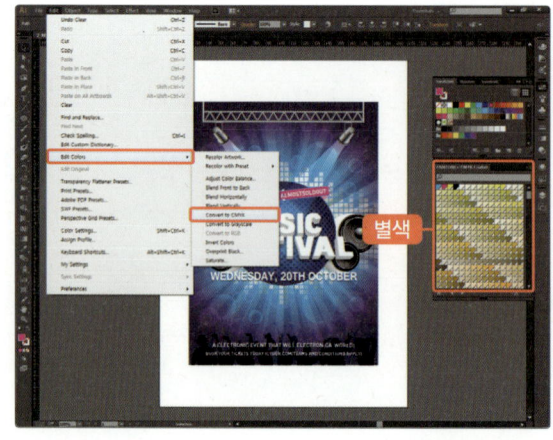

7. 재단선 설정

인쇄물은 출력 시 재단 공정으로 인한 오차가 발생하여 흰 부분이 남는 오류가 발생할 수 있습니다. 이에 대한 오차 범위는 '3~5mm' 정도 감안하여, 오차가 발생되는 곳에 재단되는 여유 공간을 만들어 주는 것이 재단선입니다. 따라서 디자이너는 이러한 오차 범위를 감안한 재단선을 포함하여 작업합니다. 인쇄물은 재단선을 제외한 실제 크기로 출력됩니다.

일러스트레이터의 재단선 작업

일러스트레이터에서 재단선은 [Object]-[Create Trim Marks] 메뉴를 선택하여 제작할 수 있습니다. 이 기능은 빠르게 재단선을 생성할 수 있는 장점이 있지만, 정확한 재단선이 생성되지 않을 경우 작업물 크기에 맞춰 수정해야 하는 경우가 있습니다. 그래서 이번 단계에서는 도형 툴과 선 툴을 이용해서 재단선을 제작하는 방법에 대해 알아보겠습니다.

❶ 연결(Link) 옵션으로 불러온 이미지는 [Window]-[Link] 메뉴를 선택하고 패널에서 [Embed Image]를 적용하여 링크를 해지할 수 있습니다.
(Width:166mm, Height:231mm)

Tip 재단선을 3mm로 설정하여 실제 작업 크기에 상/하/좌/우 여백을 더한 값을 입력합니다.

❷ 재단선으로 사용할 객체와 이미지를 다중 선택합니다. 상단 옵션 바에서 'Align to Artboard'를 선택한 다음 '가로, 세로 중앙 정렬'을 클릭해 작업창 중앙에 배치합니다.

❸ 재단선 객체는 [Tools] 패널의 'Fill'과 'Stroke'를 모두 'None'으로 지정하여 색상을 적용하지 않습니다. 선택 시 움직이지 않도록 Ctrl+2를 눌러 잠금 명령을 적용합니다.

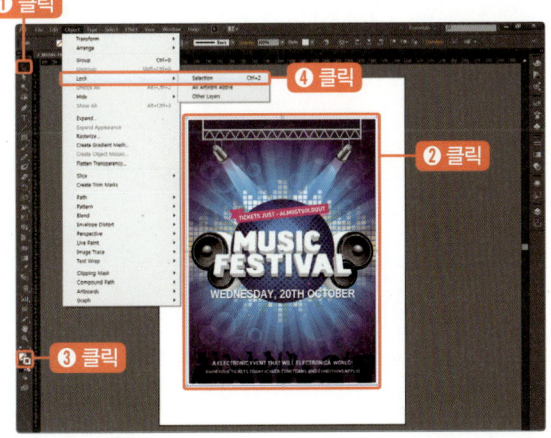

Special Tip

❹ 이미지의 상/하/좌/우에 맞춰 안내선을 내립니다.

❺ Ctrl+Y를 눌러 'Outline' 모드로 변경합니다. 재단선에 맞춰 작업물의 크기를 조절합니다.

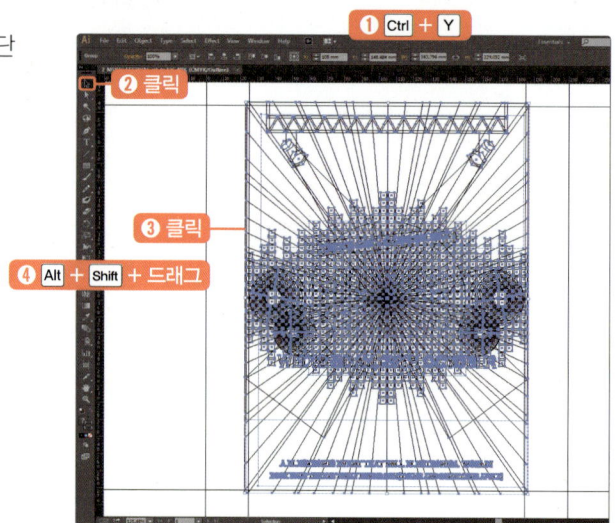

❻ 안내선을 따라서 세로 선을 생성합니다.

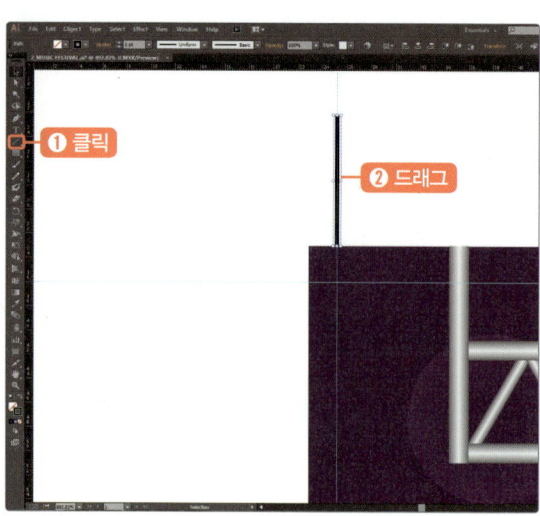

Tip 재단선의 길이나 두께는 임의로 지정할 수 있습니다. 일정 길이의 재단선 크기 지정 시 [Window]-[Transform] 메뉴를 선택하고 [Transform] 패널에서 조절 축, 길이를 조절할 수 있습니다.

❼ 같은 방법으로 안내선을 따라서 가로 선을 생성합니다.

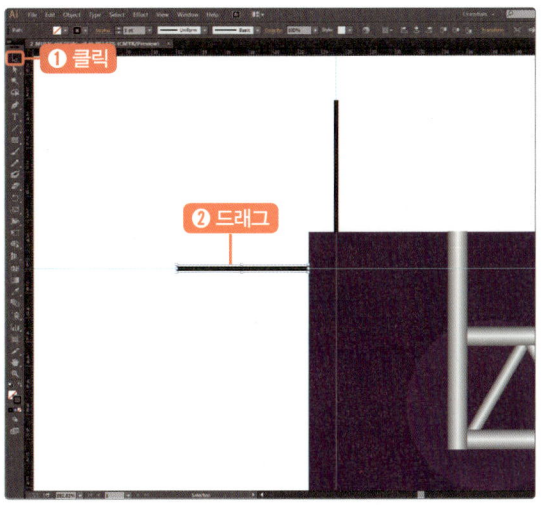

❽ 세로, 가로 선을 선택한 후 그룹으로 묶어 줍니다. 작업물의 나머지 모퉁이에 반전시켜 복제합니다.

Tip 재단선은 작업 시작 단계부터 생성하고 재단선에 맞춰 작업을 진행하는 것이 효율적입니다. 대개의 경우 재단선을 선과 면이 적용되지 않은 박스 형태로 사용하지만, 인쇄 파일을 PDF로 변환 시 재단선이 보이지 않기 때문에 작업물 모퉁이에 세로, 가로 선으로 표기해주어야 합니다. 앞으로의 인쇄물 관련 진행 단계에서는 작업창에 맞춰 재단선을 생성하고 진행하도록 하겠습니다.

3D Typography

타이포그래피(Typography)는 활자 서체의 배열을 문자나 활판적 기호를 중심으로 표현하는 것을 말합니다. 이것은 사진이나 여러 객체를 조합하여 구성한 그래픽 디자인에서도 동의어로 쓰이고 있습니다. 그래서 편집 디자인 분야에서 활자 서체나 배치 등을 구성하고 주제 전달하는 일에 두루 사용하고 있습니다. 타이포그래피는 서체의 배열, 크기, 간격 맞춤 등을 다양한 채색 방법과 객체 배치로 일러스트레이트에서 제공하는 기능을 활용하여 표현할 수 있습니다. 이번 단계에서는 다양하게 채색하고 객체를 제작하는 기능을 활용하여 서체가 시각적으로 돋보일 수 있도록 표현하겠습니다.

실무자's Interview

▶ 박봉근 / 마케터

타이포그래피의 최대 장점은 글씨를 활용하여 내용의 분위기를 한 번에 전달이 가능하다는 것입니다. 다만, 폰트 사용 시 주의사항은 각 폰트에도 저작권이 있다는 것과 다양한 폰트를 남발하면 디자인이 대체적으로 산만한 결과를 낳게 된다는 거예요. 또한 타이포그래피 시 가장 조심해야 할 부분은 가독성이죠. 아무리 잘 만들고 좋은 서체라도 읽기가 불가능하면 말짱 도루묵이니까요. 이러한 원리를 밑바탕으로 글씨의 레이아웃과 여백을 살려 백지의 포스터 한 장에 타이포그래피에 활용되는 다양한 기능을 적용하면 디자인을 더욱 시각적으로 살릴 수 있답니다.

▶ 김효진 / 편집 디자이너

디자인을 할 때 가장 중요한 요소 중 하나는 타이포그래피라고 생각해요. 제일 중요한 정보 전달과 함께 서체 자체만으로 하나의 좋은 디자인이 될 수 있기 때문이예요. 개인적으로 서체의 경우 가독성이 높은 산세리프 종류의 서체를 많이 사용해요. 그리고 이를 더 시각적으로 돋보이는 다양한 기능을 적용해서 표현한다면, 디자인을 살릴 수 있는 타이포그래피가 더욱 돋보일 수 있어요.

▶ 김종일 / 편집 디자이너, 기획자

일러스트의 패턴과 다양한 타이포를 통한 표현이 제품의 브랜딩이나 포스터의 타이틀에 활용하곤 했어요. 이러한 작업에서는 타이틀이 표현되는 제품이나 전체적인 디자인의 맥락에 자연스럽게 묻어나야 합니다. 그래서 타이포그래피 관련 문헌 자료나 서칭을 통해서 개인 감각을 키우고, 이를 표현할 수 있는 일러스트의 다양한 기능을 알아두는 것은 필수이죠.

Chapter 03

STEP 01 [Kuler] 패널을 이용한 텍스트 채색
STEP 02 3D 효과를 적용한 타이포그래피
STEP 03 패턴을 적용한 타이포그래피
STEP 04 부수적인 객체 제작 및 배치

3D Typography

3D 효과를 사용하면 2차원(2D)의 평면적인 객체를 조명, 음영, 회전 및 기타 속성을 사용하여 입체적으로 표현할 수 있습니다. 이번 단계에서는 텍스트에 3D 효과를 적용한 타이포그래피를 주제로 패턴, 그라디언트 등의 다양한 채색 방법에 대해 알아보겠습니다.

제작 요청서

	분류	내용	비고
1	디자인 컨셉	시각적으로 돋보일 수 있는 스킬을 활용한 다양한 타이틀 디자인	
2	디자인 색상	• 메인 색상 – 그린(신선한 봄의 활력을 느낄 수 있는 고채도, 고명도의 그린 계열) • 보조 색상 – 옐로우(밝은 배경을 돋보이게 할 수 있는 고채도, 고명도의 옐로우 계열) • 강조 색상 – 마젠타(배경과 보색 대비를 통한 레드와 퍼플을 혼합한 계열)	타이포그래피에 사용될 문구에 따른 색상과 폰트 사용
3	디자인 사용 계획	포스터 및 카드 등의 타이틀 및 문구에 사용할 소스 제작	
4	문구 및 기획안	Pleasure in the job puts Perfection in the work	'일을 즐기면 일의 완성도가 높아진다'
5	기타 사항	• 강조 문구가 한눈에 들어올 수 있는 입체적 표현 • 문구의 의미가 색상과 폰트로 전달될 수 있도록 표현	

예제 파일

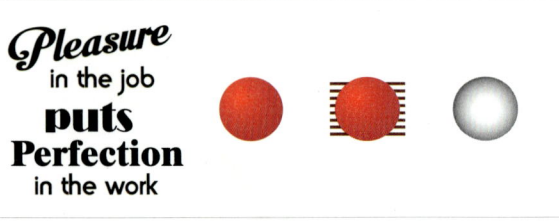

객체 소스.ai

● 완성 파일

[Kuler] 패널을 이용한 텍스트 채색

[Kuler] 패널은 일러스트레이터의 CC 버전에 추가된 기능으로 온라인 디자이너 커뮤니티에서 만들어진 색상 테마입니다. 이 패널을 사용하여 원하는 색상 테마를 다운로드하여 사용할 수 있습니다. 이번 단계에서는 [Kuler] 패널을 이용해서 문자에 적용하는 법을 진행해보겠습니다.

01 [File]-[New] 메뉴를 선택하고 다음과 같이 작업창 크기(210mm×297mm)를 지정합니다.

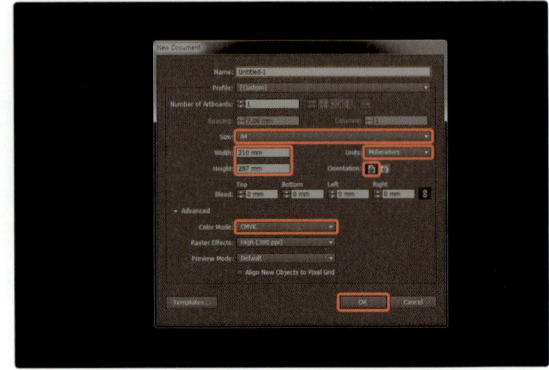

02 사각형 툴을 선택한 다음 작업창을 클릭합니다. 사각형 툴의 옵션창이 열리면 배경으로 사용할 사각형의 크기(160mm×225mm)를 입력합니다.

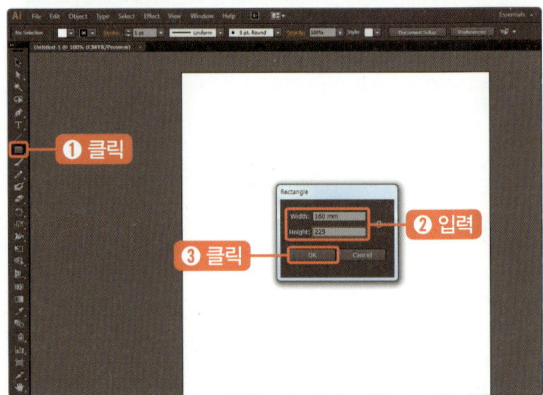

03 옵션 바에서 'Align to Artboard'를 선택하고 '가로, 세로 중앙 정렬'을 클릭해서 작업창 중앙에 배치합니다.

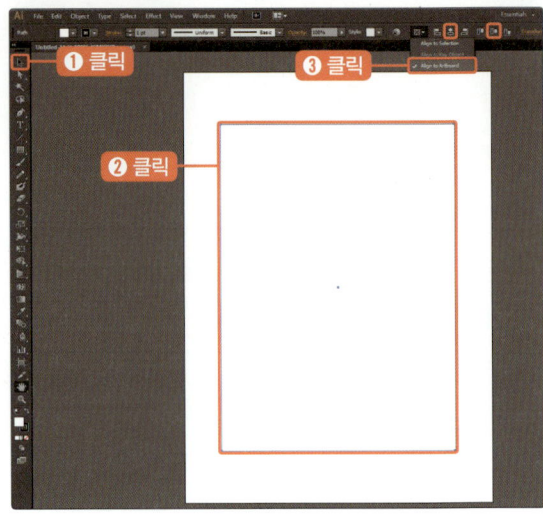

04 그라디언트를 이용해서 배경을 채색합니다. 사각형 객체를 선택한 다음 [Tools] 패널의 'Stroke'를 'None'으로 선택합니다. 'Fill'을 클릭한 후 그림과 같이 그라디언트를 채색합니다. 그라디언트 종류는 '원형'으로 적용한 다음 그라디언트 툴을 드래그해 색상 퍼짐 정도를 부드럽게 조절합니다.

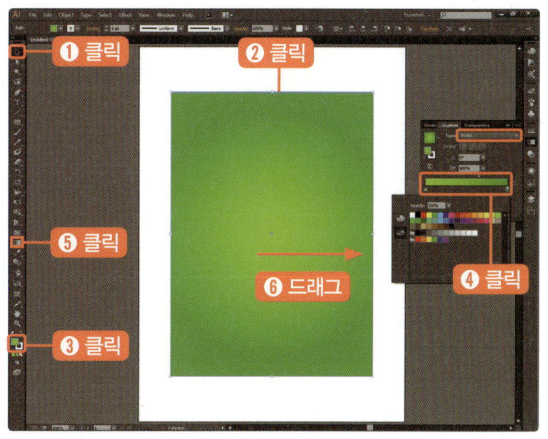

05 타이포그래피의 시각적인 효과를 위해 다양한 폰트를 컴퓨터에 설치합니다. 이때 고딕체는 'Sans serif', 명조체는 'Serif', 손으로 쓴 필체는 'Script'를 나타냅니다. 폰트는 [내 컴퓨터]-[로컬 디스크(C:)]-[Windows]-[Fonts] 폴더로 드래그해 설치할 수 있습니다.

> **저자의 한마디**
>
> 타이포그래피는 문자를 이용한 모든 디자인을 의미하는 것으로, 가독성을 살려서 디자인 하는 것이 중요합니다. 그리고 디자인에 많이 사용되는 폰트는 수집해두는 것이 좋은데, 폰트를 구입하거나 웹에서 무료 폰트를 다운받아 수집하면 됩니다.

06 'Pleasure in the job puts Perfection in the work'를 입력한 다음 단어별로 다양한 폰트를 적용합니다.

> **저자의 한마디**
>
> 타이포그래피에 사용되는 각 단어들을 여러 개 복제하고 다양한 폰트를 적용해 어울리는 폰트를 선택합니다. 폰트 및 글자 관련 옵션은 [Character] 패널에서 확인한 후 수정할 수 있습니다.

07 조화를 이루는 폰트를 하나씩 선택해서 적당한 크기로 작업창에 배치합니다. [Type]-[Create Outlines] 메뉴를 선택하거나 마우스 오른쪽 단추를 클릭해 'Create Outlines'를 선택합니다.

> **저자의 한마디**
>
> 폰트가 유실될 경우를 대비해서 객체 속성으로 변환합니다. 인쇄나 제작을 위해 작업하던 컴퓨터를 바꾸거나 폰트 등이 삭제되면 폰트가 유실될 수 있습니다.

08 [Kuler] 패널을 이용해서 타이포를 배경과 어울리는 색상으로 채색하겠습니다. [Winodw]-[Kuler] 메뉴를 선택해서 패널 하단의 'Launch Kuler Website' 아이콘을 클릭합니다.

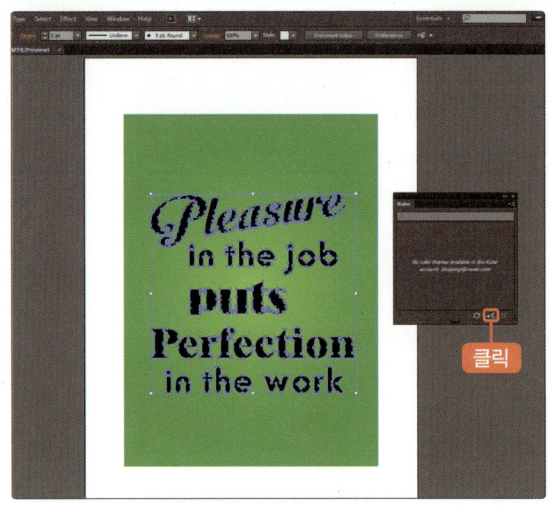

> **Tip** 'Kuler'는 인터넷에 연결되었을 때 사용할 수 있는 패널로, 계정으로 동기화된 페이지에서 색상 테마를 사용할 수 있습니다. 'Illustrator CC'에서 사용중인 가격 증명에 연결된 Kuler ID가 없는 경우 Kuler 웹 사이트를 액세스할 수 없어서 사용할 수 없습니다.

09 연동된 'https://kuler.adobe.com' 사이트에 접속한 후 어도비 계정으로 로그인을 합니다. 사이트 상단의 [탐색] 메뉴를 클릭합니다.

10 배경과 어울리는 색상 테마를 즐겨찾기로 추가합니다.

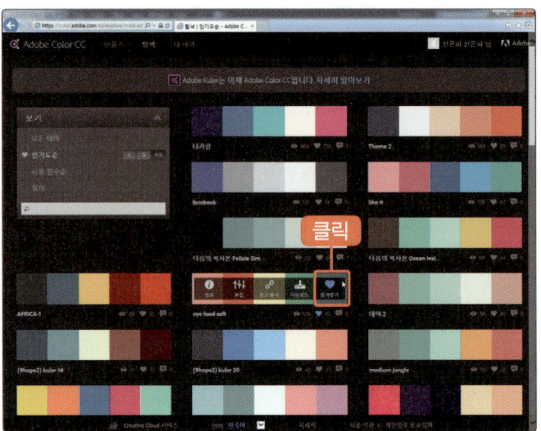

11 즐겨찾기로 추가한 색상은 사이트 상단의 [내 테마]-[내 즐겨찾기] 메뉴에서 확인할 수 있습니다.

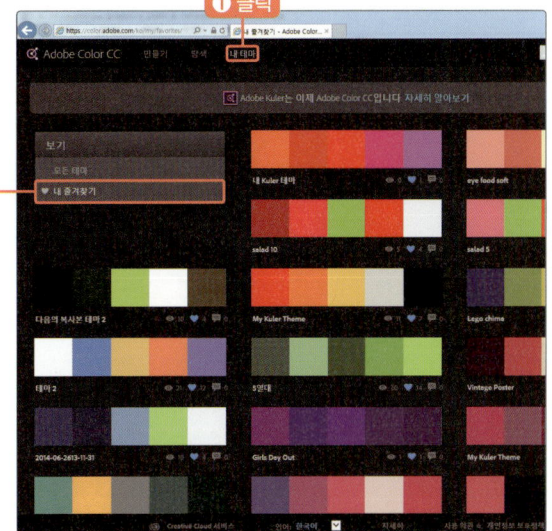

12 즐겨찾기로 추가한 색상을 일러스트레이터와 연동하기 위해서 [Kuler] 패널 하단의 'Refresh' 아이콘을 클릭합니다.

13 문자 객체를 각각 선택하고 [Kuler] 패널에 추가한 색상 배열로 채색합니다.

3D 효과를 적용한 타이포그래피

문자에 3D 효과를 적용하여 입체적으로 표현하고 다양한 채색 방법을 이용해서 시각적으로 돋보이게 제작하겠습니다.

01 문자가 입체적으로 보일 수 있도록 입체 효과를 적용하겠습니다. 'Pleasure' 문자 객체를 선택하고 [Effect]-[3D]-[Extrude & Bevel] 메뉴를 선택합니다. 옵션창 하단의 '미리보기'를 선택하고 문자가 입체적으로 보일 수 있도록 옵션을 조절합니다. (⬚:5°, ⬚:0°, ⬚:0°, Perspective:0°, Extrude Depth:150pt, Light Intensity :100%, Ambient Light:45%, Highlight Intensity:60%, Highlight Size:100%, Blend Steps:10)

02 3D가 적용된 후면에 그라디언트를 채색하겠습니다. [Object]-[Expand Appearance] 메뉴를 선택하여 객체 속성으로 변환합니다.

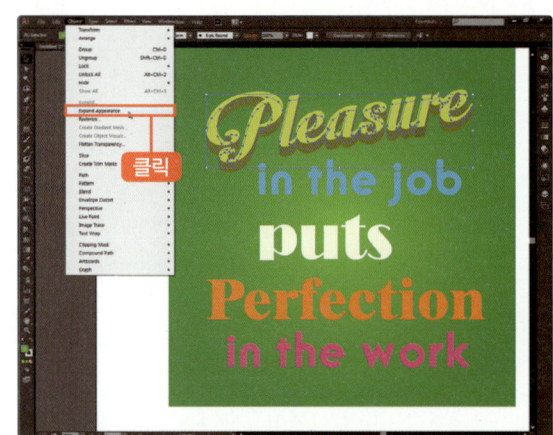

Tip [Effect] 메뉴에서 적용한 효과는 [Object]-[Expand Appearance] 메뉴를 선택해 객체 속성으로 변환할 수 있습니다.

03 [Kuler] 패널에 있는 색상을 [Swatches] 패널에 추가하겠습니다. [Kuler] 패널에서 추가한 색상 테마 목록을 선택합니다. 패널 상단의 화살표를 클릭하고 'Add to Swatches'를 클릭합니다.

04 그룹 선택 툴로 뒤쪽의 객체를 선택합니다. [Gradient] 패널의 슬라이더를 클릭하고 [Swatches] 패널에 추가된 색상을 선택합니다. 선형 그라디언트를 적용하고 그라디언트 툴로 드래그해 색상 퍼짐 정도를 부드럽게 조절합니다.

> **Tip** 'Expand Appearance'를 적용한 객체들은 그룹으로 묶여있으므로 직접 선택 툴이 아닌 그룹 선택 툴로 객체를 선택해야 합니다.

05 나머지 뒤쪽 객체를 그룹 선택 툴로 다중 선택합니다. 스포이드 툴로 그라디언트가 채색된 객체를 클릭해서 같은 색상으로 채색합니다.

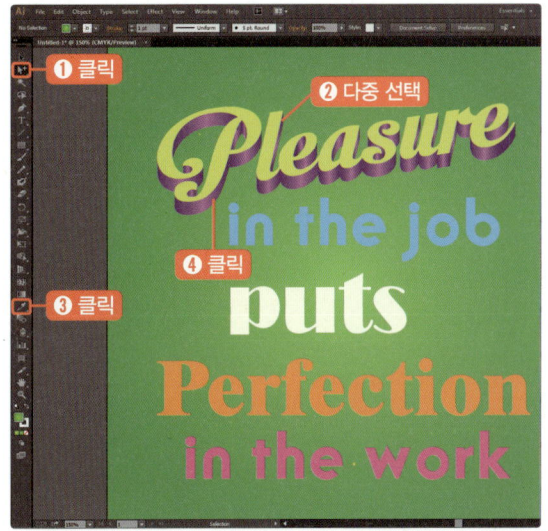

06 문자 전면을 다양하게 표현하겠습니다. 먼저 그룹 선택 툴로 전면 객체를 선택하고 Alt를 누른 채 복제합니다. 복제한 객체는 [Kuler] 패널에서 선택한 색상으로 채색합니다. [Tools] 패널의 'Swap Fill & Stroke'을 클릭해서 'Fill'과 'Stroke'의 속성을 변경합니다.

07 복제한 객체를 점선으로 표현하기 위해 [Window]–[Stroke] 메뉴를 선택하고 [Stroke] 패널에서 'Dashed Line' 옵션을 선택합니다. 'dash=3pt, gap=2pt'를 입력한 다음 점선 객체를 그룹으로 묶어줍니다.

> **Tip** 'Dashed Line'은 점선으로 표현할 때 사용하는 옵션으로 'dash'는 점선 길이, 'gap'은 점선 사이 간격을 조절합니다.

08 그룹 선택 툴로 문자 전면 객체를 다중 선택합니다. [Object]–[Path]–[Offset Path] 메뉴를 선택한 다음 'Offset' 항목에 '-1mm'를 입력합니다.

> **Tip** 'Offset Path'는 객체의 크기를 조절할 때 사용하는 옵션으로, 크기를 줄일 때는 음수 값으로 입력합니다. [OK] 버튼을 클릭하면 객체는 입력한 수치로 크기가 조절되어 복제됩니다.

09 크기를 조절한 객체 내부에 음영을 합성하겠습니다. [Effect]–[Stylize]–[Inner Glow] 메뉴를 선택합니다. 옵션창 하단의 미리보기를 선택하고 음영이 객체 내부를 감싸도록 옵션을 조절합니다.
(Mode:Multiply, Opacity:45%, Blur:0.9mm)

> **Tip** 'Inner Glow'는 객체 내부를 비추는 빛 효과입니다. 빛으로 적용할 색상은 변경할 수 있으며 명도에 따라서 합성 모드는 달라질 수 있습니다. 음영은 '검정', 합성 모드는 'Multiply', 'Color Burn'으로 지정해 사용할 수 있습니다. 그리고 빛은 '흰색', 합성 모드는 'Screen', 'Color dodge'로 지정해 사용할 수 있습니다.

10 그룹 선택 툴로 전면 객체를 다중 선택합니다. 객체의 'Fill'과 'Stroke'를 클릭하고 [Kuler] 패널에서 선택한 색상으로 채색합니다.

11 점선 객체는 3D 문자 객체 앞에 비스듬히 배치합니다. 'Pleasure' 객체는 다중 선택한 후 그룹으로 묶어줍니다.

Tip 복제한 객체에 Ctrl+[,], Ctrl+Shift+[,] 등의 배열 명령이 적용되지 않는 경우가 있습니다. 이런 경우에는 Ctrl+X 를 눌러 객체를 잘라낸 다음 Ctrl+V 를 눌러 작업창에 재배치하면 배열 명령이 적용됩니다.

12 'puts' 문자 객체에 입체 효과를 두 면에 걸쳐서 적용하겠습니다. 'puts' 문자 객체를 선택합니다. [Object]-[Path]-[Offset Path] 메뉴를 선택하고 'Offset' 항목에 '-1.5mm'를 입력합니다.

13 크기를 조절한 객체를 선택하고 [Effect]-[3D]-[Extrude & Bevel] 메뉴를 선택합니다. 옵션창 하단의 미리보기를 선택하고 문자가 입체적으로 보일 수 있도록 옵션을 조절합니다. (⬈:5°, ⬇:-15°, ↻:0°, Perspective:0°, Extrude Depth:15pt, Light Intensity :100%, Ambient Light:50%, Highlight Intensity:60%, Highlight Size:90%, Blend Steps:25)

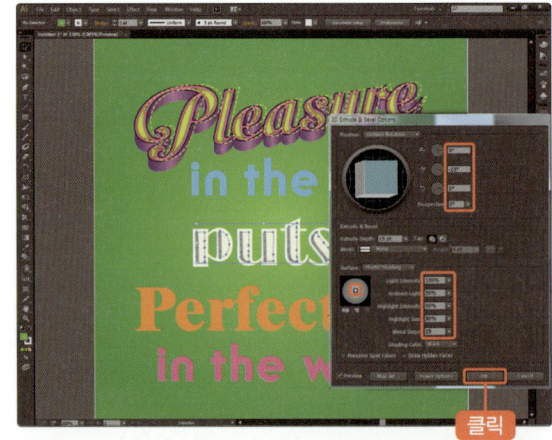

14 그룹 선택 툴로 문자 객체 바깥 면을 선택합니다. Ctrl+Alt+Shift+E를 눌러 이전에 지정했던 'Extrude & Bevel'에서 돌출 길이를 수정합니다. (⬈:5°, ⬇:-15°, ↻:0°, Perspective:0°, Extrude Depth:20pt, Light Intensity :100%, Ambient Light:50%, Highlight Intensity:60%, Highlight Size:90%, Blend Steps:25)

> **Tip** Ctrl+Shift+E는 이전에 지정했던 [Effect] 메뉴를 같은 수치로 적용할 때 사용하며, Ctrl+Alt+Shift+E는 이전에 지정했던 [Effect] 메뉴의 옵션을 수정하여 적용하는 단축키입니다.

15 그룹 선택 툴로 크기를 조절한 객체를 선택하고 오른쪽으로 이동합니다. 'puts' 객체는 다중 선택한 후 그룹으로 묶어줍니다.

패턴을 적용한 타이포그라피

일러스트레이터의 [Swatch] 패널에서 제공하는 패턴의 색상을 수정하고 재등록하겠습니다. 그리고 타이포의 내부가 시각적으로 돋보이도록 패턴으로 채색하겠습니다.

01 'Perfection' 문자 객체에 입체 효과를 적용하고 패턴을 채색하겠습니다. 'Perfection' 문자 객체를 선택하고 Alt+Shift를 누른 채 객체를 하나 더 복제합니다. 문자 객체를 분리시킬 선을 생성합니다.

02 문자 객체와 선을 다중 선택하고 [Pathfinder] 패널에서 'Divide'를 클릭합니다. 마우스 오른쪽 단추를 클릭한 후 'Ungroup'을 선택해 개별 객체로 풀어줍니다. 분리된 아래쪽의 객체는 Delete를 눌러 지우고 위쪽의 객체는 [Kuler] 패널에서 선택한 색상으로 채색합니다.

03 왼쪽의 'Perfection' 문자 객체를 선택하고 Ctrl+Alt+Shift+E를 눌러 이전에 지정했던 'Extrude & Bevel'에서 돌출 길이를 수정합니다. (⬚:5°, ⬚:0°, ⬚:0°, Extrude Depth:120pt, Light Intensity:100%, Ambient Light:50%, Highlight Intensity:60%, Highlight Size:90%, Blend Steps:25)

04 오른쪽의 분리된 문자 객체를 선택하고 Ctrl+Alt +Shift+E를 눌러 이전에 지정했던 'Extrude & Bevel'에서 돌출 길이를 수정합니다. 왼쪽의 'Perfection' 문자 객체에 배치합니다. (:5°, :0°, :0°, Extrude Depth:40pt, Light Intensity:100%, Ambient Light:50%, Highlight Intensity:60%, Highlight Size:90%, Blend Steps:25)

05 3D가 적용된 'Perfection' 문자 객체 후면에 패턴을 채색하겠습니다. 먼저 [Object]-[Expand Appearance] 메뉴를 선택하고 객체 속성으로 변환합니다.

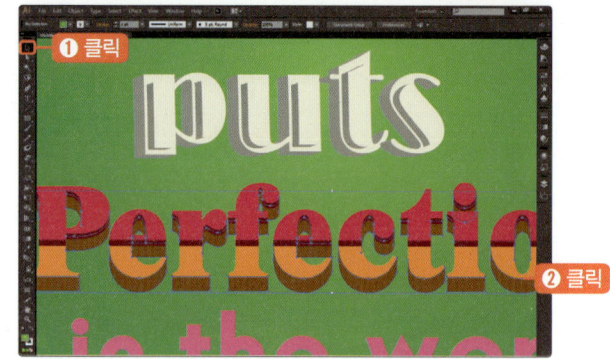

06 후면 객체를 그룹 선택 툴로 다중 선택합니다. 그리고 [Pathfinder] 패널에서 'Unite'를 클릭하고 [Kuler] 패널에서 선택한 색상으로 채색합니다.

Tip 후면 객체 전체에 패턴을 채색하기 위해서 [Pathfinder] 패널에서 'Unite'를 클릭하고 하나의 객체로 결합했습니다.

07 [Swatches] 패널 상단의 화살표를 클릭하고 숨겨진 목록에서 [Open Swatches Library]-[Patterns]-[Decorative]-[Decorative Legacy]를 클릭합니다. [Swatches] 패널에 등록된 패턴 색상을 수정하기 위해 작업창으로 드래그해서 패턴을 가져옵니다.

08 그룹 선택 툴로 검은색의 사각형 객체를 다중 선택하고 [Kuler] 패널에서 선택한 색상으로 채색합니다. 선택 툴로 패턴 객체를 선택하고 [Swatches] 패널에 드래그해서 패턴을 재등록합니다.

Tip 등록된 패턴을 수정 후 재등록할 때 패턴을 감싸고 있는 박스와 함께 선택해서 [Swatches] 패널에 드래그해야 합니다. 그래서 선택 툴로 패턴 객체를 드래그 선택하고 [Swatches] 패널에 재등록하였습니다.

09 그룹 선택 툴로 후면 객체를 선택합니다. Ctrl+C, Ctrl+F를 눌러 패턴으로 채색할 후면 객체를 복제합니다. 복제한 후면 객체는 [Swatches] 패널에 등록한 패턴으로 채색합니다.

10 후면 객체에 채색된 패턴의 크기를 줄이겠습니다. [Tools] 패널에서 스케일 툴을 더블클릭합니다. 옵션창 하단의 미리보기를 선택하고 패턴 크기를 조절할 수치(30%)를 입력합니다.

Tip 객체의 면에 패턴이 채색될 수 있도록 [Tools] 패널의 'Fill'을 클릭해 활성화합니다.

Tip 옵션창 하단의 'Transform Patterns' 옵션을 선택하면 객체 크기는 그대로 유지하고 패턴 크기만 조절할 수 있습니다.

11 후면 객체 내부에 음영을 합성하겠습니다. [Effect]-[Stylize]-[Inner Glow] 메뉴를 선택합니다. 옵션창 하단의 '미리보기'를 선택하고 음영이 객체 내부를 감싸도록 옵션을 조절합니다. (Mode:Multiply, Opacity:55%, Blur:0.7mm)

12 그룹 선택 툴로 'Perfection' 문자 객체의 전면을 선택하고 Alt를 누른 채 복제합니다. 복제한 객체는 [Kuler] 패널에서 선택한 색상으로 채색합니다. [Tools] 패널의 'Swap Fill & Stroke'을 클릭해서 'Fill'과 'Stroke'의 속성을 변경하고 'Perfection' 문자 객체 앞에 비스듬히 배치합니다.

Tip 앞의 과정 Step02의 **06**번과 동일합니다.

13 'in the job' 문자 객체에 패턴을 채색하겠습니다. 'in the job' 문자 객체를 선택하고 Ctrl+C, Ctrl+B를 눌러 객체를 복제하고 방향키를 눌러 오른쪽 아래로 위치를 바꿉니다. [Kuler] 패널에서 선택한 색상으로 채색합니다.

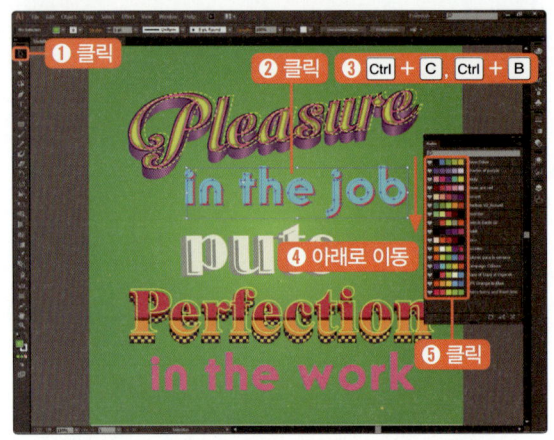

Tip Ctrl+C, Ctrl+B를 눌러 복제한 객체는 뒤에 배열됩니다. 그래서 앞에 배열된 객체에 가려져 선택이 안 될 수 있으므로, 복제 명령 후 방향키로 위치를 조절합니다.

14 [Swatches] 패널 상단의 화살표를 클릭하고 숨겨진 목록에서 [Open Swatch Library]-[Patterns]-[Basic Graphics]-[Basic Graphics Dots]를 클릭합니다. [Swatches] 패널에 등록된 패턴 색상을 수정하기 위해 작업창으로 드래그해서 패턴을 가져옵니다.

15 그룹 선택 툴로 검은색의 원형 객체를 다중 선택하고 [Kuler] 패널에서 선택한 색상으로 채색합니다. 선택 툴로 패턴 객체를 선택하고 [Swatches] 패널에 드래그해서 패턴을 재등록합니다.

Tip 앞의 과정 **08**번과 동일합니다.

16 'in the job' 문자 객체를 선택하고 Alt를 누른 채 복제합니다. 복제한 객체는 [Kuler] 패널에서 선택한 색상으로 채색합니다. [Tools] 패널의 'Swap Fill & Stroke'를 클릭해서 'Fill'과 'Stroke'의 속성을 변경합니다.

17 [Tools] 패널의 'Fill'을 클릭하고 등록한 패턴을 채색합니다. [Swatches] 패널에 등록한 패턴으로 채색하고 스케일 툴로 패턴 크기를 조절합니다.

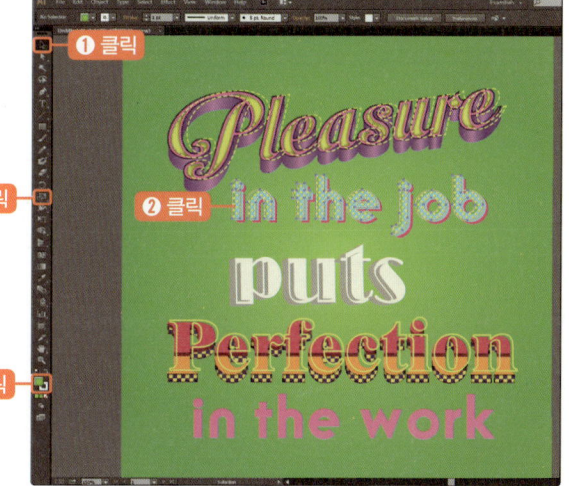

> **Tip** 앞의 과정 09번, 10번과 동일합니다.

18 'in the work' 문자 객체도 같은 방법으로 제작하고 배치합니다.

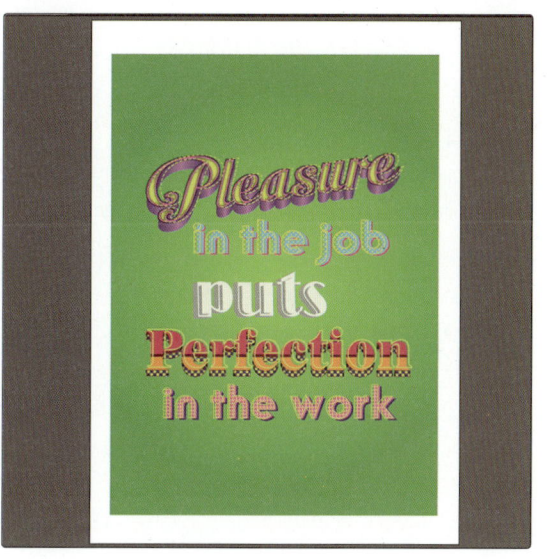

부수적인 객체 제작 및 배치

원형 객체와 부수적인 객체를 제작하고 다양한 채색 방법으로 표현하여 배경을 합성하겠습니다.

01 패턴이 적용된 원형 객체를 배경에 합성하겠습니다. 앞에서 [Swatches] 패널에 등록한 원형 패턴의 색상을 수정 후 재등록합니다. 작업창에 원형 객체를 생성하고 [Swatches] 패널에 등록한 패턴으로 채색하고 스케일 툴로 패턴 크기를 조절합니다.

02 원형 객체는 적당한 크기로 조절해서 작업창에 배치합니다. [Transparency] 패널에서 합성 모드를 'Multiply'로 지정해 배경과 어둡게 합성합니다. 문자 관련 객체를 다중 선택 후 Ctrl+Shift+]를 눌러 원형 객체 앞으로 배열을 수정합니다. (Mode:Multiply, Opacity:100%)

03 1번과 같은 방법으로 [Swatches] 패널에 등록한 원형 패턴의 색상을 수정합니다. 원형 객체를 생성하고 패턴을 채색합니다. [Transparency] 패널에서 합성 모드를 'Multiply'로 지정해 배경과 어둡게 합성합니다. (Mode:Multiply, Opacity:100%)

04 원형 객체를 생성하고 [Gradient] 패널의 슬라이더를 클릭합니다. 첫 번째와 두 번째 슬라이더 모두 '흰색'으로 수정하고 첫 번째 슬라이더의 투명도를 '0%'로 변경한 후 원형 그라디언트를 적용합니다. 그라디언트 툴로 색상 퍼짐 정도를 부드럽게 조절합니다.

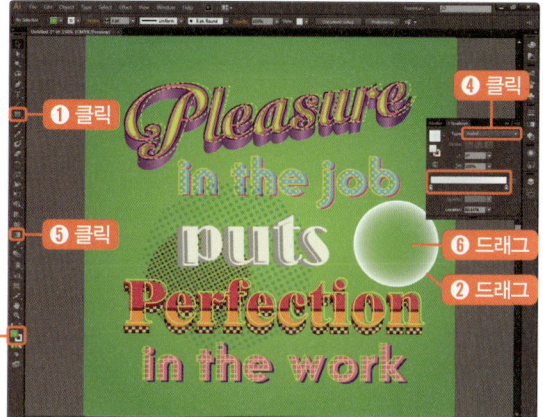

Tip ❷ 드래그는 객체 생성, ❻ 드래그는 그라디언트

05 배치된 원형 객체를 선택하고 [Transparency] 패널에서 'Overlay'를 선택하고 투명도를 '50%'로 낮춰 배경과 자연스럽게 합성합니다. 문자 객체에 맞춰 여러 개 복제해 배치합니다.

06 원형 객체를 생성하고 [Tools] 패널의 'Stroke'는 'None'으로 선택한 다음 'Fill'을 클릭하고 다음과 같이 그라디언트를 채색합니다. 원형 그라디언트를 적용하고 그라디언트 툴로 드래그해서 색상 퍼짐 정도를 부드럽게 조절합니다.

07 사각형 객체를 생성하고 Alt+Shift를 누른 상태에서 아래 방향으로 드래그해서 복제합니다. Ctrl+D를 눌러 아래쪽으로 복제되는 명령을 반복 실행합니다.

Tip ❷ 드래그는 객체 생성, ❻ 드래그는 그라디언트

08 원형 객체의 굴곡을 따라 사각형 객체의 모양을 변형하겠습니다. 원형 객체를 선택하고 Alt + Shift 를 누른 채 드래그해서 2개 복제합니다.

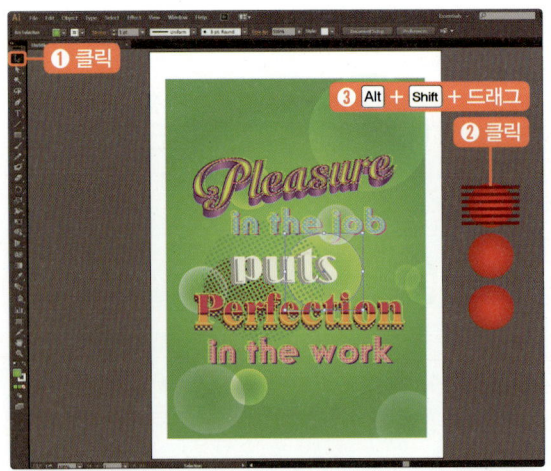

09 복제한 원형 객체를 선택하고 사각형에 맞춰 배치합니다. Ctrl + Shift +] 를 눌러 사각형 객체 앞으로 배열을 수정합니다.

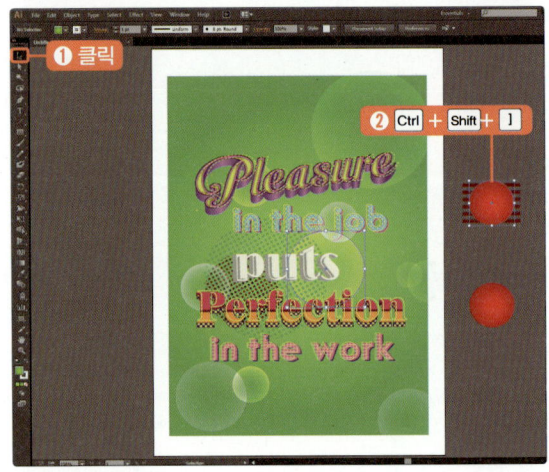

10 원형 객체와 사각형 객체를 다중 선택합니다. 원형 객체의 굴곡을 따라 사각형 객체의 모양을 변형될 수 있도록 [Object]-[Envelope Distort]-[Make with Top Object] 메뉴를 선택합니다.

Tip 'Envelope Distort'는 앞에 배치된 객체 모양을 따라서 뒤에 배치된 객체 모양을 변형할 때 사용할 수 있습니다. 그래서 객체 배열 순서는 배경으로 사용할 원형 객체, 변형될 사각형 객체, 모양을 변형하는 기준이 되는 원형 객체 순으로 정합니다.

11 가장자리에 음영을 합성해 좀 더 입체적으로 보이도록 하겠습니다. 남아있는 원형 객체를 선택하고 [Gradient] 패널의 슬라이더를 클릭합니다. 첫 번째와 두 번째 슬라이더 모두 검은색으로 수정하고 첫 번째 슬라이더의 투명도를 '0%'로 변경하고 원형 그라디언트를 적용합니다. 그라디언트 툴로 색상 퍼짐 정도를 부드럽게 조절합니다.

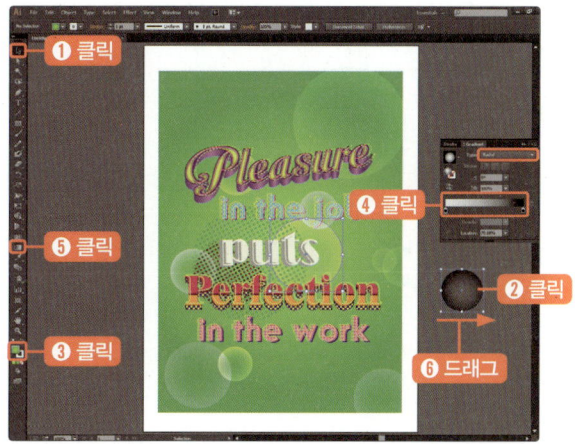

12 음영 객체는 앞에서 제작한 객체에 맞춰 배치합니다. Ctrl+Shift+]를 눌러 배열을 수정한 후 [Transparency] 패널에서 합성 모드를 'Multiply'로 지정합니다. (Mode:Multiply, Opacity:100%)

13 같은 방법으로 다른 색상의 원형 객체를 생성하고 문자 객체에 맞춰 여러 개 복제하여 배치합니다.

14 [Tools] 패널의 선 툴을 선택하고 Shift를 누른 채 직선을 생성합니다. [Stroke] 패널에서 'Dashed Line' 옵션을 선택해서 점선 길이와 간격을 변경하고, 'Profile'에서 선 모양을 변경합니다.

15 점선 객체를 선택하고 [Tools] 패널의 회전 툴을 객체 하단에서 Alt를 누른 채 클릭합니다. 회전 툴 옵션창에 회전 각도를 '30도'로 입력하고 [Copy] 버튼을 클릭합니다. Ctrl+D를 눌러 회전하면서 복제되는 명령을 반복 실행합니다.

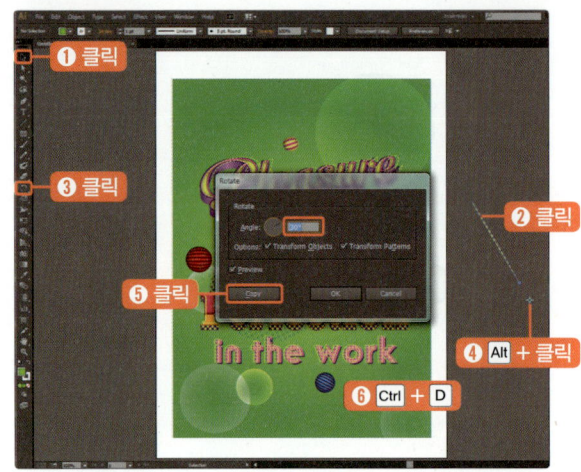

16 점선 객체는 [Transparency] 패널에서 'Overlay'를 선택하고 투명도를 낮춰서 배경과 자연스럽게 합성합니다. (Mode:Multiply, Overlay:100%)

17 점선 객체를 선택하고 Ctrl+C, Ctrl+F를 눌러 복제한 후 배치합니다. 색상을 변경하고 적당한 크기로 조절합니다.

18 배경 바깥으로 흩어진 객체가 보이지 않도록 클리핑 마스크를 적용하겠습니다. 배경 객체를 선택하고 Ctrl+C, Ctrl+F를 눌러 복제합니다. 복제한 객체를 선택하고 Ctrl+Shift+]를 눌러 배경 맨 앞으로 배열을 수정합니다. 작업창의 객체를 드래그해 전체 선택한 다음 마우스 오른쪽 단추를 클릭해 'Make Clipping Mask'를 적용합니다.

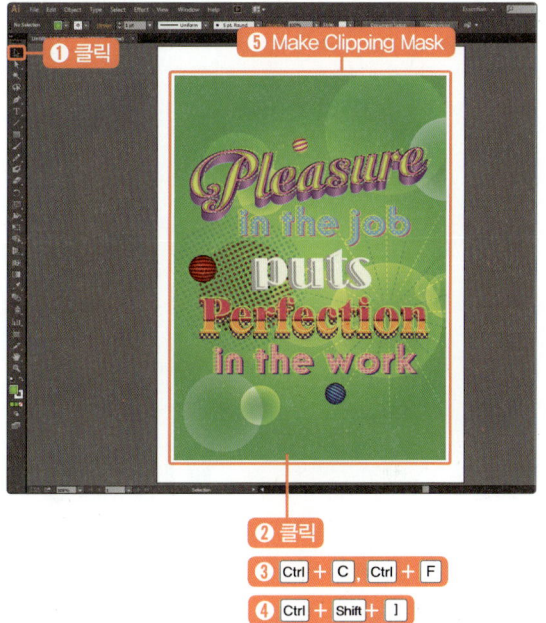

Vintage Artworks

빈티지는 현대적인 느낌과는 다른 이미지나 객체를 옛것으로 재구성해서 과거의 익숙함과 편안함을 느끼게 하는 컨셉을 뜻합니다. 빈티지를 디자인에 적용할 때 주로 옛것을 살리는 이미지를 사용하거나 깨끗하고 세련된 느낌이 아닌 손으로 그린 듯한 스케치 분위기를 연출하거나 낡아 보이도록 다양한 질감을 합성해서 표현합니다. 이번 단계에서는 타자기 객체를 제작하고 손으로 그린 듯 불규칙한 형태로 변형하고 낡아 보이는 질감을 합성하여 빈티지 컨셉을 표현하겠습니다.

실무자's Interview

▶ 홍정원 / 홍보팀

그래픽 툴 또는 핸드 드로잉은 낼 수 있는 고유의 표현과 느낌이 다르기 때문에 브러시 스타일과 필터 등 여러 툴을 사용해서 각각의 특징을 살린다면 좋은 이미지를 뽑아낼 수 있어요. 이때 유의할 점은, 각 툴의 장점을 이용하는 것은 물론이지만 표현해 낼 수 있는 툴 고유의 특징을 잘 이해하고 그것을 올바르게 사용해야 한다는 점이에요. 그렇지 않으면 수많은 오브젝트와 작업물의 이펙트로 인해 추후 다른 작업자가 넘겨 받거나 수정을 해야하는 일이 생겼을 때 애를 먹을 거예요. 항상 군더더기를 제외하고 체계적으로 계획하여 심플하게 작업하는 것도 빠른 움직임에 대응할 수 있는 방법입니다.

▶ 곽은지 / 편집 디자이너

다양한 패턴이 들어간 빈티지적인 느낌의 오브젝트를 디자인할 때 굉장히 많은 소스가 필요해요. 그런 소스들을 일러스트로 미리 구축해 놓으면 언제든지 다른 소스들과 결합하여 구성을 할 수 있다는 장점이 있어요. 그리고 포토샵으로 가져와서 종이, 페인트 등의 질감과 컬러 부분을 자유롭게 합성하면 입체감 있는 결과물을 제작할 수 있답니다.

▶ 김종일 / 편집 디자이너, 기획자

펜 드로잉 관련 소스 작업 시 손맛나는 일러스트로 디자인 해야할 때 사용할 수 있는 기능들입니다. 다양한 오브젝트들이 조합된 디자인을 작업할 시 중요한 것은 전체 오브젝트에서 각 면을 분리해서 뜯어보는 관찰력도 중요해요. 그래야만 드로잉 작업 시 어디서부터 시작을 하고 끝을 맺어야 하는지 판단할 수 있기 때문이죠.

Chapter 04

STEP 01 도형 툴을 이용한 타자기 글쇠 제작
STEP 02 도형 툴을 이용한 타자기 종이 받침 제작
STEP 03 캘리그라피 브러시를 이용한 드로잉 터치 제작
STEP 04 심벌 객체 합성을 통한 배경 제작
STEP 05 포토샵을 이용한 빈티지 질감 합성

Vintage Artworks

일러스트레이터는 벡터 기반의 객체를 제작할 수 있지만 비트맵 이미지처럼 다양한 질감을 표현하는데 제약이 있습니다. 이를 위해서는 일러스트레이터의 작업물을 포토샵으로 가져와서 질감으로 사용할 수 있는 이미지를 합성시켜야 합니다. 이번 단계에서는 다양한 드로잉 방법을 응용하고 전체적인 분위기를 빈티지 풍으로 보정하는 방법에 대해 알아보겠습니다.

제작 요청서

	분류	내용	비고
1	디자인 컨셉	벡터 드로잉 기법을 활용한 복고 주의를 지향하는 스타일 디자인	
2	디자인 색상	• 메인 색상 – 옐로우(오렌지 색상이 가미된 중채도 고명도의 옐로우 계열) • 보조 색상 – 스카이 블루(그린 색상이 가미된 밝은 블루 계열) • 강조 색상 – 레드(블루와 대비되는 고채도의 어두운 레드 계열)	빈티지 풍의 디자인에 많이 사용되는 채도가 낮은 색상
3	디자인 사용 계획	포스터 및 카드, 케이스 등의 표지에 사용할 이미지 소스	
4	문구 및 기획안	Vintage Typewriter	
5	기타 사항	• 복고를 표현하는 메인 요소 드로잉 • 손으로 그린 듯한 질감과 폰트 사용	

예제 파일

나무 배경.jpg

낡은 질감.jpg

객체 소스.ai

● 완성 파일

도형 툴을 이용한 타자기 글쇠 제작

도형 툴을 이용해서 제작한 오브젝트를 변형하고 다양한 드로잉 방법을 응용해서 타자기 글쇠를 제작하겠습니다.

01 [File]–[New] 메뉴를 선택하고 작업창 크기(210mm ×297mm)를 지정합니다.

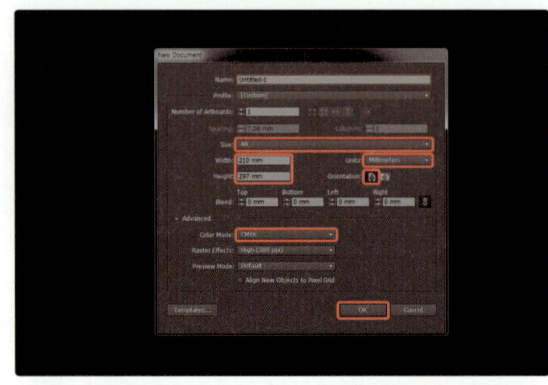

02 타자기의 전체적인 형태를 제작하겠습니다. 사각형 객체를 생성하고 직접 선택 툴로 사각형 아래의 두 점을 선택합니다.

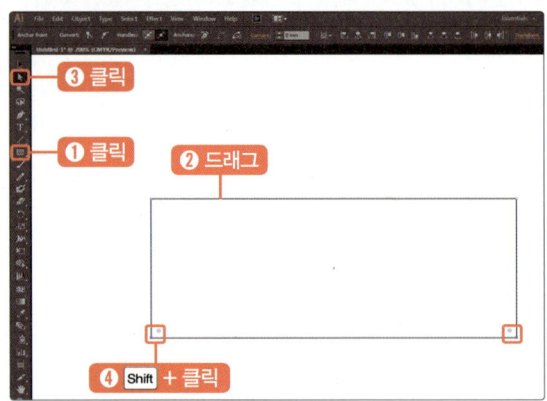

03 선택한 두 점에 생긴 위젯을 누른 채 드래그합니다.

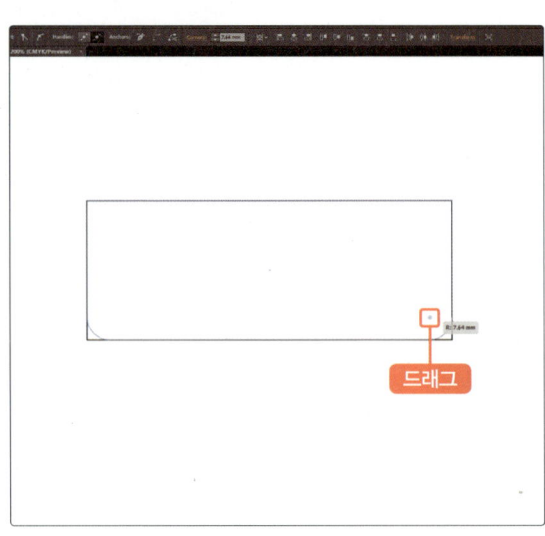

Tip 객체의 가장자리를 둥글게 할 때 직접 선택 툴로 선택해야 사용할 수 있습니다. CC 버전 이하에서는 사각형과 둥근 사각형 객체를 다중 선택하고 패스파인더의 'Unite'를 클릭해서 제작할 수 있습니다.

04 사각형 객체를 선택합니다. [Tools] 패널에서 자유 변형 툴을 선택하고 위젯에서 'Perspective Distort'를 선택합니다. 객체의 바운딩 박스의 오른쪽 모서리를 오른쪽으로 드래그해 모양을 변형합니다.

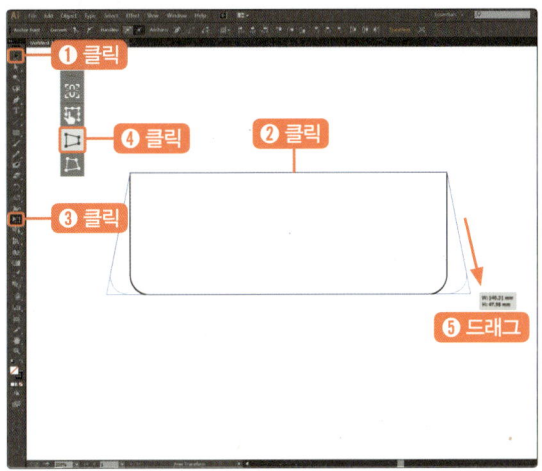

05 02, 03, 04번 단계를 반복해 사각형 객체를 생성한 후 배치합니다.

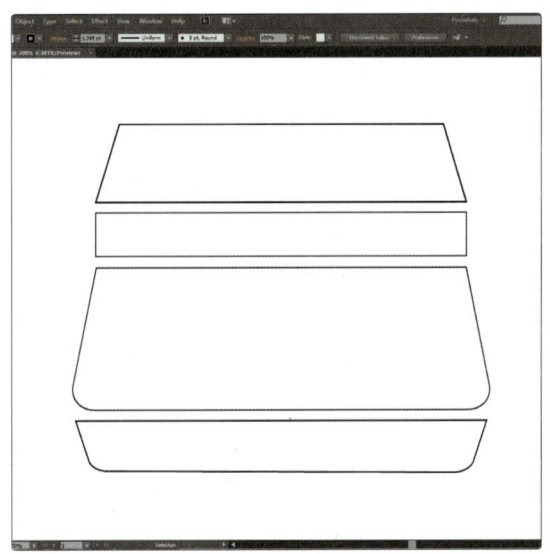

06 [Kuler] 패널을 이용해서 타이포를 배경과 어울리는 색상으로 채색하겠습니다. [Window]-[Kuler] 메뉴를 선택한 다음 패널 아래쪽의 [Launch Kuler website] 아이콘을 클릭합니다. 사이트 상단의 [탐색] 메뉴를 클릭하고 검색 바에 'blue'를 입력합니다. 사용하려는 색상 테마를 즐겨찾기로 추가합니다.

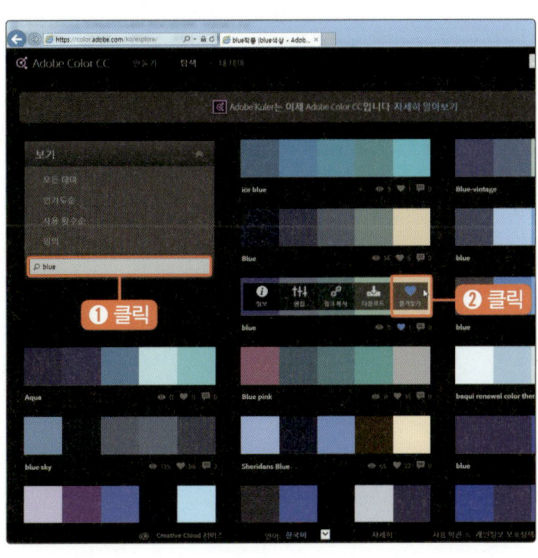

Tip [Kuler] 패널을 사용하기 위해서는 연동된 'https://kuler.adobe.com' 사이트에 접속한 후 어도비 계정으로 로그인해야 사용할 수 있습니다.

07 즐겨 찾기로 추가한 색상은 사이트 상단의 [내 테마]-[내 즐겨찾기] 메뉴에서 확인할 수 있습니다. 즐겨 찾기를 이용해 추가한 색상을 일러스트레이터와 연동하기 위해 [Kuler] 패널 하단의 'Refresh' 아이콘을 클릭합니다.

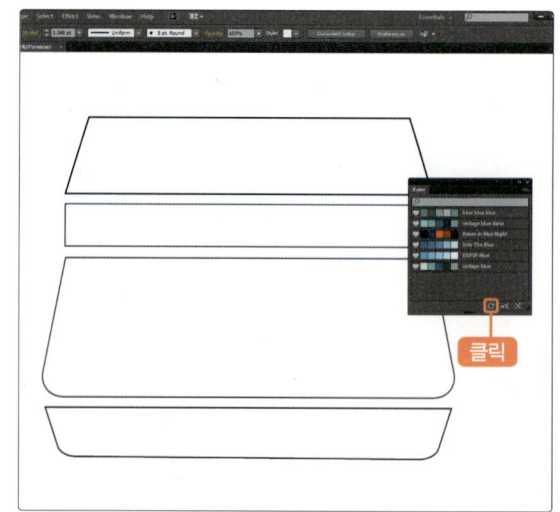

08 사각형 객체를 선택하고 [Kuler] 패널에 추가한 색상 배열로 채색합니다.

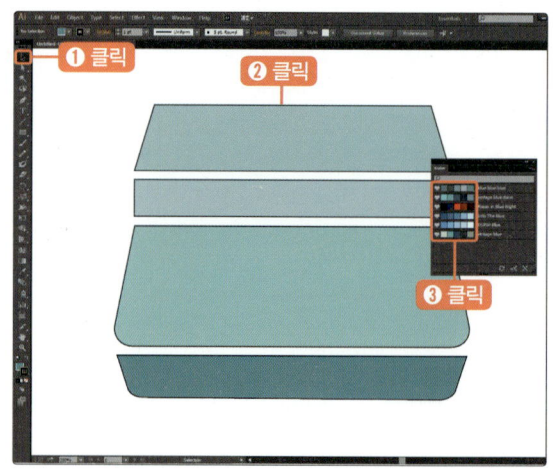

09 사각형 객체를 선택한 다음 Ctrl+C, Ctrl+F를 눌러 복제합니다. 크기를 작게 조절하여 배치합니다. 같은 방법으로 사각형 객체를 복제 후 배치합니다.

10 복제한 객체는 [Color] 패널에서 C(86,68), M(50,86), Y(56,22), K(3.73) 값을 조절해 색상을 수정합니다.

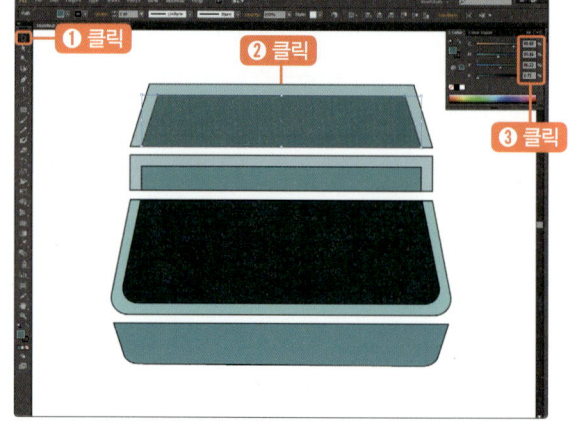

Tip ❹ 드래그는 사이즈를 조절

11 타자기의 자판 부분을 제작하겠습니다. 둥근 사각형 객체를 생성한 후 배치합니다.

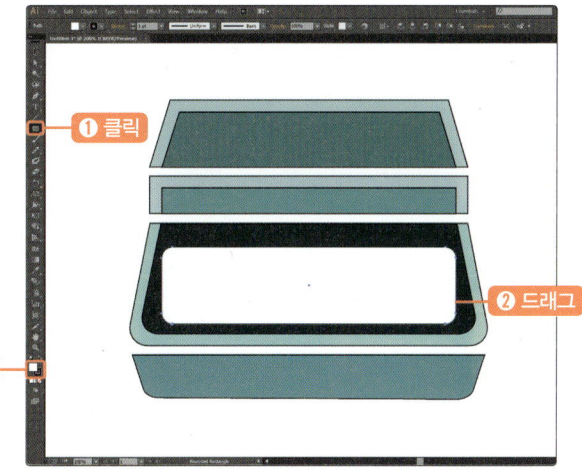

12 둥근 사각형 객체는 다음과 같이 채색합니다. [Tools] 패널에서 자유 변형 툴을 선택하고 위젯에서 'Perspective Distort'를 이용해서 모양을 변형합니다.

13 타원형과 사각형 객체를 생성합니다. 사각형 객체를 선택하고 펜 툴을 아래쪽의 패스 위에 대고 Alt 를 누른 채 드래그합니다.

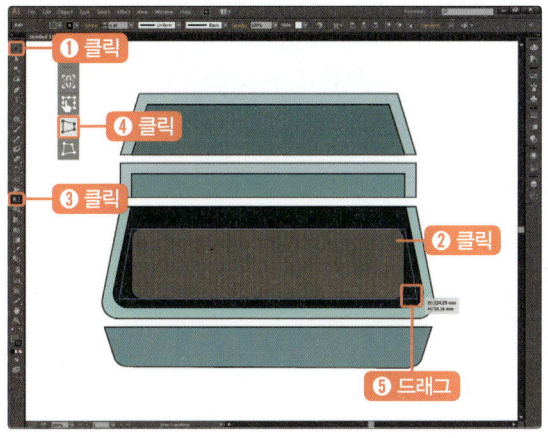

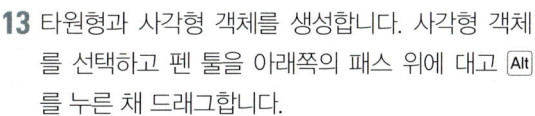

14 타원형과 사각형 객체를 선택하고 다음과 같이 채색합니다.

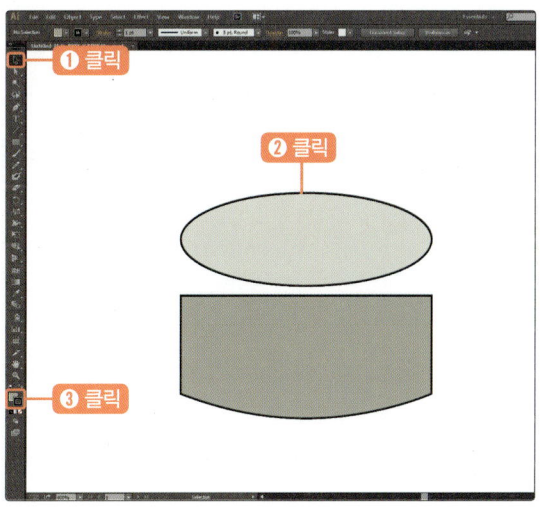

15 타원형 객체를 선택하고 Ctrl+]를 눌러 사각형 객체 앞으로 배열을 수정해 배치합니다. 또는 마우스 오른쪽 단추를 클릭해 [Arrange]-[Bring to Front]를 선택합니다.

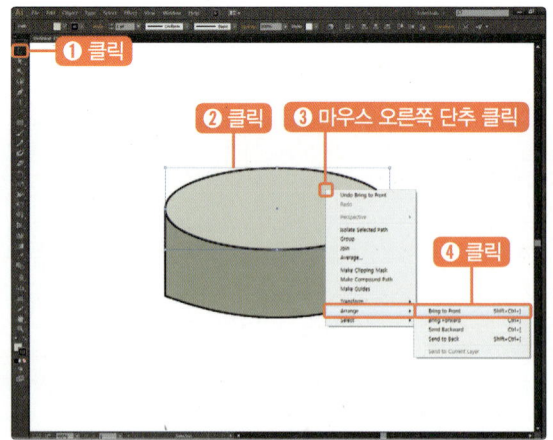

16 타원형과 사각형 객체를 선택하고 Alt+Shift를 누른 채 오른쪽으로 드래그해 복제합니다. Ctrl+D를 눌러 오른쪽으로 복제되는 명령을 반복 실행합니다. 복제된 객체들은 그룹으로 묶습니다.

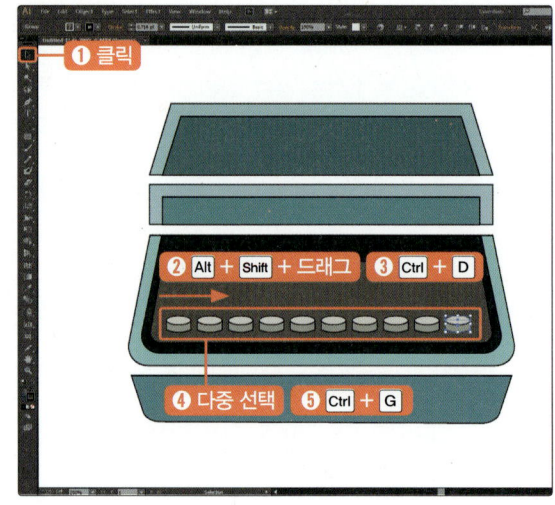

17 그룹으로 묶은 자판 객체를 선택하고 Alt+Shift를 누른 채 위쪽으로 드래그해 복제합니다. 첫 번째 줄에 맞춰 두 번째 줄의 객체 크기를 작게 조절합니다. 같은 방법으로 2줄 더 복제하고 크기를 조절해 배치합니다.

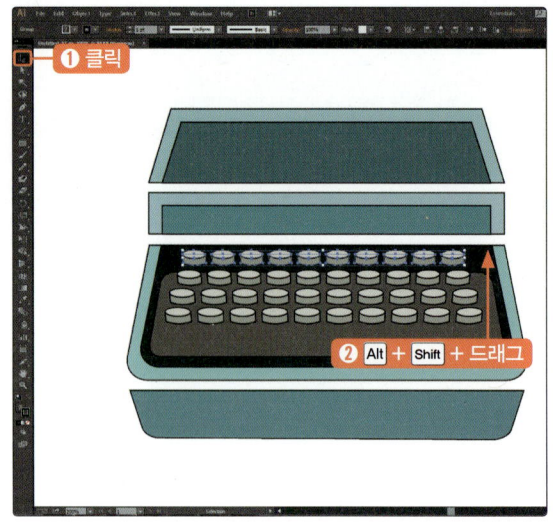

18 사각형 객체를 생성하고 다음과 같이 채색합니다. 직접 선택 툴로 사각형 아래의 두 점을 선택합니다. 선택한 두 점에 생긴 위젯을 누른 상태에서 드래그해 모퉁이 둥글기를 조절합니다.

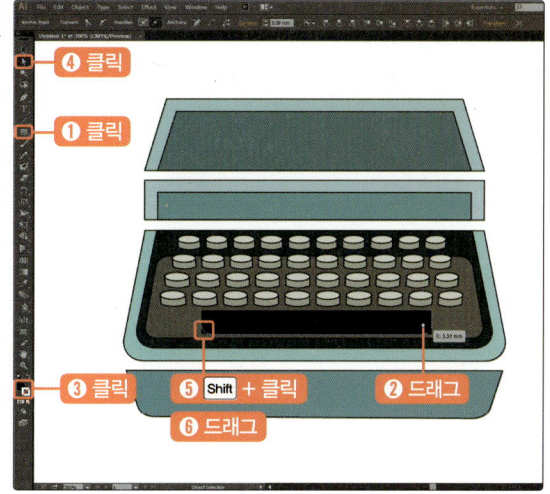

Tip ❷ 드래그는 객체 생성, ❻ 드래그는 위젯 드래그

19 사각형 객체를 생성하고 다음과 같이 채색합니다.

20 나머지 객체들을 선택하고 다음과 같이 배치합니다.

도형 툴을 이용한 타자기 종이 받침 제작

도형 툴을 이용해서 제작한 오브젝트를 변형하고 다양한 드로잉 방법을 응용해서 타자기 종이 받침을 제작해 보겠습니다.

01 둥근 사각형의 객체를 생성합니다. [Tools] 패널에서 자유 변형 툴을 선택하고 위젯에서 'Perspective Distort'를 이용해 모양을 변형합니다.

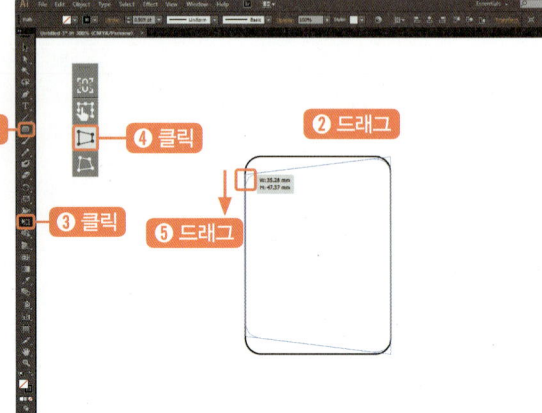

> **Tip** ❹ 드래그는 객체 생성, ❺ 드래그는 모양 변형

02 사각형 객체를 생성합니다. 직접 선택 툴로 사각형 왼쪽의 두 점을 선택하고 위젯을 누른 채 드래그해서 모퉁이 둥글기를 조절합니다.

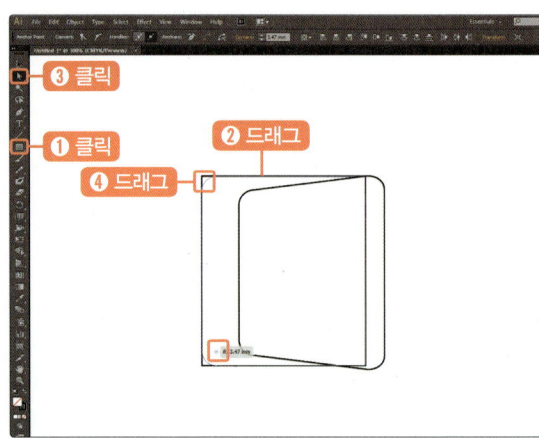

> **Tip** ❷ 드래그는 객체 생성, ❹ 드래그는 위젯 드래그

03 [Tools] 패널에서 자유 변형 툴을 선택하고 위젯에서 'Perspective Distort'를 이용해 모양을 변형합니다.

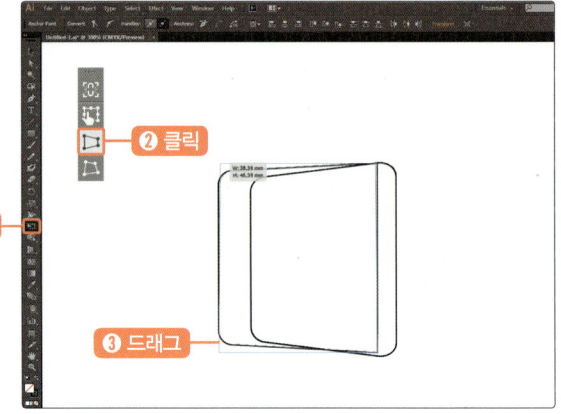

04 타원형, 사각형 객체를 생성합니다. 사각형 객체를 선택하고 펜 툴을 아래쪽의 패스 위에 대고 Alt 를 누른 상태에서 드래그합니다.

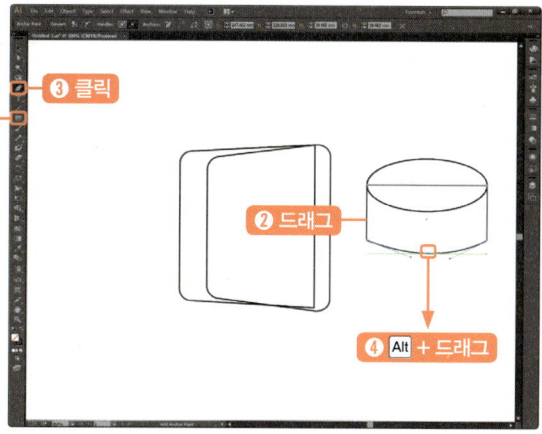

05 타원형과 사각형 객체를 다중 선택한 다음 Shift 를 누른 채 회전합니다.

06 객체들은 다음과 같이 채색 후 배치합니다.

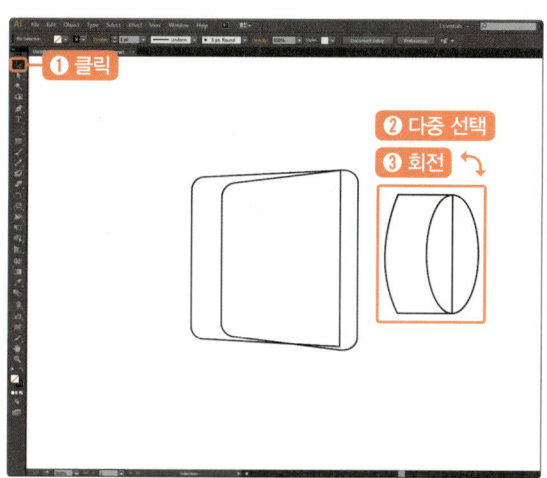

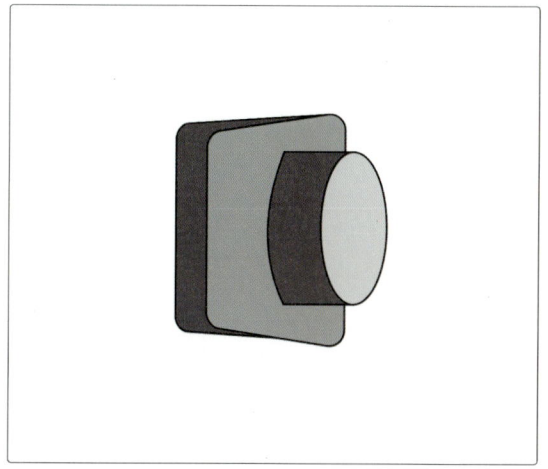

07 제작한 객체는 타자기에 배치합니다. Ctrl + Shift + [를 눌러 타자기 객체 뒤로 배열을 수정합니다.

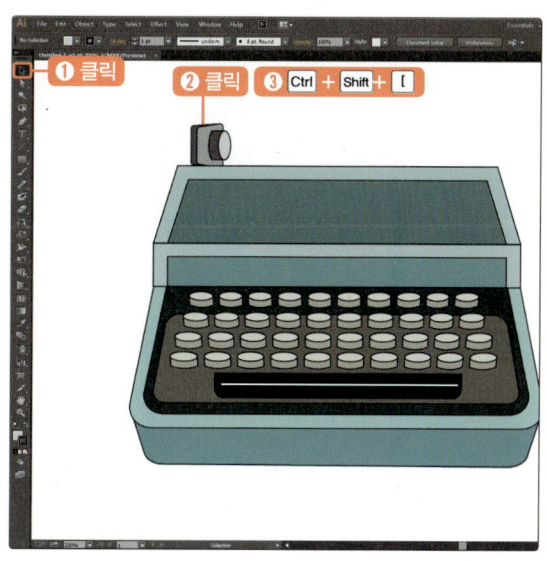

08 배치한 객체를 선택하고 Alt를 누른 채 반전 툴로 타자기 중앙을 클릭합니다. 좌우 대칭 옵션으로 선택한 후 [Copy] 버튼을 클릭합니다.

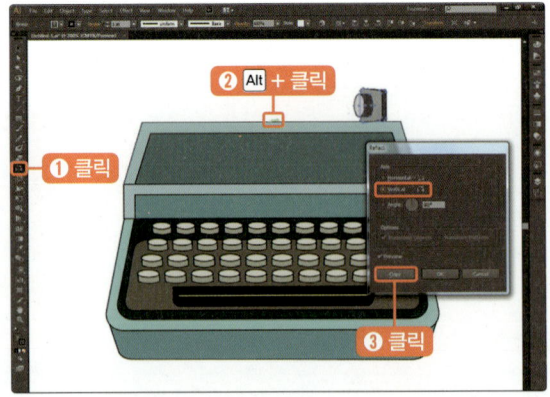

09 4개의 사각형 객체를 생성한 다음 [Tools] 패널의 'Stroke'과 'Fill'를 지정합니다.

10 선을 생성하고 선 두께를 '3pt'로 조절합니다. [Object]-[Path]-[Outline Stroke] 메뉴를 선택하고 적용된 선 두께를 객체 속성으로 변환합니다.

> **Tip** 'Outline Stroke'는 선 두께를 객체 속성으로 변환할 수 있습니다. 이 기능은 복잡한 모양의 객체를 선으로 제작 후 객체 속성으로 변환하여 도형 툴보다 쉽게 그릴 수 있어서 유용하게 사용할 수 있습니다.

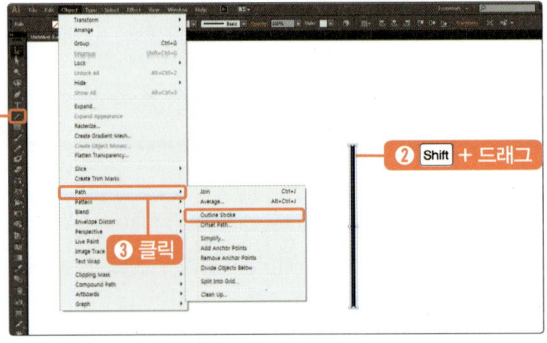

11 Alt를 누른 채 객체 아래쪽을 [Tools] 패널의 회전 툴로 클릭합니다. 회전 툴 옵션창의 회전 각도에 '5도'를 입력하고 [Copy] 버튼을 클릭합니다.

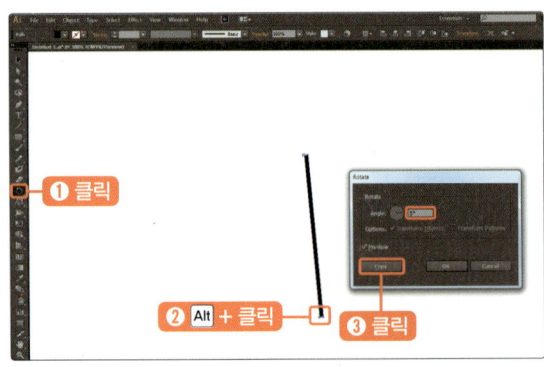

12 Ctrl+D를 회전하며 복제되는 명령을 반복 실행합니다.

13 선택 툴로 불필요한 객체를 선택하고 Delete를 눌러 지워줍니다.

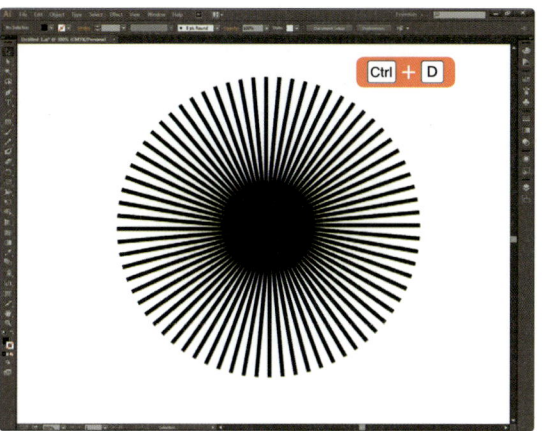
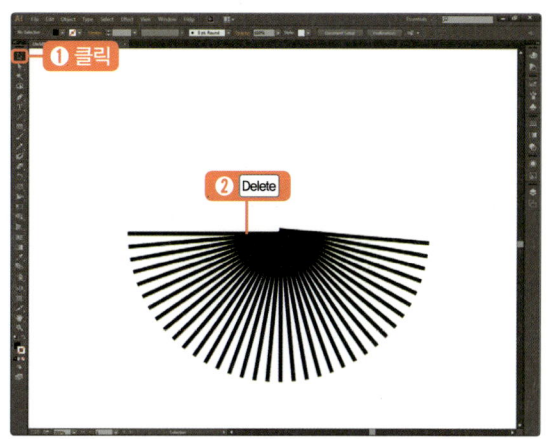

14 남아있는 객체를 다중 선택하고 [Pathfinder] 패널에서 'Unite'를 클릭해서 하나의 객체로 결합합니다.

15 원형 객체를 생성하고 다음과 같이 배치합니다.

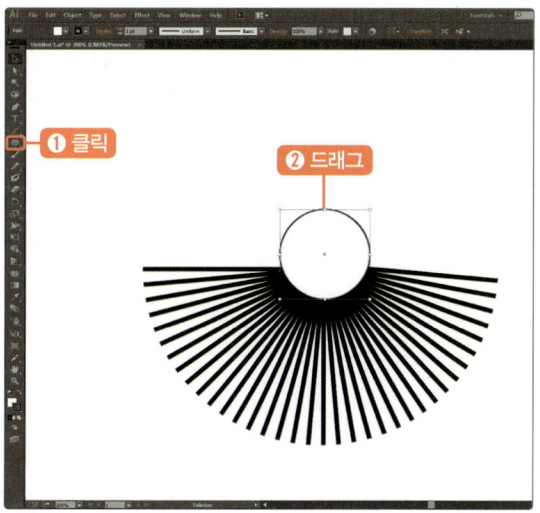

16 사각형과 원형 객체를 다중 선택합니다. [Pathfinder] 패널에서 'Minus Front'를 클릭합니다.

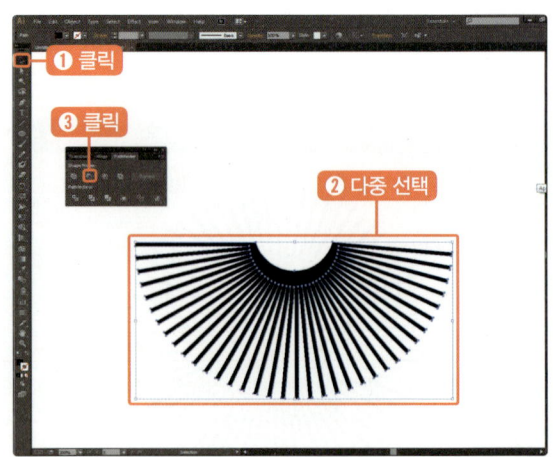

17 타원형 객체를 생성하고 직접 선택 툴로 상단의 점을 선택하고 Delete 를 눌러서 지워줍니다.

18 선 두께를 '5pt'로 조절하고 [Object]-[Path]-[Outline Stroke] 메뉴를 선택해서 적용된 선 두께를 오브젝트 속성으로 변환합니다.

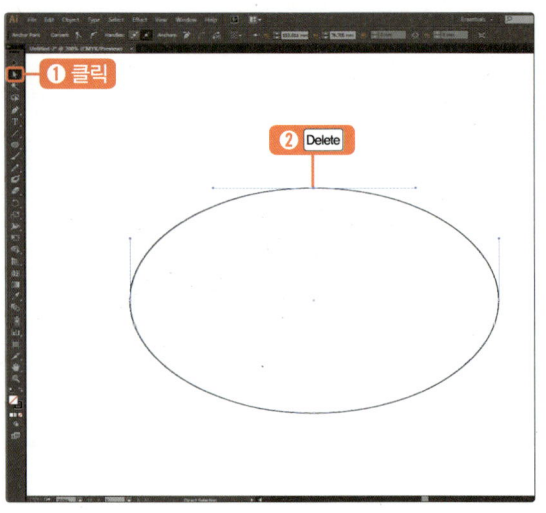

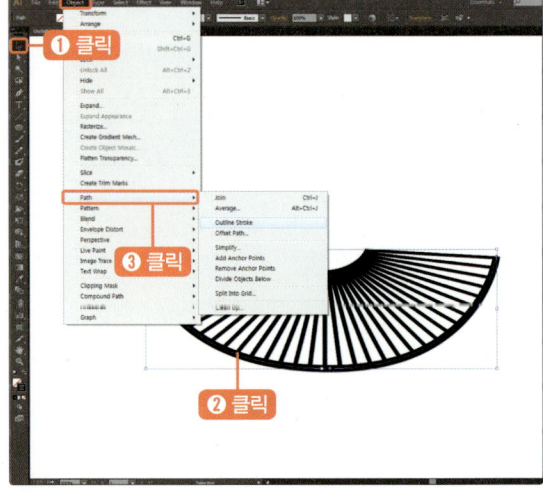

19 타원형 객체를 2개 더 생성합니다. 직접 선택 툴로 위쪽의 점을 선택하고 Delete 를 눌러 지워 줍니다. 선 두께를 조절하고 [Object]-[Path]-[Outline Stroke] 메뉴를 선택해서 적용된 선 두께를 객체 속성으로 변환합니다.

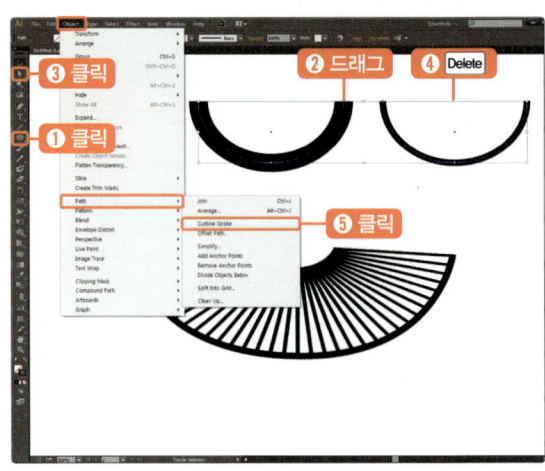

20 아래쪽의 타원형 객체를 선택하고 Alt를 누른 채 드래그해 복제합니다. 아래쪽으로 이동해 배치합니다.

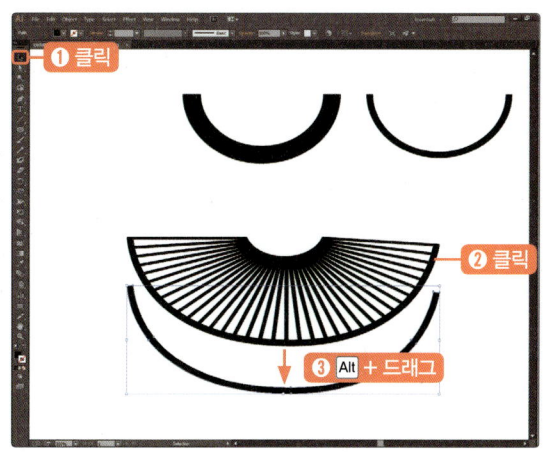

21 각 객체를 다음과 같이 채색 후 배치하고 자연스럽게 형태를 변형합니다. 다중 선택한 후 그룹으로 묶습니다.

22 객체를 선택하고 다음과 같이 타자기에 맞춰 적당한 크기로 조절해서 배치합니다.

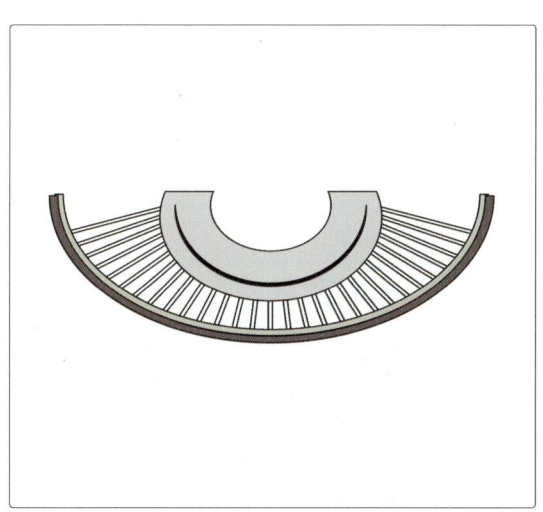

23 선을 생성하고 선 두께를 '8pt'로 조절합니다. 펜 툴을 패스 위에 대고 Alt를 누른 채 드래그합니다.

Tip CC 버전 이하에서는 펜 툴로 직접 드래그해서 곡선의 패스를 생성할 수 있습니다.

24 [Object]-[Path]-[Outline Stroke] 메뉴를 선택하고 선 두께를 객체 속성으로 변환합니다. 다음과 같이 채색합니다.

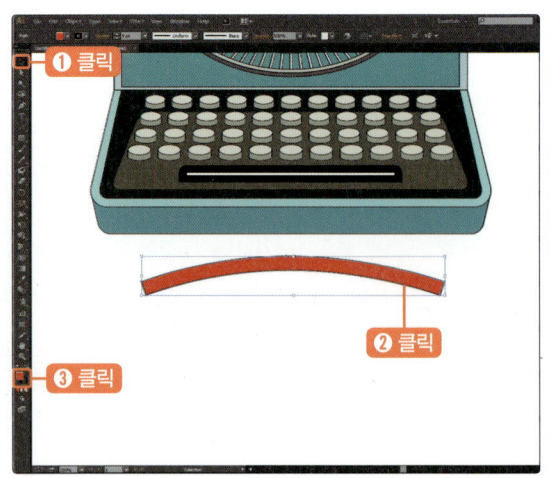

25 객체를 선택하고 Alt + Shift 를 누른 채 드래그해 복제합니다. 다음과 같이 채색합니다.

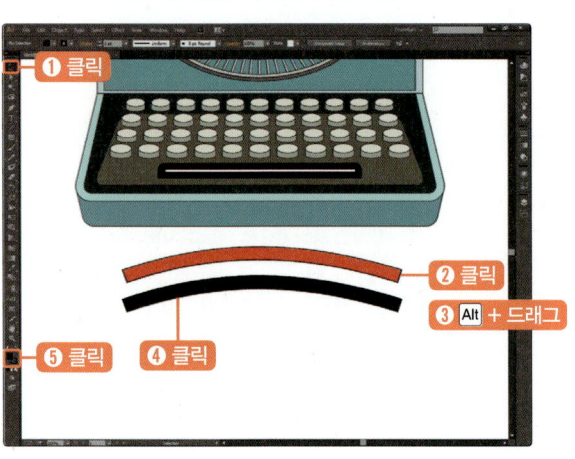

26 2개의 객체를 선택하고 다음과 같이 타자기에 맞춰 적당한 크기로 조절해 배치합니다.

27 타원형, 사각형 객체를 생성합니다. 사각형 객체를 선택한 다음 펜 툴을 아래쪽의 패스 위에 대고 Alt 를 누른 채 드래그합니다.

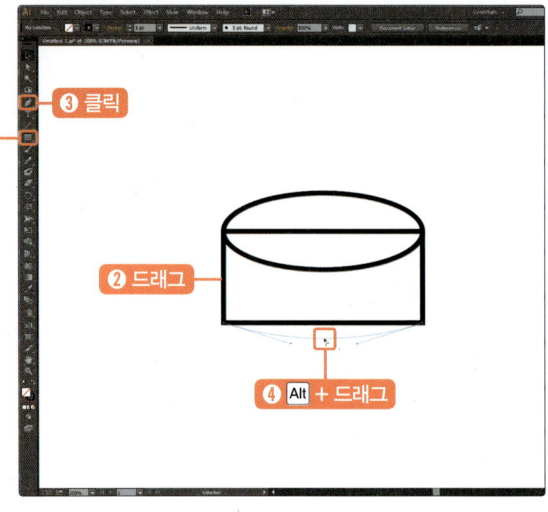

28 원형 객체를 다음과 같이 두 개 생성합니다. [Path finder] 패널에서 'Exclude'를 클릭합니다.

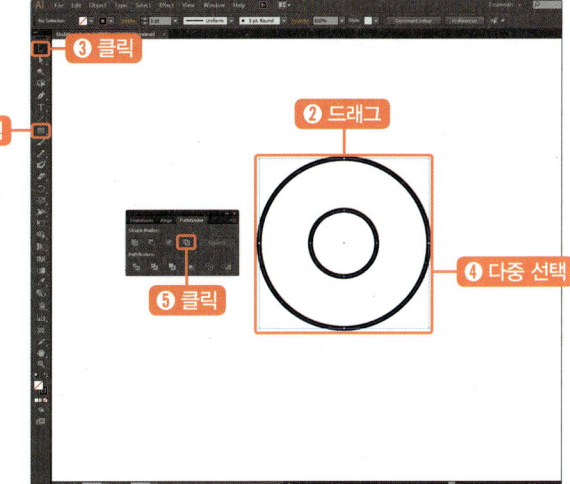

29 사각형 객체를 생성하고 [Tools] 패널의 회전 툴을 더블클릭합니다. 회전 툴 옵션창의 회전 각도에 '60도'로 입력하고 [Copy] 버튼을 클릭합니다. Ctrl+D를 눌러 회전하며 복제되는 명령을 반복해서 적용합니다.

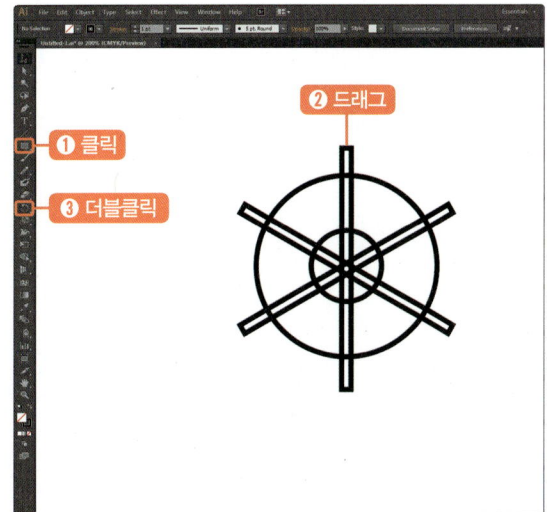

30 사각형과 원형 객체를 다중 선택합니다. [Path finder] 패널에서 'Minus Front'를 클릭합니다.

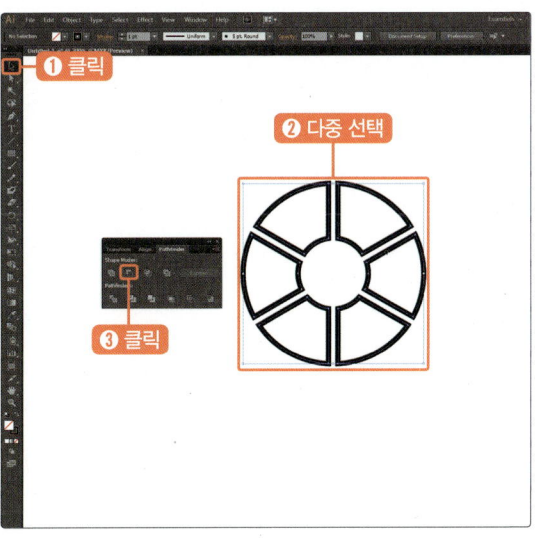

31 객체 중앙에 원형 객체를 생성하고 다음과 같이 배치합니다.

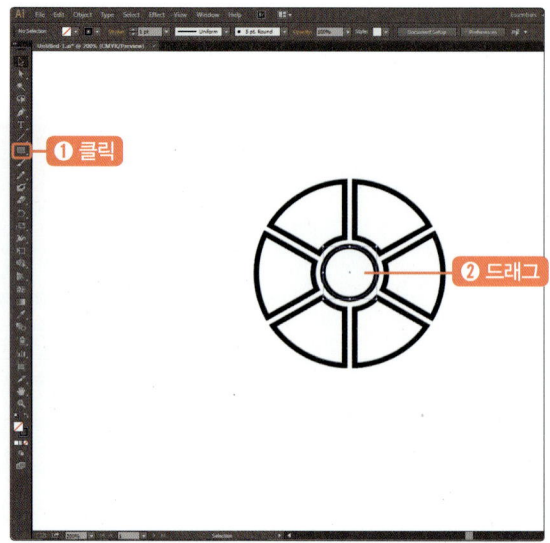

32 앞에서 제작한 객체들을 선택한 다음 채색합니다.

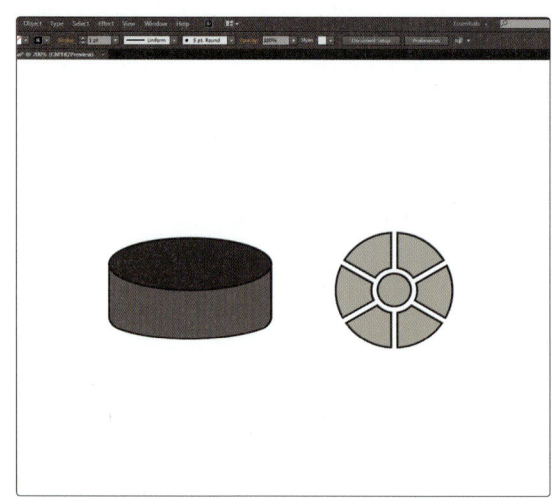

33 원형 객체를 다중 선택하고 [Tools] 패널에서 자유 변형 툴을 선택하고 위젯에서 'Perspective Distort'를 이용해서 모양을 변형합니다.

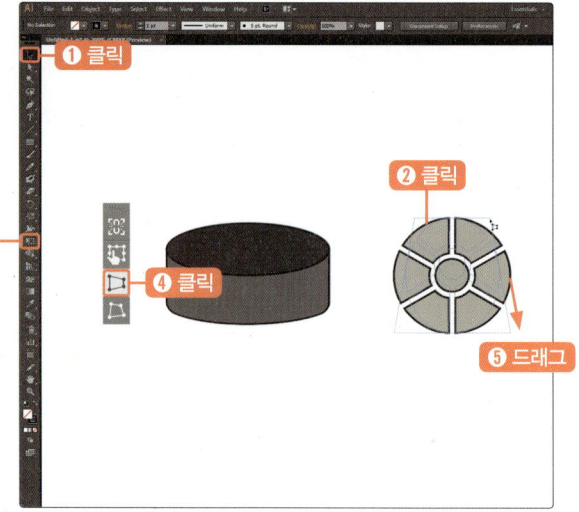

34 객체를 다음과 같이 배치하고 그룹으로 묶어줍니다.

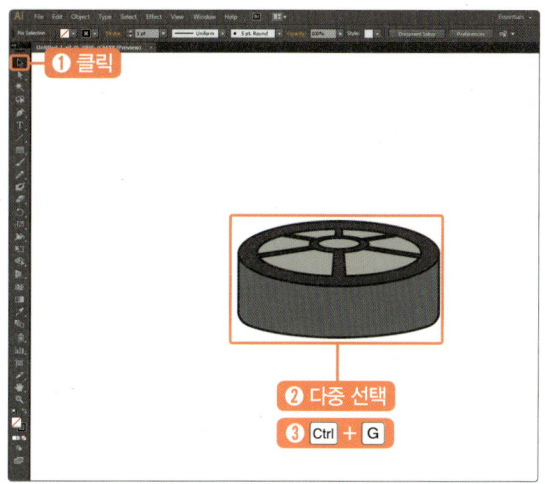

35 같은 방법으로 도형 툴과 펜 툴로 객체의 모양을 변형해서 제작합니다. 다음과 같이 채색합니다.

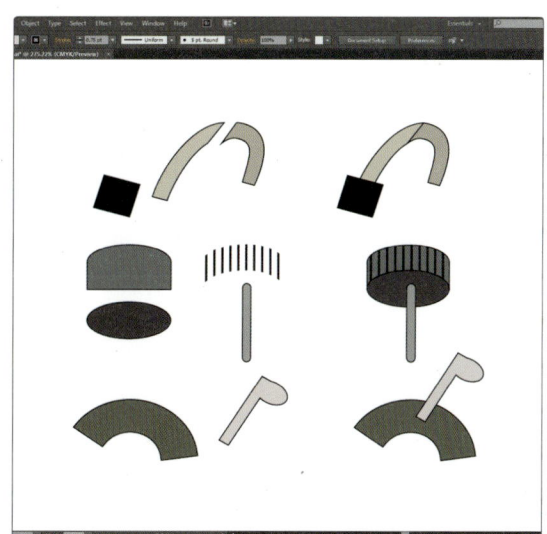

Tip 도서 데이터 파일의 '객체 소스.ai'에서 관련 객체들을 확인할 수 있습니다.

36 타자기 관련 객체를 다중 선택하고 다음과 같이 배치 후 그룹으로 묶습니다.

캘리그라피 브러시를 이용한 드로잉 터치 제작

브러시를 이용하면 패스를 다양한 형태로 표현할 수 있습니다. 이 중 캘리그라피 브러시는 패스의 두께를 불규칙하게 보이도록 조절해서 마치 붓으로 그린 것처럼 보여질 수 있습니다. 이 기능을 이용해서 앞에서 제작한 타자기 객체를 붓으로 그린 것처럼 변형하고 말풍선 객체를 제작해서 문구를 배치합니다.

01 붓으로 그린 것처럼 보이도록 타자기 객체 모양을 불규칙하게 변형합니다. 타자기 객체를 선택하고 [Effect]-[Distort & Transform]-[Roughen] 메뉴를 선택합니다. 옵션창 아래쪽의 미리보기를 체크하고 다음과 같이 옵션을 조절합니다. (Size:0.2%, Detail:10)

02 타자기 객체의 가장자리를 불규칙한 두께의 선으로 보이도록 조절하겠습니다. 타자기 객체를 선택하고 [Window]-[Brush] 메뉴를 선택해서 [Brush] 패널을 꺼냅니다. 브러시 목록에서 캘리그라피 브러시를 선택합니다.

Tip 객체에 브러시를 적용하기 위해서는 [Tools] 패널의 'Stroke'에 색상이 있어야 합니다.

03 [Brush] 패널 하단의 'Option of Selected Object' 아이콘을 클릭합니다. 옵션창 하단의 미리보기를 선택하고 타자기 객체에 적용된 캘리그라피 브러시의 옵션을 수정합니다. (Angle:108°, Roundness:0%, Size:2pt, Variation:3°, Random:1pt)

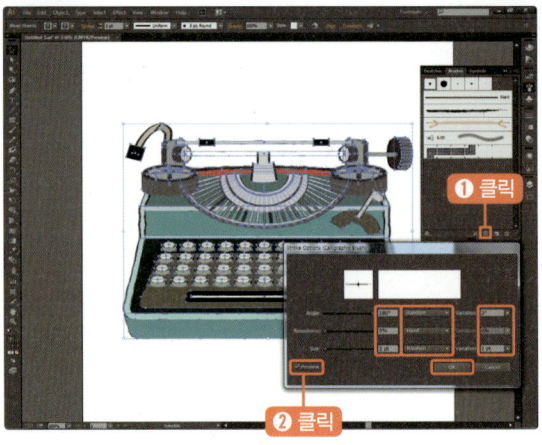

Tip 객체에 적용된 캘리그라피 브러시는 옵션창에서 모양 및 두께, 방향 등을 수정해서 패스를 불규칙한 형태로 조절할 수 있습니다.

04 [Tools] 패널의 스케일 툴을 더블클릭하고 'Options' 항목에 'Scale Strokes & Effects'를 선택한 후 [OK] 버튼을 클릭합니다. 타자기 객체를 적당한 크기 (100%)로 조절해서 작업창 아래쪽에 배치합니다.

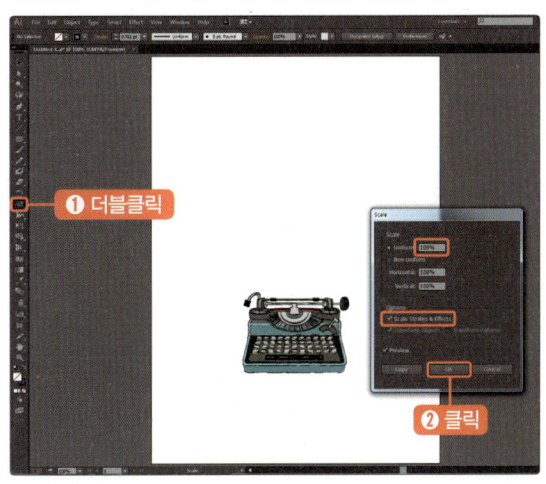

Tip Scale Strokes & Effects을 체크할 경우 객체 크기 조절 시 객체에 적용된 선 두께 및 적용된 효과를 함께 조절할 수 있습니다.

05 타자기의 종이 시트를 말풍선으로 형상화하여 제작 하겠습니다. 원형 객체를 생성합니다.

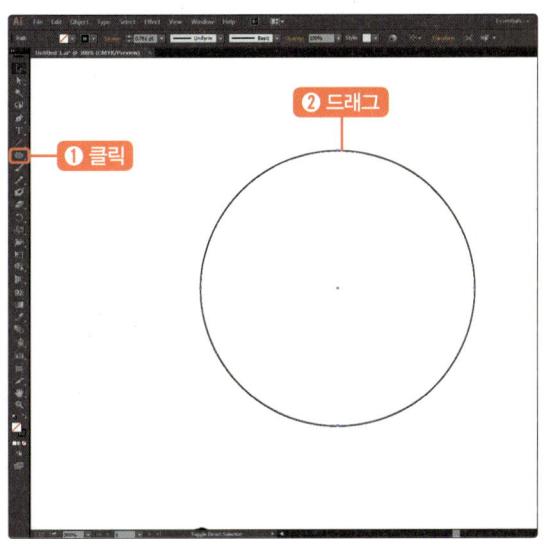

06 원형 객체를 선택하고 왼쪽의 점에 Alt 를 누른 채 스케일 툴을 클릭합니다. 옵션창에서 'Uniform', 'Scale'에 '50%'를 입력하고 [Copy] 버튼을 클릭합 니다.

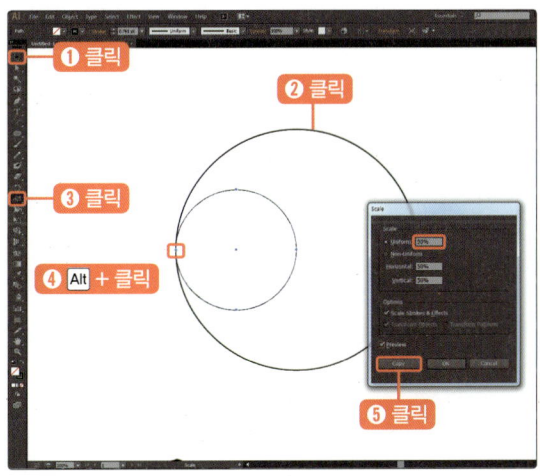

07 복제된 객체를 선택하고 Alt + Shift 를 누른 채 오른쪽으로 드래그해 복제합니다.

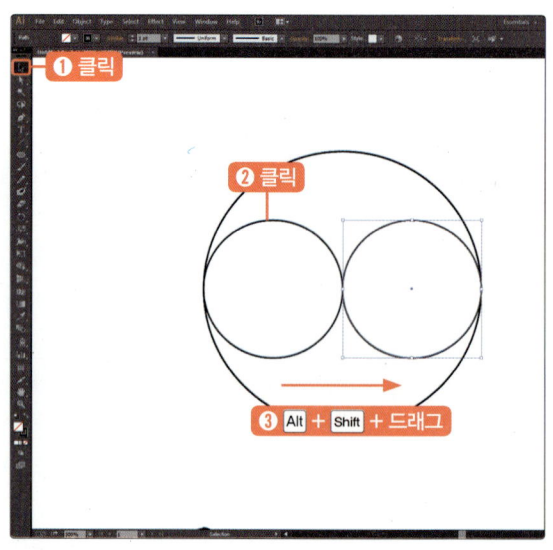

Tip [View] 메뉴의 'Smart Guide'를 활성화하면 오른쪽으로 복제한 객체가 바깥의 원형 객체 가장자리에 정확하게 맞물리는 것을 확인할 수 있습니다. 'Smart Guide'가 활성화되었을 때 객체를 선택하고 이동하면 연두색의 안내선이 표시됩니다. 이 안내선은 여러 개의 객체가 배치되었을 때 기준선으로 활용할 수 있습니다. 'Smart Guide'의 단축키는 Ctrl + U 입니다.

08 3개의 원형 객체를 선택하고 [Pathfinder] 패널에서 'Divide'를 클릭합니다. 마우스 오른쪽 단추를 클릭한 다음 'Ungroup'을 선택해 개별 객체로 풀어줍니다.

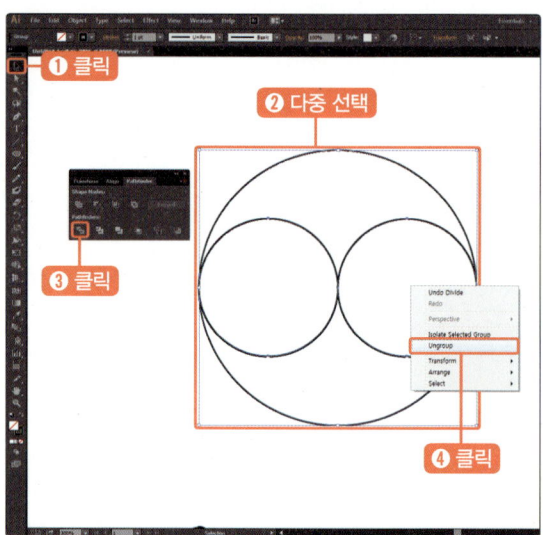

09 직접 선택 툴로 위쪽의 분리된 패스를 선택하고 Delete 를 눌러 지워줍니다.

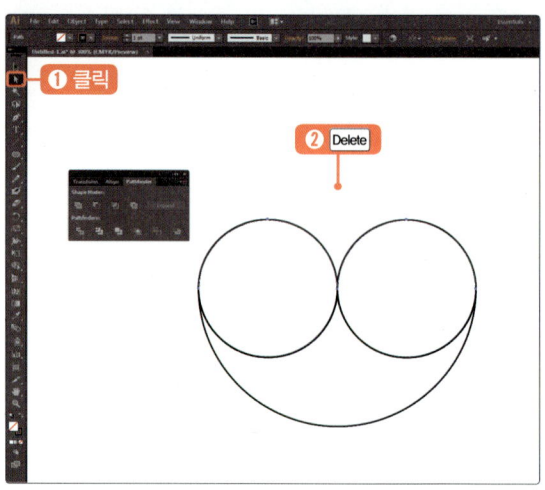

Tip 복제한 2개의 원형 객체가 바깥의 원형 객체의 가장자리 점에 정확히 맞물리지 않을 경우 명령이 적용되지 않을 수 있습니다. 이 때 Ctrl + Z 를 눌러 패스파인더를 적용한 전 단계로 이동한 다음 정확한 위치로 수정합니다.

10 선택 툴로 왼쪽의 원 객체를 선택하고 Delete 를 눌러 지워줍니다.

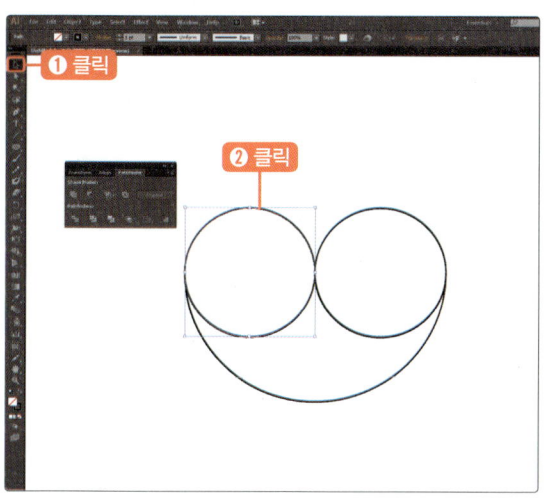 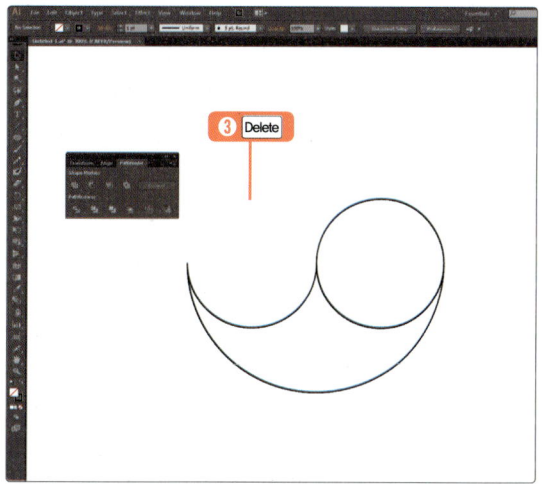

11 남아있는 객체들을 다중 선택합니다. [Pathfinder] 패널에서 'Unite'를 클릭해 하나의 객체로 결합합니다.

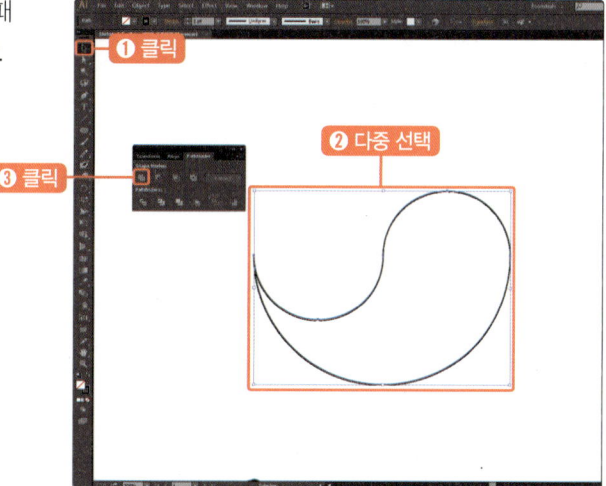

12 직접 선택 툴로 객체의 점을 선택하고 모양을 수정합니다.

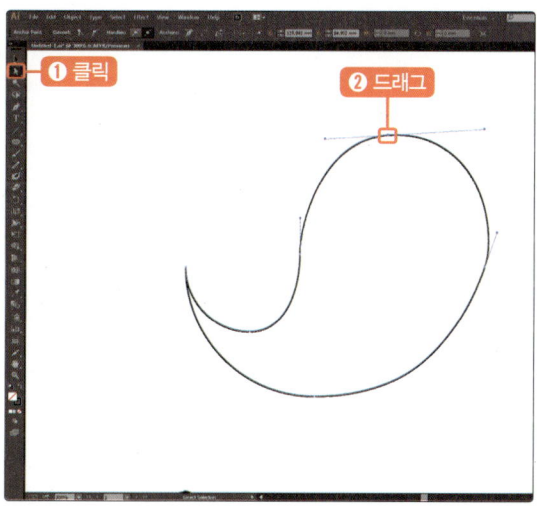

Tip 직접 선택 툴로 객체의 점을 선택하고 핸들을 이용해서 매끄러운 곡선이 될 수 있도록 수정합니다.

13 말풍선 객체의 가장자리를 불규칙한 두께의 선으로 보이도록 조절하겠습니다. [Brush] 패널에서 캘리그라피 브러시를 선택합니다.

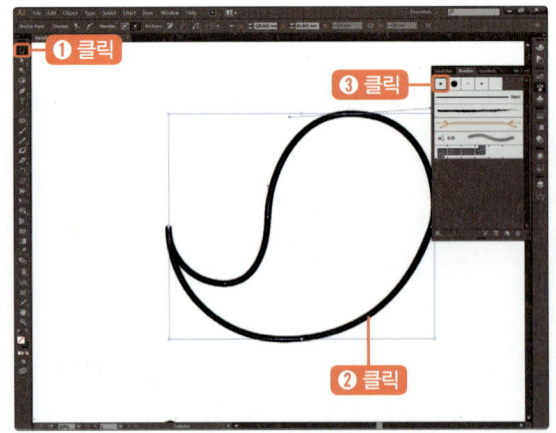

14 [Brush] 패널 하단의 'Option of Selected Object' 아이콘을 클릭합니다. 옵션창 하단의 미리보기를 체크하고 타자기 객체에 적용된 캘리그라피 브러시의 옵션을 수정합니다. (Angle:-180°, Roundness:0%, Size:3pt, Variation:180°, Random:1pt)

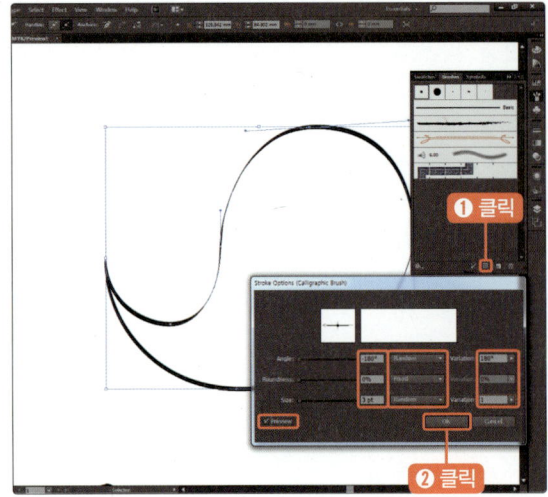

15 말풍선 객체를 선택하고 Alt를 누른 채 드래그해 복제합니다. 객체 크기 및 방향을 수정해 배치합니다.

16 아지랑이 객체를 제작해서 말풍선 객체에 배치합니다. [Tools] 패널에서 연필 툴을 선택한 다음 작업창에 드래그해 나선형 모양의 패스를 생성합니다.

Tip 연필 툴은 복잡한 모양의 곡선을 빠르게 생성할 때 유용하게 사용합니다. 하지만 한 번의 드래그로 원하는 모양의 곡선이 생성되기는 쉽지 않습니다. 이때 Ctrl+Z를 눌러 전 단계로 취소하고 최대한 자연스러운 모양의 패스가 생성될 수 있도록 드래그해서 제작합니다.

17 나선형 모양의 패스가 매끄럽게 보일 수 있도록 직접 선택 툴로 점을 선택하고 핸들을 수정합니다.

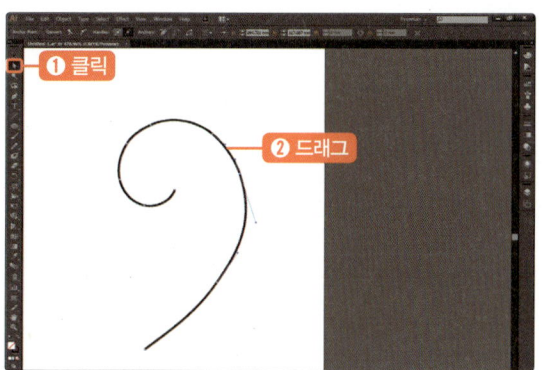

18 곡선의 처음, 끝 부분이 얇게 사라져 보이도록 수정해 보겠습니다. [Stroke] 패널의 'Weight'를 '4pt'로 바꾼 다음 'Profile'에서 선 모양을 변경합니다.

19 아지랑이 객체를 선택하고 Alt를 누른 채 복제해서 여러 개 배치하고 타자기 객체와 어울리는 색상으로 채색합니다. 말풍선과 아지랑이 객체를 다중 선택하고 그룹으로 묶어줍니다.

Tip [Stroke] 패널의 'Profile' 옵션이 보이지 않으면 패널 상단의 화살표를 클릭하고 숨겨진 목록에서 'Show Options'를 클릭합니다.

심벌 객체 합성을 통한 배경 제작

심벌은 원하는 객체를 제작하고 등록하여 반복적으로 사용할 수 있지만, 일러스트레이터에서 제공하는 심벌을 가져와서 객체처럼 사용할 수도 있습니다. 이를 위해서 심벌 라이브러리에서 다양한 객체를 가져오고 사용하는 방법에 대해 알아보겠습니다.

01 [File]-[Place] 메뉴를 선택해 '나무 배경' 이미지를 불러옵니다. 상단의 옵션 바에서 'Align to Artboard'를 선택하고 '가로, 세로 중앙 정렬'을 클릭해 작업 창 중앙에 배치합니다.

02 나무 배경 이미지를 선택하고 Ctrl+Shift+[를 눌러 타자기 객체 뒤로 배열을 수정합니다.

03 둥근 사각형 객체를 생성하고 다음과 같이 나무 배경 이미지에 배치합니다.

04 둥근 사각형 객체를 선택한 다음 [Object]-[Path]-[Offset Pat] 메뉴를 선택하고 'Offset' 항목에 '-3mm'를 입력합니다.

> **Tip** 둥근 사각형 객체는 스케일 툴을 이용해 크기를 조절할 하면, 모퉁이의 둥글기나 상/하/좌/우 여백이 균일하지 않게 됩니다. 모퉁이의 둥글기나 여백을 균일하게 복제하려면 'Offset Path'를 이용합니다.

05 크기를 조절해 배치한 둥근 사각형 객체를 선택합니다. [Object]-[Path]-[Offset Path] 메뉴를 선택해 둥근 사각형 객체를 하나 더 복제합니다.

06 배치한 둥근 사각형 객체는 다음과 같이 채색합니다. 채색한 객체는 Ctrl+[를 눌러 아지랑이와 타자기 객체 뒤로 배열을 수정합니다. 둥근 사각형과 타자기, 말풍선 객체를 적당한 위치에 배치합니다.

07 배경에 다트 객체와 잉크가 번지는 형태의 객체를 배치하겠습니다. [Window]-[Symbols] 메뉴를 선택합니다. [Symbol] 패널 상단의 화살표를 클릭하고 숨겨진 목록에서 [Open Symbol Library]-[Dot Pattern Vector Pack / Grime Vector Pack]을 클릭합니다.

08 [Symbol] 패널에서 배경에 배치할 심벌을 작업창으로 드래그해서 가져옵니다.

09 다트 객체를 선택하고 Ctrl+[를 눌러 말풍선 객체 뒤로 배열을 수정합니다. [Transparency] 패널에서 'Overlay'를 100%로 선택해서 배경과 자연스럽게 합성합니다.

10 잉크 객체를 선택하고 [Symbol] 패널 하단의 'Break Link to Symbol' 아이콘을 클릭합니다.

11 잉크 객체를 말풍선 객체 주변으로 배치하고 다음과 같이 채색합니다.

Tip 'Break Link to Symbol'은 작업창에 있는 심벌을 객체 속성으로 변환할 때 사용합니다.

12 [Transparency] 패널에서 'Overlay' 또는 'Color'를 100%로 선택해 배경과 아지랑이 객체에 자연스럽게 합성합니다.

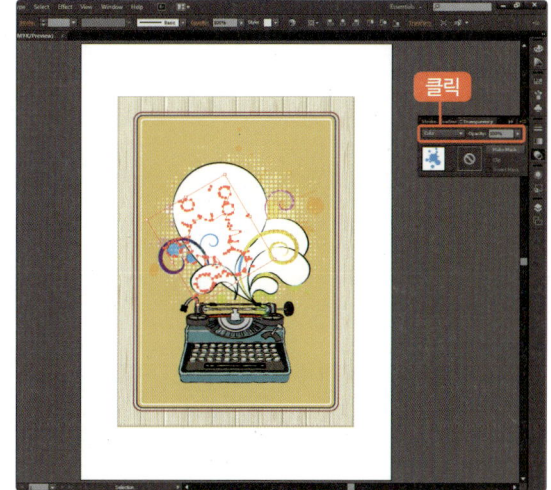

Tip 'Color'는 객체의 명도와 채도의 변화없이 색상을 이용해서 합성할 때 사용합니다.

13 약하게 합성된 잉크 객체는 Ctrl+C, Ctrl+F를 눌러 복제하여 배치합니다.

Tip 배경과 잉크 객체의 밝은 색상으로 약하게 합성된 객체는 하나 더 복제해서 합성 결과를 중복시켜 강하게 표현할 수 있습니다.

14 말풍선 객체에 'Vintage Typewriter'를 입력한 다음 폰트 및 크기를 조절해 배치합니다.

저자의 한마디

새롭게 다운받은 폰트를 사용했을 경우 'Create Outlines'를 적용해 객체 속성으로 변환합니다.

포토샵을 이용한 빈티지 질감 합성

일러스트레이터의 작업물을 포토샵으로 가져와서 질감을 합성하고 빈티지 분위기를 표현하겠습니다.

01 [File]-[Save As] 메뉴를 선택한 후 확장자를 'eps'로 지정하여 저장합니다. 포토샵 프로그램을 실행한 다음 [File]-[Open] 메뉴를 선택해 저장한 파일을 불러옵니다.

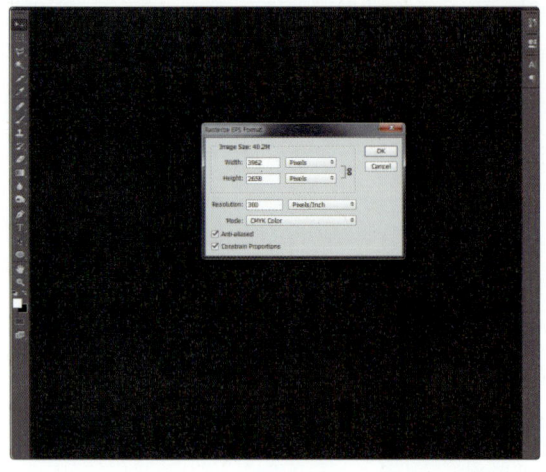

02 [File]-[Open] 메뉴를 선택하고 '낡은 질감.jpg' 이미지를 불러옵니다.

03 낡은 질감 이미지를 배경과 합성하기 위해서 포토샵의 브러시로 등록하겠습니다. [Image]-[Adjustments]-[Desaturate] 메뉴를 선택해 흑백 이미지로 보정합니다.

04 [Image]-[Adjustments]-[Level] 메뉴를 선택해 이미지의 선명도를 다음과 같이 보정합니다.

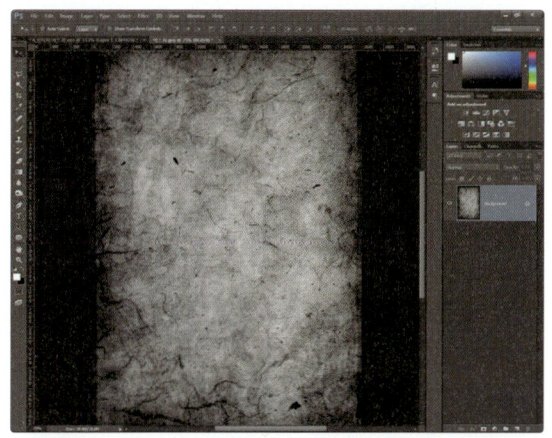

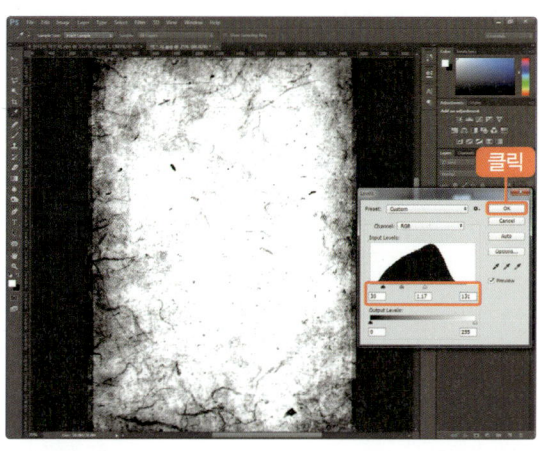

Tip 이미지를 브러시로 등록하기 위해서는 흑백의 이미지로 변환하고, 질감으로 사용할 영역의 선명도를 보정해야합니다.

Tip 이미지의 선명도를 어둡게 보정할수록 질감으로 사용할 영역을 많이 지정할 수 있습니다.

05 보정한 이미지를 브러시로 등록하겠습니다. [Edit]-[Define Brush Preset] 메뉴를 선택하고 포토샵의 브러시로 등록합니다.

06 작업창으로 돌아와 질감을 합성하기 위해 [Layer] 패널에서 레이어를 생성합니다.

07 [Tools] 패널의 전경색을 검은색으로 지정하고 브러시 툴을 선택합니다. 상단 옵션 바의 브러시 목록 하단에 등록된 브러시를 선택합니다.

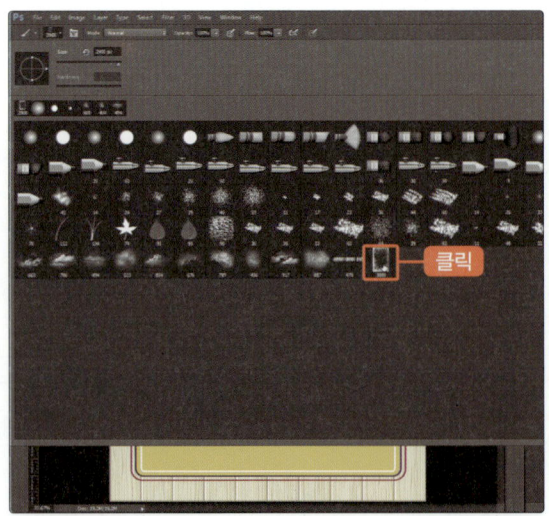

08 질감으로 사용할 브러시를 배경에 맞춰서 채색합니다.

09 배경과 채색한 질감을 자연스럽게 합성하기 위해서 [Layer] 패널의 합성 모드를 'Overlay'로 지정합니다.

10 질감을 좀 더 진하게 표현하기 위해서 합성한 질감 레이어를 하나 더 복제합니다. 복제한 레이어의 투명도를 '50%'로 조절해서 합성된 질감의 강도를 조절합니다.

Tip 레이어를 복제할 때 사용하는 단축키는 Ctrl + J 입니다.

11 [Layer] 패널 하단의 보정 레이어 아이콘을 클릭합니다. 'Hue/Saturation'을 선택해 색상, 채도, 명도를 보정합니다. 합성한 파일은 [File]-[Save As] 메뉴를 선택하고 확장자를 'jpg'로 저장합니다. (Hue:-6, Saturation:-15, Lightness:+11)

포토샵과 일러스트레이터의 합성 모드

합성 모드는 서로 다른 색상, 채도, 명도를 가진 객체를 혼합하여 다양한 색상을 표현할 수 있습니다. 객체의 색상, 채도, 명도에 따라 합성 결과가 달라지므로 대표적인 합성 모드를 상황에 맞게 적용하는 것이 좋습니다. 예를 들어, 객체를 어둡거나 밝게 강조하고자할 때 'Multiply'와 'Screen'을 많이 사용하며, 그림자와 빛을 표현하는데 유용합니다. 그리고 객체의 어두운 부분과 밝은 부분을 함께 강조하고자할 때 'Overlay'와 'Softlight'를 많이 사용하며, 객체를 자연스럽게 합성할 때 유용합니다. 이번 단계에서는 일러스트레이터에서 제공하는 합성 모드에 대해 알아보고 포토샵에서 제공하는 합성 모드와 비교하겠습니다.

Tip 일러스트레이터의 합성 모드는 [Transparency] 패널에서 적용할 수 있습니다. 그리고 포토샵의 합성 모드는 [Layer] 패널에서 적용할 수 있습니다.

일러스트레이터 합성 모드

- **Normal** : 기본 모드로써 혼합되지 않은 색상을 표현합니다.

- **Darken** : 객체의 겹친 부분을 어둡게 혼합하는 것으로, 합성 모드를 적용하는 객체의 색상이 밝을수록 혼합 색상은 옅어집니다.

- **Multiply** : 합성 모드를 적용하는 객체의 색상을 곱하는 것으로, 'Darken'보다 혼합 색상을 어둡게 표현할 수 있습니다.

Tip 모든 색상에 검정색을 곱하면 검정색이 되고, 흰색을 곱하면 혼합되지 않습니다.

- **Color Burn** : 혼합 색상을 어둡게 표현하는 것으로, 'Multiply'보다 채도를 높여서 합성할 수 있습니다.

- **Lighten** : 객체의 겹친 부분을 밝게 합성하는 것으로, 합성 모드를 적용하는 객체의 색상이 어두울수록 혼합 색상은 흰색에 가깝게 합성됩니다.

- **Screen** : 합성 모드를 적용하는 객체의 색상을 반전시켜 곱하는 것으로, 'Lighten'보다 혼합 색상을 밝게 표현할 수 있습니다.

Tip 모든 색상에 검정색을 곱하면 흰색이 되고, 흰색을 곱하면 흰색으로 혼합됩니다.

- **Color Dodge** : 혼합 색상을 밝게 표현하는 것으로, 'Screen'보다 채도를 높여서 합성할 수 있습니다.

- **Overlay** : 겹쳐진 객체의 어두운 부분은 더욱 어둡게, 밝은 부분은 더욱 밝게 합성합니다.

Tip 'K=50' 이하의 색상은 'Dodge'처럼 밝게 표현하고, 'K=50' 이상의 색상은 'Burn'처럼 어둡게 표현합니다. 그래서 검은색이나 흰색으로 혼합하면 겹쳐진 객체 간의 어둡거나 밝은 부분이 뚜렷하게 합성될 수 있습니다.

- **Softlight** : 'Overlay'보다 채도를 낮춰서 합성할 수 있습니다.

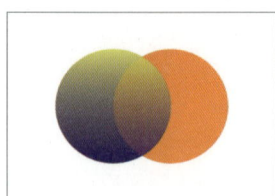

> **Tip** 'Overlay'보다 합성 결과를 약하게 표현할 때 사용할 수 있습니다.

- **Hard Light** : Overlay보다 밝은 부분은 더욱 밝게 합성하고, 어두운 부분은 합성 모드를 적용하는 객체의 색상으로 표현합니다.

- **Difference** : 합성 모드를 적용하는 객체의 색상을 반전시켜 합성하는 것으로, 어두운 부분과 밝은 부분을 반대로 표현합니다.

- **Exclusion** : 'Difference'보다 채도를 낮춰 합성합니다.

- **Hue** : 겹쳐진 객체의 색상을 혼합시켜 합성합니다.

- **Saturation** : 겹쳐진 객체의 채도를 혼합시켜 합성합니다. 단, 채도가 없는 회색은 합성되지 않습니다.

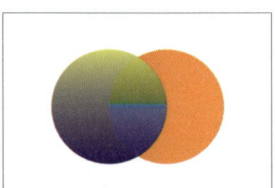

- **Color** : 합성 모드를 적용하는 객체의 색상으로 합성합니다.

- **Luminosity** : 겹쳐진 객체의 색상과 채도를 기준으로, 'Color'와 반대 효과를 나타냅니다.

> **저자의 한마디**
>
> 포토샵과 일러스트레이터의 합성 모드는 항목 별로 같은 결과를 갖지만 검은색과 흰색의 객체로 합성할 경우 결과가 달라질 수 있습니다.

일러스트레이터의 합성 모드

- 검은색의 객체를 'Multiply'로 합성 시 검은색이 그대로 유지됩니다.

- 검은색의 객체를 'Screen'으로 합성 시 겹친 부분은 흰색으로 혼합되고 나머지 영역의 검은색은 그대로 유지됩니다.

- 흰색의 객체를 'Multiply'로 합성 시 혼합되지 않습니다.

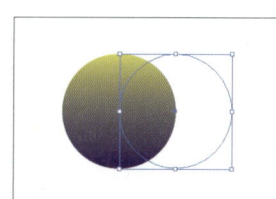

Special Tip

- 흰색의 객체를 'Screen'으로 합성 시 흰색이 그대로 유지됩니다.

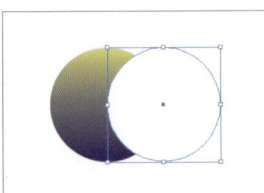

- 검은색의 객체를 'Overlay'로 합성할 때 겹친 부분의 밝은 부분은 그대로 유지되고 어두운 부분은 어둡게 합성합니다.

- 흰색의 객체를 'Overlay'로 합성 시 겹친 부분의 어두운 부분은 그대로 유지되고 밝은 부분은 밝게 합성합니다.

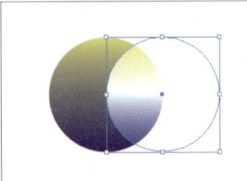

포토샵의 합성 모드

- 검은색의 이미지를 'Multiply'로 합성 시 검은색이 그대로 유지됩니다.

- 검은색의 이미지를 'Screen'으로 합성 시 혼합되지 않습니다.

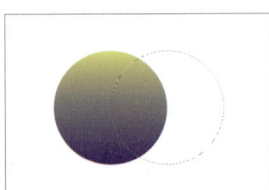

- 흰색의 이미지를 'Multiply'로 합성 시 혼합되지 않습니다.

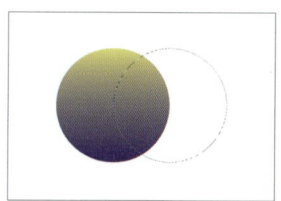

- 흰색의 이미지를 'Screen'으로 합성 시 흰색이 그대로 유지됩니다.

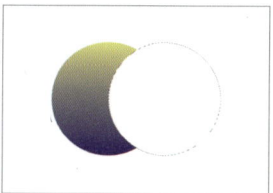

- 검은색의 이미지를 'Overlay'로 합성 시 겹친 부분을 어둡게 합성하고, 나머지 영역은 흰색의 배경과 합성되어 보이지 않습니다.

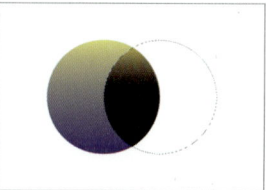

- 흰색의 이미지를 'Overlay'로 합성 시 겹친 부분을 밝게 합성하고, 나머지 영역의 흰색은 그대로 유지됩니다.

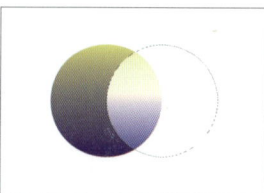

3단 접지 배열을 이용한 카드 디자인

카드나 명함 등의 인쇄물은 독특한 디자인을 선호하거나 차별화된 디자인을 전달하기 위해서 인쇄된 그대로 사용되는 경우보다 용지의 표면을 장식하거나 다양한 가공을 거쳐서 표현합니다. 그래서 디자이너는 제품의 디자인뿐만 아니라 후가공에 대한 전반적인 이해를 하고 제작되는 과정에 대해 알고 있어야 하며, 인쇄물의 총체적인 느낌을 좀 더 세련되게 제작할 수 있습니다. 이번 단계에서는 낱장의 카드가 아닌 메인 객체를 들어 올려 글을 입력할 수 있는 입체적인 카드를 제작하겠습니다.

실무자's Interview

▶ 박봉근 / 마케터

인쇄 출력물 디자인의 경우는 우선 인쇄 공정과 CMYK 색상의 이해가 필요해요. 인쇄물 작업 시에는 접지 면적에 따른 재단선 위치와 Bleed(여분 배경)를 고려한 배경 작업에 유의해야 합니다. 또한 배경 작업 시 후가공 처리(별색/코팅/부분코팅/엠보싱/박 등)에 따라 출고 데이터는 달라집니다. 그 외 인쇄물 디자인 시 다양한 패턴과 무리하게 진한 색상을 사용하려 하지 말아야 해요. C(100%), M(100%), Y(100%), K(100%)의 경우 검정을 나타내고, K(100%)의 경우도 검정을 나타내요. 다만, 전자의 경우 CMYK 전체 100% 배경 위에 얇은 흰글씨를 올려 인쇄 했을 경우에는 글씨가 전부 묻히는 현상이 발생해요. 또한 인쇄 시 충분한 건조 및 파우더 올림이 없을 경우 겹쳐지는 반대면에 색상이 묻어 나올 수 있습니다.

▶ 곽은지 / 편집 디자이너

종이의 선택에 따라서 인쇄시 컬러의 발색이 달라지는데, 펄감이 있는 종이를 사용하게 된다면 종이 자체에 이미 코팅이 되어있으므로 일반 인쇄만으로도 컬러의 발색이 굉장히 좋게 나와요. 즉, 표지임에도 유·무광 코팅을 하지 않아도 되는 것이죠. 또 크래프트지처럼 이미 색깔이 짙은 종이에 후가공으로 실크 인쇄를 하면 굉장히 또렷한 인쇄 효과를 볼 수 있답니다.

▶ 김효진 / 편집 디자이너

브로셔나 리플렛의 경우 병풍접지, 대문접지, 두루마리접지 등 용도에 따라 접지 방식도 다양하고 종이 두께나 접는 방식에 따라 작업할 때 사이즈도 각각 다르게 잡아야 해요. 후가공 중 코팅의 경우 유광 코팅, 무광 코팅 두가지로 나뉘는데 유광 코팅 적용 시 기존 인쇄물을 좀 더 선명하게 보이게 한다는 장점이 있고, 무광 코팅의 경우 유광에 비해 색대비가 낮아 고급스러워 보인다는 장점이 있어요. 하지만 두께가 있는 종이에 코팅을 할 시에는 접지 부분이 터질 수 있으므로 유의해야 해요.

Chapter 05

STEP 01 3단 접지 배열의 이해 및 참고선 제작
STEP 02 패턴을 이용한 배경 제작
STEP 03 도형을 이용한 컵케이크 제작
STEP 04 카드 내지의 문자 입력란 제작
STEP 05 인쇄에 적용할 후가공 파일 제작

3단 접지 배열을 이용한 카드 디자인

인쇄물은 인쇄된 그대로 사용되는 경우보다는 가공을 거치는 경우가 더 많습니다. 예를 들어, 인쇄된 용지의 표면을 장식하거나 다양한 형태로 잘라내는 등의 가공을 하게 됩니다. 이런 가공을 후가공이라고 하며, 후가공을 통해 인쇄물은 용도에 따라 다양한 모양을 갖거나 다양한 용도로 사용할 수 있게 됩니다. 이번 단계에서는 3단의 입체 카드 제작을 주제로 컵케이크 모양을 본 뜬 도무송과 3단 접지 배열 등을 이용한 후가공 인쇄 파일을 정리하는 방법에 대해 알아보겠습니다.

제작 요청서

	분류	내용	비고
1	디자인 컨셉	현대적인 패턴으로 구성한 배경과 컵케이크의 모양을 본 뜬 입체 카드 디자인	
2	디자인 색상	• 메인 색상 – 마젠타(컵케이크의 달콤함을 표현할 수 있는 퍼플이 혼합된 고채도 고명도의 레드 계열) • 보조 색상 – 베이지(옐로우에 오렌지 색상이 가미된 저채도 고명도의 색상) • 강조 색상 – 네이비(메인 색상에 대비되는 그린과 블루를 혼합한 저채도 저명도의 색상)	다양한 형태의 객체로 제작하고 어울리는 색상의 패턴으로 응용할 수 있음
3	디자인 사용 계획	표지에 사용할 이미지 소스 및 카드 디자인	
4	문구 및 기획안	Sweet Moment	배치되는 객체에 따라 문구 변경 가능
5	기타 사항	• 메인에 배치되는 요소를 접어 올려 글을 적을 수 있는 입체 카드 디자인 • 패턴을 채색한 다채로운 색상의 배경 디자인	

예제 파일

아이스크림.jpg

봉투.ai

객체 소스.ai

완성 파일

3단 접지 배열의 이해 및 참고선 제작

3단으로 접히는 카드를 제작하기 위한 3단 접지의 배열을 이해하고 카드의 참고 안내선을 표기해 보겠습니다.

01 [File]-[New] 메뉴를 선택하고 작업창 크기(210mm ×297mm)를 지정합니다.

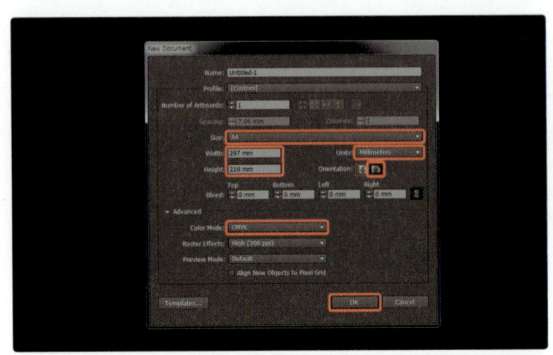

> **Tip** 가로 방향의 객체를 제작하기 위해서 작업창의 용지 방향을 가로로 설정합니다.

02 3단 접지의 배열은 다음과 같습니다. 카드의 바깥 면으로 사용되는 1번은 표지 앞면, 3번은 접히는 부분, 6번은 표지 뒷면입니다. 카드 안쪽 면으로 사용되는 5번은 접히는 부분입니다. 접히는 부분(3, 5번)은 내지의 기본 너비보다 '1~3mm' 작게 설정해 주어야합니다. 접히는 부분을 표지와 같은 너비 값으로 설정했을 시, 종이를 접었을 때 '1~3mm' 정도의 표지 공간이 모자랄 수 있기 때문입니다.

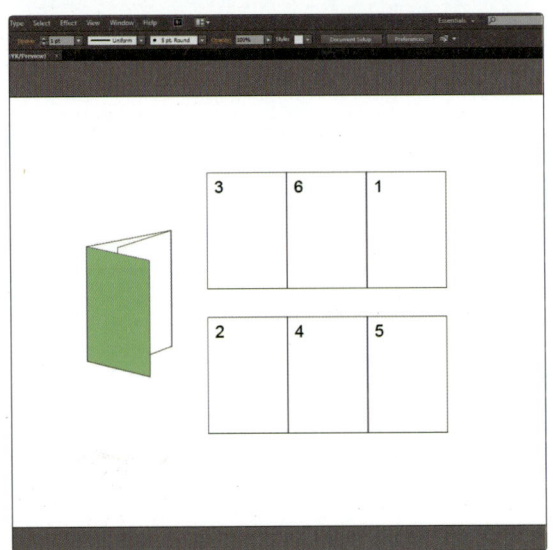

> **저자의 한마디**
> 접지의 배열은 종이를 3등분으로 접고, 펼쳐지는 면을 순서대로 번호를 매기면 좀 더 쉽게 이해할 수 있습니다. 그리고 접히는 부분의 너비 값은 사용할 종이의 두께에 따라서 달라질 수 있습니다.

03 카드 크기를 '90x130mm'로 설정하고 작업을 진행하겠습니다. 사각형 툴을 선택하고 작업창에 클릭합니다. 사각형 툴의 옵션창이 열리면 배경으로 사용할 사각형의 수치(267mm×130mm)를 입력합니다.

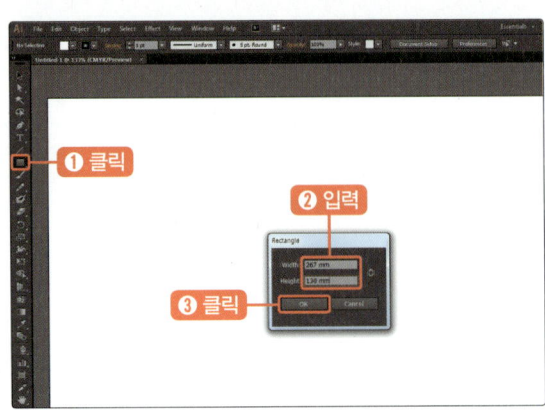

04 사각형 객체를 3등분 하기 위한 안내선을 내리겠습니다. 사각형 객체를 선택하고 상단의 옵션 바에서 'Align to Artboard'를 선택하고 '가로 왼쪽, 세로 중앙 정렬'을 클릭해서 작업창에 배치합니다.

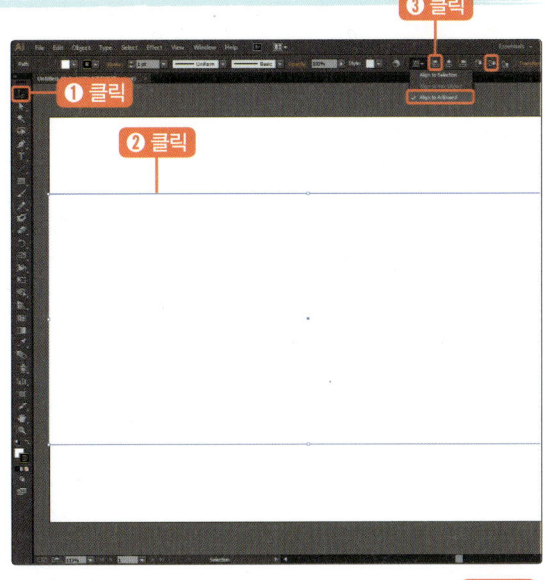

Tip 3단 접시의 안내선은 각 단의 정확한 너비 값으로 내려주어야 합니다. 그래서 작업창의 좌표 값 '0mm'를 기준으로 계산하기 쉽도록 객체를 작업창 왼쪽에 배치하였습니다.

05 선 툴을 이용해서 Shift를 누른 채 사각형 객체에 맞추어 직선을 생성합니다. 상단 옵션 바의 'Transform'을 선택하고 X 좌표값을 '87mm'로 입력합니다.

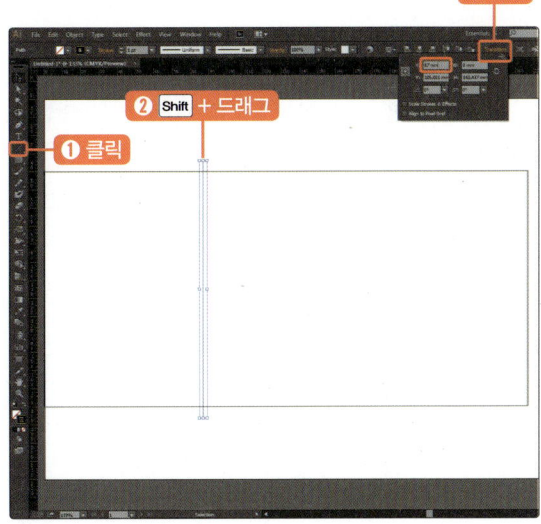

Tip 접히는 부분의 3번 너비는 '90mm'보다 '3mm' 작은 '87mm'로 설정하였습니다.

06 선 객체를 선택하고 Alt + Shift를 누른 채 왼쪽으로 드래그해서 복제합니다. 상단 옵션 바의 'Transform'을 선택하고 X 좌표값을 '87mm'에 '90mm'를 더한 '177mm'로 입력합니다.

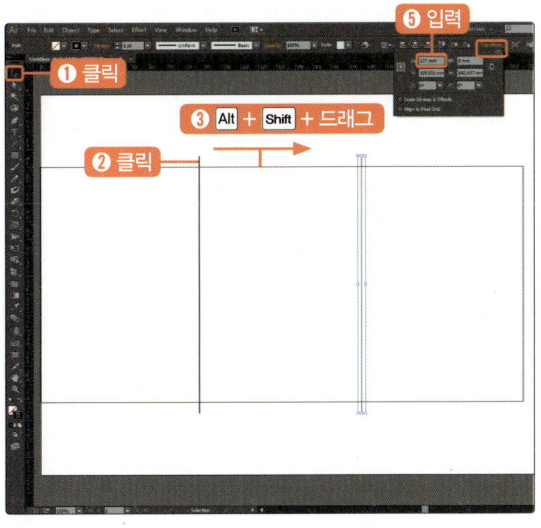

07 카드 출력 시 필요한 재단선을 '3mm'로 설정해 배치 하겠습니다. 사각형 객체를 선택한 다음 [Object]-[Path]-[Offset Path] 메뉴를 선택해 'Offset' 항목에 '3mm'를 입력합니다.

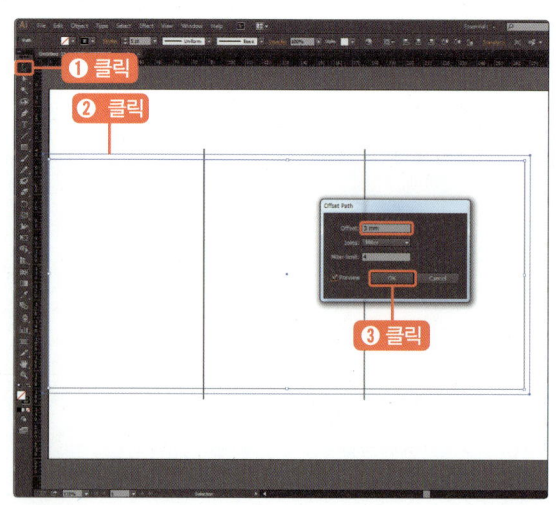

Tip 재단선은 출력 시 발생할 오류를 대비해서 설정해야 합니다. 재단선을 '3mm'로 설정해 작업선은 '267x130mm', 재단선 크기는 '273x136mm'입니다.

08 재단선, 안내선, 카드 실제 크기로 사용할 객체들을 다중 선택하고 그룹으로 묶어줍니다. 상단의 옵션 바에서 'Align to Artboard'를 선택하고 '가로, 세로 중앙 정렬'을 클릭해서 작업창 중앙에 배치합니다.

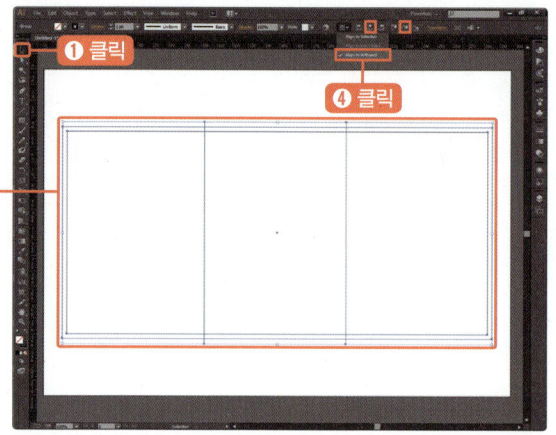

Tip 그룹으로 묶지 않은 상태로 정렬을 하면 안내선도 함께 중앙 정렬이 되므로 그룹으로 묶고 정렬했습니다.

09 객체를 선택할 때 움직이지 않도록 [Object]-[Lock]-[Selection] 메뉴를 선택하여 잠금 명령을 적용합니다.

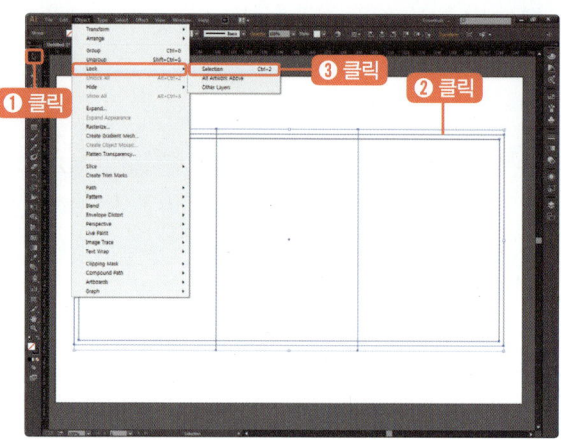

Tip 배경 작업 시 참고할 안내선으로 사용하기 위해서 작업 시 선택되지 않도록 잠금 명령을 적용하였습니다. 잠금 명령의 단축키는 Ctrl+2, 잠금 명령을 해지할 때 단축키는 Ctrl+Alt+2입니다.

패턴을 이용한 배경 제작

삼각형의 패턴을 제작하고 카드 표지의 앞, 뒷면의 배경을 등록된 패턴으로 채색하겠습니다.

01 카드의 앞, 뒷면의 배경을 제작하기 위한 사각형 객체를 생성하고 카드의 참고 안내선에 맞추어 배치합니다.

02 사각형 툴을 선택하고 작업창에 클릭합니다. 사각형 툴의 옵션창이 열리면 패턴으로 사용할 사각형의 수치(4.5mm×4.5mm)를 입력합니다.

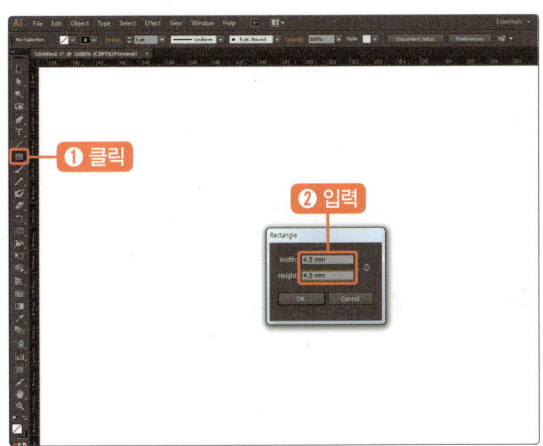

03 사각형 객체를 4등분으로 나누어 삼각형으로 분리하겠습니다. [Tools] 패널의 선 툴을 선택한 다음 Shift 를 누른 상태에서 비스듬히 드래그합니다.

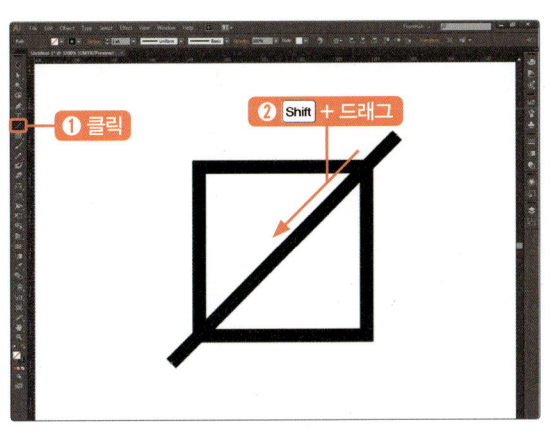

Tip 선 툴을 선택한 다음 Shift 를 누른 상태에서 드래그하면 45도의 사선을 생성할 수 있습니다.

04 선 객체를 선택하고 [Tools] 패널의 반전 툴을 더블클릭합니다. 좌우 대칭 옵션을 선택한 후 [Copy] 버튼을 클릭합니다.

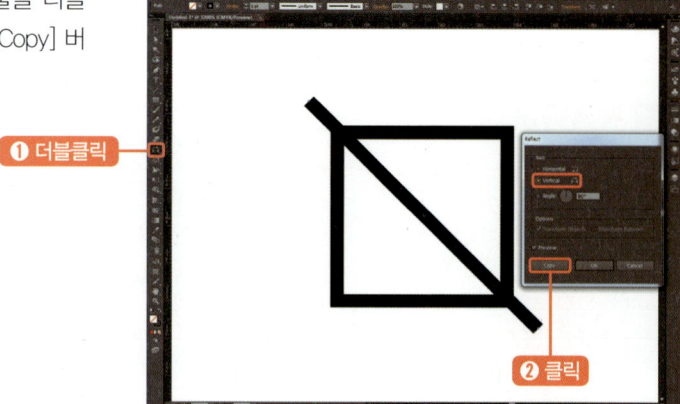

05 사각형과 선 객체를 다중 선택합니다. 상단의 옵션 바에서 'Align to Selection'을 선택하고 '가로, 세로 중앙 정렬'을 클릭합니다.

06 [Pathfinder] 패널에서 'Divide'를 클릭합니다. 마우스 오른쪽 단추를 클릭해 'Ungroup'을 선택해 개별 객체로 풀어줍니다.

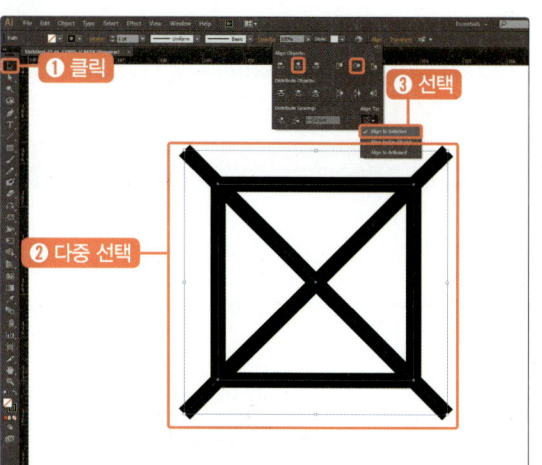
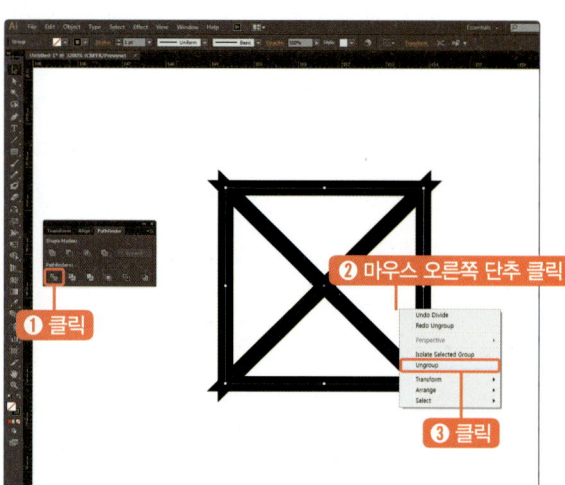

07 4등분된 각 객체를 선택하고 [Tools] 패널의 'Stroke'는 'None'으로 선택한 다음 'Fill'을 클릭해 채색합니다.

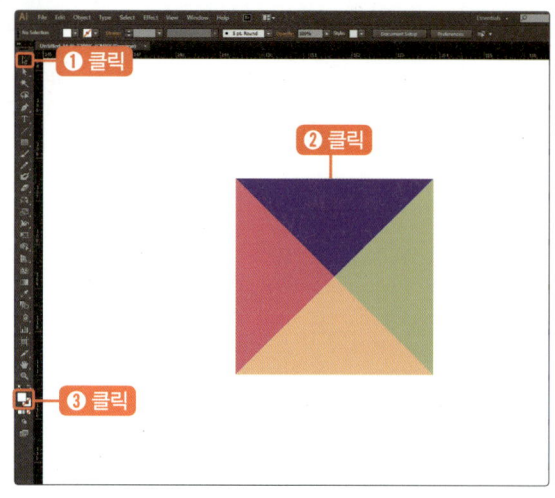

Tip 객체는 [Color] 패널, [Color Guide] 패널, [Swatches] 패널, [Kuler] 패널 등에서 색상을 다양한 방법으로 채색할 수 있습니다.

08 제작한 패턴을 [Swatches] 패널에 등록하겠습니다. 선택 툴로 패턴 객체를 선택하고 [Swatches] 패널에 드래그해서 패턴을 등록합니다.

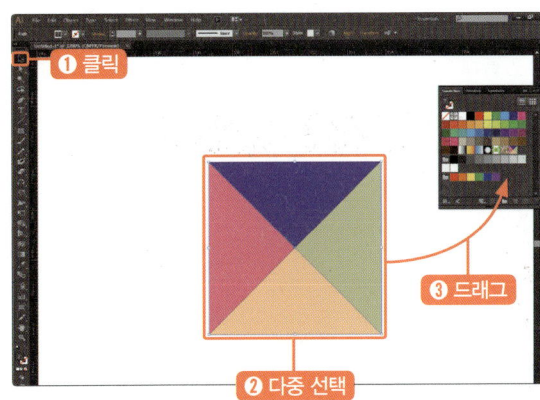

Tip 패턴은 [Object]-[Pattern]-[Make] 메뉴를 선택해 등록할 수 있습니다.

09 배경으로 사용할 사각형 객체를 선택합니다. [Tools] 패널의 'Stroke'는 'None'으로 선택하고 'Fill'을 클릭해 [Swatches] 패널에 등록한 패턴으로 채색합니다.

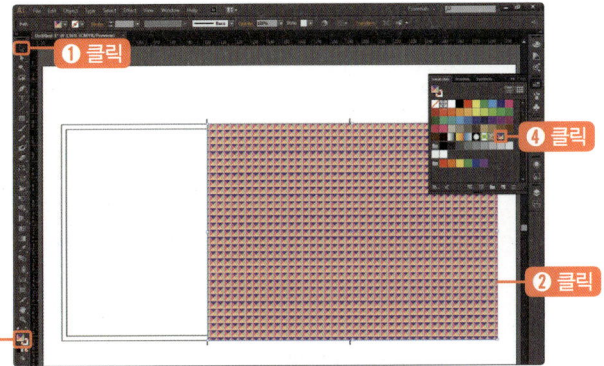

10 배경 객체에 채색된 패턴이 카드의 실제 크기에 맞춰 시작되도록 패턴의 위치를 수정하겠습니다. 패턴이 삽입된 객체를 선택하고 상단의 옵션 바에서 투명도를 조절합니다.

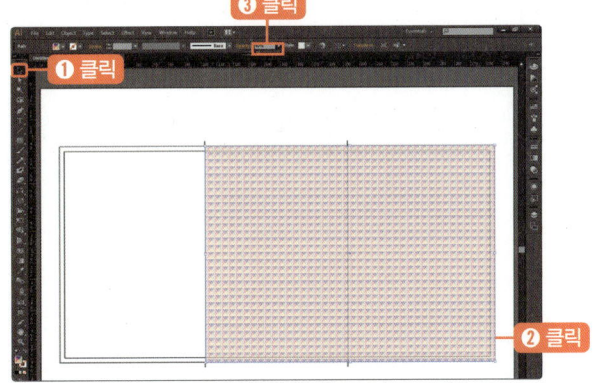

Tip Step01에서 제작한 참고할 안내선이 보이지 않으므로 패턴이 삽입된 객체 투명도를 조절하였습니다.

11 키보드의 ~를 누른 채 방향키로 안내선에 맞춰 패턴의 위치를 조절합니다.

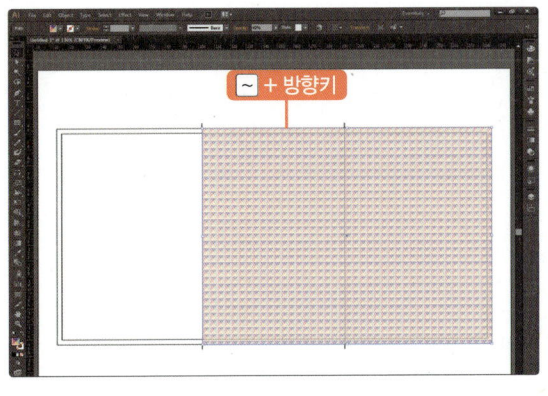

Tip 객체는 움직이지 않고 삽입된 패턴의 위치만 수정할 때는 ~를 누른 채 방향키로 조절할 수 있습니다.

12 ~를 누른 채 방향키로 재단선에 맞춰 패턴의 위치를 조절합니다.

13 둥근 사각형 객체를 생성하고 재단선에 맞춰 배치합니다.

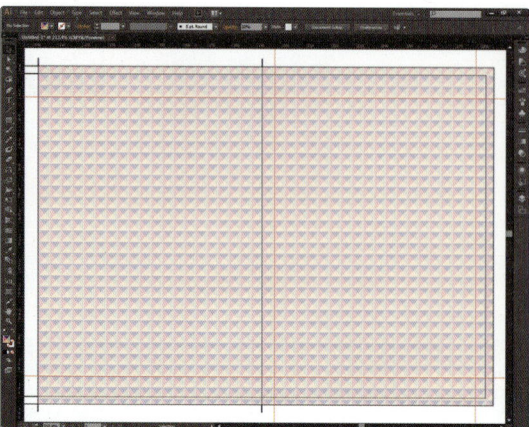
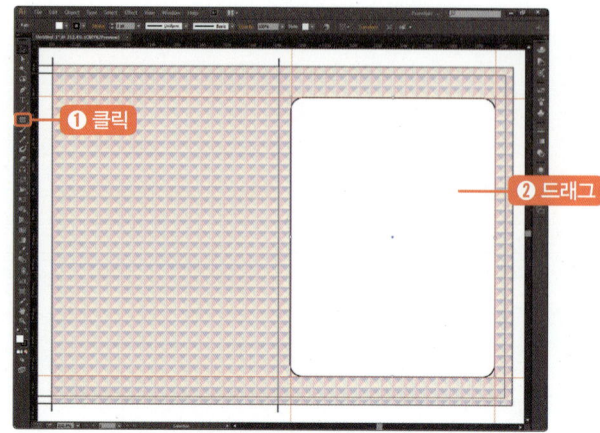

14 [Stroke] 패널에서 둥근 사각형의 선 두께를 '3pt'로 조절합니다. 선 두께가 객체 내부에 적용되도록 'Align Stroke to Inside'를 클릭합니다.

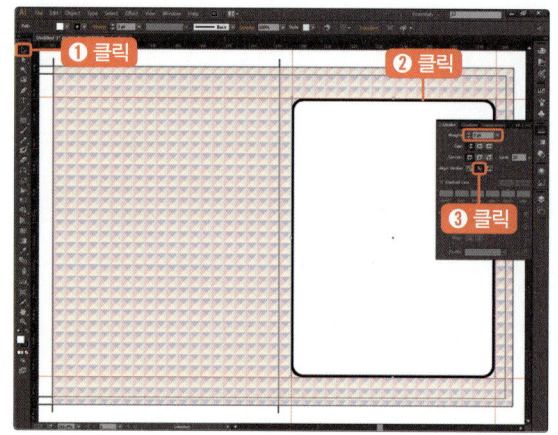

Tip 선 두께는 기본적으로 'Align Stroke to Center'가 적용되어 객체의 외부와 내부에 함께 적용됩니다. 선 두께를 객체 내부에 적용하려면 'Align Stroke to Inside'를 외부에 적용하려면 'Align Stroke to Outside'를 클릭합니다.

15 둥근 사각형 객체는 채색합니다.

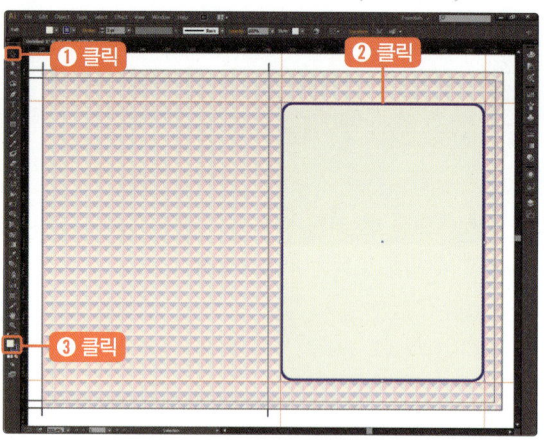

16 카드의 앞, 뒷면의 위쪽에 선물 아이콘을 배치하기 위해 사각형 객체를 생성해 배치합니다.

17 사각형 객체의 패스 위에 펜 툴을 대고 점을 추가합니다. 직접 선택 툴을 이용해서 점을 선택하고 위치를 조절합니다.

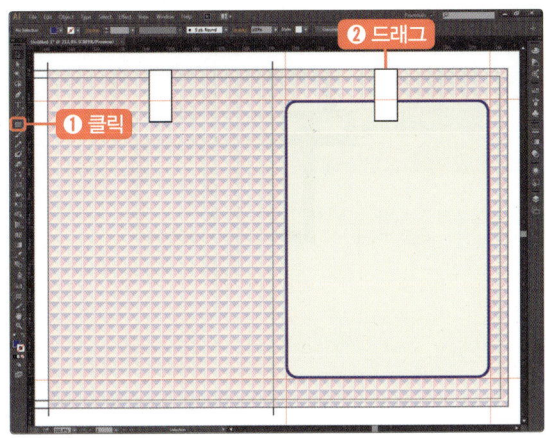
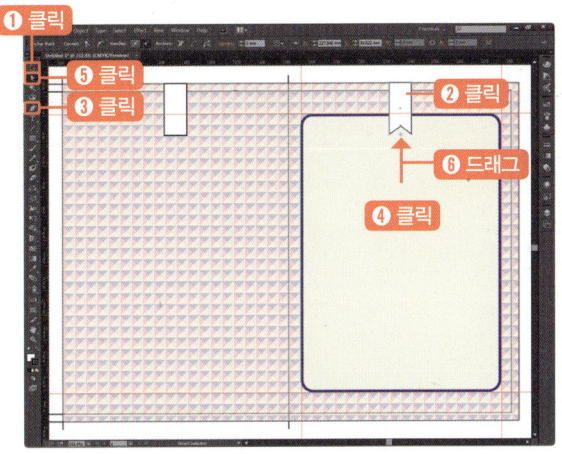

18 사각형 객체를 채색합니다.

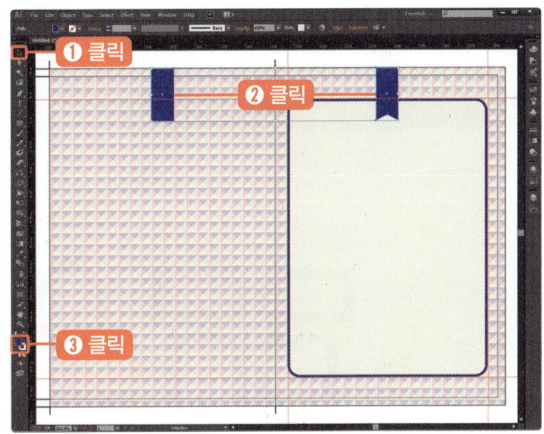

19 선물 상자를 제작하기 위해서 사각형 객체를 2개 생성합니다. [Pathfinder] 패널에서 'Unite'를 클릭합니다.

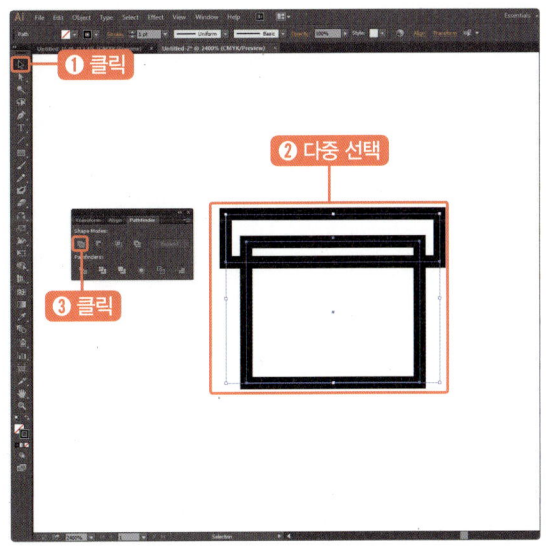

20 가로, 세로 방향으로 사각형 객체를 생성해 배치합니다. 사각형 객체를 다중 선택하고 [Pathfinder] 패널에서 'Minus Front'를 클릭합니다.

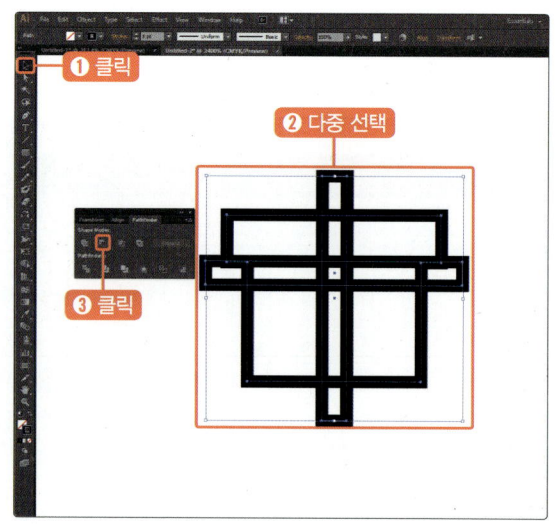

21 리본을 제작하기 위해 타원형 객체를 생성합니다. 펜 툴로 Alt 를 누른 상태에서 점을 클릭해 모퉁이 점으로 변환합니다.

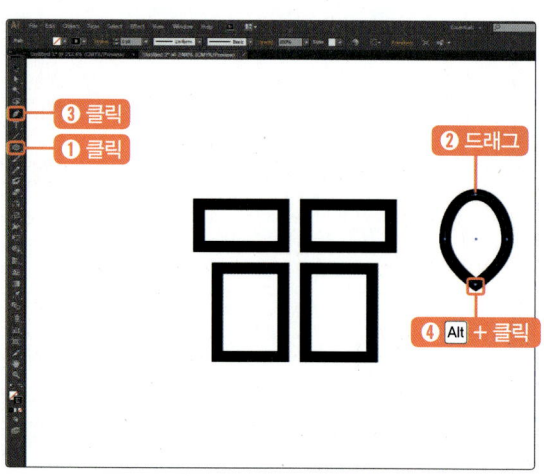

22 선 두께를 좀 더 두껍게 조절합니다. [Object]-[Path]-[Outline Stroke] 메뉴를 선택하고 적용된 선 두께를 객체 속성으로 변환합니다. 타원형 객체는 비스듬히 회전시켜 선물 상자 객체에 배치합니다.

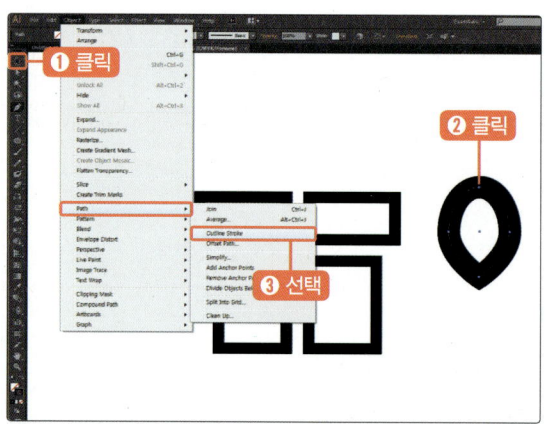

23 타원형 객체를 선택하고 Alt 를 누른 채 반전 툴로 선물 객체 중앙을 클릭합니다. 좌우 대칭 옵션으로 선택한 후 [Copy] 버튼을 클릭합니다.

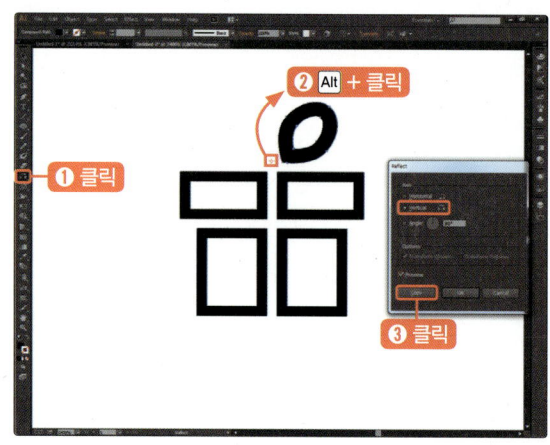

24 선물 관련 객체를 다중 선택하고 채색한 후 배치합니다.

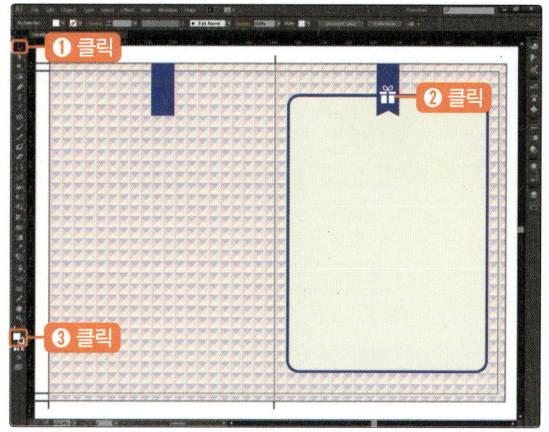

25 둥근 사각형 객체를 선택하고 [Object]-[Path]-[Offset Path] 메뉴를 선택합니다. 'Offset' 항목에 '-2mm'를 입력합니다.

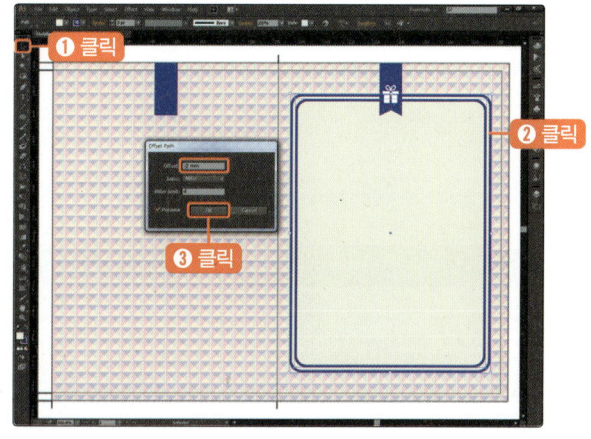

26 크기를 조절한 둥근 사각형 객체를 채색합니다.

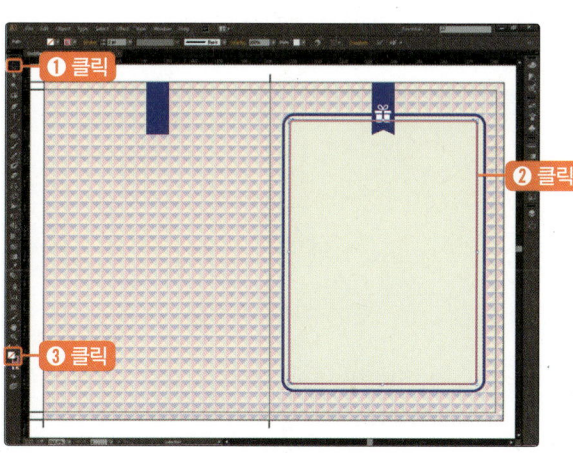

27 투명도를 조절한 배경 객체를 선택하고 상단 옵션 바에서 투명도를 '100%'로 조절합니다.

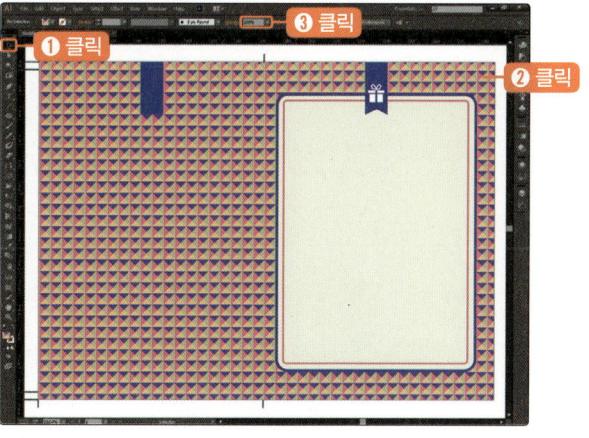

도형을 이용한 컵케이크 제작

아이스크림 이미지의 크림 굴곡을 따라 펜 툴로 객체를 제작하겠습니다. 그리고 크림의 굴곡이 입체적으로 보일 수 있도록 그라디언트로 채색하겠습니다.

01 컵케이크의 크림을 표현하기 위한 이미지를 불러오겠습니다. [File]-[Place] 메뉴를 선택해 '아이스크림.jpg' 이미지를 불러옵니다. 이미지를 선택할 때 움직이지 않도록 Ctrl+2를 눌러 잠금 명령을 적용합니다.

02 펜 툴을 이용해 이미지를 따라 패스를 생성합니다.

Tip 패스를 매끄럽게 생성하려면, 이미지를 따라서 펜 툴의 핸들을 제어해야 합니다. 패스의 방향이 전환되는 지점은 펜 툴로 점을 클릭해서 모퉁이 점으로 변환합니다.

03 이미지의 내부 굴곡을 따라서 펜 툴로 객체를 생성합니다.

Tip 새로운 패스를 생성할 때, 기존에 생성한 패스가 선택되어 있으면 점이 삭제될 수 있습니다. 이런 경우에는 Ctrl 을 누른 상태에서 작업창을 클릭하고 기존에 생성한 패스 선택을 해지합니다.

04 같은 방법으로 이미지의 내부 굴곡을 따라 펜 툴로 객체를 생성합니다.

05 굴곡 객체에 그라디언트를 채색해서 입체적으로 표현하겠습니다. [Tools] 패널의 'Stroke'에서 'None'을 선택한 다음 'Fill'을 클릭해 그라디언트를 채색합니다.

06 다른 객체도 그라디언트를 채색합니다. 채색한 객체는 다중 선택한 후 그룹으로 묶어줍니다.

Tip 객체 별로 굴곡 정도가 달라보이도록 그라디언트의 명도를 조절하며 채색합니다. [Gradient] 패널의 슬라이더를 클릭하고 'C, M, Y, K'의 값을 조절하며 명도와 채도를 조절합니다.

07 내부 굴곡의 하이라이트를 선으로 표현하겠습니다. [File]-[Place] 메뉴를 선택해 '아이스크림.jpg' 이미지를 불러옵니다. Ctrl+2를 눌러 잠금 명령을 적용합니다. 이미지의 내부 굴곡을 따라서 펜 툴로 패스를 생성합니다. 생성된 패스는 [Stroke] 패널의 'Weight'에서 '2pt'로 지정한 다음 'Profile'에서 선 모양을 변경합니다.

08 하이라이트 관련 객체를 다중 선택한 후 그룹으로 묶어줍니다. 크림 객체에 배치한 후 선 색상을 '흰색'으로 변경합니다.

09 Ctrl+Alt+2를 눌러 잠금 명령을 해지하고 아이스크림 이미지를 지웁니다. 카드 참고 안내선 객체를 선택하고 Ctrl+2를 눌러 잠금 명령을 적용합니다.

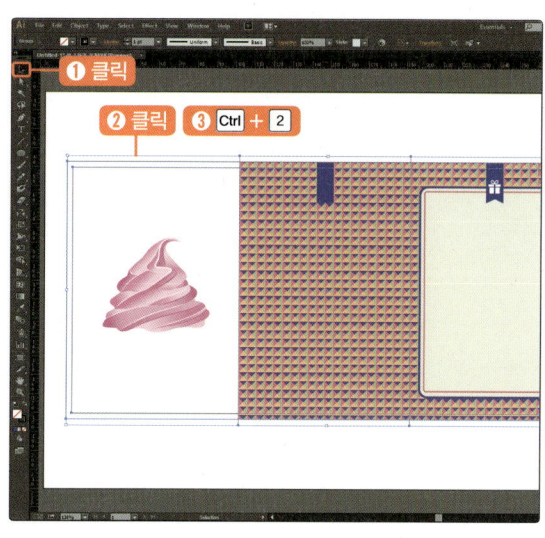

Tip Ctrl+Alt+2는 'Unlock All'의 단축키로 작업창에 배치된 모든 객체의 잠금 명령이 해지됩니다. 그래서 아이스크림 이미지의 잠금 명령을 해지한 후 참고 안내선의 객체를 선택하고 잠금 명령을 다시 적용합니다.

10 컵케이크의 빵을 제작하겠습니다. 펜 툴로 패스를 생성합니다.

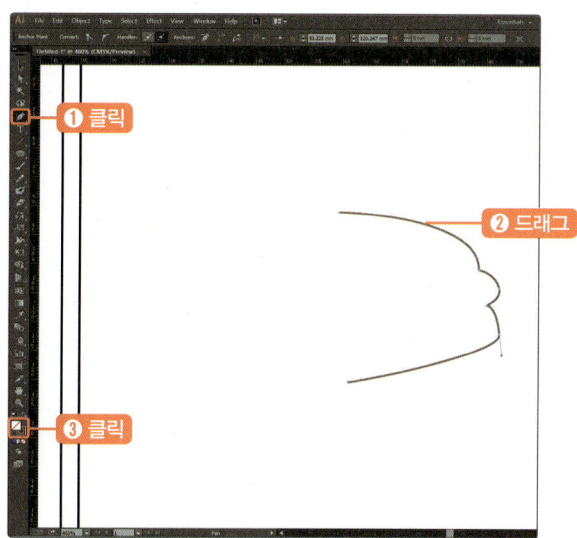

11 [Effect]-[3D]-[Revolve] 메뉴를 선택한 다음 옵션창 하단의 미리보기를 체크합니다. 패스가 입체적으로 보일 수 있도록 옵션을 조절합니다. (🔄:-2°, 🔄:-1°, 🔄:1°, Light Intensity :100%, Ambient Light:18%, Highlight Intensity:40%, Highlight Size:90%, Blend Steps:25)

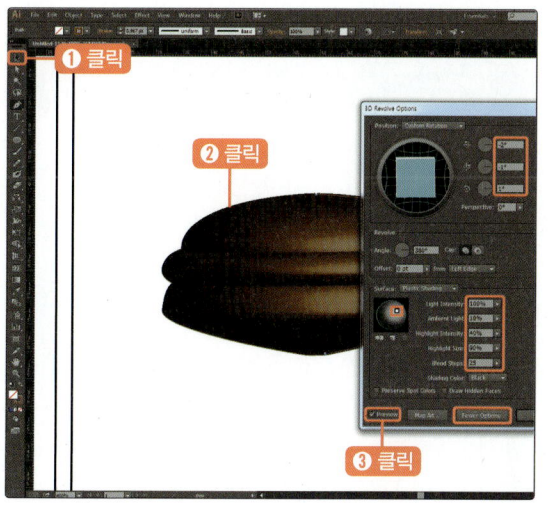

Tip 'Revolve'는 측면으로 제작한 패스를 '360도' 회전해 입체적으로 표현할 수 있습니다.

12 크림과 빵 객체를 배치한 후 크기를 조절합니다.

13 빵 위의 땅콩을 배치하겠습니다. 타원형 객체를 생성하고 직접 선택 툴을 이용해 점을 선택합니다. 핸들로 모양을 변형한 다음 땅콩의 하이라이트를 표현하기 위해 펜 툴로 패스를 생성합니다.

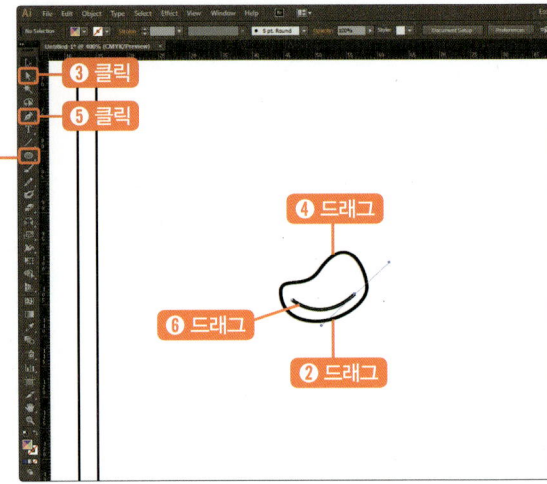

Tip ❷ 드래그는 객체 생성, ❹ 드래그는 모양 변형, ❻ 드래그는 패스 생성

14 타원형 객체를 선택해 채색합니다. 하이라이트 객체를 선택한 다음 [Stroke] 패널의 'Weight'에서 '3pt'로 지정한 다음 'Profile'에서 선 모양을 변경합니다.

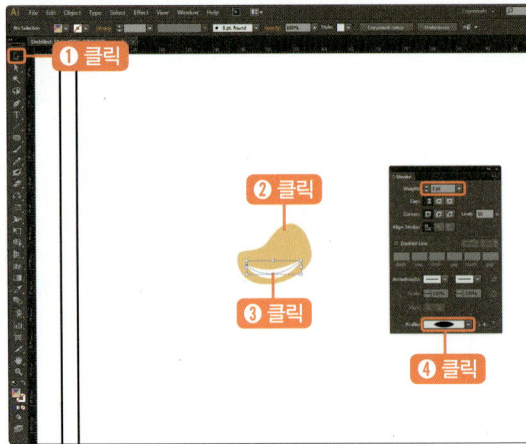

15 타원형 객체는 Ctrl+C, Ctrl+B를 눌러 복제합니다. 복제한 객체의 크기 및 위치 등을 조절해 채색합니다.

16 땅콩 관련 객체를 다중 선택한 후 그룹으로 묶어줍니다. 빵 위에 땅콩 객체를 배치하고 Alt를 누른 채 여러 개 복제합니다. 복제한 땅콩 관련 객체의 크기와 위치 등을 조절합니다.

17 컵케이크의 시럽을 제작하기 위해 펜 툴로 패스를 생성합니다.

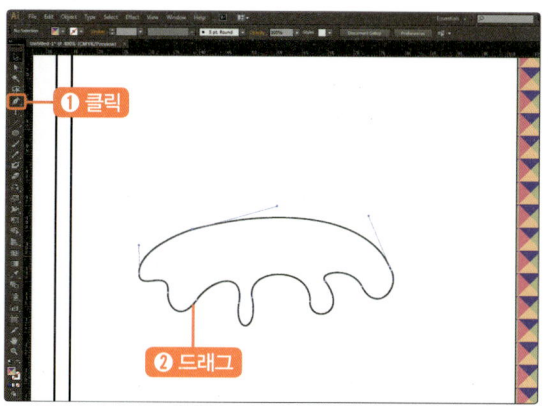

> **Tip** 도서 데이터 파일의 '객체 소스.ai'에서 관련 객체들을 확인할 수 있습니다.

18 시럽 객체를 선택하고 [Object]-[Path]-[Offset Path] 메뉴를 선택합니다. 'Offset' 항목에 '-1.5mm'를 입력한 다음 같은 방법으로 크기를 조절한 객체를 하나 만듭니다.

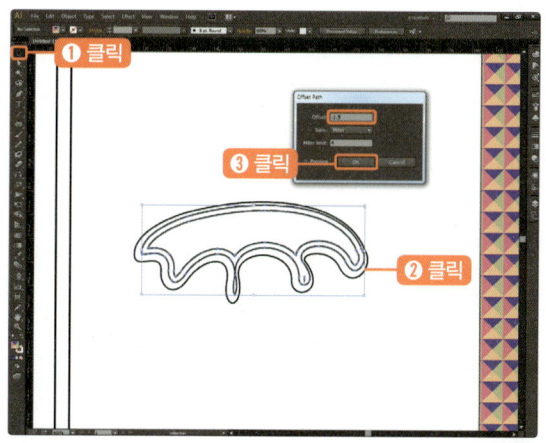

19 각 객체를 선택하고 그림처럼 채색합니다. 내부의 크림 객체는 [Effect]-[Stylize]-[Feather] 메뉴를 선택한 다음 옵션창 하단의 미리보기를 선택해 부드러운 정도(2mm)를 조절합니다.

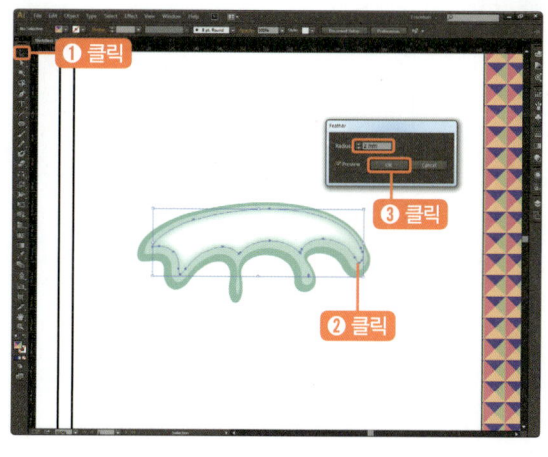

> **Tip** 'Feather'는 객체의 가장자리를 부드럽게 보이도록 조절할 수 있습니다. [Effect] 메뉴에서 적용한 효과를 수정하려면 [Window]-[Appearance] 메뉴를 선택한 다음 [Appearance] 패널에서 수정합니다.

20 시럽 객체는 Ctrl+[을 눌러 크림 객체 뒤로 배열을 수정합니다. 크림과 시럽, 빵 객체를 배치한 후 크기를 조절합니다.

21 컵케이크의 호일을 제작하겠습니다. 사각형 객체와 선 툴로 Shift를 누른 채 직선을 생성합니다. 선 객체를 선택하고 [Effect]-[Distort & Transform]-[Zig Zag] 메뉴를 선택합니다. 옵션창 하단의 미리 보기를 선택해 곡선 형태로 모양을 바꿉니다. (Size: 0.6mm, Ridges per segment:25)

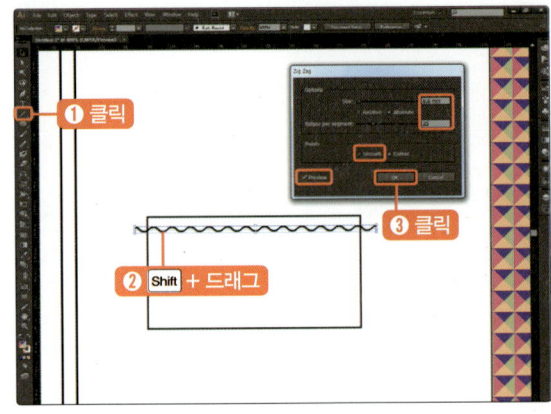

22 [Object]-[Expand Appearance] 메뉴를 선택하고 객체 속성으로 변환합니다. 선을 하나 더 복제해서 사각형 아래에 배치합니다.

23 2개의 선으로 사각형 객체를 분리하겠습니다. 사각형과 선 객체를 다중 선택하고 [Pathfinder] 패널에서 'Divide'를 클릭합니다. 마우스 오른쪽 단추를 클릭한 다음 'Ungroup'을 선택해 개별 객체로 풀어줍니다.

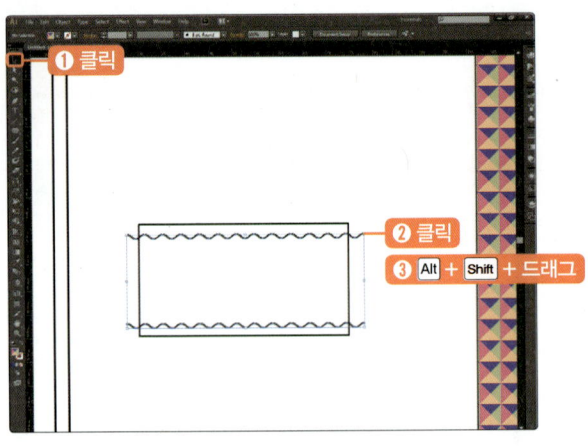

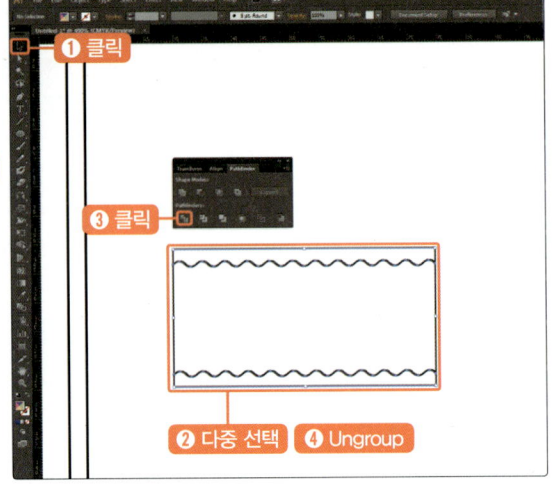

Tip [Effect] 메뉴에서 적용한 효과는 점과 패스로 이루어진 객체 속성이 아닙니다. 그래서 'Expand Appearance'를 통해서 객체 속성으로 변환해야 합니다.

24 선택 툴로 위/아래쪽의 불필요한 객체를 선택하고 Delete를 눌러서 지웁니다. 객체의 굴곡에 따라서 직선을 생성하고 Alt+Shift를 누른 채 오른쪽으로 드래그하여 복제합니다. Ctrl+D를 눌러 오른쪽으로 복제되는 명령을 반복 실행합니다.

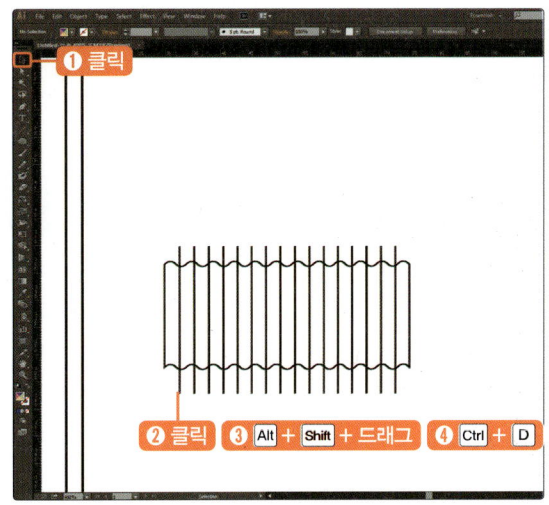

25 사각형과 선 객체를 다중 선택하고 [Pathfinder] 패널에서 'Divide'를 클릭합니다. 마우스 오른쪽 단추를 클릭한 후 'Ungroup'을 선택해 개별 객체로 풀어 줍니다.

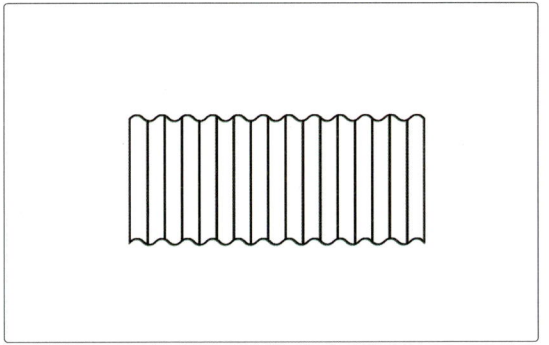

26 분리된 객체를 선택하고 그라디언트를 채색합니다.

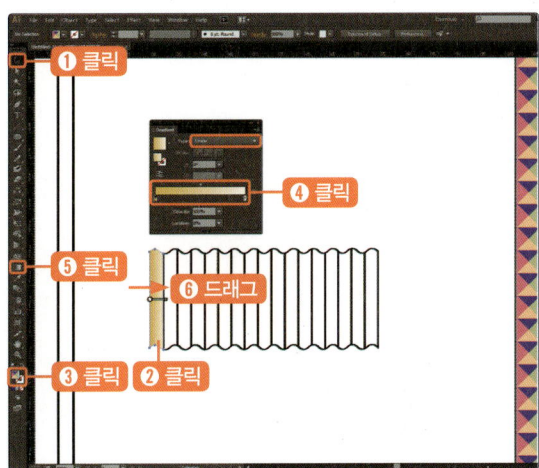

27 선택 툴로 오른쪽의 나머지 객체들을 다중 선택하고 스포이드 툴로 왼쪽의 객체와 같은 색상으로 채색합니다.

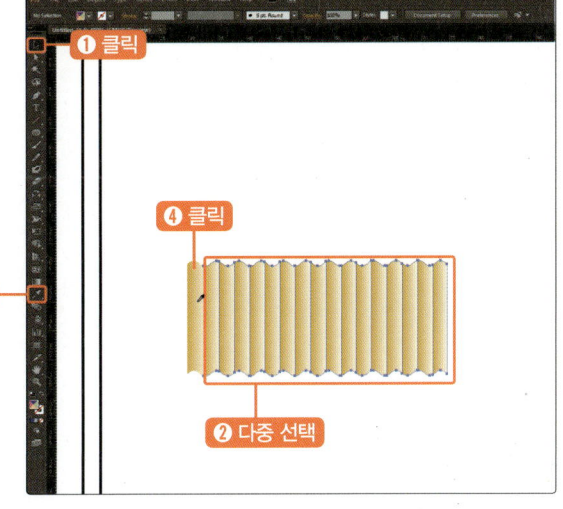

28 그라디언트를 채색한 객체들을 다중 선택합니다. [Tools] 패널에서 자유 변형 툴을 선택하고 위젯에서 'Perspective Distort'를 이용해서 모양을 변형합니다.

29 호일의 주름을 따라서 펜 툴로 패스를 생성합니다. 생성된 패스는 [Stroke] 패널의 'Profile'에서 선 모양을 변경합니다.

30 같은 방법으로 도형 툴과 펜 툴을 이용해서 크림 객체에 배치할 사탕 객체를 제작합니다.

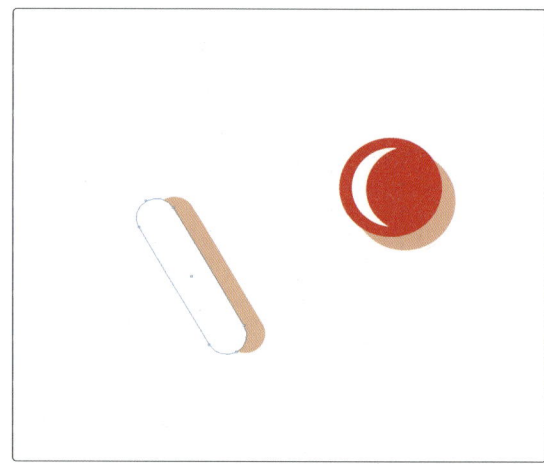

31 사탕 객체는 Alt를 누른 채 여러 개 복제하고 크기 및 위치 등을 조절해서 배치합니다.

32 컵케이크에 올려놓을 체리를 제작하겠습니다. 원형 객체를 생성하고 그라디언트를 채색합니다.

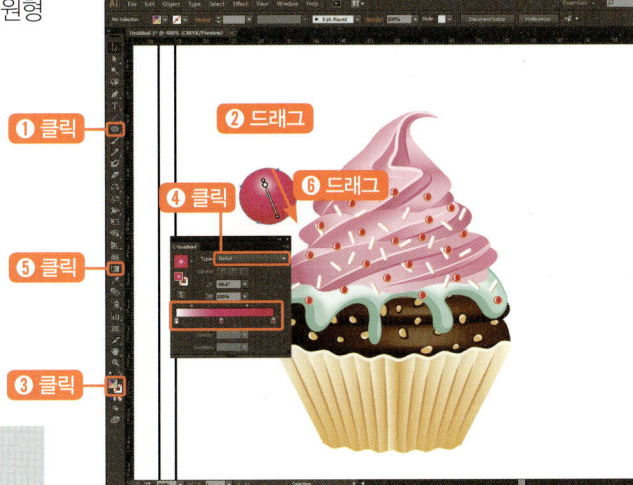

Tip ❷ 드래는 객체 생성, ❻ 드래그는 그라디언트 채색

33 원형 객체를 생성하고 체리 객체에 맞추어서 배치 후 채색합니다.

34 펜 툴로 패스를 생성하고 [Stroke] 패널에서 선 두께(4pt)를 조절하고 'Profile'에서 선 모양을 변경합니다.

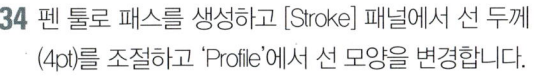

35 카드 앞면에 컵케이크 관련 객체를 배치한 다음 'Sweet Moment'를 입력합니다. Ctrl+Y를 눌러 'Outline' 모드로 변경한 후 재단선에 맞추어 객체의 전체적인 크기를 조절합니다. 'Sweet Moment'를 입력한 다음, 폰트 및 크기를 조절해서 배치합니다.

Tip 'Outline'은 'Fill'과 'Stroke'가 아닌 윤곽선으로만 객체를 확인할 수 있습니다. 그래서 배열에 가려져서 보이지 않는 객체를 선택하거나 점, 패스 등을 정확하게 수정할 때 유용하게 사용할 수 있습니다. [View]-[Outline] 메뉴를 선택해 사용할 수 있으며 단축키는 Ctrl+Y입니다. 그리고 'Preview' 모드로 변경 시 단축키도 Ctrl+Y입니다.

카드 내지의 문자 입력란 제작

컵케이크 모양을 목형으로 따서 도무송이라는 후가공을 적용하는 파일을 제작하겠습니다. 그리고 목형으로 따낸 뒷면을 카드의 문자 입력란으로 표현하겠습니다.

01 카드 내지의 접히는 부분에 문자 입력란을 제작하겠습니다. 카드와 컵케이크 여백을 정확하게 맞추기 위해 작업창 보기 방식을 'Outline'으로 변경합니다. 카드 앞면에 맞춰 사각형 객체를 생성합니다.

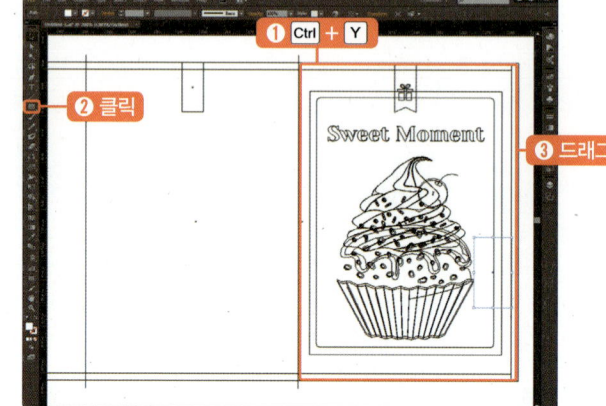

Tip 사각형 객체는 카드 접히는 부분에 사용할 것으로 카드 앞면의 오른쪽 재단선은 포함하지 않은 채 생성합니다.

02 문자 입력란을 카드 앞면과 컵케이크 여백에 맞추기 위한 참고 안내선을 생성합니다. 카드 앞면과 컵케이크 가장자리에 맞추어 사각형 객체를 생성합니다.

03 카드 앞면과 참고 안내선의 사각형 객체를 다중 선택하고 카드 내지의 접히는 부분에 맞춰 배치합니다.

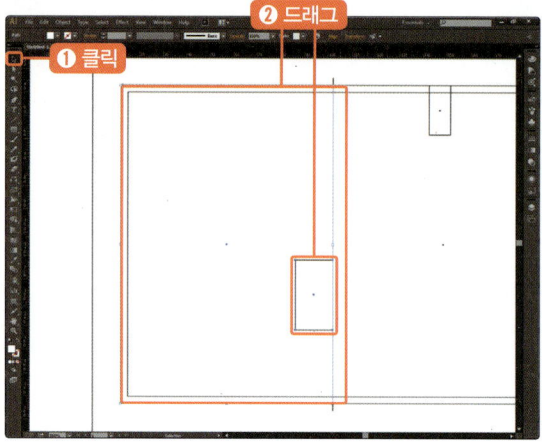

04 카드 앞면의 컵케이크 객체를 선택하고 Alt+Shift를 누른 상태에서 왼쪽으로 드래그해 복제합니다. 사각형 객체에 맞추어서 배치합니다.

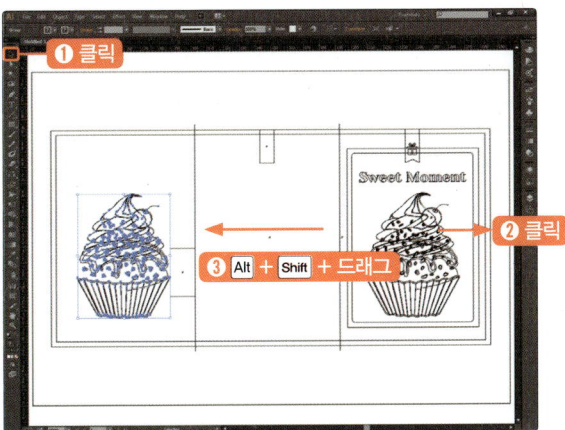

05 Ctrl+Y를 눌러 'Preview' 모드로 전환합니다. 컵케이크 객체는 [Object]-[Expand Appearance] 메뉴를 선택하고 객체 속성으로 변환합니다.

06 객체로 속성이 변환된 컵케이크 객체는 [Pathfinder] 패널에서 'Unite'를 클릭해 하나의 객체로 결합합니다. 검은색으로 채색합니다.

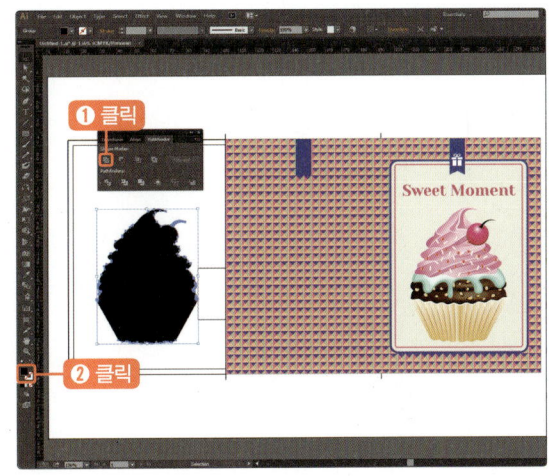

> **Tip** 패스파인더의 'Unite'는 면으로만 이루어진 객체에만 적용할 수 있습니다. 그래서 컵케이크 관련 객체에 속한 선과 'Effect' 효과가 적용된 부분을 면 속성으로 변환하기 위해서 'Expand Appearance'를 적용하였습니다.

07 [Tools] 패널의 'Swap Fill & Stroke'을 클릭해 검은색의 컵케이크 객체의 'Fill'과 'Stroke'의 속성을 변경합니다. 여백 참고 안내선의 사각형 객체는 Delete를 눌러 지웁니다.

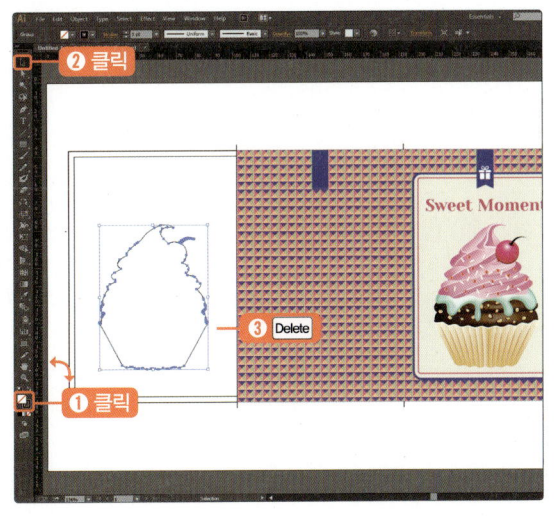

08 Ctrl+Shift+]를 눌러 컵케이크 객체를 맨 앞으로 배열을 수정합니다. 카드 내지의 접히는 부분에 배치된 사각형 객체를 선택합니다. [Tools] 패널의 'Stroke'에서 'None'을 지정한 다음 'Fill'을 클릭하고 흰색으로 채색합니다.

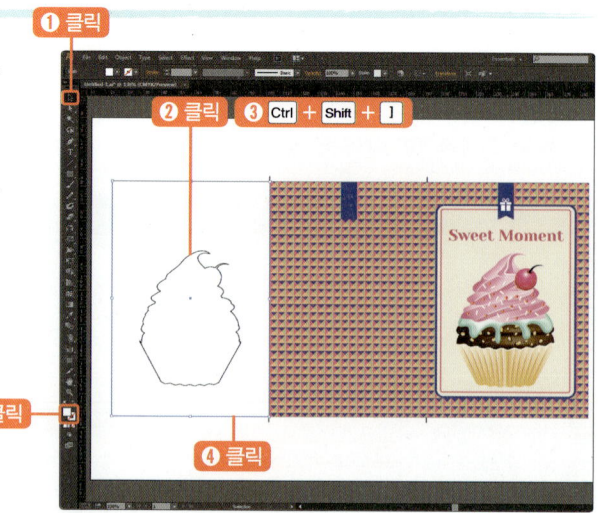

09 컵케이크 객체에 맞추어서 선 툴로 직선을 생성합니다. [Stroke] 패널에서 'Dashed Line' 옵션을 선택하고 'dash=3pt'로 입력합니다.

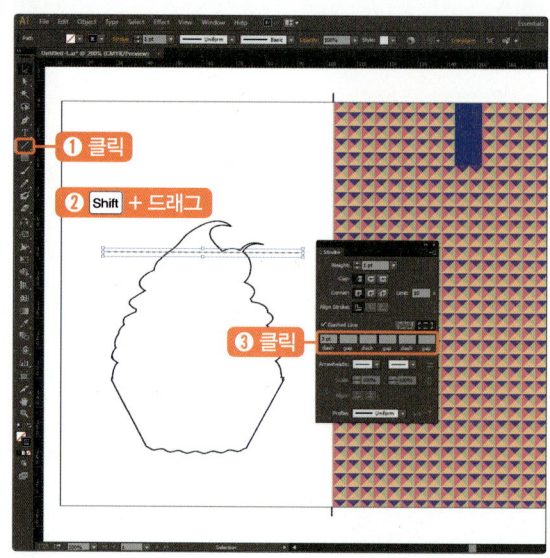

10 점선 객체를 선택하고 Alt+Shift를 누른 상태에서 아래쪽으로 드래그해 복제합니다. Ctrl+D를 눌러 아래쪽으로 복제되는 명령을 반복 실행합니다.

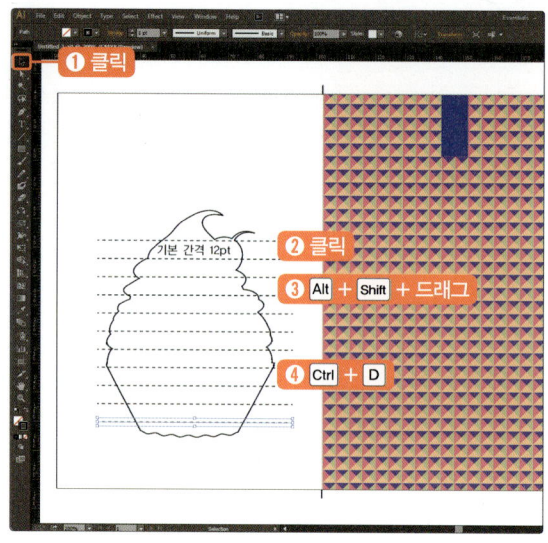

Tip 점선은 문자 간격에 맞추어서 복제해야 합니다. 이때 문자를 '12pt'로 입력하고 이에 맞추어서 점선을 복제하면 적당한 간격으로 조절할 수 있습니다.

11 점선이 컵케이크 객체 영역만큼 보이도록 수정하겠습니다. 컵케이크 객체를 선택하고 [Object]-[Path]-[Offset Path] 메뉴를 선택하고 'Offset' 항목에 '-1.3mm'를 입력합니다. 크기를 조절한 컵케이크 객체를 선택하고 Ctrl +Shift+]을 눌러 맨 앞으로 배열을 수정합니다.

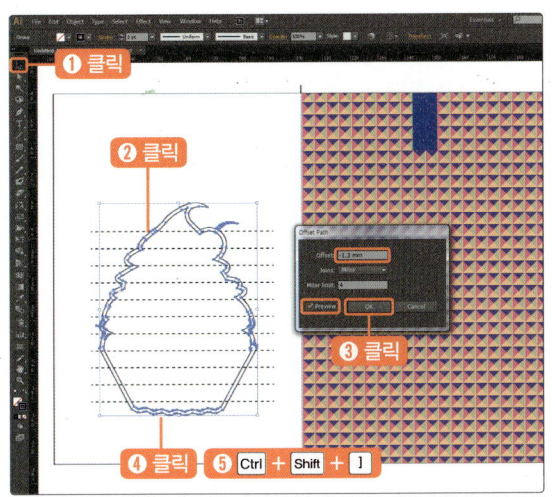

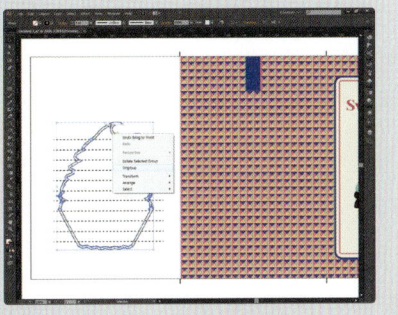

Tip 'Offset Path'로 크기를 조절한 객체는 간혹 그룹으로 묶여서 개별 선택이 안되는 경우가 있습니다. 이런 경우에는 객체를 선택하고 마우스 오른쪽 단추를 클릭하고 'Ungroup'을 선택해 개별 객체로 풀어서 사용할 수 있습니다.

12 'Offset Path'로 크기를 조절한 컵케이크와 점선 객체를 다중 선택합니다. 마우스 오른쪽 단추를 클릭해 'Make Clipping Mask'를 적용합니다.

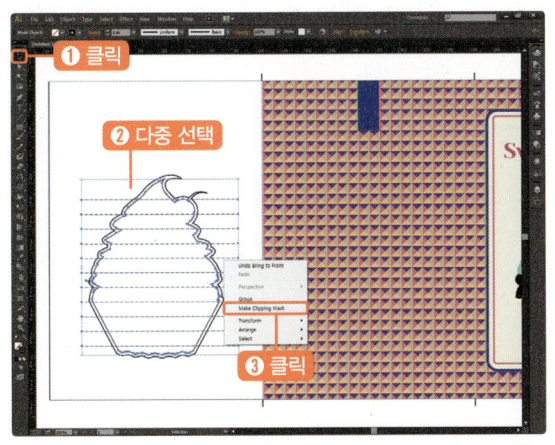

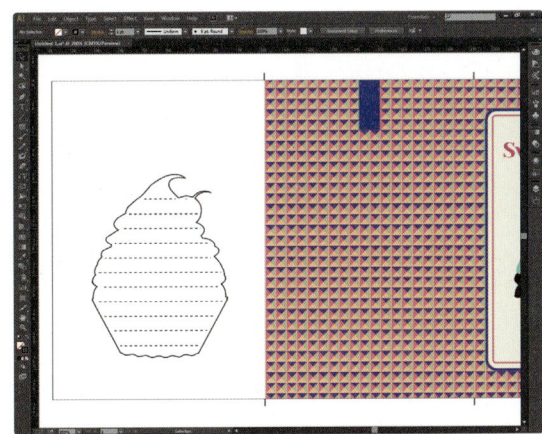

Tip 클리핑 마스크를 적용할 컵케이크 객체는 점선 객체보다 위에 배치해야 합니다. 작업 시 클리핑 마스크가 적용되지 않으면 객체 간의 배열을 확인하고 배열을 수정합니다.

인쇄에 적용할 후가공 파일 제작

인쇄물에 적용하는 후가공 중 이미지의 모양을 본 따서 절단하는 도무송과 인쇄물이 잘 접힐 수 있도록 누름 자국을 가공하는 오시가 있습니다. 이번 단계에서는 앞에서 제작한 컵케이크에 도무송을, 3단으로 접히는 카드의 오시를 적용하기 위해서 후가공 위치 보기 파일을 제작하겠습니다.

01 컵케이크의 모양을 본 따서 절단하는 도무송 위치 보기 파일에 사용될 가공선을 제작하겠습니다. 카드 내지의 접히는 부분에 배치된 컵케이크 패스를 선택합니다. Alt + Shift 를 누른 상태에서 오른쪽으로 드래그해 복제합니다.

Tip 도무송은 인쇄물에 목형을 이용하여 원하는 모양을 따내어 입체적으로 표현하는 가공법입니다.

02 복제한 컵케이크 패스를 선택하고 [Object]-[Path]-[Offset Path] 메뉴를 선택하고 'Offset' 항목에 '1.5mm'를 입력합니다.

03 처음 배치했던 컵케이크 패스를 선택하고 Delete 를 눌러 지웁니다.

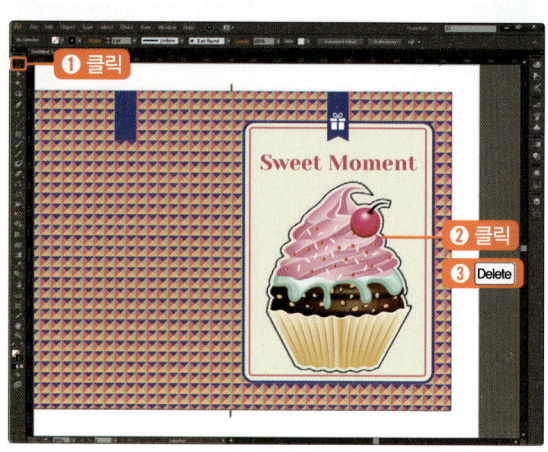

Tip 도무송이 적용되는 인쇄물은 최소한의 여분 공간이 있게 디자인합니다. 명함처럼 작은 인쇄물은 '1.5mm' 이상의 여유분이 있도록 디자인하고 전단지와 같은 큰인쇄물은 '2mm' 정도 이상의 여유분이 있도록 디자인합니다. 그리고 인쇄 주문 시 이에 맞추어서 작업 크기와 재단 크기를 입력합니다.

04 Ctrl+Y를 눌러서 'Outline' 모드로 변경합니다. 직접 선택 툴로 컵케이크 패스의 아래쪽 점들을 선택하고 Delete를 눌러 지워줍니다.

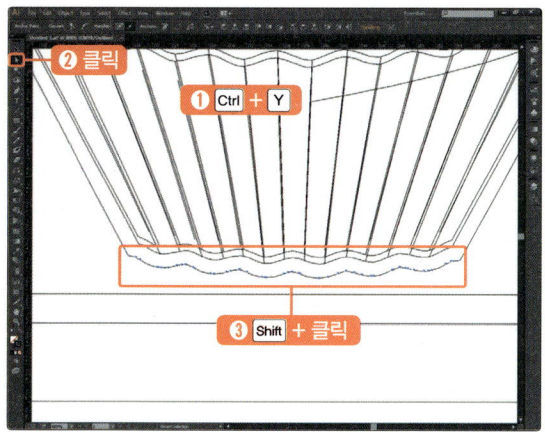 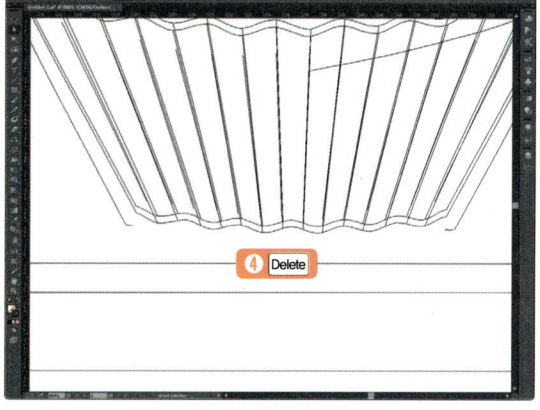

05 Ctrl+Y를 눌러 'Preview' 모드로 변환합니다. 컵케이크 패스를 선택한 다음 선 색상을 'M=100'으로 변경합니다.

Tip 인쇄 시 후가공을 적용할 때 제작하는 위치 보기 파일은 'C=0, M=100, Y=100, K=0' 또는 'C=0, M=100, Y=0, K=0'와 같이 잘 보이는 단색으로 표시합니다.

06 인쇄물이 잘 접힐 수 있도록 누름 자국을 가공하기 위한 오시 위치 보기 파일에 사용될 가공선을 제작하겠습니다. 참고 안내선을 따라서 선 툴로 직선을 생성합니다. 'M=100'으로 색상을 변경한 다음 복제해서 배치합니다.

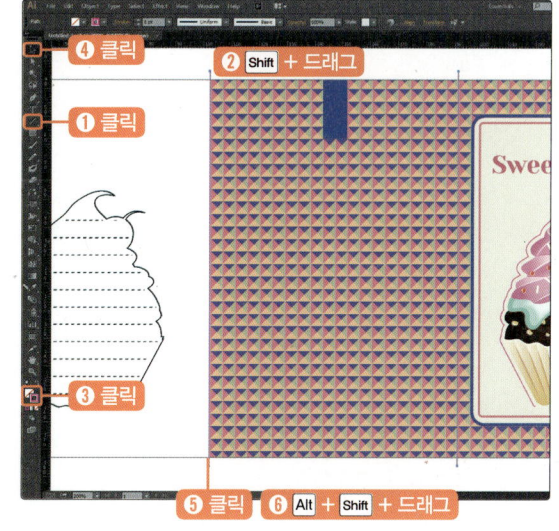

Tip '오시'는 두꺼운 재질의 인쇄물에 누름 자국을 생성하는 가공법으로, 접히는 부분을 표기해주는 선을 말합니다.

07 Ctrl+Y를 눌러 'Outline' 모드로 변경하고 참고 안내선에 맞추어 재단선을 생성합니다. Ctrl+Y를 눌러서 'Preview' 모드로 변경합니다.

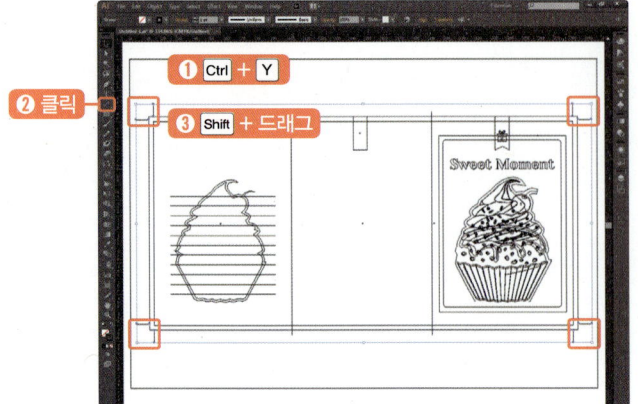 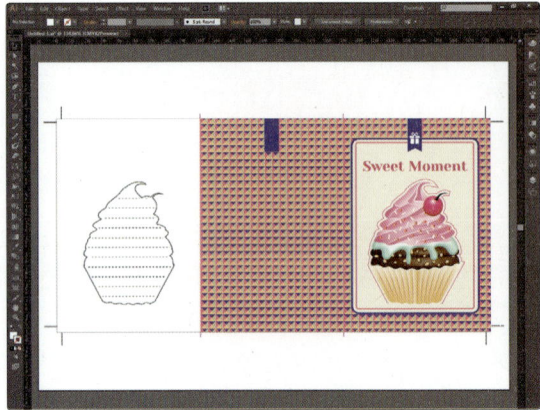

08 Ctrl+Alt+2를 눌러 잠금 명령을 해지합니다. 참고 안내선을 선택하고 [Tools] 패널의 'Fill'과 'Stroke'를 모두 'None'으로 적용하여 색상을 적용하지 않습니다.

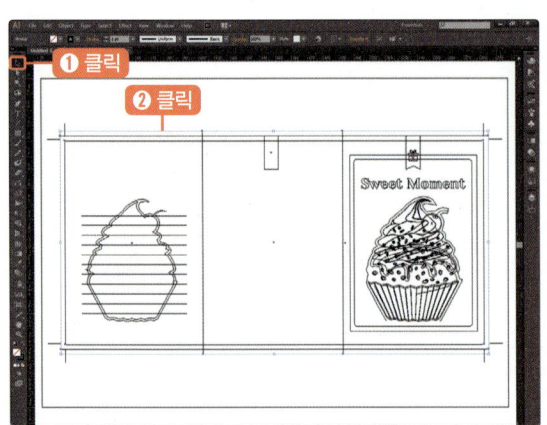 

09 후가공 파일로 정리하기 위해 [File]-[New] 메뉴를 선택하고 새 창을 엽니다. 도무송과 오시를 나타내기 위해 위치 보기용 파일과 인쇄용 파일 두 가지로 정리합니다.

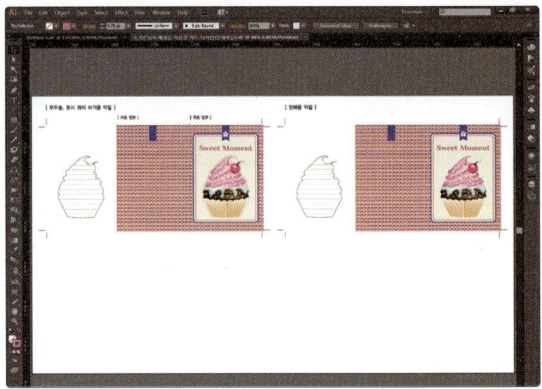

Tip '위치 보기용' 파일은 인쇄물에 후가공이 적용되는 위치를 보여주는 파일입니다. 그리고 '인쇄용' 파일은 인쇄될 면적을 보여주는 파일로 가공선을 표기하지 않습니다. 가공이 적용되는 파일은 이러한 인쇄 양식에 맞추어 최종 파일을 정리하는 것이 중요합니다.

10 도무송 파일은 인쇄물의 가공선만 표시하는 파일로 인쇄물의 전체 틀과 가공선만 남겨서 정리합니다.

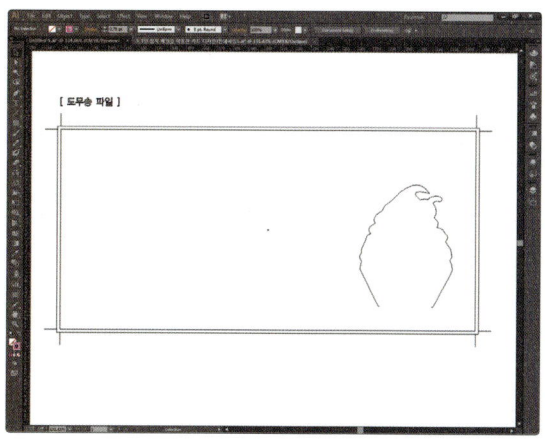 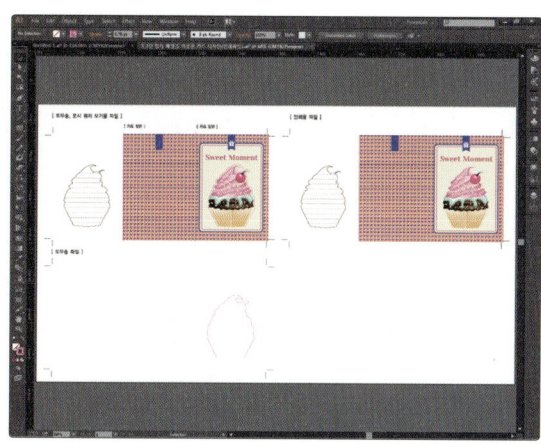

Tip 가공선을 제외한 나머지 객체를 지우기 위해 Ctrl+Y를 눌러 'Outline' 모드로 변경했습니다.

11 '봉투' 파일은 카드 크기에 맞추어 제작한 것으로, 카드와 봉투를 인쇄하여 출력물을 확인할 수 있습니다.

Tip 인쇄 시 1번(표지 앞면→도무송 절단 영역 제외), 3번(접히는 부분), 6번(표지 뒷면)의 접착을 별도로 주문했습니다.

Chapter 05
Special Tip

후가공 종류

후가공은 종류가 다양하며 인쇄물의 용도와 사용에 적절하게 이용한다면 품질의 완성도를 높일 수 있습니다. 다음은 인쇄물에 많이 사용되는 후가공에 대해 정리해보았습니다.

| 박 |

박가공은 금, 은 착색박을 대용품으로 얇게 펴서 철판이나 알루미늄판으로 압박을 가하여 인쇄하는 가공을 말합니다. 박가공은 고급 서적 표지, 명함, 카드 등 다양한 인쇄물에 사용되고 있습니다.

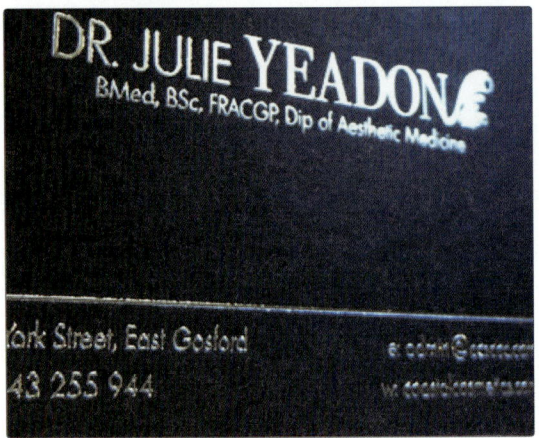

| 형압 |

로고나 특정 부위의 종이 표면이 음각 또는 양각으로 볼록하게 튀어 나오게 하는 가공으로 고급 카달로그 등에서 사용되면 보다 더 고급스러운 인쇄물을 제작할 수 있습니다.

| 무광&유광 써멀 코팅(라미네이팅) |

각종 인쇄물의 표면에 필름을 입혀 코팅 처리함으로써 무광 또는 유광으로 광택을 나게 하고 수명을 길게 하는 코팅으로, 브로셔, 팜플렛의 표지나 포장 박스 등에 사용됩니다.

| UV 코팅&부분 코팅 |

경화액을 표면에 바르고 자외선(UV) 램프를 통과해서 코팅되는 방식으로 무공해며 친환경적입니다. 광택이 뛰어나서 강조하고 싶은 곳에 부분적으로 코팅도 가능합니다.

Special Tip

| 오시 |

인쇄물을 접어야 되는 경우 그 부분에 주는 누름 자국 가공 방법으로 두꺼운 종이는 오시를 주어야 접혔을 때 터지지 않고 잘 접힐 수 있습니다.

| 미싱 |

절취를 해야 하는 인쇄물의 경우 절취하기 쉽도록 인쇄물에 점선으로 미리 재단을 해놓는 가공 방법으로 홍보물 등에서 사용되는 가공 방법입니다.

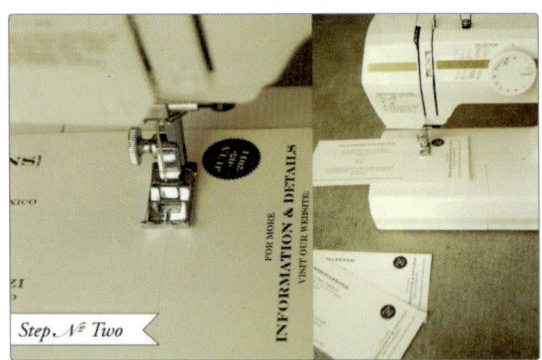

| 타공 |

타공은 종이에 구멍을 뚫는 가공법을 말하며 보통 3~8mm까지의 구멍을 타공이라고 말하며 그 이상은 도무송으로 분류를 하고 있습니다.

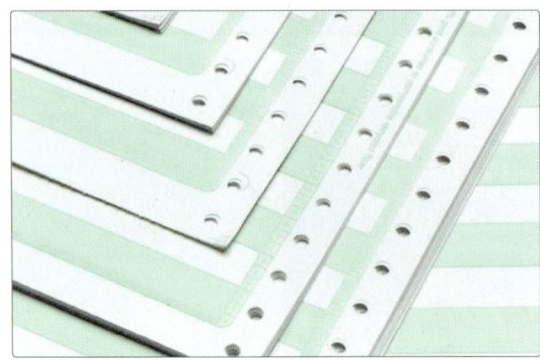

| 귀도리 |

인쇄물의 각진 모서리를 곡선으로 재단하는 가공 방법으로 명함에 많이 사용되는 가공 방법입니다.

| 도무송 |

인쇄물에 원하는 목형을 이용하여 원하는 모양으로 따내는 가공법을 말하며 다양한 모양으로 인쇄물을 연출할 수 있습니다.

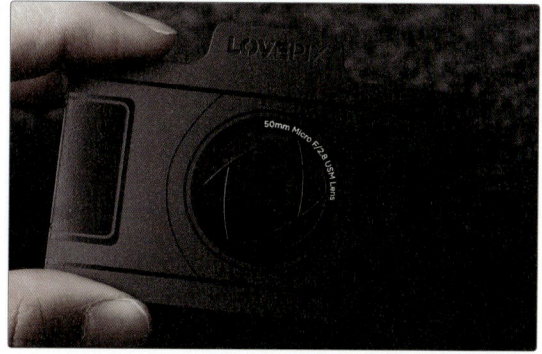

| 넘버링 |
넘버링은 복권, 당첨권, 이벤트, 상품권, 식권 등 일련 번호가 필요한 인쇄물에 번호를 넣는 가공 방법입니다.

| 문어발 |
포스터나 전단지의 아래쪽에 절취하여 사용자로 하여금 손쉽게 가져갈 수 있도록 문어발처럼 미싱과 재단이 된 것을 말합니다. 주로 벽이나 전신주에 부착하여 광고에 사용할 수 있습니다.

| 별색 |
별색이랑 4원색(CMYK)으로 인쇄하는 것이 아닌 미리 만들어진 고유의 색상을 뜻합니다. 별색은 CMYK보다 좀 더 선명하게 출력될 수 있습니다.

| 접착 |

봉투의 가공이나 홀더, 박스 가공 시 풀칠이나 양면 테이프 등을 사용하여 붙이는 것을 말합니다.

| 제본 |

제본 방식은 중철 제본, 무선 제본, 떡 제본, 스프링 제본, 양장 제본 방식으로 나뉘며 인쇄물의 두께나 용도에 따라 다양한 방법으로 제본을 선택하고 있습니다.

큐브 패턴을 응용한 CD Cover 디자인

패턴은 객체의 형태와 구도, 색상 등의 시각 요소를 반복적으로 복제하여 배치합니다. 패턴으로 제작되는 객체는 하나의 독립적인 객체이지만 이것을 반복해서 배치하면 패턴 디자인이 됩니다. 그리고 객체에 채색되는 색상의 명도에 따라서 입체적으로 돋보이는 패턴을 디자인할 수 있습니다. 패턴을 디자인할 때는 채색되는 공간과 용도에 따라서 객체의 형태와 구도, 색상 등을 고려해서 디자인해야 합니다. 이러한 원리를 바탕으로 메탈 느낌의 큐브 패턴을 제작하고 이것을 화려한 음악의 CD Cover의 표지 디자인으로 제작하겠습니다.

실무자's Interview

▶ 홍정원 / 홍보팀

포토샵 픽셀 이미지에서의 느낌과 일러스트레이터 벡터 이미지에서의 느낌은 각각의 다른 특징을 가지고 있지만, 이 둘을 적절하게 한 이미지 안에 녹여 표현한다면 화려한 효과와 함께 깔끔한 느낌을 줄 수 있어요. 커버 디자인 작업 시에는 CD가 담고 있는 컨텐츠를 한 번에 보여주는 것이 가장 큰 목적을 가지고 있는 만큼, 커버만 처음 보더라도 어떤 컨텐츠를 어떤 느낌으로 보여주는가를 가장 고려해야 해요. 커버 디자인 외에 일러스트레이터와 포토샵의 연동은 캐릭터 디자인에서도 많이 사용이 된답니다. 저는 개인적으로 일러스트로 깨끗한 선을 그리고 포토샵의 Dodge, Burn, Sponge, Blur 툴을 활용하여 면의 Detail 명암을 조절하는 방식을 많이 사용해요.

▶ 김종일 / 편집 디자이너, 기획자

개인적으로 일러스트에서 다양한 형태의 패턴을 제작하고 사이즈를 조절해서 마띠에르(질감) 표현 시 많이 사용하는 기능이에요. 예를 들어서 패턴의 사이즈를 작게 조절해서 착시 효과를 이용해서 페브릭의 질감을 표현할 수도 있어요. 그래서 이렇게 제작한 패턴을 이미지나 오브젝트에 합성해서 다양한 분위기로 연출하는 작업에 활용하곤 했어요.

Chapter 06

STEP 01 큐브 패턴의 CD Cover 배경 제작
STEP 02 턴테이블 플레이어 제작
STEP 03 턴테이블의 부수적인 요소 제작
STEP 04 포토샵을 이용한 Lighting Effect

큐브 패턴을 응용한 CD Cover 디자인

일러스트레이터에서는 기본적으로 제공하는 패턴을 사용하거나 직접 등록하여 사용할 수도 있습니다. 패턴은 평면적인 형태뿐만 아니라 객체에 적용된 색상, 채도, 명도에 따라서 입체적인 형태로도 표현할 수 있습니다. 이 원리를 바탕으로 이번 단계에서는 착시 효과를 일으키는 큐브 패턴을 제작하고, 턴테이블을 응용한 CD Cover를 디자인하는 방법에 대해 알아보겠습니다.

• 제작 요청서

	분류	내용	비고
1	디자인 컨셉	CLUB MIX의 화려한 음악 스타일을 큐브 패턴과 턴테이블로 표현한 디자인	
2	디자인 색상	• 메인 색상 - 연 그레이(일렉트로닉을 표현할 수 있는 메탈 느낌의 화이트를 띤 블랙 계열) • 보조 색상 - 진 그레이(메탈느낌의 그레이에 깊이감을 더할 수 있는 중명도의 블랙 계열) • 강조 색상 - 시안(화려한 조명을 역동성 그린이 가미된 고채도 고명도의 블루 계열)	디자인 의도에 따라 패턴 및 강조 색상을 변경해서 사용해도 무관
3	디자인 사용 계획	CLUB MIX 음반 CD Cover 및 포스터	사용 의도에 따른 크기 변형 가능
4	문구 및 기획안	CLUB MIX CELEBRITY	
5	기타 사항	• 다양한 아티스트들의 리믹스 앨범을 턴테이블로 형상화 • 큐브 패턴으로 화려한 배경 제작	

예제 파일

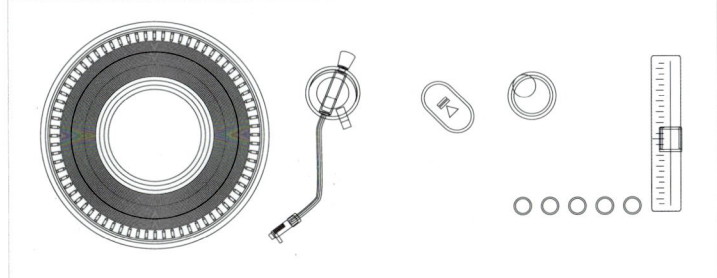

객체 소스.ai

완성 파일

큐브 패턴의 CD Cover 배경 제작

CD Cover의 크기는 가로, 세로를 '120mm'로 설정하여 큐브 패턴으로 CD Cover의 배경을 제작하겠습니다. 이 크기는 쥬얼 케이스의 크기를 감안한 것으로, 앞면과 뒷면에 이미지를 삽입하여 제작할 수 있는 가장 보편적인 플라스틱 케이스입니다. 케이스 종류에 따라서 크기는 조절해서 인쇄할 수 있습니다.

01 [File]-[New] 메뉴를 선택하고 작업창 크기(210mm ×297mm)를 지정합니다.

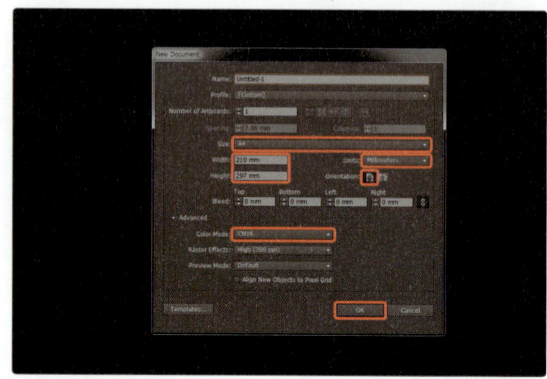

02 사각형 툴을 선택하고 작업창에 클릭합니다. 사각형 툴의 옵션창이 열리면 배경으로 사용할 사각형의 수치(120mm×120mm)를 입력합니다.

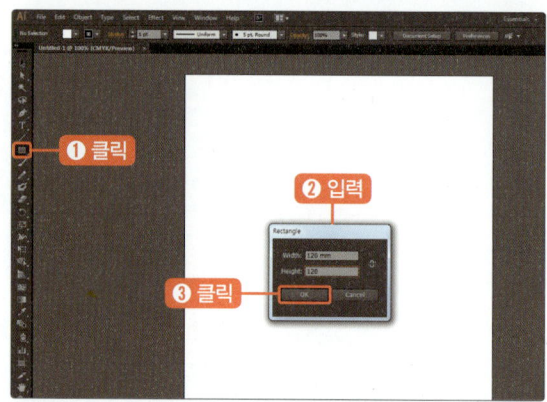

03 사각형 객체를 선택하고 상단의 옵션 바에서 'Align to Artboard'를 선택하고 '가로, 세로 중앙 정렬'을 클릭해 작업창 중앙에 배치합니다.

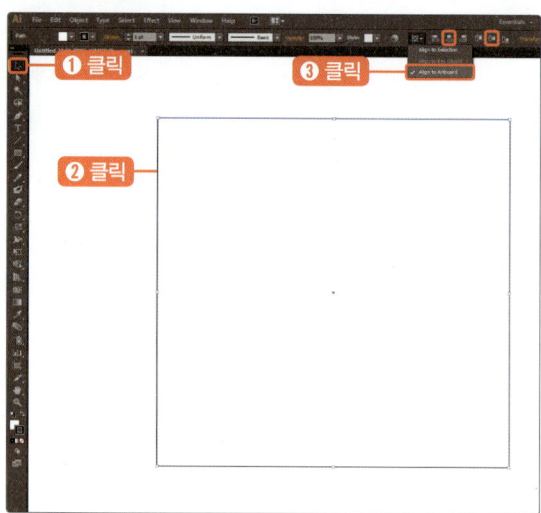

04 표지 출력 시 필요한 재단선을 '3mm'로 설정해 배치하겠습니다. 사각형 객체를 선택해 [Object]-[Path]-[Offset Path] 메뉴를 선택하고 'Offset' 항목에 '3mm'를 입력합니다.

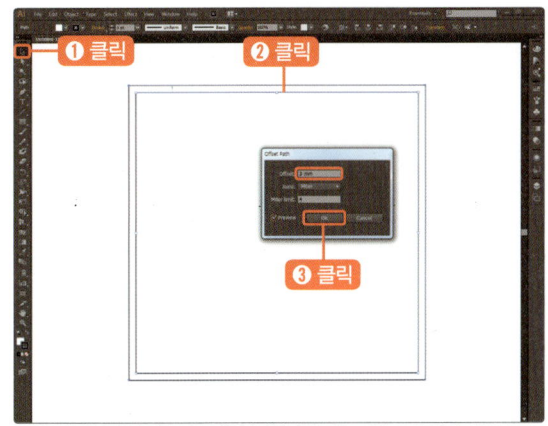

05 내부에 배치된 사각형 객체는 CD Cover의 실제 크기로, [Tools] 패널의 'Fill'과 'Stroke'를 모두 'None'으로 선택해 색상을 적용하지 않습니다. 선택 시 움직이지 않도록 Ctrl+2를 눌러서 잠금 명령을 적용합니다.

06 CD Cover의 배경에 채색할 패턴을 제작하겠습니다. [Tools] 패널의 선 툴을 선택하고 Shift를 누른 채 직선을 생성합니다. 회전 툴을 더블클릭하여 회전 각도를 '60도'로 입력하고 [Copy] 버튼을 클릭합니다.

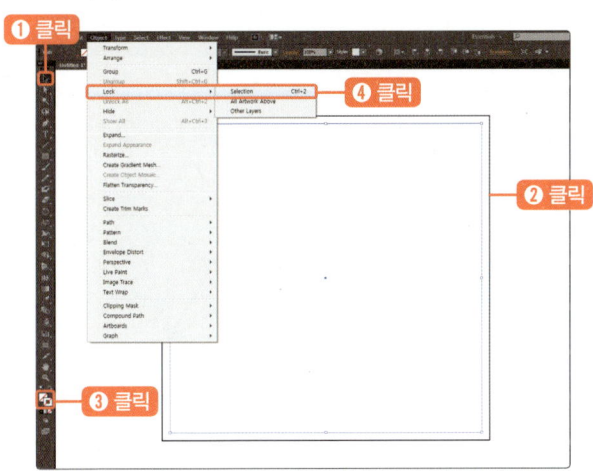

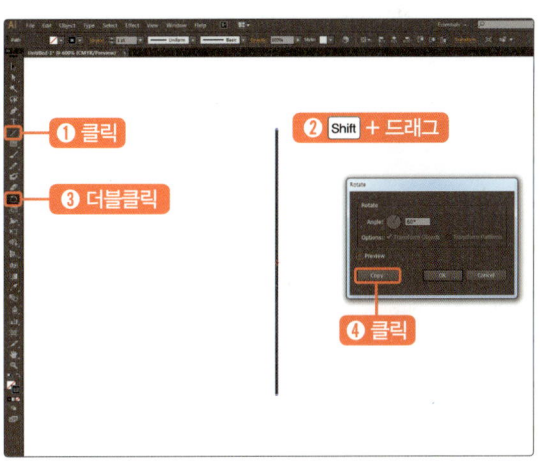

07 Ctrl+D를 눌러 회전하며 복제하는 명령을 반복 실행합니다.

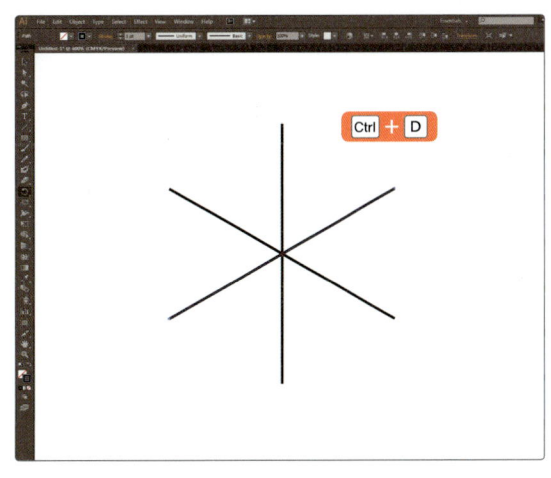

08 선 객체의 중심에 맞춰 삼각형 객체를 배치하겠습니다. [Tools] 패널의 다각형 툴을 선택하고 마우스를 드래그하는 동안 방향키로 꼭지점 개수를 조절합니다. Shift를 누른 상태에서 마우스를 떼어 정방향의 삼각형 객체를 배치합니다.

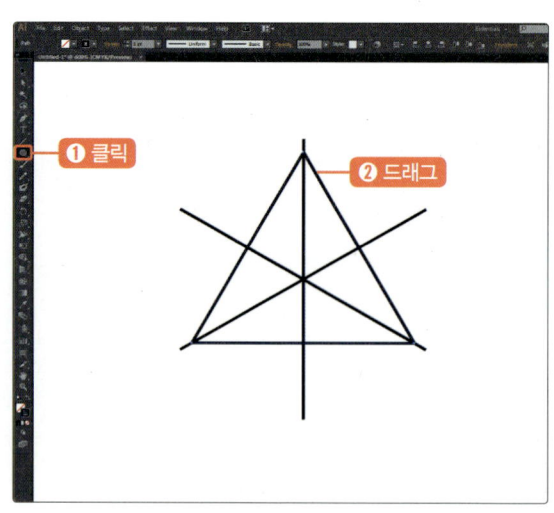

Tip 다각형 툴은 마우스를 떼기 전 Shift를 누르면 정방향의 도형을 생성할 수 있습니다.

09 [Pathfinder] 패널에서 'Divide'를 클릭합니다. 마우스 오른쪽 단추를 클릭한 다음 'Ungroup'를 선택해 개별 객체로 풀어줍니다.

10 선택 툴로 분리된 삼각형 객체를 2개씩 다중 선택합니다. [Pathfinder] 패널에서 'Unite'를 클릭해서 하나의 삼각형 객체로 결합합니다.

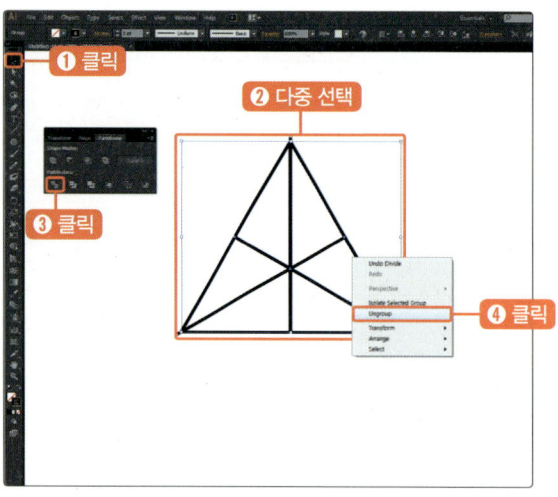

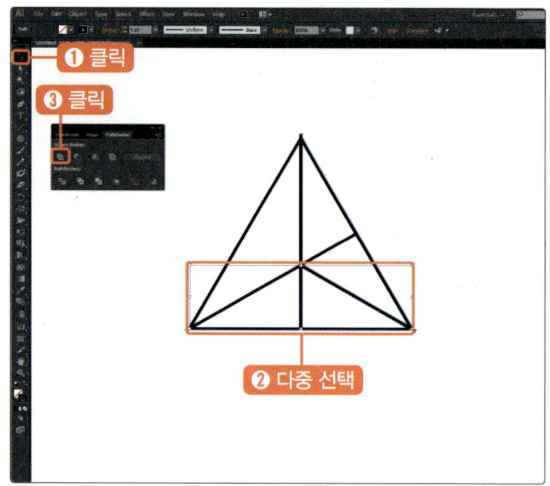

11 왼쪽의 삼각형 객체를 선택한 다음 [Tools] 패널의 회전 툴을 선택합니다. 객체 위쪽에 Alt를 누른 상태에서 클릭합니다. 회전 툴 옵션창에 회전 각도를 '60도'로 입력한 다음 [Copy] 버튼을 클릭합니다.

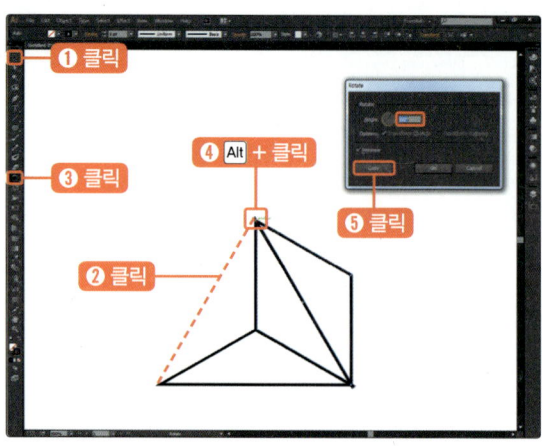

12 Ctrl+D를 눌러 회전하며 복제되는 명령을 반복 실행합니다.

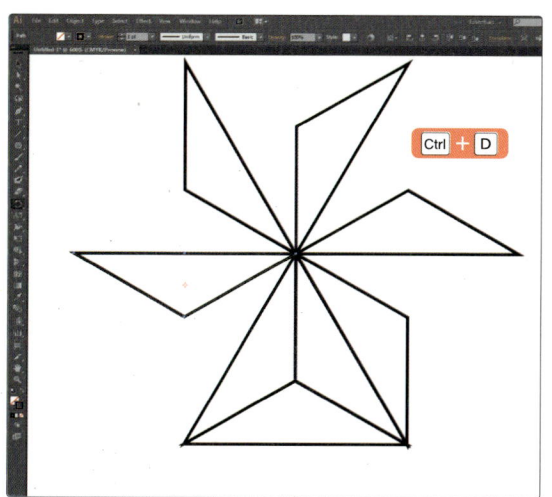

13 오른쪽의 삼각형 객체를 선택하고 [Tools] 패널의 회전 툴을 선택합니다. 객체 위쪽에 Alt를 누른 채 클릭합니다. 회전 툴 옵션창에 회전 각도에 '60도'를 입력하고 [Copy] 버튼을 클릭합니다.

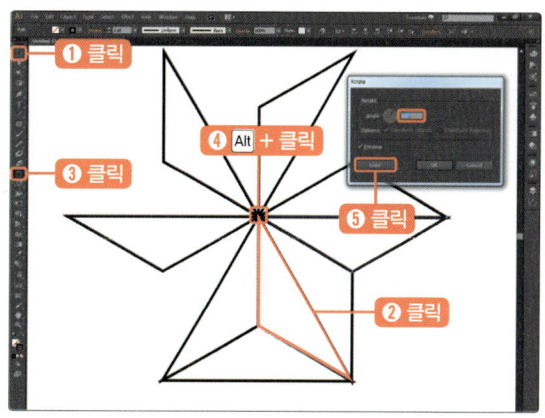

14 Ctrl+D를 눌러 회전하며 복제되는 명령을 반복 실행합니다.

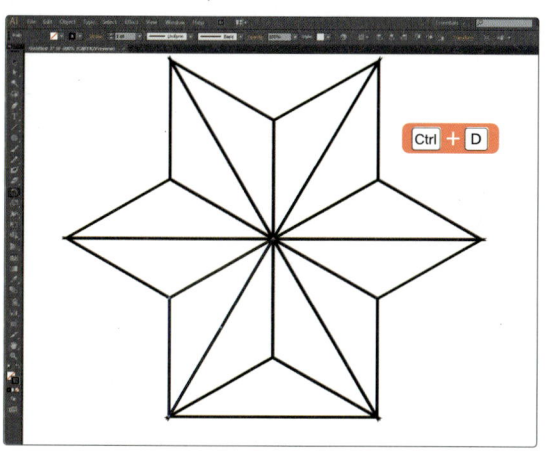

15 위쪽의 삼각형 객체를 다중 선택하고 Delete를 눌러 지웁니다.

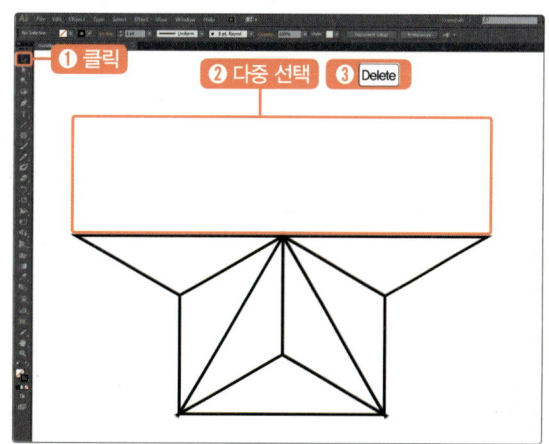

16 Ctrl+Y를 눌러 'Outline' 모드로 변경합니다. 삼각형 객체의 왼쪽에 맞춰 Shift를 누른 상태에서 직선을 생성합니다. Alt+Shift를 누른 상태에서 삼각형 객체의 오른쪽에 드래그해 복제합니다.

> **Tip** 삼각형 객체에 선이 정확하게 맞물리도록 'Outline' 모드로 변경하였습니다. 그리고 선을 생성한 다음 Ctrl+Y를 눌러 'Preview' 모드로 변경합니다.

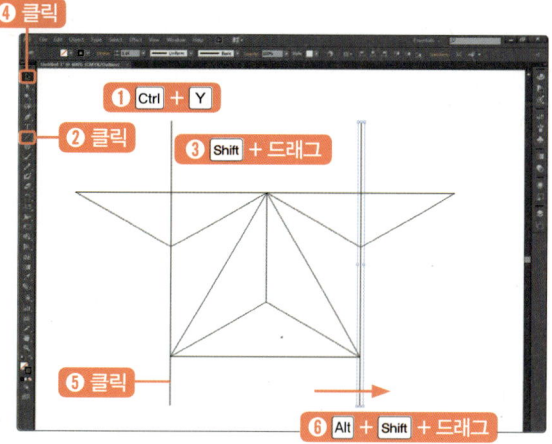

17 위쪽의 삼각형 객체 2개와 양쪽의 선을 다중 선택 후 [Pathfinder] 패널에서 'Divide'를 클릭합니다. 마우스 오른쪽 단추를 클릭한 다음 'Ungroup'을 선택해 개별 객체로 풀어줍니다.

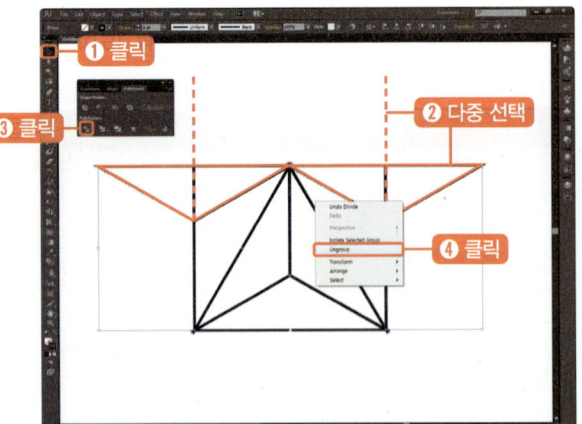

18 양쪽의 삼각형 객체를 선택하고 Delete를 눌러 지웁니다.

19 객체들을 선택하고 [Tools] 패널의 'Stroke'는 'None'으로 지정합니다. 'Fill'을 클릭해 명도를 조절해 채색합니다.

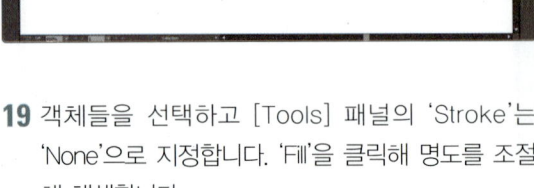

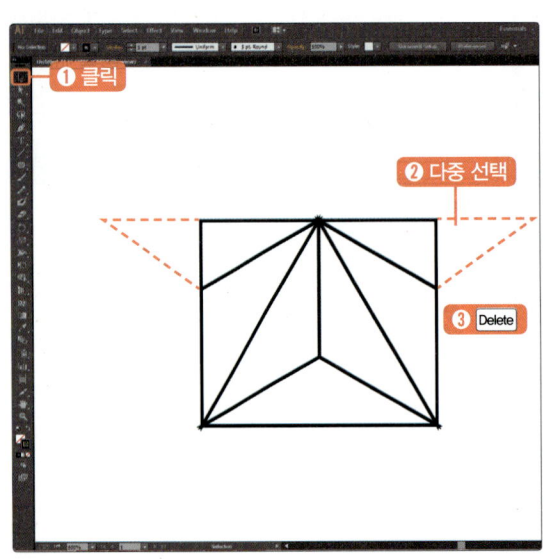

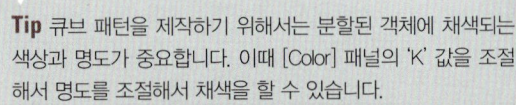

Tip 큐브 패턴을 제작하기 위해서는 분할된 객체에 채색되는 색상과 명도가 중요합니다. 이때 [Color] 패널의 'K' 값을 조절해서 명도를 조절해서 채색을 할 수 있습니다.

20 객체들을 다중 선택한 다음 Alt를 누른 채 반전 툴로 객체 위쪽을 클릭합니다. 상하 대칭 옵션으로 선택한 후 [Copy] 버튼을 클릭합니다.

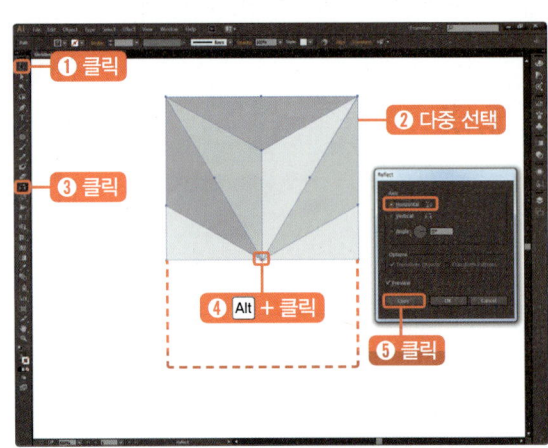

21 위쪽에 복제된 객체들을 선택하고 명도를 조절해 채색합니다.

22 선택 툴로 채색한 객체를 다중 선택하고 [Swatches] 패널에 드래그해 패턴을 등록합니다.

23 CD Cover의 배경으로 사용할 사각형 객체를 선택합니다. [Tools] 패널의 'Stroke'는 'None'으로 지정한 다음 'Fill'을 클릭해 [Swatches] 패널에 등록한 패턴을 적용합니다.

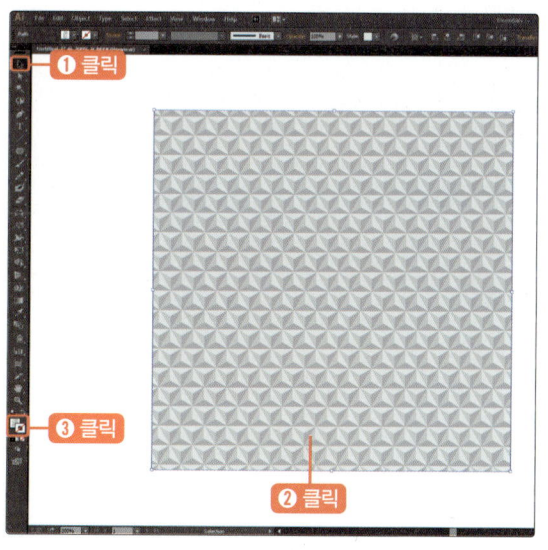

Tip 패턴 크기 조절 시, [Tools] 패널에서 스케일 툴을 더블클릭하고 옵션창 하단의 'Transform Patterns' 옵션을 선택하면 객체 크기는 그대로 유지하고 패턴 크기만 조절할 수 있습니다.

턴테이블 플래터 제작

도형 툴을 이용해서 턴테이블 플래터를 제작하겠습니다. 그리고 그라디언트를 이용해서 턴테이블 플래터가 입체적으로 보일 수 있도록 채색하겠습니다.

01 턴테이블 플래터로 사용할 원형 객체를 생성합니다.

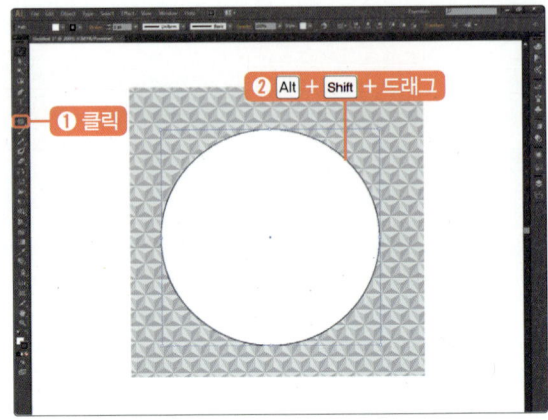

02 원형 객체는 [Tools] 패널의 'Stroke'는 'None'으로 지정한 다음 'Fill'을 클릭해 그라디언트를 채색합니다.

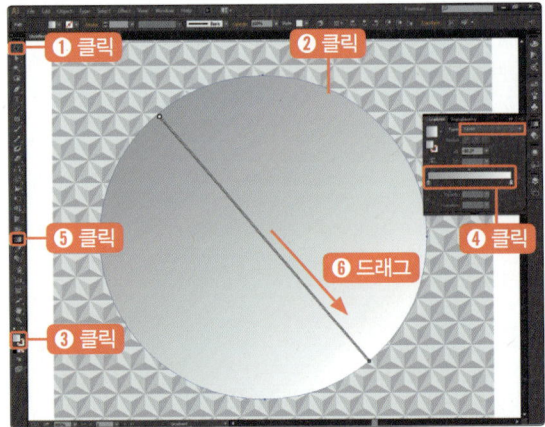

03 원형 객체를 선택하고 Ctrl+C, Ctrl+F를 눌러 복제합니다. 복제된 객체는 Alt+Shift를 누른 채 크기를 작게 조절해 그라디언트를 채색합니다.

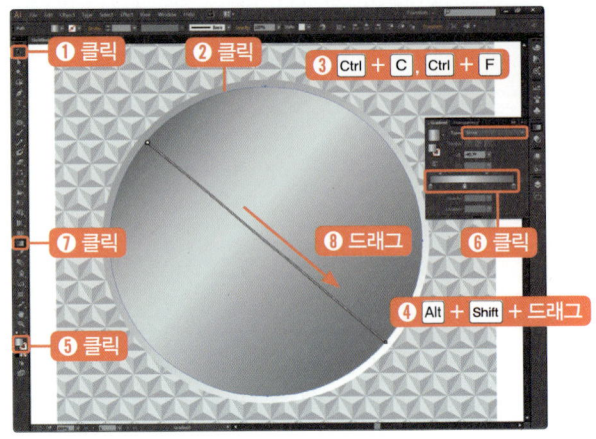

04 원형 객체는 Ctrl+C, Ctrl+F를 눌러 복제합니다. 크기를 작게 조절한 후 그라디언트를 채색합니다.

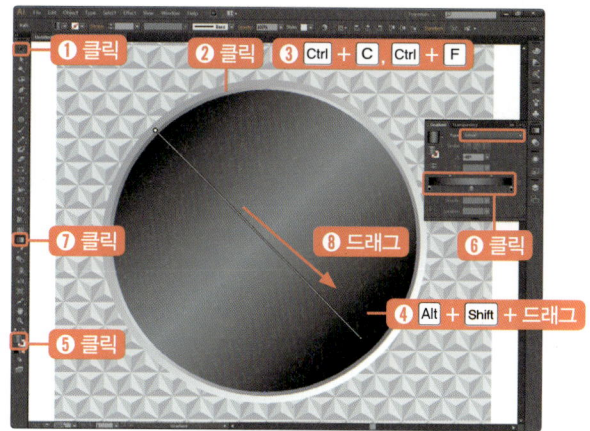

05 원형 객체는 Ctrl+C, Ctrl+F를 눌러 복제하고 크기를 작게 조절합니다. [Tools] 패널의 'Stroke'를 클릭하고 선 색상을 '검정', 선 두께를 '1.5pt'로 조절합니다. 'Fill'을 클릭해 채색합니다.

06 원형 객체는 Ctrl+C, Ctrl+F를 눌러 복제하고 크기를 작게 조절합니다. [Tools] 패널의 'Stroke'는 'None'으로 지정한 다음 'Fill'을 클릭해 채색합니다.

07 원형 객체는 Ctrl+C, Ctrl+F를 눌러 복제하고 크기를 작게 조절합니다. [Tools] 패널의 'Fill'은 'None'으로 지정합니다. 'Stroke'를 클릭해 선 두께를 '2.5pt'로 조절하여 그라디언트를 채색합니다. 선 객체 왼쪽 위에 하이라이트가 보이도록 객체를 비스듬히 회전합니다.

Tip 객체의 'Stroke'에 그라디언트를 채색할 수 있지만, 그라디언트 툴로 드래그해서 색상 퍼짐 정도를 부드럽게 조절할 수 없습니다. 그래서 객체를 비스듬히 회전하여 그라디언트가 채색된 방향을 수정하였습니다.

08 원형 객체는 Ctrl+C, Ctrl+F를 눌러 복제하고 크기를 작게 조절합니다.

09 원형 객체는 Ctrl+C, Ctrl+F를 눌러 복제하고 크기를 크게 조절합니다. 객체의 선 두께는 '1.5pt'로 조절합니다.

10 원형 객체는 Ctrl+C, Ctrl+F를 눌러 복제한 다음 크기를 작게 조절합니다. [Tools] 패널의 'Stroke'에서 'None'을 선택한 다음 'Fill'을 클릭해 채색합니다.

11 원형 객체는 Ctrl+C, Ctrl+F를 눌러 복제하고 크기를 크게 조절합니다. [Tools] 패널의 'Fill'을 'None'으로 지정합니다. 'Stroke'를 클릭해 선 색상을 '검정', 선 두께를 '0.75pt'로 조절합니다. 같은 방법으로 원형 객체를 하나 더 복제하고 크기를 작게 조절해서 배치합니다.

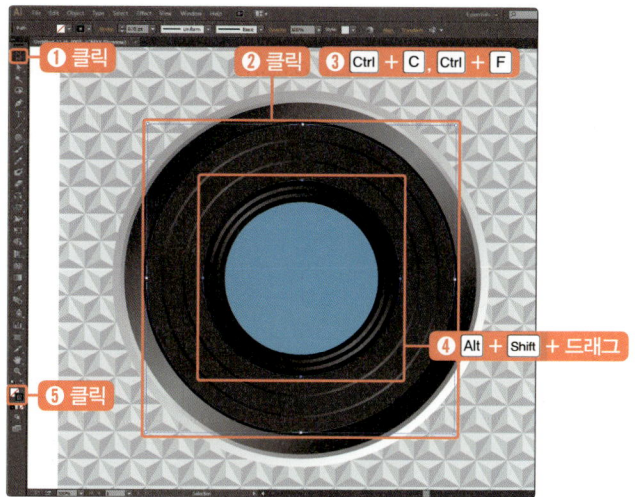

12 블랜드를 이용해서 2개의 원형 객체 사이를 촘촘하게 연결하겠습니다. 2개의 원 객체를 다중 선택합니다. [Object]-[Blend]-[Blend Options] 메뉴를 선택하고 'Spacing'의 옵션의 'Specified Steps'를 '25'로 조절합니다.

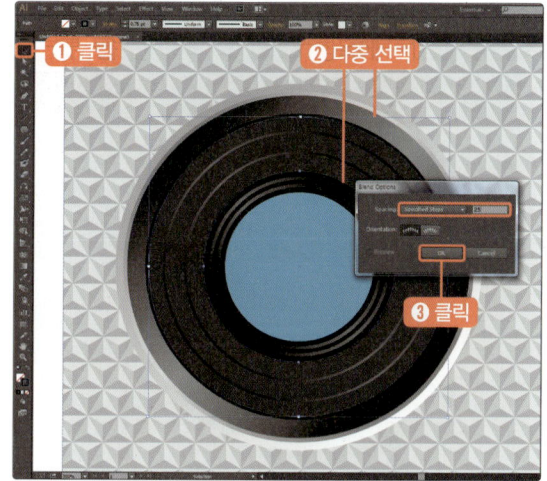

Tip 블랜드는 색상, 개수, 거리 등의 옵션을 이용해 객체간의 중간 단계를 생성하는 기능입니다. 블랜드는 2개 이상의 객체를 선택해서 적용할 수 있으며, 여러 객체를 반복 배치해야 할 경우에 매우 유용합니다.

13 [Object]-[Blend]-[Make] 메뉴를 선택하고 블랜드를 적용합니다.

Tip 선택된 객체에 블랜드를 적용할 때 단축키는 Ctrl+Alt+B 입니다. 블랜드가 적용된 객체는 [Tools] 패널의 블랜드 툴을 더블클릭하고 옵션을 수정할 수도 있습니다.

14 앞에서 배치한 원형 객체 사이에 둥근 사각형 객체를 생성합니다. 그라디언트를 채색합니다.

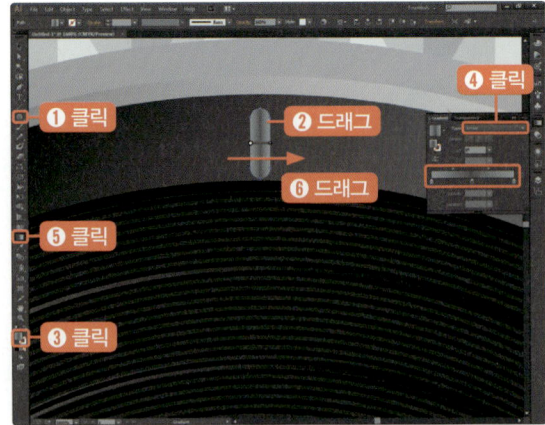

> **Tip** ❷ 드래그는 객체 생성, ❻ 드래그는 그라디언트 채색

15 둥근 사각형 객체에 맞춰 타원형 객체를 2개 생성한 다음 채색합니다.

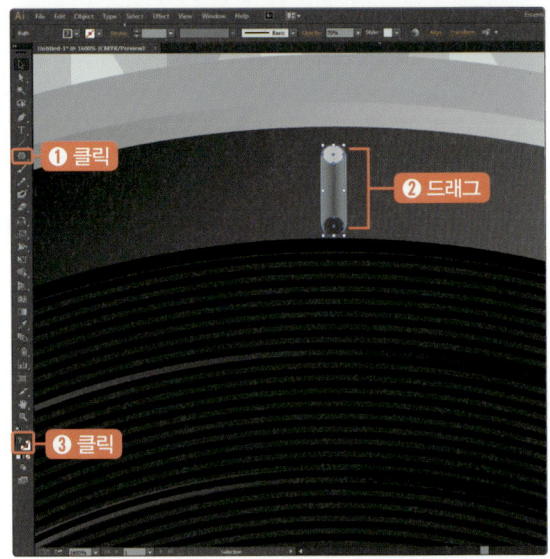

16 둥근 사각형 객체를 턴테이블 플래터 중심으로 회전시켜 배치하겠습니다. 앞에서 제작한 플래터 객체의 중심을 맞추기 위한 안내선을 내립니다.

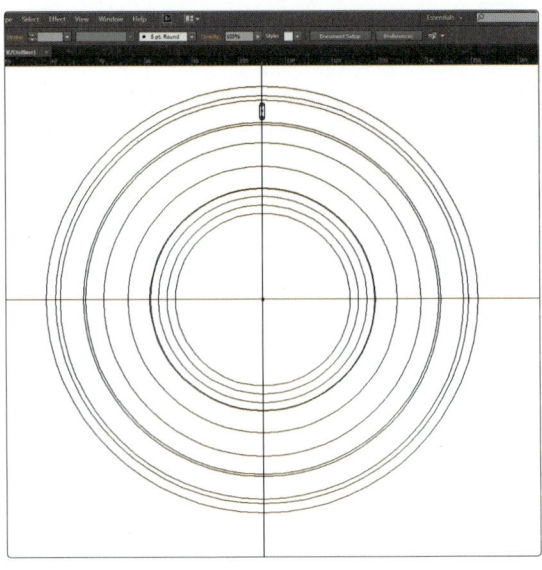

> **Tip** Ctrl+Y를 눌러 'Outline' 모드로 변경하면 턴테이블 플래터 객체의 중심에 맞춰 안내선을 정확하게 내릴 수 있습니다.

17 둥근 사각형 객체를 다중 선택하고 [Tools] 패널의 회전 툴을 선택한 다음 Alt 를 누른 상태에서 안내선을 클릭합니다. 회전 툴 옵션창에 회전 각도에 '5'도로 입력하고 [Copy] 버튼을 클릭합니다. Ctrl + D 를 눌러 회전하며 복제되는 명령을 반복 실행합니다.

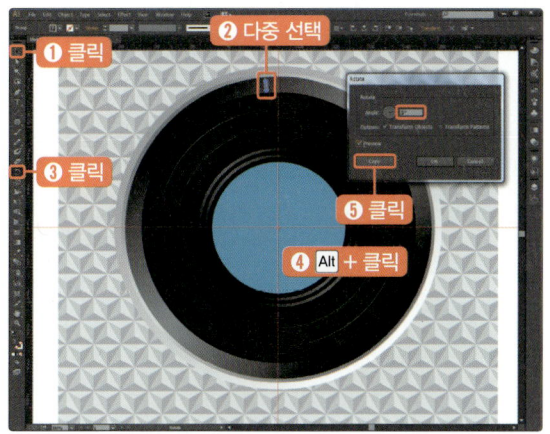

18 회전한 둥근 사각형 객체를 다중 선택하고 그룹으로 묶어줍니다.

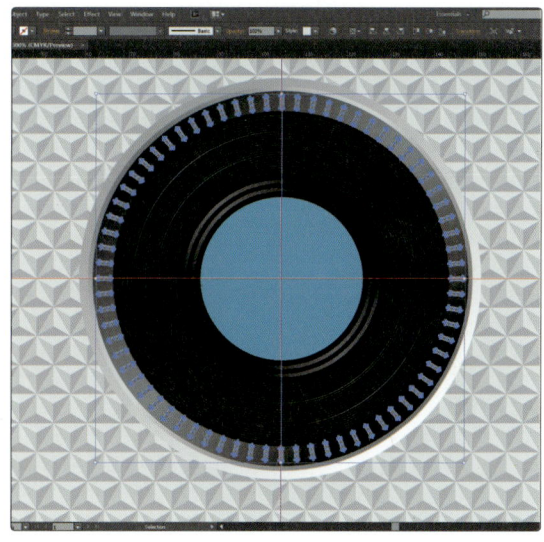

턴테이블의 부수적인 요소 제작

도형 툴을 이용해서 턴테이블의 장치 관련 객체를 제작하겠습니다. 그리고 그라디언트를 이용해서 턴테이블의 장치 관련 객체가 입체적으로 보일 수 있도록 채색하겠습니다.

01 턴테이블의 조절 장치를 제작하겠습니다. 원형 객체를 생성하고 그라디언트를 채색합니다.

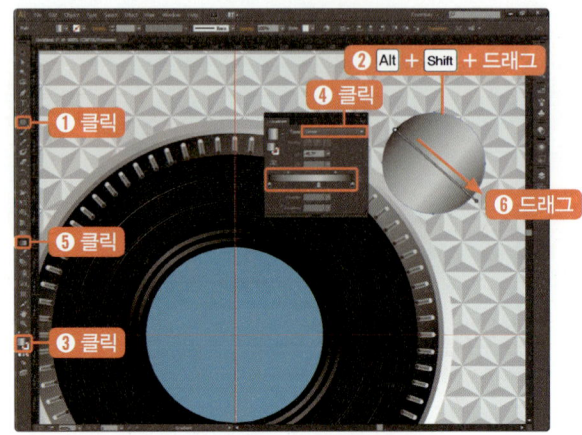

02 원형 객체는 Ctrl+C, Ctrl+F를 눌러 복제하고 크기를 작게 조절합니다. 그라디언트를 채색합니다.

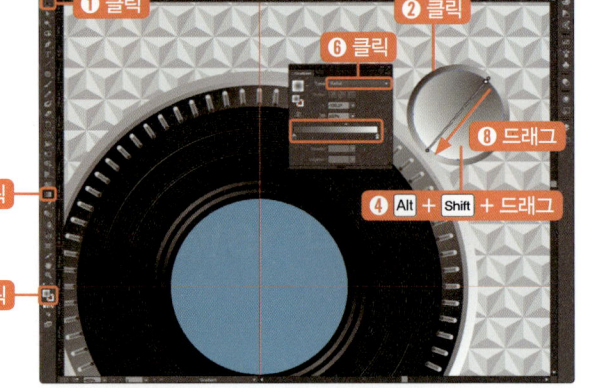

03 원형 객체 오른쪽 위쪽에 하이라이트를 배치하겠습니다. 원형 객체를 선택하고 Ctrl+C, Ctrl+F를 눌러 복제합니다. [Tools] 패널의 'Fill'을 'None'으로 지정한 다음 Stroke를 클릭해 선 색상을 '흰색', 선 두께를 '3pt'로 조절합니다.

04 직접 선택 툴로 원형 객체 아래쪽의 점을 선택하고 Delete 를 눌러 지웁니다.

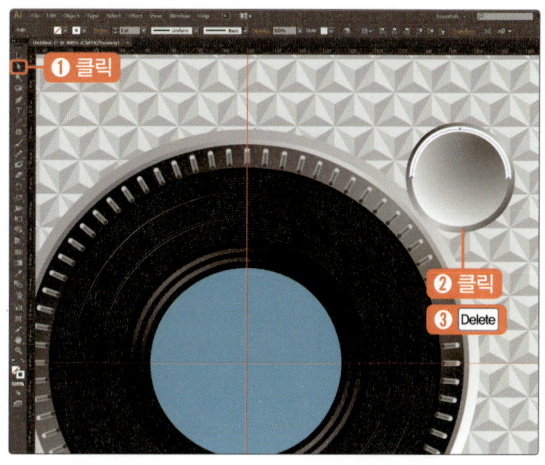

05 [Stroke] 패널에서 'Profile'에서 선 모양을 변경합니다.

06 하이라이트가 부드럽게 퍼지도록 수정하겠습니다. 선 객체를 선택한 다음 [Object]-[Path]-[Outline Stroke] 메뉴를 선택해 적용된 선 두께를 객체 속성으로 변환합니다.

07 하이라이트 객체를 선택하고 [Effect]-[Stylize]-[Feather] 메뉴를 선택합니다. 옵션창 하단의 미리 보기를 선택하고 부드럽기(0.5mm)를 조절합니다.

08 하이라이트 객체가 오른쪽 위쪽에 배치되도록 비스듬히 회전합니다.

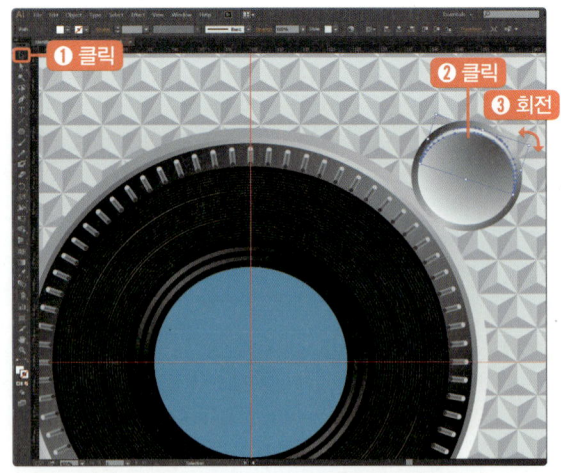

09 원형 객체를 선택하고 Ctrl+C, Ctrl+F를 눌러 복제한 다음 크기를 작게 조절합니다. [Tools] 패널의 'Stroke'를 클릭해 선 색상을 '회색', 선 두께를 '1.5pt'로 조절합니다. 'Fill'을 클릭해 그라디언트를 채색합니다.

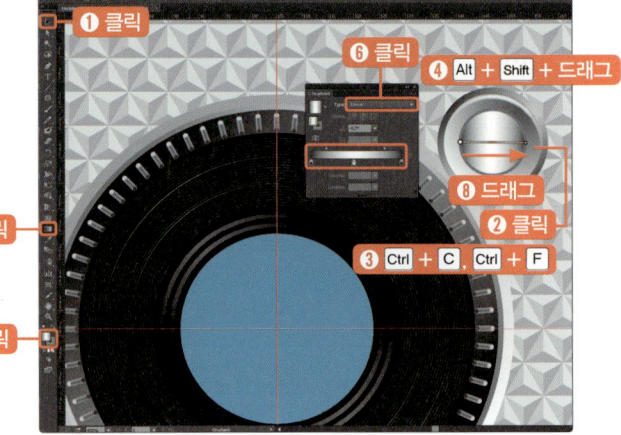

10 사각형 객체를 생성하고 그라디언트를 채색합니다.

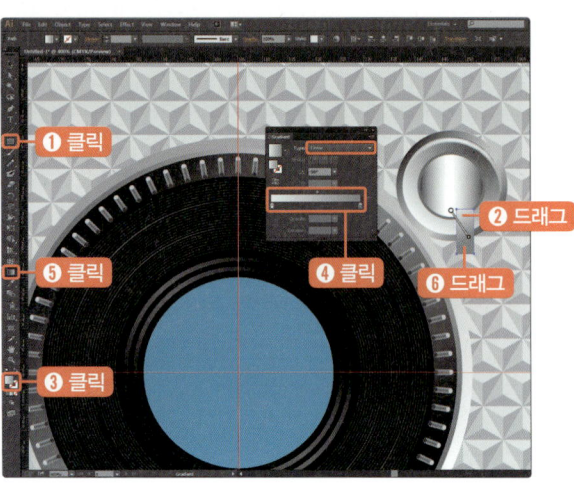

11 사각형 객체를 선택하고 Ctrl+C, Ctrl+F를 눌러 복제합니다. 객체의 세로 폭을 줄인 뒤 채색합니다.

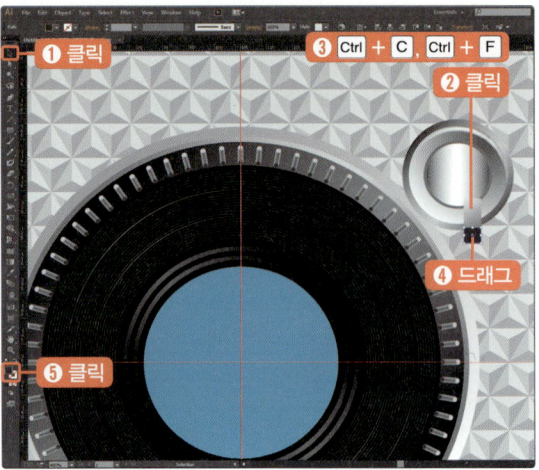

12 사각형 객체를 다중 선택하고 비스듬히 회전합니다.

13 펜 툴을 이용해서 패스를 생성합니다. 선 색상을 '회색'으로, 선 두께를 '6pt'로 조절합니다.

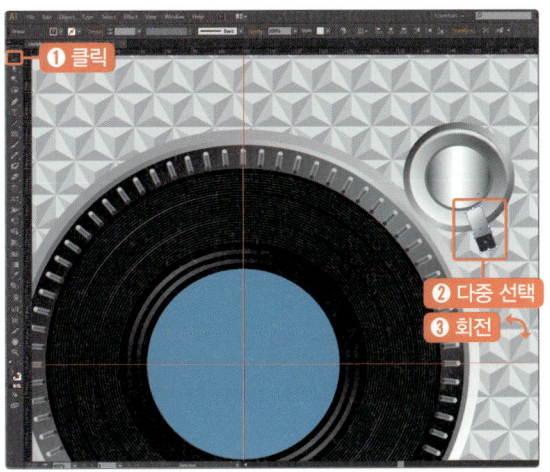
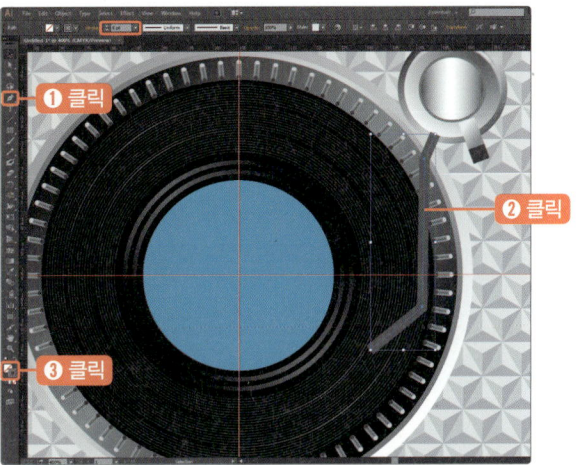

14 패스의 모퉁이를 둥글게 수정합니다. 펜 툴을 오른쪽의 점에 대고 Alt 를 누른 상태에서 드래그합니다. 직접 선택 툴로 핸들을 조절합니다.

15 [Object]-[Path]-[Outline Stroke] 메뉴를 선택하고 적용된 선 두께를 객체 속성으로 변환합니다.

16 선 객체 내부에 하이라이트를 제작하겠습니다. 선 객체를 선택한 다음 [Object]-[Path]-[Offset Path] 메뉴를 선택해 'Offset' 항목에 '-0.5mm'를 입력합니다.

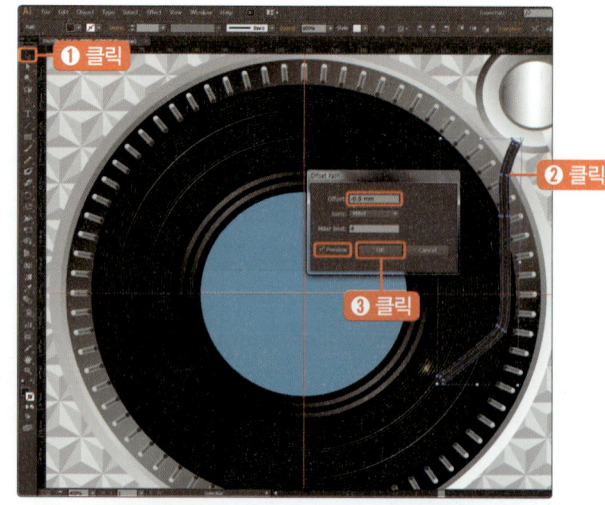

17 크기를 조절한 객체는 흰색으로 채색합니다. [Effect]-[Stylize]-[Feather] 메뉴를 선택합니다. 옵션창 하단의 미리보기를 선택하고 부드럽기(0.8mm)를 조절합니다.

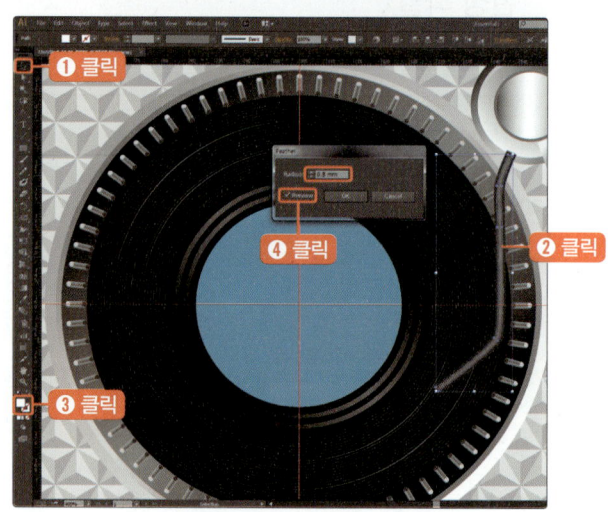

18 사각형 객체를 생성합니다. 그라디언트를 채색합니다.

19 [Tools] 패널에서 자유 변형 툴을 선택하고 위젯에서 'Perspective Distort'를 이용해 모양을 변형합니다.

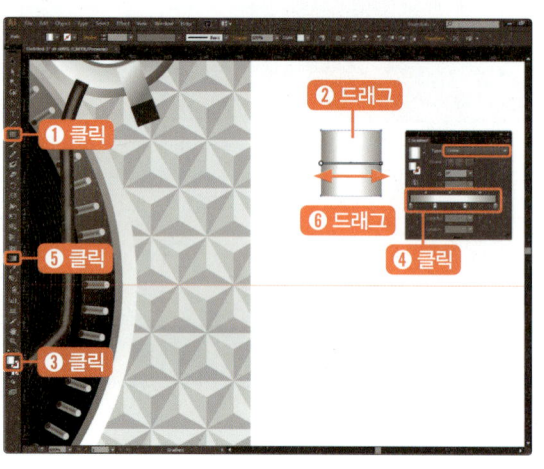
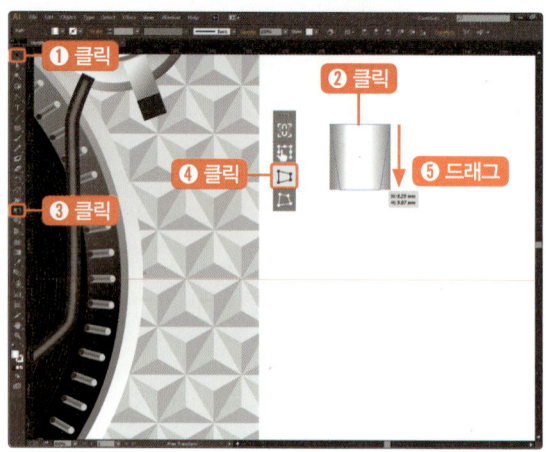

20 펜 툴을 사각형 객체 위쪽의 패스 위에서 Alt 를 누른 채 드래그합니다.

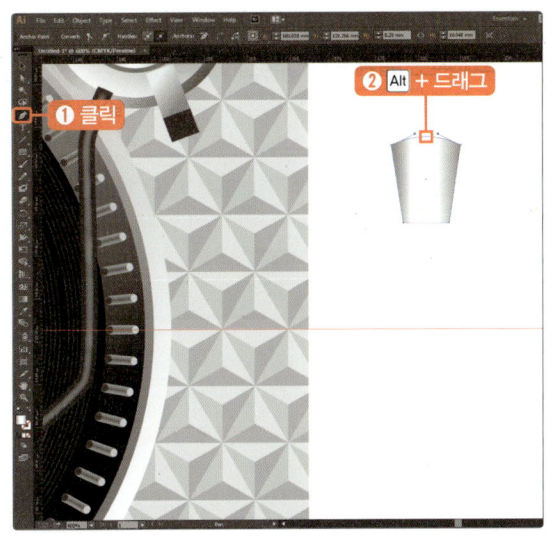

21 사각형 객체 아래쪽에 맞춰 타원형 객체를 생성하고 채색합니다.

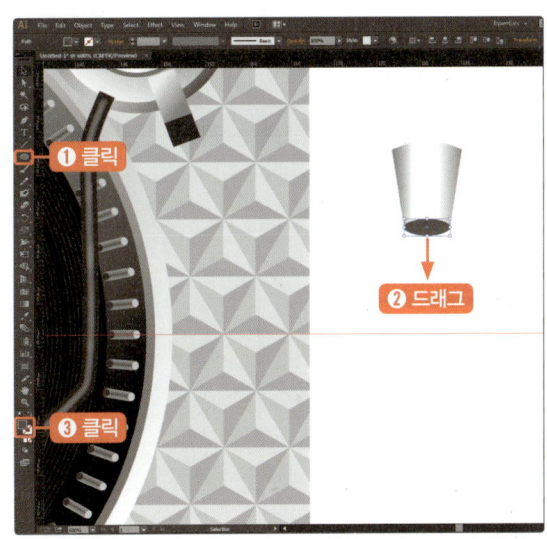

22 사각형 객체를 생성하고 그라디언트를 채색해서 배치합니다.

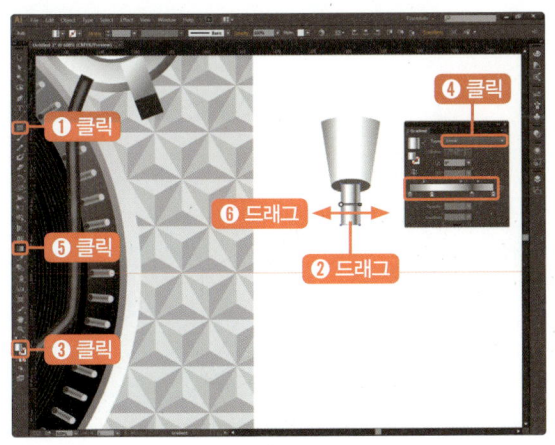
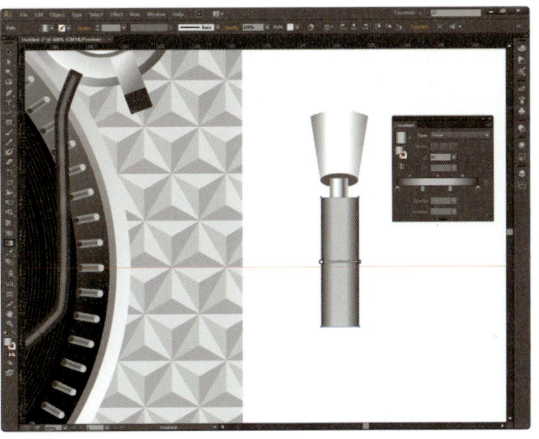

23 사각형 객체 아래쪽에 맞춰 타원형 객체를 생성한 다음 채색합니다. Ctrl+[를 눌러서 사각형 객체 뒤로 배열을 수정합니다.

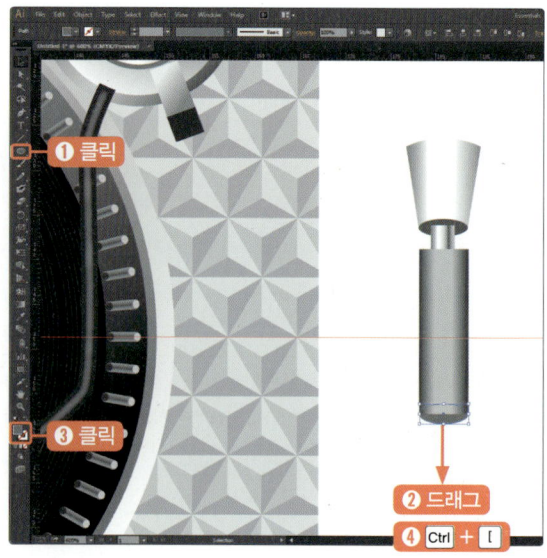

24 사각형 객체를 생성하고 그라디언트를 채색해서 배치합니다.

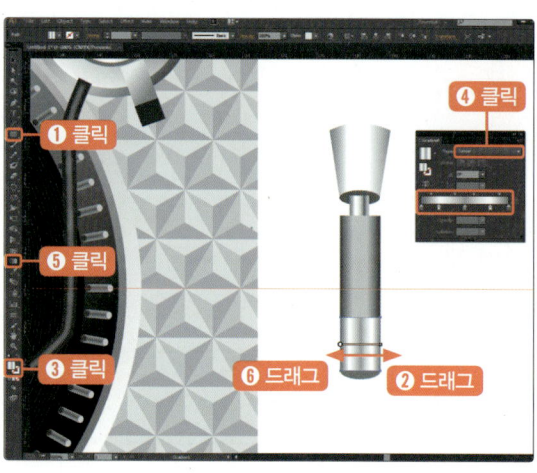
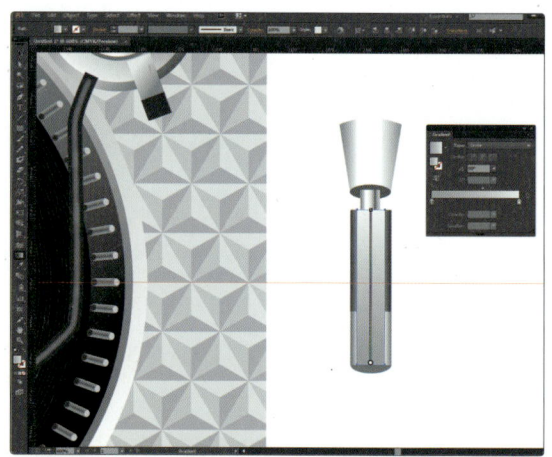

25 사각형 객체들은 다중 선택 후 그룹으로 묶어줍니다. 원형 객체에 맞춰 비스듬히 회전해 배치합니다.

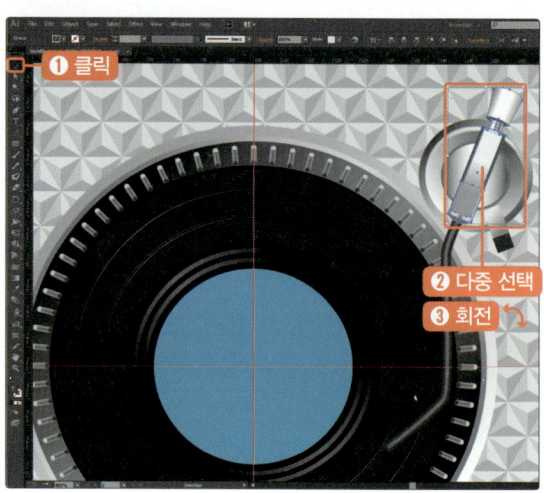

26 같은 방법으로 조절 장치 아래쪽의 객체를 제작합니다.

27 조절 장치 관련 객체들은 다중 선택한 후 그룹으로 묶어줍니다.

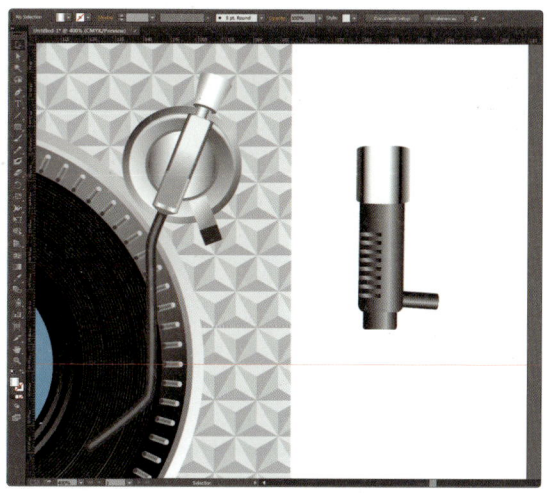

28 턴테이블의 볼륨 장치를 제작하겠습니다. 둥근 사각형 객체를 생성하고 [Tools] 패널의 'Stroke'를 클릭한 다음 선 색상을 '흰색', 선 두께를 '2pt'로 조절합니다. 'Fill'을 클릭해 채색합니다.

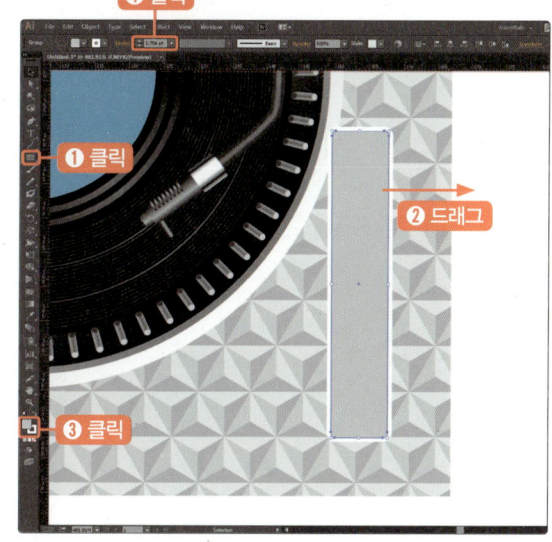

29 둥근 사각형 내부에 음영을 삽입하기 위해 [Effect]-[Stylize]-[Inner Glow] 메뉴를 선택합니다. 옵션창 하단의 미리보기를 선택해 음영 색상과 합성 모드를 조절합니다. (Mode:Multiply, Opacity: 50%, Blur:1.28mm)

30 검정과 흰색의 가로, 세로 선을 생성합니다.

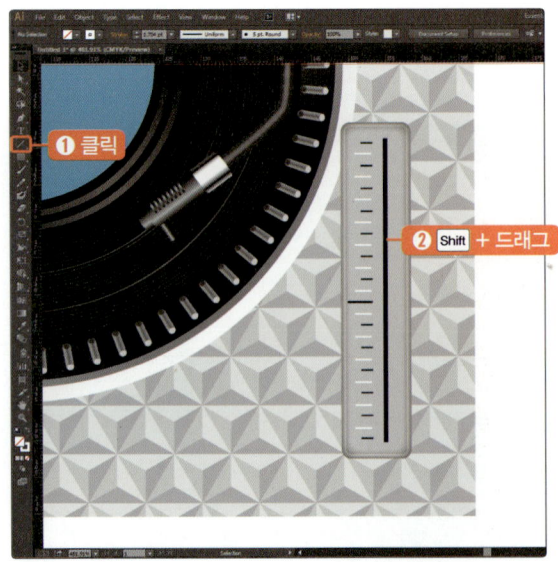

31 사각형 객체를 생성하고 그라디언트를 채색해 배치합니다.

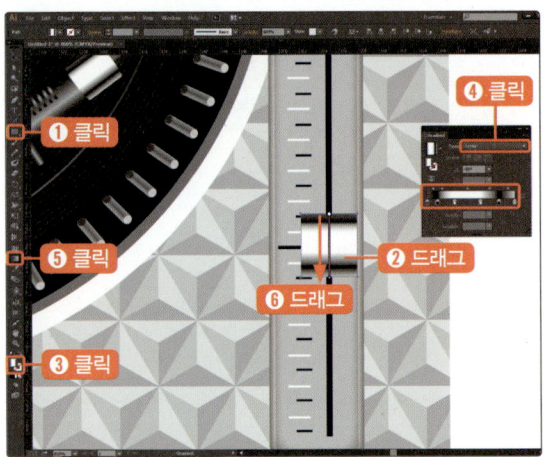

32 사각형 객체 왼쪽에 맞춰 둥근 사각형 객체를 생성하고 채색합니다. Ctrl+[를 눌러 사각형 객체 뒤로 배열을 수정합니다.

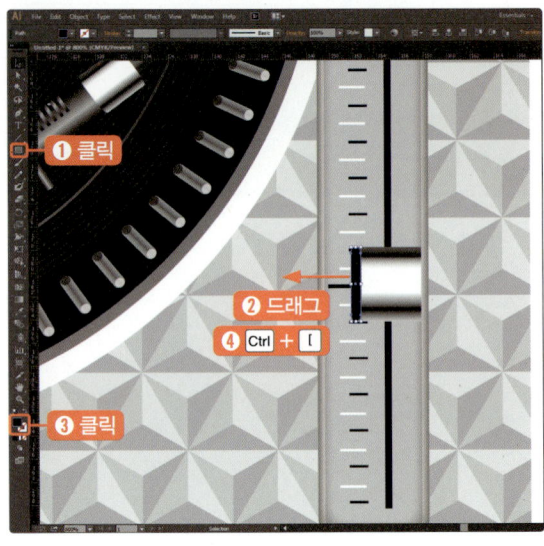

33 둥근 사각형 객체를 선택하고 Alt+Shift를 누른 상태에서 오른쪽으로 드래그해 복제합니다.

34 사각형 객체를 생성한 다음 '검정'으로 채색합니다. [Transparency] 패널에서 투명도(80%)를 조절합니다.

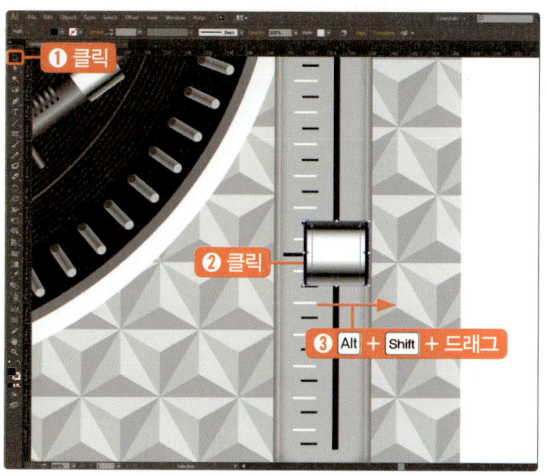
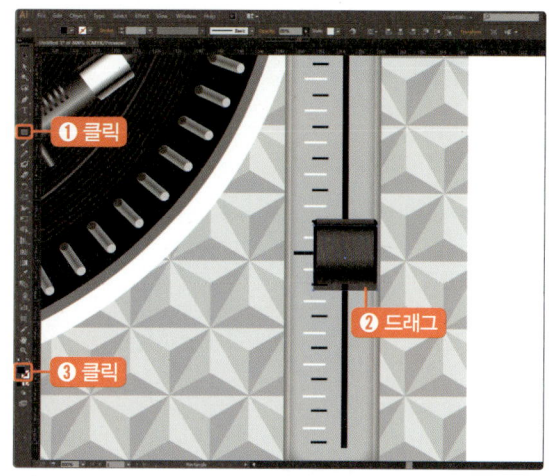

35 투명도를 조절한 사각형 객체에서 Ctrl+[를 눌러 그라디언트가 적용된 사각형 객체 뒤로 배열을 수정합니다.

36 턴테이블의 버튼을 제작합니다. 원형 객체를 생성하고 그라디언트를 채색해 배치합니다.

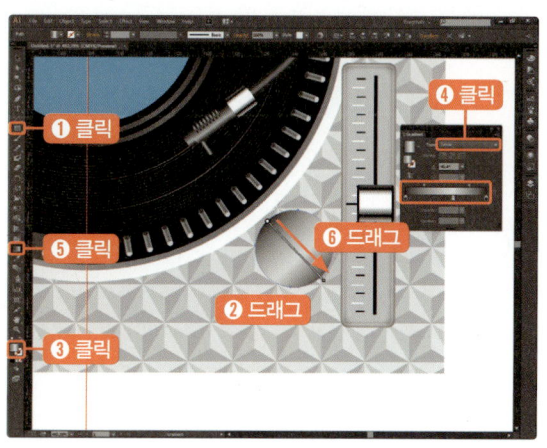

37 원형 객체를 선택하고 Ctrl+C, Ctrl+F를 눌러 복제합니다. 크기를 작게 조절한 다음 그라디언트를 채색합니다.

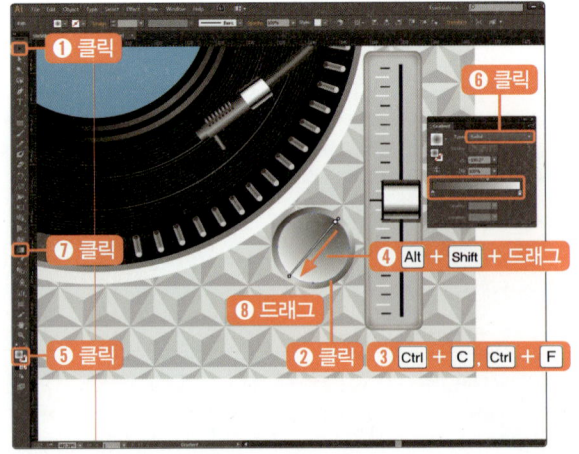

38 원형 객체를 선택하고 Ctrl+C, Ctrl+F를 눌러 복제해 크기를 작게 조절합니다. [Tools] 패널의 'Stroke'를 클릭해 선 색상을 '회색'으로 지정한 다음 'Fill'을 클릭해 그라디언트를 채색합니다.

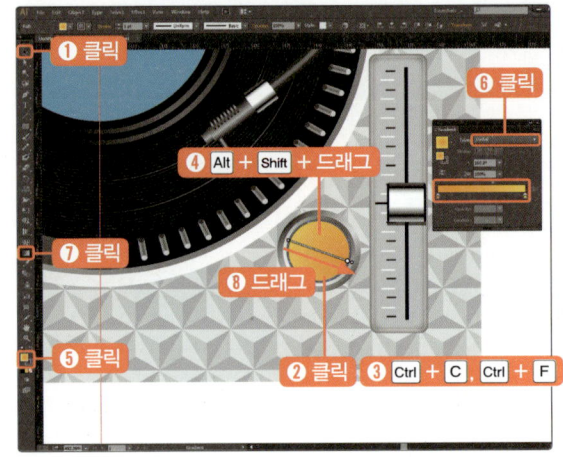

39 원형 객체 왼쪽 위쪽에 하이라이트를 배치하겠습니다. 흰색의 원형 객체를 생성한 다음 [Effect]-[Stylize]-[Feather] 메뉴를 선택합니다. 옵션창 하단의 미리보기를 선택하고 부드럽기(1.5mm)를 조절합니다.

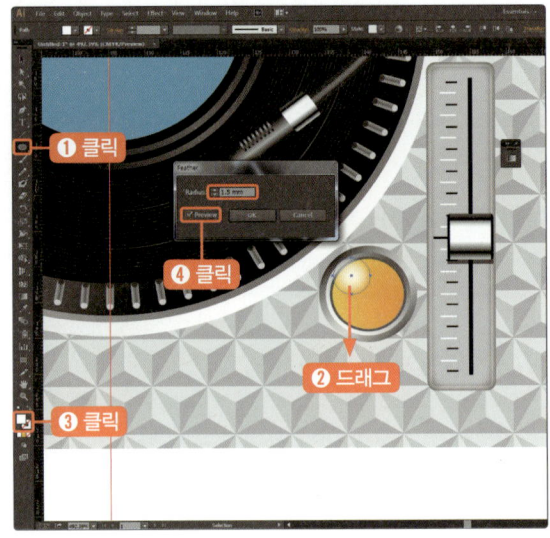

40 원형 객체를 생성하고 그라디언트를 채색해 배치합니다.

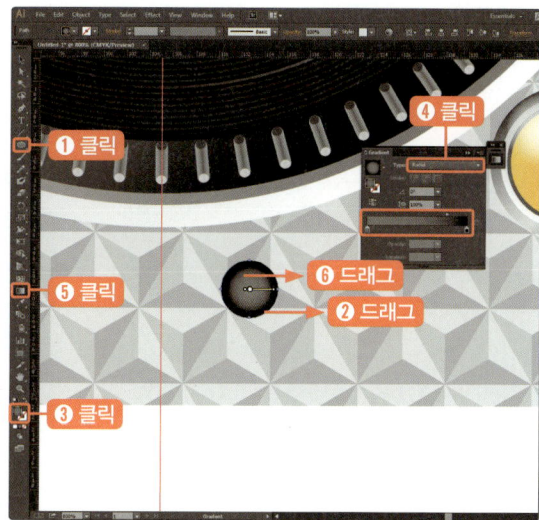

Tip ❷ 드래그는 객체 생성, ❻ 드래그는 그라디언트 채색

41 원형 객체를 선택하고 Ctrl+C, Ctrl+F를 눌러 복제합니다. [Tools] 패널의 'Fill'은 'None'으로 지정한 다음 'Stroke'를 클릭해 선 색상을 '회색', 선 두께를 '0.75pt'로 조절합니다.

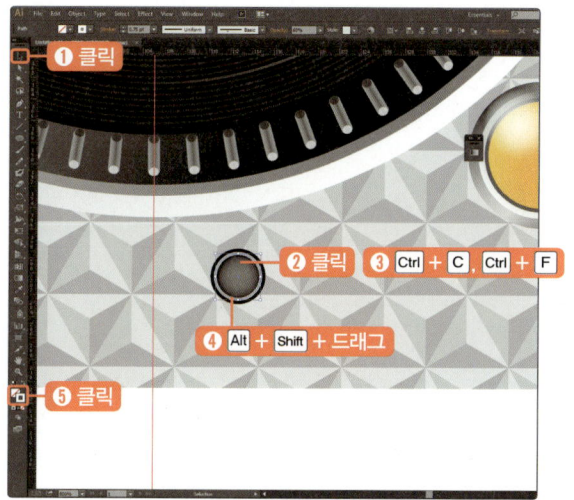

42 원형 객체를 다중 선택하고 Alt+Shift를 누른 상태에서 드래그해 복제합니다. Ctrl+D를 눌러 오른쪽으로 복제되는 명령을 반복 실행합니다.

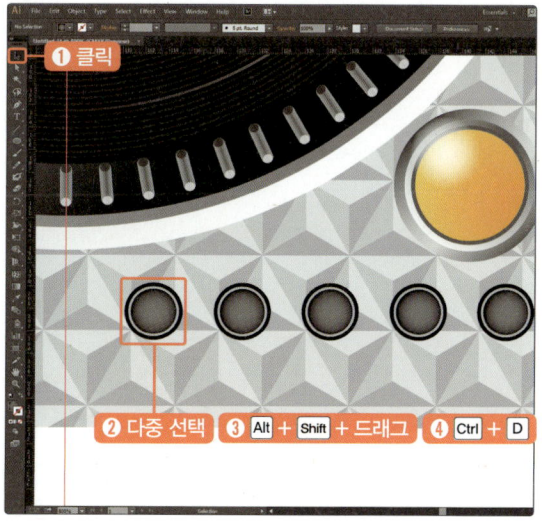

43 같은 방법으로 턴테이블 왼쪽의 플레이 버튼을 제작합니다.

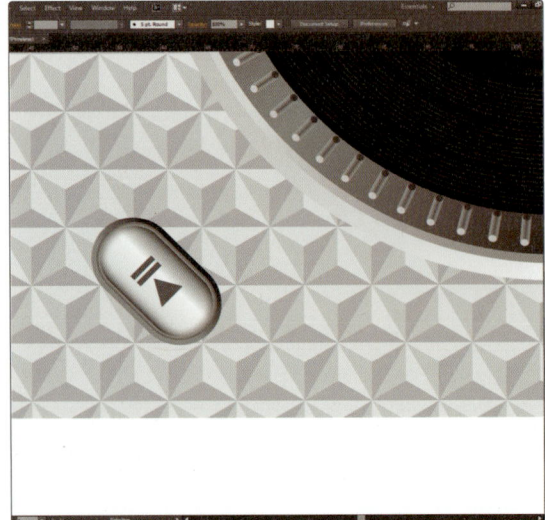

Tip 도서 데이터 파일의 '객체 소스.ai'에서 관련 객체들을 확인할 수 있습니다.

44 작업창 중앙에 타이틀을 배치하겠습니다. 턴테이블의 플래터를 따라 문자가 입력되도록 원형 객체를 생성합니다.

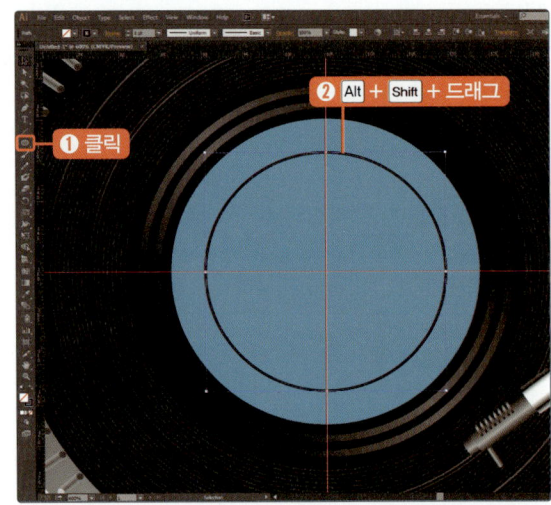

45 [Tools] 패널의 패스 상의 문자 도구 툴을 선택하고 원형 객체를 따라 문자를 입력합니다. 선택 툴로 패스에 입력된 문자를 선택하고 패스 문자의 핸들을 드래그해서 위치를 조절합니다.

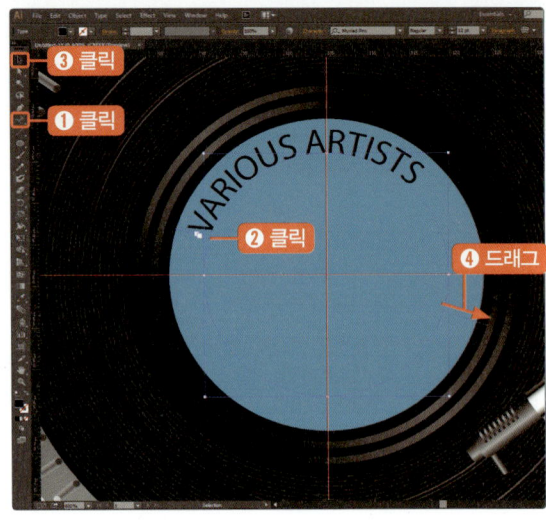

46 턴테이블의 중앙에 'CLUB MIX CELEBRITY'를 입력한 다음 문자 크기, 줄 간격(행간) 등을 조절합니다.

47 [View]-[Guide]-[Clear Guide] 메뉴를 선택해 작업창의 안내선을 지웁니다.

포토샵을 이용한 Lighting Effect

일러스트레이터에서 작업한 CD Cover를 포토샵으로 가져와서 색상을 보정하고 화려한 조명으로 밝게 빛날 수 있도록 빛을 합성하겠습니다.

01 패턴이 적용된 배경 객체를 선택하고 Ctrl+C를 눌러 복제합니다. [File]-[New] 메뉴를 선택해 새로운 작업창을 열고 Ctrl+Shift+V를 눌러 복제한 객체를 배치합니다. [File]-[Save As] 메뉴를 선택해 확장자를 'eps'로 지정해 저장합니다.

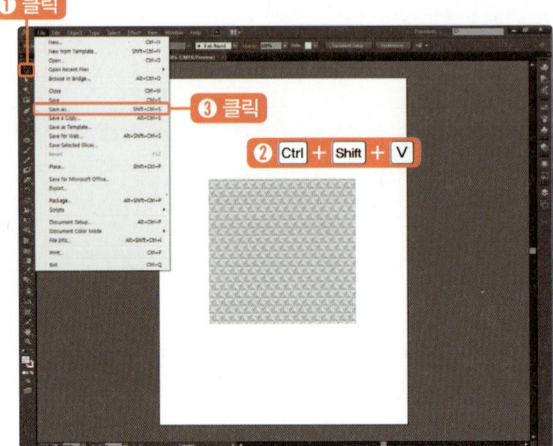

Tip Ctrl+Shift+V 는 복제한 객체를 새로운 작업창의 같은 자리에 붙여넣을 수 있습니다.

02 배경을 제외한 나머지 객체들을 다중 선택해 복제한 후 새로운 작업창에 배치합니다. 확장자를 'eps'로 지정하여 파일을 저장합니다.

Tip CD Cover의 배경과 플래터 및 조절 장치를 포토샵에서 레이어로 분리하여 보정하기 위해서 파일을 별도로 선택한 후 정리하였습니다.

03 포토샵 프로그램을 실행해 [File]-[Open] 메뉴를 선택하고 'eps'로 저장한 배경 파일을 불러옵니다. 불러 올 때 해상도 및 색상 모드 옵션을 수정합니다.

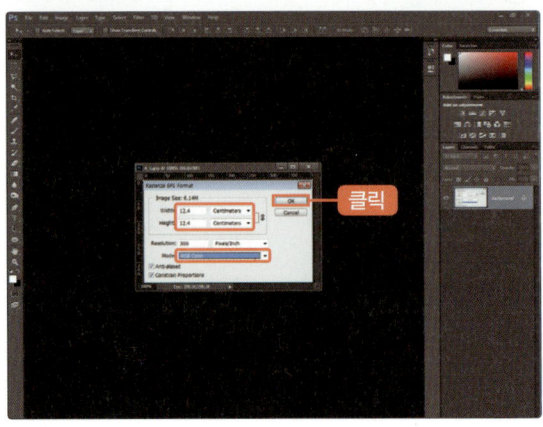

04 [View]-[Ruler] 메뉴를 선택하고 작업창에 자를 꺼내고 작업창 중앙에 안내선을 내립니다. 배경에 그라디언트를 채색하기 위해 [Tools] 패널의 사각형 선택 툴로 선택 영역을 지정합니다.

05 [Tools] 패널의 그라디언트 툴을 선택하고 위쪽 옵션 바에서 그라디언트 색상을 조절합니다.

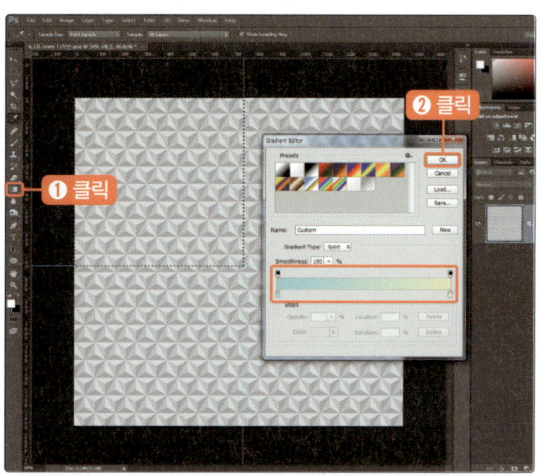

06 그라디언트를 채색하기 위해 [Layer] 패널에서 레이어를 생성합니다. 그라디언트 툴로 비스듬히 드래그해서 채색합니다. 채색한 다음 Ctrl+D를 눌러 선택 영역을 해지합니다.

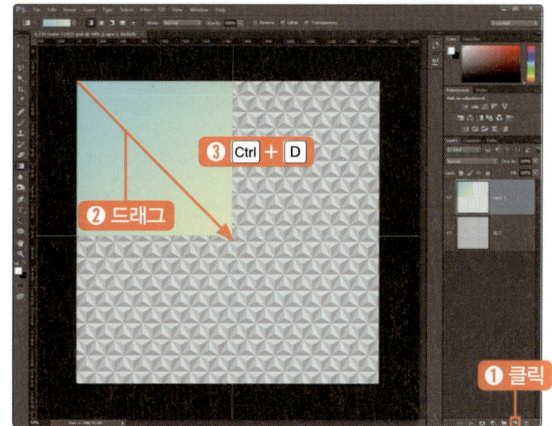

Tip Ctrl+D 는 포토샵에서 선택 영역을 해지하는 단축키입니다.

07 [Tools] 패널에서 선택 툴을 선택하고 Alt+Shift 를 누른 상태에서 오른쪽으로 드래그해 복제합니다.

08 복제한 이미지 레이어는 Ctrl+T를 누른 다음 마우스 오른쪽 단추를 클릭합니다. 'Flip Horizontal'을 선택해 좌우 대칭으로 반전합니다.

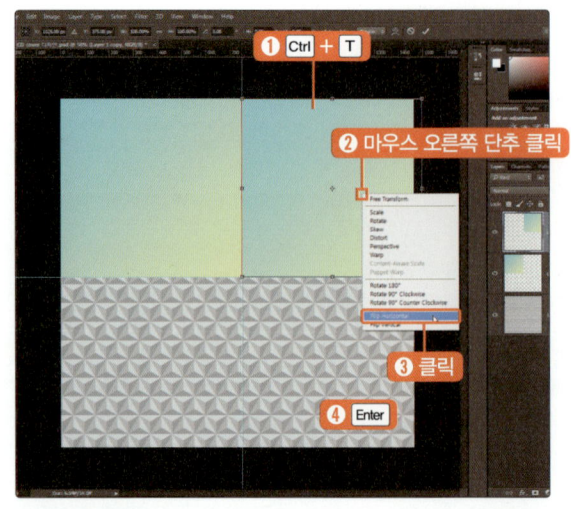

09 [Layer] 패널에서 Shift를 누른 상태에서 그라디언트로 채색한 레이어를 다중 선택합니다. 이동 툴을 선택한 다음 Alt+Shift를 누른 상태에서 아래쪽으로 드래그해 복제합니다.

10 복제한 이미지 레이어에서 Ctrl+T를 누른 다음 마우스 오른쪽 단추를 클릭합니다. 'Flip Vertical'을 선택하여 상하 대칭으로 반전합니다.

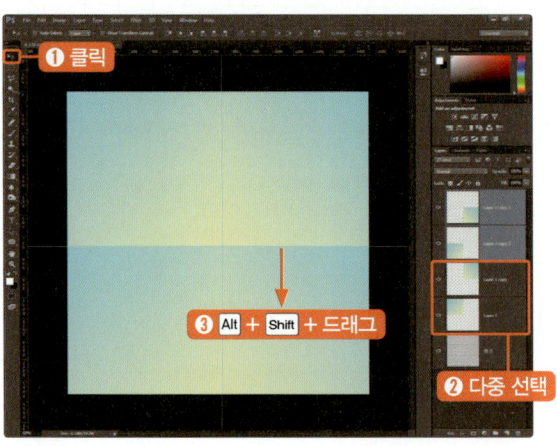

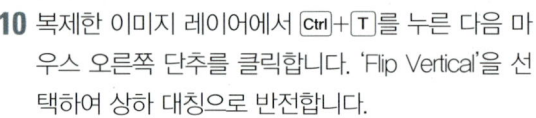

11 [Layer] 패널에서 Shift를 누른 상태에서 그라디언트로 채색한 레이어를 다중 선택합니다. Ctrl+G를 눌러 그룹으로 묶습니다. 그룹 레이어는 배경과 자연스럽게 합성되도록 [Layer] 패널의 합성 모드를 'Color Burn'으로 지정합니다.

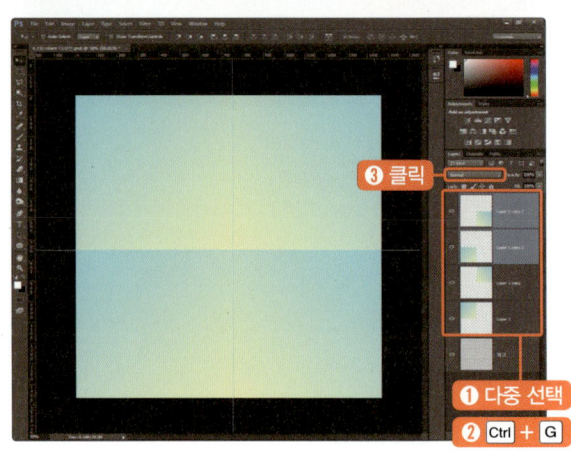

Tip 'Color Burn'은 이미지를 어둡게 혼합하여 표현할 때 사용합니다.

12 같은 방법으로 [File]-[Open] 메뉴를 선택하고 'eps'로 저장한 플래터 파일을 불러옵니다. 이동 툴로 드래그해 배경 이미지에 배치합니다.

13 턴테이블에 음영을 합성하기 위해서 [Layer] 패널에서 레이어를 생성합니다. [Tools] 패널에서 브러시 툴을 선택하고 위쪽 옵션 바에서 브러시 가장자리가 부드러운 'hardness=0'의 브러시를 선택합니다. [Tools] 패널의 전경색을 검은색으로 지정하고 턴테이블에 맞춰서 채색합니다.

Tip 음영의 강도는 브러시 툴의 상단 옵션 바에서 투명도와 크기를 조절하여 채색할 수 있습니다.

14 턴테이블과 채색한 부분을 자연스럽게 합성하기 위해서 [Layer] 패널의 합성 모드를 'Overlay'로 지정한 다음 투명도(85%)를 지정합니다.

15 턴테이블에 하이라이트를 합성하기 위해서 [Layer] 패널에서 레이어를 생성합니다. [Tools] 패널의 전경색을 '흰색'으로 지정하고 턴테이블에 맞춰서 브러시 툴로 채색합니다.

16 하이라이트가 자연스럽게 합성되도록 [Layer] 패널의 합성 모드를 'Overlay'로 지정합니다.

17 플래터에 그림자를 적용하겠습니다. 플래터 레이어를 선택하고 [Layer] 패널 하단의 레이어 스타일 아이콘을 클릭합니다. (Normal, Opacity:100%)

18 레이어 스타일의 'Outer Glow' 항목을 선택하고 그림자의 색상 및 합성 모드를 조절합니다. (Multiply-Opacity:30%, Softer-Size:20px)

19 [File]-[Save As] 메뉴를 선택하고 'CD Cover.ai' 파일로 저장합니다.

20 일러스트레이터에서 [File]-[Open] 메뉴를 선택하고 앞에서 작업한 'CD Cover.ai' 파일을 엽니다. 배경에 맞춰 안내선을 내립니다.

21 턴테이블 관련 객체들을 다중 선택하고 Delete 를 눌러 지웁니다. [File]-[Place] 메뉴를 선택하고 이미지를 불러온 다음 안내선에 맞춰 배치합니다.

22 Ctrl + Y 를 눌러 'Outline' 모드로 변경하고 참고 안내선에 맞춰 재단선을 생성합니다.

Tip 앞에서 배치한 CD Cover의 실제 크기로 제작한 사각형 객체에 맞춰서 재단선을 생성합니다.

23 재단선으로 생성한 객체를 선택합니다. 나머지 모퉁이에 반전시켜 복제한 후 배치합니다.

Watercolor Artworks

수채화 아트워크는 실제 붓으로 농도를 조절하며 그리거나 그래픽으로 표현 시 스케치한 그림에 다양한 소스를 합성하여 표현할 수 있습니다. 그래픽의 스케치 작업은 일러스트레이트에서 이미지의 구도에 따른 객체를 그리고 그래픽 소스가 합성될 공간을 만들어서 물감이 번지는 효과를 포토샵의 브러시로 자연스럽게 합성해야 합니다. 이번 단계에서는 인물의 눈, 코, 입 구도에 맞추어서 객체를 생성하고 물감이 번지는 효과가 합성될 공간을 브러시로 제작하여 다양한 소스로 물감이 번지는 효과를 합성하겠습니다.

실무자's Interview

▶ 두부(익명) / 디자인 프리랜서

인물 드로잉은 뎃생과 인체 지식과 연관이 있습니다. 얼굴이라면 눈, 코, 입의 구도를 잡고, 신체라면 전체적인 관절 구도가 기초되어야 어색하지 않은 캐릭터 작업물이 되요. 저의 경우 예제와 같은 다수의 오브젝트가 들어간 작업물이라면 베이스가 될 얼굴 부분은 레이어를 별개로 나누어 작업해야 보다 컨트롤이 용이해요. 신체의 경우 제일 하위 레이어에 선으로 베이스가 될 막대형 인체(관절과 머리) 구도를 잡고 그 위 레이어를 생성하여 살을 입히고, 또 위의 레이어에는 데코레이션이 될 오브젝트 등으로 작업하면 구도와 디자인 작업하는데 보다 수월하답니다.

▶ 다담(익명) / 디자이너, 기획자

페인트 아트워크는 전문적인 회화기법이나 능력이 없어도 아이디어만을 가지고 훌륭한 예술적 효과를 추구하거나 새로운 장르를 표현할 수 있어요. 페인트 아트워크에는 여러 가지 기법이 있지만 이 중에서 수채화기법은 가장 어려운 회화기법 중의 하나예요. 그래서 이 기법을 잘 이용한다면 공기나 빛, 수채화 그림을 사실적인 그림으로 표현할 수 있습니다. 수채화 기법을 이용한 것에는 광고와 동화의 일러스트, 엽서 등 다양한 곳에 활용되요. 수채화기법에도 물을 이용한 기법, 알라프리마 기법, 겹쳐 칠하기 기법, 점묘법, 드라이 브러싱, 담채 기법, 스펀지를 이용한기법 등 다양한 기법이 있으니 표현하려는 대상과 사용 목적 등을 고려해서 적당한기법을 선택하고 표현하는 것이 중요해요.

Chapter 07

STEP 01 아트 브러시를 이용한 인물의 윤곽선 제작
STEP 02 다양한 객체를 이용한 머리카락 형상화
STEP 03 포토샵을 이용한 물감이 번지는 듯한 합성

Watercolor Artworks

이미지를 벡터 기반의 객체로 제작하기 위해서는 이미지의 윤곽선을 따라 패스를 생성해야 합니다. 일러스트레이터에서 제공하는 브러시는 불규칙한 선 두께를 표현하거나 패스를 따라서 객체를 적용해서 패스의 모양을 다양하게 수정할 수 있습니다. 이때 패스에 브러시를 적용하면 이미지의 윤곽선 및 굴곡을 효율적으로 표현할 수 있습니다. 이번 단계에서는 이미지를 따라 생성한 패스에 물감이 번지는 질감의 브러시를 적용하고 보정하는 방법에 대해 알아보겠습니다.

제작 요청서

	분류	내용	비고
1	디자인 컨셉	벡터 드로잉 기법을 활용한 수채화 질감을 합성한 디자인	
2	디자인 색상	• 메인 색상 – 퍼플(우아함을 나타내는 퍼플 계열로 레드를 가미해서 여성적이고 화려함을 표현) • 보조 색상 – 옐로우(봄에 피어나는 꽃의 색상으로 퍼플과 대비되는 고채도 고명도의 옐로우 계열) • 강조 색상 – 레드(생동감 넘치는 고채도 고명도의 레드 계열)	다양한 형태의 객체로 제작하고 어울리는 색상으로 조합해서 채색할 수 있음
3	디자인 사용 계획	포스터 및 카드, 템플릿 등의 표지에 사용할 이미지 소스	
4	문구 및 기획안	디자인 완성 이후 확정 예정	
5	기타 사항	• 붓으로 그린 듯한 물감이 번지는 질감 합성 • 다채로운 색상의 조합으로 컬러감을 강조	

예제 파일

여인.jpg

나뭇잎.jpg

종이 질감.jpg

물감 번짐.png

객체 소스.ai

물감 브러시.abr

● 완성 파일

아트 브러시를 이용한 인물의 윤곽선 제작

이미지의 윤곽선을 따라 패스를 생성하고 수채화 질감을 살리기 위한 아트 브러시, 흩날림 브러시를 적용하겠습니다.

01 [File]-[New] 메뉴를 선택하고 작업창 크기(210mm ×297mm)를 지정합니다.

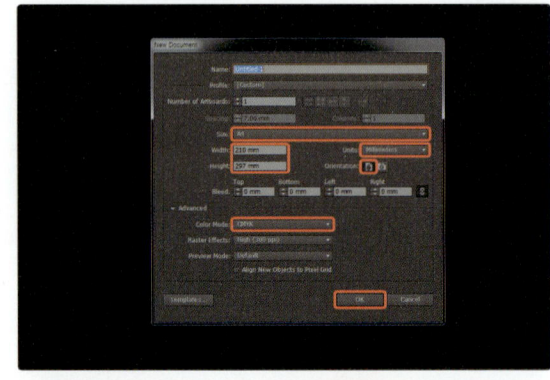

02 [File]-[Place] 메뉴를 선택하고 '여인.jpg' 이미지를 불러옵니다. 상단의 옵션 바에서 'Align to Artboard'를 선택하고 '가로, 세로 중앙 정렬'을 클릭해 작업창 중앙에 배치합니다. 배치한 이미지는 선택 시 움직이지 않도록 Ctrl+2를 눌러 잠금 명령을 적용합니다.

03 얼굴의 윤곽선을 제작하기 위해서 펜 툴을 이용해 패스를 생성합니다.

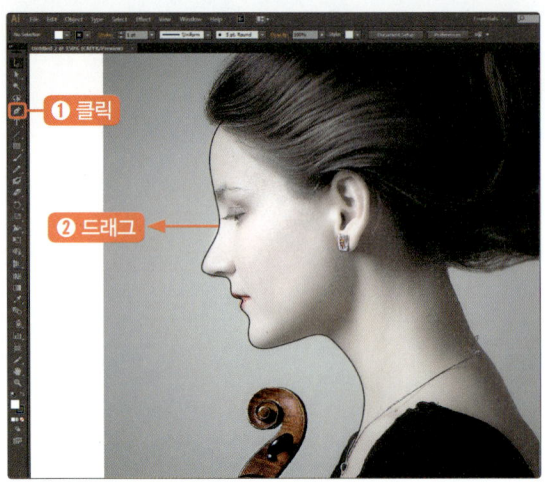

04 펜 툴로 인물의 눈, 입술, 턱선을 생성합니다.

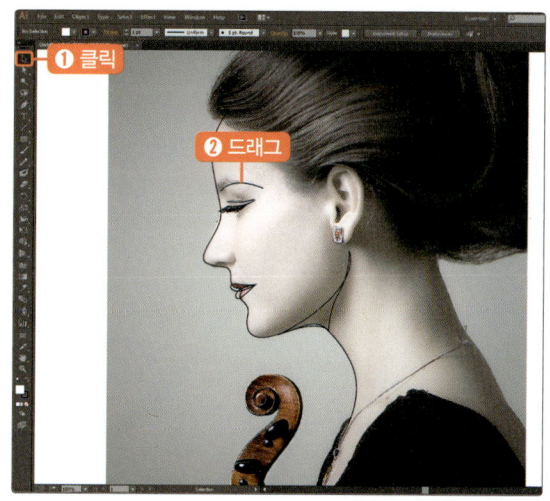

> **Tip** 눈썹과 눈은 선으로, 입술과 턱선, 눈꺼풀은 면으로 연결시켜 패스를 생성합니다. 이때 눈은 쌍커풀, 아이라인, 속눈썹, 눈커풀 객체로 나누어서 작업합니다.

05 윤곽선을 따라서 생성한 패스의 두께 강약을 조절하기 위해 패스를 부분적으로 지워보겠습니다. 선택 툴로 윤곽선 객체를 선택한 다음 이미지의 콧대와 인중 부분에 생성된 패스 위에 펜 툴을 대고 점을 추가합니다.

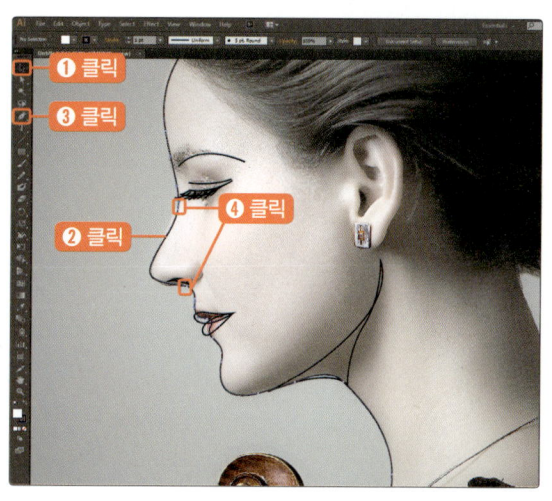

> **Tip** 기준점 없이 패스를 지우면 코와 턱선의 필요한 부분까지 지워질 수 있습니다. 그래서 패스를 선택하고 펜 툴로 점을 추가하였습니다.

06 직접 선택 툴로 콧대와 인중 사이의 패스를 선택한 다음 Delete를 눌러 패스를 지웁니다.

07 인물의 윤곽선과 눈, 입술, 턱선 객체를 선택하고 채색합니다.

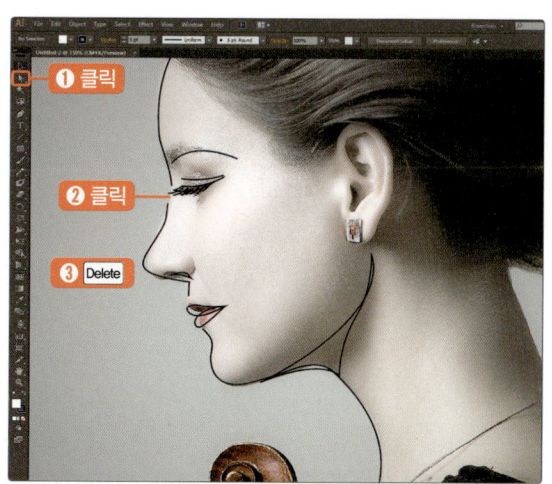

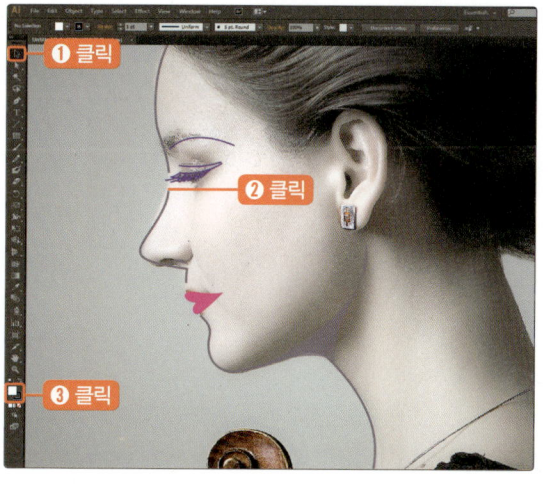

08 붓으로 그린 효과를 위해서 아트 브러시를 적용하겠습니다. 윤곽선 객체를 선택하고 [Brush] 패널 위쪽의 화살표를 클릭해 숨겨진 목록에서 [Open Brush Library]-[Artistic]-[Artistic_ChalkCharcoal Pencil]을 선택합니다.

09 [Artistic_ChalkCharcoalPencil] 패널에서 'Charcoal-Rough'를 클릭합니다.

10 [Brush] 패널 하단의 'Option of Selected Object' 아이콘을 클릭합니다. 옵션창 하단의 미리보기를 선택하고 윤곽선 객체에 적용된 아트 브러시의 옵션(25%)을 수정합니다.

11 눈썹 객체를 선택하고 [Stroke] 패널에서 선 두께를 '5pt'로 지정한 다음 'Profile'에서 선 모양을 변경합니다.

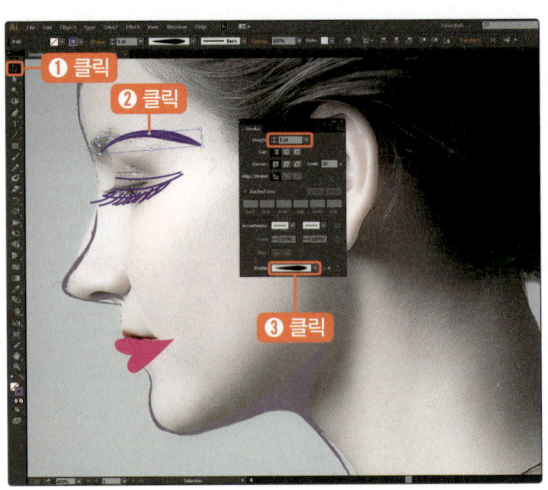

12 패스 오른쪽의 두꺼운 부분이 왼쪽에 적용되도록 'Flip Along'을 클릭합니다.

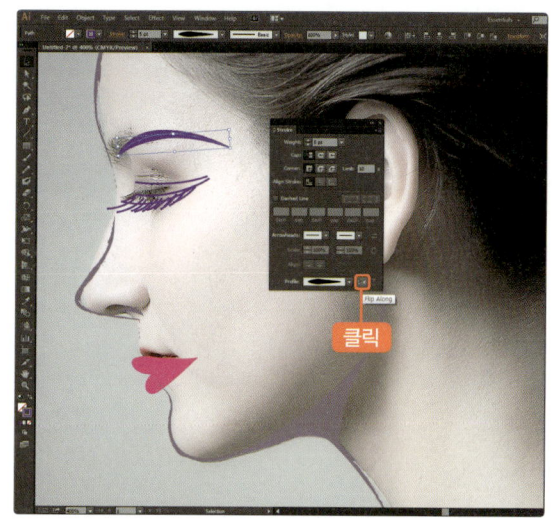

13 쌍커풀 객체를 선택하고 [Stroke] 패널에서 선 두께를 '1.5pt'로, 'Profile'에서 선 모양을 변경합니다.

14 아이라인 객체를 선택하고 [Stroke] 패널에서 선 두께를 '4pt'로 지정한 다음 'Profile'에서 선 모양을 변경합니다. 패스 오른쪽의 두꺼운 부분이 왼쪽에 적용되도록 'Flip Along'을 클릭합니다.

15 속눈썹 객체를 선택하고 [Stroke] 패널에서 선 두께를 '1.5pt'로 지정한 다음 'Profile'에서 선 모양을 변경합니다. 패스 오른쪽의 두꺼운 부분이 왼쪽에 적용되도록 'Flip Along'을 클릭합니다.

16 눈꺼풀 객체를 선택하고 [Tools] 패널의 Stroke는 'None'으로 지정하고 'Fill'을 클릭해 아이라인과 같은 색상으로 채색합니다.

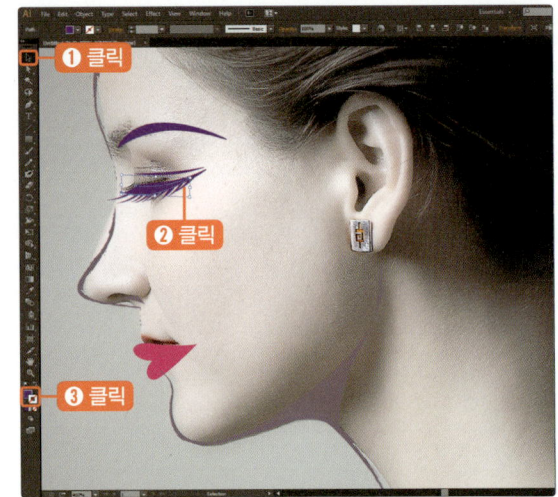

> **Tip** 눈꺼풀 객체를 선택하고 스포이드 툴로 아이라인 객체를 클릭합니다. 그리고 [Tools] 패널의 'Swap Fill & Stroke'을 클릭해 눈꺼풀의 'Fill'과 'Stroke'의 속성을 변경합니다.

17 윤곽선 객체를 다중 선택한 후 그룹으로 묶어줍니다. 눈 관련 객체들도 다중 선택한 후 그룹으로 묶어줍니다. Ctrl+Alt+2를 눌러 이미지의 잠금 명령을 해지하고 여인 이미지를 지웁니다.

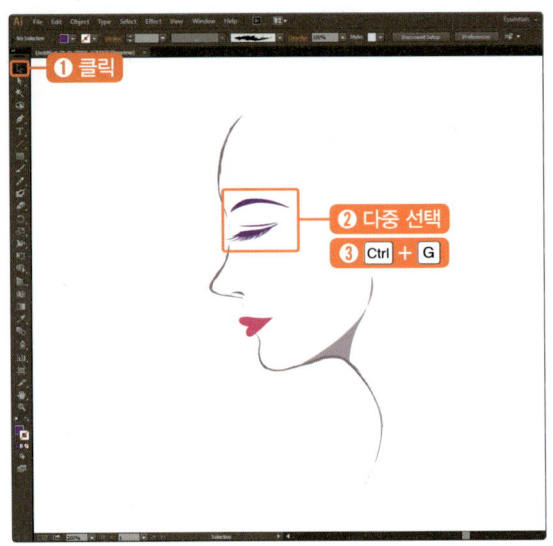

18 물감이 번지는 효과를 위해서 아트 브러시를 적용하겠습니다. 윤곽선 객체를 선택하고 Alt + Shift 를 누른 상태에서 오른쪽으로 드래그해 복제합니다.

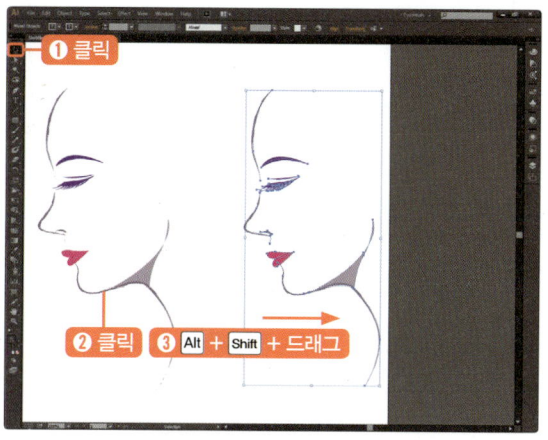

19 윤곽선 객체를 선택하고 [Brush] 패널 위쪽의 화살표를 클릭해 숨겨진 목록에서 [Open Brush Libraly] -[Artistic]-[Artistic_Ink]를 선택합니다.

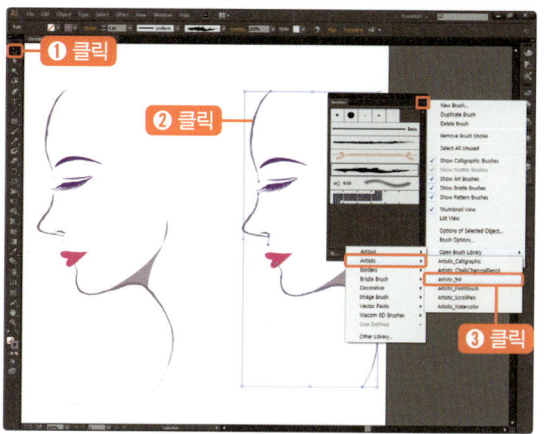

20 [Artistic_Ink] 패널에서 'Ink Drop'을 클릭합니다.

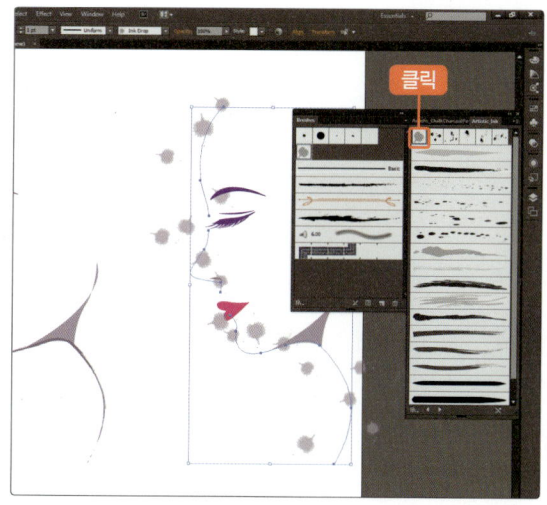

21 [Brush] 패널 하단의 'Option of Selected Object' 아이콘을 클릭합니다. 옵션창 하단의 미리보기를 선택하고 윤곽선 객체에 적용된 아트 브러시의 옵션을 수정합니다.
Size : Random, 1%, 40%
Spacing : Random, 10%, 5%
Scatter : Random, 0%, 0%
Rotation : Random, −180%, 180%

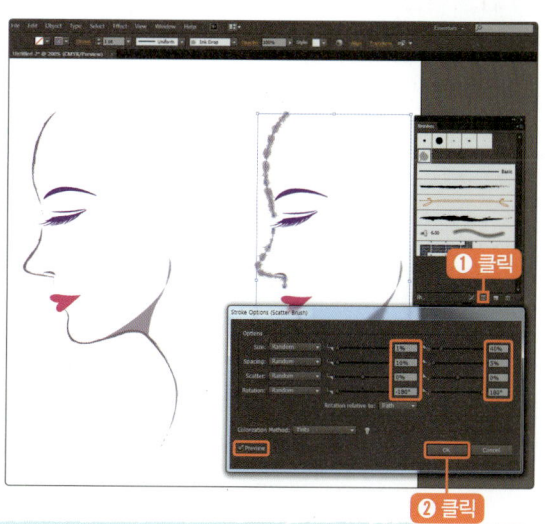

22 같은 방법으로 눈 객체에도 아트 브러시를 적용하고 옵션을 수정합니다.

    Size : Random, 1%, 20%
    Spacing : Random, 5%, 5%
    Scatter : Random, 0%, 0%
    Rotation : Random, 180%, 180%

23 입술 객체의 'Stroke'를 'Fill'과 같은 색상으로 채색합니다.

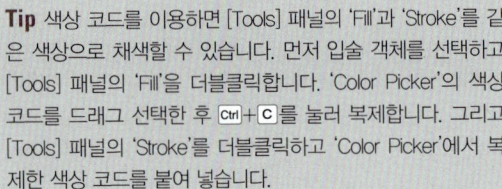

> **Tip** 색상 코드를 이용하면 [Tools] 패널의 'Fill'과 'Stroke'를 같은 색상으로 채색할 수 있습니다. 먼저 입술 객체를 선택하고 [Tools] 패널의 'Fill'을 더블클릭합니다. 'Color Picker'의 색상 코드를 드래그 선택한 후 Ctrl + C 를 눌러 복제합니다. 그리고 [Tools] 패널의 'Stroke'를 더블클릭하고 'Color Picker'에서 복제한 색상 코드를 붙여 넣습니다.

24 입술 객체에 아트 브러시를 적용하고 옵션을 수정합니다.

    Size : Random, 1%, 25%
    Spacing : Random, 10%, 5%
    Scatter : Random, 0%, 0%
    Rotation : Random, −180%, 180%

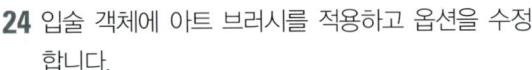

25 턱선도 객체의 'Stroke'를 'Fill'과 같은 색상으로 채색합니다.

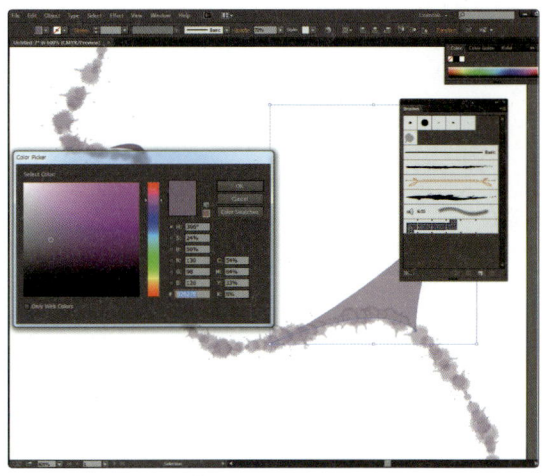

26 턱선 객체에 아트 브러시를 적용하고 옵션을 수정합니다.

Size : Random, 1%, 25%

Spacing : Random, 10%, 5%

Scatter : Random, 0%, 0%

Rotation : Random, −180%, 180%

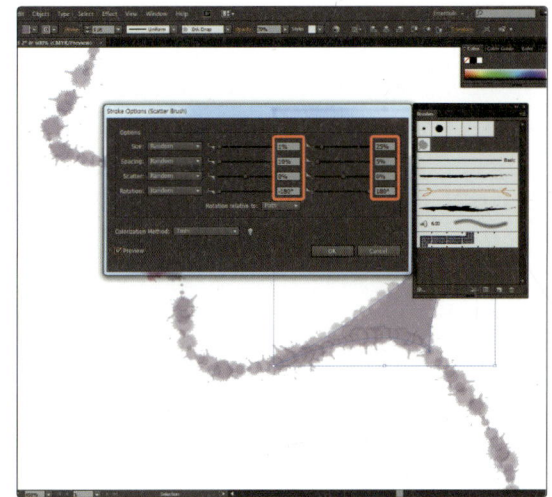

27 여인의 얼굴 객체들은 다중 선택한 후 그룹으로 묶어줍니다.

다양한 객체를 이용한 머리카락 형상화

나뭇잎 이미지를 따라서 펜 툴로 객체를 생성하고 아지랑이 객체 등을 이용해서 인물의 머리카락을 형상화하겠습니다.

01 [File]-[Place] 메뉴를 선택해 '나뭇잎.jpg' 이미지를 불러옵니다. 이미지는 선택 시 움직이지 않도록 Ctrl + 2 를 눌러 잠금 명령을 적용합니다. 머리에 배치할 객체를 제작하기 위해서 펜 툴을 이용해서 나뭇잎을 따라서 패스를 생성합니다.

02 Ctrl + Alt + 2 를 눌러 이미지의 잠금 명령을 해지하고 나뭇잎 이미지를 지웁니다. 첫 번째 나뭇잎 객체를 적당한 크기로 조절해서 인물에 배치합니다. [Tools] 패널의 'Stroke'는 'None'으로 지정하고 'Fill'을 클릭해 그라디언트를 채색합니다.

03 나뭇잎 객체를 다양한 방향으로 크기를 조절해서 배치하겠습니다. 객체를 선택하고 [Object]-[Transform]-[Transform Each] 메뉴를 선택합니다. 옵션을 조절하고 [Copy] 버튼을 클릭합니다.
Scale-Horizontal:85%, vertical:85%
Move-Horizontal:-5mm, vertical:-8mm,
Rotate-Angle:-30°

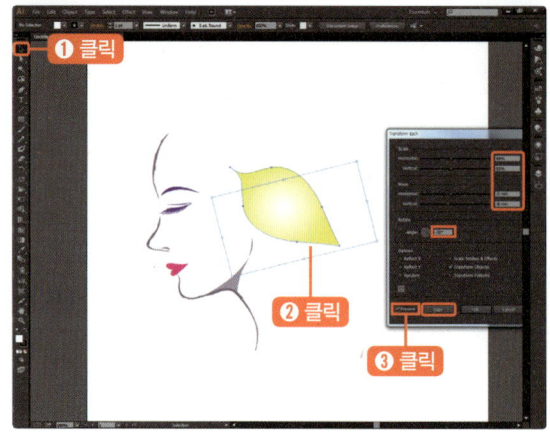

Tip [Transform Each]는 크기, 이동 거리, 회전 각도를 함께 적용하여 객체를 변형할 수 있습니다.

04 Ctrl+D를 눌러 크기, 이동, 회전하며 복제하는 명령을 반복 실행합니다. 복제한 객체들을 다중 선택한 후 그룹으로 묶어줍니다.

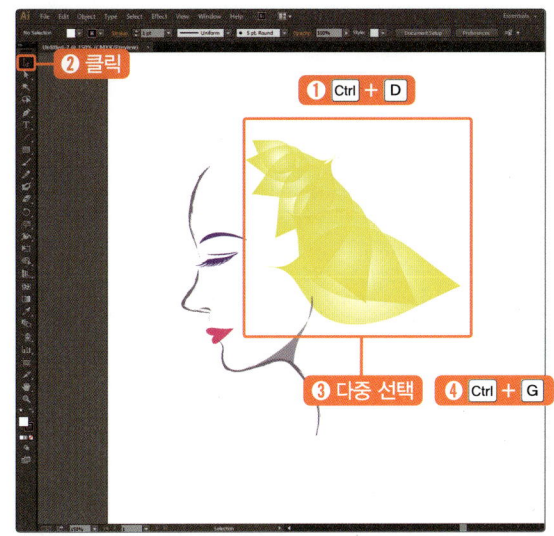

05 두 번째 나뭇잎 객체를 적당한 크기로 조절해 인물에 배치한 다음 그라디언트를 채색합니다.

06 나뭇잎 객체를 선택하고 Alt를 누른 상태에서 드래그해 복제합니다. 크기를 조절한 다음 회전해 여러 개 배치합니다.

07 네 번째 나뭇잎 객체를 적당한 크기로 조절해 인물에 배치한 다음 그라디언트를 채색합니다.

08 나뭇잎 객체를 선택합니다. Alt 를 누른 상태에서 드래그해 복제한 후 배치합니다.

09 배치된 나뭇잎 객체들을 자연스럽게 합성합니다. [Transparency] 패널에서 'Overlay'를 선택해 밝게 합성합니다.

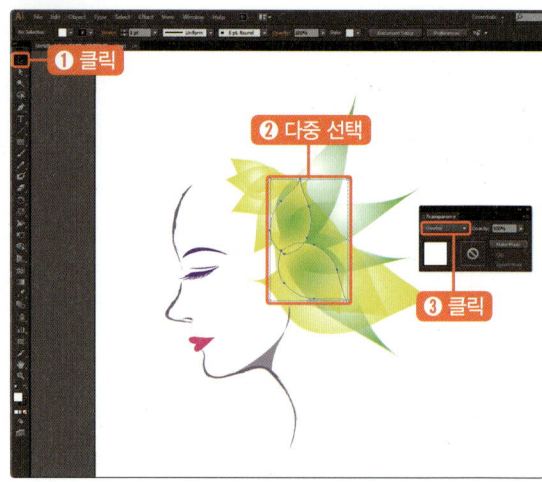

Tip 합성시킨 나뭇잎 객체가 흰색으로 채색되었기 때문에 밝게 합성되었습니다.

10 세 번째 나뭇잎 객체도 배치한 후 그라디언트를 채색합니다. [Transparency] 패널에서 'Multiply'를 선택해 어둡게 합성합니다. 같은 방법으로 나뭇잎 객체들을 다양하게 채색하여 여러 개 배치합니다.

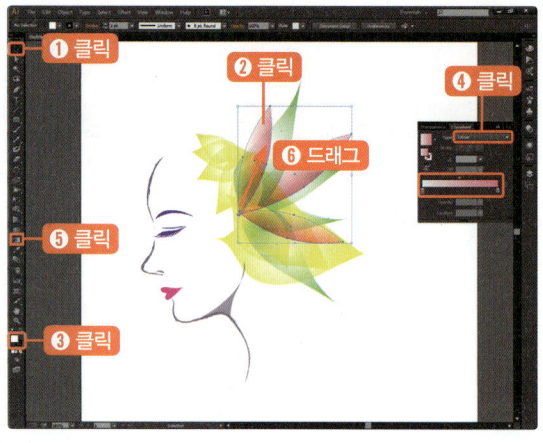 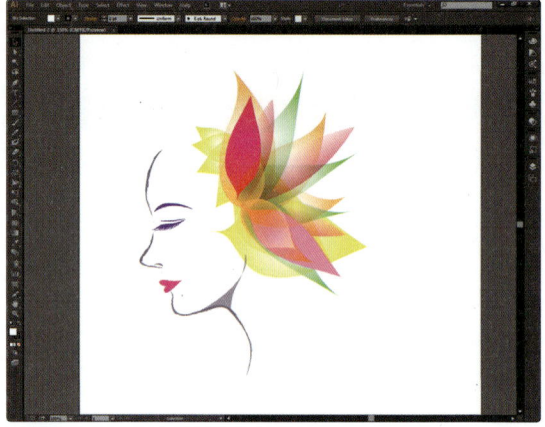

Tip 'Multiply'는 겹쳐진 객체가 어두워 보이도록 합성할 때 사용할 수 있습니다.

11 [File]-[Open] 메뉴를 선택해 '객체 소스.ai' 파일을 불러옵니다. 갈대 객체를 선택하고 Ctrl+C를 눌러 복제합니다. 작업창에 Ctrl+V를 눌러 배치하고 그라디언트를 채색합니다.

12 갈대 객체를 여러 개 복제해 배치한 후 그라디언트를 채색합니다.

13 같은 방법으로 잉크, 아지랑이 객체를 인물에 배치하고 다양한 색상으로 채색합니다. 나뭇잎 관련 객체 뒤에 배치되도록 배열을 수정합니다.

포토샵을 이용한 물감이 번지는 듯한 합성

일러스트레이터의 작업물을 포토샵으로 가져와서 다양한 색상과 물감이 번지는 질감을 합성하여 수채화 느낌을 표현하겠습니다.

01 아트 브러시가 적용된 얼굴 객체를 다중 선택하고 Ctrl+C를 눌러 복제합니다. [File]-[New] 메뉴를 선택해 새로운 작업창을 열고 Ctrl+Shift+V를 눌러 복제한 객체를 배치합니다. [File]-[Save As] 메뉴를 선택하고 확장자를 'eps'로 지정하고 [OK] 버튼을 클릭합니다.

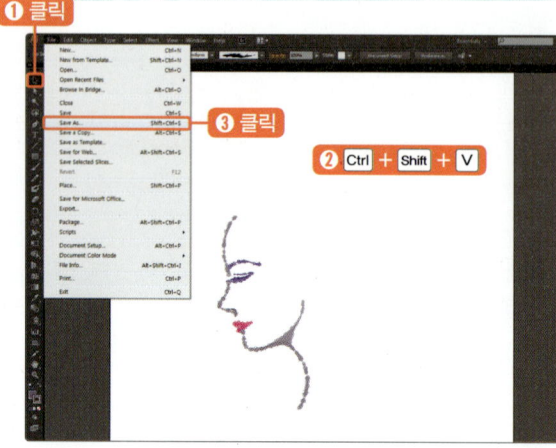

02 머리 객체를 다중 선택해 복제한 후 새로운 작업창에 배치합니다. 확장자를 'eps'로 지정하여 파일로 저장합니다.

03 얼굴 객체들을 다중 선택해 복제한 후 새로운 작업창에 배치합니다. 확장자를 'eps'로 지정하여 파일을 저장합니다.

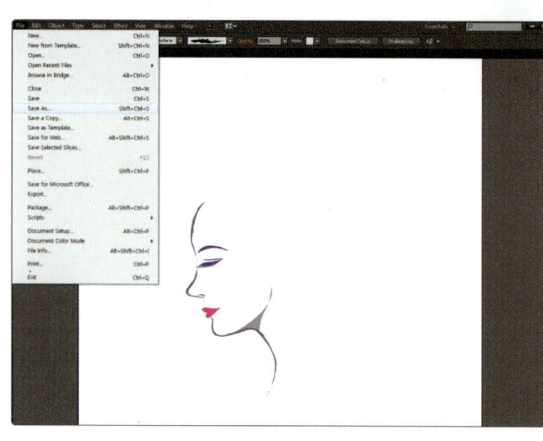

Tip 인물의 얼굴과 머리를 포토샵에서 레이어로 분리하여 질감을 합성하기 위해서 파일을 따로 선택한 후 정리하였습니다.

04 포토샵 프로그램을 실행합니다. [File]-[Open] 메뉴를 선택해 '종이 질감.jpg' 이미지를 불러옵니다.

05 [File]-[Open] 메뉴를 선택해 'eps'로 저장한 얼굴과 머리 파일을 불러옵니다. 이동 툴로 드래그해 종이 질감 이미지에 배치합니다.

06 얼굴 레이어를 제외한 나머지 레이어는 눈 아이콘을 클릭해 감춥니다. 얼굴 레이어의 합성 모드를 'Multiply'로 지정해 배경과 어둡게 합성합니다.

07 얼굴이 좀 더 선명하게 보이기 위해 Ctrl+J를 눌러 레이어를 하나 더 복제합니다.

08 [File]-[Open] 메뉴를 선택해 '물감 브러시.abr' 파일을 불러옵니다. 물감 브러시를 채색하기 위한 레이어를 생성합니다.

09 [Tools] 패널에서 브러시 툴을 선택하고 브러시 목록에서 원하는 형태의 질감 브러시를 선택합니다. 얼굴에 맞춰서 다양한 색상으로 채색합니다.

10 채색한 부분이 얼굴 영역만큼 보일 수 있도록 클리핑 마스크를 적용합니다.

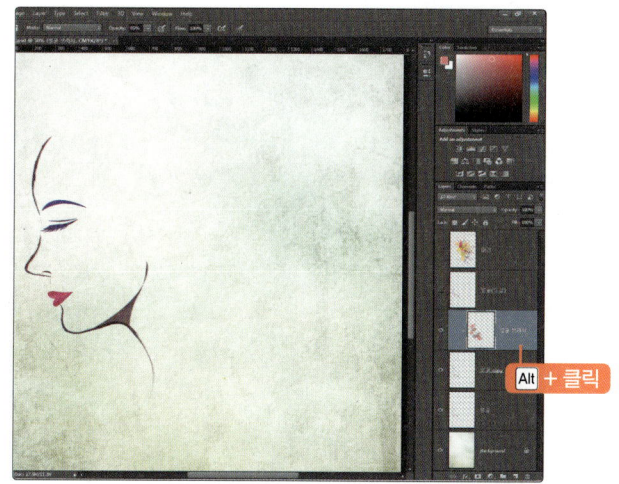

Tip 포토샵의 클리핑 마스크는 상위 레이어가 하위 레이어 영역만큼 보일 수 있도록 합성하는 기능입니다. 적용하는 방법은 상위 레이어를 선택하고 마우스 오른쪽 단추를 클릭해 'Create Clipping Mask'를 선택합니다. 또는 Alt 를 누른 상태에서 상위 레이어와 하위 레이어 사이를 클릭해 적용해도 됩니다.

11 물감이 번지는 효과를 적용한 얼굴 레이어를 선택합니다. 합성 모드를 'Multiply'로 지정하여 배경과 어둡게 합성합니다.

12 수채화 브러시를 채색하기 위한 레이어를 생성합니다. 브러시 목록에서 원하는 형태의 질감 브러시를 선택하고 얼굴에 맞춰서 다양한 색상으로 채색합니다.

13 채색한 부분이 얼굴 영역만큼 보일 수 있도록 클리핑 마스크를 적용합니다.

14 머리 레이어를 선택합니다. 같은 방법으로 새 레이어를 생성한 후 다양한 색상의 브러시로 채색합니다.

15 채색한 부분이 머리 영역만큼 보일 수 있도록 클리핑 마스크를 적용합니다.

16 [File]-[Open] 메뉴를 선택해 '물감 번짐.png' 파일을 불러옵니다. 이동 툴로 드래그해서 인물에 맞춰 배치합니다.

17 배치한 이미지가 머리 영역만큼 보일 수 있도록 클리핑 마스크를 적용합니다. 합성 모드를 'Color Burn'으로 지정하여 배경과 어둡게 합성합니다.
(Color Burn:75%)

Tip 'Color Burn'은 어둡게 합성할 때 사용하는 합성 모드로 'Multiply'보다 좀 더 채도가 강해보일 수 있습니다. 그리고 합성 결과의 강도는 [Layers] 패널의 투명도로 조절할 수 있습니다.

18 좀 더 다양한 색상을 머리에 합성하겠습니다. 새 레이어를 생성한 후 다양한 색상의 브러시로 채색합니다.

19 채색한 부분이 머리 영역만큼 보일 수 있도록 클리핑 마스크를 적용합니다.

20 인물과 채색한 레이어들을 다중 선택한 후 Ctrl+G를 눌러 그룹으로 묶어줍니다.

21 다양한 색상을 배경에 합성하겠습니다. 새 레이어를 생성 후 다양한 색상의 브러시로 채색합니다. 합성 모드를 'Multiply'로 지정하여 배경과 어둡게 합성합니다.

> **Tip** 합성 모드는 이미지의 색상, 명도, 채도에 따라서 달라질 수 있습니다. 이미지의 색상이 전반적으로 밝기 때문에 어둡게 합성했지만, 이미지가 어둡다면 합성 모드를 'Overlay'로 지정해 합성해도 됩니다.

22 같은 방법으로 새 레이어를 생성 후 다양한 색상의 브러시로 채색하고 배경과 자연스럽게 합성합니다.

> **Tip** [Image]-[Adjustment]-[Hue/Saturation] 메뉴를 선택하고 채색한 브러시 색상을 보정해 어울리는 색상 배열로 수정할 수 있습니다.

23 채색한 레이어들을 다중 선택한 후 Ctrl+G를 눌러 그룹으로 묶어줍니다.

Pop Artworks

로이 리히텐슈타인은 뉴욕 출신의 팝 아티스트로 만화를 회화에 도입해 일상과 예술의 경계를 허문 팝 아트의 대표적인 작가입니다. 작품의 특징은 밝은 색채와 단순화된 형태, 뚜렷한 윤곽선, 기계적인 인쇄로 생긴 망점들입니다. 대중적으로 알려진 대표 작품은 1964년에 출품된 행복한 눈물(Happy tears)입니다. 인물을 팝 아트로 작업 시 인물의 구도를 파악하고 특징을 단순화시킨 형태에 어울리는 색상으로 망점을 채색하는 것이 중요합니다. 이번 단계에서는 이러한 팝 아트의 표현 기법을 일러스트레이터로 표현하는 방식에 대해 알아보겠습니다.

실무자's Interview

▶ 홍정원 / 홍보팀

일러스트에서의 인물 작업은 포토샵과 핸드 드로잉과는 전혀 다른 느낌을 줍니다. 일러스트는 쉽게 말하자면 핸드 드로잉 보다는 색종이를 잘라서 붙이는 느낌에 더 가깝다고 보면 되요. 색종이를 많이 쓰게 되면 덕지덕지 더럽게 되지만, 특징만 골라 중요한 면을 붙이다 보면 깔끔하고 강렬한 느낌을 표현할 수 있게됩니다. 일러스트도 이와 같이 무수히 많은 점과 선을 사용한다는 느낌보다는 면을 사용하여 인물의 형태와 명암을 표현하여 미니멀 디자인하는데 특장점이 있어요.

▶ 김종일 / 편집 디자이너, 기획자

클래식과 대중 문화를 결합한 팝 아트는 대표적으로 로이 리히텐슈타인(Roy Lichtenstein)의 '행복한 눈물'이라는 작품으로 표현할 수 있어요. 이는 일러스트에서 펜 툴로 인물이나 사물을 오브젝트로 제작하고 브러시를 이용해서 선 두께 및 흐름을 통해 표현할 수 있답니다. 이렇게 제작된 결과물은 잡지, 아트워크, 인테리어 소품 등 다양하게 활용할 수 있어요.

Chapter 08

STEP 01 브러시와 망점 패턴을 이용한 인물의 팝 아트 표현
STEP 02 팝 아트 기법을 이용한 배경 제작
STEP 03 부수적인 요소를 통한 배경 제작

Pop Artworks

팝 아트는 파퓰러 아트(Popular Art, 대중 예술)를 줄인 말로서, 광고, 산업 디자인, 사진, 영화 등과 같은 대중 매체를 실크스크린이라는 판화 기법을 이용해 찍어서 표현합니다. 우리가 쉽게 접하는 일러스트 팝 아트는 단순한 색상과 무수히 많은 작은 점들로 채워 표현할 수 있습니다. 이번 단계에서는 팝 아트를 표현 원리를 바탕으로 인물 이미지를 단순화시켜 표현하겠습니다.

제작 요청서

	분류	내용	비고
1	디자인 컨셉	여름을 형상화한 배경과 인물을 카툰으로 표현한 팝 아트 디자인	
2	디자인 색상	• 메인 색상 – 블루(맑게 갠 푸른 하늘과 바다를 표현하는 고채도 고명도의 블루 계열) • 보조 색상 – 베이지(바다의 모래사장과 인물의 피부를 표현하는 옐로우와 그레이의 중간 계열) • 강조 색상 – 레드(강렬한 태양을 표현하여 블루와 대비될 수 있는 고채도 고명도의 레드 계열)	완성된 이미지를 보정해 사용할 것이므로 약간 어둡거나 강한 색을 사용해도 무관
3	디자인 사용 계획	포스터 및 카드, 케이스 등의 표지에 사용할 이미지 소스	
4	문구 및 기획안	SUMMER BREAK	
5	기타 사항	• 서핑의 파도 물살을 형상화시켜 배경을 표현 • 여름의 뜨거운 태양을 연상할 수 있는 타이틀 배치	

예제 파일

남자.jpg

야자수1.png

야자수2.png

객체 소스.ai

완성 파일

브러시와 망점 패턴을 이용한 인물의 팝 아트 표현

이미지를 단순화시켜 객체로 제작하고 망점 패턴으로 채색해서 인물을 팝 아트로 표현하겠습니다.

01 [File]-[New] 메뉴를 선택해 작업창 크기(210mm×297mm)를 지정합니다.

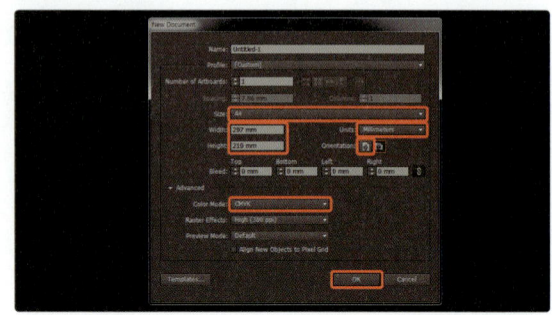

02 [File]-[Place] 메뉴를 선택하고 '남자.jpg' 이미지를 불러옵니다. 이미지는 선택할 때 움직이지 않도록 Ctrl+2를 눌러 잠금 명령을 적용합니다.

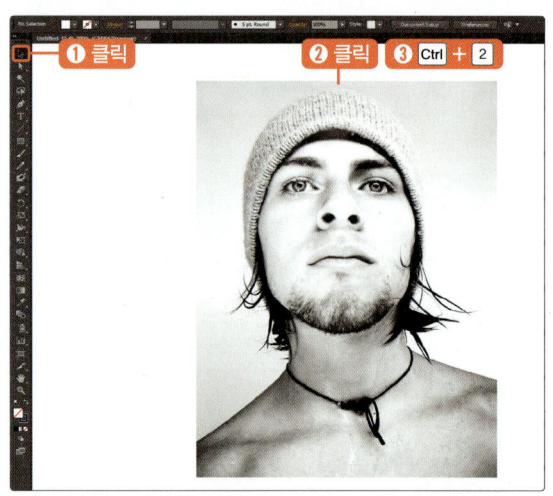

03 펜 툴로 이미지를 따라서 인물의 얼굴과 몸을 객체로 생성합니다.

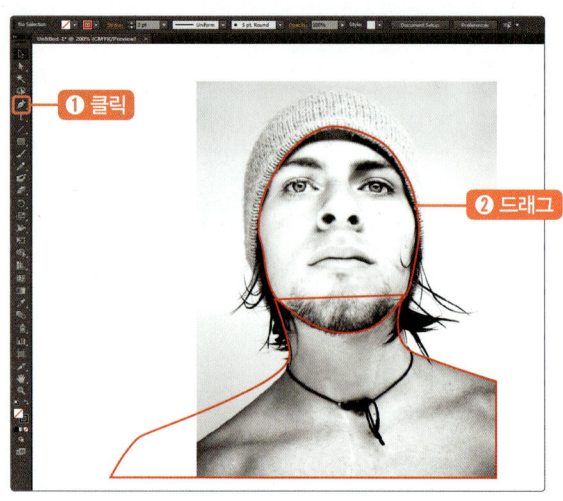

Tip 인물의 어깨 좌우 대칭을 위해서 왼쪽 어깨를 좀 더 길고 높게 생성하였습니다.

04 펜 툴로 이미지를 따라서 인물의 눈썹, 코, 입술, 턱 수염을 객체로 생성합니다.

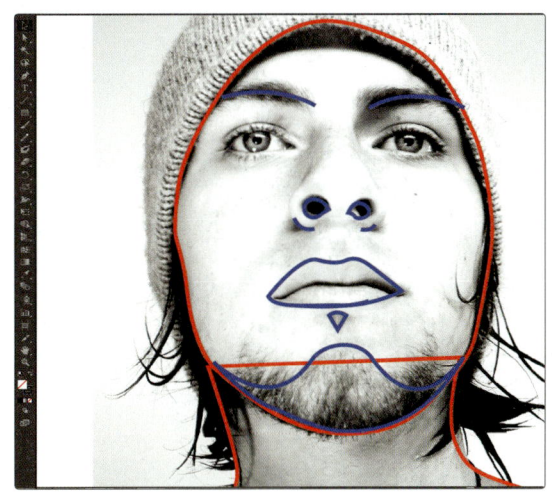

05 입술 라인을 표현하는 패스를 생성합니다.

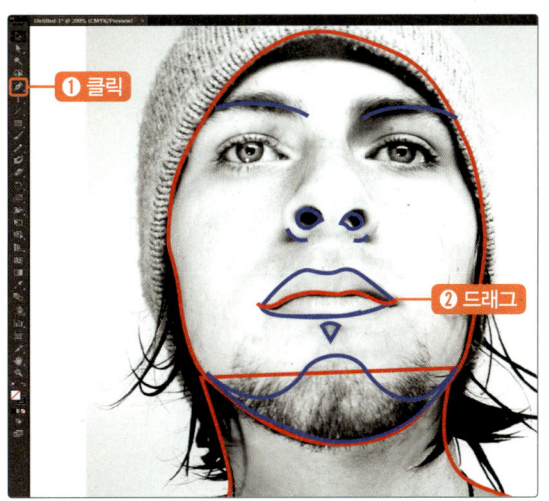

06 펜 툴로 이미지를 따라서 인물의 쌍꺼풀과 눈동자를 객체로 생성합니다.

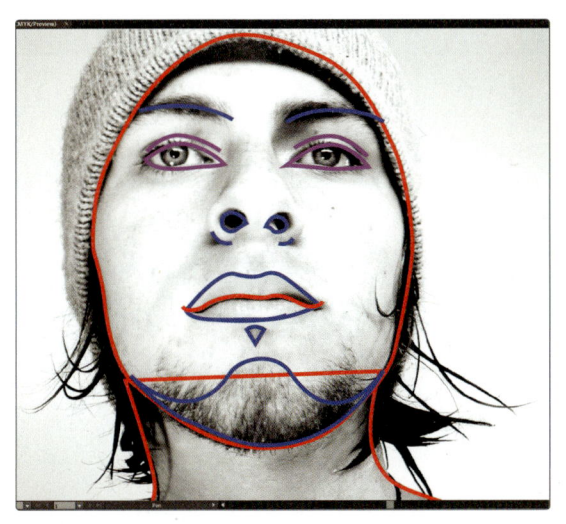

07 인물의 눈꺼풀을 따라서 속눈썹을 표현하는 패스를 생성합니다.

08 펜 툴로 이미지를 따라서 인물의 비니와 머리카락을 객체로 생성합니다.

09 펜 툴로 이미지를 따라서 인물의 목걸이를 객체로 생성합니다.

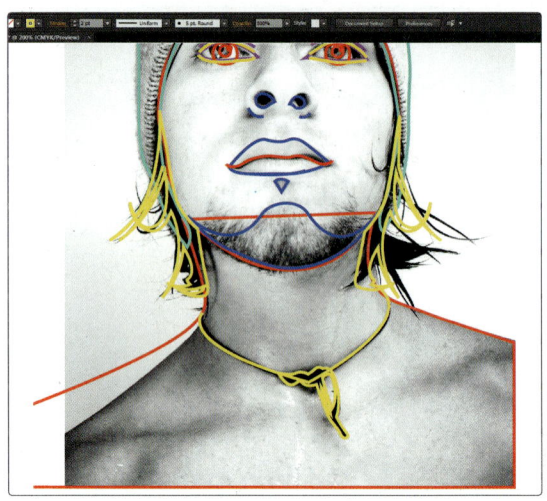

10 펜 툴로 이미지를 따라서 인물의 전반적인 음영을 표현하기 위한 객체를 생성합니다.

Tip 인물의 몸, 머리, 입술 음영 객체는 면으로 연결시켜 패스를 생성합니다.

11 인물의 얼굴과 몸 객체를 선택하고 [Tools] 패널의 'Stroke'는 '검은색'으로 지정한 다음, 'Fill'을 클릭해 채색합니다.

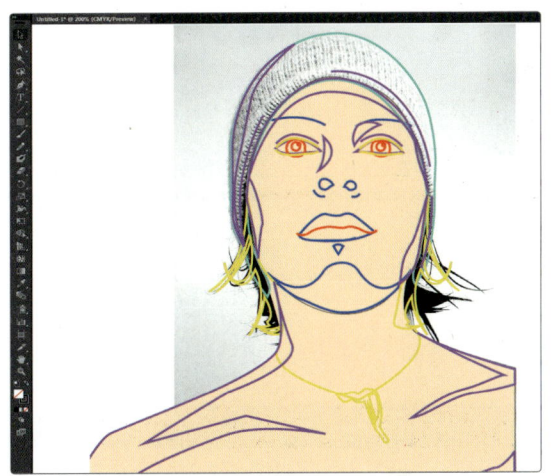

12 인물의 비니와 머리카락 객체를 선택하고 [Tools] 패널의 'Stroke'는 '검은색'으로 지정한 다음, 'Fill'을 클릭해 채색합니다.

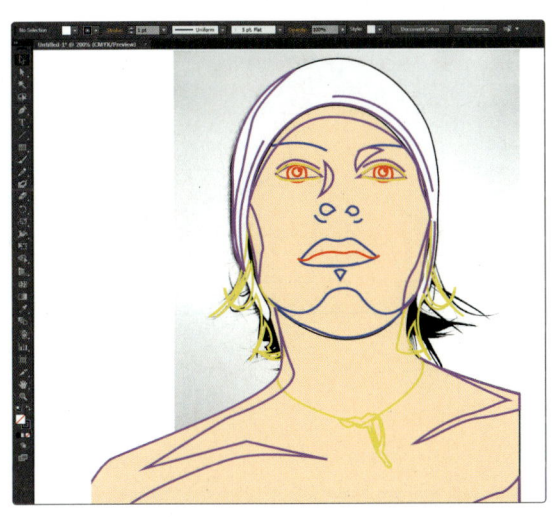
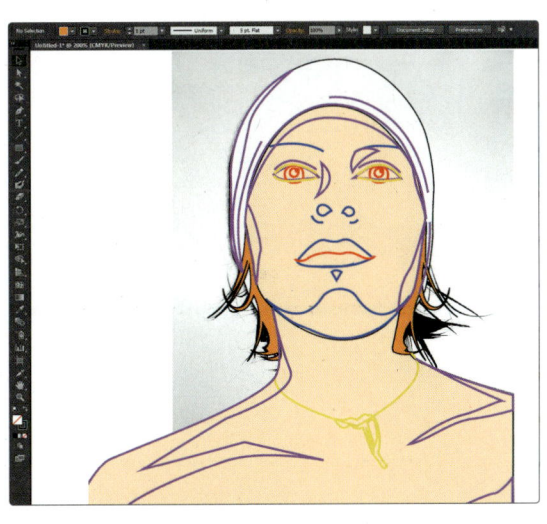

13 인물의 목걸이 줄 객체는 [Tools] 패널의 'Stroke'를 클릭하고 선 색상을 '검은색'으로, 선 두께를 '2pt'로 조절합니다. 목걸이 장식 객체는 'Fill'을 클릭해 '검은색'으로 채색합니다.

14 인물의 쌍꺼풀과 속눈썹 객체를 선택하고 선 색상을 '검은색'으로 변경합니다. 눈동자 객체를 선택하고 [Tools] 패널의 'Stroke'를 'None'으로 지정하고, 'Fill'을 클릭해 채색합니다.

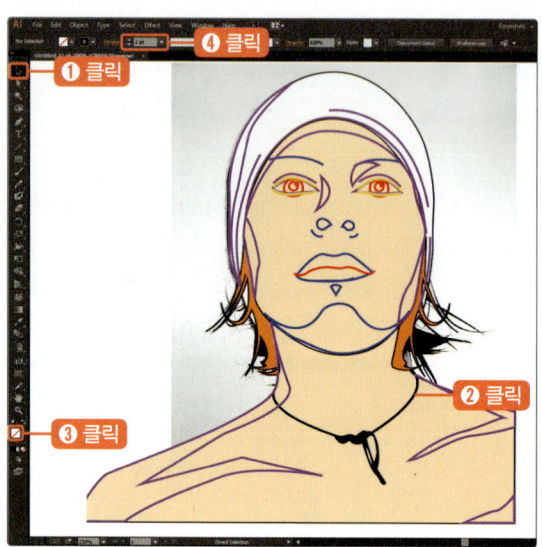

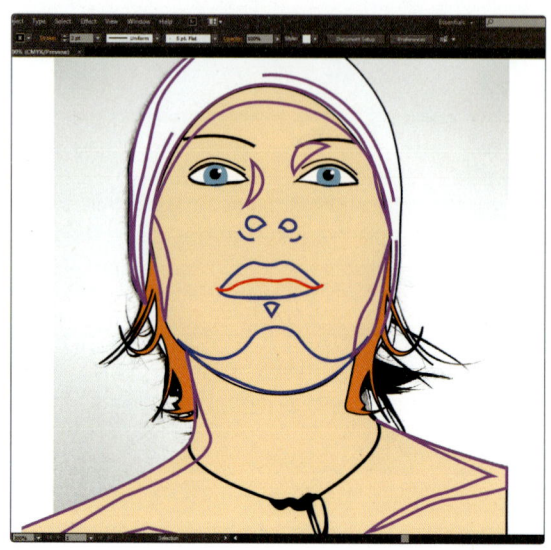

15 인물의 코 객체도 같은 방법으로 다음과 같이 채색합니다.

16 인물의 전반적인 음영을 표현하기 위한 객체를 선택하고 [Tools] 패널의 'Stroke'를 'None'으로 지정한 다음 'Fill'을 클릭해 채색합니다.

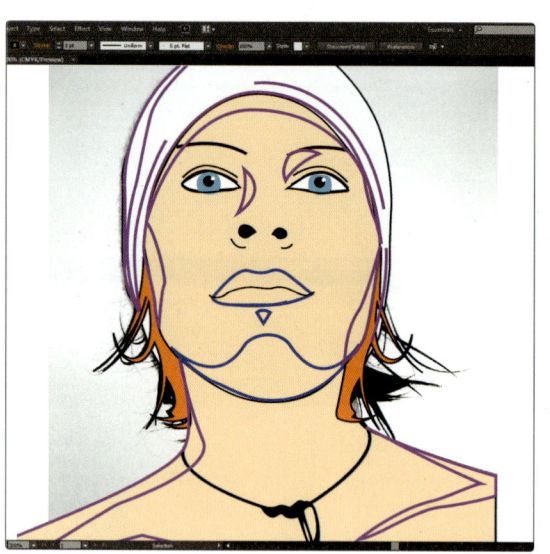

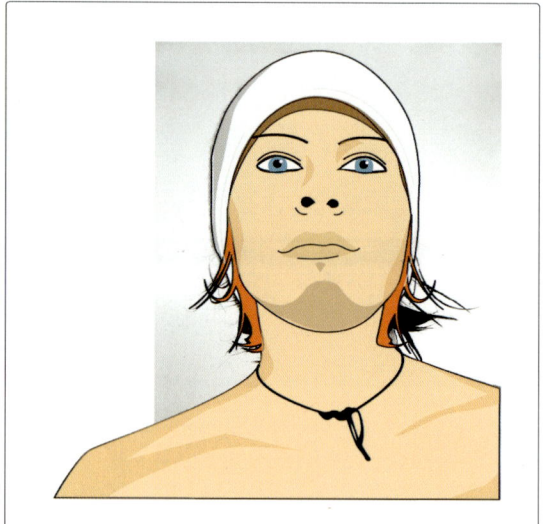

17 인물의 가장자리를 불규칙한 두께의 선으로 보이도록 조절하겠습니다. 얼굴과 몸, 비니 객체를 선택하고 [Window]-[Brush] 메뉴를 선택해서 [Brush] 패널에서 캘리그라피 브러시를 선택합니다. [Brush] 패널 하단의 'Option of Selected Object' 아이콘을 클릭하고 객체에 적용된 캘리그라피 브러시의 옵션을 수정합니다. (Angle:15°, Random, Variation:117°, Roundness:50%, Random, Variation:24%, Size:2pt, Fixed)

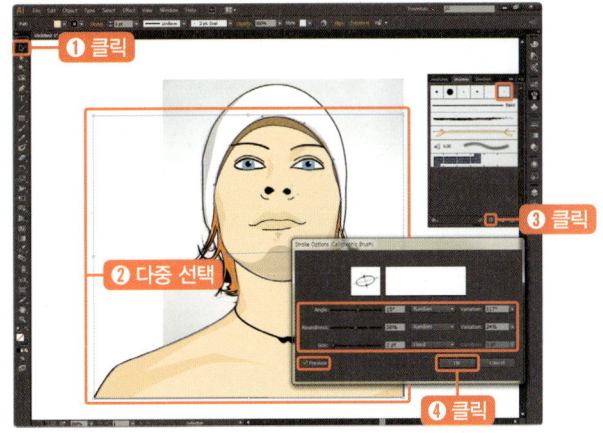

18 인물의 눈썹 객체를 선택하고 [Stroke] 패널에서 선 두께를 '9pt'로 지정한 다음 'Profile'에서 선 모양을 변경합니다.

19 인물의 쌍꺼풀 객체를 선택하고 [Stroke] 패널에서 선 두께를 '0.75pt'로 지정한 다음 'Profile'에서 선 모양을 변경합니다.

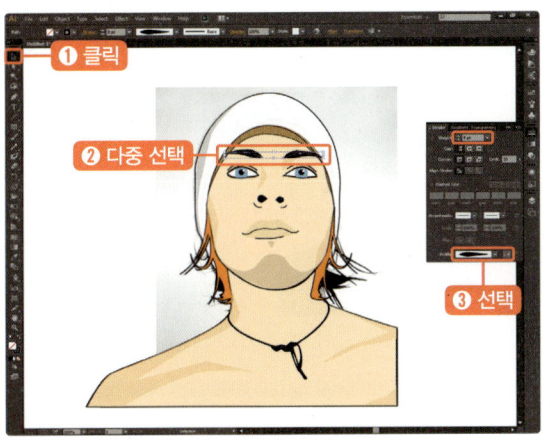

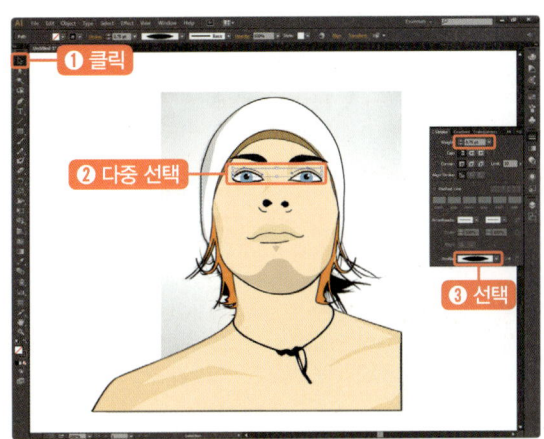

20 인물의 속눈썹 객체를 선택하고 [Stroke] 패널에서 선 두께를 '2~3pt'로, 'Profile'에서 선 모양을 변경합니다.

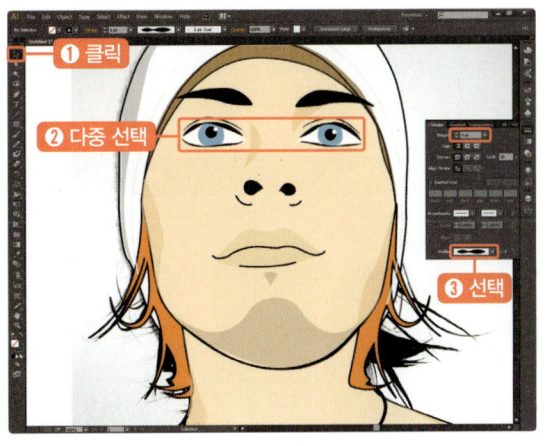

21 인물의 코와 입술 라인 객체도 같은 방법으로 선 두께와 모양을 변경합니다. Ctrl+Alt+2를 눌러 이미지의 잠금 명령을 해지하고 남자 이미지를 지웁니다.

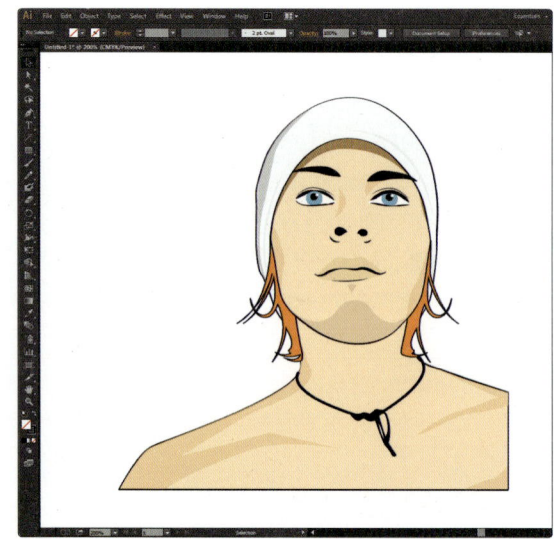

22 인물에 원형 패턴을 합성하겠습니다. 인물 객체를 선택하고 Alt+Shift를 누른 상태에서 드래그해서 복제합니다. 복제한 객체는 [Pathfinder] 패널에서 'Unite'를 클릭합니다.

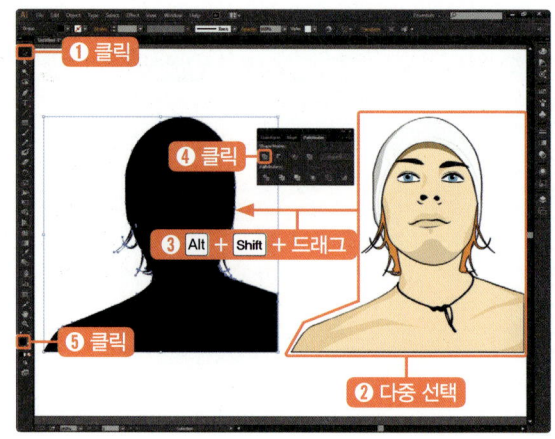

Tip 패스 파인더 적용 시 객체의 배열 순서에 따라서 'Fill'과 'Stroke'의 색상이 변경됩니다. 이때 [Tools] 패널의 'Fill'과 'Stroke'를 클릭하고 원하는 색상으로 변경할 수 있습니다.

23 [Swatches] 패널 상단의 화살표를 클릭하고 숨겨진 목록에서 [Open Swatch Library]-[Patterns]-[Basic Graphics]-[Basic Graphics Dots]를 클릭합니다.

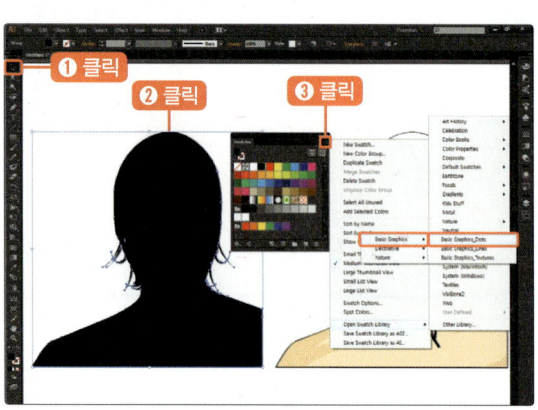

24 [Swatches] 패널에 등록된 패턴 색상을 수정하기 위해 작업창으로 드래그해서 패턴을 가져옵니다.

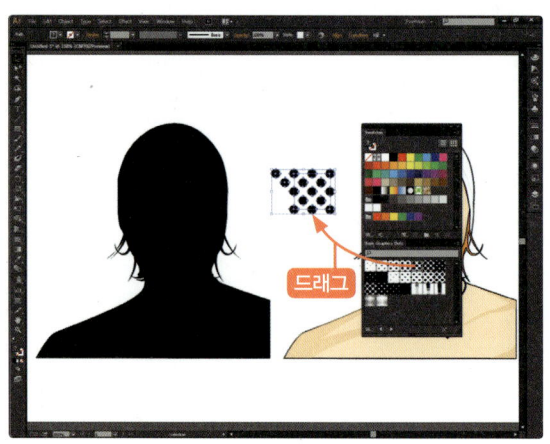

25 그룹 선택 툴로 검은색의 원형 객체를 다중 선택하고 인물의 피부 색상보다 채도와 명도를 낮게 조절해서 채색합니다. 선택 툴로 패턴 객체를 드래그해 선택하고 [Swatches] 패널에 드래그해서 패턴을 재등록합니다.

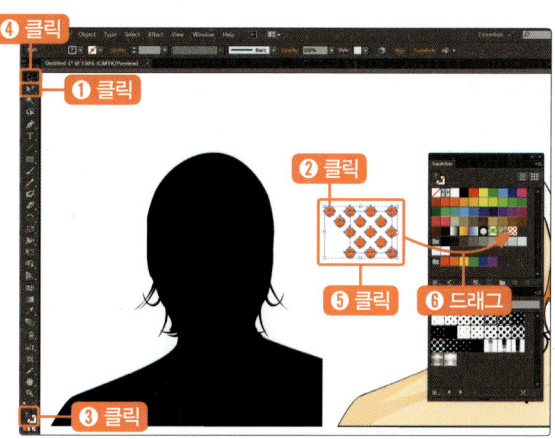

Tip 등록된 패턴을 수정 후 재등록할 때 패턴을 감싸고 있는 박스와 함께 선택해서 [Swatches] 패널에 드래그해야 합니다.

26 복제한 인물 객체를 선택하고 [Tools] 패널의 'Fill'을 클릭하고 등록한 패턴을 채색합니다. 채색한 패턴 크기를 조절하기 위해서 [Tools] 패널에서 스케일 툴을 더블클릭합니다. 옵션창 하단의 미리보기를 선택하고 패턴 크기를 조절할 수치(25%)를 입력합니다.

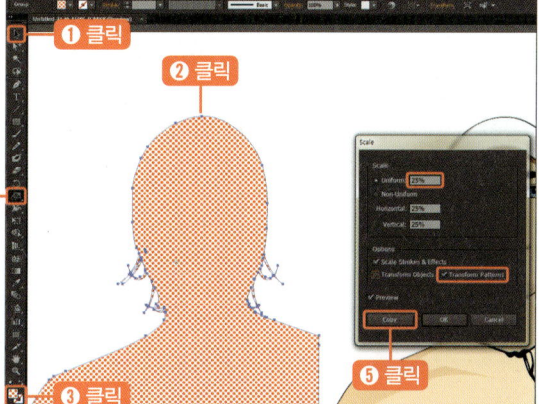

27 패턴을 인물 객체에 합성하겠습니다. 패턴을 인물 객체 위에 배치합니다.

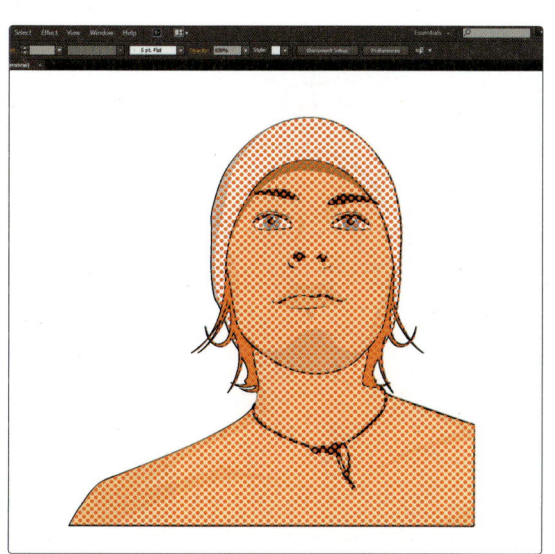

28 [Transparency] 패널에서 'Softlight'를 선택해 인물과 자연스럽게 합성합니다. 인물 객체를 다중 선택하고 그룹으로 묶어줍니다.

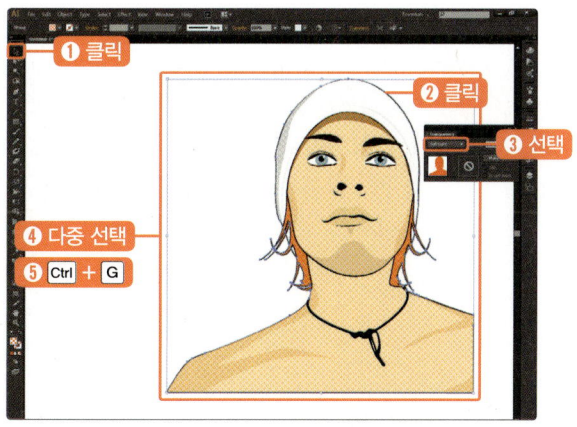

Tip 'Softlight'는 'Overlay'보다 좀 더 연하게 합성할 때 사용할 수 있습니다.

팝 아트 기법을 이용한 배경 제작

팝 아트의 배경에 많이 사용되는 시선 집중 효과를 제작해서 푸른 하늘과 햇살의 배경을 제작하겠습니다.

01 사각형 툴을 선택하고 작업창에 클릭합니다. 사각형 툴의 옵션창이 열리면 배경으로 사용할 사각형의 수치(225mm × 160mm)를 입력합니다.

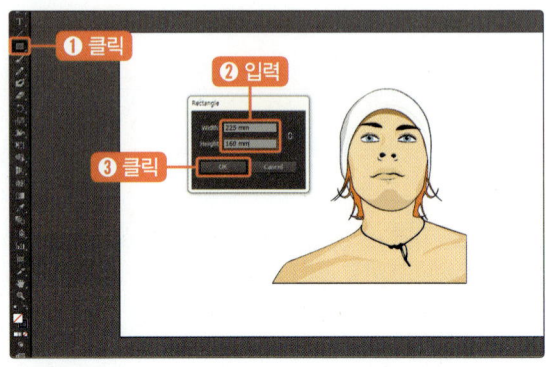

02 인물에 맞춰 사각형 객체를 배치하고 다음과 같이 채색합니다. Ctrl+Shift+[를 눌러 인물 객체 뒤로 배열을 수정합니다.

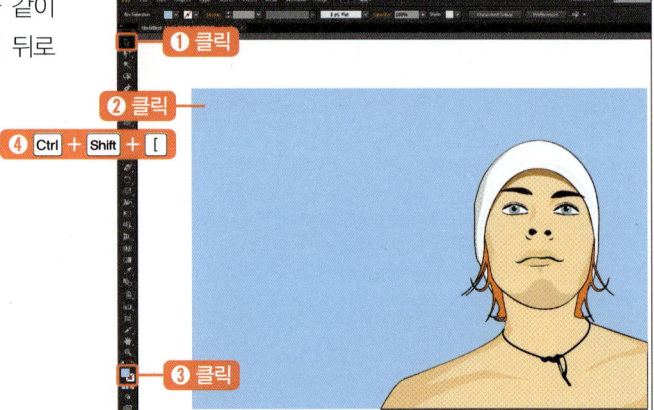

03 [Swatches] 패널에 등록된 패턴 색상을 수정하기 위해 작업창으로 드래그해서 패턴을 가져옵니다. 그룹 선택 툴로 원형 객체를 다중 선택하고 배경 색상보다 채도와 명도를 높게 조절해서 채색합니다. 선택 툴로 패턴 객체를 드래그해 선택하고 [Swatches] 패널에 드래그해서 패턴을 재등록합니다.

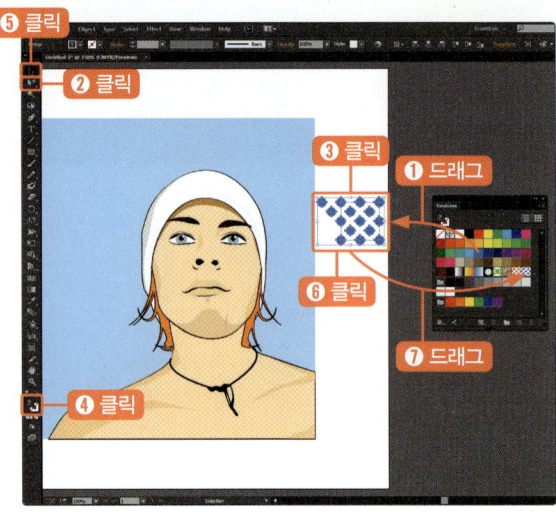

04 사각형 객체를 선택하고 Ctrl+C, Ctrl+F를 눌러 복제합니다. 복제한 객체를 선택하고 등록한 패턴을 채색합니다.

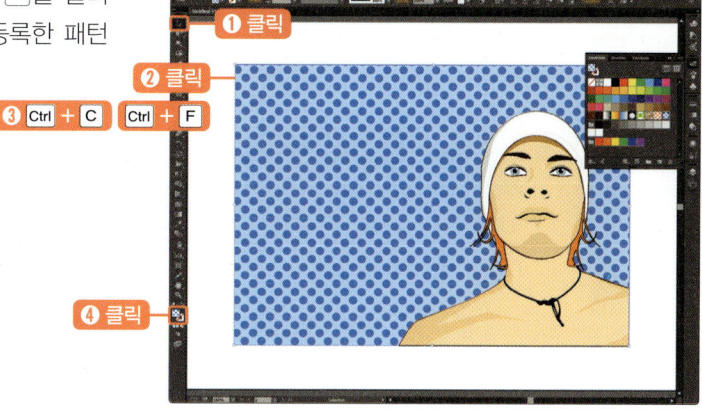

05 [Tools] 패널에서 스케일 툴을 더블클릭합니다. 옵션창 하단의 미리보기를 선택하고 패턴 크기를 조절할 수치를 입력합니다. [Transparency] 패널에서 'Overlay'를 지정해 배경과 자연스럽게 합성합니다.

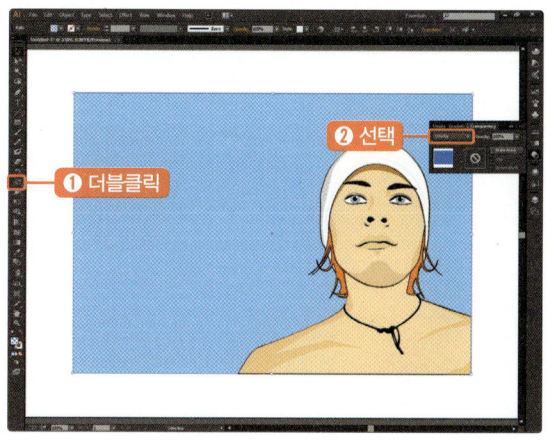

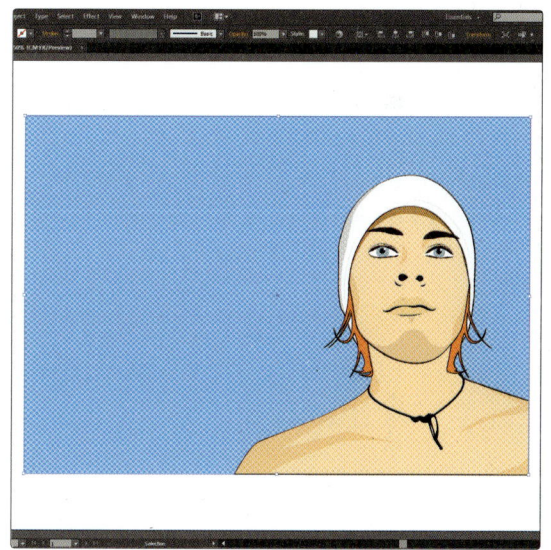

Tip 패턴을 좀 더 강하게 합성하려면 패턴이 적용된 사각형 객체를 선택하고 Ctrl+C, Ctrl+F를 눌러 복제합니다.

06 시선 집중 효과를 제작해서 배경과 합성하겠습니다. [File]-[New] 메뉴를 선택하고 새로운 작업창을 엽니다. 배경과 같은 크기의 사각형 객체와 선을 생성합니다.

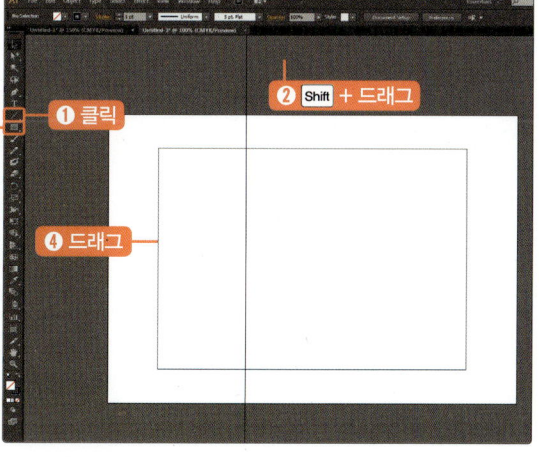

07 선 객체를 선택하고 회전 툴을 더블클릭합니다. 회전 툴 옵션창에 회전 각도에 '10도'로 입력하고 [Copy] 버튼을 클릭합니다.

08 Ctrl+D를 눌러 회전하며 복제되는 명령을 반복 실행합니다.

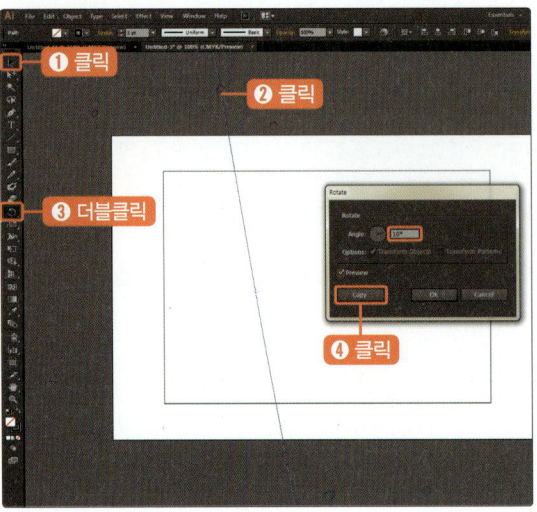
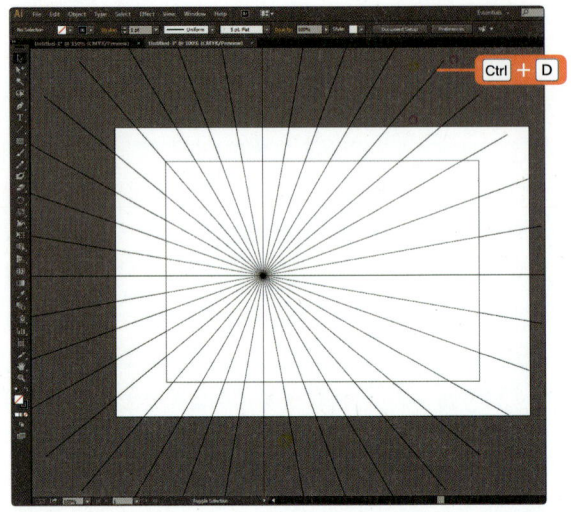

09 [Pathfinder] 패널에서 'Divide'를 클릭합니다. 마우스 오른쪽 단추를 클릭한 다음 'Ungroup'을 선택해 개별 객체로 풀어줍니다.

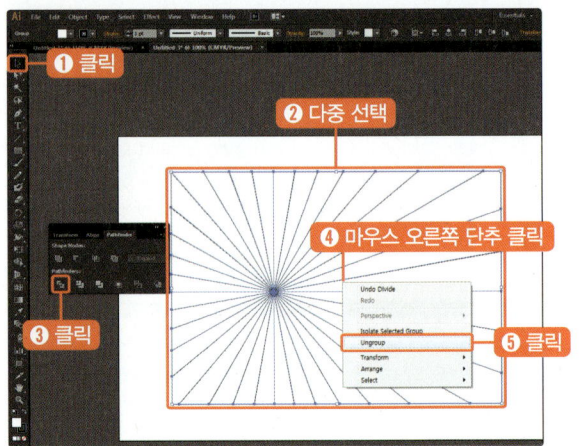

10 선택 툴로 객체를 하나씩 건너서 선택하고 Delete를 눌러 지웁니다.

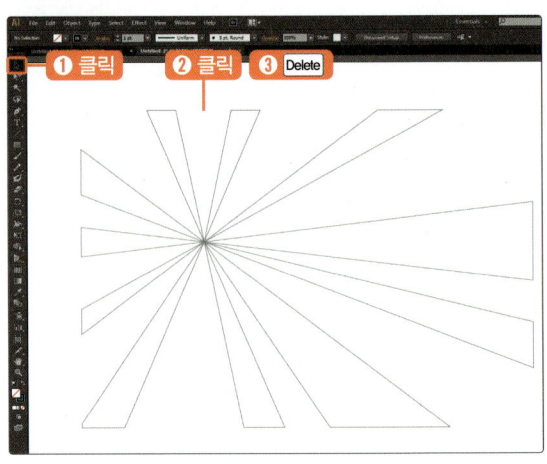

11 객체를 다중 선택하고 Ctrl+C를 눌러 복제합니다. 작업창으로 돌아와서 Ctrl+V를 누르고 배경에 맞춰서 배치합니다.

12 배치된 객체는 [Tools] 패널의 'Stroke'는 'None' 지정으로, 'Fill'을 클릭해 '흰색'으로 채색합니다. [Transparency] 패널에서 'Softlight'를 선택하고 투명도(50%)를 낮춰서 배경과 자연스럽게 합성합니다.

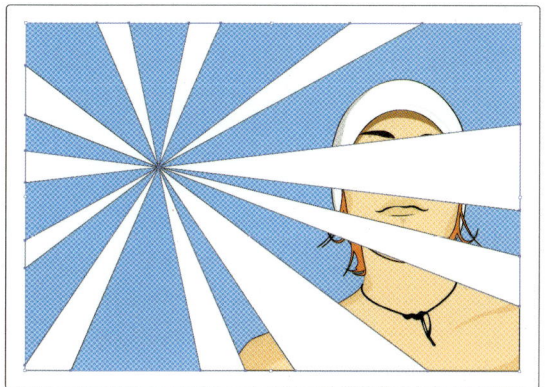

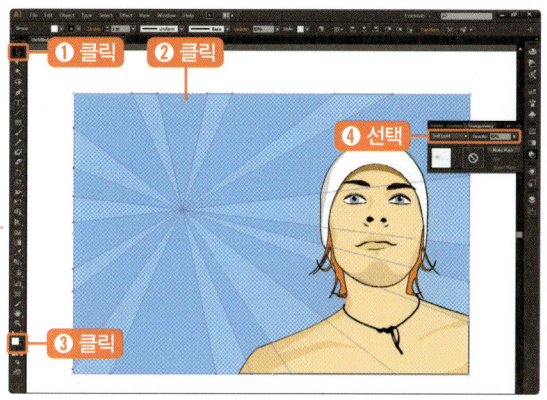

13 배경에 합성한 객체에 맞춰 선을 생성합니다.

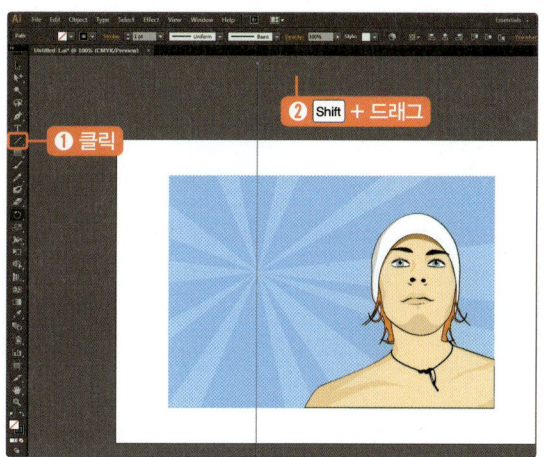

14 선 객체를 선택하고 회전 툴을 더블클릭합니다. 회전 툴 옵션창의 회전 각도에 '5도'를 입력하고 [Copy] 버튼을 클릭합니다. Ctrl+D를 눌러 회전하며 복제되는 명령을 반복 실행합니다.

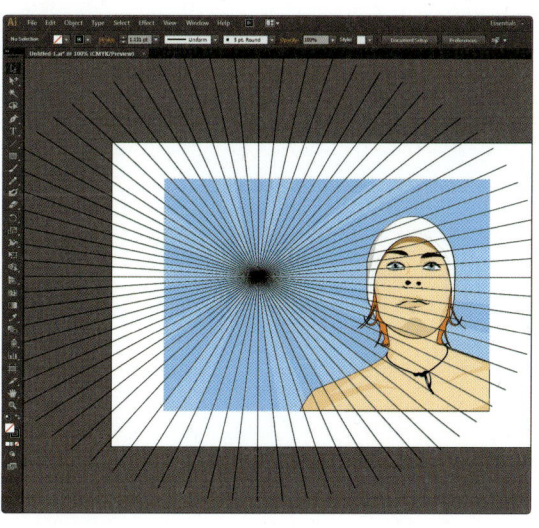

15 선택 툴로 선을 하나씩 건너서 선택하고 Delete를 눌러 지워줍니다.

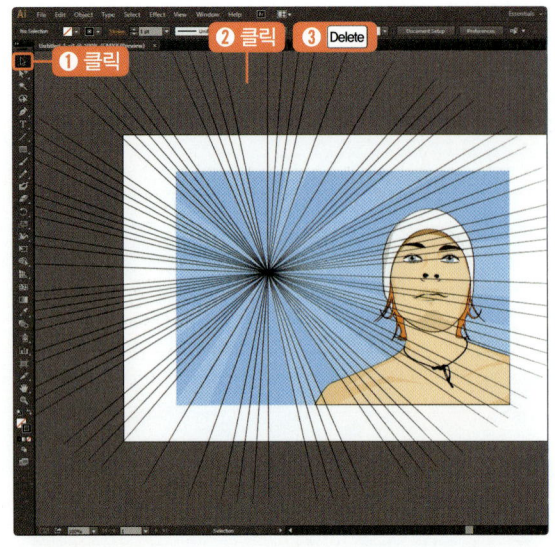

16 선의 색상은 '흰색'으로 [Stroke] 패널에서 선 두께는 '1pt'로 불규칙하게 조절하고 'Profile'에서 선 모양을 변경합니다.

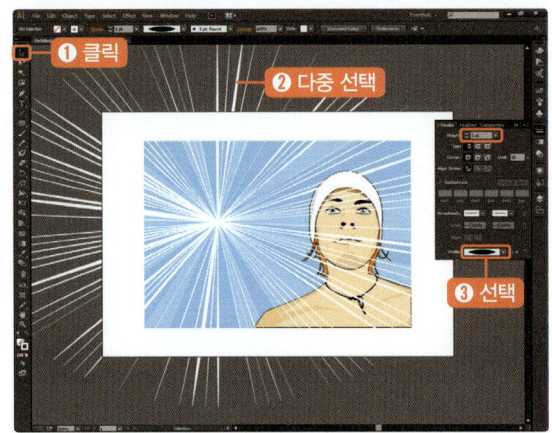

17 [Transparency] 패널에서 투명도를 '27%'로 낮춥니다.

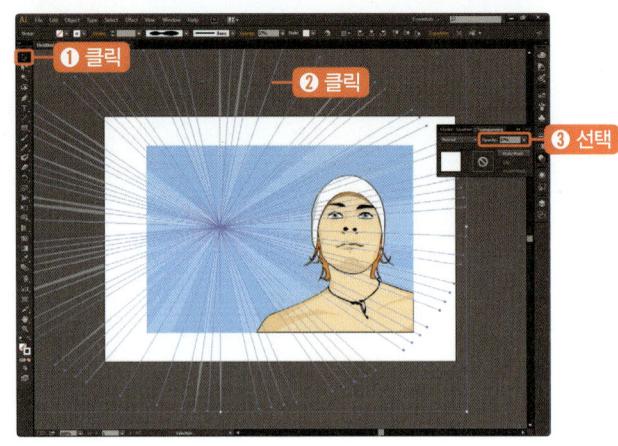

STEP 03 부수적인 요소를 통한 배경 제작

해변의 분위기를 살린 파도와 야자수 객체를 제작하고 배경에 배치하겠습니다. 이미지 트레이스를 이용해서 야자수 객체를 제작하겠습니다. 파도와 야자수 객체를 배경에 배치해서 해변의 분위기를 살리겠습니다.

01 배경에 파도의 물결을 배치하겠습니다. 배경 하단에 사각형 객체를 생성합니다. 펜 툴로 다음과 같이 물결 모양의 패스를 생성합니다.

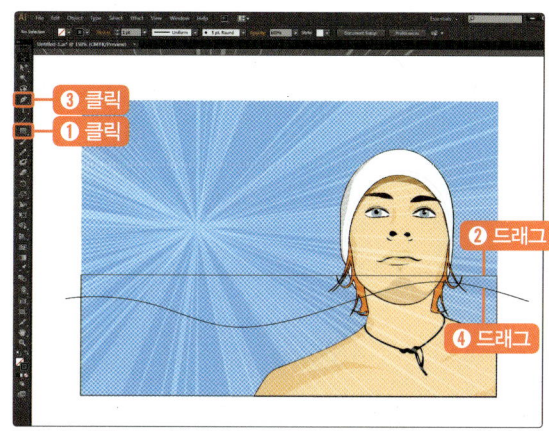

Tip ❷ 드래그는 사각형 객체 생성, ❹ 드래그는 패스 생성

02 물결 객체를 선택하고 [Tools] 패널의 회전 툴을 객체 왼쪽에 Alt 를 누른 상태에서 클릭합니다. 회전 툴 옵션창의 회전 각도에 '−2도'로 입력하고 [Copy] 버튼을 클릭합니다.

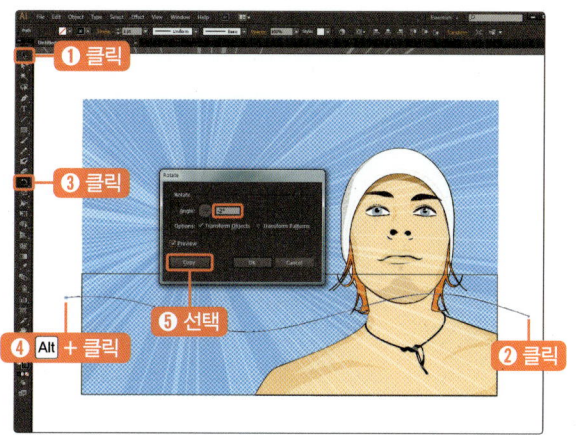

Tip 물결 객체를 아래 방향으로 복제하기 위해서 음수 값을 입력하였습니다.

03 Ctrl + D 를 눌러 회전하며 복제되는 명령을 반복 실행합니다.

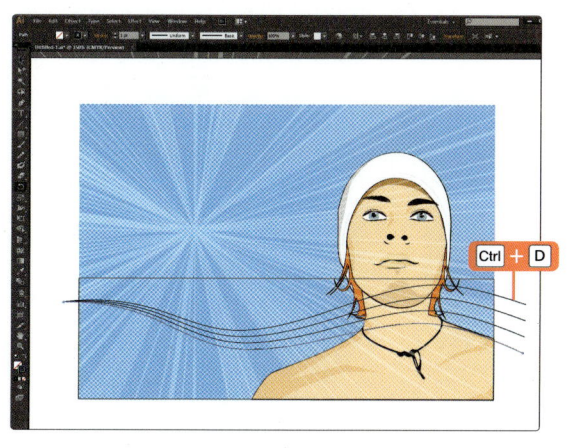

04 사각형과 물결 객체를 다중 선택하고 [Pathfinder] 패널에서 'Divide'를 클릭합니다. 마우스 오른쪽 단추를 클릭한 다음 'Ungroup'을 선택해 개별 객체로 풀어줍니다.

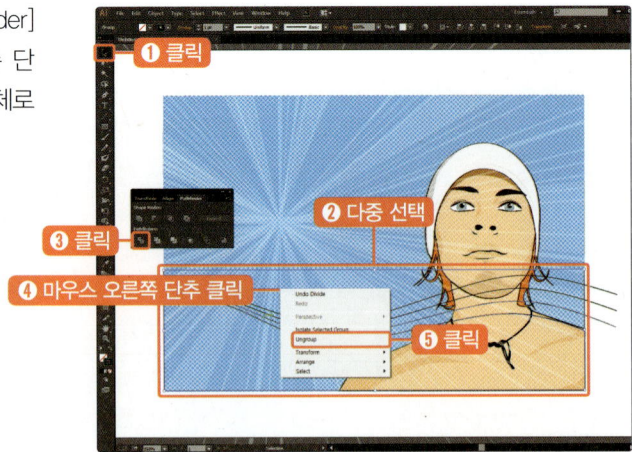

05 분리된 객체를 각각 선택한 다음 채색합니다.

06 배경에 야자수를 배치하겠습니다. [File]-[Place] 메뉴를 선택해 '야자수1.png' 이미지를 불러옵니다. [Window]-[Image Trace] 메뉴를 선택한 다음 옵션 창 하단의 미리보기를 선택하고 원하는 영역이 흑백으로 변환되도록 옵션을 조절합니다. 단순화된 이미지는 상단의 옵션 바에서 [Expand] 버튼을 클릭합니다. (Threshold:220, Paths:100%, Corners:100%, Noise:1 px)

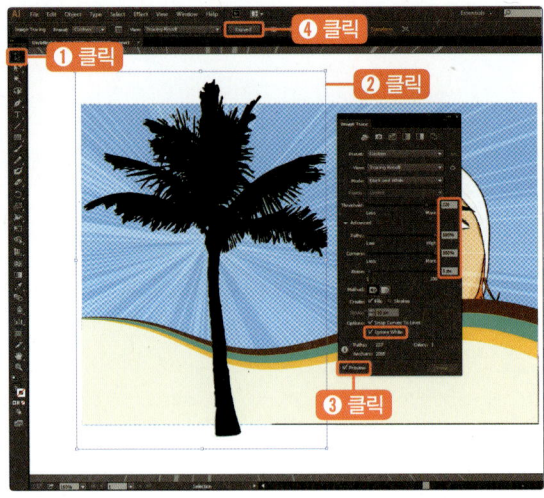

07 벡터 속성으로 변환된 객체는 스포이드 툴로 물결 객체와 같은 색상으로 채색합니다.

08 같은 방법으로 '야자수2.png' 이미지도 벡터 속성으로 변환합니다. 크기를 조절해 배치합니다.

09 배경에 파도 입자를 배치하겠습니다. [Window]-[Symbols] 메뉴를 선택하고 [Symbol] 패널 상단의 화살표를 클릭하고 숨겨진 목록에서 [Open Symbol Library]-[Grime Vector Pack]을 클릭합니다.

10 [Symbol] 패널에서 배경에 배치할 심벌을 작업창으로 드래그해서 가져옵니다. [Symbol] 패널 하단의 'Break Link to Symbol' 아이콘을 클릭해서 객체 속성으로 변환합니다.

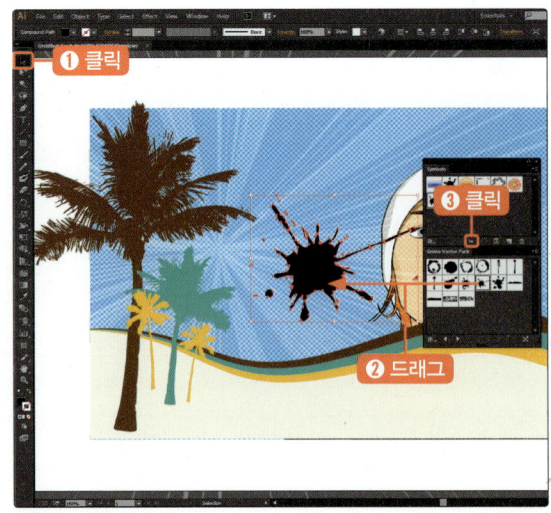

11 파도 입자 객체는 스포이드 툴로 물결 객체와 같은 색상으로 채색합니다. Alt를 누른 상태에서 드래그해서 복제하고 다음과 같이 여러 개 배치합니다.

12 배경 오른쪽에도 같은 방법으로 파도 입자 객체를 제작 후 다음과 같이 배치합니다.

13 하단의 물결 객체를 선택하고 Ctrl+]를 눌러 파도 입자 객체 앞으로 배열을 수정합니다. 인물 객체를 선택하고 Ctrl+Shift+]를 눌러 맨 앞으로 배열을 수정합니다.

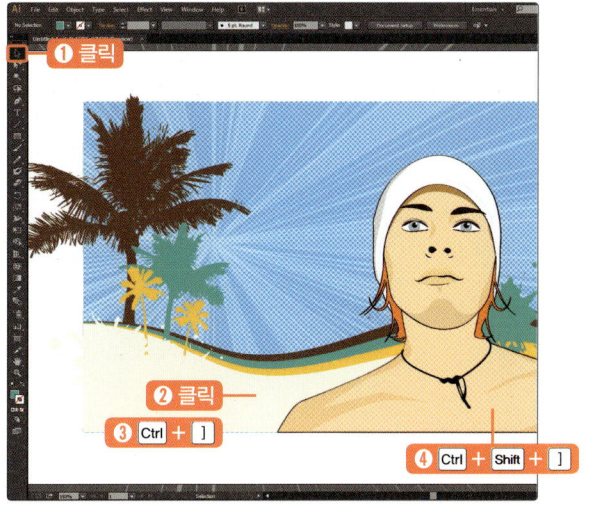

14 배경의 중심에 타이틀을 배치하겠습니다. 말풍선을 제작하기 위해서 다음과 같이 타원형의 객체를 생성합니다.

15 타원형 객체를 별 형태로 변형하겠습니다. [Effect]-[Distort & Transform]-[ZigZag] 메뉴를 선택합니다. 옵션창 하단의 미리보기를 선택하고 변형 수치를 입력합니다. (Size:15mm, Ridger per segment:20)

16 [Object]-[Expand Appearance] 메뉴를 선택하고 객체 속성으로 변환합니다.

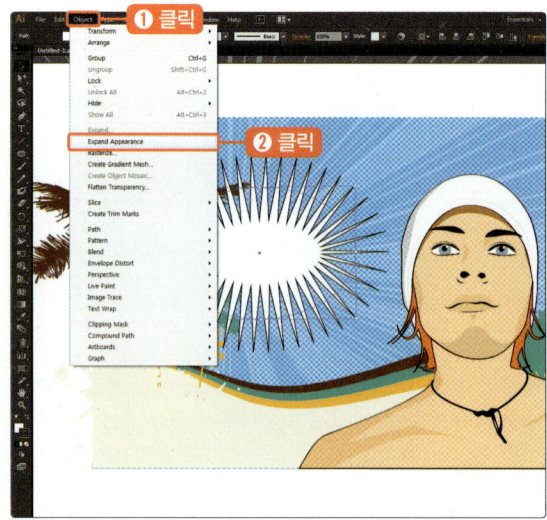

17 직접 선택 툴로 점을 선택하고 모양을 수정하고 다음과 같이 채색합니다.

18 객체를 선택하고 Ctrl+C, Ctrl+F를 눌러 복제합니다. 복제한 객체는 색상을 변경하고 Ctrl+[를 눌러 배열을 수정해서 다음과 같이 배치합니다.

19 타원형 객체를 생성하고 다음과 같이 배치합니다.

20 말풍선 객체에 그림자를 삽입하겠습니다. [Effect]-[Stylize]-[Drop Shadow] 메뉴를 선택하고 그림자 크기를 조절합니다. (Opacity:75%, X Offset:1.5mm, Y Offset:1mm, Blur:0mm)

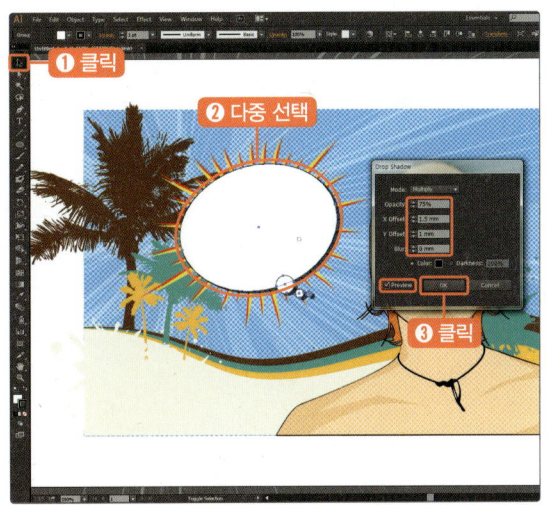

21 말풍선 객체에 원형 패턴을 적용합니다. 객체를 선택하고 Ctrl+C, Ctrl+F를 눌러 복제합니다. [Window]-[Appearance] 메뉴를 선택하고 객체에 적용된 그림자 효과를 지웁니다.

22 [Swatches] 패널 상단의 화살표를 클릭하고 숨겨진 목록에서 [Open Swatch Library]-[Patterns]-[Basic Graphics]-[Basic Graphics Dots]를 클릭합니다. 말풍선 객체에 원형 패턴을 채색하고 스케일 툴로 패턴 크기를 '40%'로 조절합니다.

23 말풍선에 'SUMMER BREAK'를 입력한 다음 배치합니다.

24 문자에 그림자를 삽입하겠습니다. [Effect]-[Stylize]-[Drop Shadow] 메뉴를 선택하고 그림자 크기를 조절합니다. (Opacity:100%, X Offset:1mm, Y Offset:0.5mm, Blur:0mm)

25 문자 객체를 선택하고 [Tools] 패널의 'Stroke'를 클릭한 다음 채색합니다.

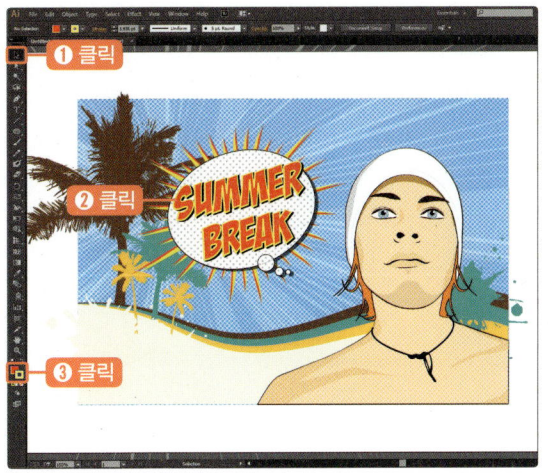

26 배경 바깥으로 흩어진 객체가 보이지 않도록 클리핑 마스크를 적용합니다. 배경 객체를 선택하고 Ctrl+C, Ctrl+F를 눌러 복제합니다. 복제한 객체를 선택하고 Ctrl+Shift+]를 눌러 배경 맨 앞으로 배열을 수정합니다.

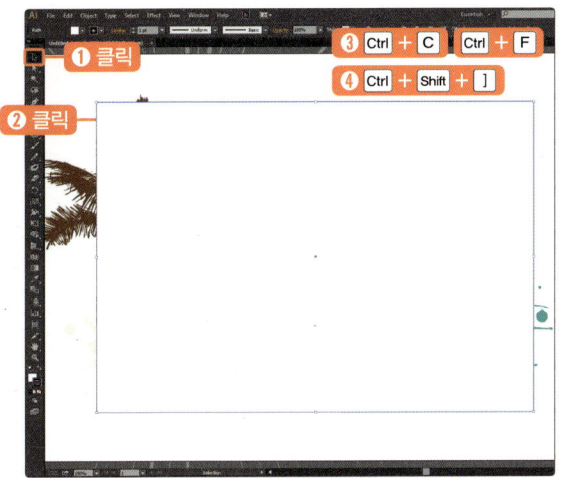

27 작업창의 객체들을 드래그해서 전체 선택하고 마우스 오른쪽 단추를 클릭해 'Make Clipping Mask'를 선택합니다.

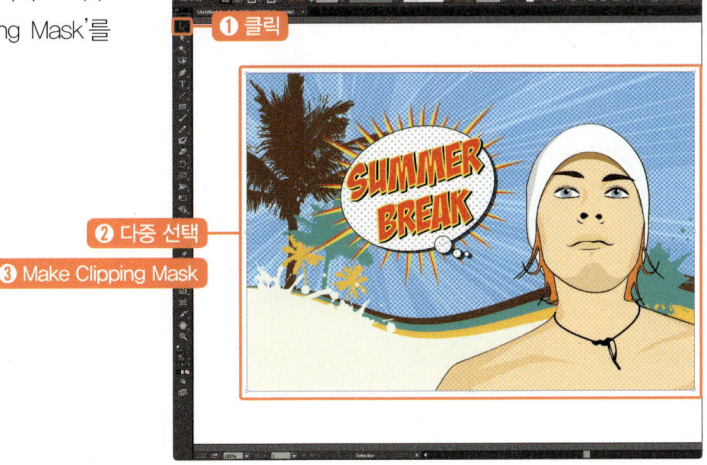

로고와 명함 디자인

로고는 문자, 심볼 등을 조합하여 브랜딩 전략에 있어서 중요한 요소가 됩니다. 로고는 광고주 또는 제품이 지니는 이미지를 쉽게 전달하고, 인상 깊게 기억에 남으며, 모든 사람들에게 호감을 줄 수 있도록 디자인 되어야 합니다. 로고는 시대의 흐름에 따라 바뀌기도 하지만 한 번 정해지면 쉽게 바꿀 수 없기 때문에 오랜 시간의 회의와 검토를 통해 결정되는 작업이기도 합니다. 로고는 다양한 사이즈로 결과물이 출력되어 사용될 수 있기 때문에 일러스트레이터에서 벡터 방식으로 작업하는 것이 일반적입니다. 이번 단계에서는 로고를 디자인하고 명함으로 제작하는 과정에 대해서 알아보겠습니다.

실무자's Interview

▶ 김효진 / 편집 디자이너

로고 개발 시 브랜드 컨셉에 맞는 디자인도 중요하지만 그에 못지않게 중요한건 단순함이라고 생각해요. 복잡하거나 정교한 로고일수록 사람들의 기억에 남기 어렵고 명함 출력 시 후가공의 표현이 힘든 부분이 생기며 자칫 촌스러워질 수 있어요. 업체에 시안을 전달 시 목업(Mockup)을 적용하면 전체적인 디자인에 이해도와 퀄리티를 높일 수 있답니다.

▶ 곽은지 / 편집 디자이너

일러스트에서 브랜드 로고를 디자인할 때 단순히 서체를 그대로 사용해서 로고네임을 만드는 것보다 아웃라인으로 깨서 글꼴 간격도 하나하나 조절하고 또 글씨 모양 자체를 변형해서 새로운 글꼴 모양을 만들어내는 작업을 많이 하게 되요.

▶ 김종일 / 편집 디자이너, 기획자

명함에서 부각시키고자 하는 로고를 디자인하고, 로고와 어울리는 폰트를 이용해서 내용을 입력하는 것이 중요해요. 레이아웃을 잡을 때 명함에 배치된 로고와 내용들이 잘려나가지 않도록 재단선의 내부에 여백을 계산해서 레이아웃을 잡아야 하고요. 명함 디자인 시 기본적으로 유의할 사항들을 잊지 마세요! 대표적으로 대다수가 한 번쯤 겪어보는 실수로는 폰트의 호환성이에요. 기본 서체를 쓰지 않은 작업인 경우는 컴퓨터간의 폰트가 호환이 되지 않아서 디자인에 어울리는 서체를 사용하고도 기본 서체로 보여지기 때문이죠. 그래서 반드시 최종 결과물은 아웃라인으로 글꼴을 오브젝트 속성으로 변환해야만 해요.

Chapter 09

STEP 01 Silver Wave를 이용한 로고 디자인
STEP 02 후가공을 적용한 명함 디자인

로고와 명함 디자인

일러스트레이터는 다양한 크기의 객체를 제작할 수 있어서 로고 디자인 작업 시 많이 사용되고 있습니다. 그래서 로고의 크기를 다양하게 조절하여 명함, 패키지, 간판 등에 사용할 수 있습니다. 로고는 기업 또는 개인의 특징을 살려 디자인하는 것이 중요합니다. 이번 단계에서는 필자의 이름을 형상화시켜 스케치를 한 이미지를 본 따서 로고를 제작하겠습니다. 명함에 사용되는 다양한 후가공을 이용한 명함을 디자인하겠습니다.

• 제작 요청서

	분류	내용	비고
1	디자인 컨셉	Silver Wave(은빛 물결)의 로고 디자인	
2	디자인 색상	명도를 이용한 흑백 대비로 검은색 배경에 연그레이로 로고를 표현	Silver Wave의 로고에 후가공 은박을 적용
3	디자인 사용 계획	개인 로고 및 명함 디자인에 사용할 소스	
4	문구 및 기획안	Silver Wave	
5	기타 사항	• 은빛 물결을 표현하는 회색이 돋보일 수 있도록 검은색의 배경을 사용 • 파도의 물결을 곡선으로 표현하여 동적인 분위기의 로고를 디자인	

예제 파일

로고 스케치.jpg

객체 소스.ai

완성 파일

STEP 01

Silver Wave를 이용한 로고 디자인

필자의 이름을 영문으로 표현한 로고를 스케치 작업하여 벡터 형식의 로고로 디자인하겠습니다.

01 [File]–[New] 메뉴를 선택하고 작업창 크기(210mm ×297mm)를 지정합니다.

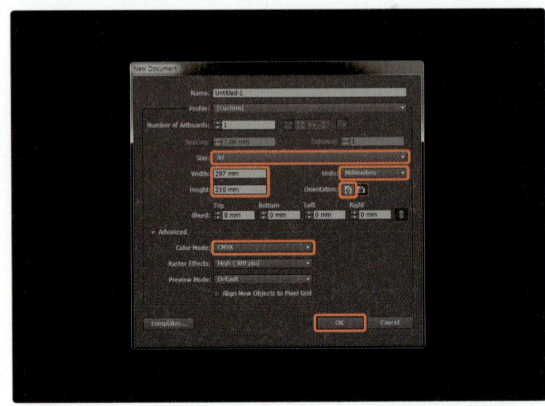

02 [File]–[Place] 메뉴를 선택해 '로고 스케치.jpg' 이미지를 불러옵니다. 이미지가 선택될 때 움직이지 않도록 Ctrl+2 를 눌러 잠금 명령을 적용합니다.

Tip 은빛 물결이라는 뜻으로 영문으로 'Silver Wave'입니다. 그래서 물결의 곡선 형태를 이름에 적용하여 스케치 작업을 하였고 스캐너로 이미지 파일을 제작하였습니다.

03 이미지를 따라서 펜 툴로 패스를 생성합니다.

Tip 스케치 이미지에 패스가 잘 보이도록 선 색상을 빨간색으로 변경하여 패스를 생성했습니다.

04 Ctrl+Alt+2를 눌러 잠금 명령을 해지하고 스케치 이미지를 지웁니다. 생성된 패스는 검은색으로 변경합니다.

05 패스의 굴곡을 따라서 두께를 자유롭게 조절하겠습니다. 'Silver' 객체를 선택하고 [Window]-[Brush] 메뉴를 선택해 [Brush] 패널에서 캘리그라피 브러시를 선택합니다. [Brush] 패널 하단의 'Option of Selected Object' 아이콘을 클릭해 객체에 적용된 캘리그라피 브러시의 옵션을 수정합니다. (Angle:90°, Random, Variation:50°, Roundness:0%, Random, Size:8pt, Fixed)

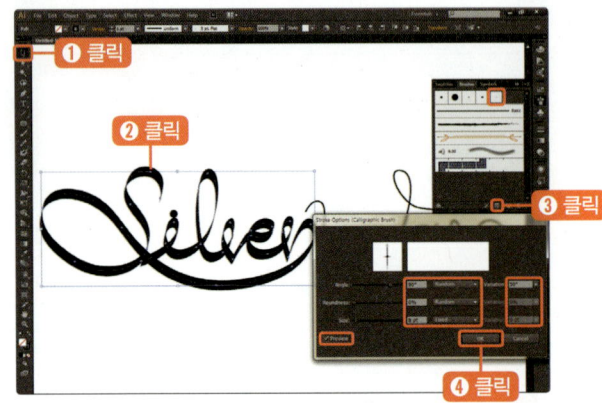

06 'Wave' 객체도 같은 방법으로 캘리그라피 브러시를 적용하고 옵션을 수정합니다. (Angle:90°, Random, Variation:0°, Roundness:0%, Random, Size:8pt, Fixed)

07 [Object]-[Path]-[Outline Stroke] 메뉴를 선택하고 적용된 브러시를 객체 속성으로 변환합니다.

Tip 직접 선택 툴로 객체의 점과 핸들을 조절해 곡선을 자연스럽게 수정합니다.

후가공을 적용한 명함 디자인

Silver Wave 로고에 후가공 은박과 귀도리를 적용한 명함을 디자인합니다. 로고에 은박을 적용하면 로고를 은색의 코팅으로 덮어 씌어서 고급스러움을 연출할 수 있습니다. 명함에 귀도리를 적용하면 가장자리의 모퉁이를 둥글게 재단하여 일반 명함보다 독특한 디자인으로 활용할 수 있습니다.

01 사각형 툴을 선택하고 작업창에 클릭합니다. 사각형 툴의 옵션창이 열리면 배경으로 사용할 사각형의 수치(90mm×50mm)를 입력합니다.

02 명함 출력 시 필요한 재단선을 '3mm'로 설정하겠습니다. 사각형 객체를 선택하고 [Object]-[Path]-[Offset Path] 메뉴를 선택하고 'Offset' 항목에 '3mm'를 입력합니다.

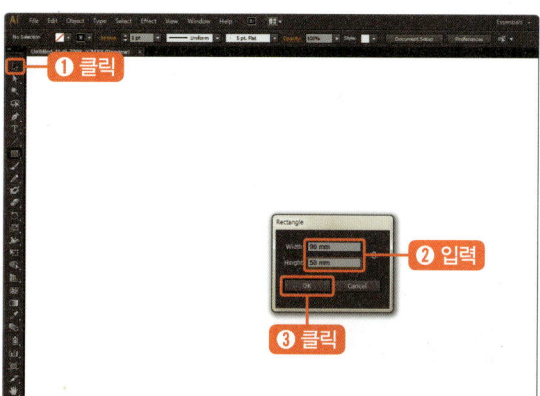

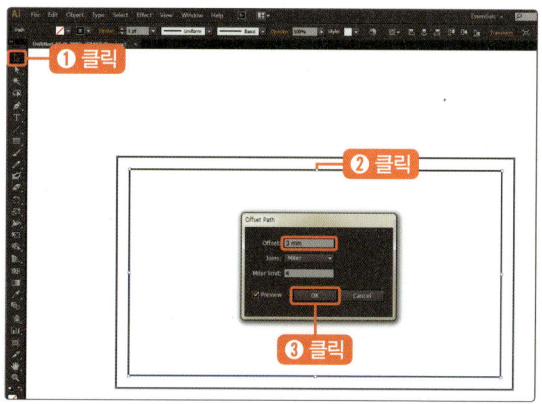

03 명함의 앞면과 뒷면을 배치하겠습니다. 명함의 작업선과 재단선 객체를 다중 선택한 다음 Alt+Shift를 누른 상태에서 오른쪽으로 드래그해 복제합니다.

04 명함 앞면에 로고를 배치하겠습니다. 작업선과 재단선 객체를 다중 선택하고 [Tools] 패널의 'Stroke'는 'None'으로 지정한 다음 'Fill'을 클릭해 '검은색'으로 채색합니다.

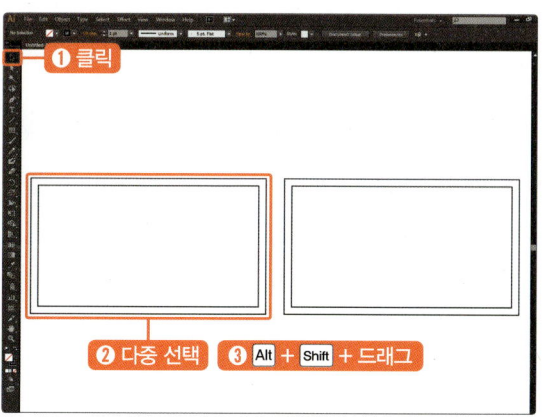

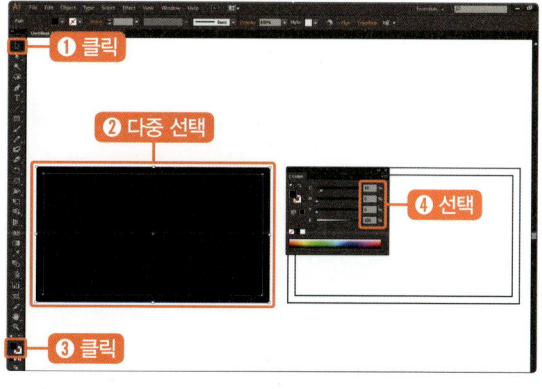

> **저자의 한마디**
>
> 인쇄물을 제작할 때, '검정'은 'K=100'으로 지정한 것보다 'C=10', 'M=0', 'Y=0', 'K=100'으로 색상을 적용하면 좀 더 선명하고 깨끗한 결과물을 얻을 수 있습니다.

05 Ctrl+Y를 눌러 'Outline' 모드로 변경합니다. 앞에서 제작한 로고 객체를 중앙에 배치합니다.

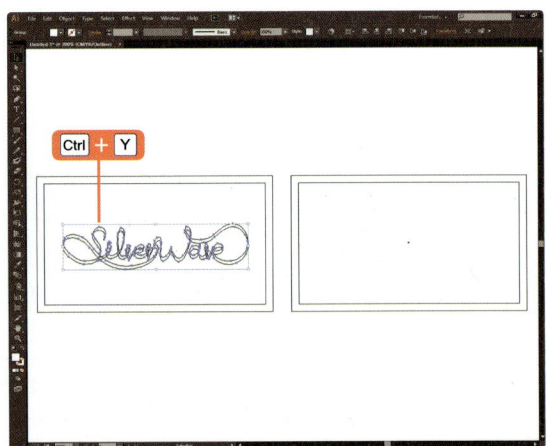

06 Ctrl+Y를 눌러 'Preview' 모드로 변환합니다. 로고 객체를 선택하고 [Tools] 패널의 'Stroke'를 'None'으로 지정한 다음 'Fill'을 클릭해 '흰색'으로 채색합니다.

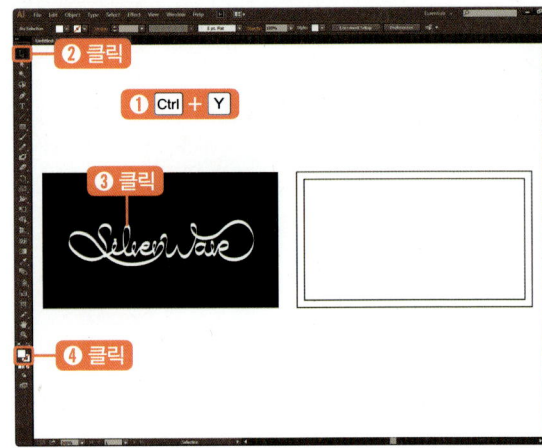

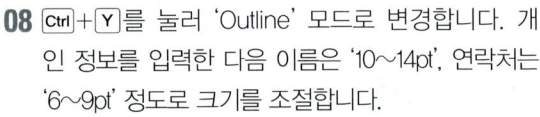

Tip 로고에 적용할 후가공 은박은 은색으로 적용되므로 작업 시 로고의 색상은 중요하지 않습니다.

07 명함 뒷면에 개인 정보를 입력하겠습니다. 작업선과 재단선 객체를 다중 선택하고 [Tools] 패널의 'Stroke'를 'None'으로 지정한 다음 'Fill'을 '흰색'으로 채색합니다.

08 Ctrl+Y를 눌러 'Outline' 모드로 변경합니다. 개인 정보를 입력한 다음 이름은 '10~14pt', 연락처는 '6~9pt' 정도로 크기를 조절합니다.

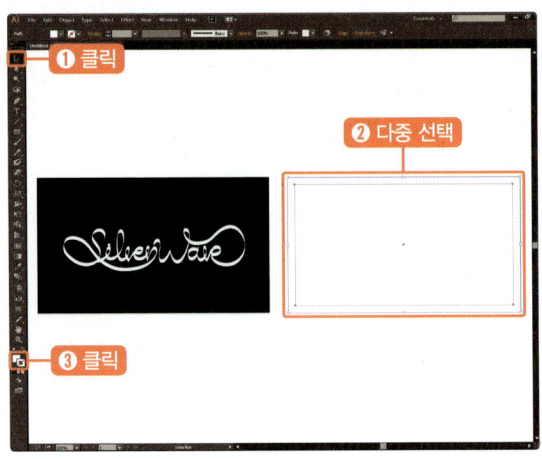

저자의 한마디

한글 입력 시 [Character] 패널에서 가로 폭, 자간 등의 옵션을 수정하면 문자의 가독성을 살릴 수 있습니다. 보통 가로 폭은 '90~95%'로, 자간은 '-50~-100' 정도로 조절합니다. 이에 대한 절대 값은 없으며 수치는 사용하는 폰트에 따라 달라질 수 있습니다.

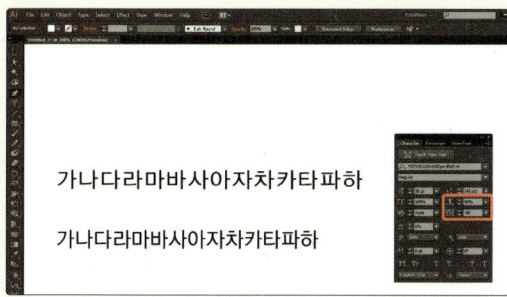

Tip 문자 크기는 단축키를 이용해서 조절할 수도 있습니다. 먼저 문자를 선택하고 Ctrl + Shift + ⟨ , ⟩ 를 눌러 '2pt'씩 증감할 수 있습니다. 또한, [Edit]-[Preference]-[Type] 메뉴를 선택하고 'Size/Leading' 항목에서 증감 정도를 조절할 수 있습니다.

09 명함의 뒷면에 입력한 이름 및 연락처 등의 개인 정보는 디자인하려는 명함에 어울리는 레이아웃으로 배치합니다.

저자의 한마디

명함의 로고 위치, 로고에 적용될 후가공, 명함의 가로, 세로 방향에 따른 디자인에 맞춰서 명함의 레이아웃은 다양하게 배치할 수 있습니다.

10 재단선으로 사용할 객체에 맞춰서 재단선을 생성합니다.

11 Ctrl + Y 를 눌러 'Preview' 모드로 변환합니다.

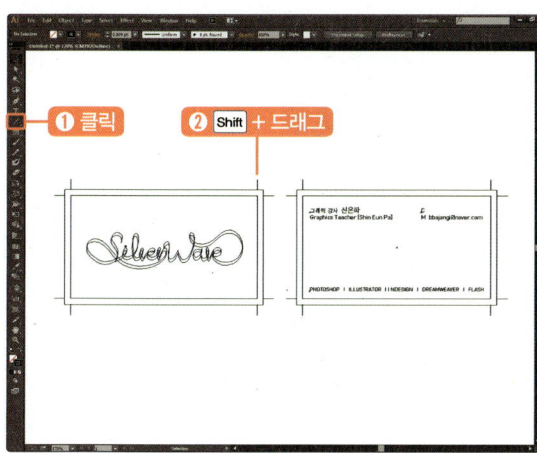

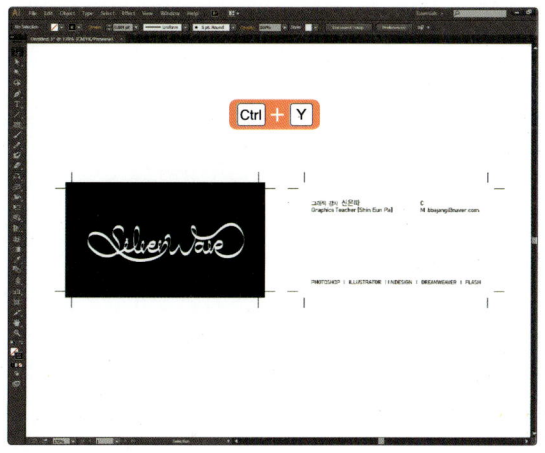

12 인쇄할 때 은박과 귀도리를 나타내기 위해서 위치 보기용 파일과 인쇄용 파일 두 가지로 정리합니다. 명함의 앞면 객체를 다중 선택하고 복제해 배치합니다.

Tip [View]-[Hide Artboards] 메뉴를 선택하고 작업창 경계선을 가려서 작업창에 여러 개의 객체를 자유롭게 배치할 수 있습니다.

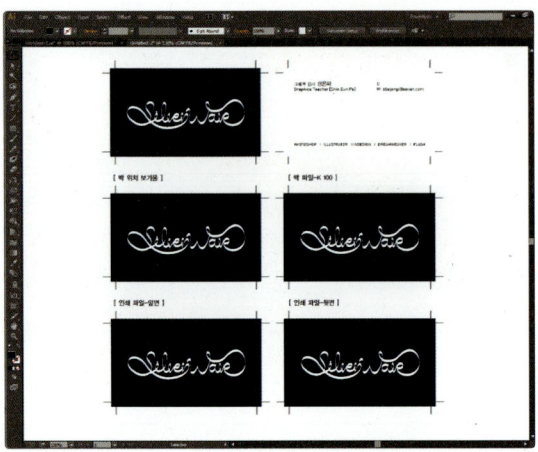
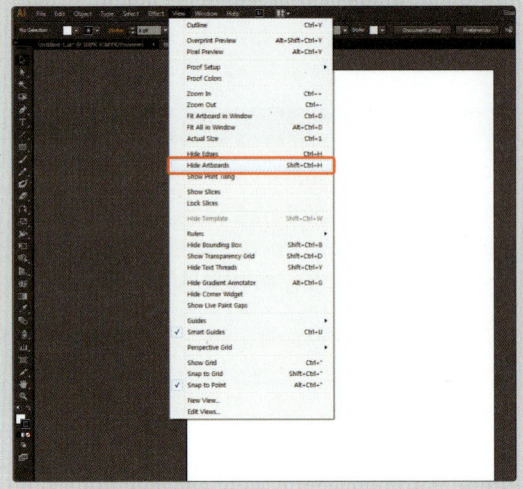

13 박 위치 보기용에 배치된 로고에 맞춰서 사각형 객체를 배치합니다. 박 파일에 배치된 로고는 '검은색'으로, 배경은 '흰색'으로 채색합니다.

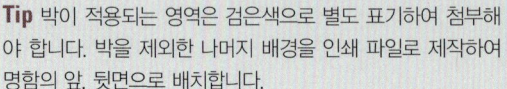

14 인쇄 파일의 앞면과 뒷면에 배치된 로고는 지우고, 뒷면의 배경은 '흰색'으로 채색합니다.

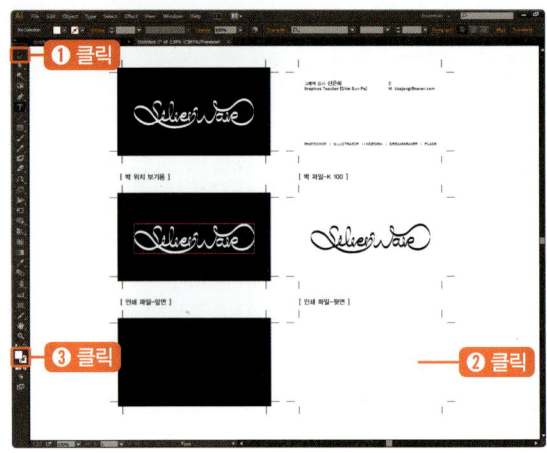

Tip 박이 적용되는 영역은 검은색으로 별도 표기하여 첨부해야 합니다. 박을 제외한 나머지 배경을 인쇄 파일로 제작하여 명함의 앞, 뒷면으로 배치합니다.

15 명함의 앞면 객체를 다중 선택하고 하나 더 복제합니다. 귀도리 보기용에 배치된 명함 가장자리에 맞춰서 둥근 사각형 객체를 배치합니다.

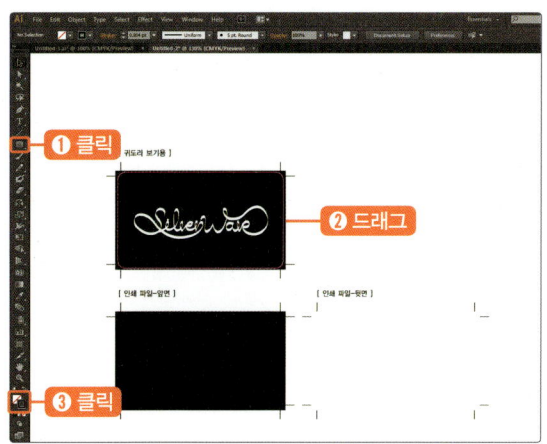

16 Ctrl+0을 누르고 전체 화면 보기로 인쇄 파일을 확인합니다.

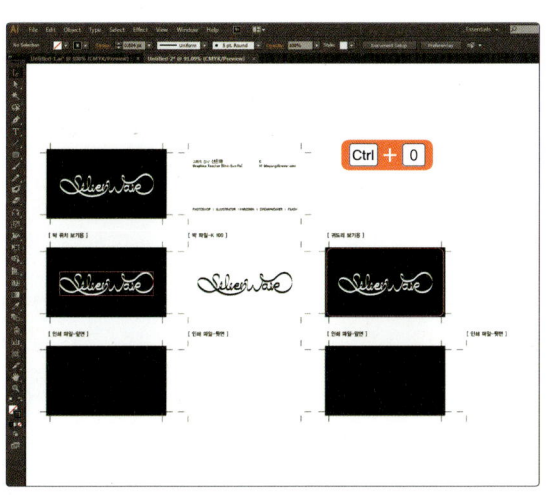

저자의 한마디

폰트가 유실될 경우를 대비해서 명함에 입력된 모든 문자는 오타가 없는 지 확인하고, 'Create Outlines'를 적용하는 것이 안전합니다. 이때 [Type]-[Find Font] 메뉴를 선택하여 작업창의 모든 문자가 객체 속성으로 변환되었는지 확인할 수 있습니다. 모든 문자가 객체 속성으로 변환되었을 시 'Fonts in Document' 항목에 폰트가 남아있지 않습니다.

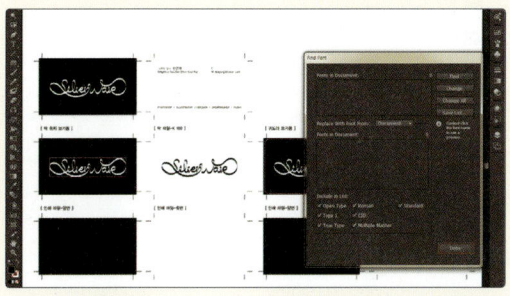

17 명함의 용지는 반누보 화이트, 후가공은 로고에 은박 무광을 명함의 모퉁이에 귀도리를 적용하였습니다.

저자의 한마디

인쇄 시 용지의 재질에 따라서 적용된 색상이 다양하게 연출될 수 있습니다. 명함 디자인 시 배경과 로고의 색상을 최대한 살릴 수 있는 적합한 용지를 선택하는 것이 중요합니다. 반누보 화이트는 표면을 특수 코팅 처리한 인쇄 용지로, 컬러가 많이 들어가는 인쇄물이나 고급스럽고 깔끔한 인쇄물에 많이 사용됩니다.

로고의 다양한 변형 및 명함 디자인

추가적으로 필자의 이름을 심벌과 폰트로 변형시켜 로고를 디자인하고, 이에 따른 용지와 후가공을 다양하게 적용한 필자의 작업 단계를 담아보겠습니다.

❶ Silver Wave의 다양한 폰트 적용 및 선별, 변형 작업 단계

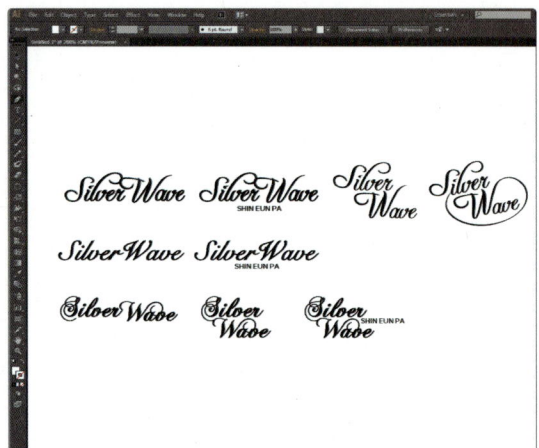 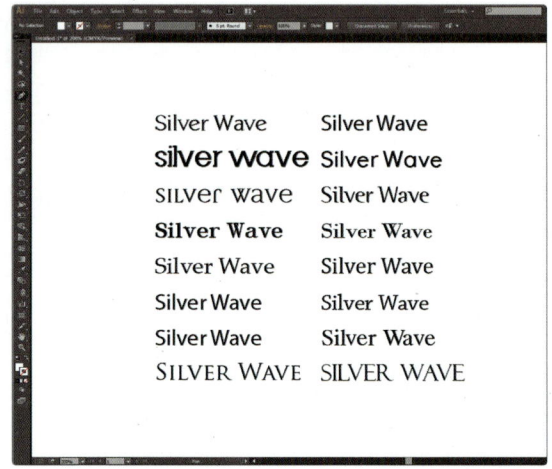

❷ 카드 재질(PET)의 명함으로 출력 시 인쇄 파일 정리

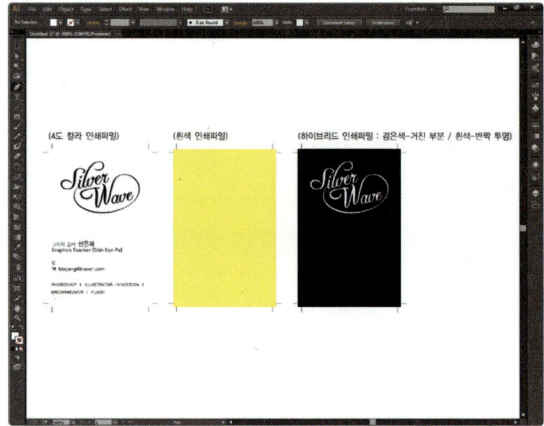

저자의 한마디

'PET'는 투명한 재질로 뒷면이 비쳐 단면 인쇄만 가능합니다. 카드 재질의 명함은 검은색이 적용되는 부분을 4도 컬러 인쇄 파일로, 투명한 부분으로 처리할 부분은 흰색 인쇄 파일로, 재질의 거친 부분과 투명 코팅이 적용되는 부분은 하이브리드 인쇄 파일로 정리해야 합니다. 카드 재질의 명함 크기는 '86x54mm'로 출력 시 크기를 변경할 수 없습니다.

❸ 'Silver Wave'를 형상화시킨 파도와 물방울 심벌을 제작, 로고에 형압을 적용한 베이직 용지의 명함 인쇄 파일 정리

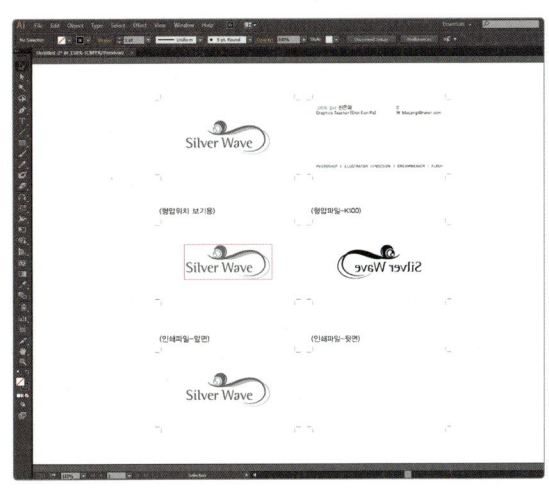

Tip 로고에 형압을 적용하면 로고를 앞 또는 뒤로 돌출시켜 입체적으로 돋보이는 효과를 연출할 수 있습니다. 형압의 인쇄 파일은 형압이 적용될 부분을 검은색으로 반전시켜 별도 표기하여 첨부해야 합니다. 형압이 배치될 부분의 명함 뒷면에 문자를 배치하면 돌출로 인한 가독성이 떨어질 수 있으므로, 가급적 공간을 피해서 문자를 배치한 레이아웃을 적용하는 것이 좋습니다.

아이덴티티 디자인

아이덴티티는 디자인은 제품에 사용되는 상표, 로고 유형, 색체 등을 통일시켜 일관성 있고 체계적으로 총괄하는 분야입니다. 광고주가 제작하는 개개의 광고물에 로고, 심볼, 마크, 카피, 슬로건, 이미지 등 모든 요소를 통합해서 목적에 맞고 일관성 있게 적용하여 브랜드를 소비자에게 인지시키는 것을 목적으로 합니다. 그래서 브랜드와 소비자의 상호 작용을 1차적으로 연결하는 단계로 광고 효과를 극대화할 수 있으므로 광고물의 기획, 제작에 중요한 요소가 됩니다. 이번 단계에서는 브랜드를 기획한 주제에 따라서 로고를 디자인하고 이것을 패키지에 접목하여 상품화한 내용을 양식에 맞추어 정리하는 방식에 대해서 설명하겠습니다.

실무자's Interview

▶ 두부(익명) / 디자인 프리랜서

C.I(Corporate Identity) 혹은 B.I(Brand Identity)의 디자인은 항상 어플리케이션(Application)을 염두에 두고 디자인을 해야 한다는 것이 중요합니다. 어플리케이션은 개발된 로고를 적용한 아이템(서식류, 유니폼, Sign, 차량 등)을 말해요. 로고 디자인에는 타이포그래피(Typography)를 활용한 레터링 형식, 함축적인 이미지를 활용한 심벌 형식(Samsung의 Typo 형식/Apple의 Symbol 형식)이 있습니다. 색상의 선택 시에는 되도록 PANTONE Color Chip을 활용해야 하며 색상 선택에도 의미를 부여해야 해요. Logo Manual(PPT) 작업 시에는 로고의 컨셉을 명기하고, 로고 조합/색상의 규칙 이후 적용 어플리케이션의 나열이 되어야 합니다. 또한 본 작업 전 아이디어 컨셉 스케치가 되었다면 철저한 시장 조사가 필요합니다. 세상에는 수많은 기업의 로고가 존재해요. 혹여 아이디어나 디자인이 겹치진 않는지 저작권/모방 문제도 확인해 볼 필요가 있어요. 로고는 기업의 얼굴이라 할 수 있기 때문이죠.

▶ 김종일 / 편집 디자이너, 기획자

BI 개발 시 브랜드에 걸맞는 아이덴티티와 타이포, 심볼을 디자인해야 해요. 그래서 상품성을 최대한 살리고 소비자에 각인시키는 것이 중요하죠. 이때, BI가 적용된 패키지 아이덴티티 작업의 양식을 정리할 때 정확한 수치와 출력 시 들어가는 재단선, 패키지에 사용되는 소재에 유념해야 하거든요. 왜냐하면 아이덴티티 양식이 잘못 정리되었을 때 브랜드의 이미지가 왜곡될 수 있고, 제작되는 디자인의 단가에 큰 영향을 미칠 수 있기 때문이에요.

Chapter 10

STEP 01 로고 디자인 카페 브랜드 'AMOR & COFFEEBEANS' 로고 디자인
STEP 02 패키지 디자인
STEP 03 아이덴티티 디자인

아이덴티티 디자인

브랜드는 단순한 상표나 로고를 의미하는 것이 아니라 제품의 품질과 서비스를 상징하는 포괄적인 의미를 포함합니다. 그래서 제품이나 서비스, 기업 이미지에 대한 연상을 소비자의 마음속에 형성시킬 수 있도록 디자인해야 합니다. 브랜드는 로고, 심벌, 엠블럼 등의 형태로 나타낼 수 있으며, 이것을 소비자에게 인식시키기 위해서는 아이덴티티 디자인이 필요합니다. 아이덴티티 디자인은 제품과 기업의 특징, 가치 등의 추상적인 개념을 시각적인 언어로 표현하여 소비자에게 전달하는 종합적인 수단입니다. 그래서 브랜드와 기업의 실체를 소비자가 직접 경험할 수 있게 해주는 매개체 역할을 할 수 있습니다. 아이덴티티 디자인은 일관성 있게 적용하고 전개하는 체계로써 클라이언트의 관점에서 소비자가 공감할 수 있도록 디자인해야 합니다.

| 전략적인 브랜드 분석 |

소비자 분석	경쟁사 분석	자사 분석
• 유행 • 동기 • 미충족 욕구	• 타사 브랜드 전략 • 강점 및 취약성 • 포지셔닝	• 브랜드 전략 • 브랜드 전통 및 강점 • 조직의 가치

| 전략적인 브랜드 분석 |

제품	조직	사람	상징
• 제품의 범위 • 제품의 특성 • 품질 및 가격 • 원산지 • 사용자 타겟	• 조직의 특징 • 조직의 관계	• 브랜드 전략 • 브랜드 전통 및 강점 • 조직의 가치	• 브랜드 전통 • 시각적 상징

| 브랜드 아이덴티티 기획 |

이번 단계에서는 'AMOR & COFFEEBEANS'이라는 가상의 카페를 브랜딩하고 이를 아이덴티티 디자인으로 개발하겠습니다.

제작 요청서

	분류	내용	비고
1	디자인 컨셉	커피를 통해 사람들이 행복을 느낄 수 있는 공간으로, 깔끔하면서 자연적인 느낌을 표현	사랑의 신 아모르의 날개와 사랑의 화살을 형상화시킨 로고 타입
2	디자인 색상	• 메인 색상 – 브라운(고채도 저명도의 커피 색상) • 보조 색상 – 그린(자연의 따스함을 표현할 수 있는 중명도 중채도의 옐로우 계열)	
3	디자인 사용 계획	카페 브랜드 로고 및 패키지 디자인	카페 관련 상품 패키지 디자인 추가
4	문구 및 기획안	디자인 완성 이후 확정 예정	
5	기타 사항	• 여성스럽고 모던함을 표현 • 커피의 감미로움을 느낄 수 있는 브랜드 네이밍 디자인	

Tip 디자인 의뢰 양식은 업체마다 다양하지만 클라이언트의 디자인 스타일(요구 사항)을 따를 수 있도록 계획하고 개발하는 것이 중요합니다.

예제 파일

객체 소스.ai   날개.ai   상자.ai

쇼핑팩.ai   아이덴티티.ai

: 완성 파일

IDENTITY Design AMOR & COFFEEBEANS

따뜻하고 감미로운 향의 커피로 사람들은 소통을 하고 편안함을 느낄 수 있습니다. 아모르는 로마 신화에 나오는 사랑의 신으로 운명에 대한 사랑, 연인을 뜻합니다. 신선하고 풍부한 향의 커피로 사랑을 맺어주는 의미로 아모르 커피빈이 탄생하였습니다. 그곳에서 사람들은 소중한 인연과 사랑을 느낄 수 있으며, 아모르 커피빈은 행복과 달콤함을 느낄 수 있는 공간입니다. 이런 의미로 아모르 커피빈의 기본 로고는 아모르를 상징하는 사랑의 화살을 형상화해서 제작하였습니다.

• Primary Logotype

• Color Palette

 C : 52 M : 70 Y : 78 K : 70

 C : 41 M : 11 Y : 91 K : 0

• Alternate Logotype

AMOR & COFFEEBEANS

• Logo Variations

Logo on color

White on black

• Typography

PERPETUA TITLING MT BOLD

AA 123   ABCDEFGHIJKLMNOPQRSTUVWXYZ 0123456789

IDENTITY Design AMOR & COFFEEBEANS

• Sign

AMOR & COFFEEBEANS

• Packing Coffee

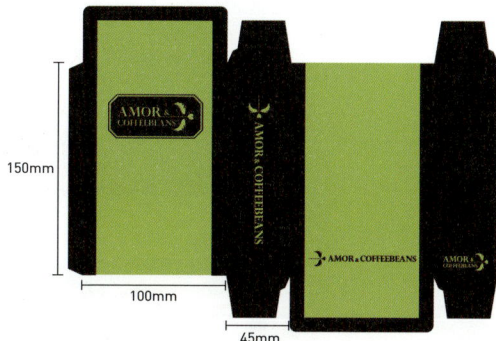
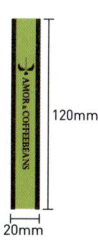

• Paper Bag

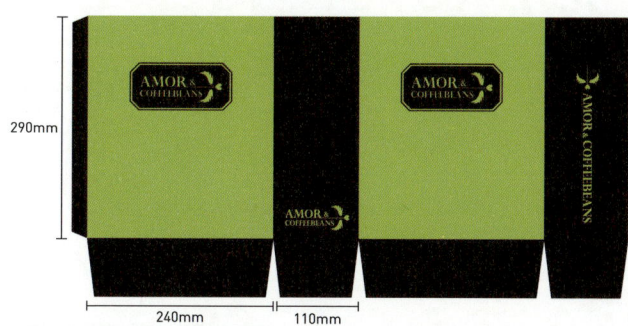

• Cup Holder

• Napkin

• Card

• Mug

• Paper Cup

• Tumbler

카페 브랜드 'AMOR & COFFEEBEANS' 로고 디자인

카페 브랜드 'AMOR & COFFEEBEANS'를 천사의 날개로 형상화하여 로고와 엠블럼을 디자인하겠습니다.

01 [File]-[New] 메뉴를 선택하고 작업창 크기(210mm ×297mm)를 지정합니다.

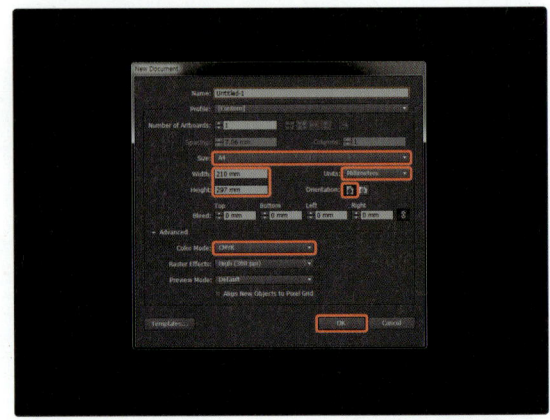

02 명조 계열의 폰트를 지정하여 'AMOR & COFFEEBEANS'를 입력합니다.

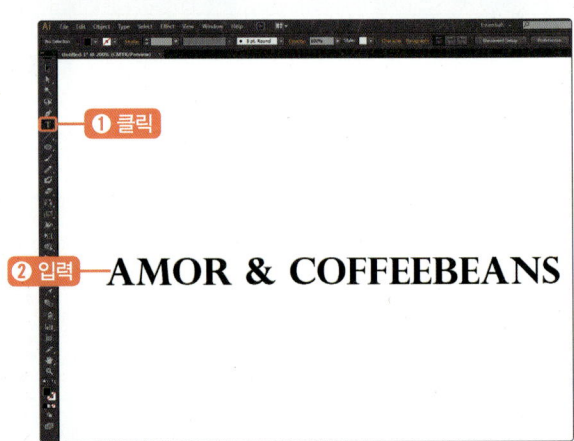

03 타입 툴로 '&'을 드래그하고 Ctrl+Shift+〈를 눌러 크기를 작게 조절합니다.

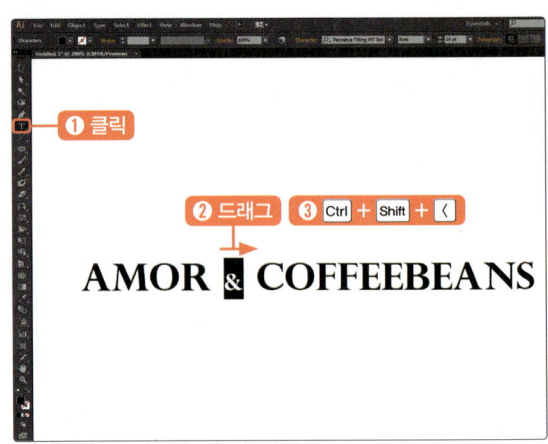

04 날개와 하트를 조합해서 로고에 사용될 화살을 제작하겠습니다. 선 툴을 이용해서 Shift 를 누른 상태에서 직선을 생성하고 선 두께를 '5pt'로 조절합니다. [Object]-[Path]-[Outline Stroke] 메뉴를 선택하고 적용된 선 두께를 객체 속성으로 변환합니다.

05 [File]-[Open] 메뉴를 선택해 '날개.ai' 파일을 엽니다. 날개 객체를 선택하고 Ctrl+C 를 눌러 복제하고 작업창에 Ctrl+V 를 누르고 배치합니다. 선 객체에 맞추어서 날개 객체를 배치합니다.

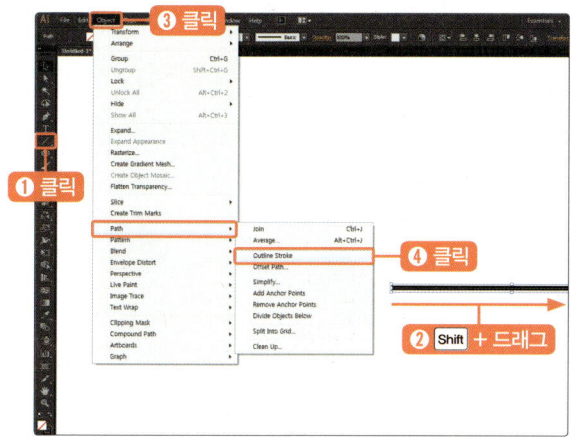
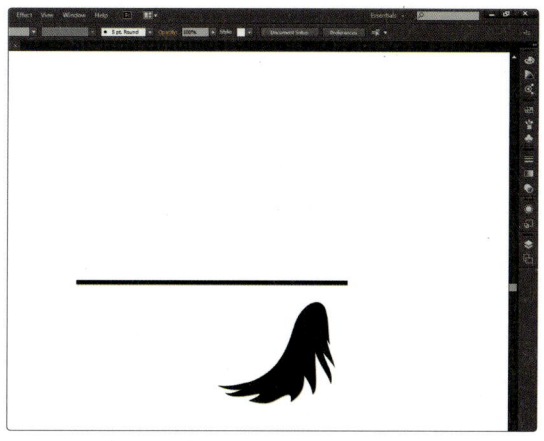

06 날개 객체를 선택하고 반전 툴로 Alt 를 누른 상태에서 선 객체를 클릭합니다. 상하 대칭 옵션으로 선택한 후 [Copy] 버튼을 클릭합니다.

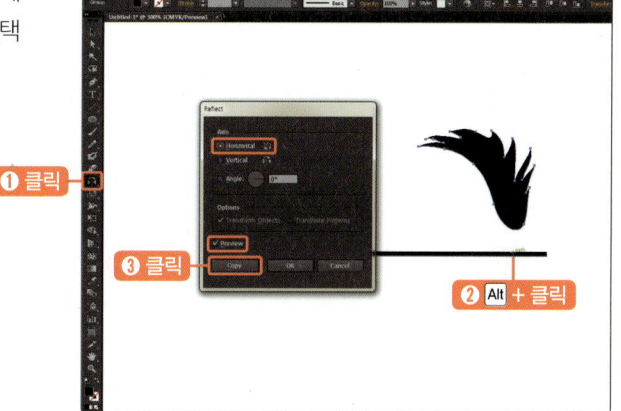

07 하트를 제작하겠습니다. 원형 객체를 생성합니다.

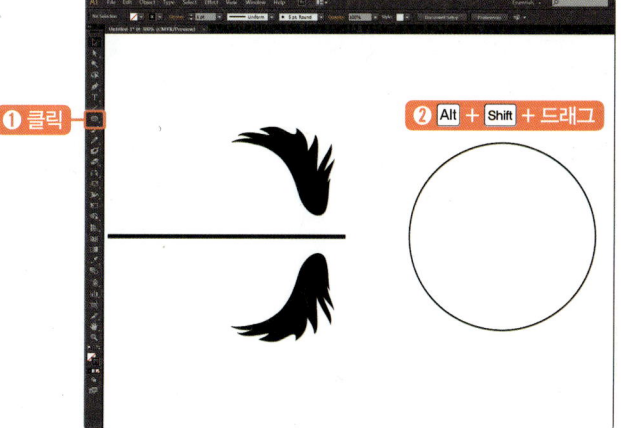

08 원형 객체를 선택하고 왼쪽의 점에 Alt 를 누른 상태에서 스케일 툴을 클릭합니다. 옵션창에서 'Uniform', 'Scale'에 '50%'를 입력하고 [Copy] 버튼을 클릭합니다.

09 복제된 객체를 선택하고 Alt + Shift 를 누른 상태에서 오른쪽으로 드래그해서 복제합니다.

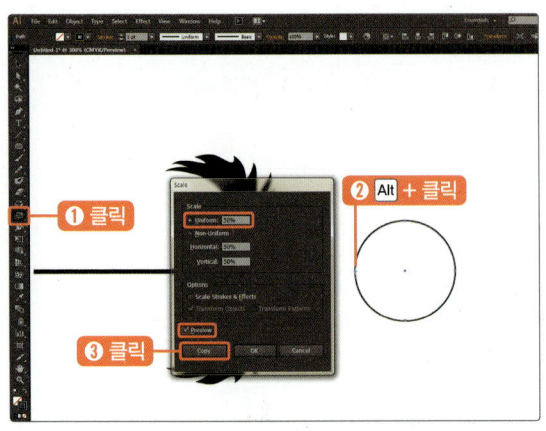
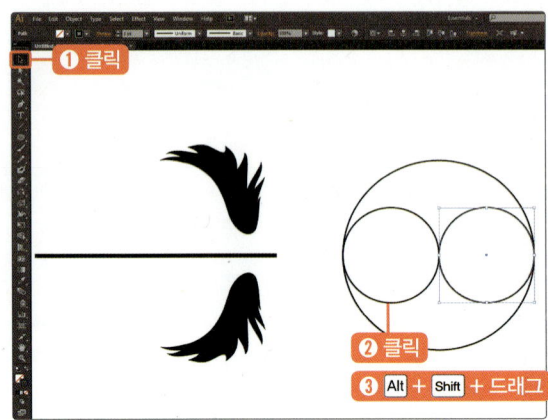

10 3개의 원형 객체를 선택하고 [Pathfinder] 패널에서 'Divide'를 클릭합니다. 마우스 오른쪽 단추를 클릭한 다음 'Ungroup'을 선택해 개별 객체로 풀어줍니다.

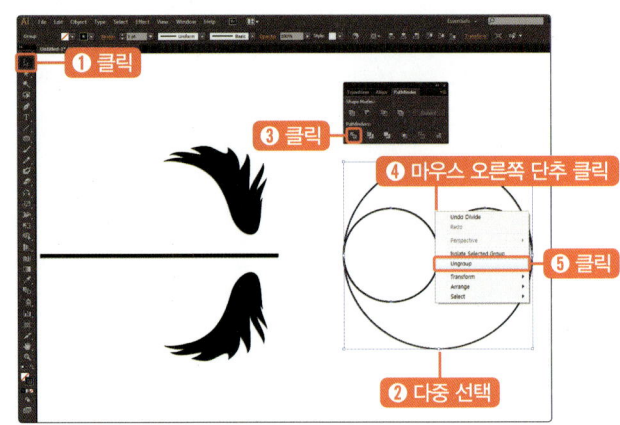

11 선택 툴로 상단의 분리된 패스를 선택하고 Delete 를 눌러 지웁니다.

12 남아있는 객체들을 다중 선택합니다. [Pathfinder] 패널에서 'Unite'를 클릭해 하나의 객체로 결합합니다.

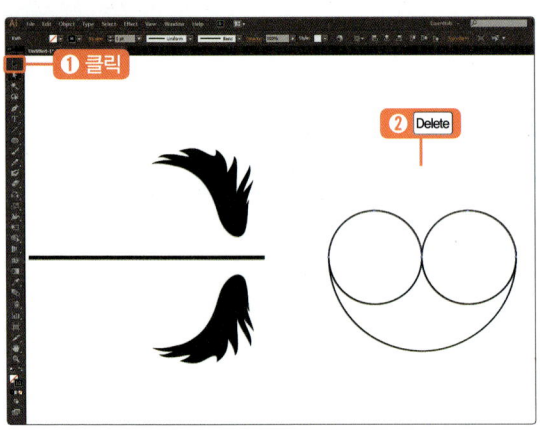
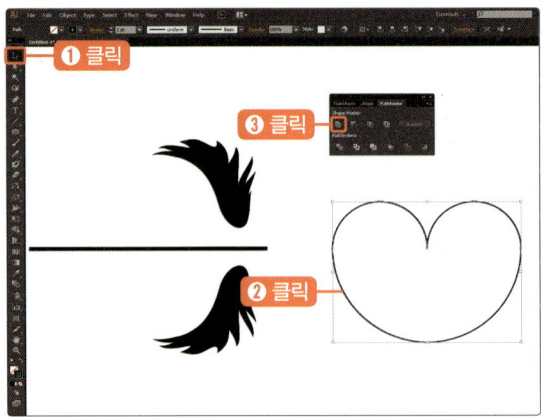

13 펜 툴로 Alt를 누른 상태에서 하단의 점을 클릭해서 모퉁이 점으로 변환합니다. 선택 툴로 객체를 선택하고 가로 폭을 줄입니다.

14 하트 객체는 선 객체에 맞추어 배치합니다.

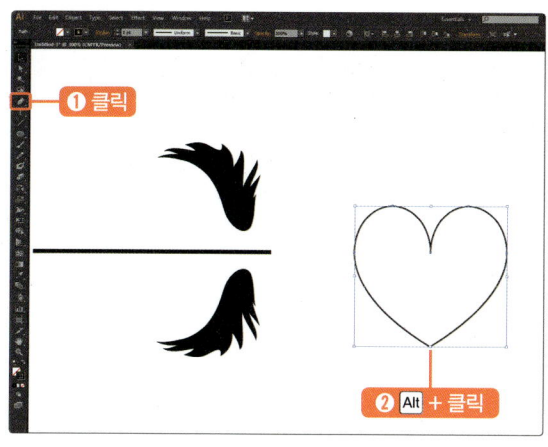

15 'AMOR & COFFEEBEANS'와 화살 객체는 [Tools] 패널의 'Fill'을 클릭하고 'C=52, M=70, Y=78, K=70'으로 채색합니다. 'AMOR & COFFEEBEANS'를 복제한 후 화살 객체와 어울리게 배치합니다.

16 'AMOR & COFFEEBEANS'와 화살 객체를 복제한 후 조합해서 배치합니다.

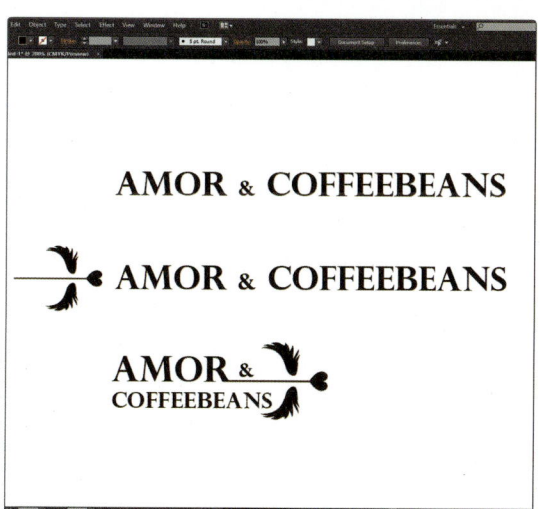

> **저자의 한마디**
> 로고는 문자와 심벌 타입, 엠블럼 등 다양한 형태로 조합하여 디자인할 수 있습니다.

17 앞에서 제작한 로고 타입을 이용해서 엠블럼을 제작하겠습니다. 사각형 객체와 선 툴로 Shift 를 누른 상태에서 직선을 생성합니다.

18 사각형과 선 객체를 선택하고 [Pathfinder] 패널에서 'Divide'를 클릭합니다. 마우스 오른쪽 단추를 클릭한 다음 'Ungroup'을 선택해서 개별 객체로 풀어줍니다.

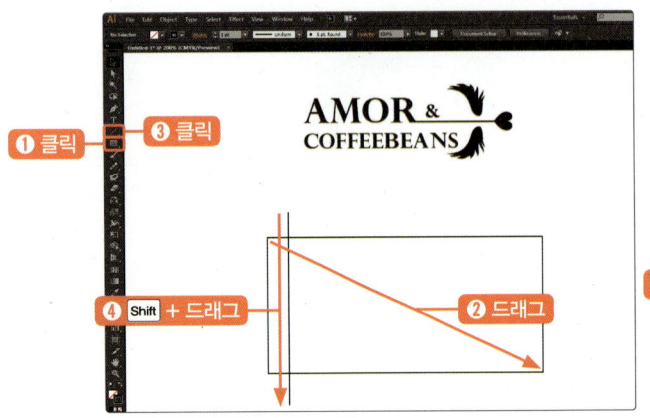

19 분리된 사각형 객체는 [Tools] 패널에서 자유 변형 툴을 선택하고 위젯에서 'Perspective Distort'를 이용해서 모양을 변형합니다.

20 사각형 객체를 선택하고 [Tools] 패널의 반전 툴을 더블클릭합니다. 좌우 대칭 옵션으로 선택한 후 [Copy] 버튼을 클릭합니다.

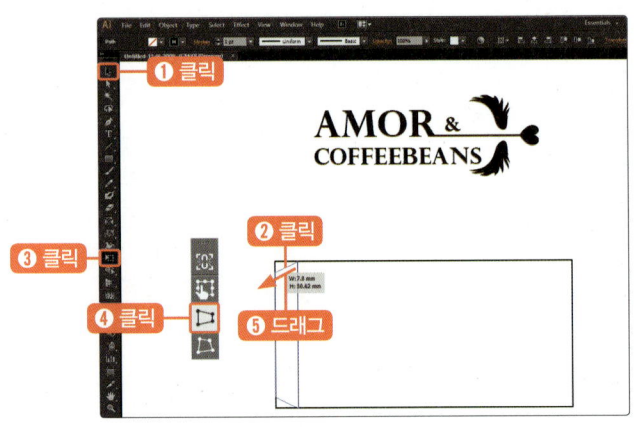

21 복제한 사각형 객체는 Shift 를 누른 상태에서 오른쪽으로 드래그해서 배치합니다.

22 3개의 사각형 객체는 다중 선택하고 [Pathfinder] 패널에서 'Unite'를 클릭합니다.

23 사각형 객체를 선택하고 [Object]-[Path]-[Offset Path] 메뉴를 선택하고 'Offset' 항목에 '-3mm'를 입력합니다.

24 바깥의 사각형 객체를 선택하고 선 두께를 '4pt'로 조절합니다. [Object]-[Path]-[Outline Stroke] 메뉴를 선택하고 적용된 선 두께를 객체 속성으로 변환합니다.

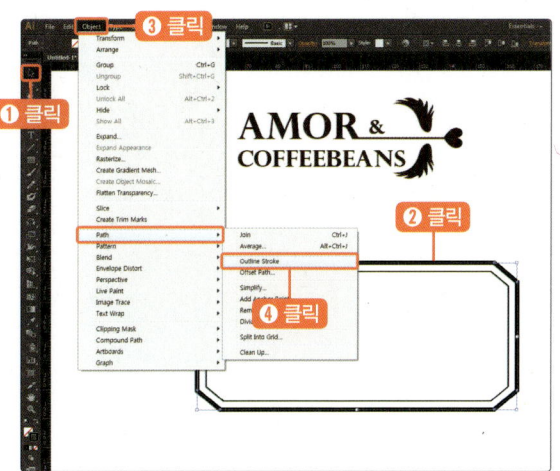

25 2개의 사각형 객체를 다중 선택하고 [Pathfinder] 패널에서 'Unite'를 클릭합니다. [Tools] 패널의 'Stroke'를 'None'으로 지정한 다음, 'Fill'을 클릭해 'C=52, M=70, Y=78, K=70'으로 채색합니다.

26 로고 타입에 배치된 문자를 선택하고 마우스 오른쪽 단추를 클릭한 다음 'Create Outlines'를 적용하여 객체 속성으로 변환합니다.

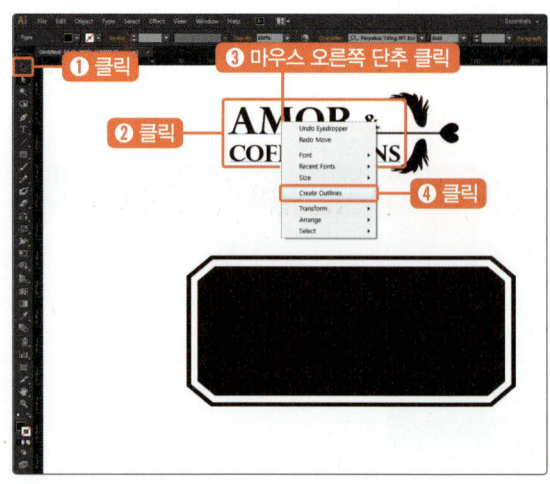

Tip 패스파인더의 'shape mode'는 선이나 문자에는 적용되지 않고 객체 속성에만 적용됩니다. 그래서 문자를 'Create Outlines'를 적용하여 객체 속성으로 변환하였습니다.

27 사각형 객체에 맞추어서 로고 타입 객체를 배치합니다. 다중 선택한 후 [Pathfinder] 패널의 'Exclude'를 클릭합니다.

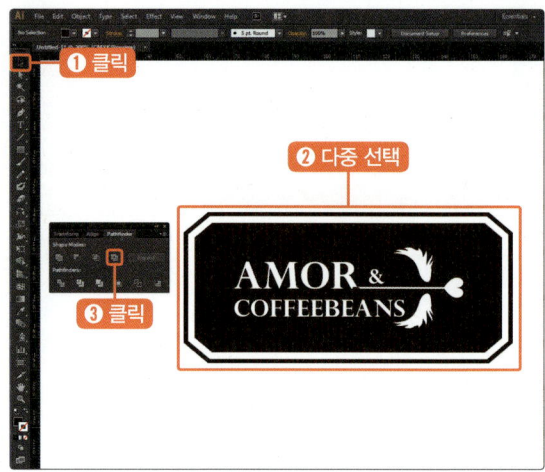

28 로고 타입과 엠블럼 객체는 [File]-[Save] 메뉴를 선택해 저장합니다.

패키지 디자인

아이덴티티 디자인에서 패키지에 로고가 적용된 가시안을 위한 상자, 쇼핑백, 머그잔, 텀블러 등을 제작하겠습니다.

01 [File]-[New] 메뉴를 선택하고 작업창 크기(210mm ×297mm)를 지정합니다.

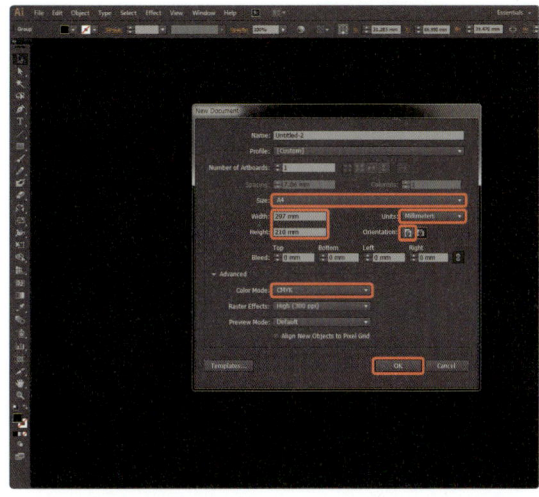

02 [File]-[Open] 메뉴를 선택해 '상자.ai' 파일을 엽니다. 상자 객체를 선택하고 Ctrl+C를 눌러 복제합니다. 작업창에 Ctrl+V를 눌러 배치합니다.

03 상자의 앞면과 윗면, 접히는 부분의 객체를 선택하고 [Tools] 패널의 'Stroke'는 'None'으로 선택한 다음 'Fill'을 클릭해 'C=52', 'M=70', 'Y=78', 'K=70'으로 채색합니다.

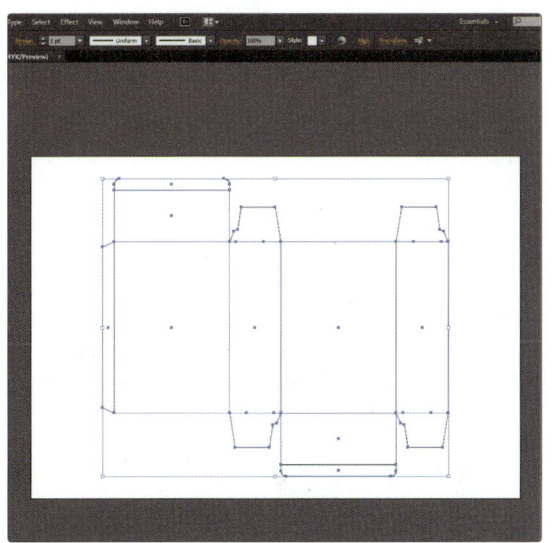

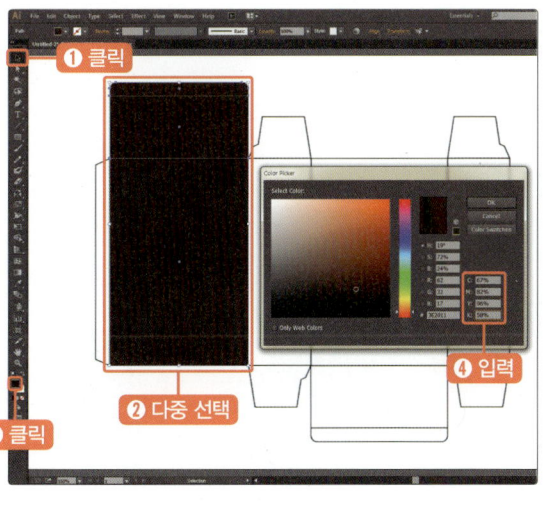

Tip 상자의 실제 크기는 '가로=100mm', '세로=150mm', '폭=45mm'입니다.

04 상자의 앞면과 윗면 객체를 선택합니다. [Tools] 패널의 스케일 툴을 더블클릭하고 [None]-[Uniform], 'Scale'에 가로폭 '80%'를 입력하고 [Copy] 버튼을 클릭합니다.

05 복제된 객체를 선택하고 'Stroke'는 'None'으로 지정한 다음, 'Fill'을 클릭하고 'C=41', 'M=11', 'Y=91', 'K=0'으로 채색합니다.

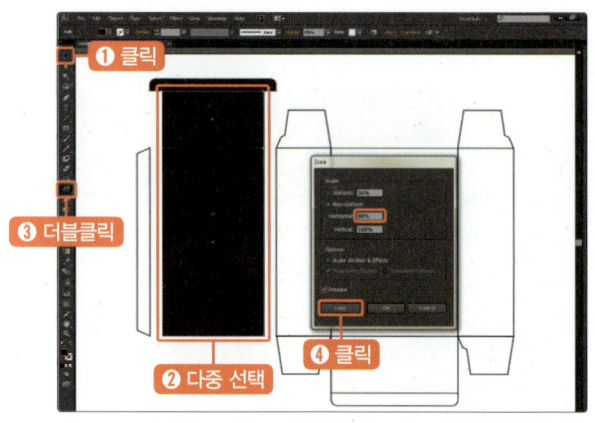
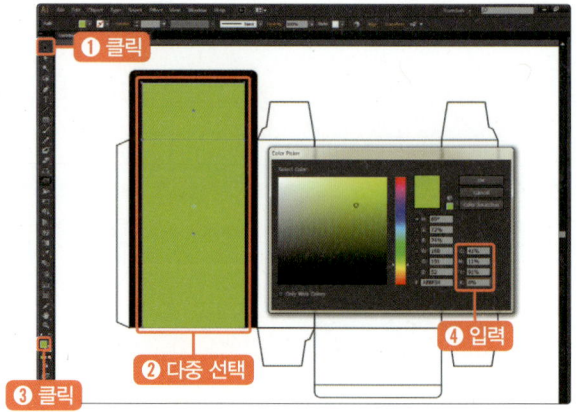

06 상자의 뒷면과 아랫면, 접히는 부분의 객체도 같은 방법으로 복제한 후 채색합니다.

07 상자의 옆면과 접히는 부분의 객체를 선택하고 [Tools] 패널의 'Stroke'는 'None'으로 지정한 다음, 'Fill'을 클릭하고 'C=52', 'M=70', 'Y=78', 'K=70'으로 채색합니다.

08 앞에서 제작한 로고 타입과 엠블럼 객체를 상자의 앞면과 뒷면, 옆면에 맞추어 크기 및 색상을 조절하여 배치합니다.

09 [File]-[Open] 메뉴를 선택하고 '상자.ai' 파일을 엽니다. 스틱 객체를 선택하고 Ctrl+C를 눌러 복제합니다. 작업창에 Ctrl+V를 눌러 배치합니다.

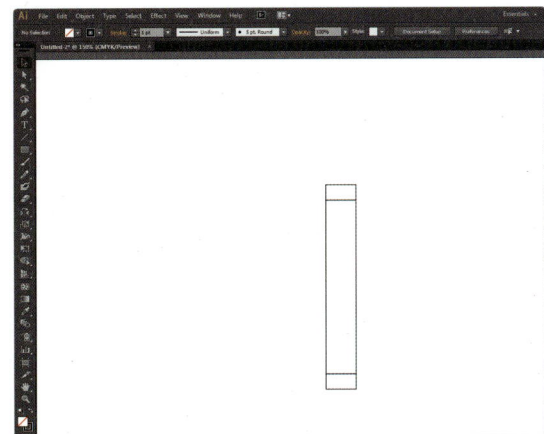

Tip 스틱의 실제 크기는 '가로=20mm', '세로=120mm'입니다.

10 스틱의 사각형 객체를 선택하고 [Tools] 패널의 'Stroke'는 'None'으로 지정한 다음 'Fill'을 클릭해 'C=52', 'M=70', 'Y=78', 'K=70'으로 채색합니다. [Tools] 패널의 스케일 툴을 더블클릭하고 [None]-[Uniform], 'Scale'에 가로폭 '70%'를 입력하고 [Copy] 버튼을 클릭합니다.

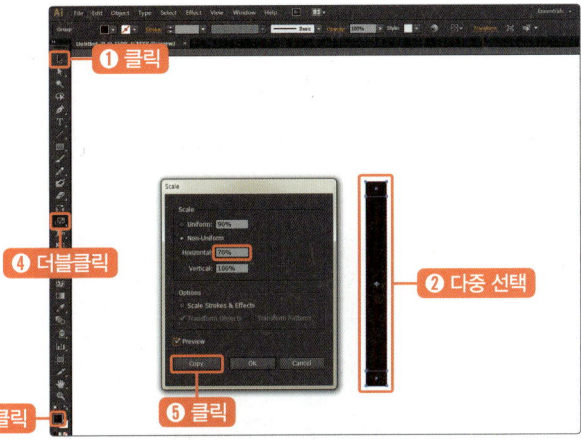

11 복제된 객체를 선택하고 'Stroke'는 'None'으로, 'Fill'을 클릭하고 'C=41', 'M=11', 'Y=91', 'K=0'으로 채색합니다.

12 스틱의 사각형 객체에 맞추어 로고 타입 객체의 크기 및 색상을 조절하여 배치합니다.

13 [File]-[Open] 메뉴를 선택해 '쇼핑백.ai' 파일을 엽니다. 쇼핑백 객체를 선택하고 Ctrl+C를 눌러 복제합니다. 작업창에 Ctrl+V를 눌러 배치합니다.

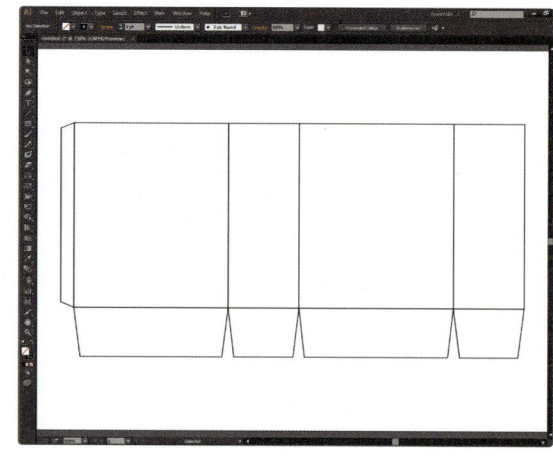

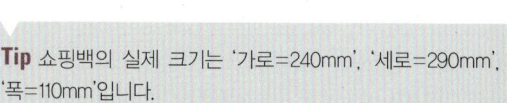
Tip 쇼핑백의 실제 크기는 '가로=240mm', '세로=290mm', '폭=110mm'입니다.

14 쇼핑백의 '앞면', '뒷면', '옆면' 객체를 선택하고 채색합니다.

15 로고 타입과 엠블럼 객체를 쇼핑백의 앞면과 뒷면, 옆면에 맞추어 크기 및 색상을 조절하여 배치합니다.

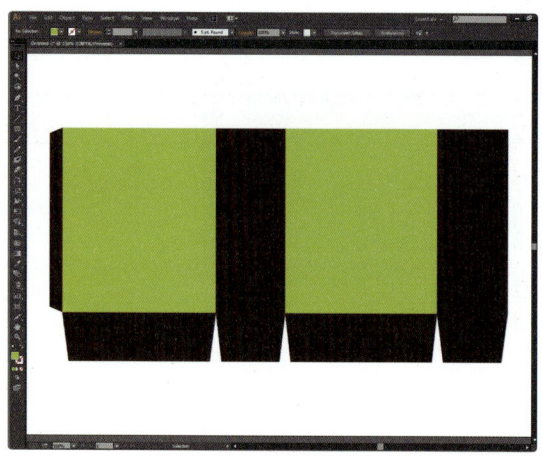

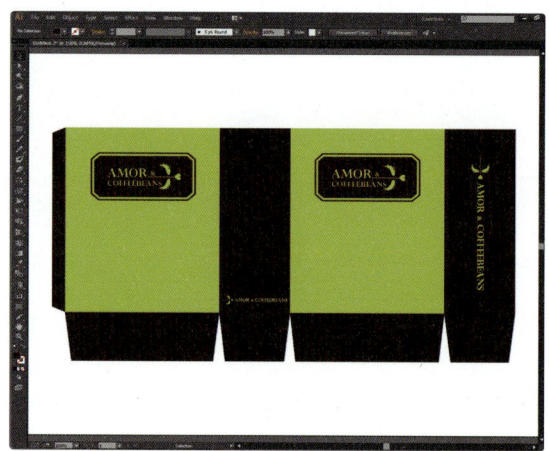

16 머그잔을 제작하겠습니다. 펜 툴로 패스를 생성합니다. [Tools] 패널의 'Fill'은 'None'으로 지정하고 'Stroke'는 '흰색'으로 채색합니다.

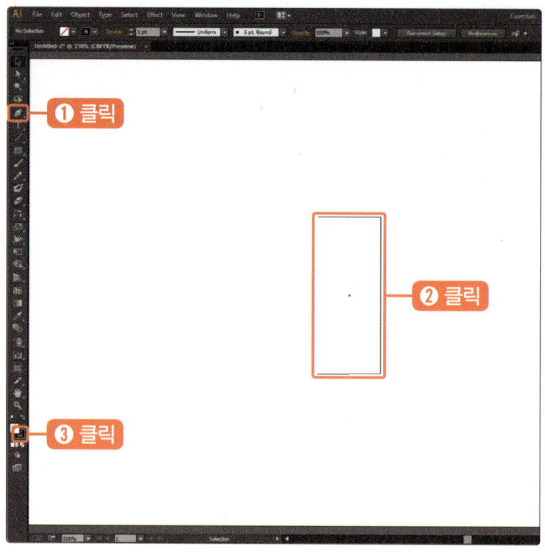

Tip 머그잔의 실제 크기는 '지름=75mm', '높이=90mm'입니다.

17 머그잔이 입체적으로 보일 수 있도록 입체 효과를 적용합니다. [Effect]-[3D]-[Revolve] 메뉴를 선택합니다. 옵션창 하단의 미리보기를 체크하고 머그잔이 입체적으로 보일 수 있도록 옵션을 조절합니다. (　:0°, 　:-24°, 　:0°, Light Intensity:100%, Ambient Light:75%, Highlight Intensity:60%, Highlight Size:90%, Blend Steps:25)

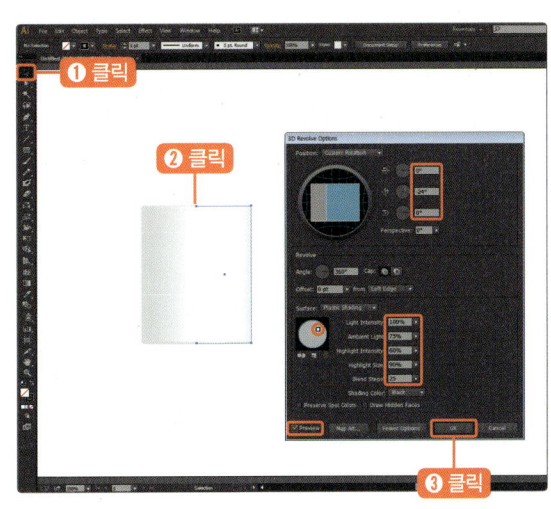

Tip 'Revolve'는 객체의 한쪽 면을 패스로 생성하고 이를 '360도' 회전하여 객체를 입체적 표현할 수 있습니다.

18 머그잔의 손잡이를 제작하기 위해 원형 객체를 생성합니다. 직접 선택 툴로 왼쪽의 점을 선택하고 Delete를 눌러 지웁니다.

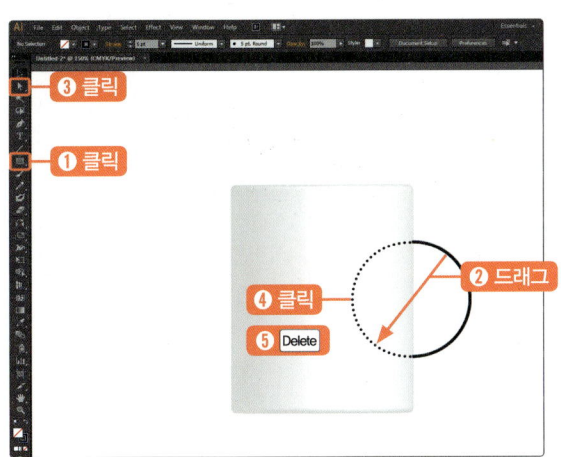

19 선 두께를 '5pt'로, 선 색상을 'K=15'로 변경합니다. [Object]-[Path]-[Outline Stroke] 메뉴를 선택하고 적용된 선 두께를 객체 속성으로 변환합니다.

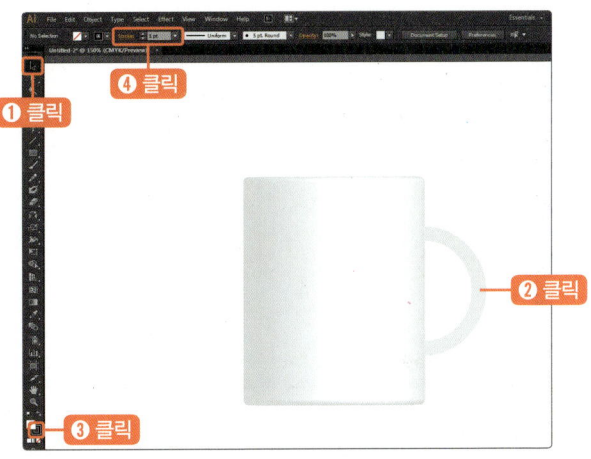

20 메시를 이용해서 손잡이가 입체적으로 보일 수 있도록 채색하겠습니다. 손잡이 객체를 선택하고 [Tools] 패널의 메시 툴로 클릭해서 망점을 생성합니다.

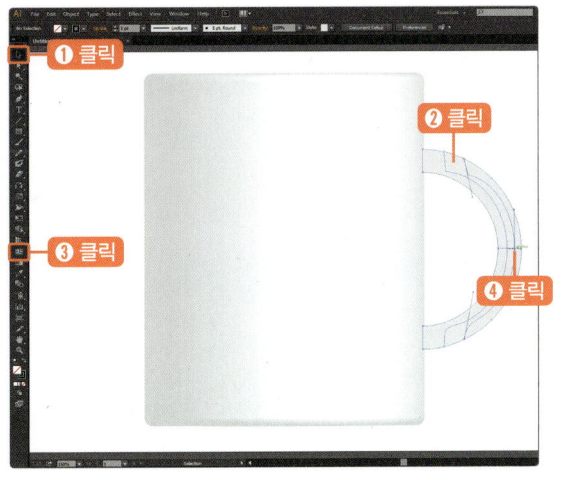

Tip 메시는 그라디언트와는 달리 객체의 원하는 부분에 망점을 추가해서 다양한 방향으로 채색할 수 있습니다. 추가된 망점은 객체의 패스에 연결되어 생성되며 색상 퍼짐 정도를 조절할 수 있습니다.

21 양 쪽 가장자리의 망점을 선택하고 [Color] 패널에서 'K=40'으로 색상을 조절합니다. (C:0%, M:0%, Y:0%, K:40%)

Tip 망점은 메시 툴, 또는 직접 선택툴로 선택할 수 있습니다.

22 내부의 점을 선택하고 'K=5'로 색상을 조절합니다.

23 손잡이 객체는 Ctrl+[를 눌러 머그잔 객체 뒤로 배열을 수정합니다. 엠블럼 객체를 배치합니다.

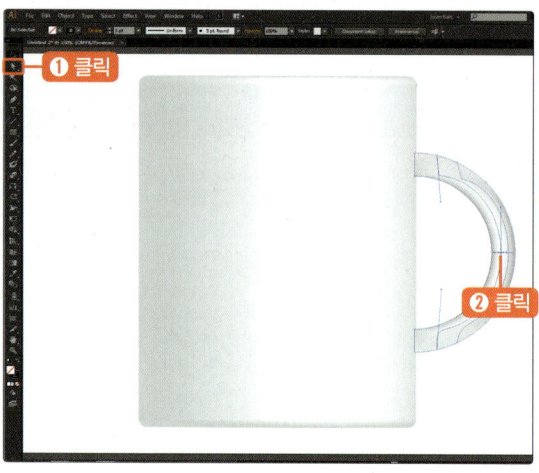

24 종이컵을 제작하겠습니다. 펜 툴로 패스를 생성합니다. [Tools] 패널의 'Fill'은 'None'으로, 'Stroke'는 '흰색'으로 채색합니다.

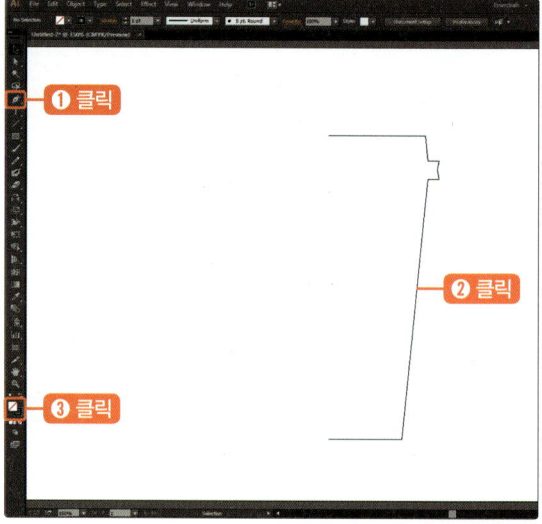

Tip 종이컵의 실제 크기는 아랫면을 기준으로 '지름=60mm', '높이=115mm'입니다.

25 종이컵이 입체적으로 보일 수 있도록 입체 효과를 적용합니다. [Effect]-[3D]-[Revolve] 메뉴를 선택합니다. 옵션창 하단의 미리보기를 체크하고 종이컵이 입체적으로 보일 수 있도록 옵션을 조절합니다. (🔄:0°, 🔃:-27°, 🔁:0°, Light Intensity:100%, Ambient Light:75%, Highlight Intensity:60%, Highlight Size:90%, Blend Steps:25)

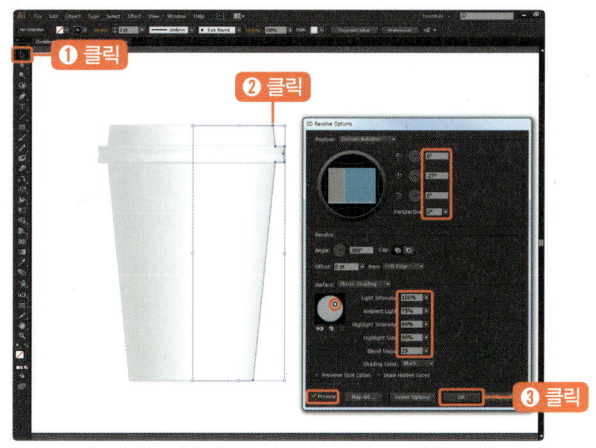

26 종이컵 홀더를 제작하기 위해 사각형 객체를 생성합니다. [Tools] 패널에서 자유 변형 툴을 선택하고 위젯에서 'Perspective Distort'를 이용해서 모양을 변형하고 채색합니다.

27 종이컵 홀더에 엠블럼 객체를 배치합니다.

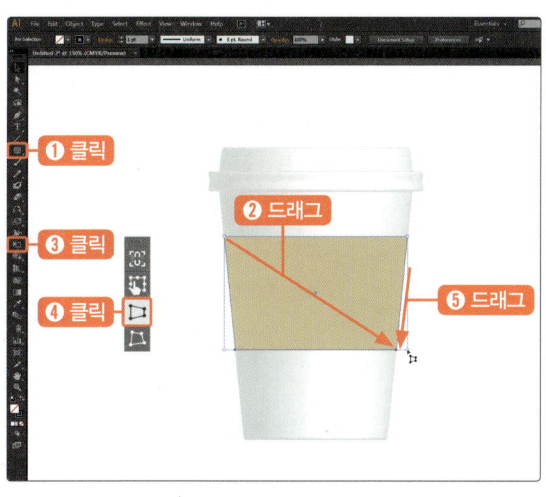

28 텀블러를 제작하겠습니다. 텀블러의 뚜껑과 컵 부분을 나누어서 패스를 따로 생성합니다. [Tools] 패널의 'Fill'은 'None'으로, 'Stroke'는 'C=52, M=70, Y=78, K=70'로 채색한 다음 'C=41, M=11, Y=91, K=0'로 변환해 채색합니다.

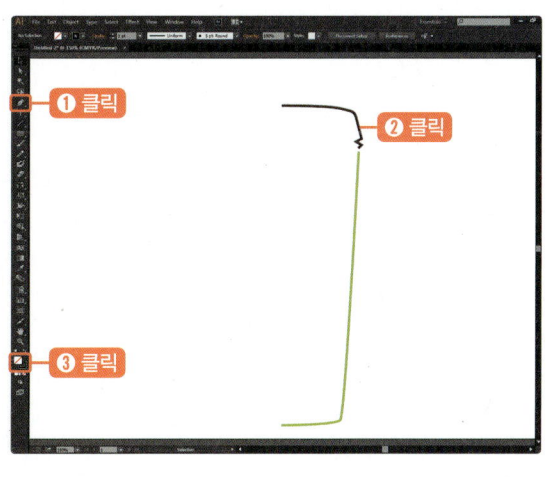

Tip 텀블러의 실제 크기는 아랫면을 기준으로 '지름=70mm', '높이=165mm' 입니다.

29 텀블러가 입체적으로 보일 수 있도록 입체 효과를 적용합니다. 텀블러의 컵 부분 객체를 선택하고 [Effect]-[3D]-[Revolve] 메뉴에서 옵션을 조절합니다. 텀블러의 뚜껑 부분도 같은 방법으로 'Revolve'를 적용합니다. (🔄:0°, ↕:-26°, ↻:0°, Light Intensity: 100%, Ambient Light:75%, Highlight Intensity:60%, Highlight Size:90%, Blend Steps:25)

30 텀블러에 엠블럼 객체를 배치합니다.

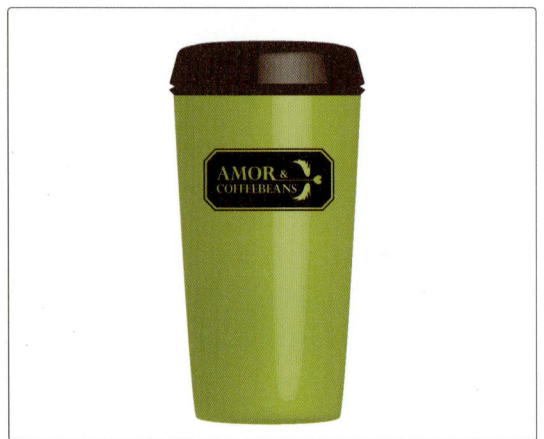

31 종이컵 홀더, 티슈, 카드 객체도 같은 방법으로 제작합니다.

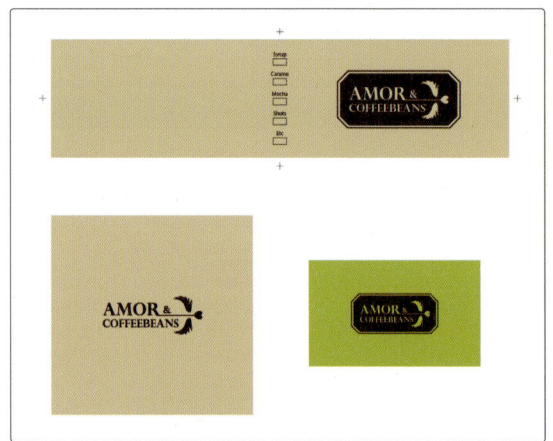

Tip 종이컵 홀더는 로고의 크기 및 여백을 유의해서 주문 제작할 수 있습니다. 티슈의 실제 크기는 '가로, 세로=115mm', 카드의 실제 크기는 '가로=86mm', '세로=54mm'입니다.

32 패키지 관련 객체들은 [File]-[Save] 메뉴를 눌러 저장합니다.

아이덴티티 디자인

클라이언트의 디자인 의뢰에 따른 브랜딩 작업을 아이덴티티 디자인의 양식에 맞추어 로고 의미 및 적용된 색상, 로고가 적용된 패키지 가시안을 배치하겠습니다.

01 [File]-[New] 메뉴를 선택하고 작업창 크기(210mm ×297mm)를 지정합니다.

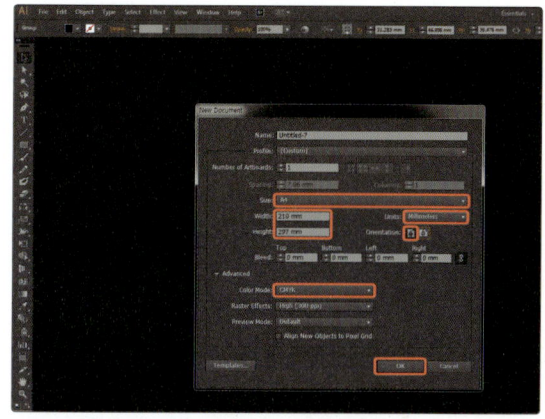

02 앞에서 제작한 로고 타입과 패키지를 소개할 수 있는 아이덴티티 디자인 양식을 제작하겠습니다. 작업창 위쪽에 타이틀 바를 배치하기 위해서 둥근 사각형 객체와 선 툴로 Shift 를 누른 상태에서 직선을 생성합니다.

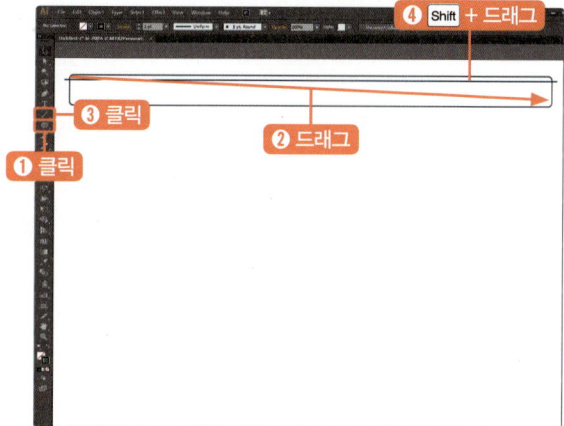

03 앞에서 제작한 로고 타입과 패키지를 소개할 수 있는 아이덴티티 디자인 양식을 제작하겠습니다. 작업창 위쪽에 타이틀 바를 배치하기 위해서 둥근 사각형 객체와 선 툴로 Shift 를 누른 상태에서 직선을 생성합니다.

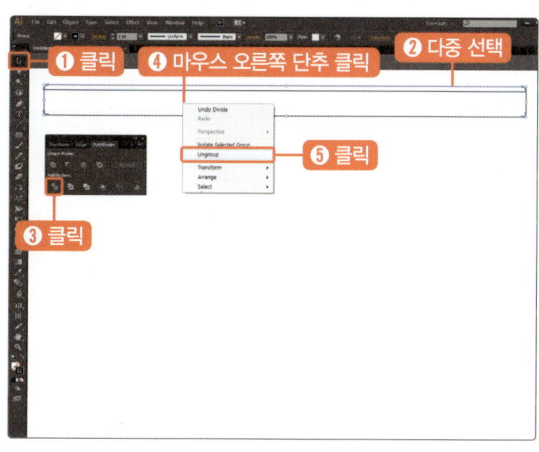

04 분리된 위쪽 객체를 선택하고 [Tools] 패널의 'Stroke'는 'None'으로, 'Fill'을 클릭하고 'K=80'으로 채색합니다. 분리된 아래쪽 객체를 선택하고 [Tools] 패널의 'Stroke'는 'K=80'으로, 'Fill'을 클릭하고 그라디언트를 채색합니다.

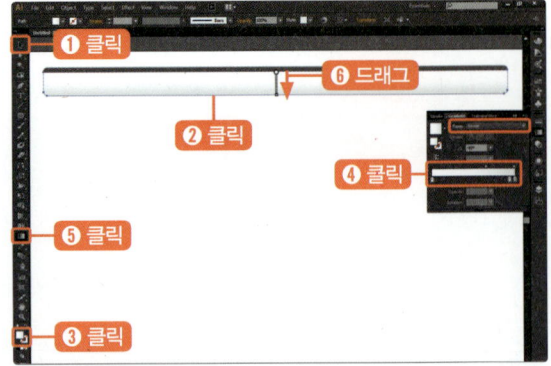

05 아래쪽 객체에 적용된 선 두께 위치를 [Stroke] 패널의 'Align Stroke'에서 'inside'로 변경합니다.

06 타이틀 바의 그림자를 제작하기 위해서 검은색의 사각형 객체를 생성합니다.

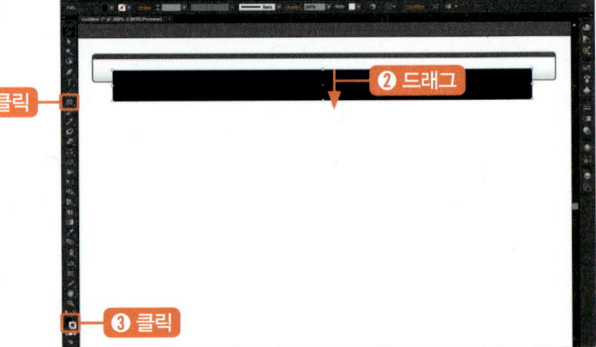

07 [Tools] 패널에서 자유 변형 툴을 선택하고 위젯에서 'Perspective Distort'를 이용해서 모양을 변형합니다.

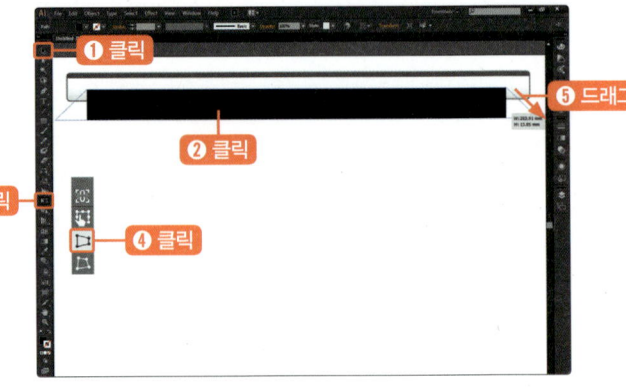

08 [Effect]-[Stylize]-[Feather] 메뉴를 선택합니다. 옵션창 하단의 미리보기를 체크하고 부드럽기(7mm)를 조절합니다.

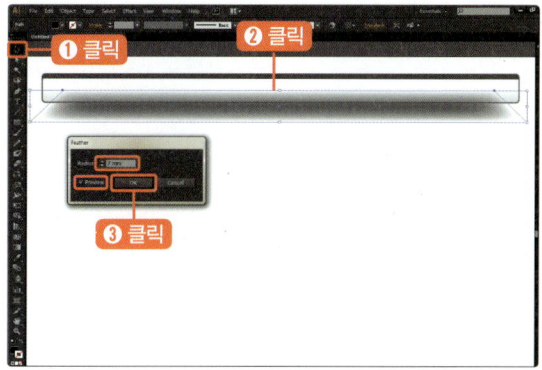

09 그림자 객체는 Ctrl+Shift+[을 눌러 타이틀 바 객체 뒤로 배열을 수정합니다.

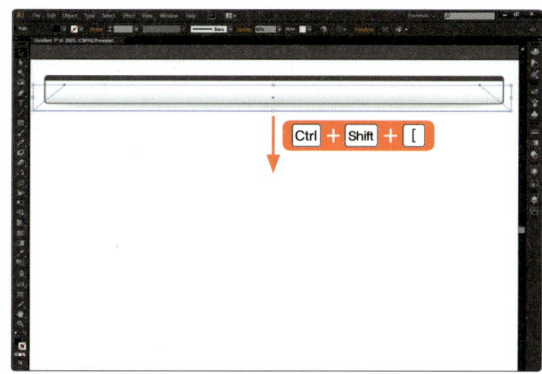

10 고딕 계열의 폰트를 지정하고 'IDENTITY Design AMOR & COFFEEBEANS'를 입력합니다.

11 로고 타입의 어플리케이션을 제작하겠습니다. [File]-[Open] 메뉴를 선택하고 '아이덴티티.ai' 파일을 엽니다. 로고 타입의 설명글을 선택하고 복제한 후 작업창에 배치합니다.

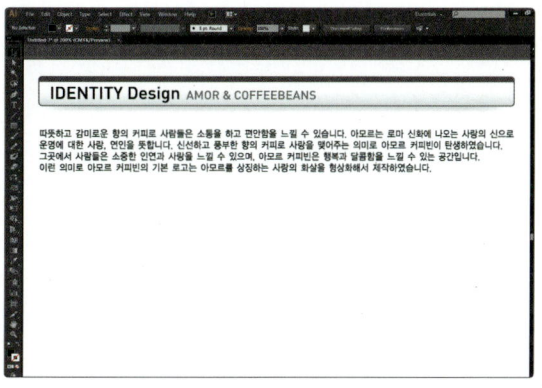

12 설명글 아래에 선 툴을 이용해서 Shift를 누른 상태에서 직선을 생성합니다. 'Primary Logotype'을 입력하고 앞에서 제작한 엠블럼 객체를 배치합니다.

13 엠블럼 객체 아래에 선을 생성하고 'Coloer Palette'를 입력합니다. 디자인에 사용된 메인과 서브 색상을 사각형의 객체에 채색해서 색상 코드와 함께 배치합니다.

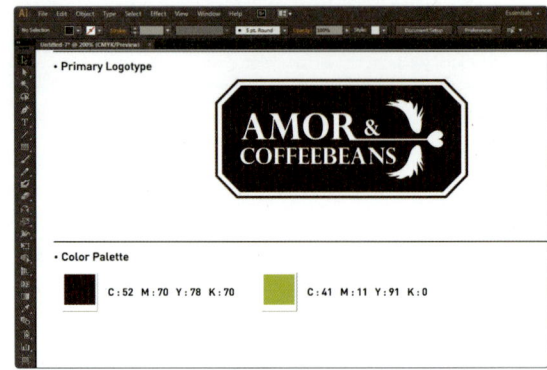

14 'Coloer Palette' 아래에 선을 생성하고 'Alternate Logotype'를 입력합니다. 앞에서 제작한 다양한 변형 형태의 로고 타입을 배치합니다.

> **저자의 한마디**
> 'Alternate Logotype'은 로고를 텍스트 또는 레이아웃을 변형시켜 표현한 항목입니다.

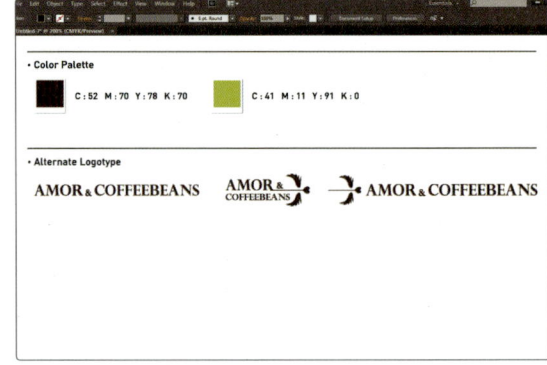

15 'Alternate Logotype' 아래에 선을 생성하고 'Logo Variations'를 입력합니다. 색상과 흑백 조합 판형을 배치합니다.

> **저자의 한마디**
> 'Logo Variations'는 메인, 서브 색상으로 제작한 로고를 다른 색상의 조합으로 표현한 항목입니다.

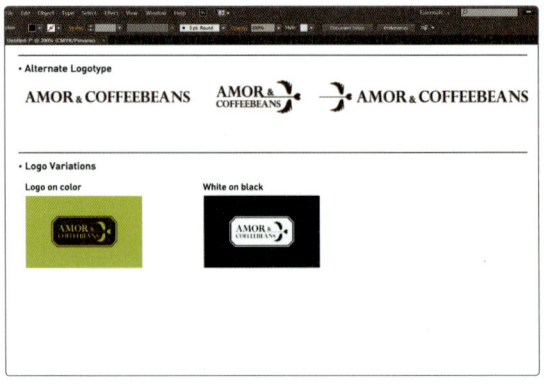

16 'Logo Variations' 아래에 선을 생성하고 'Typography'를 입력합니다. 로고에 사용된 폰트와 알파벳 순으로 텍스트를 입력합니다.

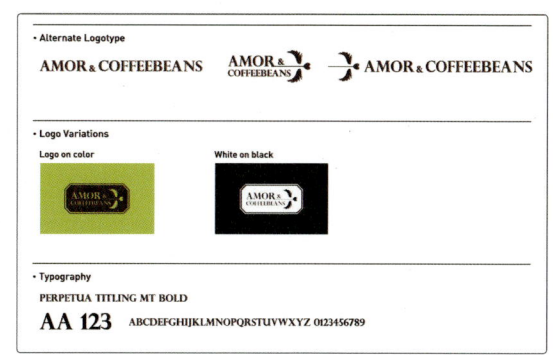

17 로고 타입 관련 아이덴티티 양식은 [File]-[Save] 메뉴를 눌러 저장합니다.

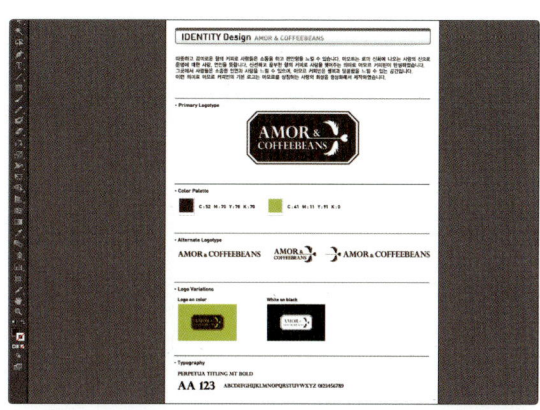

18 패키지 어플리케이션을 제작하겠습니다. 앞에서 로고 타입의 어플리케이션에서 작업한 타이틀 바를 선택하고 Ctrl+C를 눌러 복제합니다. [File]-[New] 메뉴를 선택하고 새 창을 열어서 Ctrl+Shift+V를 누르고 배치합니다.

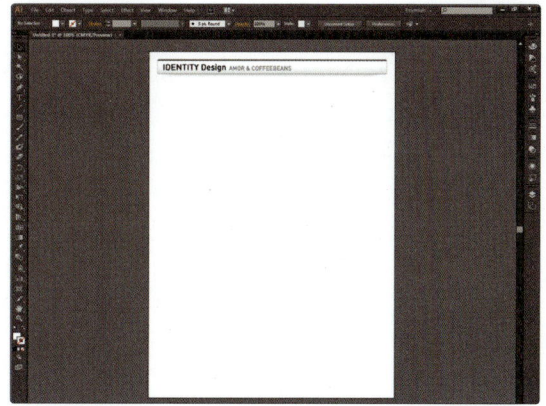

Tip Ctrl+Shift+V는 작업창에서 복제한 객체의 위치를 다른 작업창에서 같은 위치로 배치할 수 있는 단축키입니다.

19 'Sign'을 입력합니다. 사각형 객체를 생성하고 [Tools] 패널의 'Stroke'는 'None'으로, 'Fill'을 클릭하고 'C=52, M=70, Y=78, K=70'으로 채색합니다. 사각형 객체에 맞추어 로고를 배치하고 'C=41, M=11, Y=91, K=0'으로 채색합니다.

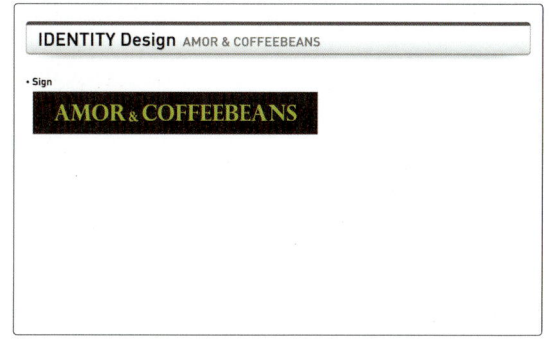

저자의 한마디

'Sign'은 카페의 간판으로 사용하기 위한 항목입니다.

20 'Sign' 아래에 선을 생성하고 'Packing Coffee'를 입력합니다. [File]-[Open] 메뉴를 선택하고 '아이덴티티.ai' 파일을 엽니다. 상자 객체를 선택하고 복제한 후 작업창에 배치합니다. 앞에서 제작한 상자 도안과 스틱 객체를 복제하여 배치합니다.

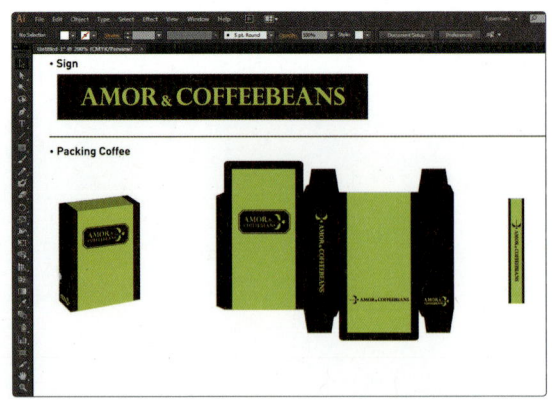

21 상자의 넓이, 높이, 폭에 대한 실제 크기를 가로, 세로 '0.5pt' 두께로 조절한 선을 생성해서 표기합니다.

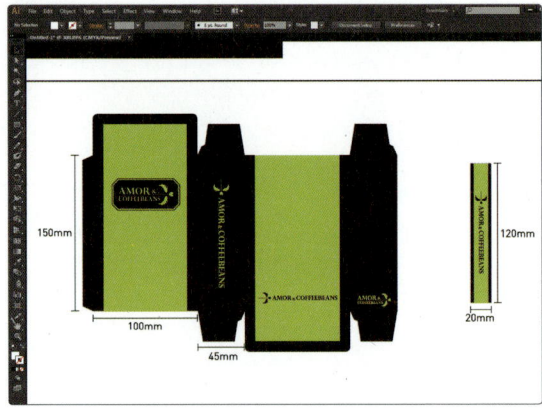

22 'Packing Coffee' 아래에 선을 생성하고 'Paper Bag'을 입력합니다. '아이덴티티.ai' 파일에서 쇼핑백 객체를 선택하고 복제한 후 작업창에 배치합니다. 앞에서 제작한 쇼핑백 도안 객체를 복제하여 배치합니다.

23 쇼핑백의 넓이, 높이, 폭에 대한 실제 크기를 가로, 세로 '0.5pt' 두께로 조절한 선을 생성해서 표기합니다.

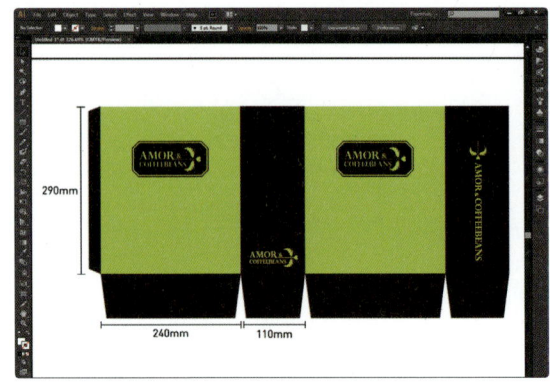

24 'Paper Bag' 아래에 선을 생성하고 나머지 패키지들의 이름을 입력합니다. 앞에서 작업한 패키지 객체를 복제하여 배치합니다.

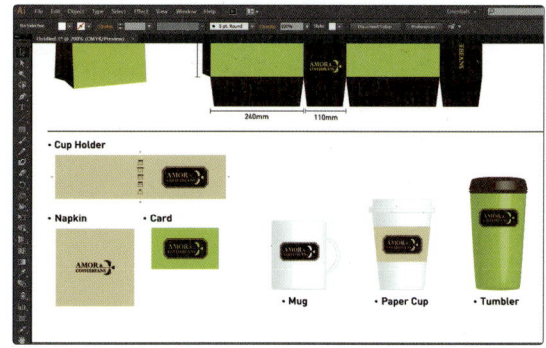

25 패키지 관련 아이덴티티 양식은 [File]-[Save] 메뉴를 눌러 저장합니다.

상자 패키지 도안 제작

패키지 디자인 시 사용될 상자를 원하는 크기 및 모양으로 제작하기 위해서는 패키지 형태에 따른 도안을 제작하는 방법에 대해 알아야 합니다. 그래서 이번 단계에서는 상자의 실제 크기에 맞춰 도안을 제작하겠습니다.

❶ [File]-[New] 메뉴를 선택하고 작업창 크기(420mm×297mm)를 지정합니다.

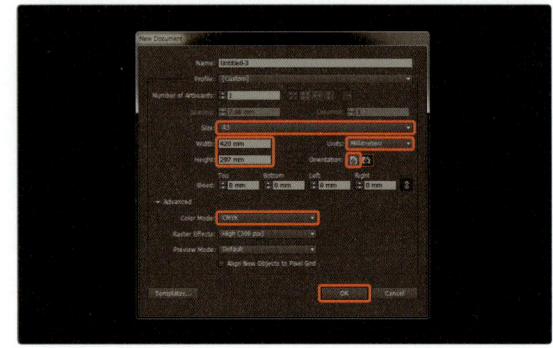

❷ 사각형 툴을 작업창에 클릭하고 상자의 앞면으로 사용할 수치(100mm×150mm)를 입력한 후 배치합니다.

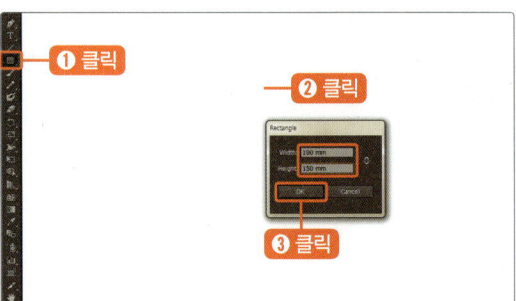

❸ 사각형 툴을 작업창에 클릭하고 상자의 옆면으로 사용할 수치(45mm×150mm)를 입력합니다.

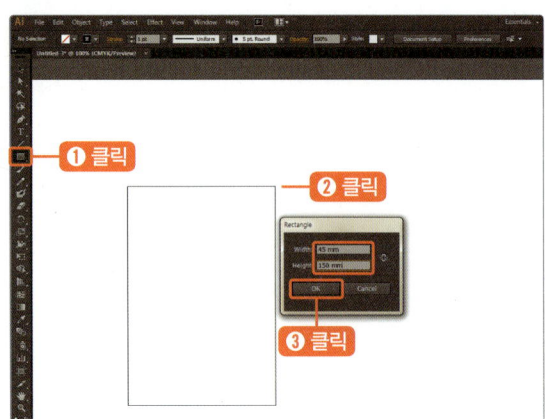

❹ 상자의 앞면과 옆면을 배치합니다.

❺ 상자의 앞면과 옆면 객체를 선택하고 Alt + Shift 를 누른 상태에서 오른쪽으로 드래그해서 복제합니다.

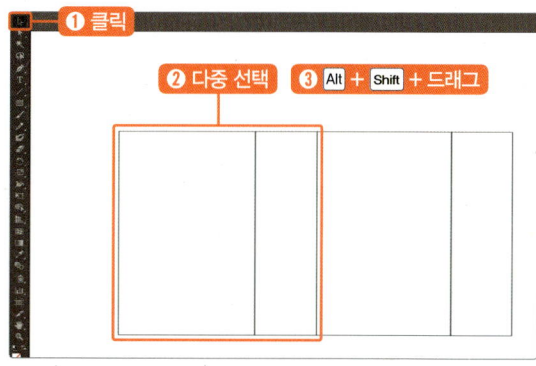

❻ 사각형 툴을 작업창에 클릭하고 상자의 앞면으로 사용할 수치(100mm×45mm)를 입력한 후 배치합니다.

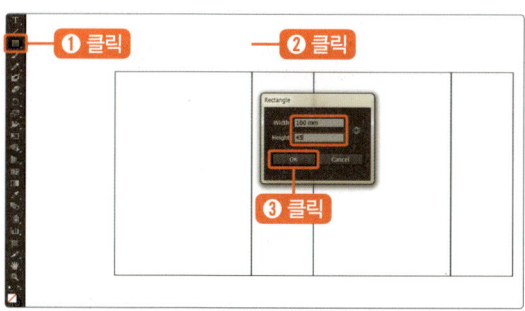
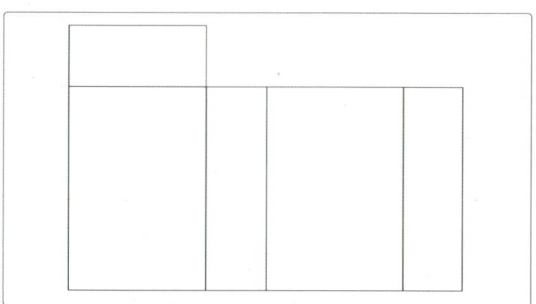

❼ 사각형 툴을 작업창에 클릭하고 상자의 앞면으로 사용할 수치(100mm×10mm)를 입력한 후 배치합니다.

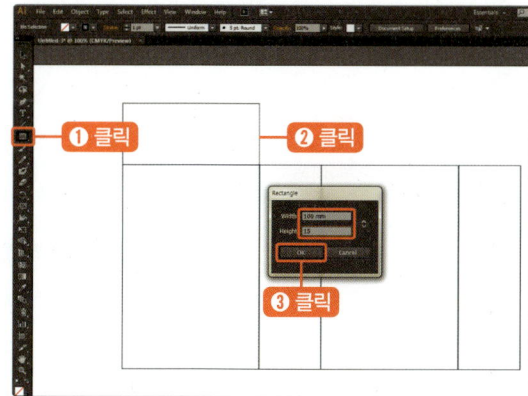
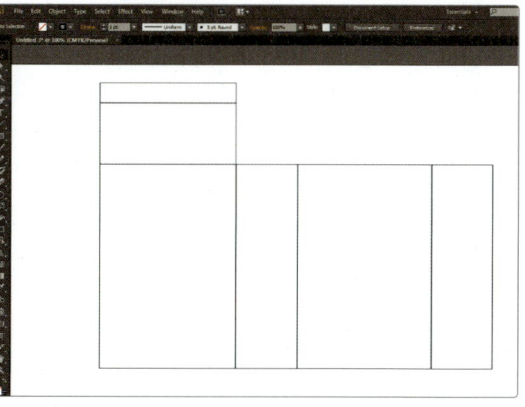

Special Tip

❽ 상자의 상단에 배치 후 직접 선택 툴로 사각형의 상단 두 점을 다중 선택합니다. 생성된 위젯을 드래그해서 모퉁이 둥글기를 조절합니다.

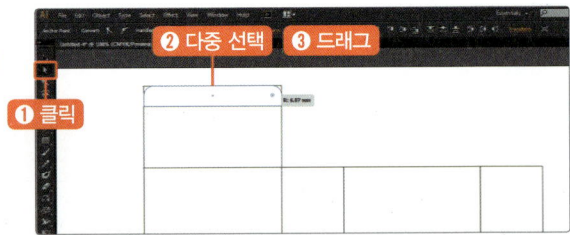

❾ 상자의 윗면과 접히는 부분의 객체를 선택하고 아래쪽으로 복제한 후 회전시켜 배치합니다.

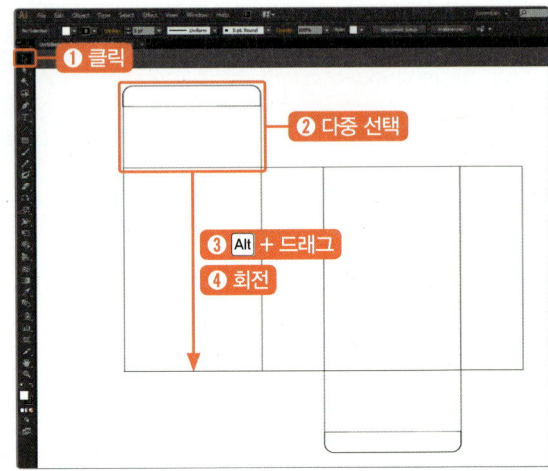

❿ 사각형 툴을 작업창에 클릭하고 상자의 옆면 접히는 부분으로 사용할 수치를 입력한 후 배치합니다.
(5mm×10mm, 40mm×30mm)

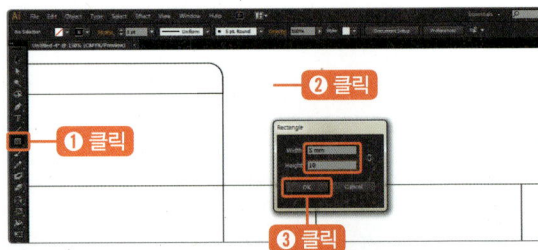

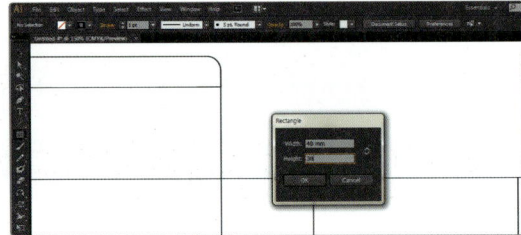 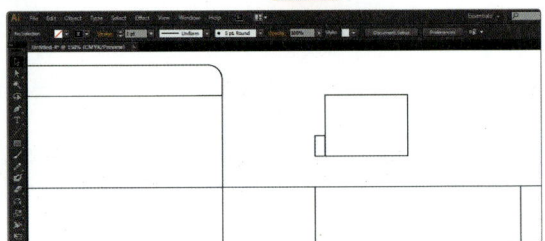

⓫ 2개의 사각형을 다중 선택하고 [Pathfinder] 패널에서 'Unite'를 클릭합니다. 직접 선택 툴로 점을 선택하고 모양을 변형합니다.

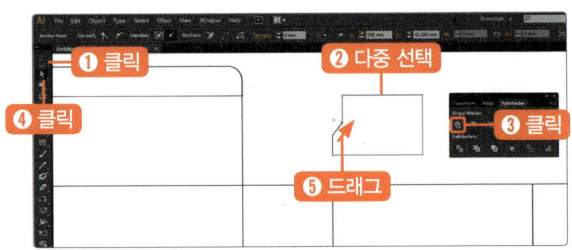

⑫ [Tools] 패널에서 자유 변형 툴을 선택하고 위젯에서 'Perspective Distort'를 이용해서 모양을 변형합니다.

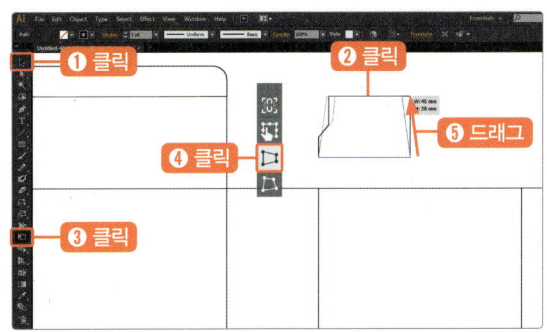

⑬ 접히는 부분의 객체를 선택하고 [Tools] 패널의 반전 툴을 더블클릭합니다. 좌우 대칭 옵션으로 선택한 후 [Copy] 버튼을 클릭합니다. Shift를 누른 상태에서 오른쪽으로 드래그해서 배치합니다. 2개의 객체를 다중 선택하고 아래쪽으로 복제한 후 회전시켜 배치합니다.

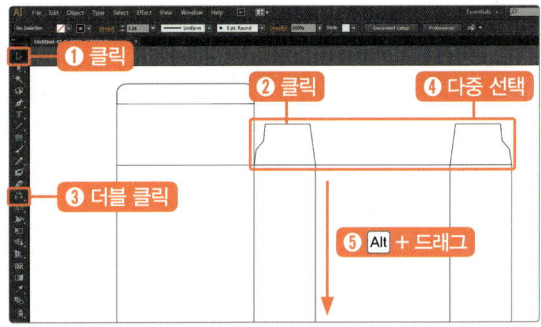

⑭ 사각형 툴을 작업창에 클릭하고 상자의 풀칠 부분으로 사용할 수치(10mm×150mm)를 입력한 후 배치합니다.

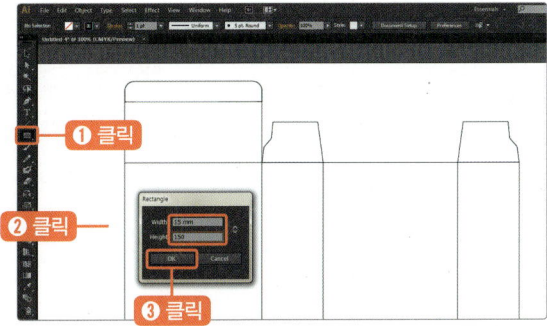

⑮ 사각형 객체는 [Tools] 패널에서 자유 변형 툴을 선택하고 위젯에서 'Perspective Distort'를 이용해서 모양을 변형합니다.

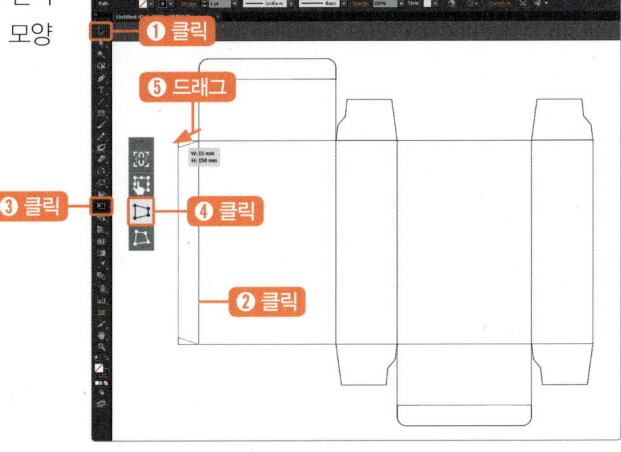

메시를 이용한 디테일 일러스트

디테일 일러스트는 일러스트레이트를 이용하여 이미지를 정교하고 실재와 비슷한 색상으로 표현하여 그림처럼 표현하는 그래픽 기법입니다. 포토샵이 기존 이미지의 합성과 보정을 통하여 새로운 이미지를 구현한다면 일러스트는 이미지를 직접 그린 다음 색상과 명암 조절 등을 통해 이미지를 사실적으로 표현할 수 있습니다. 디테일 일러스트는 배너 광고를 작성하는 플래시나 제품 디자인, 디자인 소스 제작 등 다양한 곳에 활용됩니다. 디테일 일러스트는 보통 메시로 많이 사용합니다. 이번 단계에서는 메시를 이용해서 이미지를 표현하고 이것을 디자인의 소스로 활용하여 디자인하겠습니다.

실무자's Interview

▶ 조원석 / 영상 디자이너

메시는 일러스트에서 입체감을 표현하는데 최고의 툴이긴 하지만 오브젝트 모양과 표현하고자 하는 색 포인트를 잡는게 여간 까다로운게 아닙니다. 저는 메시를 이용해서 오브젝트를 정교하게 표현해야 할 경우 오브젝트에 기울기를 주지 않은 정방향인 상태에서 메시로 다양한 색상과 명암을 표현해요. 마지막에 회전 툴이나 형태 관련 변형 툴을 이용해서 형태를 마지막에 변형하곤 해요.

▶ 민희진 / 기획팀

일러스트에서 입체감을 살릴 수 있는 툴이 많이 다양해지고 있어요. 기존엔 그라디언트 정도만 사용해서 색감을 풍부하게 해줬는데 메시를 활용했을 때 조금 더 풍부한 색감과 명암 효과를 줄 수가 있지요. 메시를 활용할땐 우선 큰 명암부터 잡아 놓고 시작하면 편리해요. 복잡한 모양을 작업하다 보면 망선이 이상하게 되는 경우가 있는데 선 위치, 방향을 조절해서 선을 다듬어야 합니다. 망선이 예뻐야 명암도 예쁘고 자연스럽게 들어가요. 기본 도형부터 시작하면서 연습해 보세요. 일러스트 프로그램이 점점 개선되고 다양한 툴이 나온다고 해도 아직 포토샵에서 하는 작업만큼 풍부하지 않은 것 같습니다. 채색이나 이미지 작업 등은 포토샵을 적절히 활용하는 것도 작업의 완성도를 높이는 방법이라 할 수 있어요. 이런 디자인 작업을 진행할때 대상의 구조에 대한 인지가 중요합니다. 왜냐하면 메시를 이용할땐 대상의 구조를 알아야 채색과 음영이 필요한 곳에 망선을 추가해서 예쁘게 만들 수 있기 때문입니다. 카드 디자인을 할때 먼저 카드 규격을 확인하고 적용하는 것이 중요해요. 아무리 예쁜 디자인이라고 하더라도 규격이 맞지 않다면 사용이 불가능하기 때문이에요. 무엇이든 기본이 가장 중요하니 기본에 충실 할 수 있도록 하는 것이 좋습니다.

▶ 곽은지 / 편집 디자이너

일러스트에서도 포토샵처럼 질감을 삽입한 이미지들을 충분히 연출할 수 있어요. 저는 개인적으로 포토샵을 거치지 않고 이러한 분위기를 일러스트에서 표현할 때, 이미지 트레이스와 클리핑 패스를 활용합니다. 질감으로 사용할 수 있는 이미지는 일러스트의 이미지 트레이스를 이용해서 오브젝트로 변환하고 다른 오브젝트에 합성하거나 클리핑 마스크를 적용하여 질감을 배치하기도 합니다. 그러면 포토샵과 유사한 질감효과를 얻을 수 있어요. 디자인에서 무언가를 표현하고자 하는 방법은 정답이 없어요. 다만, 내가 알고 있는 기능을 내가 얼마나 이해하고 활용하느냐가 중요합니다.

Chapter 11

STEP 01 메시를 이용한 꽃잎 채색
STEP 02 패스와 잉크 번짐을 이용한 꽃잎 채색
STEP 03 엽서 제작
STEP 04 포토샵을 이용한 빈티지 질감 합성

메시를 이용한 디테일 일러스트

디테일 일러스트는 이미지의 색상과 명도를 조절해서 이미지를 정교하게 표현하는 일러스트 작업입니다. 이를 위해서는 표현하려는 이미지의 구조를 이해하고, 밝고 어두움을 파악하여 명암을 표현하는 것이 중요합니다. 이 원리를 바탕으로 메시를 이용하면 다양한 방향으로 색상을 적용하여 정교하게 표현할 수 있습니다. 이번 단계에서는 메시를 이용해서 이미지의 색상을 객체에 표현하고, 이것을 엽서의 배경으로 응용하겠습니다.

● 제작 요청서

	분류	내용	비고
1	디자인 컨셉	장미 이미지를 벡터 소스로 제작한 디테일 일러스트 기법을 이용한 빈티지 풍의 디자인	
2	디자인 색상	• 메인 색상 – 베이지(오렌지 색상이 가미된 중채도 중명도의 옐로우 계열) • 보조 색상 – 오렌지(레드를 혼합한 중채도 고명도의 옐로우 계열) • 강조 색상 – 마젠타(장미 꽃잎의 말린 부분에 보여지는 중채도 중명도의 레드 계열)	완성된 이미지를 보정해 사용할 것이므로 약간 어둡거나 강한 색을 사용해도 무관
3	디자인 사용 계획	카드 템플릿 배경 등에 사용될 소스 활용 및 엽서 디자인	다양한 패키지의 표지로 사용 가능
4	문구 및 기획안	디자인 완성 이후 확정 예정	
5	기타 사항	• 장미 이미지를 실제와 같은 색상과 형태를 디테일하게 살려서 빈티지 풍으로 표현 • 페인트 소스를 활용한 장미 이미지의 색상을 표현	

● 예제 파일

붓 터치1.jpg

붓 터치2.jpg

붓 터치3.jpg

붓 터치4.jpg

붓 터치5.jpg

붓 터치6.jpg

휴대폰 소스.ai

갈라진 질감.jpg

문자 질감.jpg

빈티지 질감.jpg

플루메리아.jpg

장미.png

메시 레이어.ai

: 완성 파일

STEP 01

메시를 이용한 꽃잎 채색

메시는 객체에 망점을 생성해서 다양한 방향으로 채색할 수 있습니다. 생성된 망점에 원하는 색상으로 채색하고 망점과 연결된 망선으로 색상 퍼짐 정도를 조절할 수 있습니다. 메시로 채색한 객체의 색상이 자연스럽게 보이려면 망점과 망점 사이의 색상과 명도가 고르게 연결되도록 조절해야합니다. 이번 단계에서는 꽃잎 하나씩 분리된 객체에 이미지의 색상을 추출해서 메시로 자연스럽게 채색하겠습니다.

01 [File]-[Open] 메뉴를 선택해 '메시 레이어.ai' 파일을 엽니다.

Tip '메시 레이어.ai' 파일은 꽃잎을 객체로 생성하여 계층별로 레이어에 배치한 파일입니다. 레이어를 이용하면 배열이 복잡한 여러 개의 객체 가시성을 조절하며 작업 중인 객체를 하나씩 보면서 작업할 수 있습니다.

02 [Window]-[Layer] 메뉴를 선택하고 [Layer] 패널의 '잎1' 레이어를 클릭합니다. 해당 객체의 이미지 색상이 보일 수 있도록 '잎1' 레이어의 객체를 아래로 이동합니다. 스포이드 툴로 해당 이미지를 클릭해서 같은 색상으로 채색합니다.

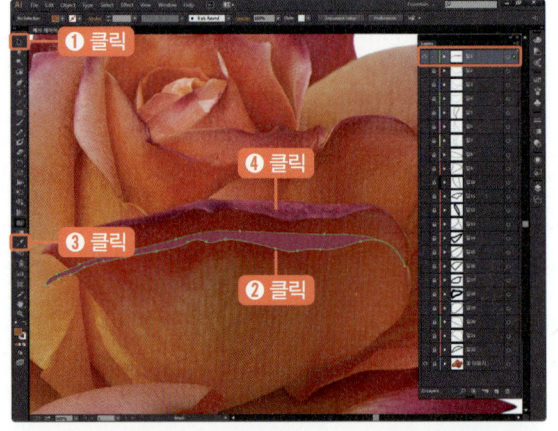

Tip 객체에 이미지와 같은 색상으로 채색하기 위해서 스포이드 툴로 이미지를 클릭해서 색상을 추출하였습니다. 객체를 선택하고 스포이드 툴로 이미지를 클릭하면, 객체의 'Stroke'는 'None'으로, 'Fill'에는 이미지의 색상으로 채색됩니다.

03 [Tools] 패널의 메시 툴로 '잎1' 객체 중앙을 클릭해서 망점을 생성합니다. 스포이드 툴로 이미지의 어두운 부분을 클릭해서 채색합니다.

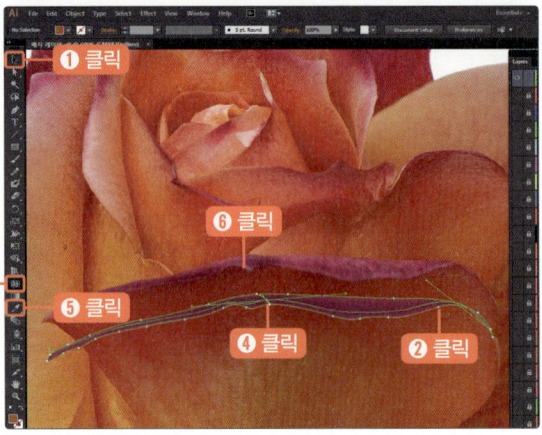

04 '잎1' 객체에 생성된 망선에 망점을 추가합니다. 스포이드 툴로 이미지의 밝은 부분을 클릭해서 채색합니다.

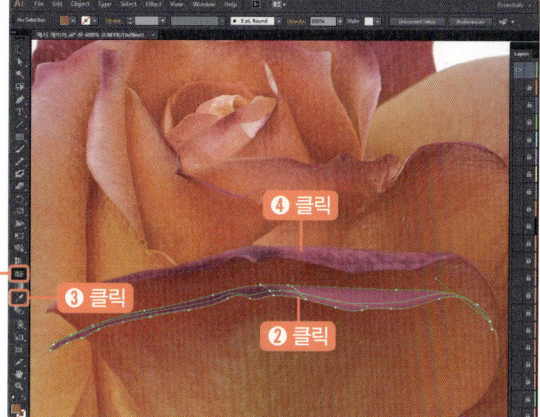

Tip 메시 적용 시 생성된 망점을 추가하여 색상을 변경하고 망선의 핸들을 이용해서 색상 분포도를 조절할 수 있습니다.

05 같은 방법으로 '잎1' 객체에 생성된 망선에 망점을 추가하고 스포이드 툴로 이미지의 밝고 어두운 부분을 클릭해서 채색합니다.

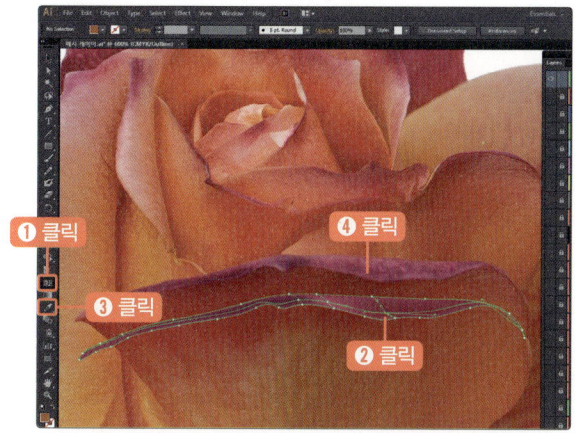
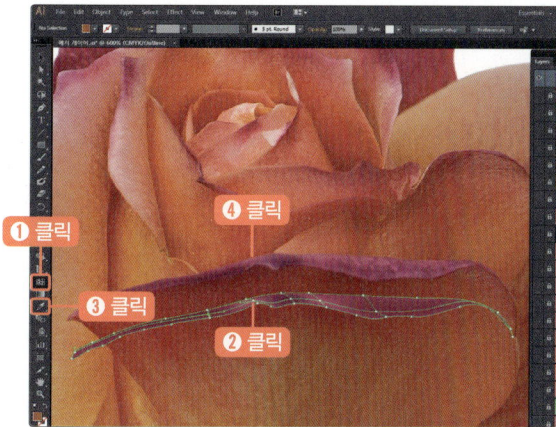

Tip 선택 툴의 단축키는 V, 메시 툴의 단축키는 U, 스포이드 툴의 단축키는 I 입니다. 단축키를 이용하면 [Tools] 패널에서 직접 선택하는 것보다 좀 더 빠르게 툴을 사용할 수 있습니다.

06 '잎1' 객체 오른쪽 하단의 점을 직접 선택 툴로 Shift 를 누른 상태에서 다중 선택합니다. 스포이드 툴로 이미지의 밝은 부분을 클릭해서 채색합니다.

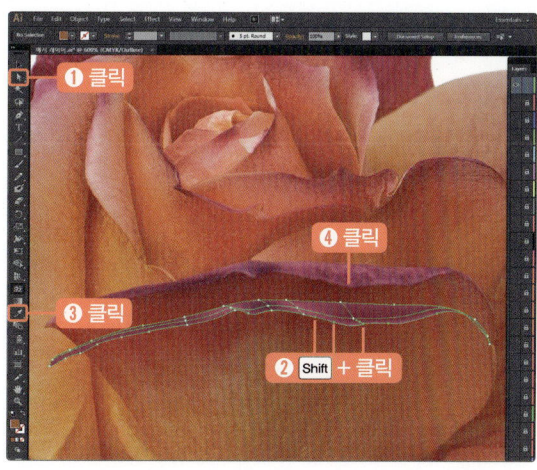

07 같은 방법으로 이미지의 색상 분포에 따라서 망점을 추가하고 스포이드 툴로 이미지를 클릭해서 채색합니다.

Tip 이미지의 색상과 명암이 자연스럽게 분포되도록 망선의 핸들 조절에 유의합니다.

08 '잎1' 레이어의 객체를 원 위치에 배치합니다. '잎1' 레이어는 선택되지 않도록 [Layer] 패널의 잠금 아이콘을 클릭합니다.

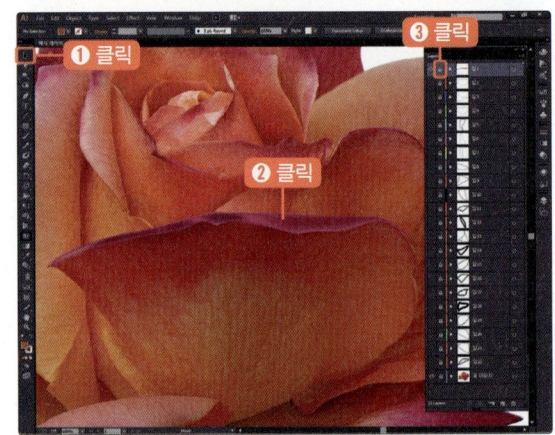

09 '잎1' 레이어의 객체가 보이지 않도록 [Layer] 패널의 눈 아이콘을 클릭합니다. '잎2' 레이어의 객체가 보이도록 눈 아이콘과 잠금 아이콘을 클릭합니다.

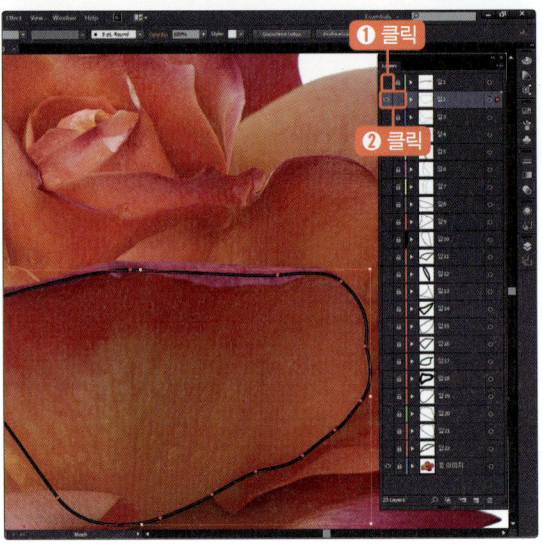

10 해당 객체의 이미지 색상이 보일 수 있도록 '잎2' 레이어의 객체를 위로 이동합니다. 스포이드 툴로 해당 이미지를 클릭해서 같은 색상으로 채색합니다.

11 메시 툴로 '잎2' 객체 하단을 클릭해서 망점을 생성합니다. 스포이드 툴로 이미지 아래쪽의 어두운 부분을 클릭해서 채색합니다.

12 '잎2' 객체에 생성된 망선에 망점을 추가합니다. 스포이드 툴로 이미지의 밝은 부분을 클릭해서 채색합니다.

Tip 이미지의 색상을 추출하고 [Color] 패널의 슬라이더를 조절해서 색상을 정교하게 수정할 수 있습니다.

13 '잎2' 객체에 생성된 망선에 망점을 추가하고 스포이드 툴로 이미지 상단의 붉은 부분을 클릭해서 채색합니다. [Color] 패널의 슬라이더를 조절해서 색상을 조절합니다.

14 '잎2' 객체 왼쪽 상단의 점을 직접 선택 툴로 Shift 를 누른 상태에서 다중 선택합니다. 스포이드 툴로 이미지의 붉은 부분을 클릭해서 채색합니다.

Tip 스포이드 툴로 객체의 망점을 클릭하면 망점에 채색된 색상을 추출해서 망선과 망점간의 색상이 자연스럽게 보이도록 연결할 수 있습니다.

15 '잎2' 객체에 생성된 망선에 망점을 추가합니다. 스포이드 툴로 이미지의 오른쪽 밝은 부분을 클릭해서 채색합니다.

16 '잎2' 객체 오른쪽의 점을 직접 선택 툴로 Shift 를 누른 상태에서 다중 선택합니다. 스포이드 툴로 이미지의 오른쪽 가장자리를 클릭해서 채색합니다.

17 '잎2' 레이어의 객체를 원 위치에 배치합니다. '잎2' 레이어는 선택되지 않도록 [Layer] 패널의 잠금 아이콘을 클릭합니다.

18 '잎2' 레이어의 객체가 보이지 않도록 [Layer] 패널의 눈 아이콘을 클릭하고 '잎3' 레이어의 객체가 보이도록 눈 아이콘과 잠금 아이콘을 클릭합니다. '잎3' 레이어의 객체를 옆으로 이동하고 스포이드 툴로 해당 이미지를 클릭해서 같은 색상으로 채색합니다.

19 메시 툴로 '잎3' 객체 왼쪽 위쪽을 클릭해서 망점을 생성합니다. 스포이드 툴로 이미지의 어두운 부분을 클릭해서 채색합니다.

20 '잎3' 객체에 생성된 망선에 망점을 추가합니다. 스포이드 툴로 이미지의 밝은 부분을 클릭해서 채색합니다.

21 '잎3' 객체에 생성된 망선에 망점을 추가합니다. 스포이드 툴로 객체의 왼쪽 상단의 망점을 클릭해서 채색합니다. [Color] 패널의 슬라이더를 조절해서 색상을 조절합니다.

22 이미지의 형태에 따른 굴곡을 표현하기 위해서 망선의 핸들을 조절합니다.

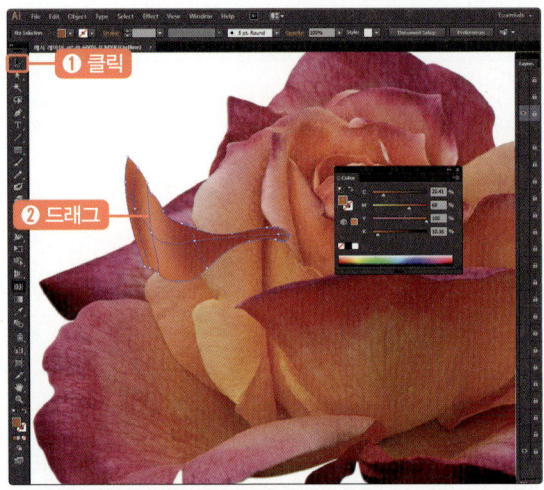

23 다른 레이어의 잎 객체들도 망점을 추가해서 추가합니다. 이미지의 형태에 따른 굴곡을 표현하기 위해서 망선의 핸들을 조절합니다.

> **저자의 한마디**
>
> 망선은 객체의 패스를 교차해서 생성됩니다. 그래서 메시를 자연스럽게 채색하기 위해서는 객체의 패스를 매끄럽게 생성하는 것이 중요합니다. 다양한 방향으로 많은 색상이 채색되므로 그라디언트로 채색된 작업보다 용량이 커질 수 있습니다. 이처럼 메시는 많은 훈련과 작업 시간이 필요한 기능입니다.

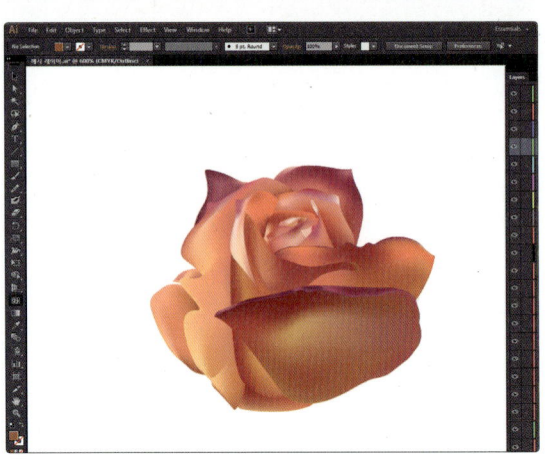

패스와 잉크 번짐을 이용한 꽃잎 채색

꽃 이미지 가장자리는 패스를 이용해서 검은색의 라인으로 표현하겠습니다. 잉크가 번지는 듯한 객체를 배치해서 꽃잎의 색상과 연결하겠습니다.

01 [Layer] 패널의 꽃 이미지 레이어 위에 새로운 레이어를 생성하고 레이어를 더블클릭한 후 '잎 패스'로 이름을 변경합니다. 메시로 채색한 꽃잎을 제외한 나머지 부분은 패스를 생성합니다.

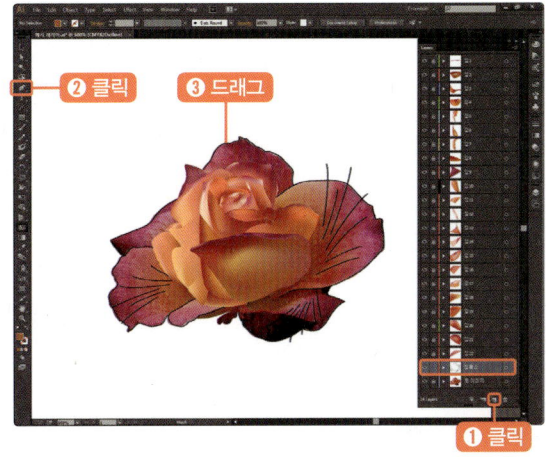

02 꽃 이미지의 가장자리에 생성된 패스를 선택하고 [Stroke] 패널에서 선 두께를 '2pt'로 지정하고, 'Profile'에서 선 모양을 변경합니다.

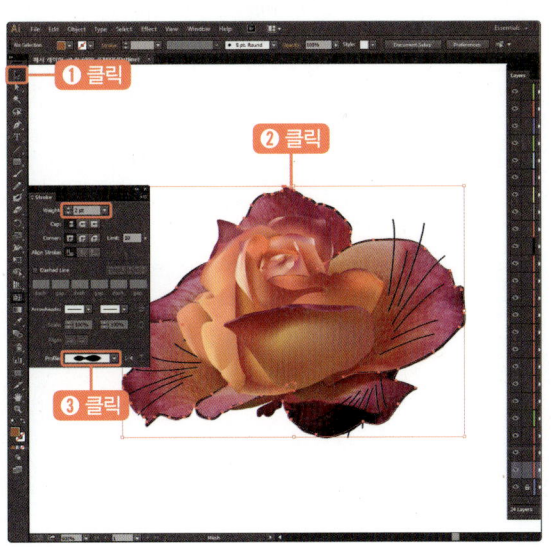

03 꽃 이미지의 내부에 생성된 패스를 선택하고 [Stroke] 패널에서 선 두께를 '0.5~1pt'로 지정하고, 'Profile'에서 선 모양을 변경합니다.

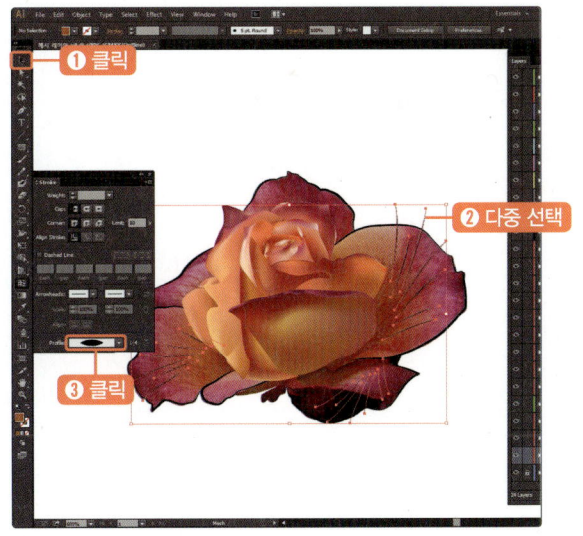

04 '잎 패스' 레이어 위에 새로운 레이어를 생성합니다. 레이어 이름을 '페인트'로 변경합니다. [File]-[Place] 메뉴를 선택해 '붓 터치1.jpg' 이미지를 불러옵니다. [Window]-[Image Trace] 메뉴를 선택하고 옵션창 하단의 미리보기를 선택해서 원하는 영역이 흑백으로 변환되도록 옵션을 조절합니다. (Threshold:210, Paths:100%, Corners:100%, Noise:1px)

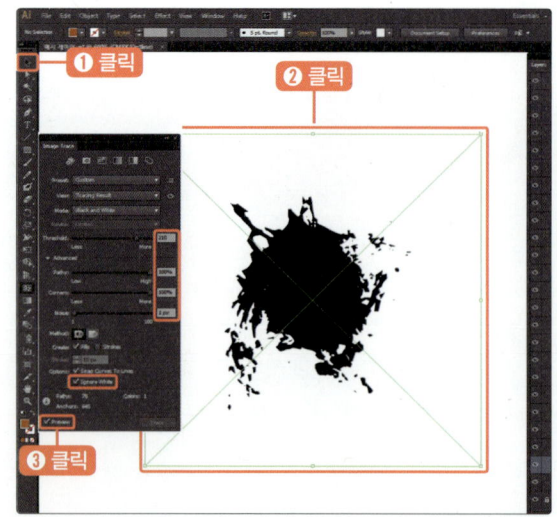

05 이미지를 선택하고 상단의 옵션 바에서 [Expand] 버튼을 클릭해서 벡터 속성으로 변환합니다.

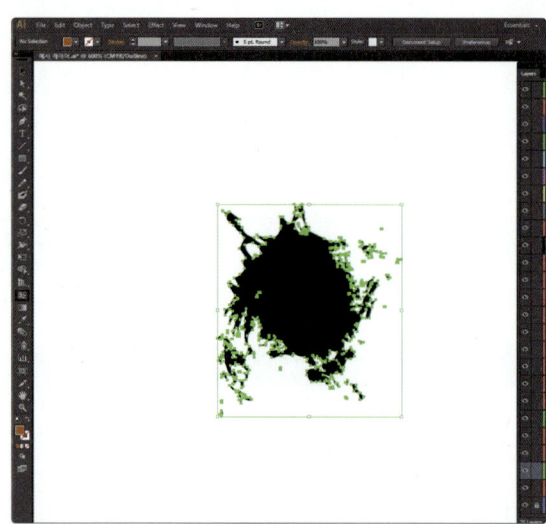

06 객체를 선택하고 꽃 이미지의 꽃잎 색상으로 채색합니다.

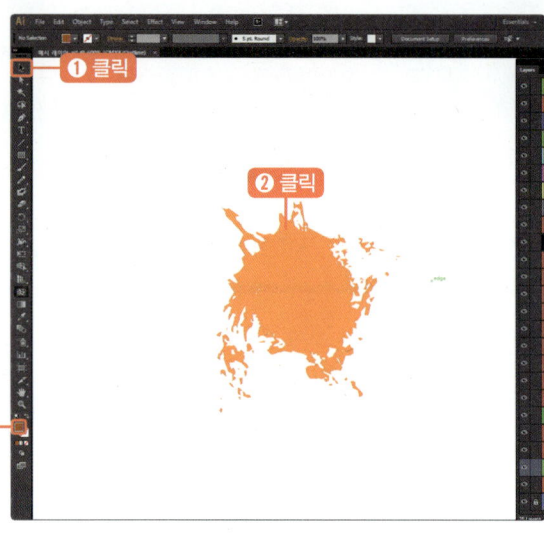

07 다른 붓 터치 이미지를 불러와서 **04**, **05**, **06**번 단계를 반복합니다. 꽃잎과 어울리는 색상으로 채색합니다.

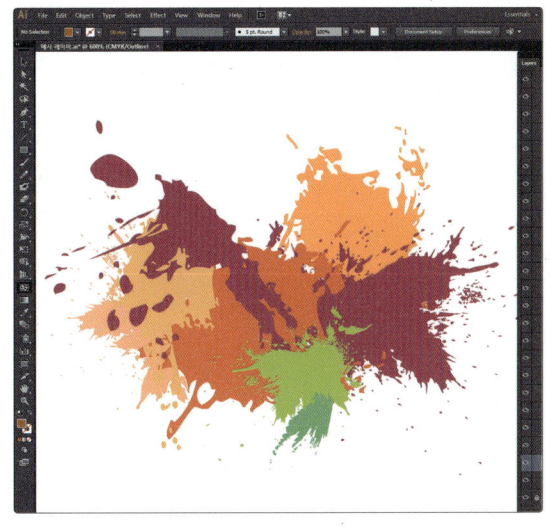

08 다양한 색상으로 채색한 객체를 여러 개 겹쳐서 이미지에 맞추어 배치합니다.

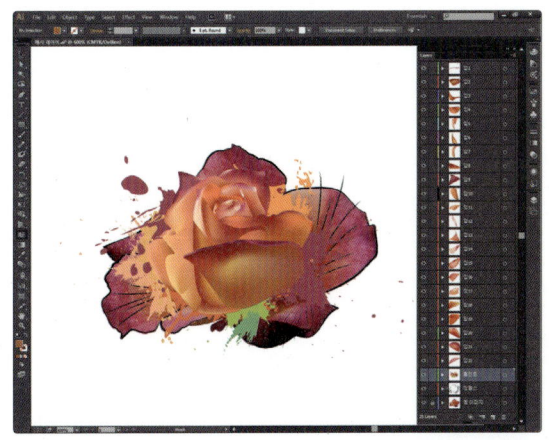

09 [Layer] 패널은 꽃 이미지만 잠근 채 나머지 레이어는 모두 잠금을 해지합니다. [File]-[Save] 메뉴를 눌러 저장합니다.

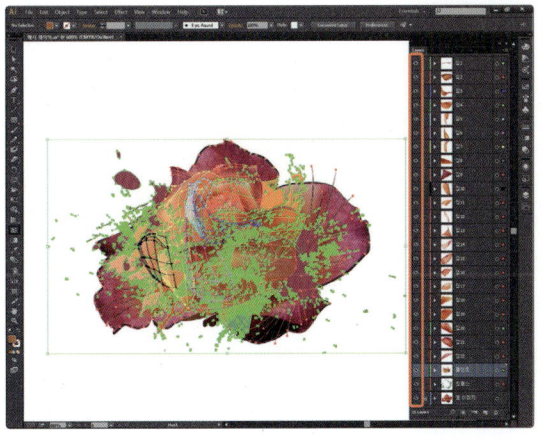

STEP 03

엽서 제작

메시로 제작한 객체와 사각형 프레임 객체를 이용해서 엽서의 앞, 뒷면을 제작하겠습니다.

01 [File]-[New] 메뉴를 선택하고 작업창 크기(210mm×297mm)를 지정합니다.

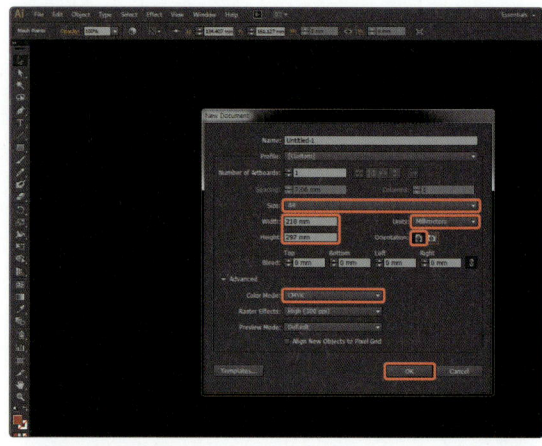

02 사각형 툴을 작업창에 클릭하고 엽서로 사용할 사각형의 수치(148mm×105mm)를 입력합니다.

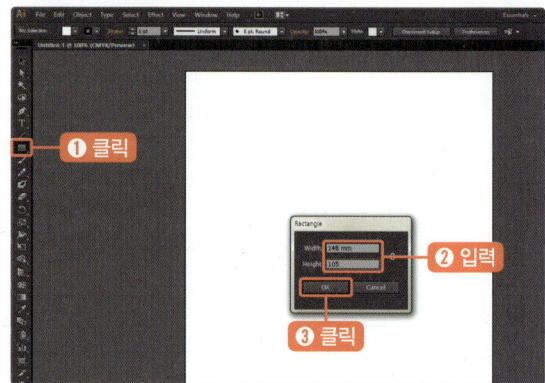

03 엽서 출력 시 필요한 재단선을 '3mm'로 설정해서 배치하겠습니다. 사각형 객체를 선택하고 [Object]-[Path]-[Offset Path] 메뉴를 선택하고 'Offset' 항목에 '3mm'를 입력합니다.

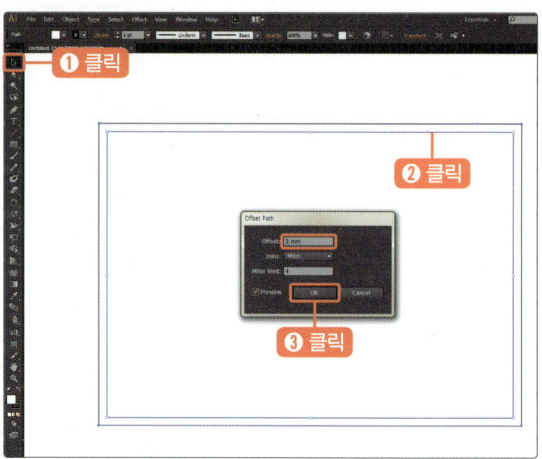

04 2개의 사각형 객체를 선택하고 [Tools] 패널의 'Stroke'는 'None'으로, 'Fill'을 클릭하고 채색합니다.

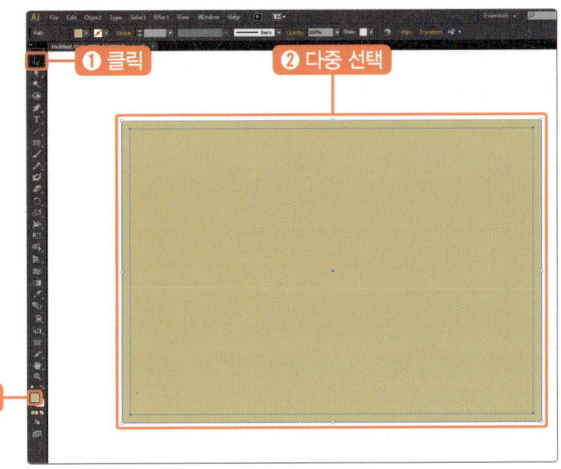

05 앞에서 작업한 꽃 객체를 복제한 후 작업창에 배치합니다. 사각형 객체에 맞추어 적당한 크기로 조절합니다.

06 꽃 객체의 배경을 제작하겠습니다. 두 번째 사각형 객체를 선택하고 [Object]-[Path]-[Offset Path] 메뉴를 선택한 후 'Offset' 항목에 '-4mm'를 입력합니다.

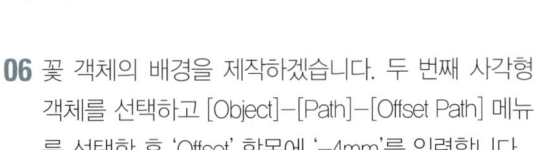

07 크기를 조절한 사각형 객체는 [Tools] 패널의 'Fill'은 'None'으로, 'Stroke'를 클릭하고 채색합니다. 선 두께는 '0.75pt'로 조절합니다.

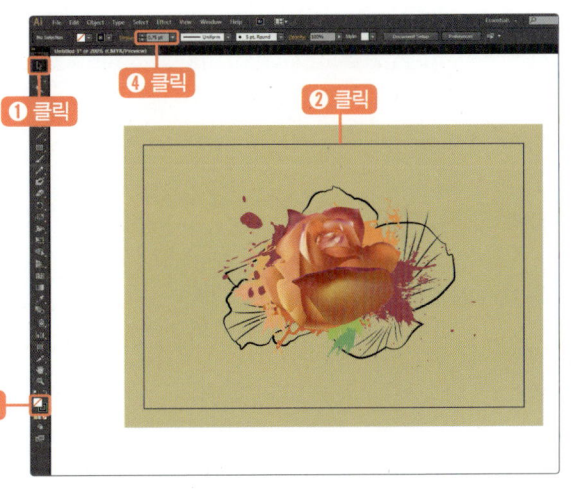

08 사각형 객체의 모퉁이를 변형하겠습니다. 직접 선택 툴로 Alt를 누른 상태에서 사각형의 점을 다중 선택합니다.

Tip 사각형 객체의 모퉁이를 변형하기 위해서는 위젯이 필요합니다. 위젯을 활성시키기 위해서는 직접 선택 툴로 객체의 점을 선택해야합니다. 이때 Alt를 누른 상태에서 점을 선택하면 객체의 점을 전체 선택할 수 있습니다.

09 생성된 위젯을 더블클릭하고 'Corner'는 'Inverted Round'를, 'Radius'에는 '10mm'를 입력합니다.

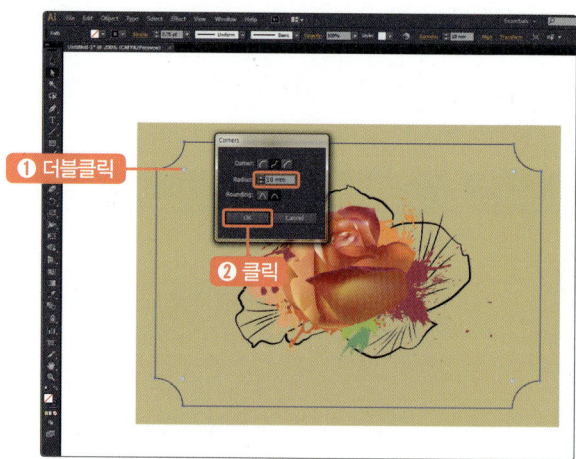

Tip CC버전 이하에서는 사각형과 원형 객체를 패스파인더로 분리시켜서 모양을 변형했습니다.

10 사각형 객체를 선택하고 [Object]-[Path]-[Offset Path] 메뉴를 선택한 후 'Offset' 항목에 '-1 mm'를 입력합니다.

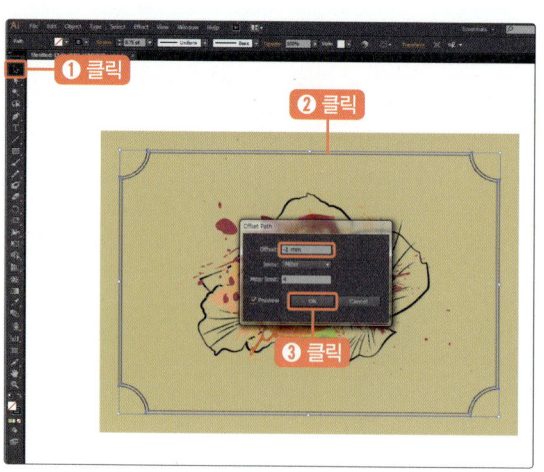

11 크기를 조절해서 배치한 사각형 객체를 선택합니다. [Object]-[Path]-[Offset Path] 메뉴를 선택해 'Offset' 항목에 '-1.5mm'를 입력해 사각형 객체를 하나 더 복제합니다.

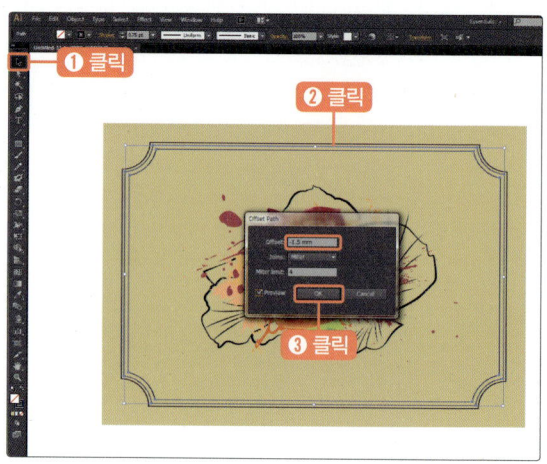

12 두 번째 사각형 객체를 선택하고 [Tools] 패널의 'Stroke'는 'None'으로, 'Fill'을 클릭하고 채색합니다.

13 두 번째 사각형 객체를 선택하고 Ctrl+C, Ctrl+F를 눌러 패턴으로 채색할 객체를 복제합니다. [Swatches] 패널 상단의 화살표를 클릭하고 숨겨진 목록에서 [Open Swatch Library]-[Patterns]-[Basic Graphics]-[Basic Graphics Lines]를 클릭하고 패턴을 채색합니다.

14 채색한 패턴 크기를 조절하기 위해서 [Tools] 패널에서 스케일 툴을 더블클릭합니다. 옵션창 하단의 미리보기를 선택하고 패턴 크기를 조절할 수치(70%)를 입력합니다.

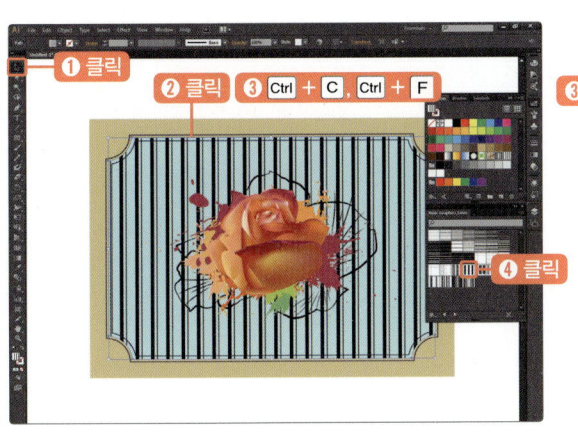

15 패턴이 채색된 사각형 객체는 [Transparency] 패널에서 'Screen'을 지정해서 배경과 밝게 합성하고 투명도를 조절합니다.

Tip 'Screen'은 겹쳐진 객체가 밝아보이도록 합성할 때 사용할 수 있습니다. 그래서 검은색의 객체는 흰색으로 보여집니다.

16 세 번째 사각형 객체는 선 색상을 '흰색'으로, 선 두께를 '2pt'로 조절합니다.

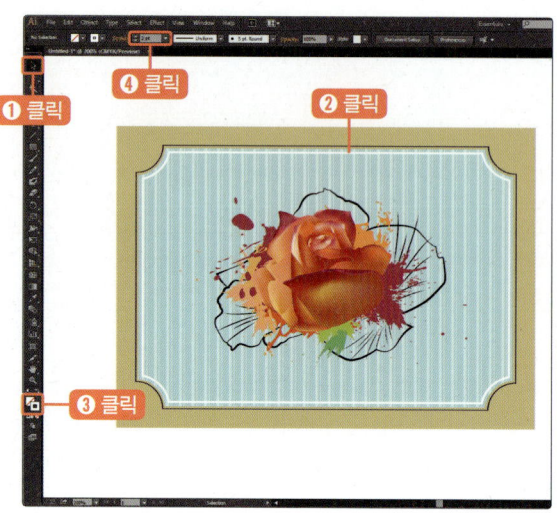

17 엽서의 재단선과 배경 객체를 다중 선택한 후 Alt +Shift 를 누른 상태에서 아래쪽으로 드래그해서 복제합니다.

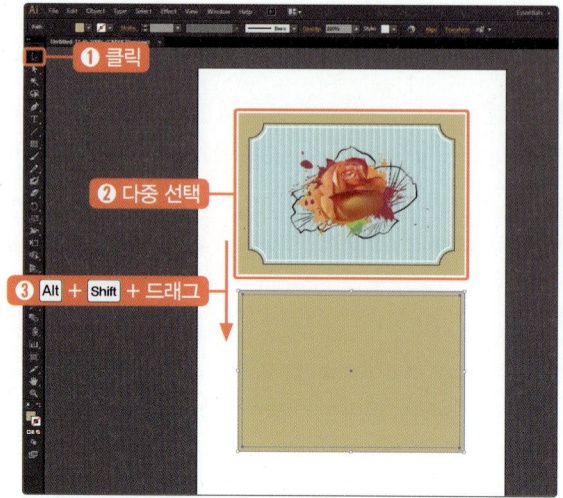

18 엽서의 뒷면 배경을 제작하겠습니다. 두 번째 사각형 객체를 선택하고 [Object]-[Path]-[Offset Path] 메뉴를 선택하고 'Offset' 항목에 '-4mm'를 입력합니다.

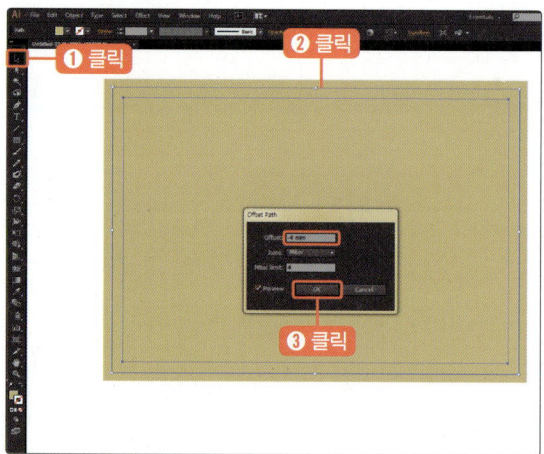

19 크기를 조절해서 배치한 사각형 객체는 흰색으로 채색한 후 투명도(70%)를 조절합니다.

20 엽서 뒷면의 중앙에 'POST CARD'를 입력합니다. 폰트 및 크기를 조절해서 배치합니다.

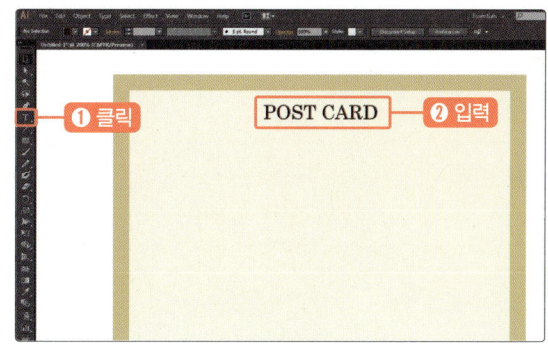

21 엽서 오른쪽 위쪽에 우표 붙이는 란을 제작하겠습니다. 사각형 툴을 작업창에 클릭하고 우표 붙이는 란으로 사용할 사각형의 수치(22mm×25mm)를 입력합니다.

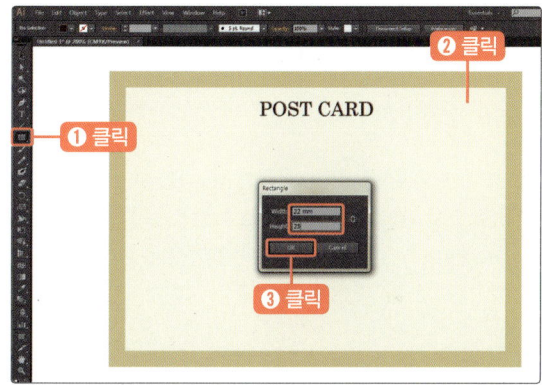

22 사각형 객체는 [Tools] 패널의 'Fill'은 'None'으로, 'Stroke'를 클릭하고 선 두께는 '0.5pt'로 조절하고 채색합니다. 사각형 객체의 중앙에 'PLACE POSTAGE STAMP HERE'를 입력하고 폰트 및 크기를 조절해서 배치합니다.

23 엽서의 내용란과 보내는 사람과 받는 사람란을 입력하기 위해서 'For Correspondence'와 'For Address only'를 입력합니다. 폰트 및 크기를 조절해서 배치합니다.

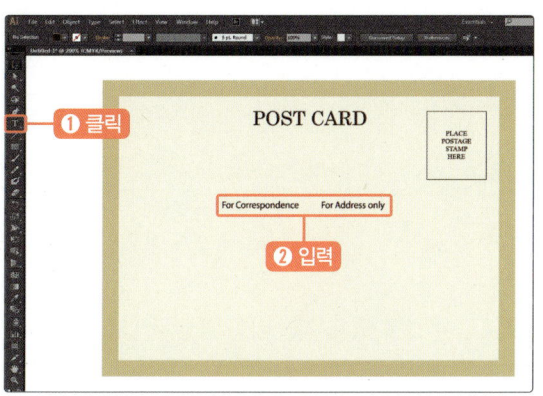

24 [Tools] 패널의 선 툴을 선택하고 Shift를 누른 상태에서 직선을 생성합니다. 엽서의 내용란과 구분 짓는 선을 배치합니다.

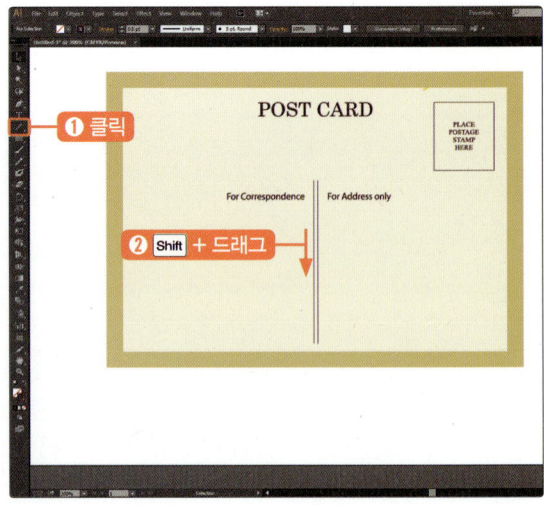

25 보내는 사람과 받는 사람란에 직선을 생성합니다. [Stroke] 패널에서 'Dashed Line' 옵션을 선택하고 'Weights = 0.75 pt', 'dash=2pt'로 입력합니다.

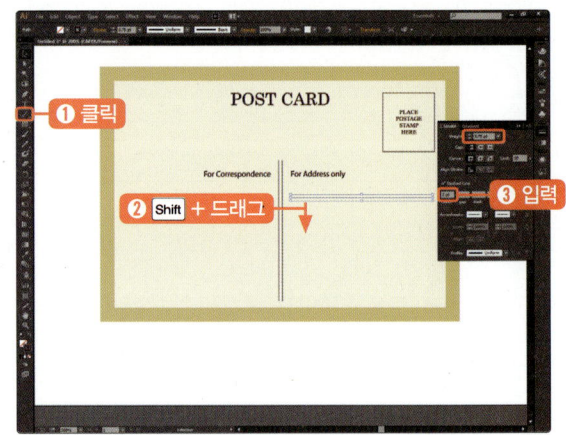

26 점선 객체를 선택하고 Alt+Shift를 누른 상태에서 아래쪽으로 드래그해서 복제하여 배치합니다.

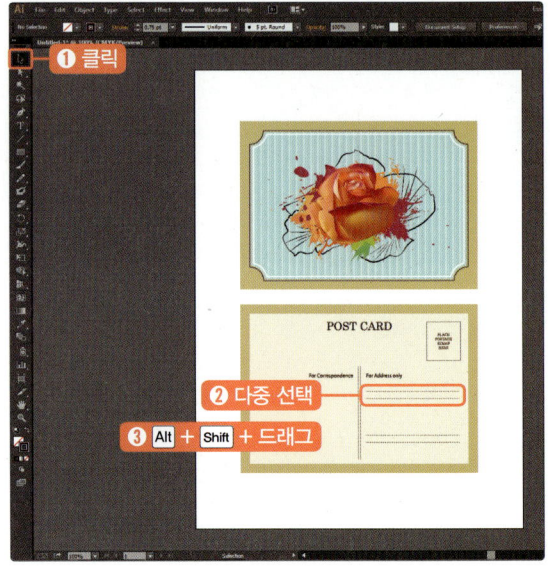

포토샵을 이용한 빈티지 질감 합성

일러스트레이터의 작업물을 포토샵으로 가져와서 낡은 질감을 합성시켜 보겠습니다. 엽서 이미지를 제작해 보겠습니다.

01 엽서 앞면 관련 객체를 다중 선택하고 Ctrl+C를 눌러 복제합니다. [File]-[New] 메뉴를 선택하고 새로운 작업창을 열고 Ctrl+V를 눌러 복제한 객체를 배치합니다. [File]-[Save As] 메뉴를 선택하고 확장자를 'eps'로 지정하고 [OK] 버튼을 클릭합니다.

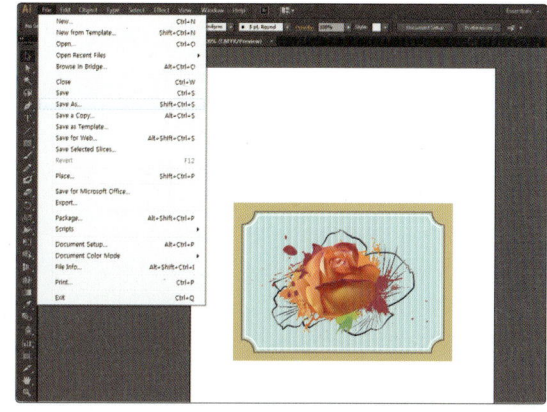

02 엽서 뒷면 관련 객체를 다중 선택하고 Ctrl+C를 눌러 복제합니다. [File]-[New] 메뉴를 선택하고 새로운 작업창을 열고 Ctrl+V를 눌러 복제한 객체를 배치합니다. [File]-[Save As] 메뉴를 선택하고 확장자를 'eps'로 지정하고 [OK] 버튼을 클릭합니다.

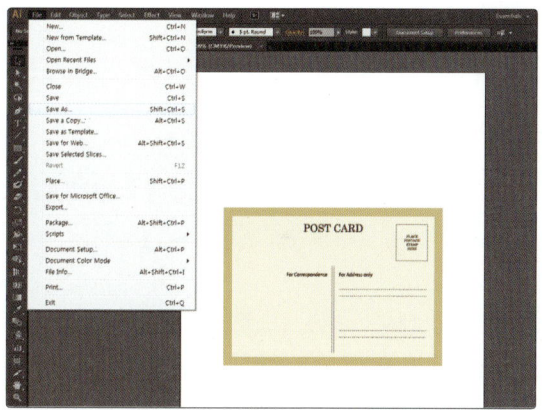

03 [File]-[Open] 메뉴를 선택하고 앞에서 저장한 엽서 앞면 파일을 불러옵니다.

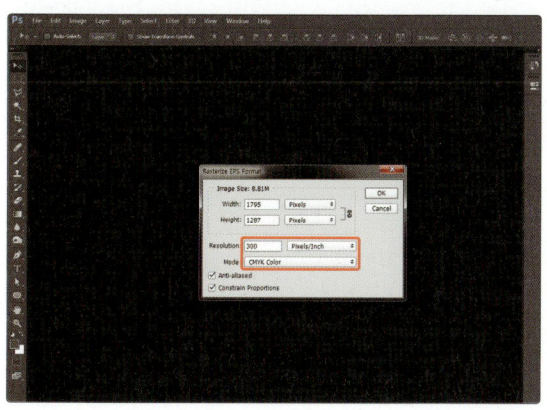

04 [File]-[Open] 메뉴를 선택하고 '갈라진 질감.jpg' 이미지를 불러옵니다. 이동 툴로 드래그해서 엽서 앞면 이미지에 배치합니다.

05 낡은 질감을 합성하기 위해 [Image]-[Adjustments]-[Desaturate] 메뉴를 선택하고 흑백 이미지로 보정합니다.

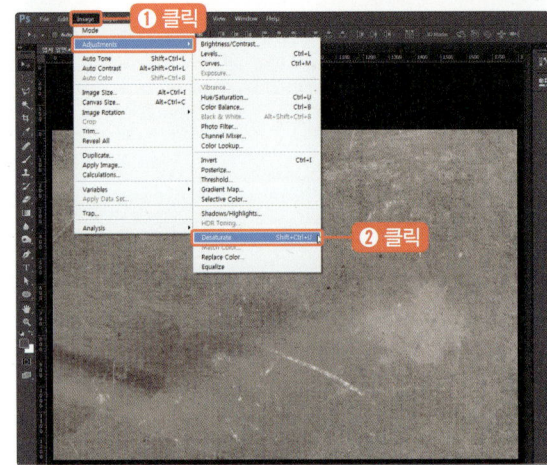

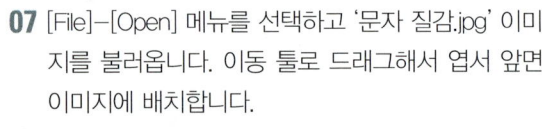

Tip 갈라진 질감 이미지의 색상은 합성하지 않고 질감만 합성하기 위해서는 흑백 이미지로 보정해야합니다.

06 [Layer] 패널의 합성 모드를 'Multiply'로 지정합니다. 레이어의 투명도(50%)를 조절해서 합성된 질감의 강도를 조절합니다.

07 [File]-[Open] 메뉴를 선택하고 '문자 질감.jpg' 이미지를 불러옵니다. 이동 툴로 드래그해서 엽서 앞면 이미지에 배치합니다.

08 문자 질감을 합성하기 위해서 [Image]–[Adjustments]–[Desaturate] 메뉴를 선택하고 흑백 이미지로 보정합니다.

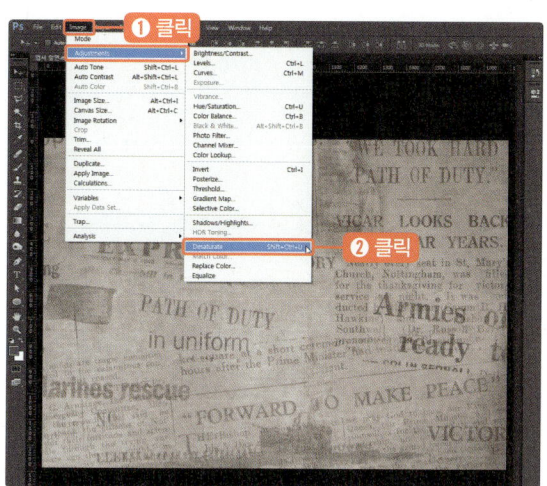

09 [Layer] 패널의 합성 모드를 'Multiply'로 지정합니다. 레이어의 투명도(50%)를 조절해서 합성된 질감의 강도를 조절합니다.

10 [File]–[Open] 메뉴를 선택하고 '빈티지 질감.jpg' 이미지를 불러옵니다. 이동 툴로 드래그해서 엽서 앞면 이미지에 배치합니다.

Tip 배치한 이미지는 Ctrl+T를 누르고 크기를 조절할 수 있습니다.

11 [Layer] 패널의 합성 모드를 'Overlay'로 지정합니다. 레이어의 투명도(65%)를 조절해서 합성된 질감의 강도를 조절합니다.

12 엽서 앞면 이미지의 명도 및 선명도를 보정하겠습니다. [Layer] 패널 하단의 보정 레이어 아이콘을 클릭합니다. 'Brightness/Contrast'를 선택해 'Brightness=-40', 'Contrast=-10'으로 보정합니다.

Tip 보정 레이어는 하위의 여러 개 레이어를 한꺼번에 보정할 때 사용하면 유용합니다.

13 [File]-[Save As] 메뉴를 선택하고 엽서 앞면 이미지로 저장합니다. [File]-[Open] 메뉴를 선택하고 엽서 뒷면 파일을 불러옵니다. 엽서 앞면 이미지에 배치합니다.

14 엽서 뒷면 이미지는 Ctrl + [를 누르고 합성된 질감 이미지 레이어 아래로 순서를 변경합니다. [File]-[Save As] 메뉴를 선택하고 엽서 뒷면 이미지로 저장합니다.

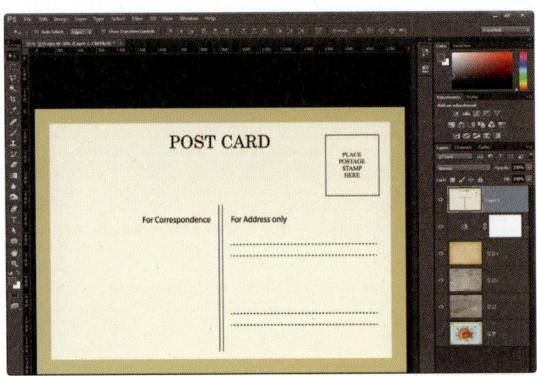

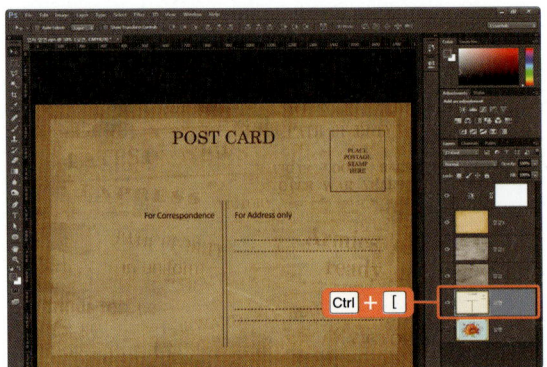

15 엽서의 재단선을 제작하겠습니다. 일러스트레이터에서 [File]-[Open] 메뉴를 선택하고 앞에서 작업한 엽서 파일을 엽니다. 엽서의 앞면과 뒷면에 맞추어 안내선을 내립니다.

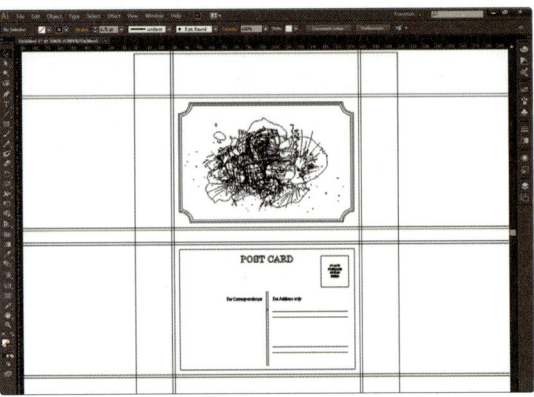

Tip Ctrl + Y 를 눌러 'Outline' 모드로 변경하고 엽서의 재단선으로 배치한 사각형 객체에 맞추어 안내선을 내릴 수 있습니다.

16 엽서 관련 객체들을 다중 선택하고 Delete 를 눌러 지웁니다. [File]-[Place] 메뉴를 선택하고 엽서 이미지를 불러온 뒤 안내선에 맞추어 배치합니다.

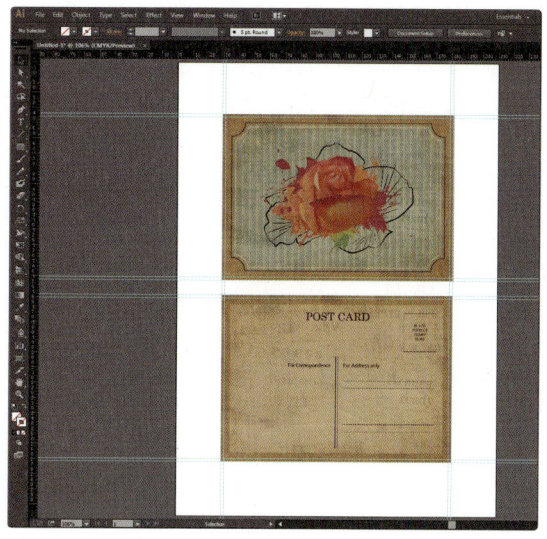

17 안내선에 맞추어 재단선을 생성합니다. 재단선으로 생성한 객체를 선택하고 나머지 모퉁이에 반전시킨 다음 복제해 배치합니다.

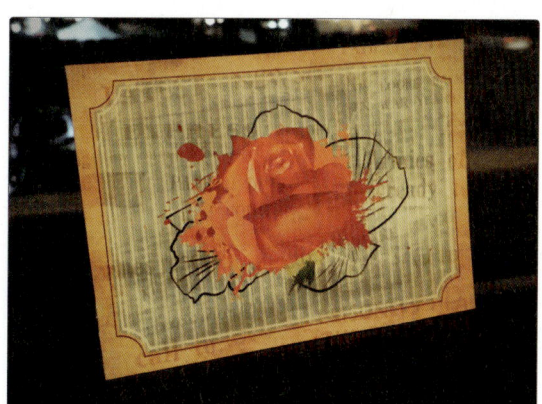

PART 11
Special Tip

휴대폰 케이스 디자인

일러스트레이터는 벡터 기반 그래픽으로 해상도의 영향을 받지 않으므로 다양한 크기의 드로잉 관련 작업을 할 수 있습니다. 그래서 작업 결과물은 포스터 및 카드 디자인 및 다양한 배경의 소스로 활용할 수 있습니다. 이번 단계에서는 메시를 이용해서 제작한 소스를 휴대폰 케이스로 제작하겠습니다.

❶ [File]-[New] 메뉴를 선택하고 작업창 크기(210mm ×297mm)를 지정합니다.

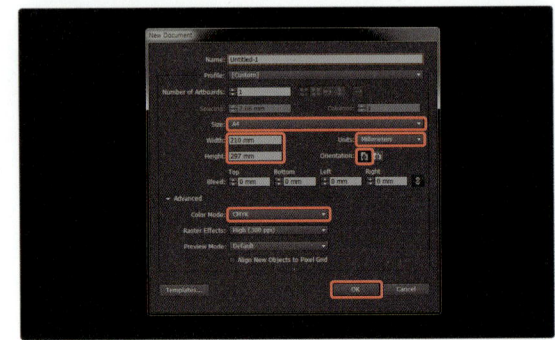

❷ [File]-[Place] 메뉴를 선택하고 '플루메리아.jpg' 이미지를 불러옵니다. 객체는 선택시 움직이지 않도록 [Object]-[Lock]-[Selection] 메뉴를 선택해 잠금 명령을 적용합니다.

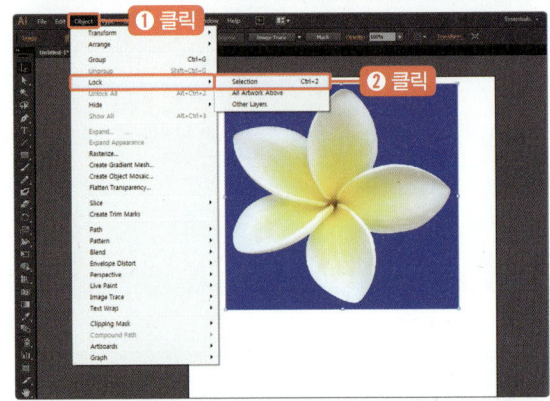

❸ 꽃잎을 제작하기 위한 타원형 객체를 생성합니다.

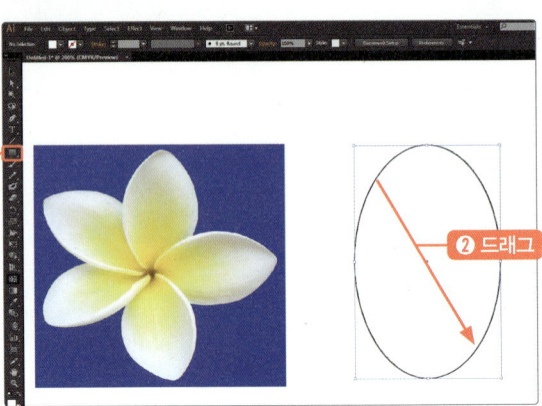

④ 펜 툴로 Alt를 누른 상태에서 객체의 상, 하단의 점을 드래그해서 모양을 변형합니다.

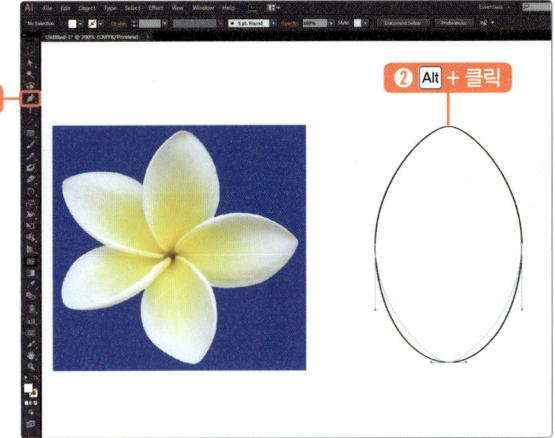

⑤ 객체를 선택하고 [Tools] 패널의 'Stroke'는 'None'으로 지정한 다음 'Fill'을 클릭해 채색합니다.

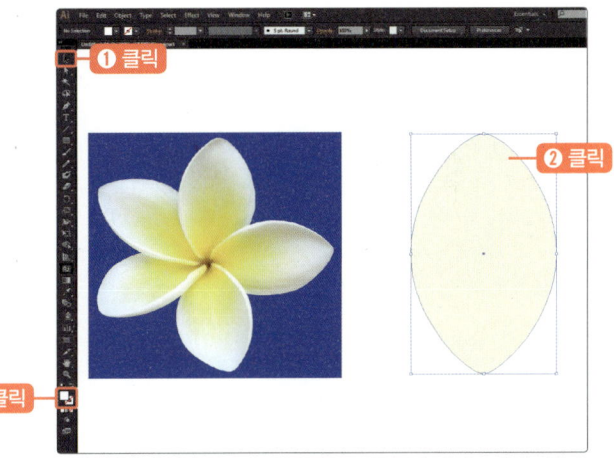

⑥ 메시 툴로 객체 중앙을 클릭해서 망점을 생성합니다. 스포이드 툴로 이미지의 노란 부분을 클릭해서 채색합니다.

⑦ 객체에 생성된 망선에 망점을 추가합니다. [Color] 패널의 슬라이더를 조절해서 색상을 조절합니다.

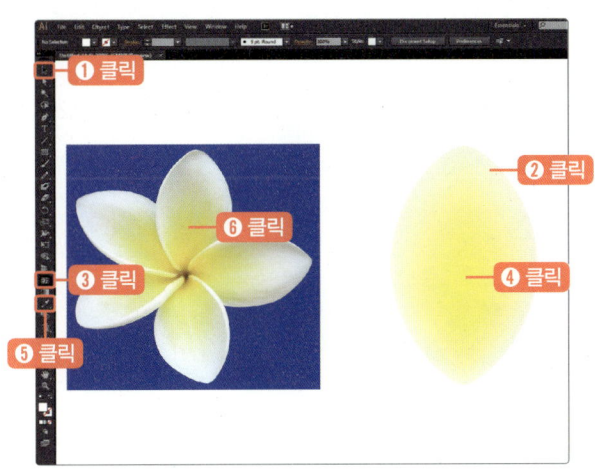
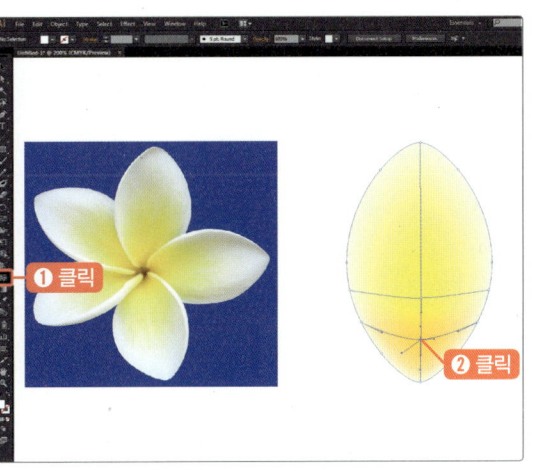

Special Tip

⑧ 객체에 생성된 망선에 망점을 추가하고 스포이드 툴로 이미지 상단의 밝은 부분을 클릭해서 채색합니다.

⑨ 객체에 생성된 망선의 왼쪽과 오른쪽에 망점을 추가합니다.

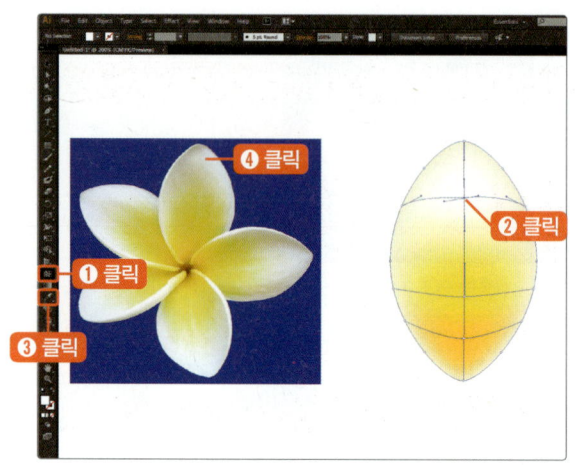

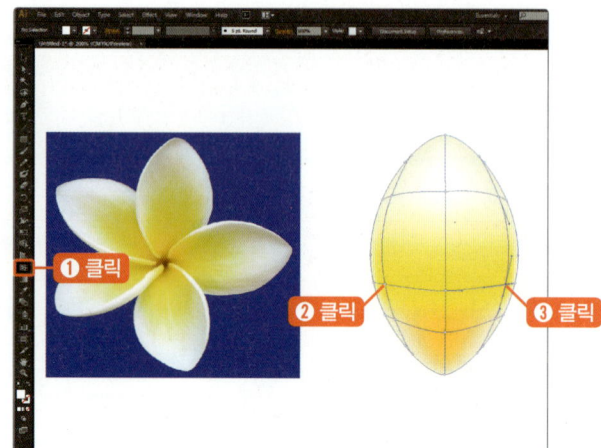

⑩ 객체에 생성된 망선에 망점을 추가하고 스포이드 툴로 이미지 상단의 어두운 부분을 클릭해서 채색합니다.

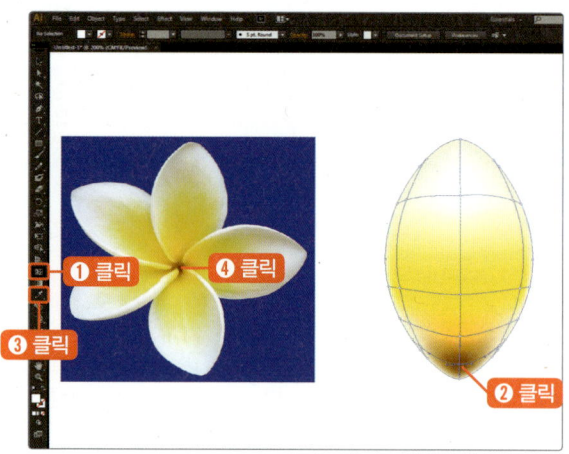

⑪ 객체에 생성된 망선의 왼쪽과 오른쪽에 망점을 추가합니다. 직접 선택 툴로 Shift를 누른 상태에서 왼쪽과 오른쪽의 망점을 다중 선택하고 [Color] 패널의 슬라이더를 조절해서 색상을 조절합니다.

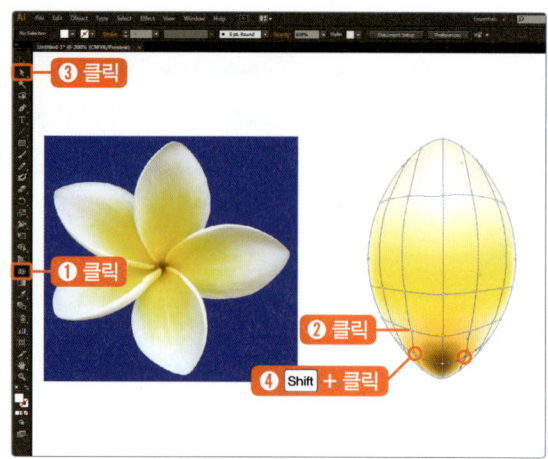

⑫ 직접 선택 툴로 Shift를 누른 상태에서 객체 상단의 왼쪽과 오른쪽의 망점을 다중 선택합니다. [Color] 패널의 슬라이더를 조절해서 꽃 이미지의 밝은 부분보다 어둡게 조절합니다.

⑬ 객체에 생성된 망선에 망점을 추가합니다. 스포이드 툴로 앞에서 채색한 객체의 망점을 클릭해서 채색합니다.

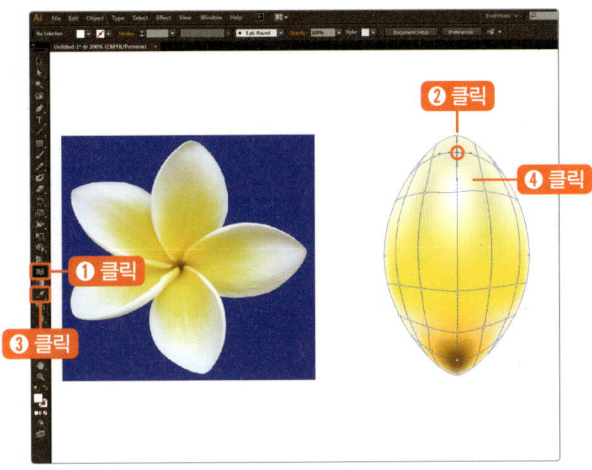

⑭ 객체에 생성된 망선의 왼쪽과 오른쪽에 망점을 추가합니다. 객체의 왼쪽과 오른쪽의 가장자리 점을 직접 선택 툴로 Shift를 누른 상태에서 다중 선택합니다. [Color] 패널의 슬라이더를 조절해서 색상을 꽃 이미지의 밝은 부분보다 어둡게 수정합니다.

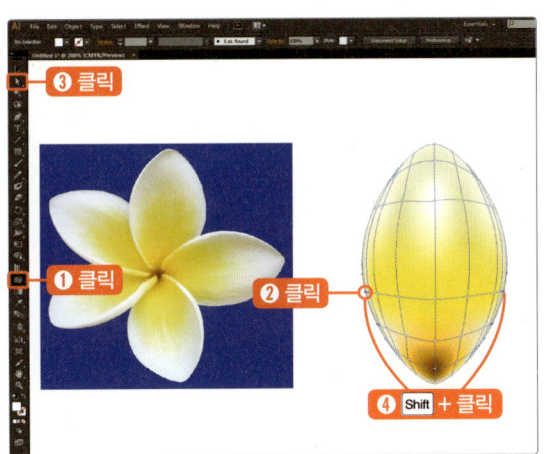

⑮ 객체 상단의 가장자리 점을 직접 선택 툴로 Shift를 누른 상태에서 다중 선택합니다. 스포이드 툴로 이미지 상단의 밝은 부분을 클릭해서 채색합니다.

Special Tip

⓰ 이미지의 형태에 따른 굴곡을 표현하기 위해서 망선의 핸들을 조절합니다.

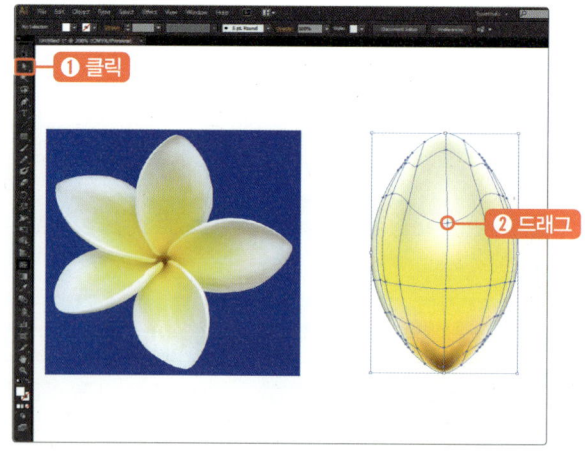

⓱ 객체의 색상이 자연스럽게 연결되어 보이도록 망선의 핸들과 [Color] 패널의 슬라이더를 조절해서 수정합니다.

⓲ 꽃잎 객체를 선택하고 [Tools] 패널의 회전 툴을 객체 아래쪽에 Alt 를 누른 상태에서 클릭합니다. 회전 툴 옵션창의 회전 각도에 '72도'로 입력하고 [Copy] 버튼을 클릭합니다.

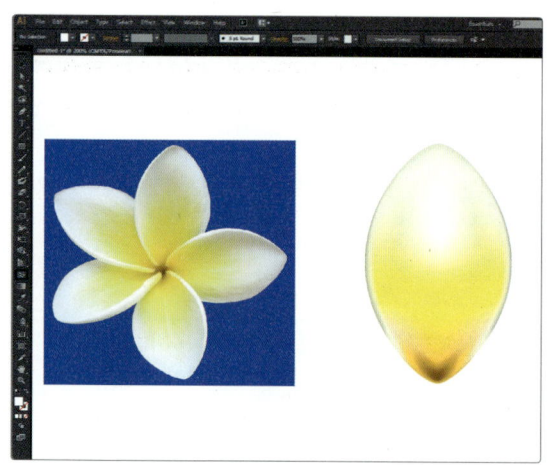

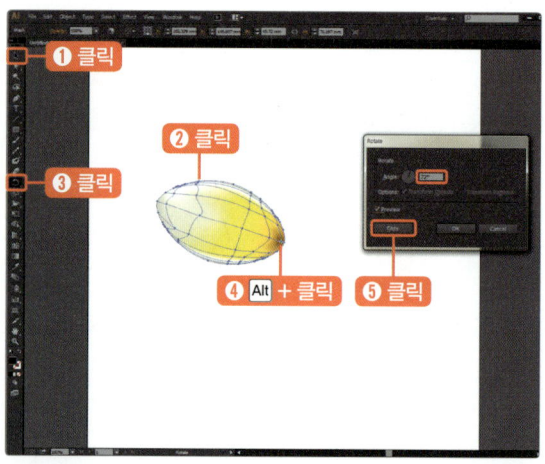

⓳ Ctrl + D 를 눌러 회전하며 복제되는 명령을 반복 실행합니다.

⑳ 사각형 툴을 작업창에 클릭하고 휴대폰 배경으로 사용할 크기(135mm×72mm)를 입력합니다.

㉑ 흰색의 사각형 위에 둥근 사각형 객체를 배치하고 채색합니다.

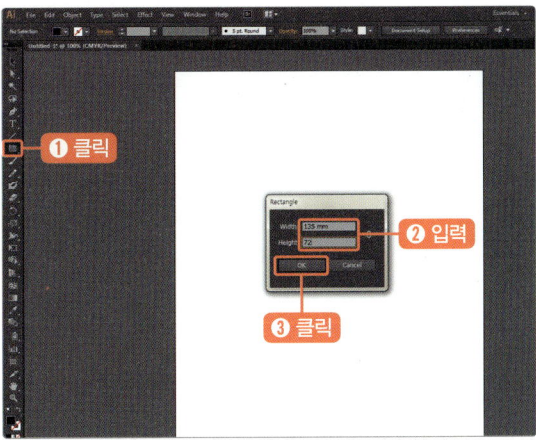

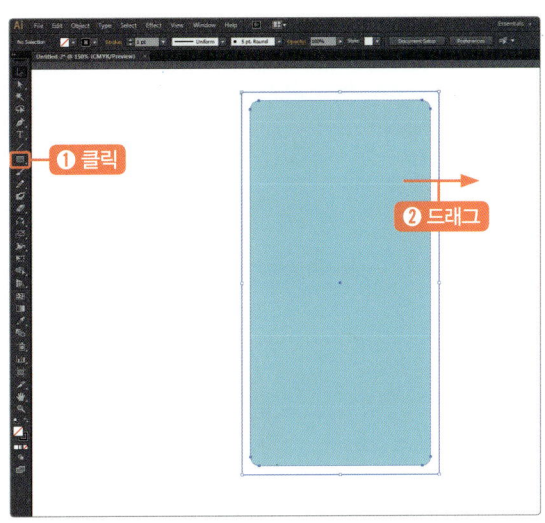

저자의 한마디

기종 별로 휴대폰의 크기는 다릅니다. 예제에서 입력한 수치는 절대 값이 아니므로, 케이스로 제작할 기종 크기에 맞추어 수치를 입력합니다.

Tip 작업한 소스에 따라서 다양한 색상과 모양으로 케이스 배경은 디자인될 수 있습니다.

㉒ 제작한 객체와 '핸드폰 소스.ai' 파일의 소스를 활용해서 배치합니다.

Tip 하단의 리본은 사각형 툴로 모양을 변형하여 제작하였습니다. 이에 대한 모양 및 문구 역시 자유롭게 디자인하고 배치할 수 있습니다.

저자의 한마디

휴대폰 케이스 제작업체에 주문하여 제작하였습니다.

메시를 이용한 제품 디자인

제품 디자인 시 제품이 가지고 있는 요소를 면으로 나누어 객체로 생성할 때 일러스트레이터로 작업할 수 있습니다. 이때 제품의 굴곡에 따른 음영과 하이라이트, 반사광 등을 표현하면 3D 프로그램으로 렌더링 돌린 것과 비슷한 객체를 제작할 수 있습니다. 그래서 2D 그래픽 디자이너들이 제품 디자인 시 시안을 잡고 제품 요소를 구성해 볼 때 유용하게 작업할 수 있습니다. 이번 단계에서는 제품의 각 요소의 형태에 따른 색상과 질감을 채색하고 일러스트레이터에서 제공하는 다양한 기능을 활용하여 제품과 어울리는 배경을 디자인하겠습니다.

실무자's Interview

▶ 조원석 / 영상 디자이너

제품 디자인 시 각 부분의 디테일이 요구되는 경우가 많아요. 일러스트는 벡터 속성의 오브젝트를 제작하는 프로그램으로 사이즈를 확대하거나 축소하여도 깨지지 않는 장점이 있어요. 하지만 어디까지나 2D 툴이기에 다양한 각도의 모습을 표현하려면 전부 그려줘야 한다는 점을 잊지 말고요. 이렇게 제작한 오브젝트에 걸맞는 배경도 유의해야 보통 배경에 많이 사용할 수 있는 기능으로는 패스파인더로 배경 관련 오브젝트를 제작하고, 메인에 배치한 오브젝트가 돋보이도록 어울리는 색상으로 배경을 채색해야 해요. 이때 너무 많은 색상을 이용한 그라디언트의 남용은 오히려 촌스러워 질 수 있으니 주의합시다.

▶ 박봉근 / 마케터

3D 렌더링과 같은 효과의 일러스트 제품 디자인의 경우 빛의 굴곡, 반사, 난반사, 그림자 등 데생의 기초를 알면 다소 접근이 쉬워요. 또한 사각 모델과 원형의 간단한 모델의 경우 메시 툴만으로 어느 정도 묘사가 되지만, 보다 정교한 작업의 경우 메시와 그라디언트, Blend Mode(Multyply/Overlay 등)을 적절히 사용해야 매끄럽고 입체적인 결과물이 나와요. 일러스트 렌더링은 툴 스킬을 향상시키는데 가장 좋은 방법이에요. 일단 자신이 쥐고 있는 휴대폰부터 일러스트로 그려보세요. 어느 정도 결과물이 실물과 비슷하다면 자신의 일러스트 스킬이 매우 향상되었다는 것을 느낄 수 있어요.

Chapter 12

STEP 01 도형 툴을 이용한 모바일 형태 제작
STEP 02 메시를 이용한 모바일 앞면 채색
STEP 03 메시를 이용한 모바일 뒷면 채색
STEP 04 메시를 이용한 모바일 옆면, 윗면 채색

메시를 이용한 제품 디자인

제품 디자인을 일러스트로 작업 시 조명에 따라 제품의 굴곡, 스틸 재질감의 버튼 등을 정교하게 표현하는 것이 중요합니다. 이번 단계에서는 메시를 이용해서 하이라이트와 음영을 표현하고, 이것을 모바일 디자인에 응용하겠습니다. 그리고 일러스트레이터의 Opacity Mask 기능을 이용하여 제품 광고에 많이 사용되는 반사광을 제작하여 모바일에 어울리는 배경을 제작하겠습니다.

제작 요청서

	분류	내용	비고
1	디자인 컨셉	모바일 디자인 및 무대 조명을 이용한 배경 제작	
2	디자인 색상	• 메인 색상 – 블랙(블랙의 모바일과 명도 조절을 이용한 입체감을 표현) • 보조 색상 – 연 그레이(메탈느낌의 화이트를 띤 배경 표현)	완성된 이미지를 보정해 사용할 것이므로 약간 어둡거나 강한 색을 사용해도 무관
3	디자인 사용 계획	모바일 디자인 및 배너 광고의 배경 디자인	
4	문구 및 기획안	디자인 완성 이후 확정 예정	
5	기타 사항	• 모바일의 입체감과 재질감을 표현 • 무대 조명을 이용한 배경 디자인	

예제 파일

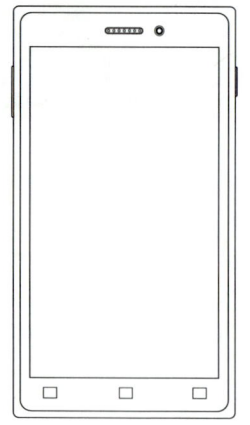

오브젝트 소스.ai

: 완성 파일

도형 툴을 이용한 모바일 형태 제작

도형을 이용해서 모바일의 앞면, 뒷면의 형태와 카메라 버튼 등의 각 부품을 객체로 제작하겠습니다.

01 [File]-[New] 메뉴를 선택하고 작업창 크기(210mm×297mm)를 지정합니다.

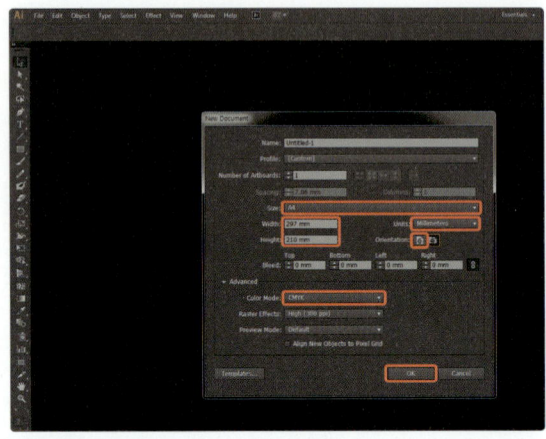

02 사각형 툴을 선택하고 작업창에 클릭합니다. 사각형 툴의 옵션창이 열리면 모바일 크기로 사용할 수치(82mm×152mm)를 입력합니다.

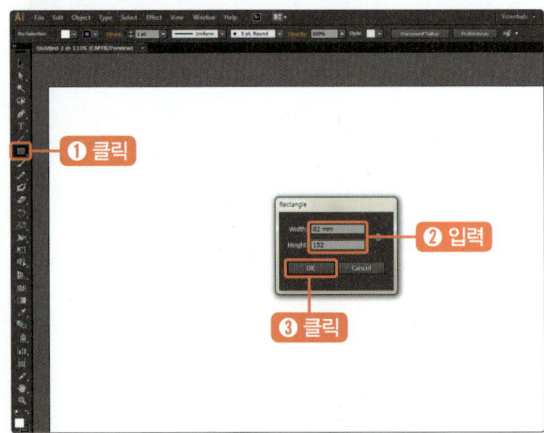

03 생성된 사각형의 모퉁이를 둥글게 수정하겠습니다. 사각형 객체를 선택하고 [Effect]-[Stylize]-[Round Corners] 메뉴를 선택해서 둥글기 수치(2mm)를 입력합니다.

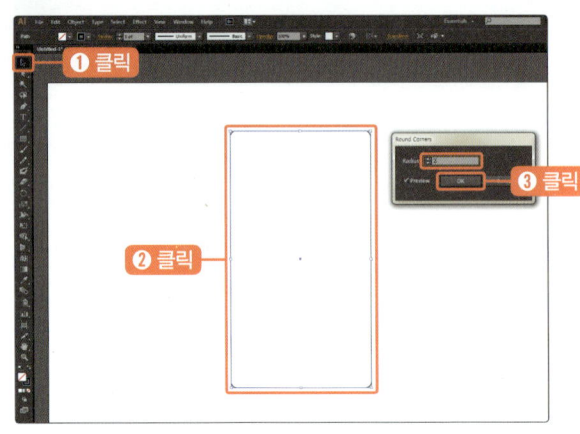

04 모바일 프레임으로 사용할 사각형을 배치하겠습니다. 사각형 객체를 선택하고 [Object]-[Path]-[Offset Path] 메뉴를 선택하고 'Offset 항목에 '-2.5mm'를 입력합니다.

05 모바일 화면으로 사용할 사각형을 배치하겠습니다. 사각형 객체를 선택하고 [Object]-[Path]-[Offset Path] 메뉴를 선택하고 'Offset' 항목에 '-3.5mm'를 입력합니다.

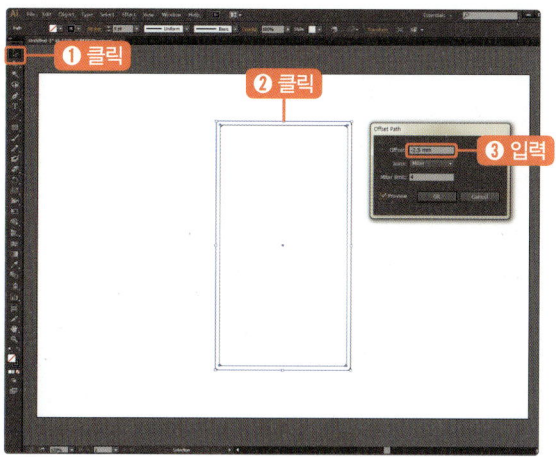

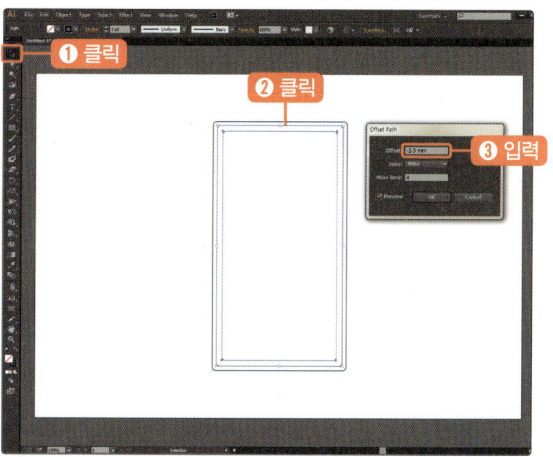

06 [Appearance] 패널에서 사각형 객체의 모퉁이 둥글기를 수정하겠습니다. 두 번째 사각형 객체를 선택하고 [Window]-[Appearance] 메뉴를 선택합니다. [Appearance] 패널의 'Round Corners' 항목을 더블클릭하고 옵션창에 둥글기 수치를 '4mm'로 수정합니다.

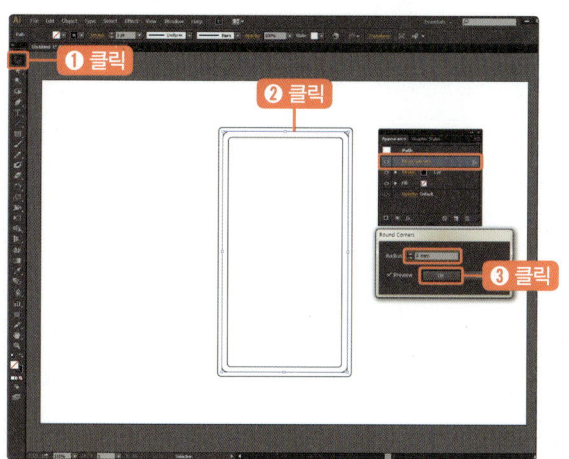

07 세 번째 사각형 객체를 선택하고 [Appearance] 패널의 'Round Corners' 항목을 패널 하단의 휴지통 아이콘으로 드래그합니다.

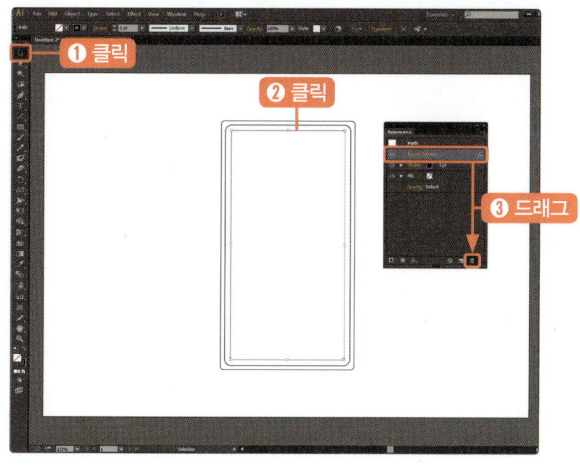

Tip 'Round Corners'를 휴지통으로 버리면 둥글기가 적용된 사각형을 직사각형으로 사용할 수 있습니다.

08 첫 번째, 두 번째 사각형 객체를 다중 선택합니다. [Object]-[Expand Appearance] 메뉴를 선택하고 객체 속성으로 변환합니다.

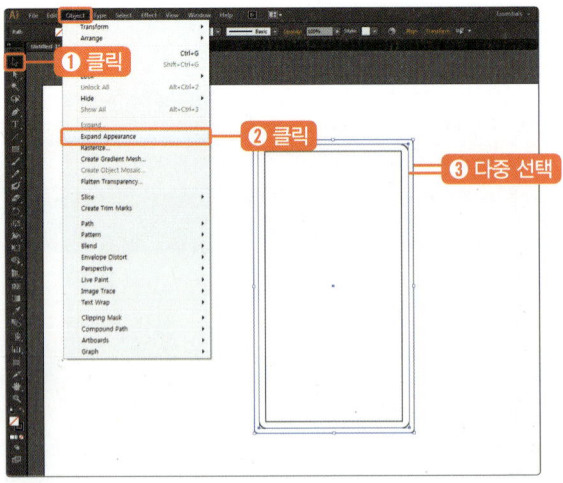

09 세 번째 사각형 객체를 선택하고 세로 폭을 줄입니다.

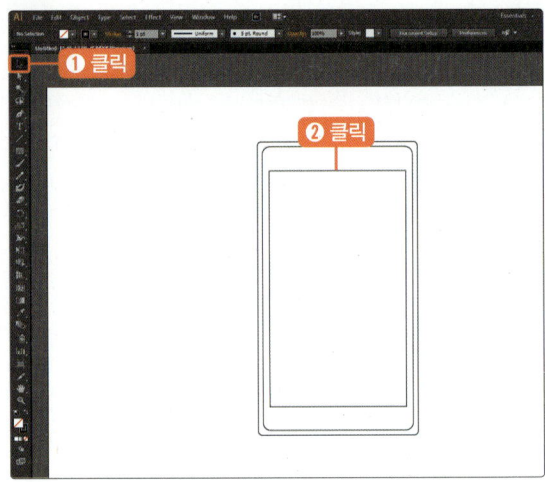

10 모바일의 측면 버튼을 제작하겠습니다. 사각형 객체를 생성합니다. 직접 선택 툴로 사각형의 위쪽 두 점을 다중 선택합니다. 생성된 위젯을 드래그해서 모퉁이 둥글기를 조절합니다.

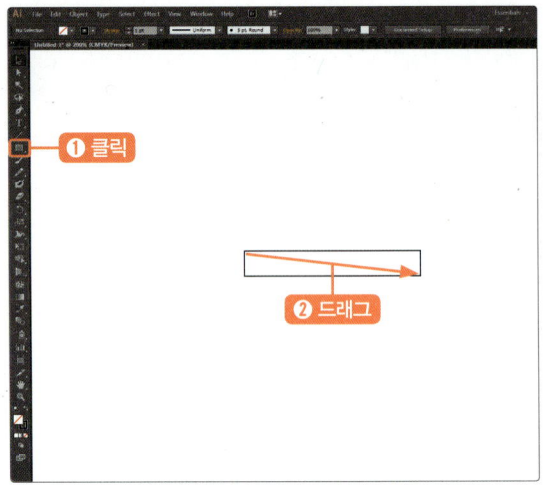
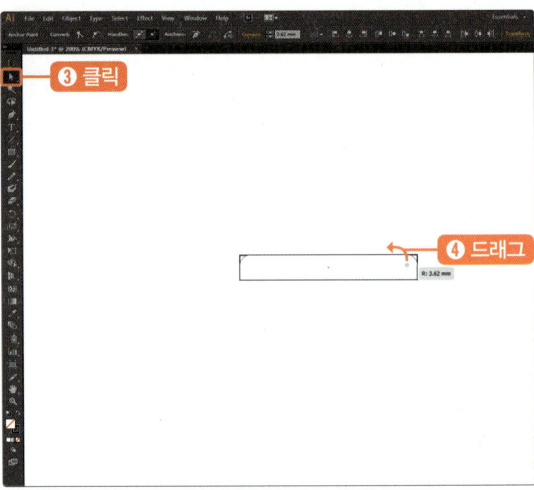

11 둥근 사각형과 원형 객체를 이용해서 스피커를 제작합니다.

12 원형 객체를 이용해서 카메라를 제작합니다.

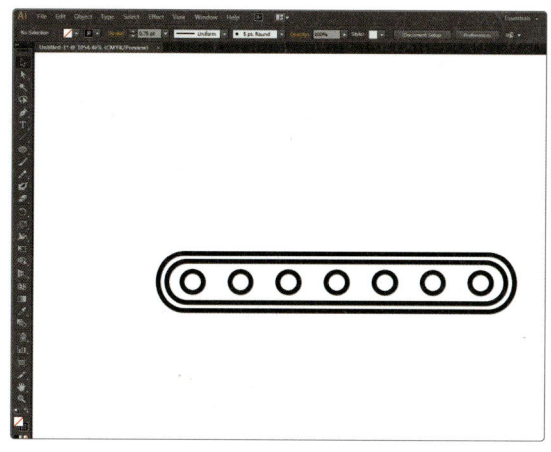

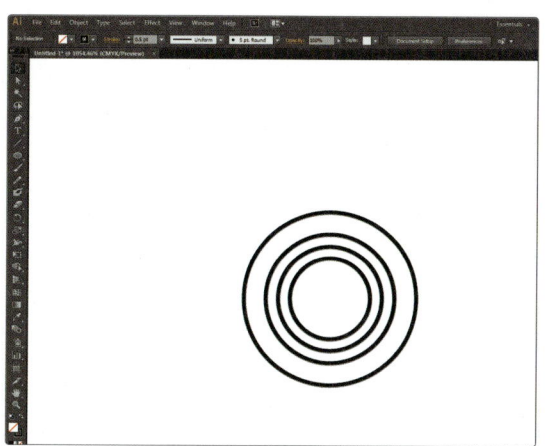

13 버튼과 스피커, 카메라 객체는 모바일 앞면에 배치합니다.

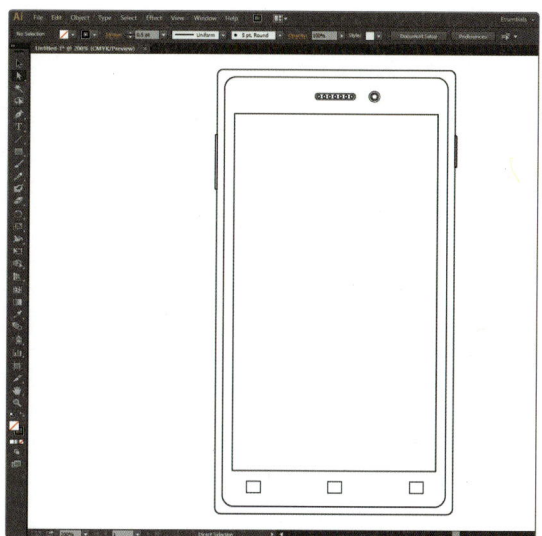

14 모바일의 뒷면을 제작하겠습니다. 모바일의 첫 번째, 두 번째 사각형 객체와 측면 버튼 객체를 다중 선택하고 Alt + Shift 를 누른 상태에서 오른쪽으로 복제합니다. 반전 툴을 더블클릭하고 좌우 대칭 옵션으로 선택한 후 [OK] 버튼을 클릭합니다.

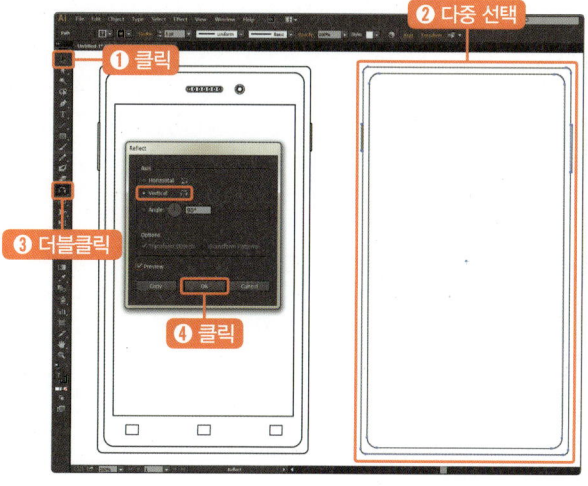

15 둥근 사각형과 원형 객체를 이용해서 카메라를 제작합니다.

16 원형 객체를 이용해서 카메라 플래시를 제작합니다.

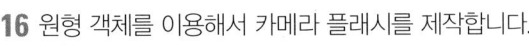

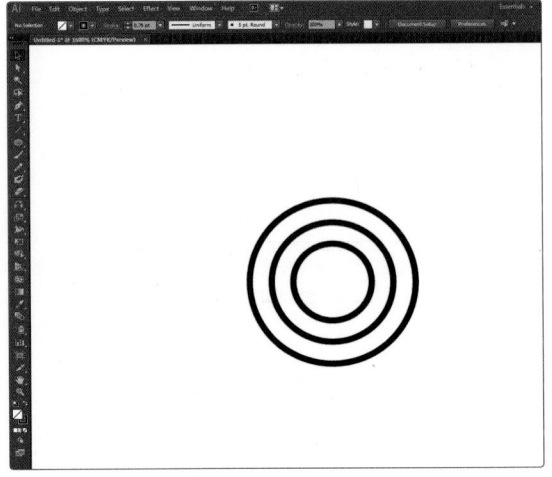

17 둥근 사각형과 원형 객체를 이용해서 스피커를 제작합니다.

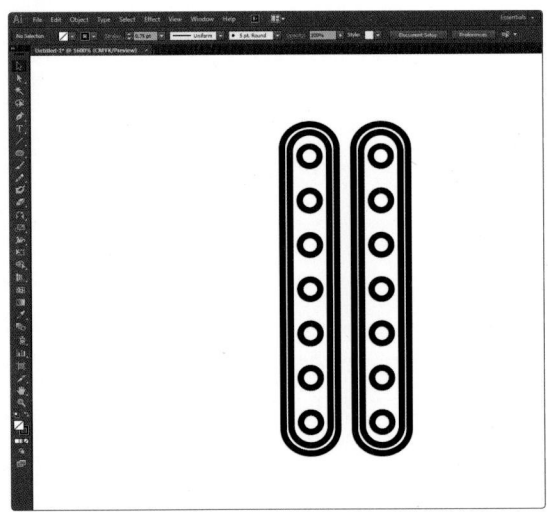

18 스피커, 카메라 객체는 모바일 뒷면에 배치합니다.

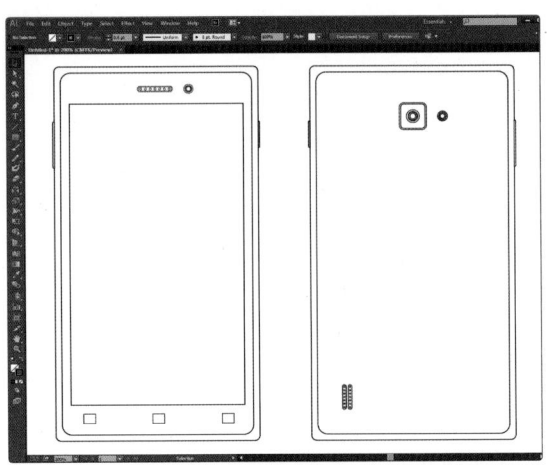

메시를 이용한 모바일 앞면 채색

제품의 굴곡을 따라서 하이라이트와 음영을 이용한 채색을 통해서 모바일의 각 부품을 입체적으로 채색하겠습니다.

01 모바일 앞면 관련 객체들을 각각 오른쪽으로 이동한 다음 분리해서 배치합니다.

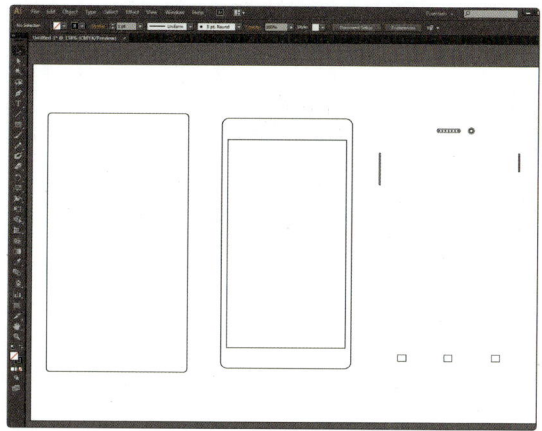

02 겉면으로 사용할 사각형 객체를 선택하고 [Tools] 패널의 'Stroke'를 'None'으로 지정한 다음 'Fill'을 클릭해 '검은색'으로 채색합니다.

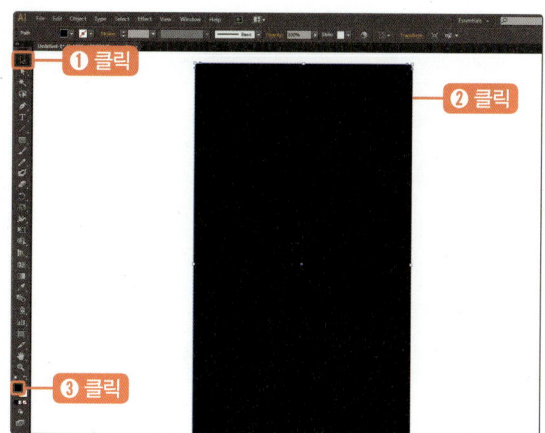

03 객체 위쪽에 메시 툴로 클릭해서 망점을 생성합니다. 객체에 생성된 망선에 망점을 2개 더 추가합니다.

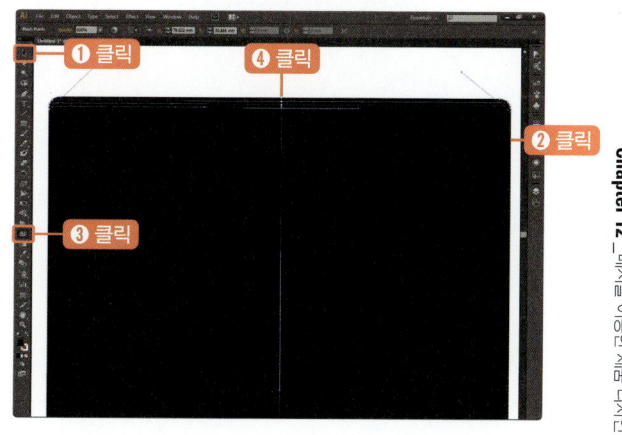

04 객체 상단의 두 번째 망점을 선택하고 [Color] 패널에서 'C=0, M=0, Y=0 K=90'으로 채색합니다.

05 객체 상단의 세 번째 망점을 선택하고 [Color] 패널에서 'C=0, M=0, Y=0 K=30'으로 채색합니다.

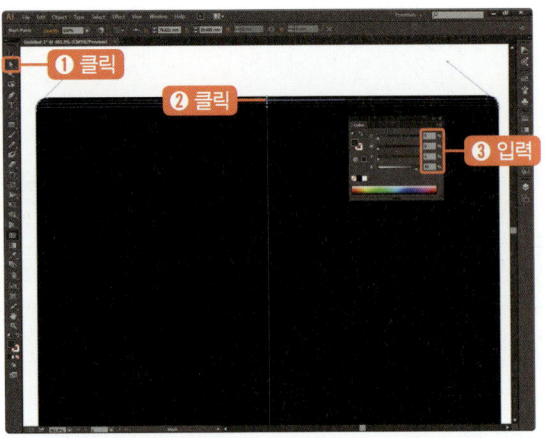
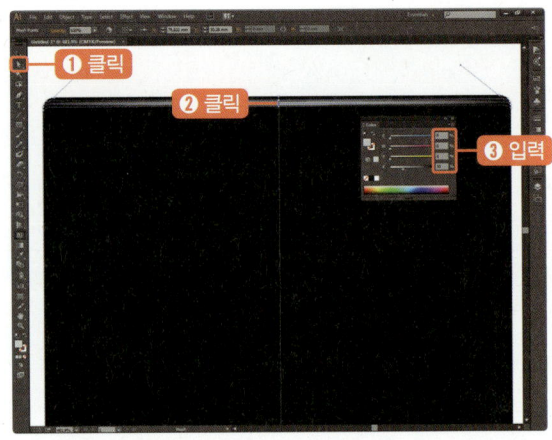

06 객체 상단의 네 번째 망점을 선택하고 [Color] 패널에서 'C=0, M=0, Y=0 K=85'로 채색합니다.

07 객체에 생성된 망선의 왼쪽과 오른쪽에 망점을 추가합니다.

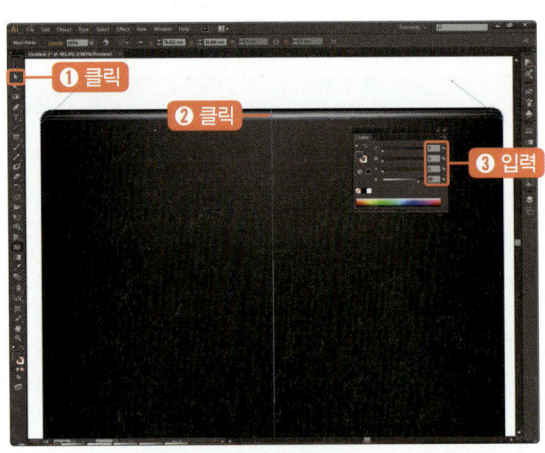
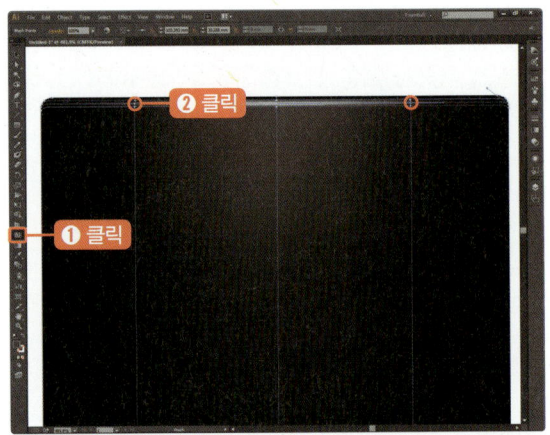

08 왼쪽과 오른쪽에 추가된 망점을 선택하고 [Color] 패널에서 'K=90', 'K=30', 'K=85'를 순서대로 채색합니다.

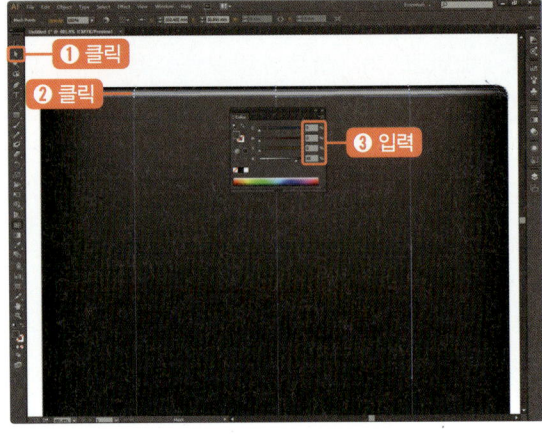

Tip 앞의 과정 **04**, **05**, **06**번과 같은 순서로 채색합니다.

09 객체에 생성된 망선의 왼쪽 위쪽에 메시 툴로 클릭해서 망점을 생성합니다. 그리고 객체에 생성된 망선에 망점을 2개 더 추가하고 다음과 같이 채색합니다.

10 객체에 생성된 망선의 아래쪽에 망점을 추가합니다. 추가된 망점을 선택하고 [Color] 패널에서 'K=90', 'K=30', 'K=85'를 순서대로 채색합니다.

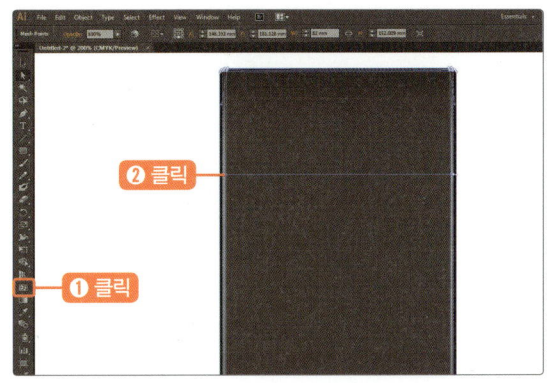

Tip 겉면으로 사용할 사각형 객체의 4분의 1 지점에 망점을 추가합니다.

11 객체에 생성된 망선의 오른쪽 위쪽에 메시 툴로 클릭해서 망점을 생성합니다. 그리고 객체에 생성된 망선에 망점을 2개 더 추가합니다. 객체에 생성된 망선의 아래쪽에 망점을 추가하고 다음과 같이 채색합니다.

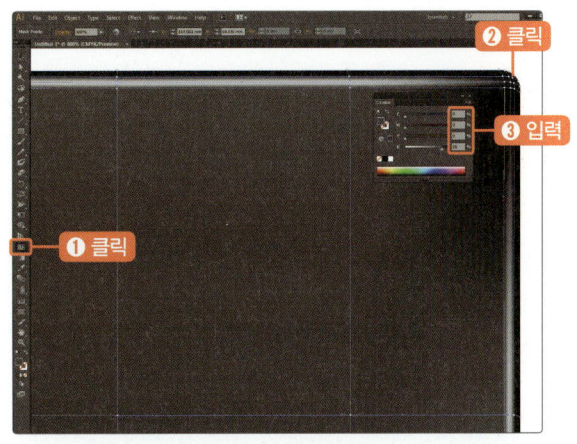

Tip 앞의 과정 09번, 10번과 동일합니다.

12 객체에 생성된 망선의 아래쪽에 망점을 3개 추가합니다. 추가된 망점을 선택하고 [Color] 패널에서 'K=90', 'K=30', 'K=85'를 순서대로 채색합니다.

13 객체 하단의 왼쪽과 오른쪽에 추가된 망점을 선택하고 [Color] 패널에서 'K=90', 'K=30', 'K=85'를 순서대로 채색합니다.

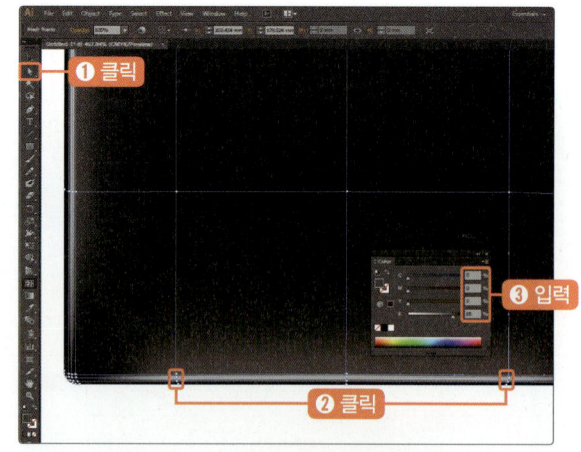

14 객체의 색상이 자연스럽게 연결되어 보이도록 망선의 핸들을 조절합니다.

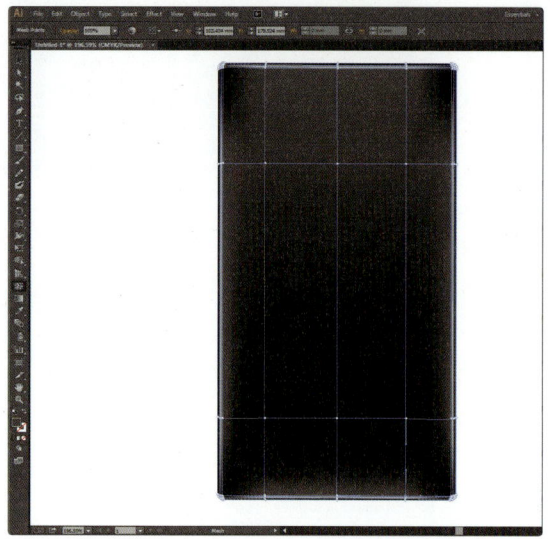

15 객체의 위쪽, 하단의 모퉁이 망점 4개를 선택하고 [Color] 패널에서 'C=0, M=0, Y=0, K=85'로 채색합니다.

16 객체의 중앙 망점을 선택하고 [Color] 패널에서 'C=0, M=0, Y=0, K=85'로 채색합니다.

17 겉면으로 사용할 사각형 객체는 메시로 채색하였습니다.

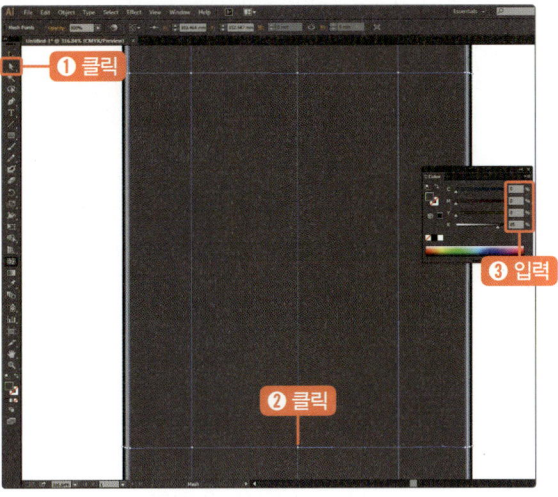
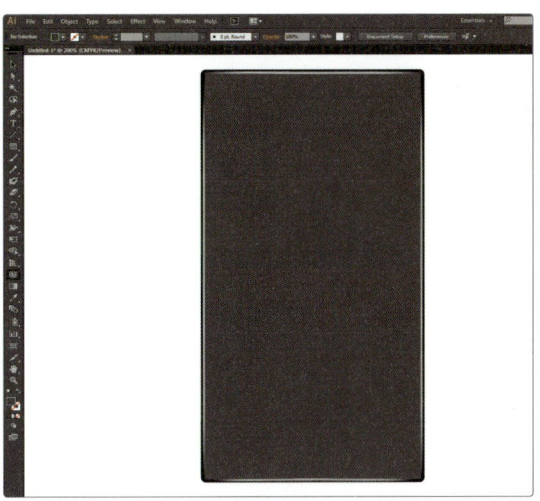

18 모바일 겉면의 반사광을 제작하겠습니다. 사각형 객체를 생성하고 [Tools] 패널의 'Stroke'는 'None'으로, 'Fill'을 클릭하고 그라디언트를 채색합니다. 첫 번째와 세 번째 슬라이더의 투명도는 '90%'로, 두 번째 슬라이더의 투명도를 '0%'로 변경해서 그라디언트 툴로 색상 퍼짐 정도를 부드럽게 조절합니다.

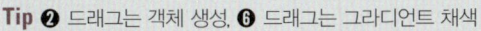
Tip ❷ 드래그는 객체 생성, ❻ 드래그는 그라디언트 채색

19 반사광 객체는 투명도를 '40%'로 낮춰서 겉면 객체에 배치합니다.

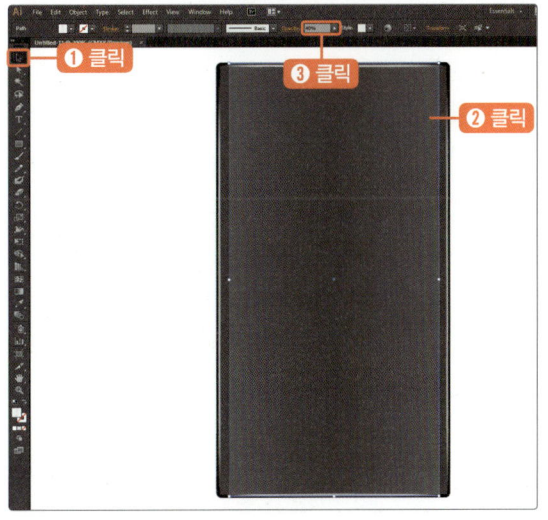

20 프레임으로 사용할 객체를 모바일 겉면에 배치합니다. Ctrl+Shift+]를 눌러서 반사광 객체 앞으로 배열을 수정합니다. [Tools] 패널의 'Stroke'는 'None'으로 지정한 다음 'Fill'을 클릭해 '검은색'으로 채색합니다.

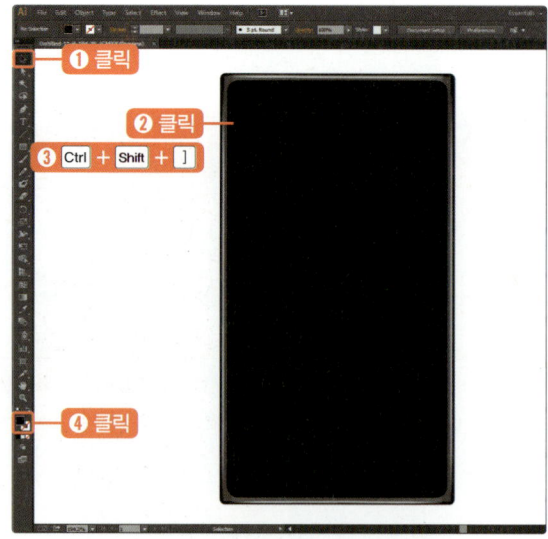

21 객체 위쪽에 메시 툴로 클릭해서 망점을 생성합니다. 객체에 생성된 망선에 망점을 2개 더 추가합니다.

22 객체 상단의 세 번째 망점을 선택하고 [Color] 패널에서 'C=0, M=0, Y=0, K=70'으로 채색합니다.

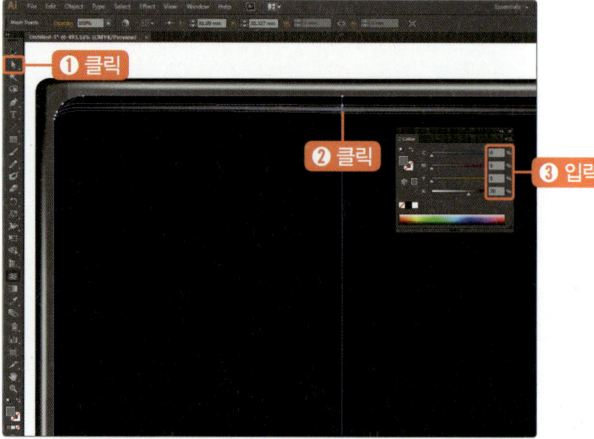

23 객체에 생성된 망선의 왼쪽과 오른쪽에 망점을 추가합니다. 왼쪽과 오른쪽에 추가된 망점을 선택하고 [Color] 패널에서 'C=0, M=0, Y=0, K=70'으로 채색합니다.

24 객체 아래쪽도 망점을 추가합니다. 위쪽과 같은 방법으로 [Color] 패널에서 'C=0, M=0, Y=0, K=70'으로 채색합니다.

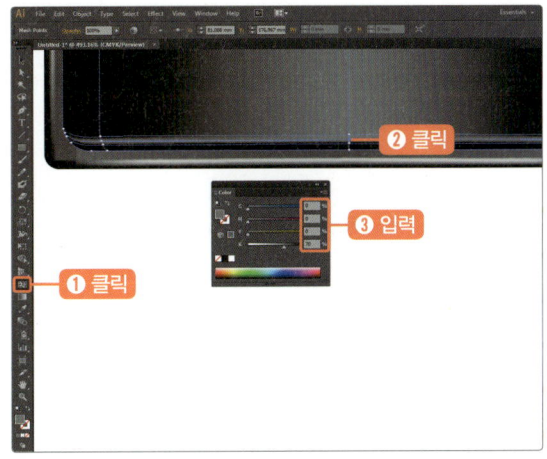

25 객체 하단의 첫 번째 망점을 선택하고 [Color] 패널에서 'C=0, M=0, Y=0, K=100'으로 채색합니다.

26 객체의 색상이 자연스럽게 연결되어 보이도록 망선의 핸들을 조절합니다.

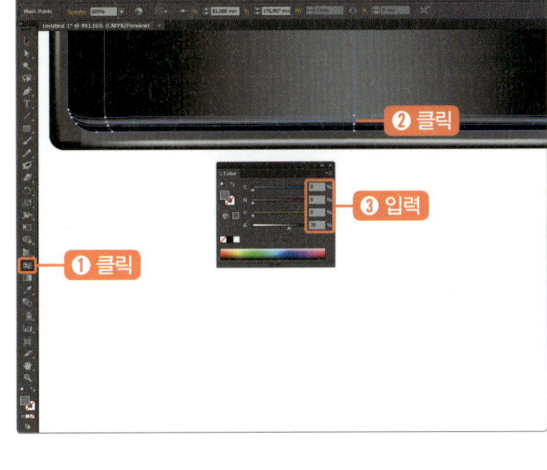

27 객체 왼쪽 중앙에 메시 툴로 클릭해서 망점을 생성합니다. 객체에 생성된 망선에 망점을 2개 더 추가합니다. 객체 왼쪽의 세 번째 망점을 선택하고 [Color] 패널에서 'C=0, M=0, Y=0, K=70'으로 채색합니다.

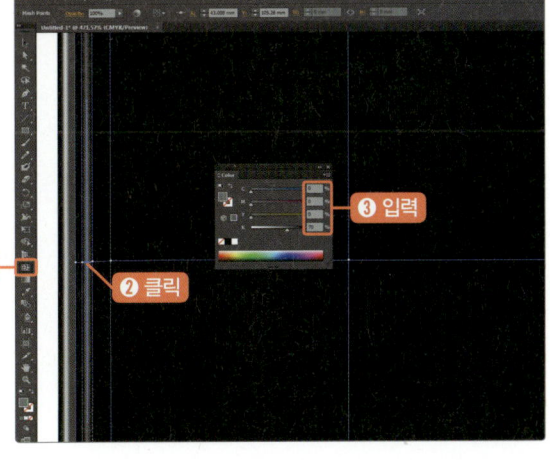

28 객체 오른쪽도 망점을 추가합니다. 오른쪽의 세 번째 망점을 선택하고 [Color] 패널에서 'C=0, M=0, Y=0, K=70'으로 채색합니다.

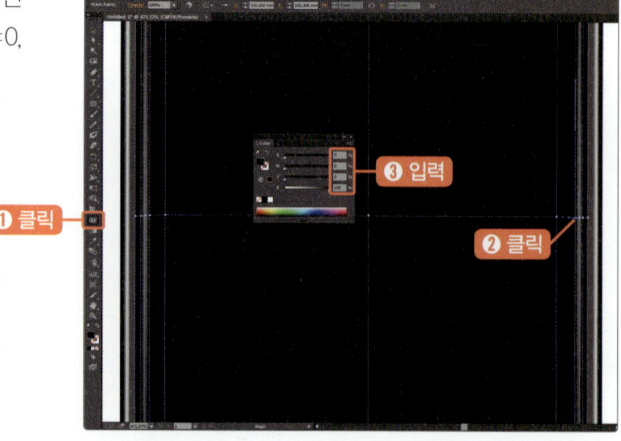

29 객체의 위쪽, 하단의 모퉁이 망점 4개를 선택하고 [Color] 패널에서 'C=0, M=0, Y=0, K=70'으로 채색합니다.

30 프레임으로 사용할 사각형 객체는 메시로 채색하였습니다.

31 화면으로 사용할 객체를 모바일 겉면에 배치합니다. Ctrl+Shift+]를 눌러 프레임 객체 앞으로 배열을 수정합니다. [Tools] 패널의 'Stroke'는 'None'으로 지정한 다음 'Fill'을 클릭해 채색합니다.

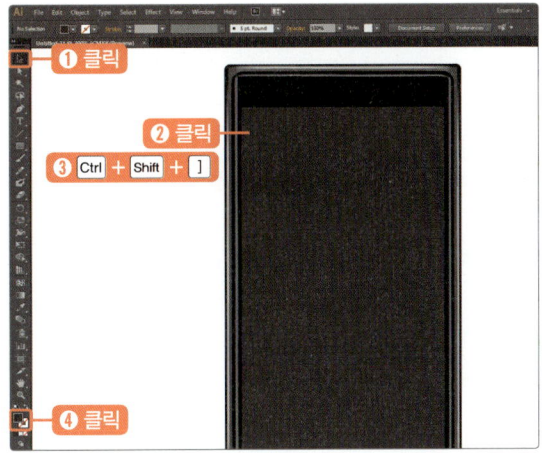

32 측면 버튼으로 사용할 객체를 모바일 겉면에 배치합니다. [Tools] 패널의 'Stroke'는 'None'으로 지정한 다음 'Fill'을 클릭해 그라디언트를 채색합니다.

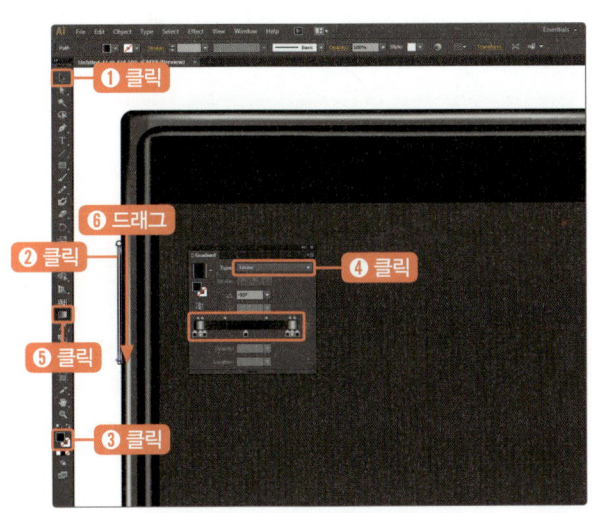

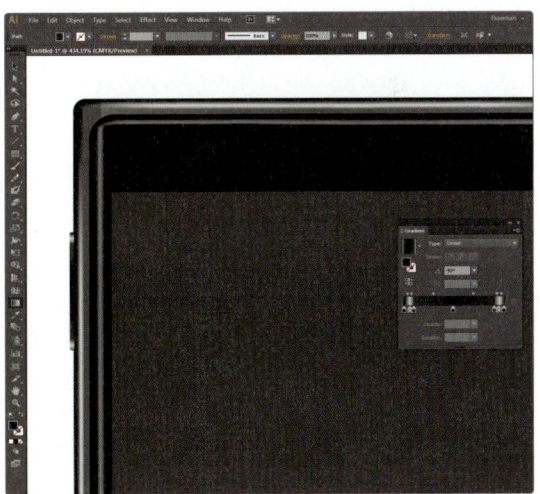

33 스피커로 사용할 객체를 모바일 겉면 위쪽에 배치합니다. [Tools] 패널의 'Stroke'는 'None'으로 지정하고 'Fill'을 클릭해 그라디언트를 채색합니다.

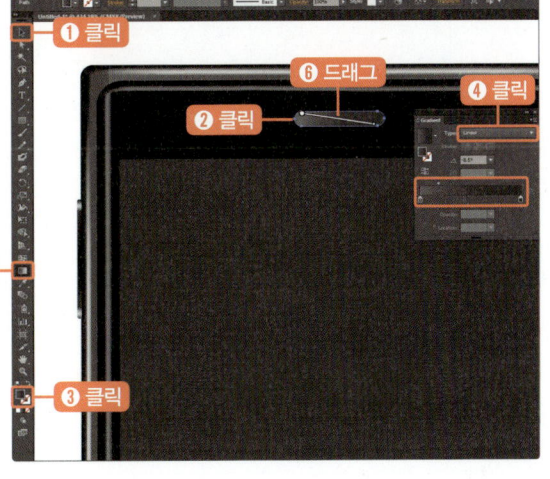

34 스피커 내부의 둥근 사각형 객체를 배치하고 [Tools] 패널의 'Stroke'는 'None'으로 지정하고 'Fill'을 클릭해 그라디언트를 채색합니다.

35 스피커 내부의 원형 객체를 배치하고 [Tools] 패널의 'Stroke'는 'None'으로 지정하고 'Fill'을 클릭해 그라디언트를 채색합니다.

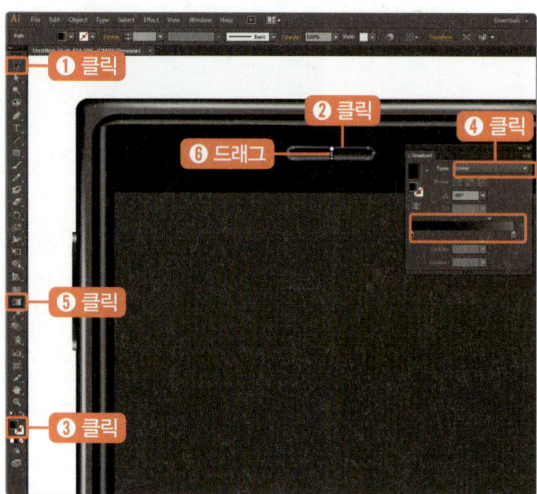
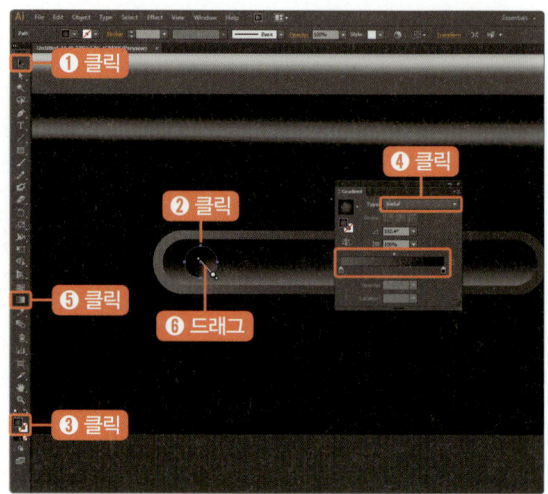

36 원형 객체는 Ctrl+C를 눌러 복제한 다음 Ctrl+F를 눌러 배치합니다. 크기를 조절한 다음 [Tools] 패널의 'Stroke'는 'None'으로 지정하고 'Fill'을 클릭해 '검은색'으로 채색합니다.

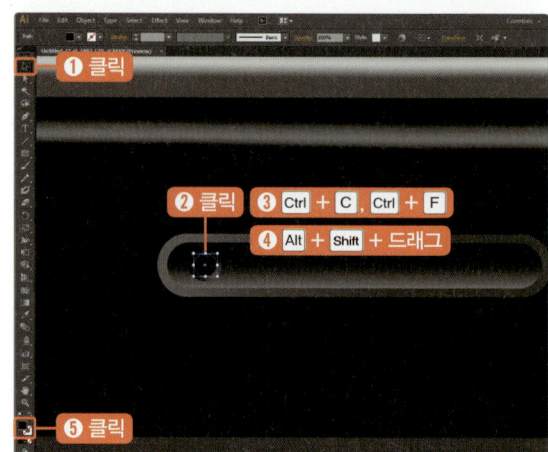

37 2개의 원형 객체를 다중 선택한 후 Alt+Shift를 누른 상태에서 오른쪽으로 드래그해서 복제합니다. Ctrl+D를 눌러서 오른쪽으로 복제되는 명령을 반복합니다.

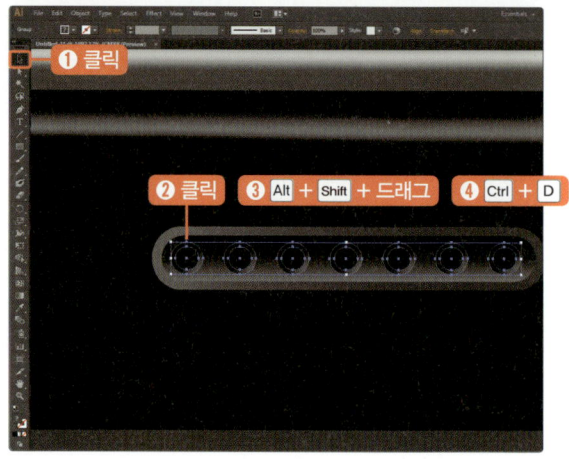

38 카메라로 사용할 객체를 모바일 스피커 옆에 배치합니다. [Tools] 패널의 'Stroke'는 'None'으로 지정한 다음 'Fill'을 클릭해 그라디언트를 채색합니다.

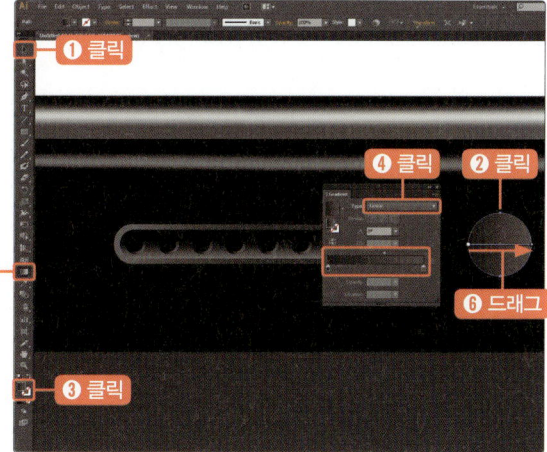

39 카메라 내부의 원형 객체를 배치하고 [Tools] 패널의 'Stroke'는 'None'으로 지정한 다음 'Fill'을 클릭해 그라디언트를 채색합니다.

40 카메라 내부의 원형 객체를 배치하고 [Tools] 패널의 'Stroke'는 'None'으로 지정한 다음 'Fill'을 클릭해 '검은색'으로 채색합니다.

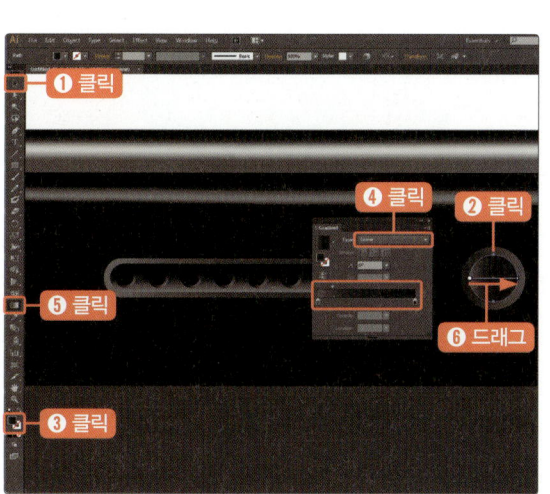

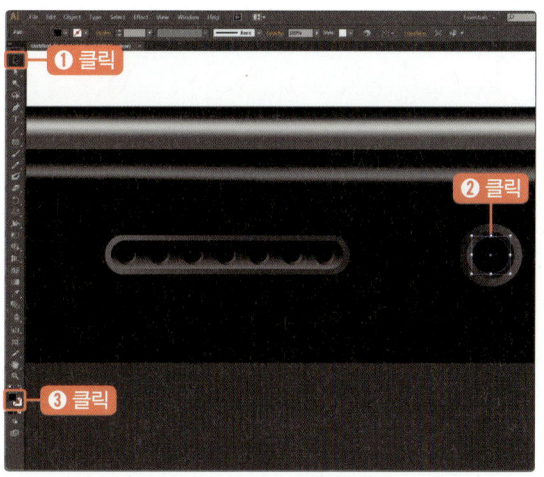

41 카메라 내부의 원형 객체를 배치하고 [Tools] 패널의 'Stroke'는 'None'으로 지정한 다음 'Fill'을 클릭해 다음과 같이 채색합니다.

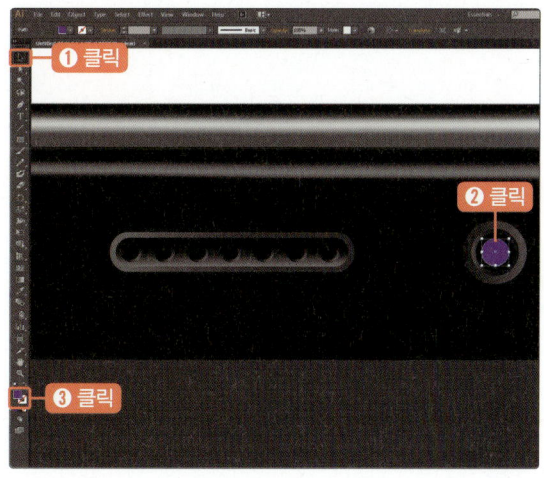

42 원형 객체에 메시 툴로 망점을 생성하고 채색합니다.

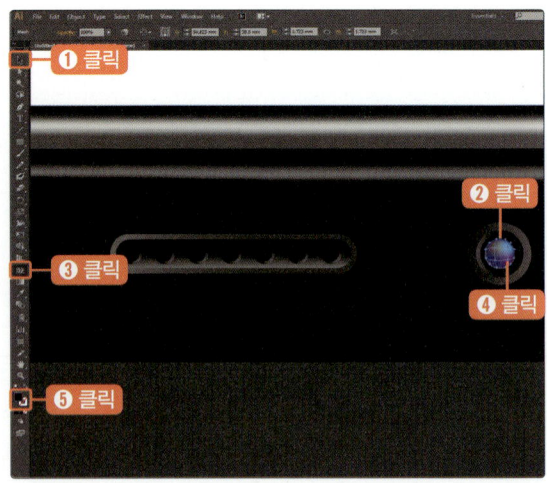

43 터치 버튼으로 사용할 객체를 모바일 겉면의 아래쪽에 배치합니다. 선 색상을 변경합니다.

44 왼쪽의 사각형 객체를 선택하고 [Effect]-[Stylize]-[Round Corners] 메뉴를 선택해서 둥글기 수치 (1mm)를 입력합니다.

45 [Object]-[Expand Appearance] 메뉴를 선택하고 객체 속성으로 변환합니다.

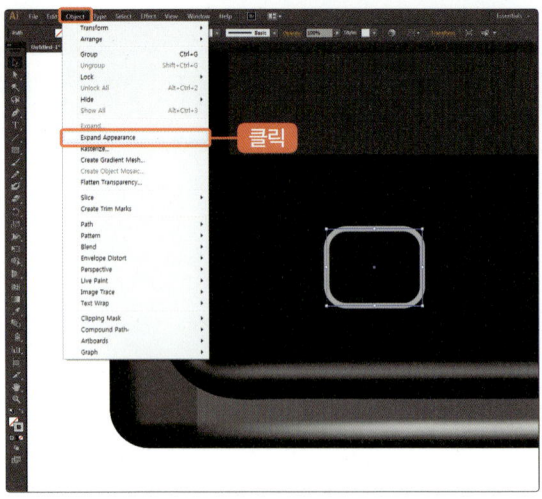

46 직접 선택 툴로 왼쪽에 있는 점 2개를 선택합니다. Delete 를 눌러 지워줍니다.

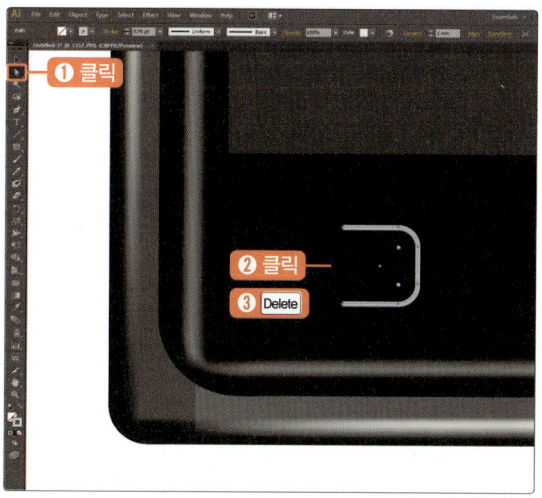

47 삼각형 객체를 생성하고 채색한 후 배치합니다.

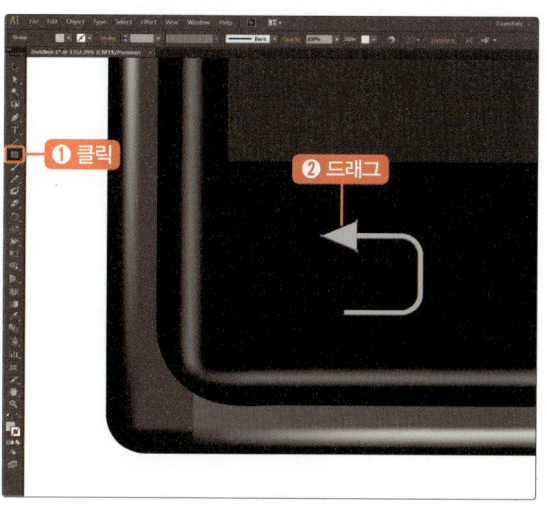

48 중앙의 사각형 객체 위에 삼각형 객체를 배치합니다.

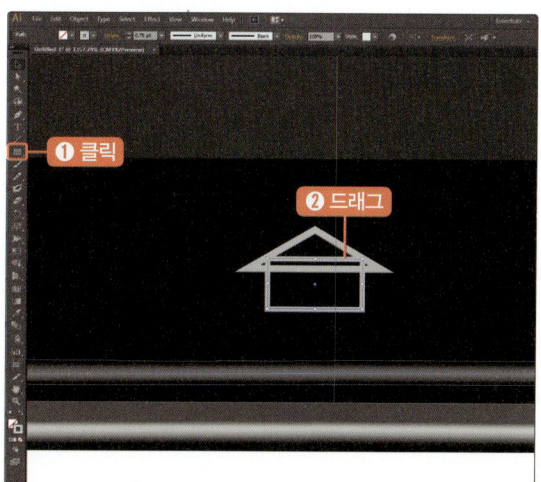

49 2개의 객체를 다중 선택하고 [Pathfinder] 패널에서 'Unite'를 클릭해서 하나의 객체로 결합합니다.

50 오른쪽의 사각형 객체에 선을 배치합니다.

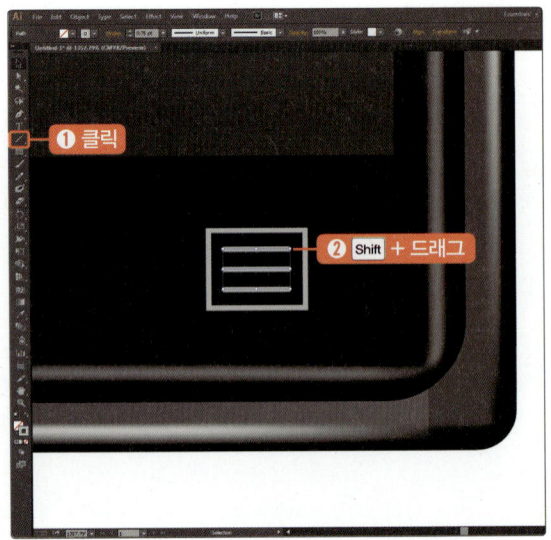

51 화면의 반사광을 제작하기 위해서 펜 툴로 패스를 생성합니다.

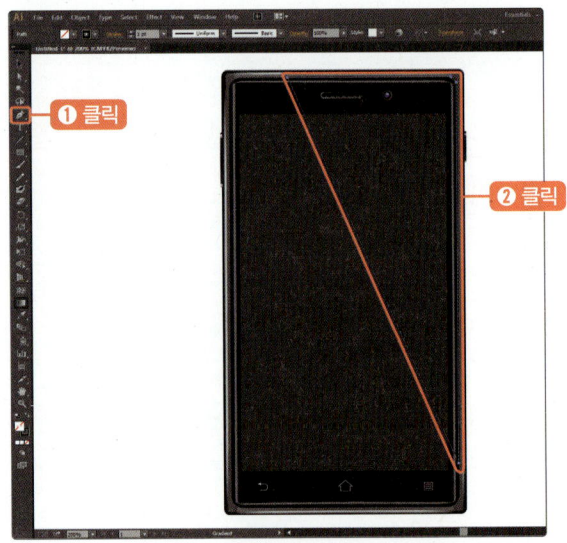

52 반사광 객체를 선택하고 [Tools] 패널의 'Stroke'는 'None'으로 지정하고 'Fill'을 클릭해 그라디언트를 채색합니다. 두 번째 슬라이더의 투명도를 '0%'로 변경해 그라디언트 툴로 색상 퍼짐 정도를 부드럽게 조절합니다.

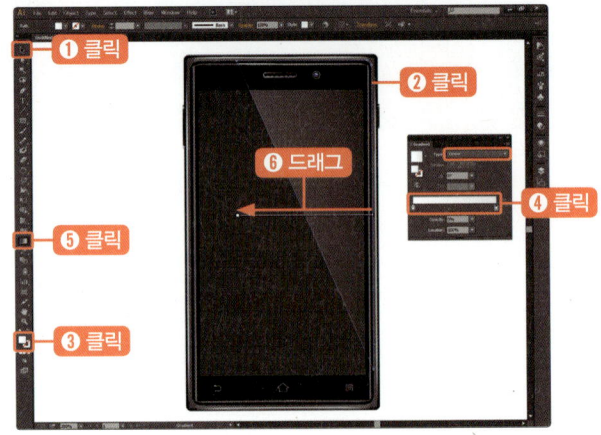

메시를 이용한 모바일 뒷면 채색

모바일의 뒷면에 가죽 질감을 삽입하고, 각 부품의 굴곡을 따라 입체적으로 채색하겠습니다.

01 앞에서 제작한 모바일의 겉면, 반사광, 측면 버튼 객체를 다중 선택하고 Alt + Shift 를 누른 상태에서 오른쪽으로 복제합니다.

02 반전 툴을 더블클릭하고 좌우 대칭 옵션으로 선택한 후 [OK] 버튼을 클릭합니다.

03 가죽 질감으로 사용할 객체를 모바일 겉면에 배치하고 Ctrl + Shift +] 를 눌러 반사광 객체 앞으로 배열을 수정합니다. [Stroke] 패널에서 선 두께를 '3pt'로 조절하고 선 두께가 객체 내부에 적용되도록 'Align Stroke to Inside'를 클릭합니다.

04 객체 크기를 작게 조절하여 배치하겠습니다. 사각형 객체를 선택하고 [Object]-[Path]-[Offset Path] 메뉴를 선택한 후 'Offset' 항목에 '-1mm'를 입력합니다.

05 크기를 조절해서 배치한 객체를 선택하고 [Tools] 패널의 'Stroke'는 'None'으로 지정한 다음 'Fill'을 클릭해 '검은색'으로 채색합니다. [Effect]-[Texture]-[Texturizer] 메뉴를 선택합니다.

06 질감의 크기 및 선명도 등의 옵션을 조절합니다.

> **Tip** 'Texturizer'는 포토샵에서 사용하는 효과를 일러스트에서 적용할 수 있는 기능입니다.

07 [Transparency] 패널에서 'Softlight'를 지정해 겉면과 자연스럽게 합성합니다.

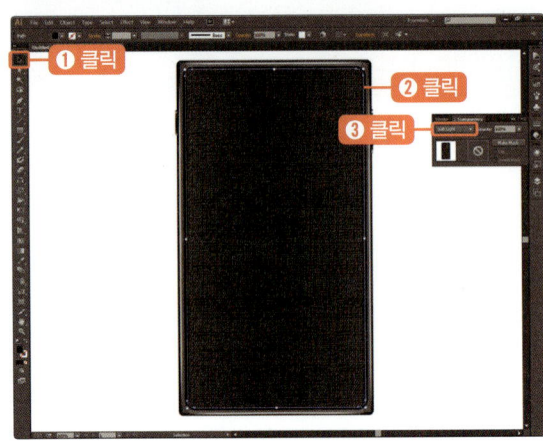

> **Tip** 'Softlight'로 합성시킨 텍스쳐 객체는 뒷면과 반사광 객체에 자연스럽게 합성될 수 있습니다.

08 뒷면이 입체적으로 보일 수 있도록 하이라이트와 음영을 채색하겠습니다. 겉면에 맞추어서 둥근 사각형 객체를 생성합니다.

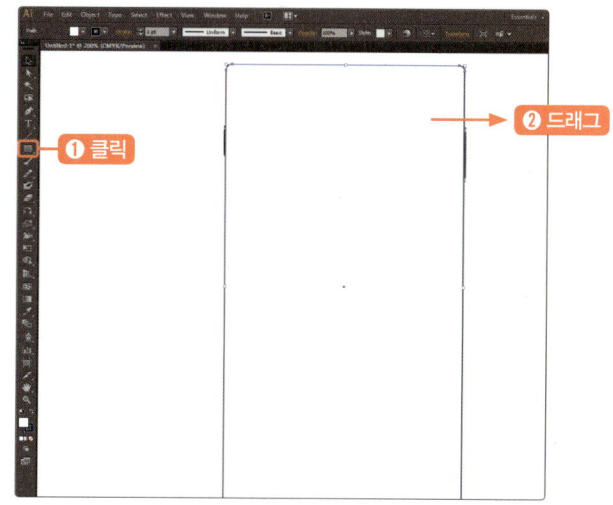

09 객체를 선택하고 [Tools] 패널의 'Stroke'는 'None'으로 지정한 다음 'Fill'을 클릭해 그라디언트를 채색합니다.

10 [Transparency] 패널에서 'Softlight'를 지정해 겉면과 자연스럽게 합성합니다.

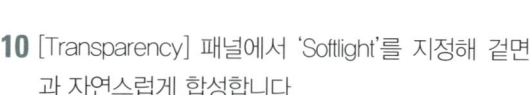

11 카메라로 사용할 객체를 모바일 겉면 위쪽에 배치합니다. [Tools] 패널의 'Fill'을 클릭하고 그라디언트를 채색합니다.

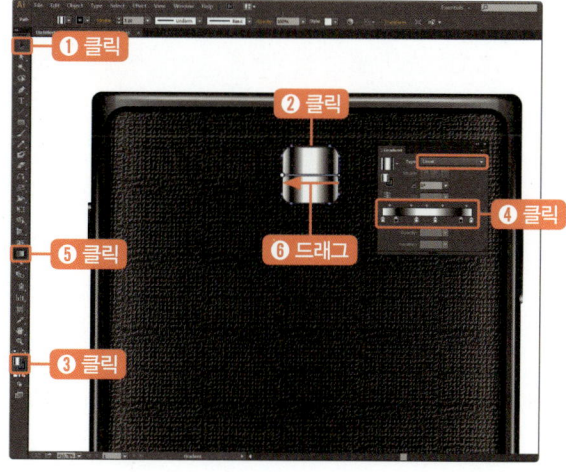

12 카메라 내부의 둥근 사각형 객체를 배치하고 [Stroke] 패널에서 선 두께를 '3pt'로 조절하고 선 두께가 객체 내부에 적용되도록 'Align Stroke to Inside'를 클릭합니다.

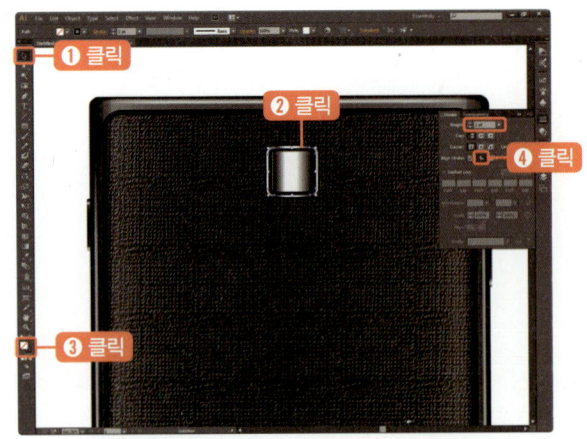

13 내부의 둥근 사각형 객체는 [Tools] 패널의 'Fill'을 클릭하고 그라디언트를 채색합니다.

14 원형 객체를 2개 생성하고 선 두께를 '0.25pt'로 조절합니다.

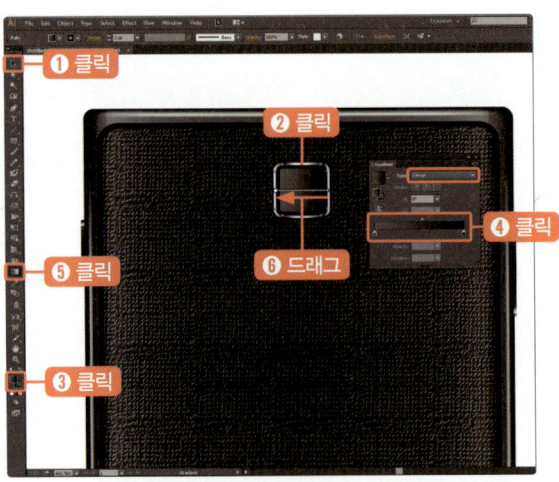

15 블랜드를 이용해서 2개의 원형 객체 사이를 촘촘하게 연결하겠습니다. 2개의 원형 객체를 다중 선택합니다. [Object]-[Blend]-[Blend Options] 메뉴를 선택하고 'Spacing'의 옵션에서 'Specified Steps'를 선택한 후 값에 '10'을 입력합니다.

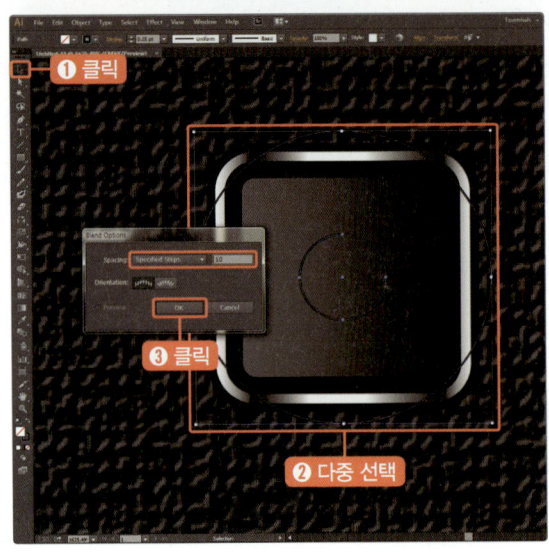

16 [Object]-[Blend]-[Make] 메뉴를 선택하고 블랜드를 적용합니다.

Tip 선택된 객체에 블랜드를 적용할 때 단축키는 Ctrl+Alt+B 입니다.

17 블랜드가 적용된 객체가 내부의 둥근 사각형 객체만큼 보이도록 클리핑 마스크를 적용합니다. 둥근 사각형 객체를 생성합니다.

18 블랜드가 적용된 객체와 둥근 사각형 객체를 다중 선택하고 마우스 오른쪽 단추를 클릭해 'Make Clipping Mask'를 적용합니다.

19 카메라 내부의 원형 객체를 배치하고 [Tools] 패널의 'Stroke'는 'None'으로 지정한 다음 'Fill'을 클릭해 그라디언트를 채색합니다.

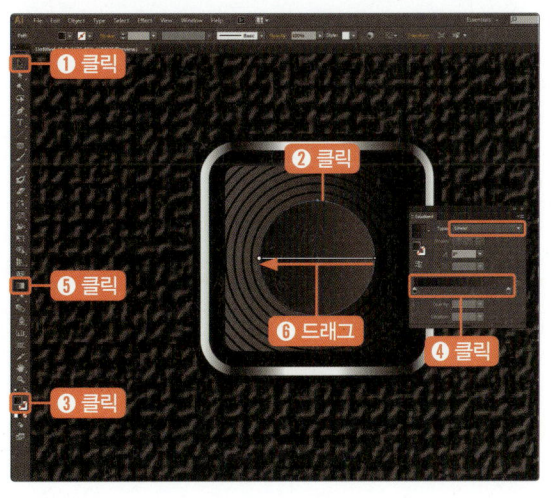

20 카메라 내부의 원형 객체를 배치하고 [Tools] 패널의 'Stroke'는 'None'으로 지정하고 'Fill'을 클릭해 그라디언트를 채색합니다.

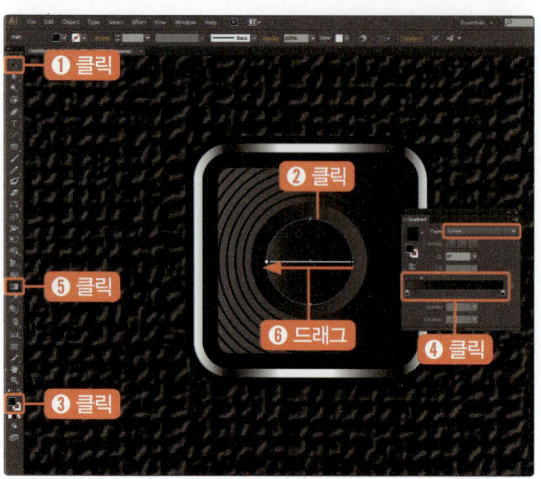

21 카메라 내부의 원형 객체를 배치하고 [Tools] 패널의 'Stroke'는 'None'으로 지정하고 'Fill'을 클릭해 '검은색'으로 채색합니다.

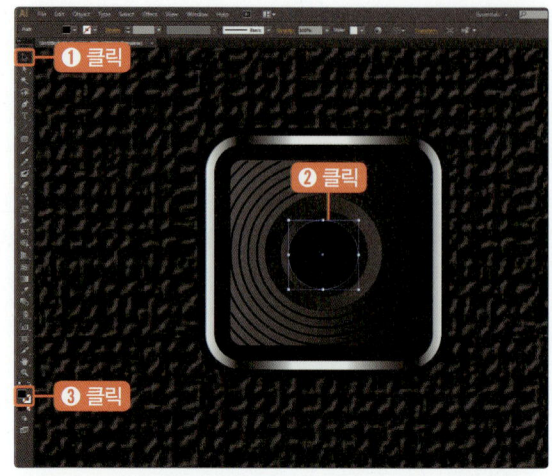

22 카메라 내부의 원형 객체를 배치하고 메시 툴로 망점을 생성하고 채색합니다.

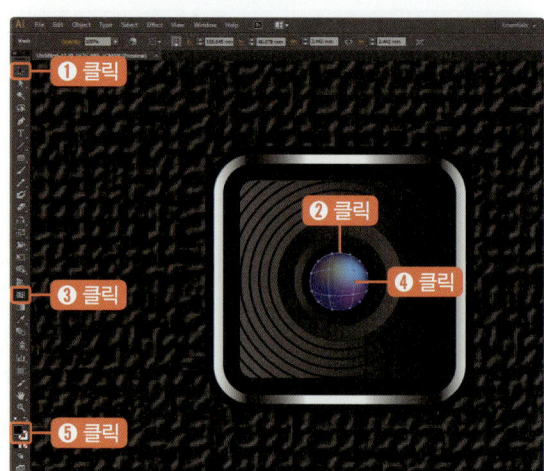

23 카메라 플래시로 사용할 객체를 모바일 카메라 옆에 배치합니다. [Tools] 패널의 'Fill'을 클릭해 그라디언트를 채색합니다.

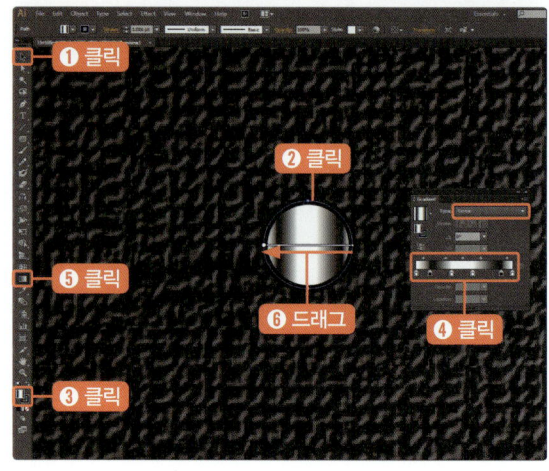

24 카메라 플래시 내부의 원형 객체를 배치하고 [Tools] 패널의 'Stroke'는 'None'으로 지정하고 'Fill'을 클릭해 그라디언트를 채색합니다.

25 카메라 플래시 내부의 원형 객체를 배치하고 메시 툴로 망점을 생성하고 채색합니다.

26 스피커로 사용할 객체를 모바일 겉면 아래쪽에 배치합니다. 19~21번과 같은 방법으로 채색합니다.

27 모바일의 앞면과 뒷면 관련 객체는 다중 선택한 후 각각 그룹으로 묶어줍니다.

메시를 이용한 모바일 옆면, 윗면 채색

무대 조명을 이용해서 모바일 배경을 디자인하겠습니다. 'Opacity Mask' 기능을 이용하여 무대에 비치는 반사광을 제작하겠습니다.

01 [File]-[New] 메뉴를 선택하고 작업창 크기(210mm×297mm)를 지정합니다.

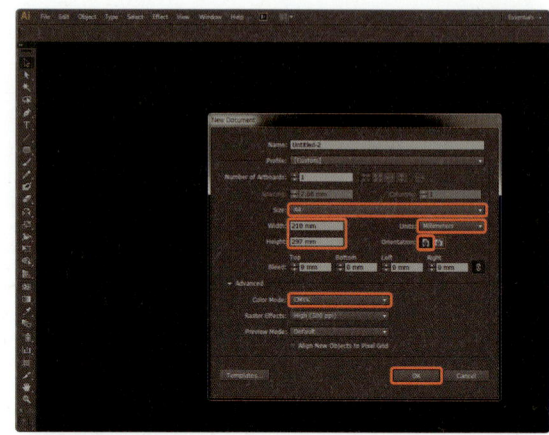

02 사각형 툴을 선택하고 작업창에 클릭합니다. 사각형 툴의 옵션창이 열리면 배경으로 사용할 사각형의 수치(160mm×225mm)를 입력합니다.

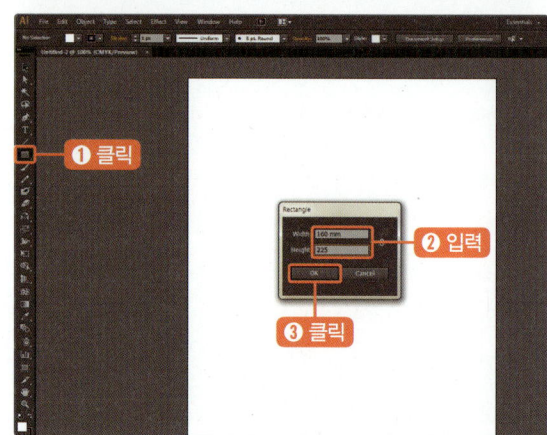

03 배치된 사각형 객체는 상단의 옵션 바에서 'Align to Artboard'를 선택해서 작업창 중앙에 배치합니다. [Tools] 패널의 'Stroke'는 'None'으로 지정한 다음 'Fill'을 클릭해 그라디언트를 채색합니다.

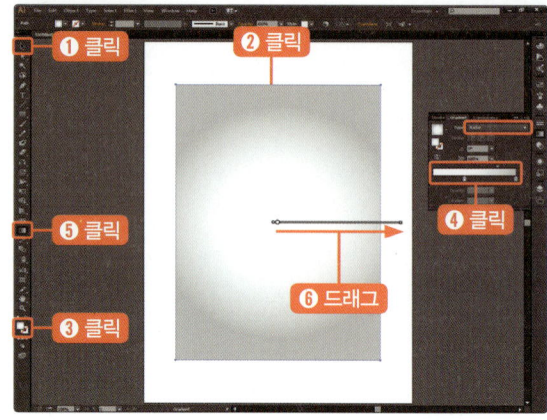

04 상단에 사각형 객체를 생성합니다. [Tools] 패널의 'Stroke'는 'None'으로 지정한 다음 'Fill'을 클릭해 그라디언트를 채색합니다.

05 사각형 객체에 그림자를 삽입하기 위해 [Effect]-[Stylize]-[Drop Shadow] 메뉴를 선택하고 아래 방향으로 그림자가 보이도록 옵션을 조절합니다. (Opacity:30%, X Offset:0mm, Y Offset:0.88mm, Blur:1mm)

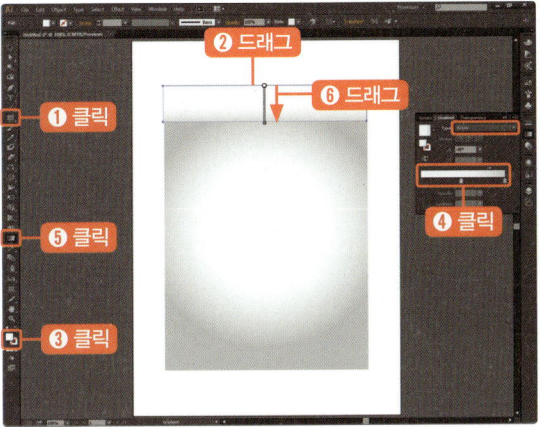
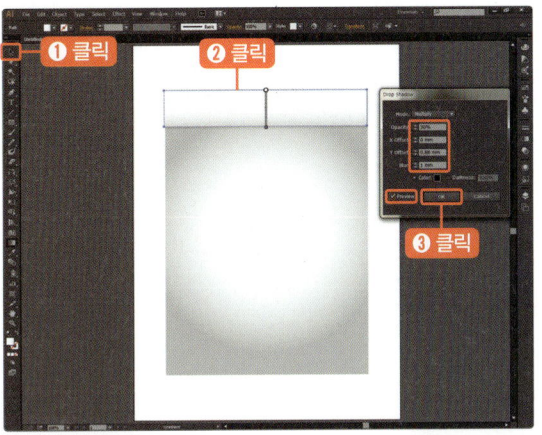

06 아래쪽에 사각형 객체를 생성합니다. [Tools] 패널의 'Stroke'는 'None'으로 지정한 다음 'Fill'을 클릭해 그라디언트를 채색합니다.

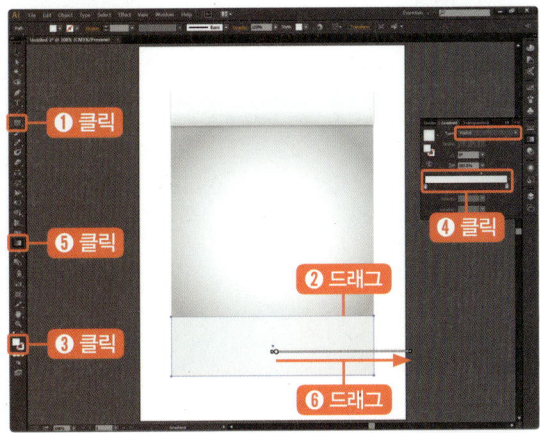

Tip ❷ 드래그는 객체 생성, ❻ 드래그는 그라디언트 채색

07 [Effect]-[Stylize]-[Drop Shadow] 메뉴를 선택하고 윗 방향으로 그림자가 보이도록 옵션을 조절합니다. (Opacity:30%, X Offset:0mm, Y Offset:-0.9mm, Blur:1mm)

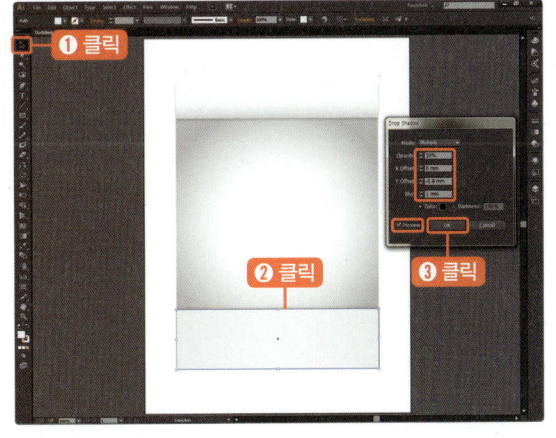

08 위쪽에 조명을 배치하겠습니다. 타원형 객체를 채색한 후 배치합니다.

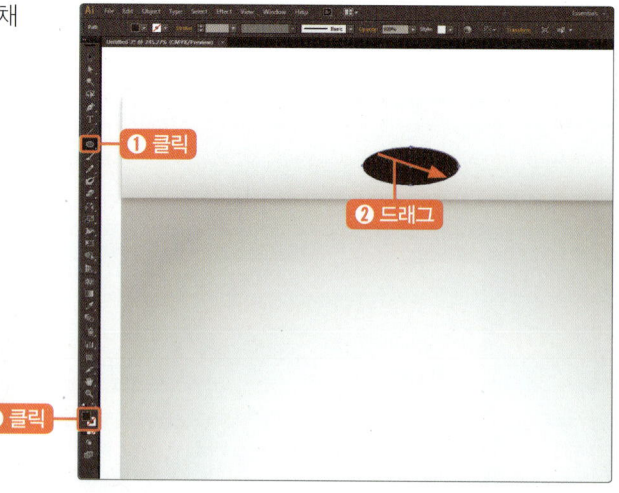

09 타원형 객체를 선택하고 Alt + Shift 를 누른 상태에서 아래쪽으로 드래그해 복제한 다음 그라디언트를 채색합니다.

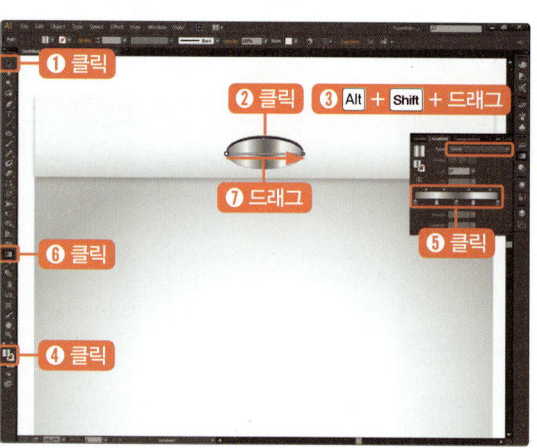

10 타원형 객체를 선택하고 Alt + Shift 를 누른 상태에서 아래쪽으로 드래그해 복제합니다. 그라디언트를 채색합니다.

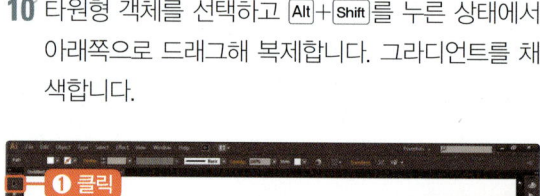
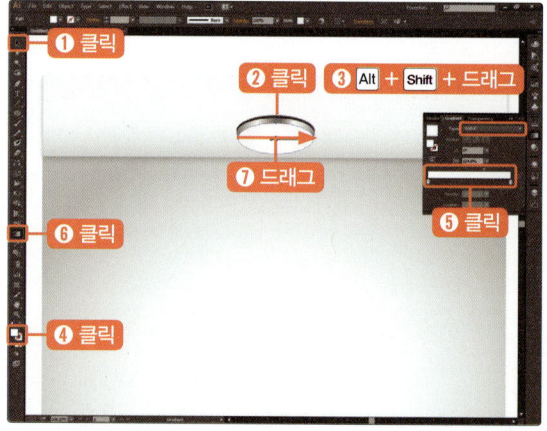

11 조명 주변으로 퍼지는 빛을 배치하겠습니다. 타원형 객체를 채색한 다음 배치합니다.

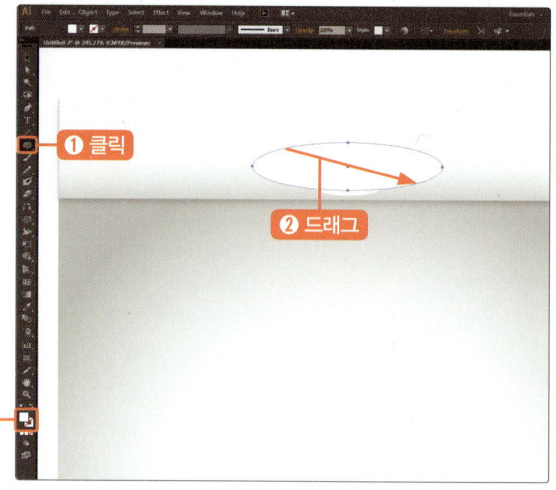

12 빛 객체를 선택하고 [Effect]-[Stylize]-[Feather] 메뉴를 선택합니다. 옵션창 하단의 미리보기를 선택하고 부드럽기(5.5mm)를 조절합니다.

13 [Transparency] 패널에서 'Softlight'를 지정해 배경과 자연스럽게 합성합니다.

14 조명 아래로 퍼지는 빛을 제작하기 위해서 타원형 객체를 생성합니다.

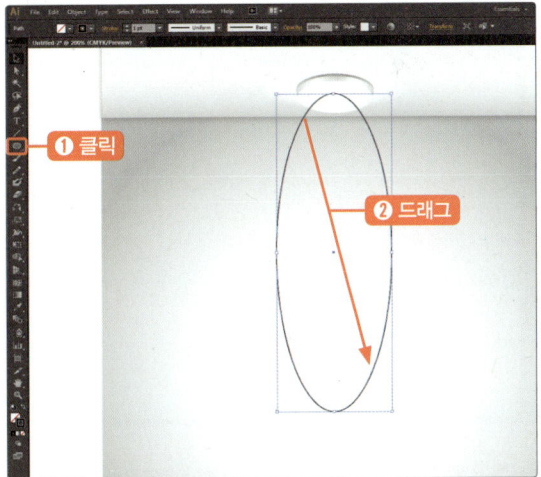

15 [Tools] 패널에서 자유 변형 툴을 선택하고 위젯에서 'Perspective Distort'를 이용해서 모양을 변형합니다.

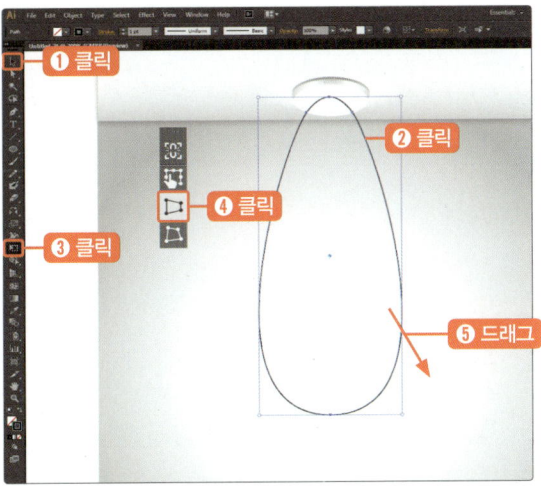

16 타원형 객체는 [Tools] 패널의 'Stroke'는 'None'으로 지정하고 'Fill'을 클릭해 그라디언트를 채색합니다.

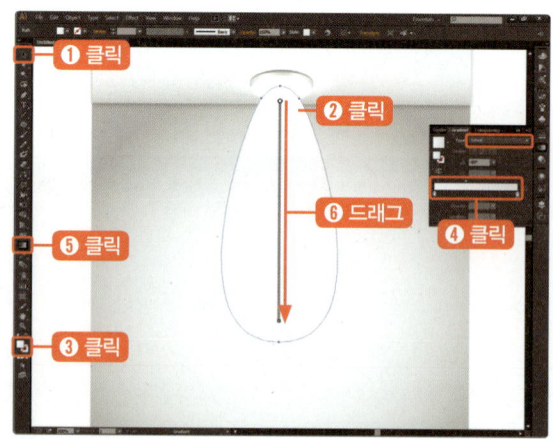

17 빛 객체를 선택하고 [Effect]-[Stylize]-[Feather] 메뉴를 선택합니다. 옵션창 하단의 미리보기를 선택하고 부드럽기(3mm) 수치를 조절합니다.

18 빛 객체를 복제 후 크기를 조절해서 배치합니다. [Appearance] 패널의 'Feather' 항목을 더블클릭하고 옵션창에 부드럽기(5mm) 수치를 수정합니다.

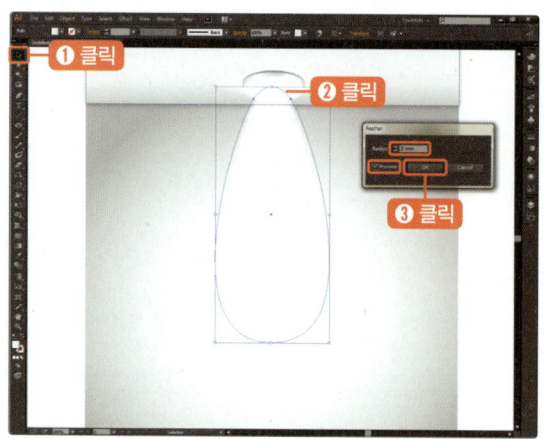

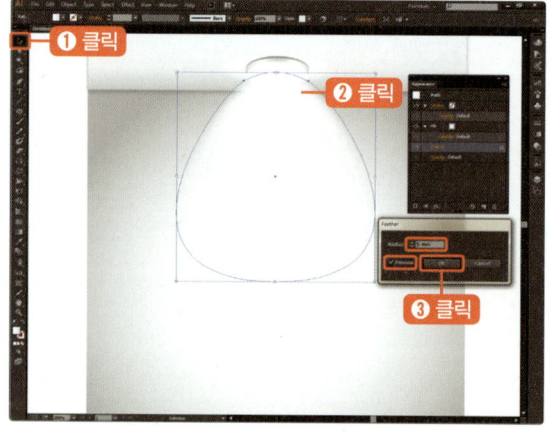

19 빛 객체는 투명도(70%)를 낮춰서 배치합니다.

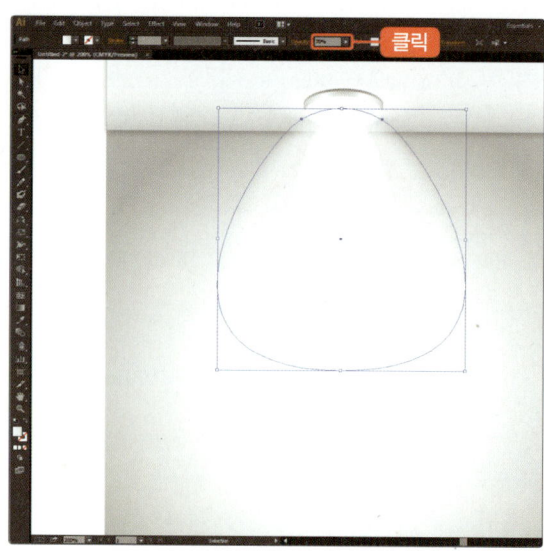

20 아래쪽에 지평선을 배치하겠습니다. [Tools] 패널의 그리드 툴을 작업창에 클릭하고 'Horizontal'에 '15', 'Vertical'에 '10'을 입력합니다.

Tip [Tools] 패널의 선 툴을 마우스 오른쪽 단추를 클릭하면 그리드 툴을 선택할 수 있습니다.

21 배치된 그리드 객체는 [Tools] 패널의 'Stroke'를 선택하고 '흰색'으로 채색합니다. [Tools] 패널에서 자유 변형 툴을 선택하고 위젯에서 'Perspective Distort'를 이용해 모양을 변형합니다.

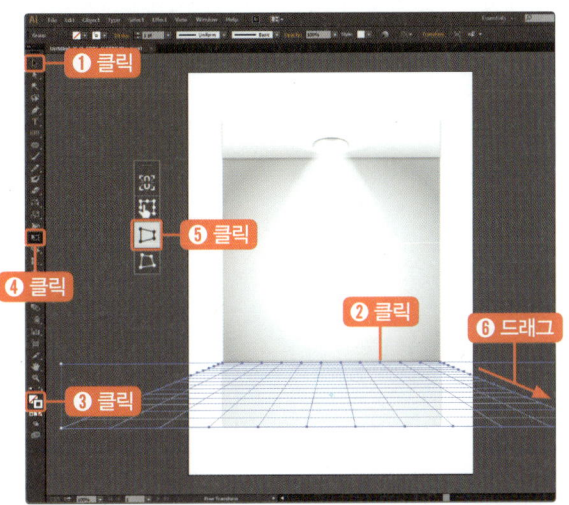

22 그리드의 가장자리가 자연스럽게 보이도록 수정하겠습니다. 그리드 객체에 맞추어 사각형 객체를 생성하고 그라디언트를 채색합니다.

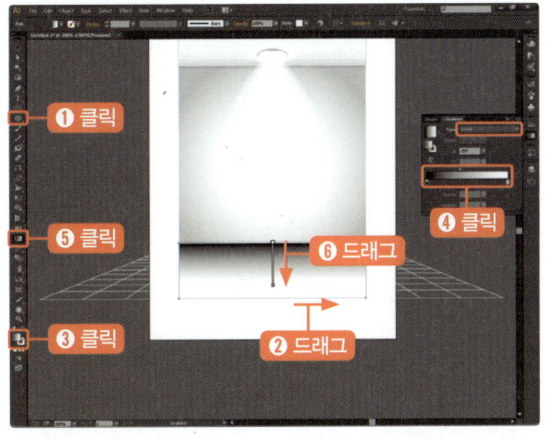

Tip ❷ 드래그는 객체 생성, ❻ 드래그는 그라디언트 채색

23 그리드와 사각형 객체를 다중 선택합니다. [Transparency] 패널 상단의 화살표를 클릭하고 숨겨진 목록에서 'Make Opacity Mask'를 클릭합니다.

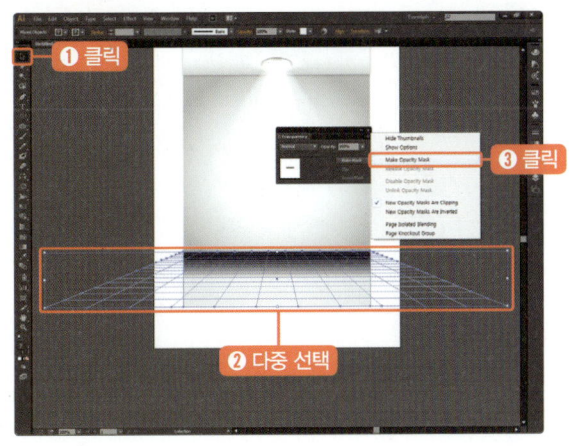

Tip 그리드와 사각형 객체를 다중 선택합니다. [Transparency] 패널 상단의 화살표를 클릭하고 숨겨진 목록에서 'Make Opacity Mask'를 클릭합니다.

24 그리드 객체는 'Overlay'를 지정해서 배경과 자연스럽게 합성합니다.

25 [Transparency] 패널의 마스크 아이콘을 클릭합니다. 마스크 영역이 자연스럽게 보이도록 그라디언트 툴로 검은색과 흰색의 영역을 조절합니다.

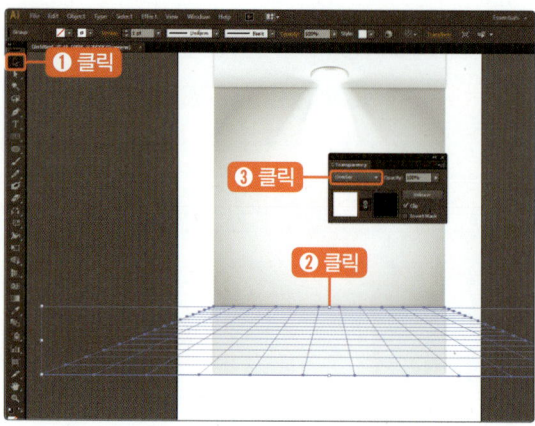
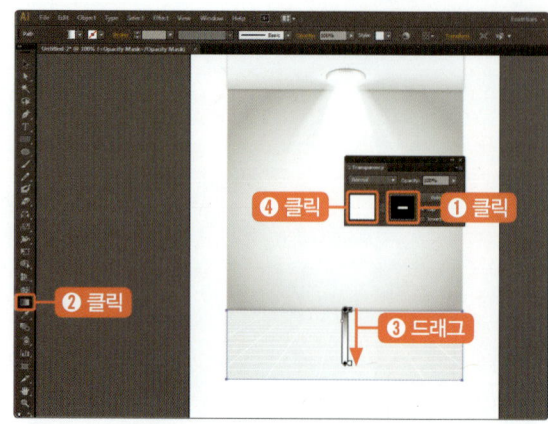

Tip 마스크 영역을 수정한 뒤 객체 아이콘을 클릭해야 일러스트레이터의 작업을 재진행할 수 있습니다.

26 배경에 무대를 제작하겠습니다. 펜 툴로 패스를 생성합니다.

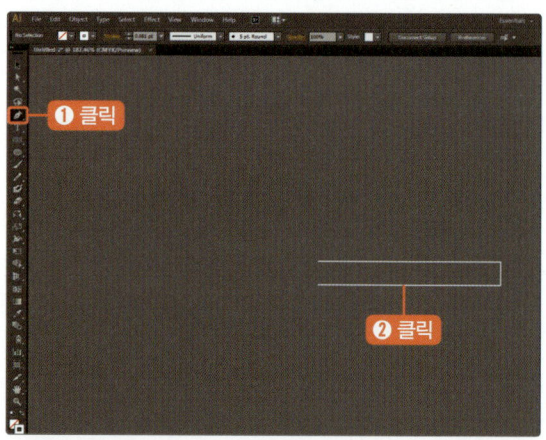

27 무대가 입체적으로 보일 수 있도록 입체 효과를 적용합니다. [Effect]-[3D]-[Revolve] 메뉴를 선택합니다. 옵션창 하단의 미리보기를 선택하고 무대가 입체적으로 보일 수 있도록 옵션을 조절합니다. (⬚:-10°, ⬚:0°, ⬚:0°, Light Intensity: 100%, Ambient Light:60%, Highlight Intensity:60%, Highlight Size:90%, Blend Steps:25)

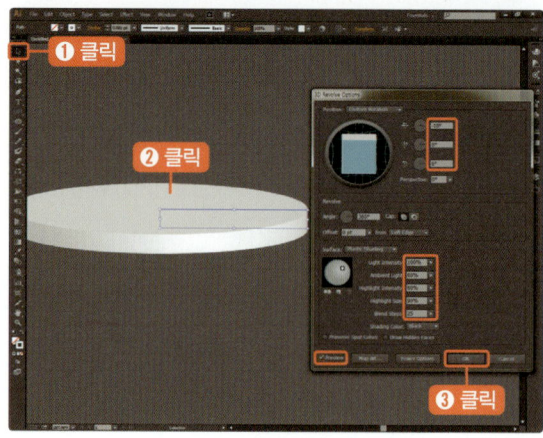

28 무대 객체는 배경에 배치합니다. 무대 상단의 반사광을 제작하기 위해서 무대에 맞추어 타원형 객체를 생성하고 그라디언트를 채색합니다.

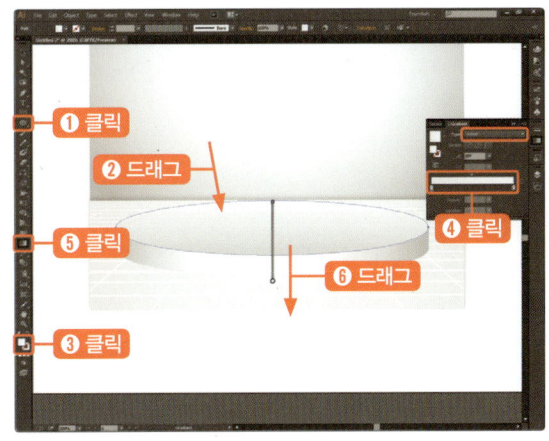

29 무대의 그림자를 배치하겠습니다. 타원형 객체를 채색한 후 배치합니다.

30 타원형 객체는 [Effect]-[Stylize]-[Feather] 메뉴를 선택하고 부드럽기(9mm)를 조절합니다. Ctrl+[를 눌러 무대 객체 뒤로 배열을 수정합니다.

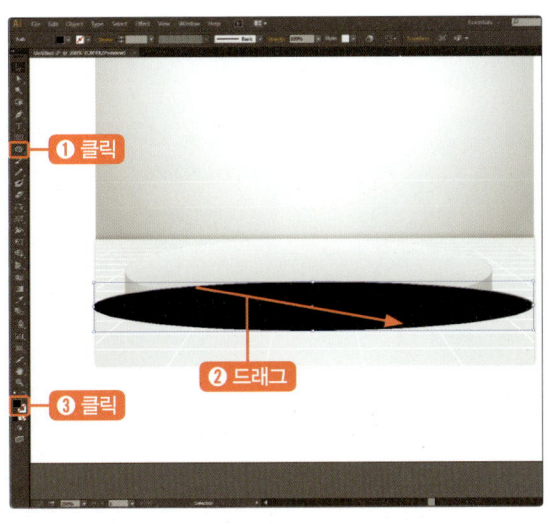

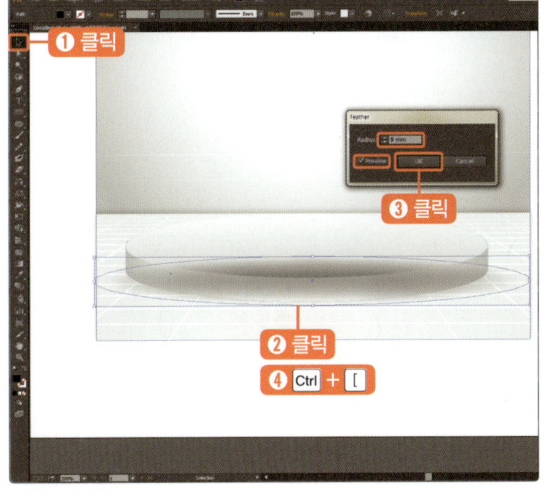

31 앞에서 제작한 모바일의 앞, 뒷면 객체를 배치합니다.

32 모바일 객체의 그림자를 삽입하겠습니다. [Effect]-[Stylize]-[Outer Glow] 메뉴를 선택하고 그림자의 색상 및 Mode(Multiply), Opacity(50%), Blur(1mm) 등을 조절합니다.

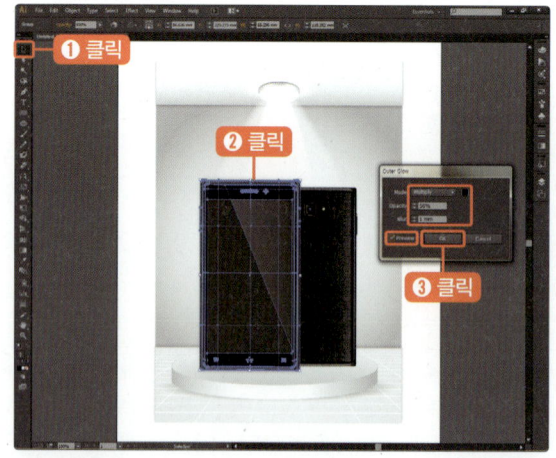

33 무대에 배치한 모바일 객체의 반사광을 제작하겠습니다. 모바일 객체를 다중 선택한 후 반전 툴로 Alt를 누른 상태에서 모바일 하단을 클릭합니다. 상하 대칭 옵션으로 선택한 후 [Copy] 버튼을 클릭합니다.

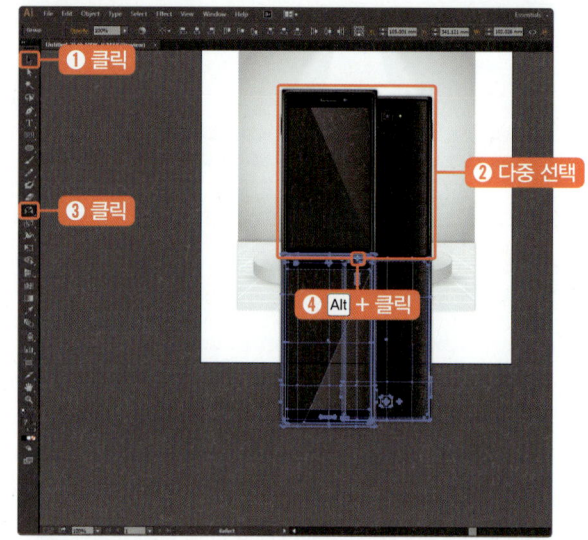

34 모바일 객체에 맞추어 사각형 객체를 생성하고 그라디언트를 채색합니다.

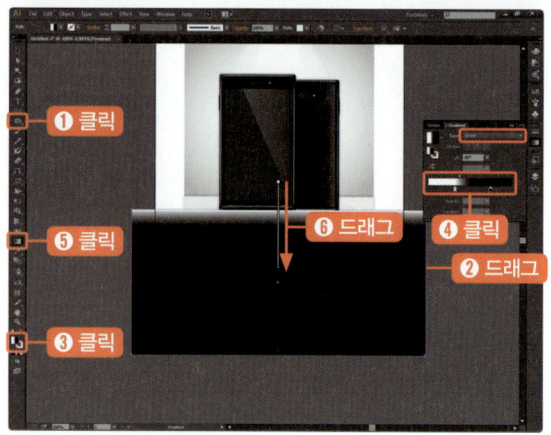

35 모바일과 사각형 객체를 다중 선택합니다. [Transparency] 패널 상단의 화살표를 클릭하고 숨겨진 목록에서 'Make Opacity Mask'를 클릭합니다.

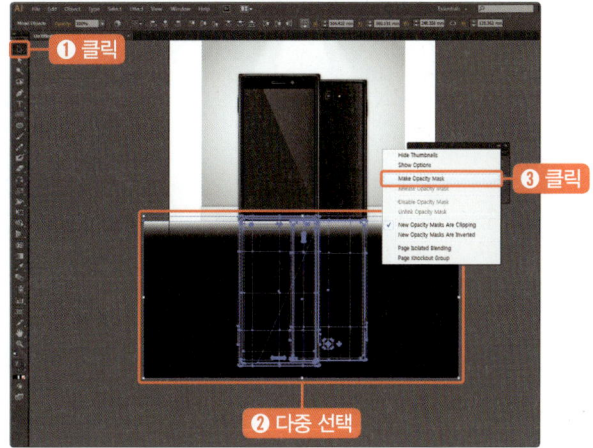

36 [Transparency] 패널의 마스크 아이콘을 클릭합니다. 마스크 영역이 자연스럽게 보이도록 그라디언트 툴로 '검은색'과 '흰색'의 영역을 조절합니다.

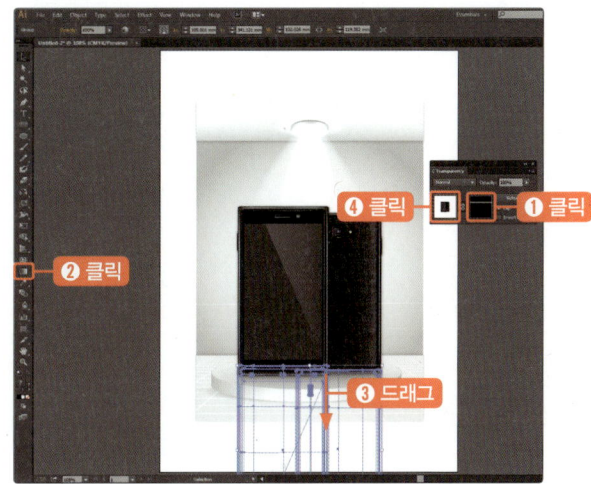

> **Tip** 앞의 과정 **25**번과 동일합니다.

모바일 배경 디자인

현대인들이 디자인을 가장 많이 접하는 것이 모바일 환경이라고 해도 과언이 아닙니다. 따라서 다양한 디자인으로 고객의 취향을 잡기 위해 노력하고 있습니다. 모바일 디자인은 배경과 아이콘으로 구성되는데 디자이너는 배경과 아이콘이 서로 어울리도록 디자인하는 것도 중요합니다. 또한 적용할 모바일 기기의 특성을 고려하여 디자인해야 합니다.

실무자's Interview

▶ **Webro(익명) / 웹 디자이너**

배경 디자인은 무엇보다 나타내고자 하는 작업물의 컨셉을 정확히 파악하는게 좋아요. 스킬 능력이 아무리 뛰어나도 컨셉과 맞지 않는다면 좋은 디자인이라 볼 수 없죠. 그러기 위해서는 알고 있는 기능만으로 배경을 만드는 것에 단순히 그치는 것이 아니라, 컨셉에 어울리는 색상과 구도를 끊임없이 조절하며 작업해야 해요.

▶ **김효진 / 편집 디자이너**

배경 디자인 시 패턴과 라인으로 구도를 조절해서 디자인하는 경우가 많아요. 제일 중요한 것은 배경에 배치되는 메인 오브젝트를 살릴 수 있는 배경의 색상과 구도입니다. 가끔 광고 디자인 시 이미지와 관련 문구들을 배치하고 보면 레이아웃이 무언가 허전해 보일때, 라인으로 구도를 잡아서 공간감을 채워요. 이때 포토샵에서 여러 가지 색감을 조합하여 합성하면 몽환적이고 고급스러운 느낌을 주기도 하고 서체의 주목성과 가독성이 좋아져 개인적으로 즐겨 사용하는 방식이에요.

▶ **곽은지 / 편집 디자이너**

단행본의 도비라나 브로셔, 전단지 등을 디자인할 때 그라디언트를 활용해서 배경 작업을 해야하는 경우가 많아요. 그래서 일러스트에서 주된 배경 작업을 하고 있는데 펜 툴로 곡선의 흐름이라든지 색의 조화 부분에 신경을 많이 쓰고 있어요. 일러스트로 만든 배경 이미지를 포토샵에서 TIF 파일 또는 듀오톤으로 변환해서 자연스러운 색상과 명도를 조절할 수 있어요.

Chapter 13

STEP 01 블랜드를 이용한 모바일 배경 디자인
STEP 02 패턴을 이용한 모바일 배경 디자인

Chapter 13

모바일 배경 디자인

모바일은 기기별로 해상도, 픽셀 밀집도가 다르기 때문에 배경의 크기는 정답이 없습니다. 그래서 타겟 단말을 설정하거나 최대한 모든 단말기에 적용될 수 있게 화면 배율을 고려하여 디자인하는 것이 방안입니다. 근래 추세는 '9:16'의 가로/세로 배율을 많이 적용하고 있습니다. 본 도서에서는 이 배율을 감안한 '80x142mm'의 크기로 라인과 패턴을 이용한 모바일에서 사용되는 배경을 디자인하겠습니다.

제작 요청서

	분류	내용	비고
1	디자인 컨셉	라인과 패턴을 이용한 모바일 배경 디자인	
2	디자인 색상	• 메인 색상 – 핑크(여성스러움을 표현할 수 있는 저채도 고명도의 레드 계열) • 보조 색상 – 옐로우(따뜻하고 포근함을 표현할 수 있는 저채도 고명도의 옐로우 계열) • 강조 색상 – 퍼플(화려함을 표현할 수 있는 블루를 더한 마젠타 계열)	완성된 이미지를 보정해 사용할 것이므로 약간 어둡거나 강한 색을 사용해도 무관
3	디자인 사용 계획	모바일 및 다양한 배경 디자인으로 활용	
4	문구 및 기획안	디자인 완성 이후 확정 예정	
5	기타 사항	• 라인의 굴곡과 빛으로 밝고 화사해보일 수 있는 디자인 • 모던한 패턴을 다양한 색상의 조합으로 화려함을 강조	

예제 파일

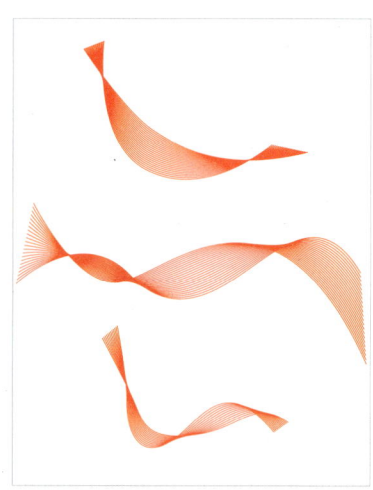
객체 소스.ai

연기1.jpg

연기2.jpg

연기3.jpg

완성 파일

블랜드를 이용한 모바일 배경 디자인

패스로 굴곡 있는 라인을 제작하고 이를 블랜드로 연결한 라인 객체는 다양한 배경에 사용할 수 있습니다. 라인 객체들은 파일로 소장하여 선 두께와 색상, 투명도 등을 수정해서 다양하게 응용할 수 있습니다. 이번 단계에서는 자연스럽게 흐르는 굴곡 있는 라인과 객체를 조합한 배경을 제작하고 포토샵을 이용해서 다양한 색상으로 보정하겠습니다.

01 [File]-[New] 메뉴를 선택하고 작업창 크기(210mm ×297mm)를 지정합니다.

> **저자의 한마디**
>
> 홈페이지나 모바일에서 사용되는 이미지는 CMYK의 색상 모드보다 좀 더 밝고 화사해 보이는 RGB의 색상 모드를 사용합니다. 그래서 일러스트레이터에서 작업창을 열 때 색상 모드를 RGB로 변경하여 작업을 진행해도 무방합니다. 하지만 일러스트레이터에서 기본적으로 사용하는 CMYK의 색상 모드를 기반으로 객체의 색상을 조절하는 것이 익숙하다면, 작업창을 CMYK의 색상 모드로 설정하고 나중에 포토샵에서 별도로 보정하여 사용할 수 있습니다.

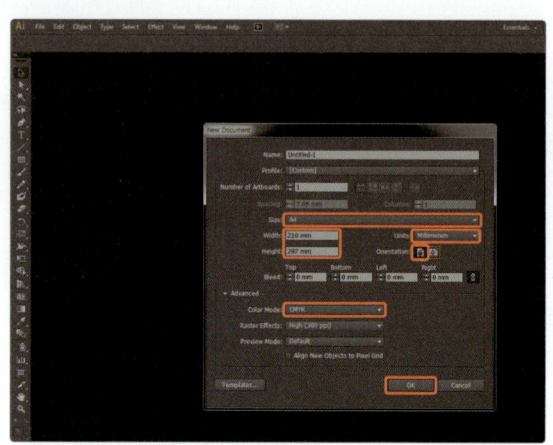

02 배경 크기를 '80mm×142mm'로 설정하고 작업을 진행하겠습니다. 사각형 툴을 작업창에 클릭하고 배경으로 사용할 수치를 입력합니다.

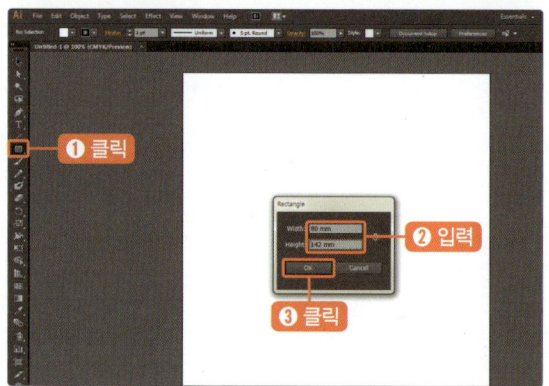

03 사각형을 작업창 중앙에 배치하겠습니다. 선택 툴로 사각형 객체를 선택합니다. 상단의 옵션 바에서 'Align to Artboard'를 선택하고 '세로, 가로 중앙 정렬'을 클릭합니다.

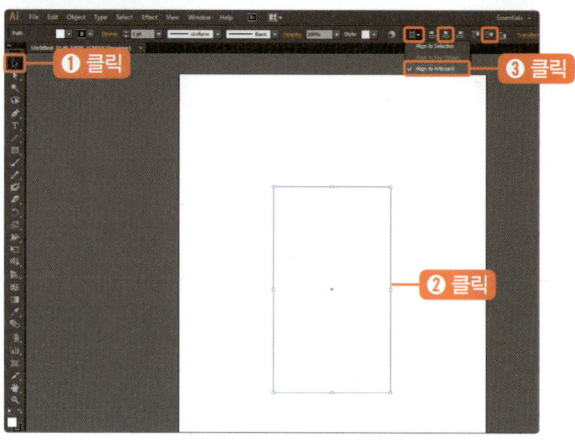

04 사각형 객체는 [Tools] 패널의 'Stroke'를 'None'으로 지정한 다음 'Fill'을 클릭해 채색합니다.

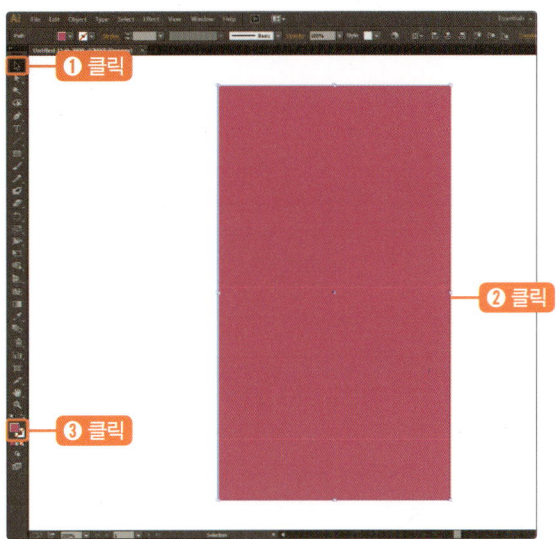

05 메시를 이용해서 색상이 자연스럽게 분포되도록 채색하겠습니다. 메시 툴로 사각형 객체를 클릭해서 망점을 생성하고 배경에 맞추어 색상을 조절합니다. 생성된 망선에 망점을 추가하고 배경에 맞추어 색상을 조절합니다.

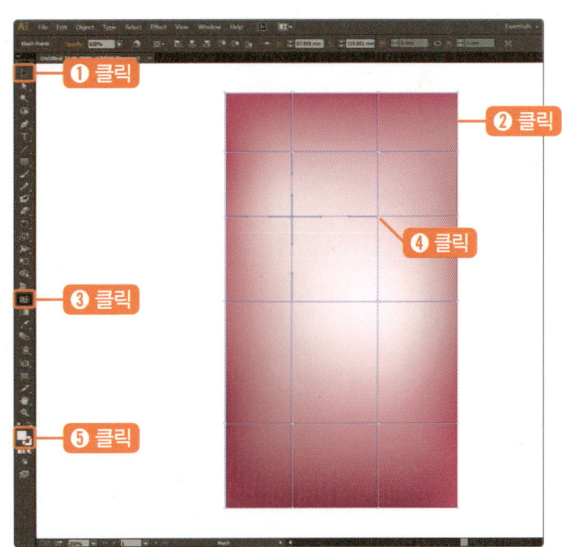

Tip [Color Guide] 패널을 이용하면 배경에 적용한 색상 배열을 선택하고 자연스럽게 채색할 수 있습니다.

06 블랜드를 이용한 라인 객체를 배치하겠습니다. 라인 생성 시 참고할 이미지를 불러오기 위해서 [File]–[Place] 메뉴를 선택하고 '연기1.jpg' 파일을 선택합니다. 이미지가 움직이지 않도록 Ctrl+2를 눌러 잠금 명령을 적용합니다.

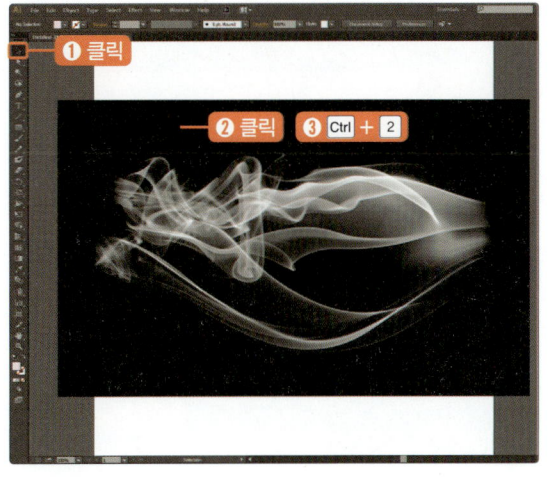

07 라인 객체를 제작하기 위해서 해당 연기 정점을 선택합니다. 펜 툴을 이용해서 이미지를 따라서 패스를 생성합니다.

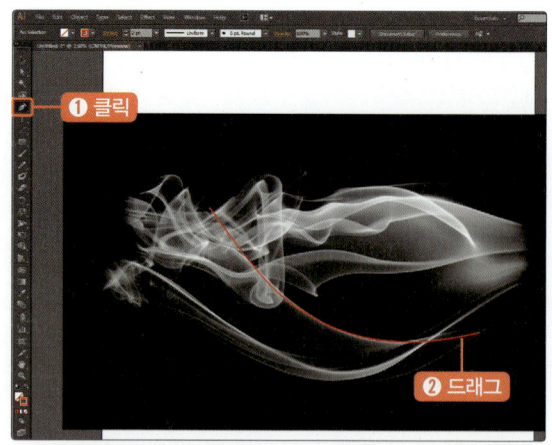

08 블랜드를 연결하기 위한 또 다른 패스를 생성합니다.

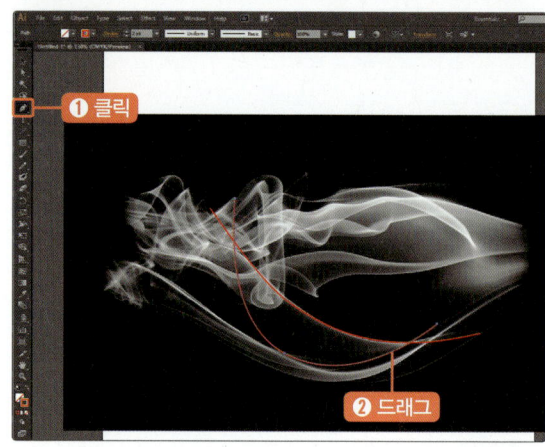

> **저자의 한마디**
>
> 라인 객체를 블랜드로 연결 시 패스를 매끄럽게 생성하는 것이 중요합니다. 그래서 높낮이의 굴곡이 심한 패스는 블랜드가 고르게 연결되지 않을 수 있습니다.

09 블랜드를 이용해서 2개의 패스 사이를 촘촘하게 연결하겠습니다. 2개의 패스를 다중 선택합니다. [Object]-[Blend]-[Blend Options] 메뉴를 선택하고 'Spacing'의 옵션을 'Specified Steps', '20'으로 조절합니다.

10 [Object]-[Blend]-[Make] 메뉴를 선택하고 블랜드를 적용합니다.

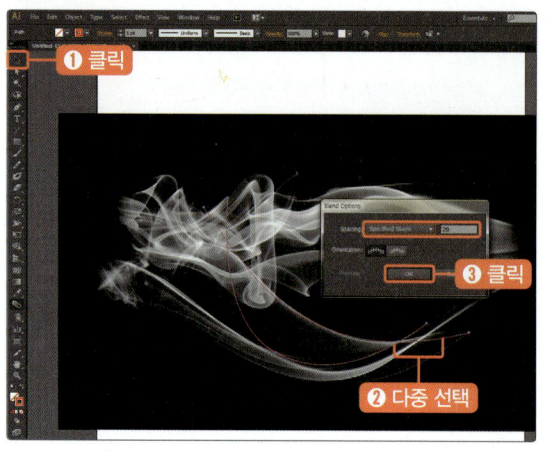

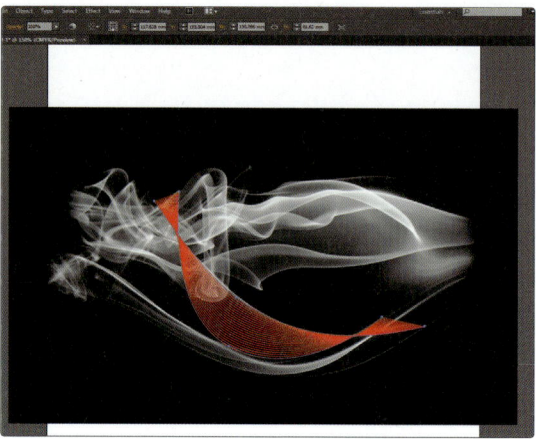

11 Ctrl+Alt+2를 눌러 이미지의 잠금 명령을 해지하고 연기 이미지를 지웁니다. 라인 객체는 [Tools] 패널의 블랜드 툴을 더블클릭하고 패스 사이의 연결 개수를 원하는 수치로 입력해서 수정합니다.

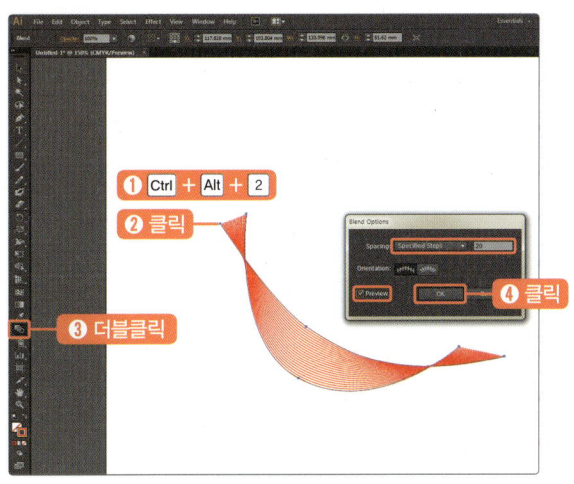

Tip 패스의 굴곡과 모양에 따라서 블랜드가 적용된 옵션을 수정할 수 있습니다.

12 [File]-[Place] 메뉴를 선택하고 '연기2.jpg' 파일을 선택합니다. 이미지가 움직이지 않도록 Ctrl+2를 눌러 잠금 명령을 적용합니다.

13 펜 툴을 이용해서 이미지를 따라 패스를 생성합니다.

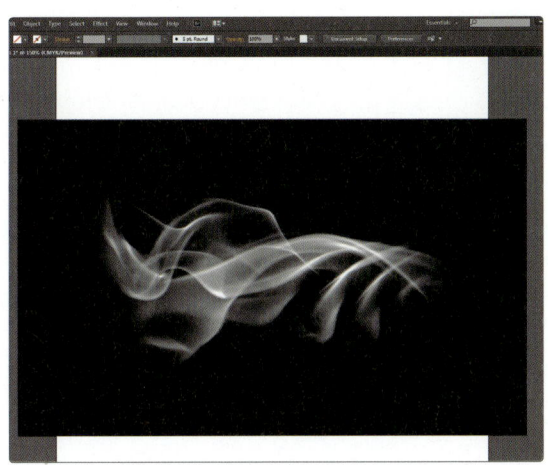

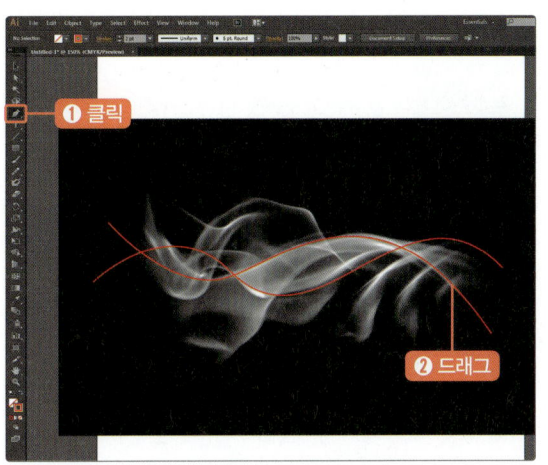

14 2개의 패스를 다중 선택합니다. [Object]-[Blend]-[Blend Options] 메뉴를 선택하고 'Spacing'의 옵션을 'Specified Steps', '20'으로 조절합니다.

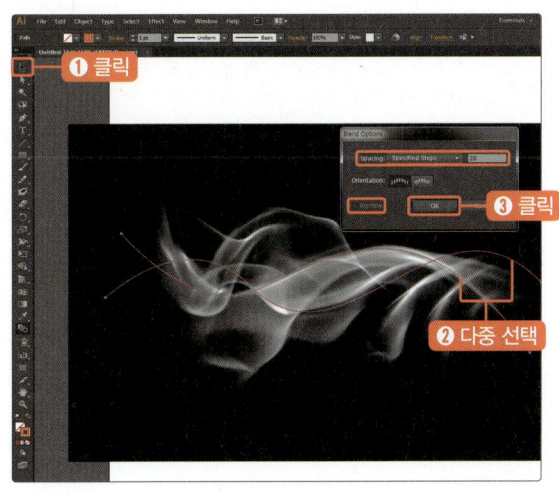

15 Ctrl+Alt+B를 누르고 블랜드를 적용합니다.

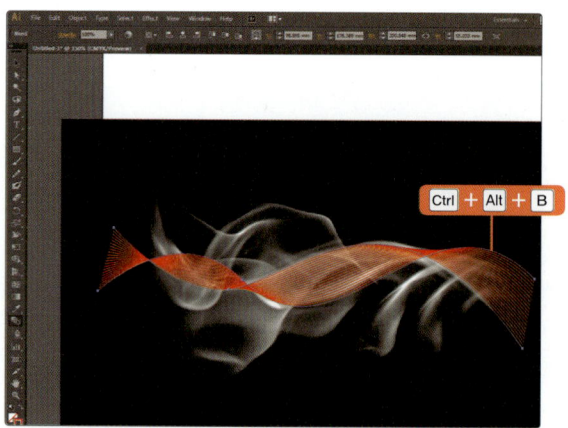

Tip Ctrl+Alt+B는 [Object]-[Blend]-[Make] 메뉴의 단축키입니다.

16 Ctrl+Alt+2를 눌러 이미지의 잠금 명령을 해지하고 연기 이미지를 지웁니다. 직접 선택 툴로 패스의 핸들을 조절하며 라인 객체의 모양을 자연스럽게 수정합니다.

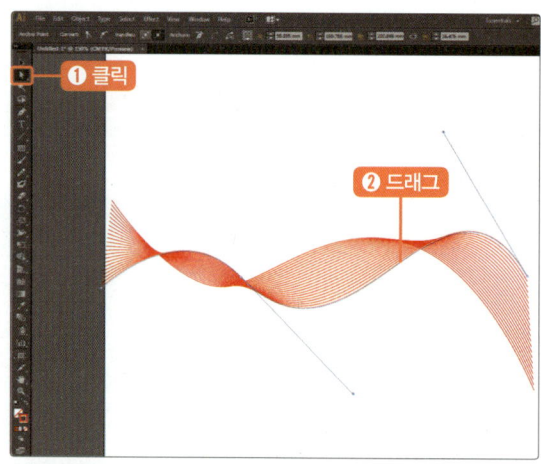
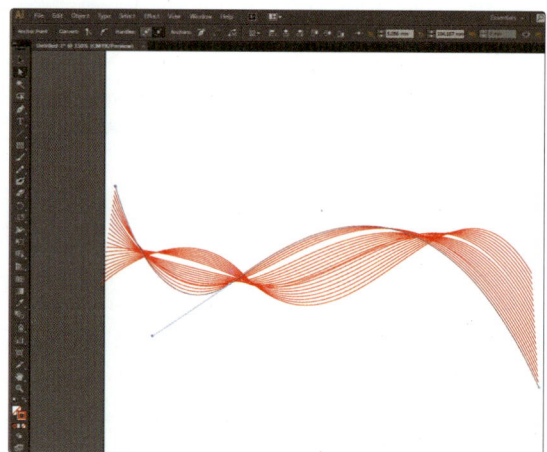

Tip 핸들 조절 시 간혹 블랜드가 적용된 패스의 흐름이 자연스럽지 못할 수 있습니다. 이때 다시 핸들을 조절해서 패스가 매끄럽게 연결되도록 수정합니다.

17 [File]-[Place] 메뉴를 선택하고 '연기3.jpg' 파일을 선택합니다. 이미지가 움직이지 않도록 Ctrl+2를 눌러 잠금 명령을 적용합니다.

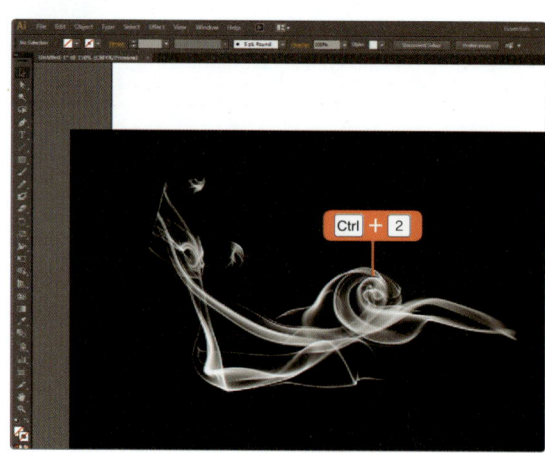

18 펜 툴을 이용해서 이미지를 따라 패스를 생성합니다.

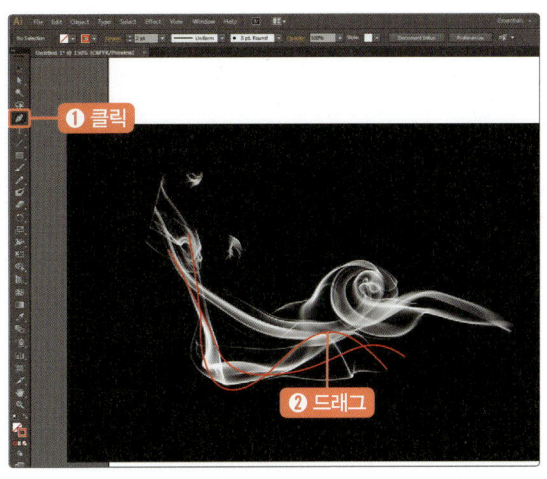

19 2개의 패스를 다중 선택합니다. [Object]-[Blend]-[Blend Options] 메뉴를 선택하고 'Spacing'의 옵션을 'Specified Steps', '10'으로 조절합니다.

20 Ctrl+Alt+B를 누르고 블랜드를 적용합니다.

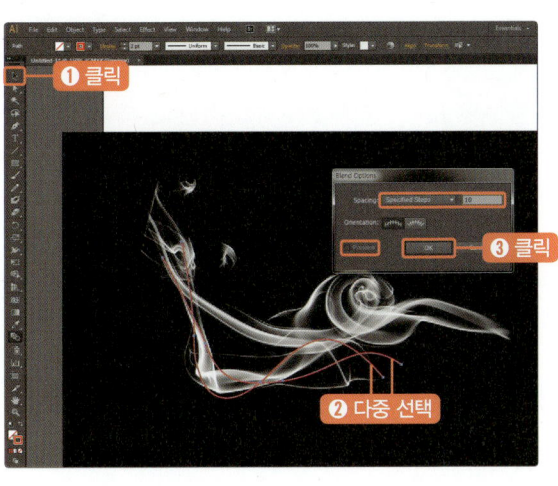

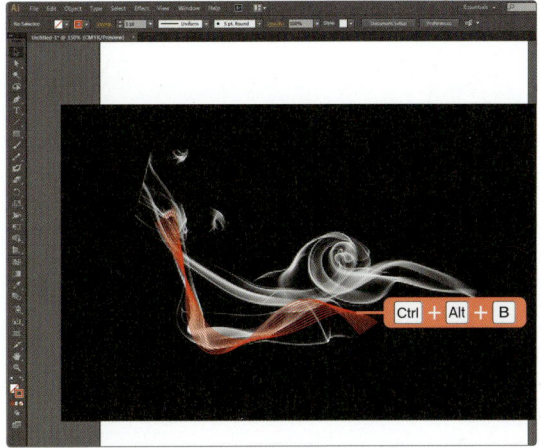

21 Ctrl+Alt+2를 눌러 이미지의 잠금 명령을 해지하고 연기 이미지를 지웁니다. 메뉴 제작한 라인 객체들은 [File]-[Save] 메뉴를 눌러 저장합니다.

22 앞에서 제작한 라인 객체 중 하나를 선택해 배경에 배치합니다.

23 배경에 맞추어 라인 객체의 방향과 크기를 'Spacing'의 옵션을 'Specified Steps', '20'으로 수정합니다.

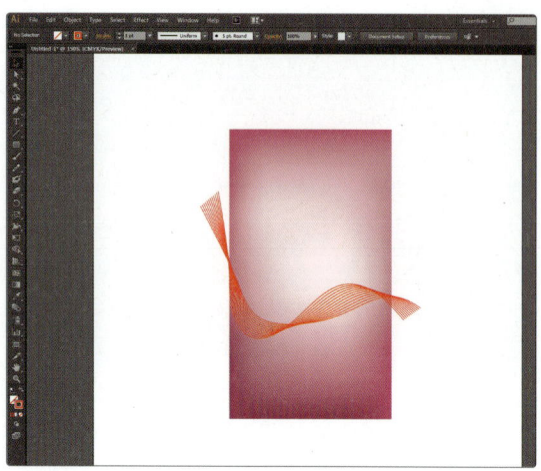
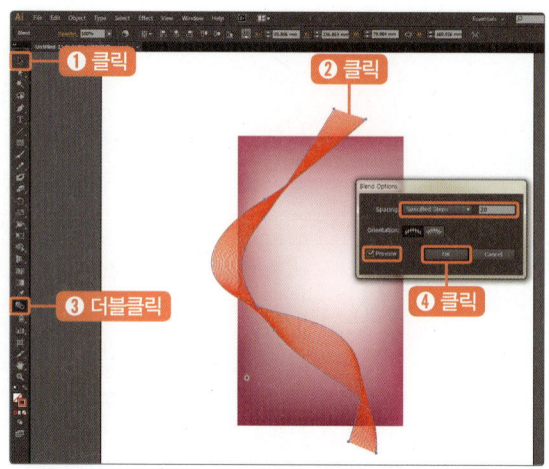

24 직접 선택 툴로 패스의 핸들을 조절하며 라인 객체의 모양을 자연스럽게 수정합니다.

25 배경과 어울리도록 라인 객체의 색상 및 선 두께를 수정하겠습니다. 선택 툴로 라인 객체를 선택하고 선 색상을 '흰색', 선 두께를 '0.75pt'로 조절합니다.

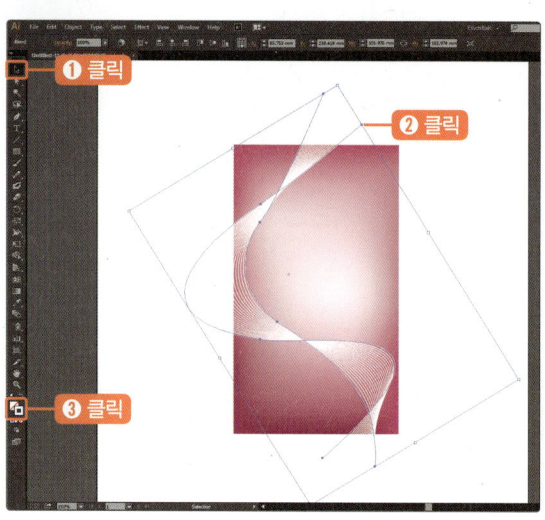

26 그룹 선택 툴로 패스 하나를 선택하고 투명도를 '0%'로 변경합니다.

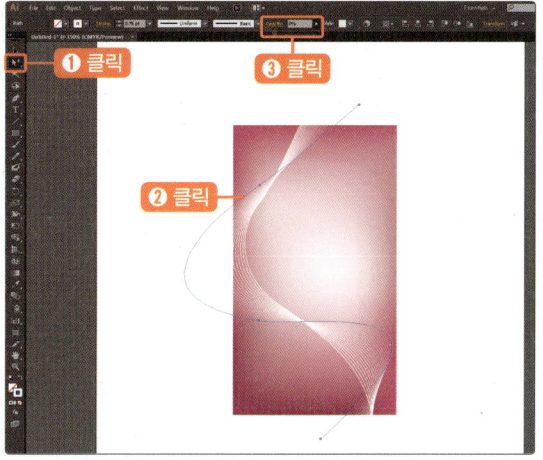

Tip 블랜드가 적용된 2개의 객체 중 하나를 선택할 때 그룹 선택 툴을 사용할 수 있습니다. 블랜드가 적용된 객체 중 하나를 수정하면 블랜드로 연결된 중간 단계도 수정됩니다.

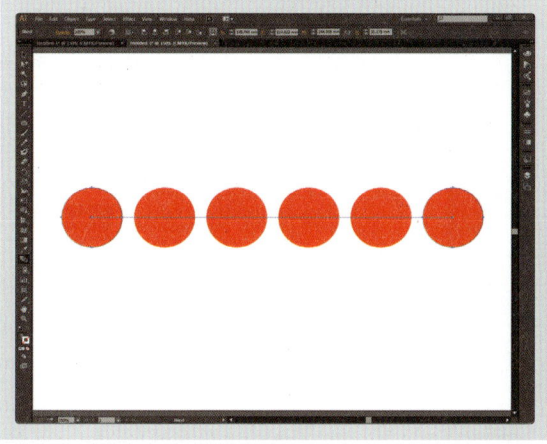
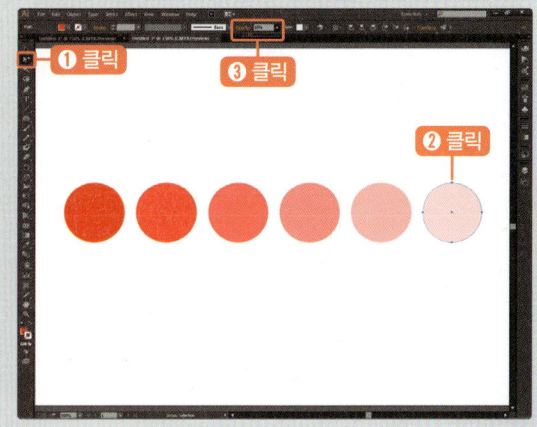

27 또 다른 라인 객체를 배경에 배치합니다.

28 전체적인 구도에 맞추어 객체의 방향과 크기를 수정합니다.

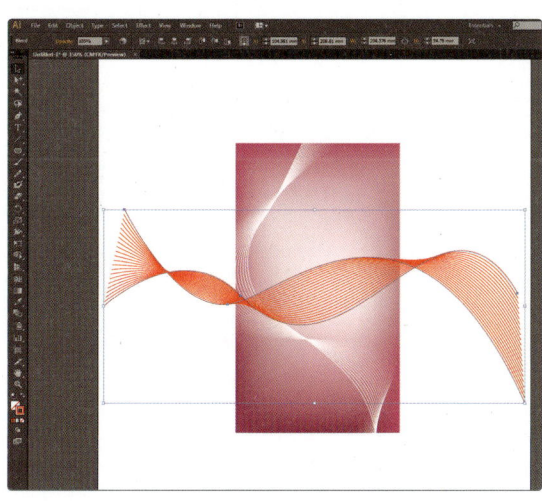
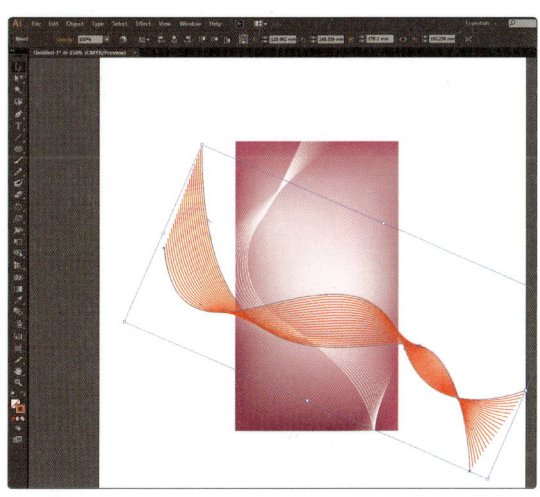

29 선택 툴로 라인 객체를 선택하고 선 색상과 두께를 수정합니다. 직접 선택 툴로 패스의 핸들을 조절하며 라인 객체의 모양을 자연스럽게 수정합니다.

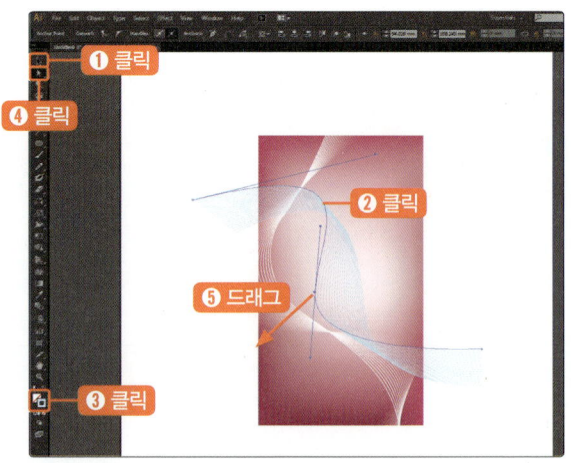

30 그룹 선택 툴로 패스 하나를 선택하고 투명도를 '0%'로 변경합니다.

31 [Transparency] 패널에서 'Overlay'를 지정해 배경과 자연스럽게 합성합니다.

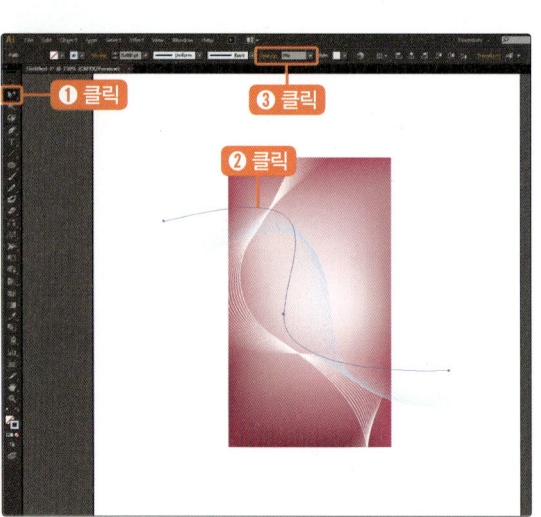
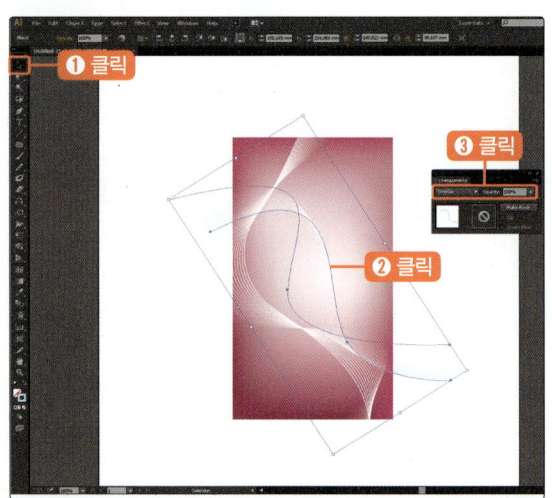

32 라인 객체 주변으로 흩날리는 물방울을 제작하기 위해서 원형 객체를 생성합니다.

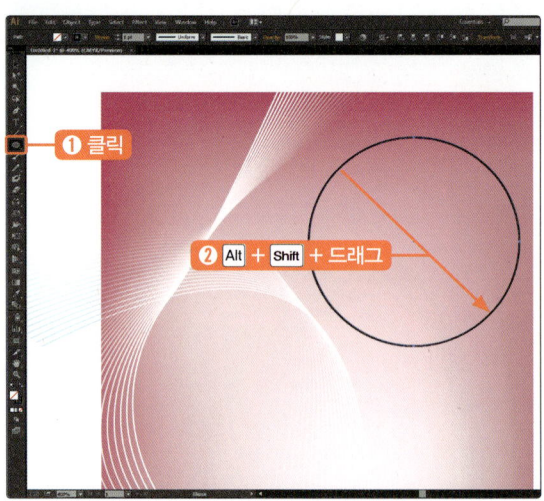

33 원형 객체는 [Tools] 패널의 'Stroke'는 'None'으로 지정한 다음 'Fill'을 클릭해 그라디언트를 채색합니다. 그라디언트 종류는 원형으로 첫 번째 슬라이더는 투명도를 '0%'로 변경합니다. 그라디언트 툴로 드래그해서 색상 퍼짐 정도를 부드럽게 조절합니다.

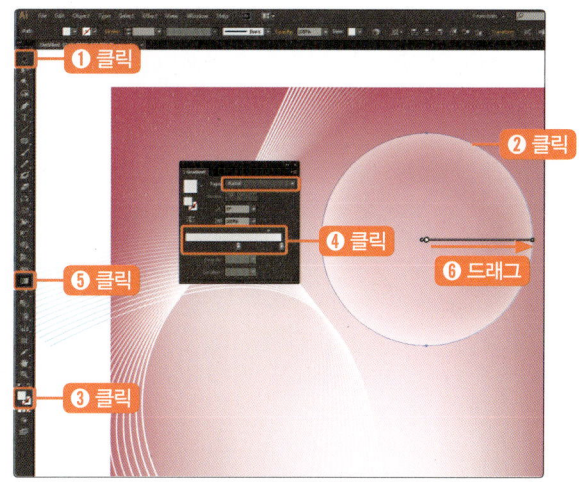

34 Alt를 누른 상태에서 원형 객체를 드래그해 복제합니다. 크기를 조절해서 배치합니다.

35 같은 방법으로 원형 객체를 생성합니다. 다른 색상의 그라디언트를 채색합니다.

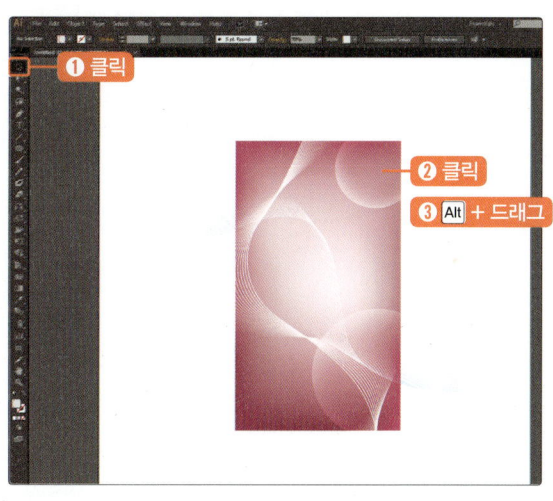

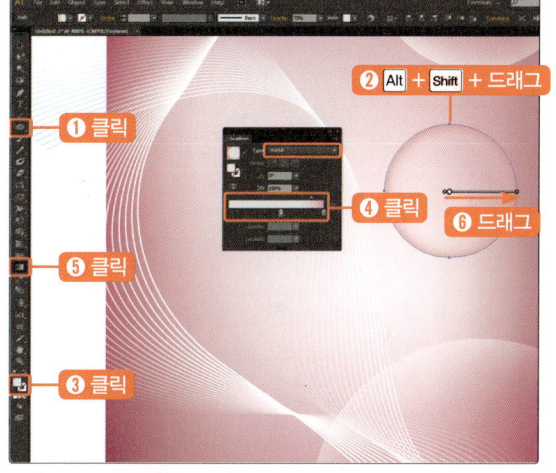

36 [Transparency] 패널에서 'Overlay'를 지정해 배경과 자연스럽게 합성합니다.

37 Alt를 누른 상태에서 원형 객체를 드래그해 복제한 다음 크기를 조절해 배치합니다.

38 원형 객체를 생성하고 채색합니다.

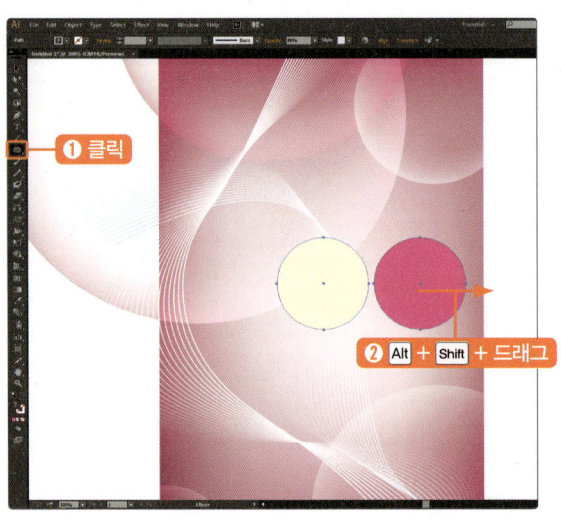

39 원형 객체는 크기를 조절해서 배치합니다.

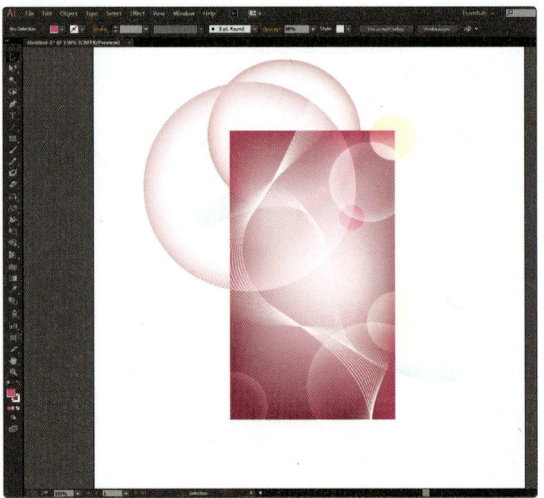

40 배경 바깥으로 흩어진 객체가 보이지 않도록 클리핑 마스크를 적용합니다. 사각형 객체를 생성 후 배경에 맞추어 배치합니다.

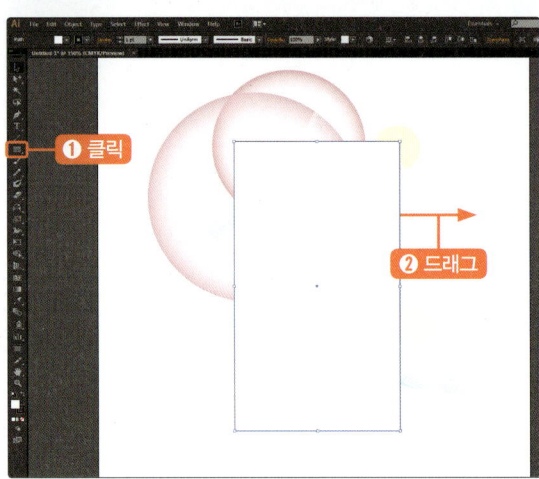

41 작업창의 객체들을 드래그해서 전체 선택하고 마우스 오른쪽 단추를 클릭해 'Make Clipping Mask'를 선택합니다.

42 일러스트레이터에서 작업한 배경에 다양한 색상으로 합성하겠습니다. [File]-[Save As] 메뉴를 선택하고 확장자를 'eps'로 지정하고 [OK] 버튼을 클릭합니다. 포토샵 프로그램을 실행시키고 [File]-[Open] 메뉴를 선택하고 'eps'로 저장한 배경 파일을 불러옵니다. 불러올 때 해상도(150) 및 색상 모드(RGB) 옵션을 수정합니다.

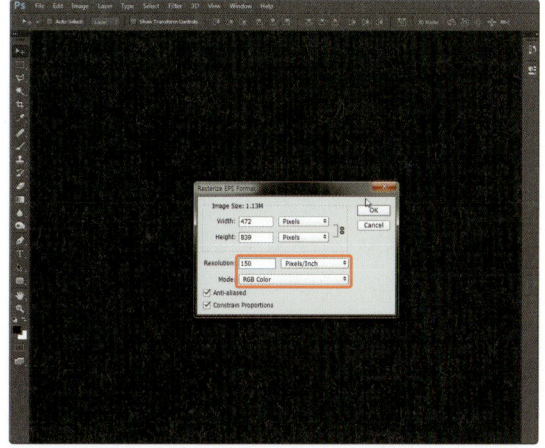

Tip 포토샵에서 채색한 색상을 이미지에 밝게 합성하기 위해서 색상 모드는 RGB로 변경하였습니다. 모바일에 사용되는 이미지의 해상도는 '72dpi'입니다. 그런데 모바일 배경에 사용될 이미지가 다양한 단말기에 사용할 수 있도록 해상도를 '150dpi'로 설정해서 좀 더 큰 크기로 조절하였습니다.

43 배경에 다양한 색상으로 채색하기 위해서 [Layer] 패널에서 레이어를 생성합니다. [Tools] 패널에서 브러시 툴을 선택하고 상단 옵션 바에서 브러시 가장자리가 부드러운 'hardness=0'의 브러시를 선택합니다. 배경에 맞춰 다양한 색상으로 채색합니다.

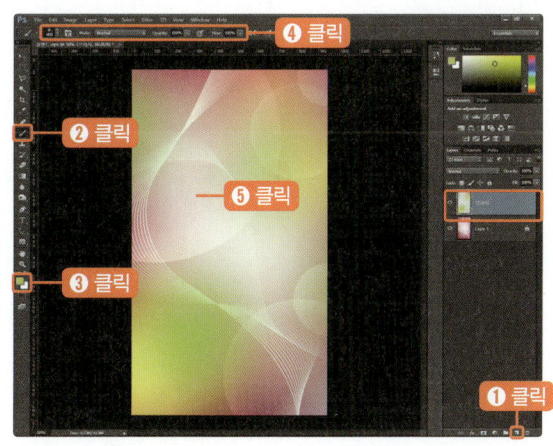

44 배경과 채색한 부분을 자연스럽게 합성하기 위해서 [Layer] 패널의 합성 모드를 'Overlay'로 지정합니다. 투명도를 '70%'로 낮춰서 합성 결과를 좀 더 약하게 수정합니다.

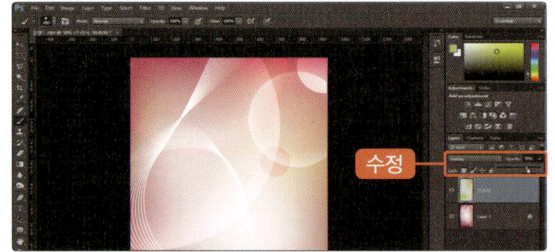

45 빛을 합성하기 위해서 [Layer] 패널에서 레이어를 생성합니다. 배경에 맞추어 브러시 툴로 채색합니다.

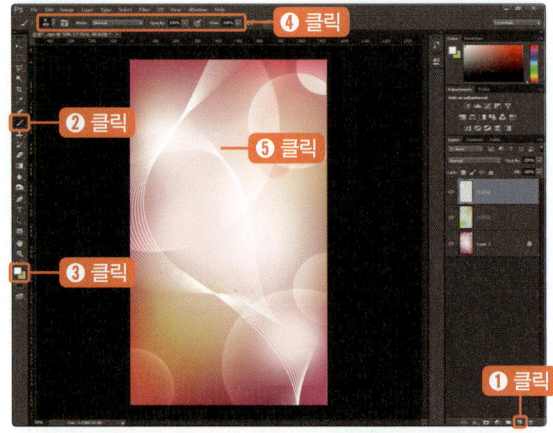

46 배경 이미지의 색상 및 채도를 보정하겠습니다. [Layer] 패널 하단의 보정 레이어 아이콘을 클릭합니다. 'Hue/Saturation'을 선택해 'Hue(10), Saturaton(-10), Lightness(10)'으로 설정합니다.

> **저자의 한마디**
>
> 교재에서 보정한 수치는 절대 값이 아닙니다. 채색한 브러시와 배경이 어울리도록 보정하는 것이 중요합니다.

Tip 'Hue/Saturation'의 'Colorize'를 선택하고 색상 'Hue(202), Saturaton(30), Lightness(0)'을 보정하면 하나의 색상으로 이미지를 보정할 수 있습니다.

패턴을 이용한 모바일 배경 디자인

일러스트레이터에서 명도를 조절하여 제작한 패턴을 포토샵을 이용하면 다양한 색상의 조합으로 화려한 패턴을 제작할 수 있습니다. 이번 단계에서는 일러스트레이터에서 제작한 패턴을 포토샵에서 채색 및 합성을 통해서 착시 효과를 일으키는 패턴 배경을 제작하겠습니다.

01 [File]-[New] 메뉴를 선택하고 작업창 크기(210mm×297mm)를 지정합니다.

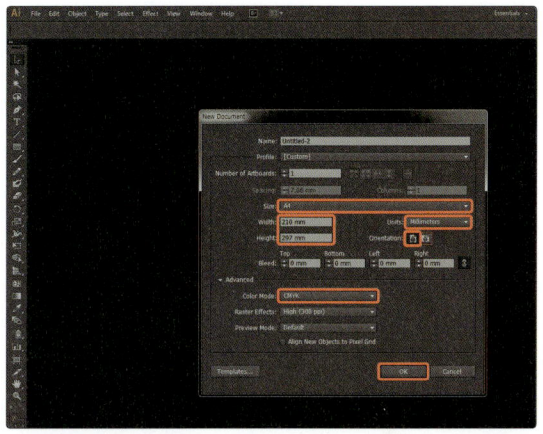

02 사각형 툴을 작업창에 클릭하고 배경으로 사용할 수치(80mm×142mm)를 입력합니다.

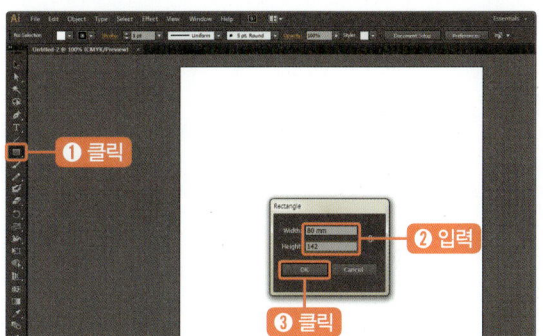

03 사각형을 작업창 중앙에 배치하겠습니다. 선택 툴로 사각형 객체를 선택합니다. 상단의 옵션 바에서 'Align to Artboard'를 선택하고 '가로, 세로 중앙 정렬'을 클릭합니다.

04 사각형 툴을 작업창에 클릭하고 패턴으로 사용할 사각형의 수치로 가로와 세로에 '8mm'를 입력합니다.

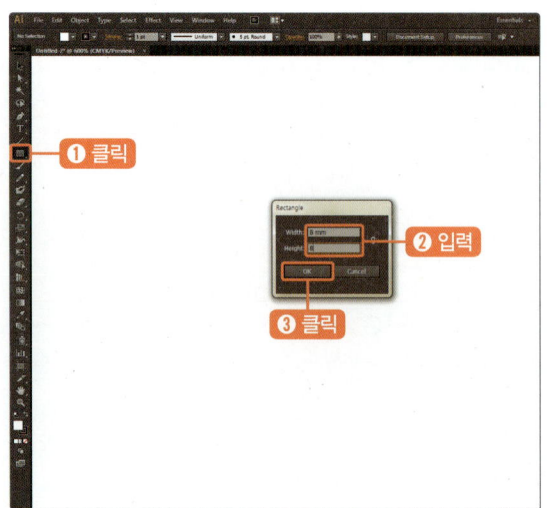 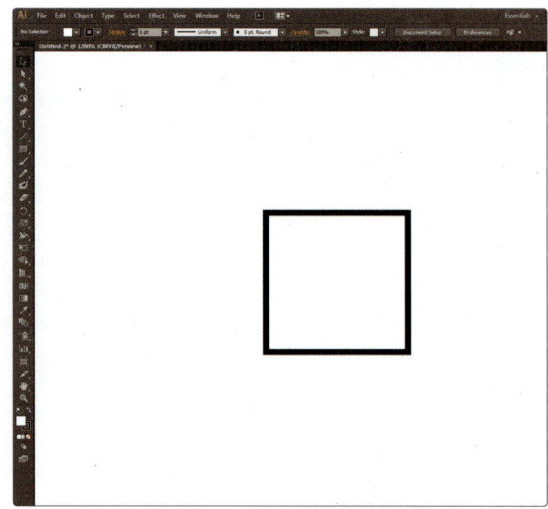

05 사각형 객체를 4등분으로 나누어 삼각형으로 분리 하겠습니다. [Tools] 패널의 선 툴을 선택하고 Shift 를 누른 상태에서 비스듬히 드래그합니다.

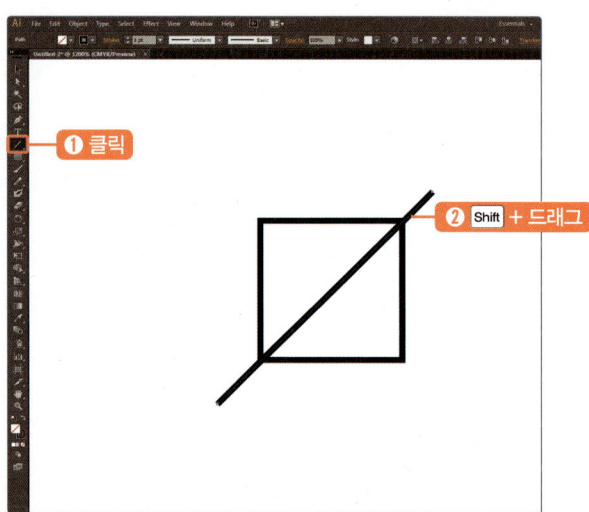

06 선 객체를 선택하고 [Tools] 패널의 반전 툴을 더블 클릭합니다. 좌우 대칭 옵션으로 선택한 후 [Copy] 버튼을 클릭합니다.

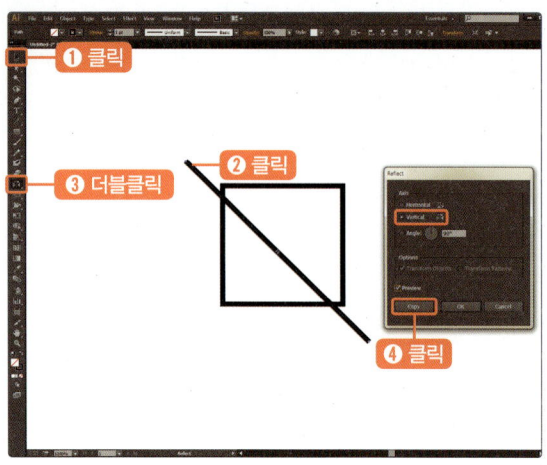

07 사각형과 선 객체를 다중 선택합니다. 상단의 옵션 바에서 'Align to Selection'을 선택하고 '가로, 세로 중앙 정렬'을 클릭합니다.

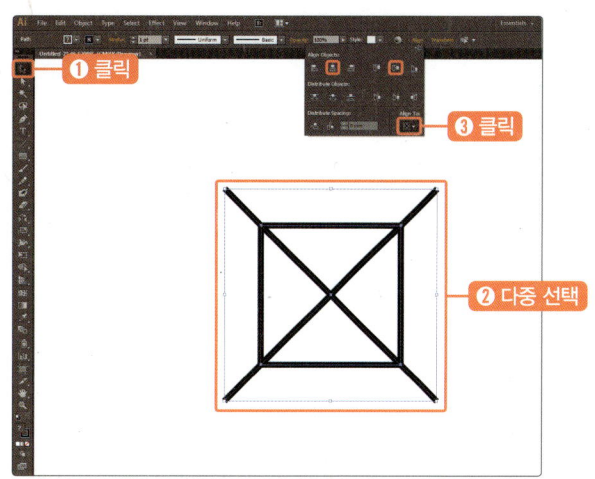

08 [Pathfinder] 패널에서 'Divide'를 클릭합니다. 마우스 오른쪽 단추를 클릭한 다음 'Ungroup'을 선택해서 개별 객체로 풀어줍니다.

09 4등분된 각 객체를 선택하고 [Tools] 패널의 'Stroke'는 'None'으로 지정한 다음 'Fill'을 클릭하고 [Color] 패널에서 명도를 조절하며 채색합니다.

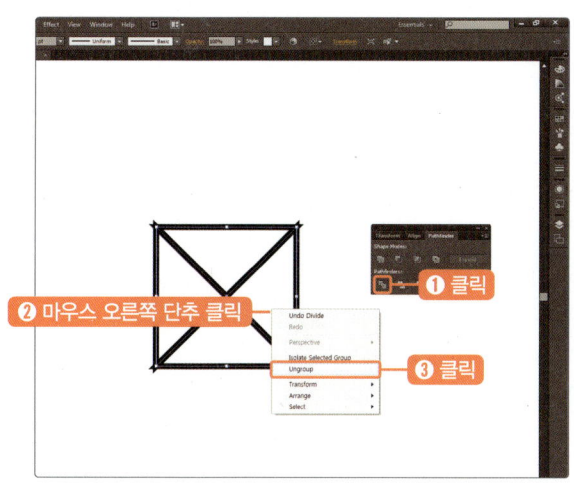

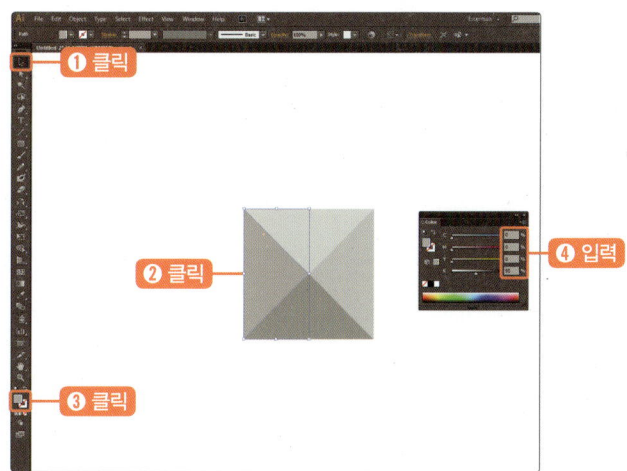

10 제작한 패턴을 [Swatches] 패널에 등록시켜보겠습니다. 선택 툴로 패턴 객체를 선택하고 [Swatches] 패널에 드래그해서 패턴을 등록합니다.

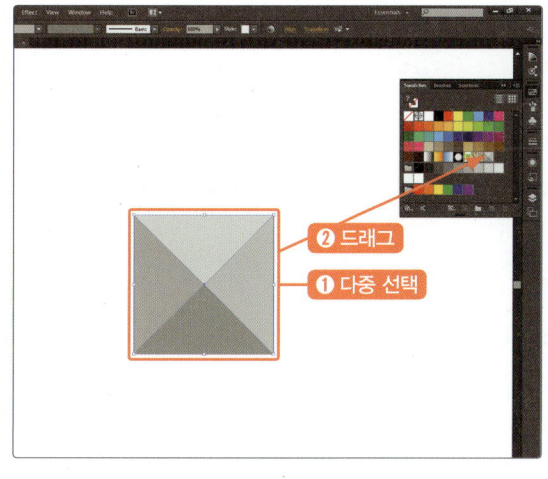

11 배경으로 사용할 사각형 객체를 선택합니다. [Tools] 패널의 'Stroke'는 'None'으로 지정한 다음 'Fill'을 클릭하고 [Swatches] 패널에 등록한 패턴으로 채색합니다.

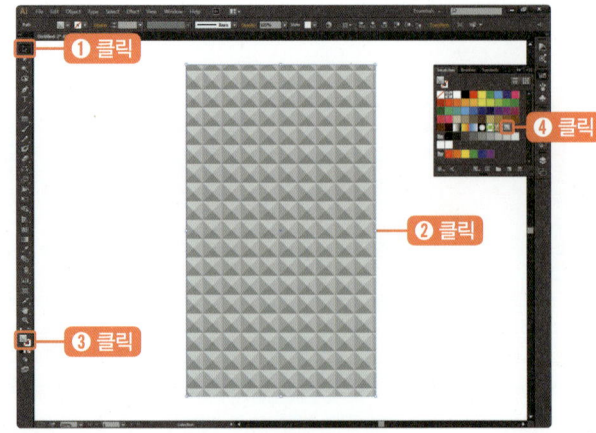

12 키보드의 `~`를 누른 상태에서 방향키로 안내선에 맞춰 패턴의 위치를 조절합니다.

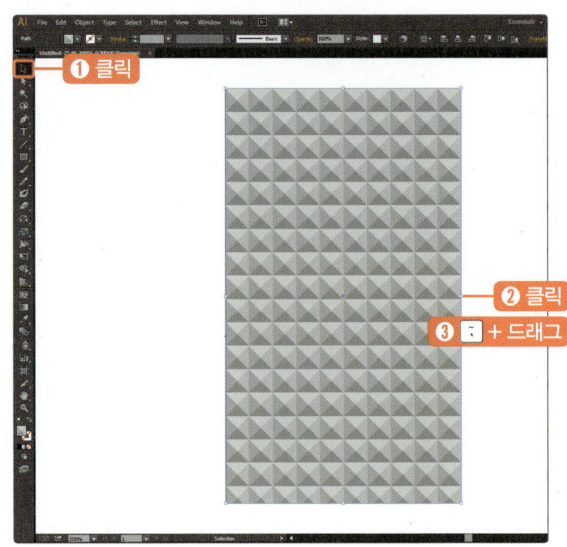

13 일러스트레이터에서 작업한 배경에 다양한 색상으로 합성하겠습니다. [File]-[Save As] 메뉴를 선택하고 확장자를 'eps'로 지정하고 [OK] 버튼을 클릭합니다. 포토샵 프로그램을 실행시키고 [File]-[Open] 메뉴를 선택하고 'eps'로 저장한 배경 파일을 불러옵니다. 불러올 때 해상도(150) 및 색상 모드(RGB) 옵션을 수정합니다.

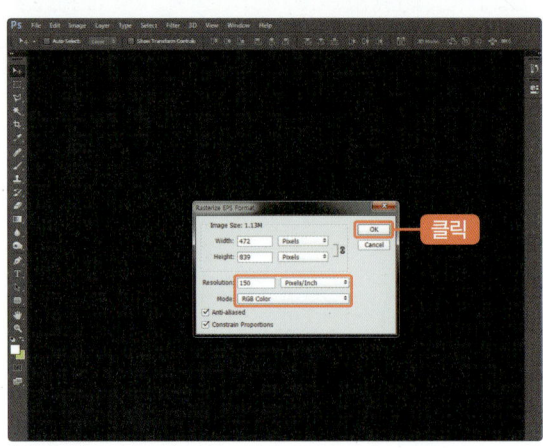

14 [Tools] 패널의 다각형 올가미 툴을 선택합니다. 이미지 하단의 삼각형 패턴에 맞춰 선택 영역을 지정합니다.

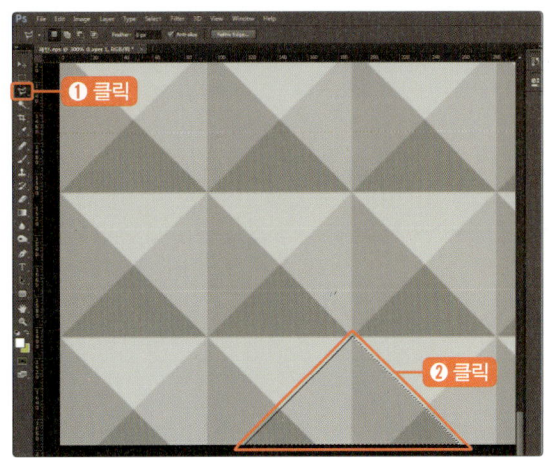

Tip 패턴의 경계선에 정확하게 맞물리도록 선택 영역을 지정해야합니다. 다각형 올가미 툴로 잘못 클릭해서 지정된 선택 영역은 Back Space 를 눌러서 수정할 수 있습니다.

15 배경에 채색하기 위해서 [Layer] 패널에서 레이어를 생성합니다. 채색한 다음 Ctrl + D 를 눌러 선택 영역을 해지합니다.

저자의 한마디

교재에서 채색하는 색상은 절대 값이 아닙니다. 원하는 색상을 자유롭게 지정해서 채색하되 채색되는 색상이 서로 어울려 보이고 단계적으로 밝아 보이도록 채색합니다. 아울러 배경 디자인이 사용되는 용도에 맞추어서 메인 색상과 서브 색상의 조화를 고려하며 채색하는 것이 중요합니다.

Tip 포토샵에서 전경색을 채색할 때 단축키는 Alt + Delete 이며, 배경색을 채색할 때 단축키는 Ctrl + Delete 입니다.

16 배경과 채색한 부분을 자연스럽게 합성하기 위해서 [Layer] 패널의 합성 모드를 'Softlight'로 지정합니다.

17 [Tools] 패널의 이동 툴을 선택하고 Alt + Shift 를 누른 상태에서 채색한 삼각형 레이어를 오른쪽으로 드래그해서 복제합니다.

18 이미지 하단의 삼각형 패턴에 맞춰 선택 영역으로 지정합니다.

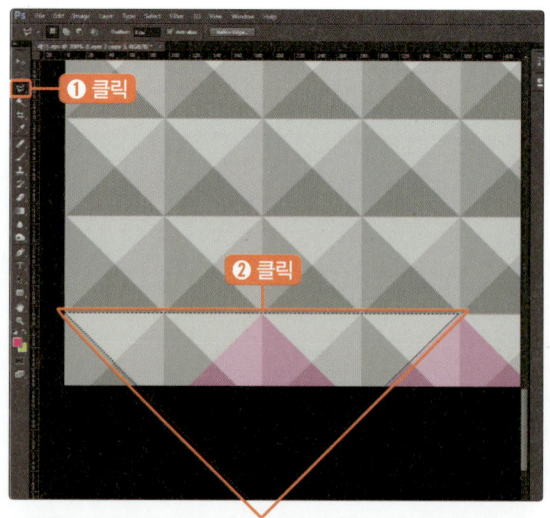

19 배경에 채색하기 위해서 [Layer] 패널에서 레이어를 생성합니다. 채색한 후 Ctrl+D를 눌러 선택 영역을 해지합니다.

20 배경과 채색한 부분을 자연스럽게 합성하기 위해서 [Layer] 패널의 합성 모드를 'Softlight'로 지정합니다.

21 이동 툴로 채색한 삼각형 레이어를 Alt+Shift를 누른 상태에서 오른쪽으로 드래그해서 복제합니다.

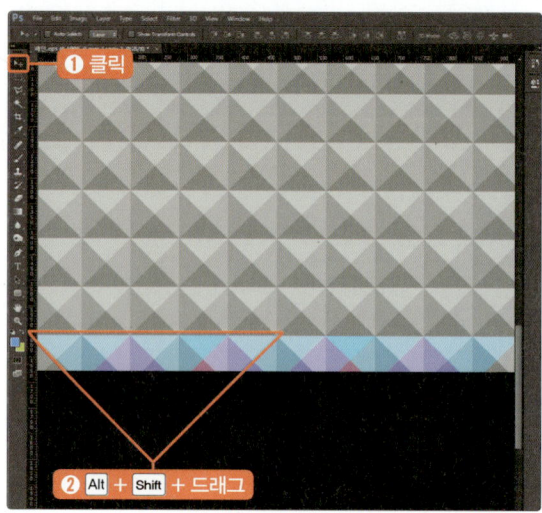

22 채색한 레이어는 Shift를 누른 상태에서 다중 선택합니다. Ctrl+G를 눌러 그룹으로 묶어줍니다.

23 앞에서 채색한 삼각형에 맞춰 선택 영역을 지정하고 새로운 레이어에 채색합니다. Ctrl+D를 눌러 선택 영역을 해지합니다.

24 배경과 채색한 부분을 자연스럽게 합성하기 위해서 [Layer] 패널의 합성 모드를 'Softlight'로 지정합니다.

25 Alt+Shift를 누른 상태에서 이동 툴로 삼각형 레이어를 오른쪽으로 드래그해서 복제합니다.

26 앞에서 채색한 삼각형에 맞춰 선택 영역을 지정하고 새로운 레이어에 채색합니다. Ctrl+D를 눌러 선택 영역을 해지합니다.

27 배경과 채색한 부분을 자연스럽게 합성하기 위해서 [Layer] 패널의 합성 모드를 'Softlight'로 지정합니다.

28 이동 툴로 삼각형 레이어를 Alt+Shift를 누른 상태에서 오른쪽으로 드래그해서 복제합니다.

29 채색한 레이어는 Shift를 누른 상태에서 다중 선택합니다. Ctrl+G를 눌러 그룹으로 묶어줍니다.

30 앞에서 제작한 2개의 그룹 레이어를 다중 선택합니다. 이동 툴로 삼각형 레이어를 Alt+Shift를 누른 상태에서 위쪽으로 드래그해 복제합니다. 그룹 레이어는 Shift를 누른 상태에서 다중 선택하고 Ctrl+G를 눌러 그룹으로 묶어줍니다.

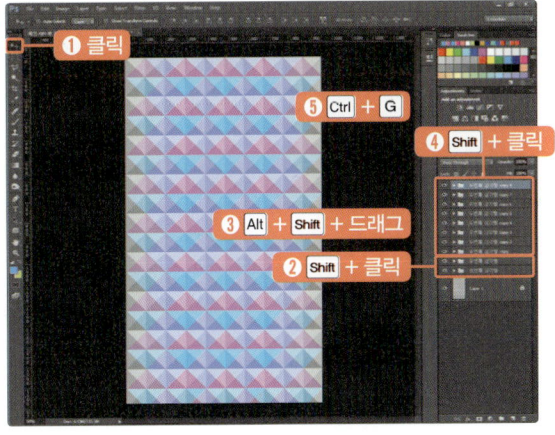

31 앞에서 채색한 삼각형에 맞춰 선택 영역을 지정하고 새로운 레이어에 채색합니다. Ctrl+D를 눌러 선택 영역을 해지합니다.

32 배경과 채색한 부분을 자연스럽게 합성하기 위해서 [Layer] 패널의 합성 모드를 'Softlight'로 지정합니다.

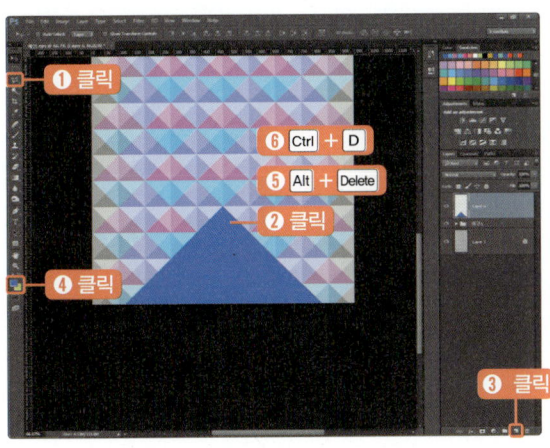

33 앞에서 채색한 삼각형에 맞춰 선택 영역을 지정하고 새로운 레이어에 채색합니다. Ctrl+D를 눌러 선택 영역을 해지합니다.

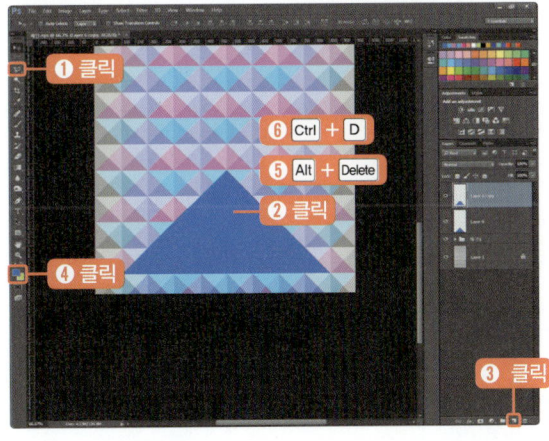

34 배경과 채색한 부분을 자연스럽게 합성하기 위해서 [Layer] 패널의 합성 모드를 'Softlight'로 지정합니다.

35 이동 툴로 삼각형 레이어를 Alt+Shift를 누른 상태에서 위쪽으로 드래그해서 복제합니다. 채색한 레이어는 Shift를 누른 상태에서 다중 선택하고 Ctrl+G를 눌러 그룹으로 묶어줍니다.

36 앞에서 채색한 삼각형에 맞춰 선택 영역을 지정하고 새로운 레이어에 채색합니다. Ctrl+D를 눌러 선택 영역을 해지합니다.

37 배경과 채색한 부분을 자연스럽게 합성하기 위해서 [Layer] 패널의 합성 모드를 'Softlight'로 지정합니다.

38 이동 툴로 삼각형 레이어를 Alt+Shift를 누른 상태에서 위쪽으로 드래그해서 복제합니다. Ctrl+T를 누르고 Shift를 누른 상태에서 회전시켜 배치합니다.

Tip 회전 시 Shift를 누르면 '45도', '90도' 기울기로 회전할 수 있습니다.

39 앞에서 채색한 삼각형에 맞춰 선택 영역을 지정하고 새로운 레이어에 채색합니다. Ctrl+D를 눌러 선택 영역을 해지합니다.

Tip 포토샵에서 배경색을 채색할 때 단축키는 Ctrl+Delete입니다.

40 배경과 채색한 부분을 자연스럽게 합성하기 위해서 [Layer] 패널의 합성 모드를 'Softlight'로 지정합니다.

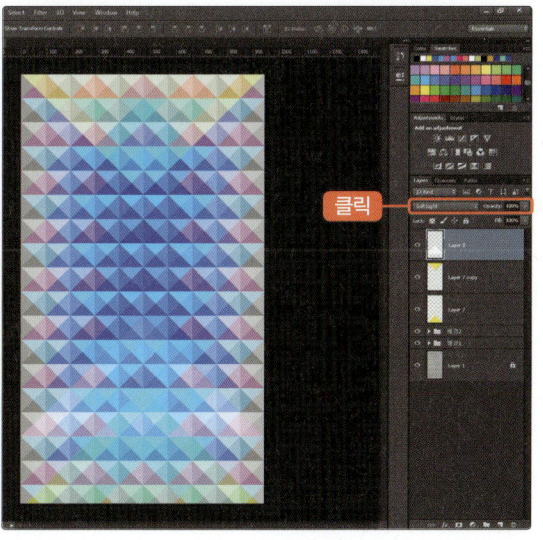

41 앞에서 채색한 삼각형에 맞춰 선택 영역을 지정하고 새로운 레이어에 채색합니다. Ctrl+D를 눌러 선택 영역을 해지합니다.

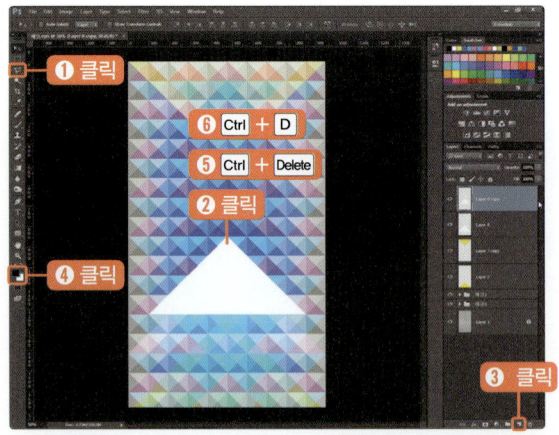

42 배경과 채색한 부분을 자연스럽게 합성하기 위해서 [Layer] 패널의 합성 모드를 'Softlight'로 지정합니다.

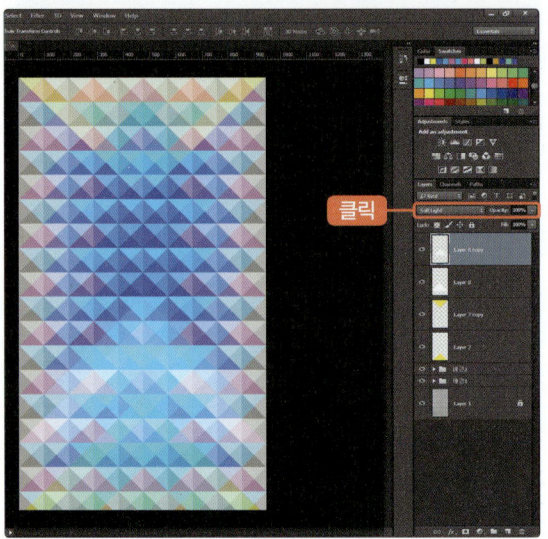

43 앞에서 제작한 2개의 레이어를 다중 선택하고 이동 툴로 삼각형 레이어를 Alt+Shift를 누른 상태에서 위쪽으로 드래그해서 복제합니다. Ctrl+T를 누르고 Shift를 누른 상태에서 회전시켜서 배치합니다. 채색한 레이어는 다중 선택한 후 그룹으로 묶어줍니다.

44 다양한 색상으로 채색한 패턴의 색상을 보정하겠습니다. [Layer] 패널 하단의 보정 레이어 아이콘을 클릭합니다. 'Solid Color'를 선택하고 색상을 지정합니다.

45 색상이 배경과 자연스럽게 합성하기 위해서 [Layer] 패널의 합성 모드를 'Color'로 지정한 다음 투명도(60%)를 조절합니다.

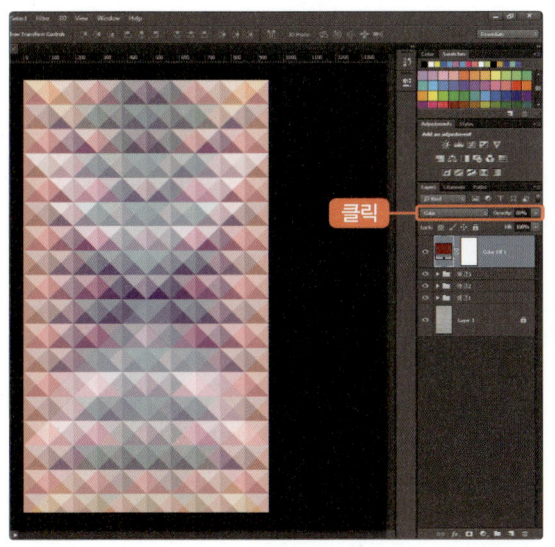

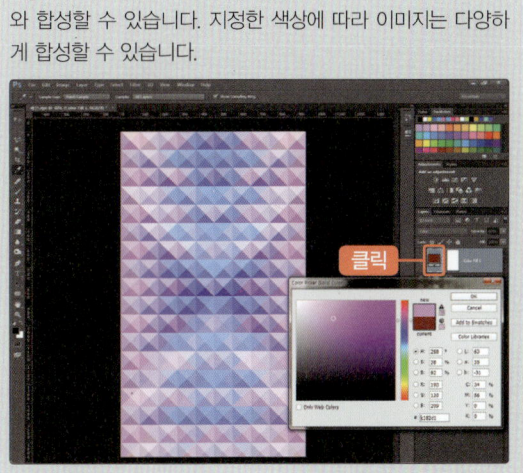

Tip 'Color'는 상위 레이어의 색상을 하위 레이어의 채도, 명도와 합성할 수 있습니다. 지정한 색상에 따라 이미지는 다양하게 합성할 수 있습니다.

모바일 아이콘 디자인

모바일 기기의 아이콘은 UI 디자인과 UX 디자인 개념에 대해 이해하고 있어야 합니다. UI 디자인은 말 그대로 User Interface, 즉 사용자 위주의 인터페이스를 말합니다. 다시 말해, 사용자가 모바일 기기를 사용할 때 눈과 손이 쉽게 움직일 수 있도록 메뉴와 버튼을 배치하고 디자인하는 작업을 말합니다. UX 디자인은 디자인된 제품과 서비스, 그리고 그것을 제공하는 회사의 상호작용을 하면서 경험을 통해 얻게 되는 모든 것을 말합니다. 즉, 사용자들이 혼란스럽거나 귀찮게 만들면 안된다는 것입니다. 모바일 기기의 아이콘 디자인 또한 이러한 UI 디자인과 UX 디자인의 개념을 이해하고 작업해야 합니다.

실무자's Interview

▶ **Webro(익명) / 웹디자이너**

아이콘 제작에 있어 기교는 금물, 픽토그램처럼 직관적이고 단순해야 합니다. 아이콘을 제작하려는 상황에 대한 포인트 도출 후 스케치 및 렌더링 작업, 입체화, 그림자 등 추가작업은 그 이후에 판단해야 해요. 하지만 펜 툴의 매끄러운 핸들 제어나 오브젝트의 채색 기법을 효율적으로 사용할 수 있는 팁을 알아야지 원하는 디자인을 도출하고 표현할 수 있다는 것을 잊지 말아요! 전반적인 툴의 이해도는 예제로도 충분히 습득 가능하지만, 그 외 도형 툴의 변형, 메시, 블렌드 등 일러스트의 다양한 기능은 실무 상황에서는 상시 변하기 때문에 예제 연습 이후 자신의 스킬로 발전시키는 것은 개인의 몫이죠. 일러스트에서 제일 먼저 접근하는 것이 펜 툴입니다. 다양한 드로잉 방식을 이해하고 응용한다면 스킬이 향상되고, 그로 인한 제작물의 만족도도 올라갈 것예요.

▶ **김종일 / 편집 디자이너, 기획자**

아이콘은 편집, 웹 디자인 등에 두루 활용할 수 있어요. 개인적으로 디자인 기획할 때 편집 디자인에서는 명함이나 포스터 디자인 시 삽입되는 정보를 표기할때 사용하고, 웹 디자인에서는 어플리케이션의 버튼을 아이콘으로 구상할때 사용해요. 이때 아이콘은 시각적으로 단순화시켜서 모든 이들이 직감하고 따를 수 있도록 디자인하는 것이 하나의 요령이죠. 하지만 디자인이 단순해진다 해서 구상한 디자인이 쉽게 표현되는 것은 아니에요. 어디까지나 표현하는데에 사용되는 툴이 이해가 되고 다양한 팁을 알아야만 효율적인 디자인이 진행된다는 점을 간과하지 마세요!

Chapter 14

STEP 01 아이콘의 배경 제작
STEP 02 전화기의 다이얼을 이용한 전화 아이콘 제작
STEP 03 전화 북을 이용한 연락처 아이콘 제작
STEP 04 말풍선을 이용한 메시지 아이콘 제작
STEP 05 렌즈를 이용한 카메라 아이콘 제작
STEP 06 스피커를 이용한 뮤직 아이콘 제작

모바일 아이콘 디자인

사용자 관점에서 컨셉을 설정한 다음 디자인 방향 설정과 관리, 감독하는 작업을 UX 디자인이라고 하면, 구현하는 단계에서 사용자에게 맞도록 최적화하는 디자인 작업을 UI 디자인이라고 할 수 있습니다.

- **UI(User Interface) :** 사용자가 사용하기 쉽게 인터페이스를 디자인
- **UX(User Experience) :** 사용자의 경험을 바탕으로 인터페이스를 디자인
- **UI와 UX 관계 :** 유저의 경험인 UX를 통해서 유저가 사용할 수 있는 UI를 디자인하여 사용자가 최대한 빠르고 용이하게 익혀 시각적으로 돋보일 수 있도록 디자인해야 합니다.

아이콘 크기는 해상도를 고려해서 '200×200px' 크기를 권장합니다. 더 큰 크기를 올려도 모바일에서 자동으로 크기를 조절하지만 트래픽을 절감하기 위해서 '200×200px' 크기로 작업합니다. 본 도서에서는 객체의 가시성을 고려해서 전화, 연락처, 메시지, 카메라, 뮤직 아이콘을 '45×45mm'의 크기로 작업하고 포토샵에서 이미지 크기를 '200×200px' 크기로 조절하겠습니다.

제작 요청서

분류		내용	비고
1	디자인 컨셉	모바일에 사용되는 아이콘을 시각적으로 돋보일 수 있는 입체적 디자인	
2	디자인 색상	아이콘에 사용되는 색상 배열에 따른 채색	완성된 이미지를 보정해 사용할 것이므로 약간 어둡거나 강한 색을 사용해도 무관
3	디자인 사용 계획	모바일 아이콘으로 사용	
4	문구 및 기획안	디자인 완성 이후 확정 예정	
5	기타 사항	• 박스 형태의 배경에 아이콘 디자인 • 아이콘에 따른 다채로운 색상으로 디자인	

: **완성 파일**

아이콘의 배경 제작

그라디언트의 명도를 조절하여 아이콘에 공통적으로 사용되는 배경을 입체적으로 제작하겠습니다.

01 [File]-[New] 메뉴를 선택하고 작업창 크기(210mm ×297mm)를 지정합니다.

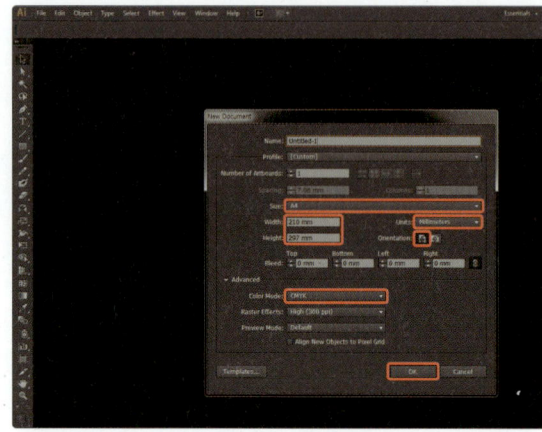

02 아이콘 크기를 '45mm×45mm'로 설정하고 작업을 진행하겠습니다. 사각형 툴을 작업창에 클릭하고 아이콘으로 사용할 수치를 입력합니다.

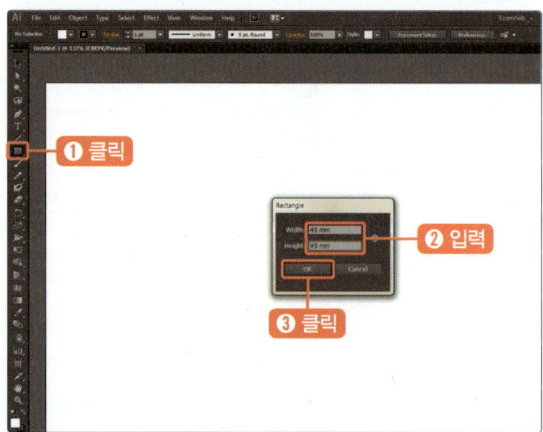

03 사각형 객체를 선택하고 [Effect]-[Stylize]-[Round Corners] 메뉴를 선택하고 모퉁이의 둥글기(4mm)를 조절합니다.

> **Tip** 둥근 사각형 툴 사용 시 객체의 크기에 맞는 적절한 둥글기를 감안하기 어렵습니다. 그래서 사각형 객체를 생성하고 'Round Corners'로 둥글기를 조절하였습니다.

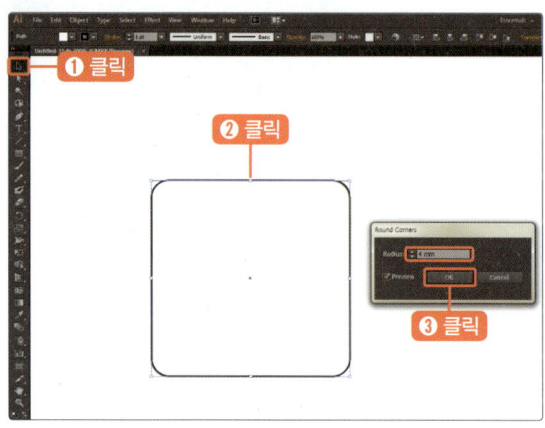

04 [Object]-[Expand Appearance] 메뉴를 선택하고 객체 속성으로 변환합니다.

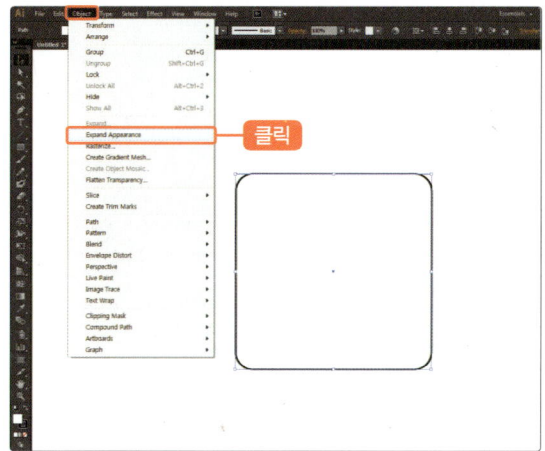

05 둥근 사각형 객체는 [Tools] 패널의 'Stroke'는 'None'으로 지정한 다음 'Fill'을 클릭해 그라디언트를 채색합니다.

06 둥근 사각형 객체를 선택하고 Ctrl+C를 눌러 복제합니다. Ctrl+F를 눌러 배치한 후 그라디언트를 채색합니다.

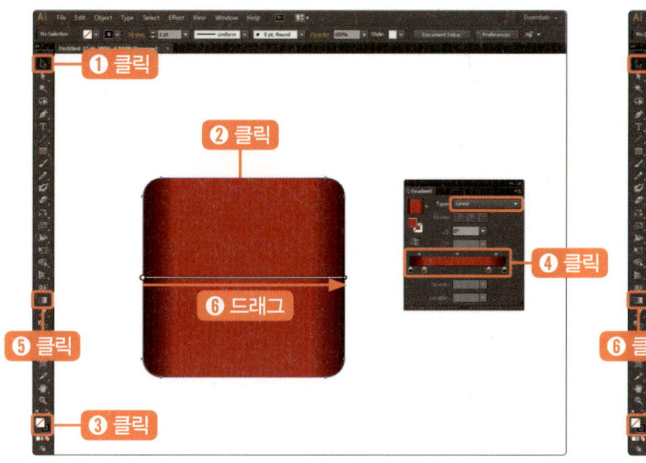

07 직접 선택 툴로 둥근 사각형 하단의 점 4개를 다중 선택합니다. 키보드의 ↑로 점의 위치를 위쪽으로 수정해서 세로 폭을 줄입니다.

Tip 선택 툴로 둥근 사각형의 객체 크기를 조절하면 모퉁이의 둥글기가 변형될 수 있습니다. 그래서 직접 선택 툴로 점을 선택하고 점의 위치를 수정하여 크기를 조절하였습니다.

08 둥근 사각형 객체 아래쪽으로 하이라이트를 제작하 겠습니다. 둥근 사각형 객체를 선택하고 Ctrl+C를 눌러 복제합니다. Ctrl+B를 눌러 배치한 후 아래 방향키로 복제한 객체의 위치를 아래쪽으로 이동합 니다.

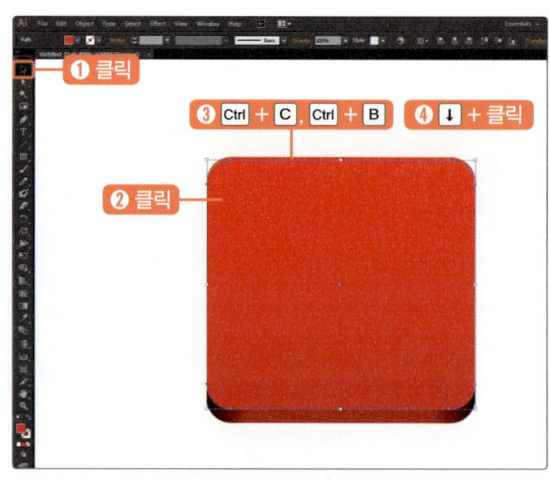

Tip Ctrl+C를 눌러 복제한 객체는 Ctrl+F를 누르면 객체의 앞으로, Ctrl+B를 누르면 객체 뒤로 배치할 수 있습니다.

09 아래쪽으로 이동한 객체는 흰색으로 채색합니다. 투명도를 '70%'로 조절합니다.

10 둥근 사각형 객체를 선택하고 Ctrl+C를 눌러 복제 합니다. Ctrl+F를 눌러 배치한 후 크기를 작게 조 절해서 채색합니다.

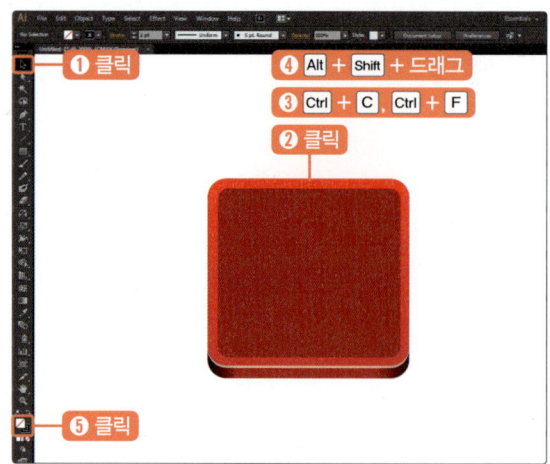

11 크기를 작게 조절한 객체 내부에 음영을 적용합 니다. [Effect]-[Stylize]-[Inner Glow] 메뉴를 선택 합니다. 옵션창 하단의 미리보기를 선택하고 음영 의 색상 및 합성 모드(Mode:Multiply, Opacity:75%, Blur:1.06mm)를 수정합니다.

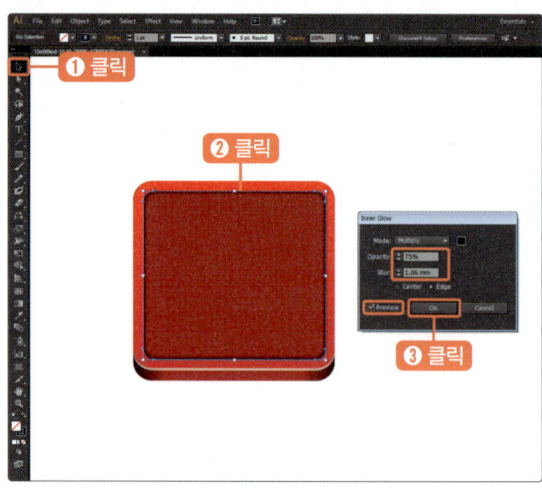

12 둥근 사각형 객체를 선택하고 Ctrl+C를 눌러 복제합니다. Ctrl+F를 눌러 배치한 후 크기를 작게 조절합니다.

13 복제한 둥근 사각형 객체는 [Appearance] 패널의 'Inner Glow' 항목을 패널 하단의 휴지통 아이콘으로 드래그합니다.

14 둥근 사각형 객체를 선택하고 그라디언트를 채색합니다.

15 둥근 사각형 객체를 선택하고 Ctrl+C를 눌러 복제합니다. Ctrl+B를 눌러 배치한 후 키보드의 ↑로 복제한 객체의 위치를 위쪽으로 이동합니다. 위쪽으로 이동한 객체는 흰색으로 채색합니다. 투명도를 '70%'로 조절합니다.

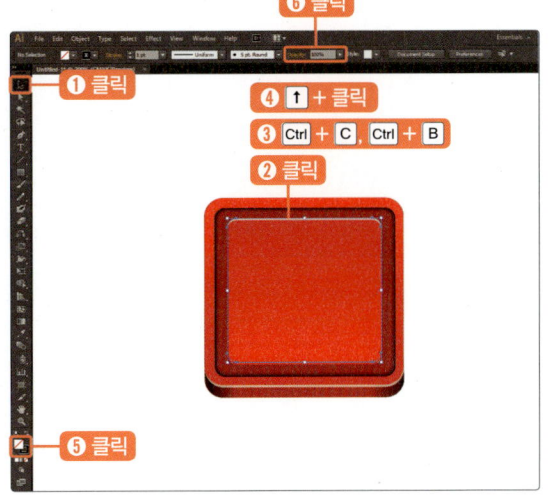

16 아이콘에 그림자를 적용하기 위해서 [Effect]-[Stylize]-[Drop Shadow] 메뉴를 선택합니다. 옵션 창 하단의 미리보기를 선택하고 둥근 사각형 객체 아래 방향으로 그림자가 보이도록 옵션을 조절합니다. (Opacity:75%, X Offset:0mm, Y Offset:0.53mm, Blur:0.25mm)

17 아이콘의 배경 관련 객체를 다중 선택한 후 그룹으로 묶어줍니다. [File]-[Save] 메뉴를 선택하고 아이콘의 배경 객체를 파일로 저장합니다.

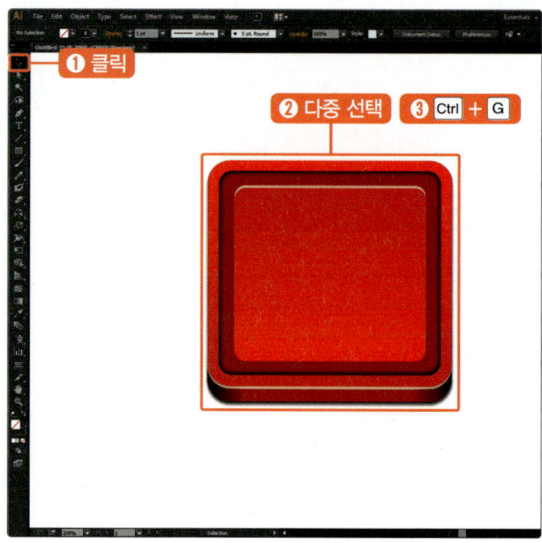

전화기의 다이얼을 이용한 전화 아이콘 제작

도형 툴을 이용하여 전화기의 다이얼 객체를 제작하고, 이를 전화 아이콘으로 제작하겠습니다.

01 아이콘 배경 객체를 배치합니다. 원형 객체를 생성하고 채색합니다.

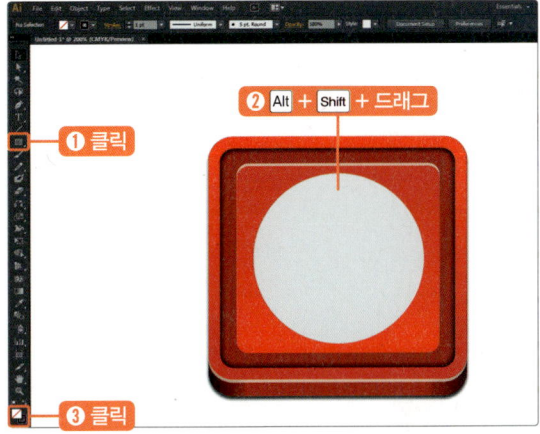

02 원형 객체를 2개 생성합니다. 2개의 원형 객체를 다중 선택하고 [Pathfinder] 패널에서 'Exclude'를 클릭합니다.

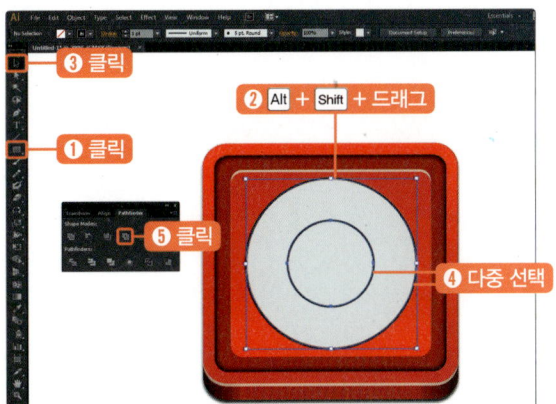

03 원형 객체를 선택하고 그라디언트를 채색합니다.

04 그라디언트가 채색된 객체를 선택하고 [Object]-[Path]-[Offset Path] 메뉴를 선택한 후 'Offset' 항목에 '-0.5mm'를 입력합니다.

05 크기를 작게 조절한 객체를 선택하고 그라디언트를 채색합니다.

06 원형 객체를 생성하고 [Tools] 패널의 'Stroke'는 '검은색'으로 지정한 다음 'Fill'을 클릭해 '회색'으로 채색합니다. 선 두께를 '5pt'로 조절합니다.

07 원형 객체는 Ctrl+[를 눌러 그라디언트를 채색한 객체 뒤로 배열을 수정합니다.

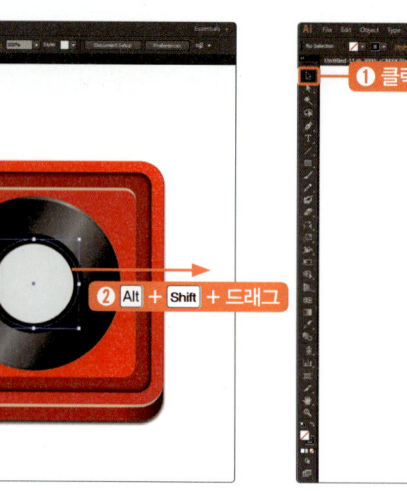

08 타원형 객체를 생성하고 [Tools] 패널의 'Stroke'는 'None'으로 지정한 다음 'Fill'을 클릭해 '흰색'으로 채색합니다. [Effect]-[Stylize]-[Feather] 메뉴를 선택하고 옵션창 하단의 미리보기를 선택하고 부드럽기(1.3mm)를 조절합니다.

09 전화기를 제작하겠습니다. 타원형 객체를 2개 생성하고 타원형 객체에 맞추어서 선 툴로 직선을 생성합니다.

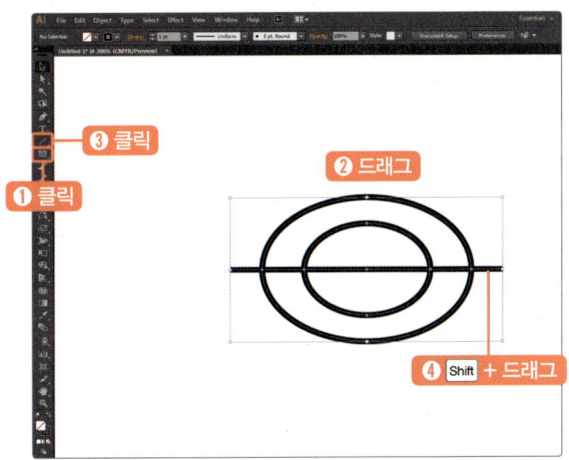

10 3개의 객체를 다중 선택하고 [Pathfinder] 패널에서 'Divide'를 클릭합니다. [Pathfinder] 패널의 'Divide'를 적용합니다. 마우스 오른쪽 단추를 클릭한 다음 'Ungroup'을 선택해서 개별 객체로 풀어줍니다.

11 선택 툴로 분리된 하단의 객체를 선택하고 Delete 를 눌러 지워줍니다. 둥근 사각형 객체를 생성한 후 배치합니다.

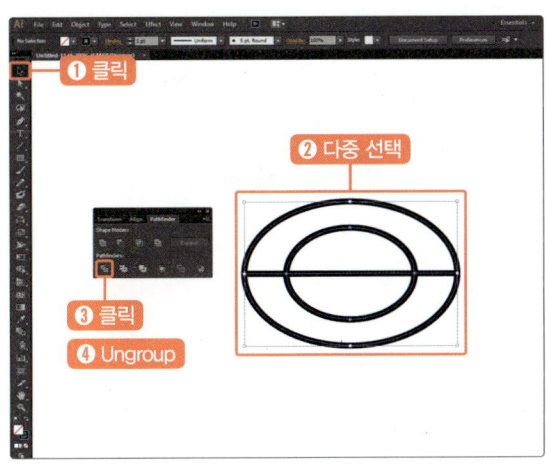

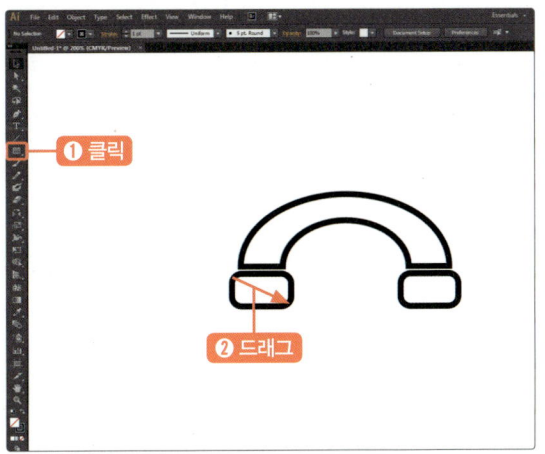

12 전화기 객체는 [Tools] 패널의 'Stroke'는 'None'으로 지정한 다음 'Fill'을 클릭해 '검은색'으로 채색합니다. 비스듬히 회전시켜 아이콘의 배경 객체에 중앙에 배치합니다.

13 전화기의 다이얼을 제작하겠습니다. 원형 객체를 생성하고 그라디언트를 채색합니다.

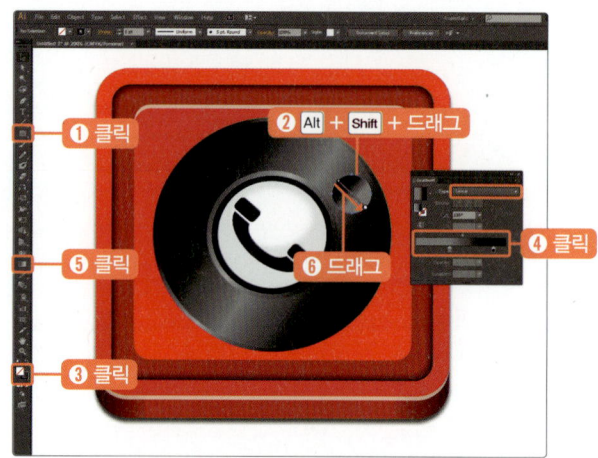

14 원형 객체는 Ctrl+C를 눌러 복제합니다. Ctrl+F를 눌러 배치한 후 크기를 작게 조절해서 '흰색'으로 채색합니다. [Effect]-[Stylize]-[Inner Glow] 메뉴를 선택하고 음영의 색상 및 합성 모드(Mode:Multiply, Opacity:75%, Blur:0.34mm)를 수정합니다.

15 원형 객체 중앙에 숫자 '1'을 입력합니다.

16 다이얼 관련 객체를 다중 선택하고 Alt 를 누른 상태에서 반시계 방향으로 복제하여 배치합니다. 숫자를 변경합니다.

17 삼각형과 사각형 객체를 생성한 후 배치합니다.

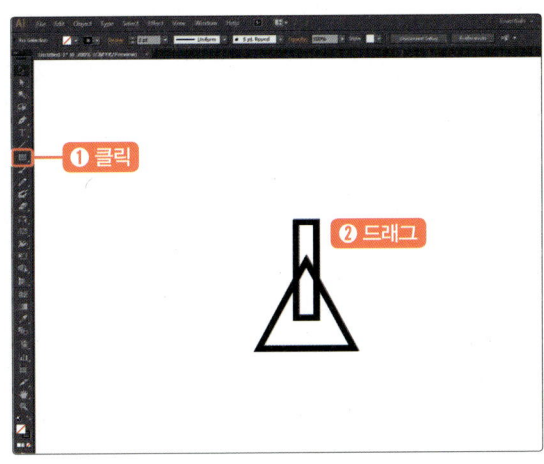

18 2개의 객체를 다중 선택한 후 [Pathfinder] 패널에서 'Unite'를 클릭합니다.

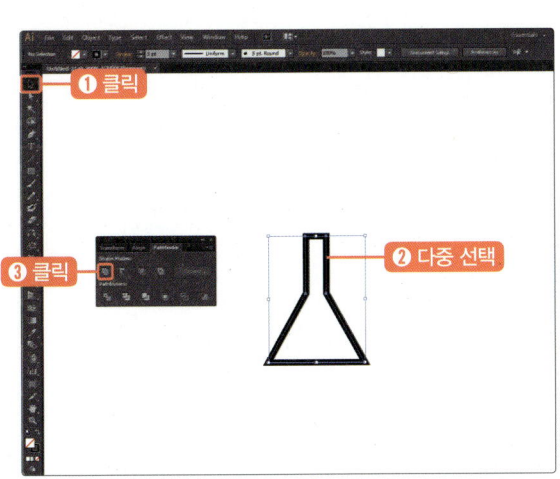

19 객체를 선택한 다음 [Effect]-[Stylize]-[Round Corners] 메뉴를 선택하고 둥글기(1.5mm)를 조절합니다.

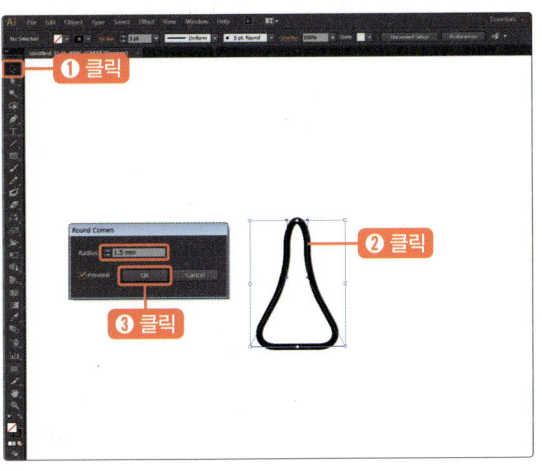

20 [Object]-[Expand Appearance] 메뉴를 선택하고 객체 속성으로 변환합니다. 그라디언트를 채색합니다.

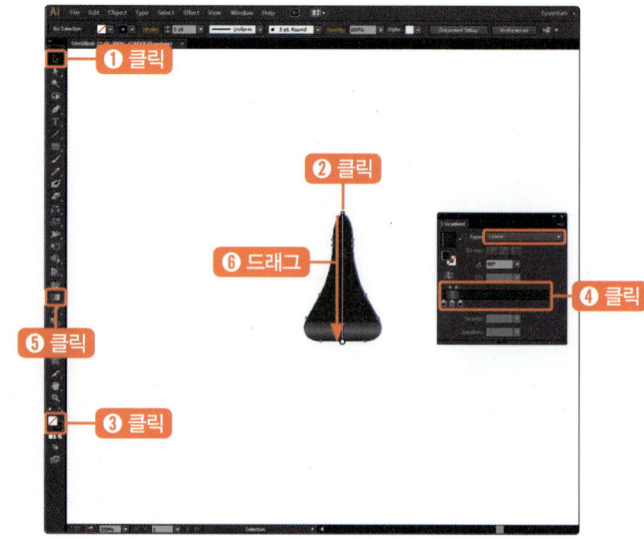

21 객체에 그림자를 적용하기 위해서 [Effect]-[Stylize]-[Drop Shadow] 메뉴를 선택하고 옵션을 조절합니다. (Opacity:75%, X Offset:0.34mm, Y Offset:0mm, Blur:0.34mm)

22 다이얼에 맞추어 객체를 배치합니다. 아이콘이 입체적으로 보일 수 있도록 객체 외부에 음영을 적용합니다. 바깥의 원형 객체를 선택하고 [Effect]-[Stylize]-[Outer Glow] 메뉴를 선택합니다. 옵션창 하단의 미리보기를 선택하고 음영의 색상 및 합성 모드(Mode:Multiply, Opacity:75%, Blur:1.02mm)를 수정합니다.

전화 북을 이용한 연락처 아이콘 제작

도형 툴을 이용하여 전화 북 객체를 제작하고, 이를 연락처 아이콘으로 제작하겠습니다.

01 아이콘 배경 객체를 배치합니다. 색상과 명도를 수정해서 그라디언트를 채색합니다.

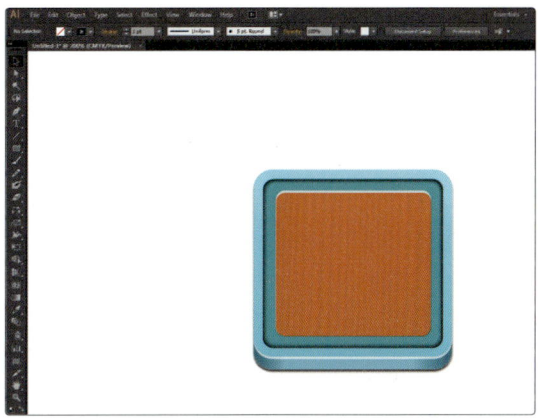

02 책등을 제작하기 위해서 선 툴로 직선을 생성합니다. 사각형과 직선 객체를 다중 선택하고 [Pathfinder] 패널에서 'Divide'를 클릭합니다. 마우스 오른쪽 단추를 클릭한 다음 'Ungroup'을 선택해서 개별 객체로 풀어줍니다.

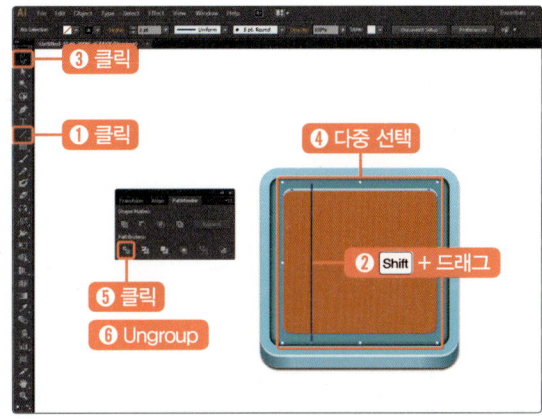

03 분리된 객체를 선택하고 '검은색'으로 채색합니다.

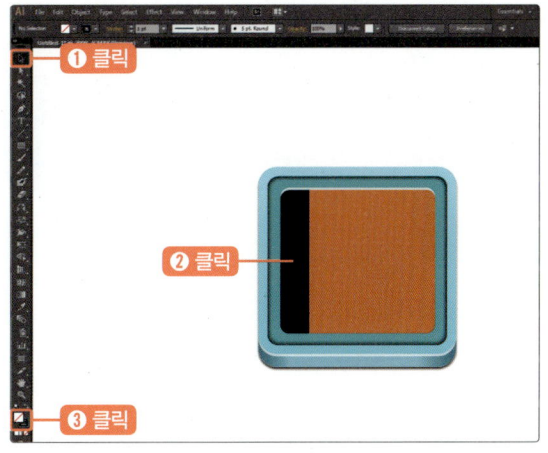

04 검은색으로 채색한 객체를 선택하고 Ctrl+C를 눌러 복제하고 Ctrl+F를 눌러 배치합니다. 직접 선택 툴로 하단의 점 3개를 다중 선택하고 키보드의 ↑로 점의 위치를 위쪽으로 수정해서 세로 폭을 줄입니다.

05 크기를 조절한 객체는 그라디언트를 채색합니다.

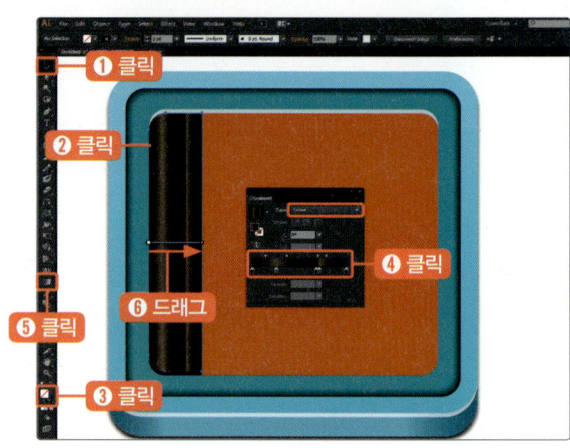

06 책 표지를 제작하기 위한 사각형 객체를 생성한 후 배치합니다. 그라디언트를 채색합니다.

07 책 표지의 점선을 배치하겠습니다. 사각형 객체를 선택하고 [Object]-[Path]-[Offset Path] 메뉴를 선택하고 'Offset' 항목에 '-1mm'를 입력합니다.

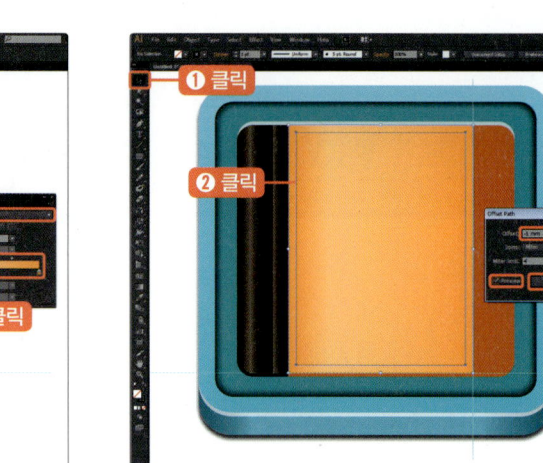

Tip ❷ 드래그는 객체 생성, ❻ 드래그는 그라디언트 채색

08 크기를 조절한 객체는 [Tools] 패널의 Fill은 'None'으로 지정한 다음 'Stroke'를 클릭해 '흰색'으로 채색합니다. [Stroke] 패널에서 'Dashed Line' 옵션을 선택하고 'Weights=0.75pt', 'dash=2pt'로 입력합니다.

09 점선 객체에 그림자를 적용하기 위해서 [Effect]-[Stylize]-[Drop Shadow] 메뉴를 선택하고 옵션(Mode:Multiply, Opacity:30%, X Offset:0mm, Y Offset:-0.14mm, Blur:0.06mm)을 조절합니다.

10 'Address'의 'A'를 '@'로 형상화하여 입력합니다.

11 [Effect]-[Stylize]-[Drop Shadow] 메뉴를 선택하고 그림자의 색상 및 합성 모드(Mode:Screen, Opacity:90%, X Offset:0mm, Y Offset:0.37mm, Blur:0mm)를 수정합니다.

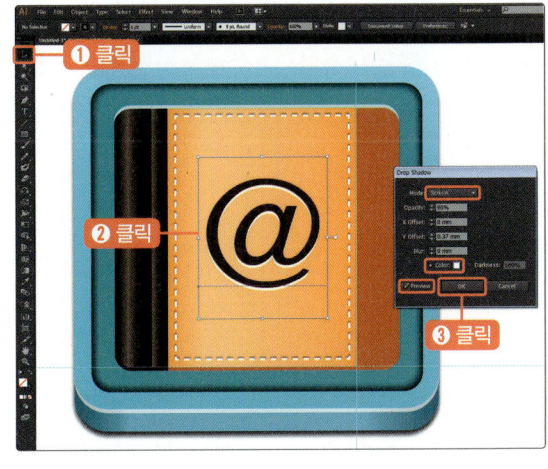

12 표지 위쪽에 포스트 잇을 배치하겠습니다. 사각형 객체를 생성하고 그라디언트를 채색합니다.

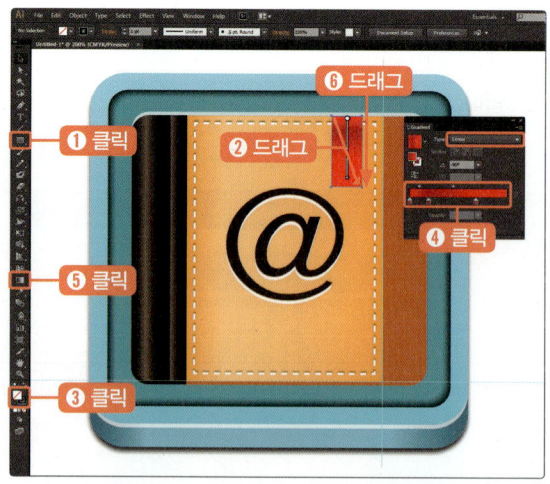

13 사각형 객체의 패스 위에 펜 툴을 대고 점을 추가합니다.

14 직접 선택 툴을 이용해서 점을 선택하고 위치를 조절합니다.

15 포스트 잇 객체에 그림자를 적용하기 위해서 [Effect]-[Stylize]-[Drop Shadow] 메뉴를 선택하고 옵션(Mode:Multiply, Opacity:70%, X Offset:0mm, Y Offset :0.29mm, Blur:0mm)을 조절합니다.

16 전화 북의 오른쪽에 알파벳순으로 문자를 입력하 겠습니다. 책 표지에 맞추어서 선 툴로 직선을 생성 합니다. 둥근 사각형과 직선 객체를 다중 선택하고 [Pathfinder] 패널에서 'Divide'를 클릭합니다. 마우스 오른쪽 단추를 클릭한 다음 'Ungroup'을 선택해서 개별 객체로 풀어줍니다.

17 분리된 객체는 Ctrl+[를 눌러 책 표지 객체 뒤로 배열을 수정합니다.

Tip 'Divide'는 객체 배열 순서에 따라서 적용됩니다. 작업 순서에 따라서 선 객체는 표지 관련 객체 위에 배치되었기 때문에 분리된 객체가 책 표지 객체 앞으로 올라오게 되었습니다. 그래서 Ctrl+[를 눌러 책 표지 뒤에 배치되도록 배열을 수정합니다.

18 문자를 입력하기 위한 공간을 나누기 위해서 직선을 생성합니다. Alt+Shift를 누른 상태에서 아래쪽으로 복제하고 Ctrl+D를 눌러 아래로 복제되는 명령을 반복합니다. 사각형과 직선 객체를 다중 선택하고 [Pathfinder] 패널에서 'Divide'를 클릭합니다. 마우스 오른쪽 단추를 클릭한 다음 'Ungroup'을 선택해 개별 객체로 풀어줍니다.

19 분리된 사각형 객체를 선택하고 그라디언트를 채색합니다.

20 나머지 사각형 객체를 선택하고 그라디언트를 같은 색상으로 채색합니다.

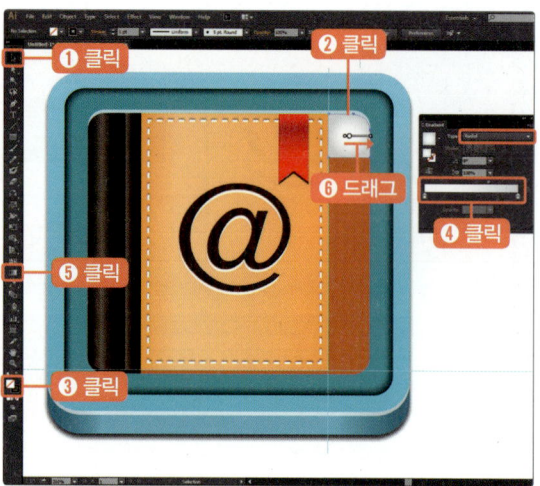

21 문자를 입력 공간이 입체적으로 보일 수 있도록 그림자를 적용합니다. 아래에서 두 번째 사각형 객체를 선택하고 [Effect]-[Stylize]-[Drop Shadow] 메뉴를 선택한 후 옵션(Mode:Multiply, Opacity:30%, X Offset:0mm, Y Offset:0.3mm, Blur:0.06mm)을 조절합니다.

22 나머지 사각형 객체를 선택하고 Ctrl+Shift+E를 눌러 그림자를 적용합니다.

Tip 이전에 주었던 'Effect'를 같은 옵션으로 적용할 때 단축키는 Ctrl+Shift+E 입니다. 적용한 그림자가 보이지 않을 경우 Ctrl+]를 눌러 배열을 수정합니다.

23 분리된 사각형 객체에 맞추어 알파벳순으로 문자를 입력합니다.

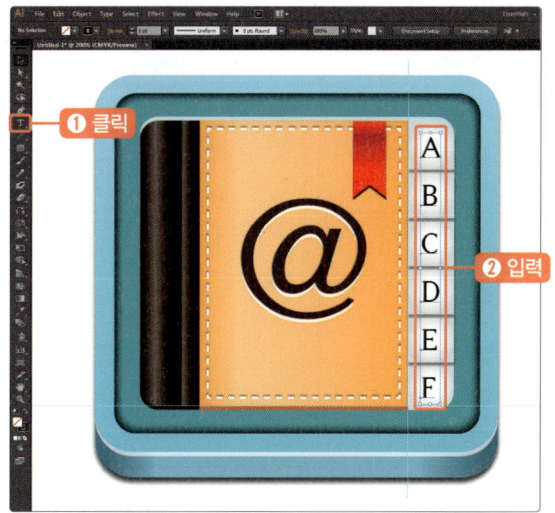

24 책 표지 객체 아래쪽으로 그림자를 제작하겠습니다. 책 표지 객체를 선택하고 Ctrl+C를 눌러 복제합니다. Ctrl+B를 눌러 배치한 후 방향키로 복제한 객체의 위치를 오른쪽과 아래쪽으로 이동합니다.

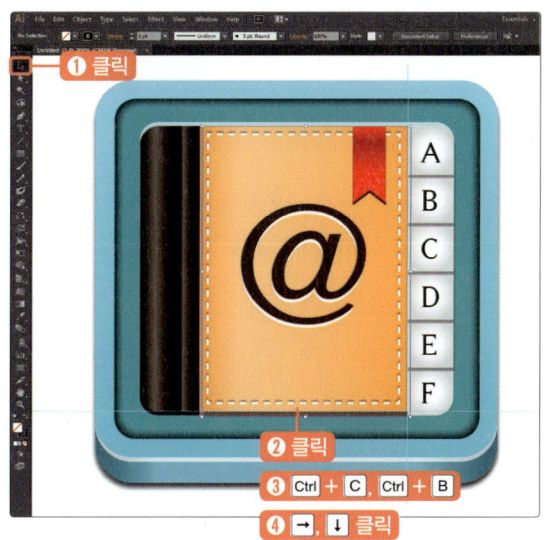

25 오른쪽, 아래쪽으로 이동한 객체는 검은색으로 채색하고 투명도를 '60%'로 조절합니다. Ctrl+]를 눌러 문자 입력 공간 객체 앞으로 배열을 수정합니다.

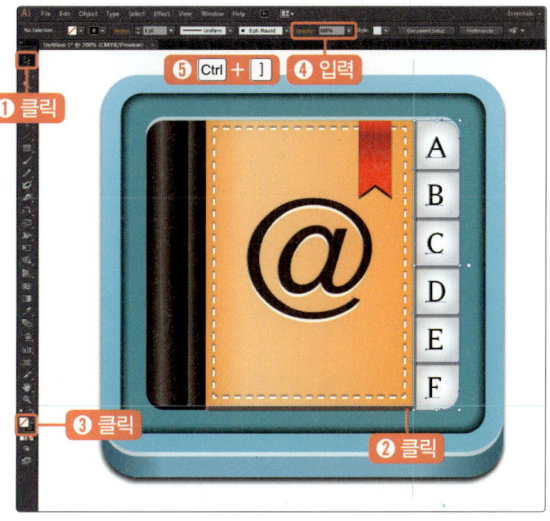

말풍선을 이용한 메시지 아이콘 제작

도형 툴을 이용하여 말풍선 객체를 제작하고 이를 메시지 아이콘으로 제작하겠습니다.

01 아이콘 배경 객체를 배치합니다. 색상과 명도를 수정해서 그라디언트를 채색합니다.

02 말풍선을 제작하겠습니다. 타원형 객체를 생성합니다. 펜 툴을 이용해서 패스를 생성합니다.

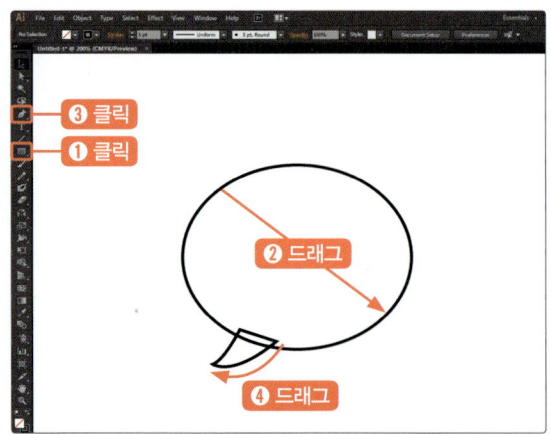

03 2개의 객체를 다중 선택한 후 [Pathfinder] 패널에서 'Unite'를 클릭합니다.

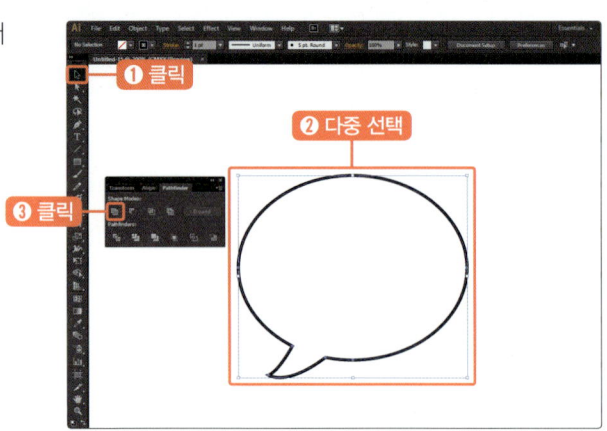

04 말풍선 객체는 그라디언트를 채색합니다.

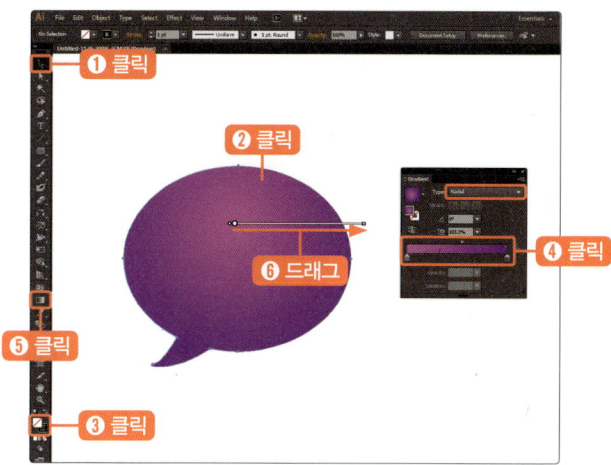

05 말풍선 객체 내부에 음영을 적용합니다. [Effect]-[Stylize]-[Inner Glow] 메뉴를 선택합니다. 옵션창 하단의 미리보기를 선택하고 음영의 색상 및 합성 모드(Mode:Multiply, Opacity:50%, Blur:1.45mm)를 수정합니다.

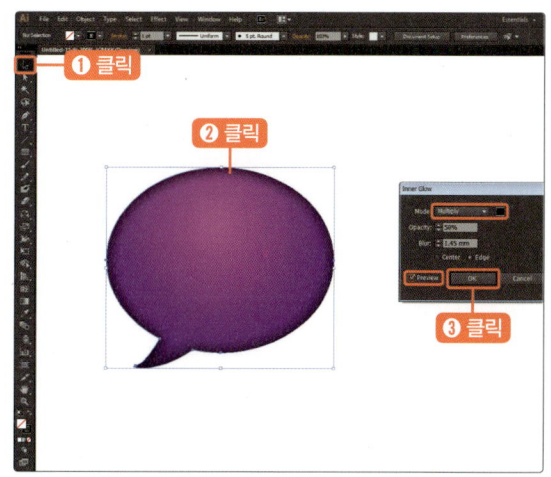

06 말풍선 객체를 선택하고 [Object]-[Path]-[Offset Path] 메뉴를 선택하고 'Offset' 항목에 '1.3mm'를 입력합니다.

07 크기를 조절한 말풍선 객체는 [Appearance] 패널의 'Inner Glow' 항목을 패널 하단의 휴지통 아이콘으로 드래그합니다.

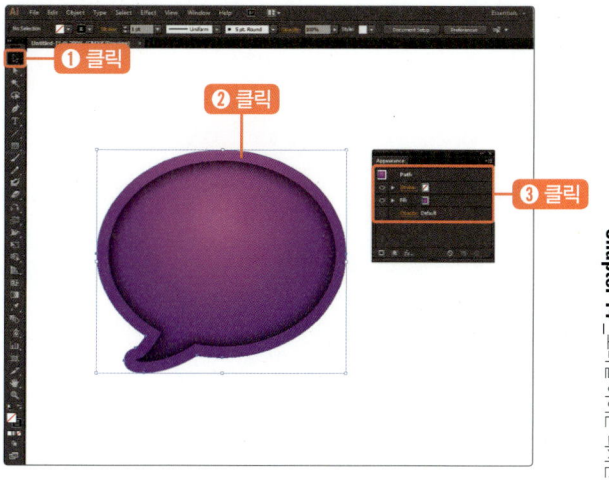

08 크기를 조절한 말풍선 객체를 선택하고 그라디언트를 채색합니다.

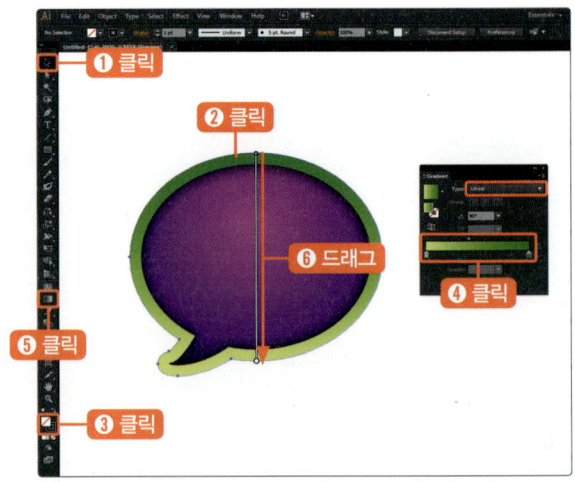

09 말풍선 관련 객체를 아이콘의 배경 객체에 배치합니다. 바깥의 말풍선 객체를 선택하고 [Effect]-[Stylize]-[Outer Glow] 메뉴를 선택합니다. 옵션창 하단의 미리보기를 선택하고 음영의 색상과 합성 모드(Mode:Screen, Opacity:90%, Blur:0.4mm)를 수정합니다.

10 말풍선 내부에 원형 객체를 생성합니다. 그라디언트를 채색합니다.

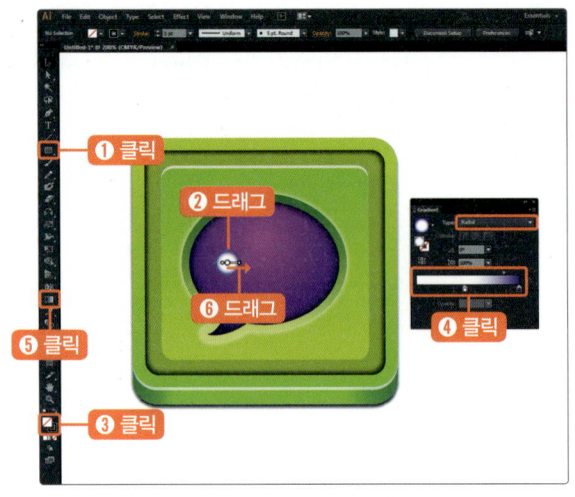

11 원형 객체는 [Tools] 패널의 'Stroke'를 선택하고 '검은색'으로 채색합니다.

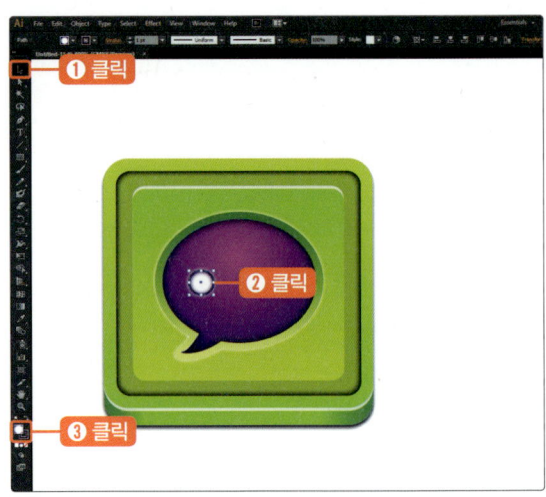

12 원형 객체를 선택하고 [Effect]-[Stylize]-[Outer Glow] 메뉴를 선택합니다. 옵션창 하단의 미리보기를 선택하고 음영의 색상 및 합성 모드(Mode: Screen, Opacity:80%, Blur:0.3mm)를 수정합니다.

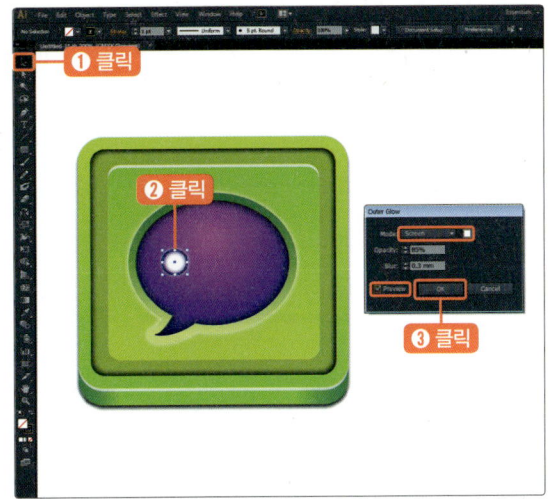

13 원형 객체는 Alt+Shift를 누른 상태에서 오른쪽으로 드래그해서 복제합니다. Ctrl+D를 눌러 오른쪽으로 복제되는 명령을 반복합니다.

14 타원형 객체를 생성하고 [Tools] 패널의 'Stroke'는 'None'으로 지정한 다음 'Fill'을 클릭해 그라디언트를 채색합니다.

렌즈를 이용한 카메라 아이콘 제작

도형 툴을 이용하여 카메라 렌즈 객체를 제작하고 이를 카메라 아이콘으로 제작하겠습니다.

01 아이콘 배경 객체를 배치합니다. 색상과 명도를 수정해서 그라디언트를 채색합니다.

02 원형 객체를 생성하고 그라디언트를 채색합니다.

Tip ❷ 드래그는 객체 생성, ❻ 드래그는 그라디언트 채색

03 원형 객체는 Ctrl+C를 눌러 복제한 후 Ctrl+F를 눌러 배치합니다. 크기를 작게 조절한 다음 그라디언트를 채색합니다.

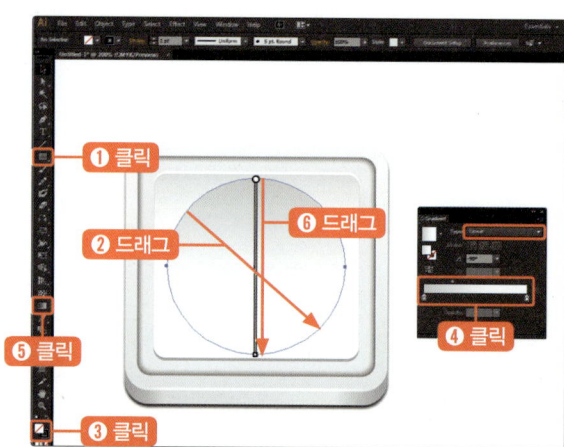

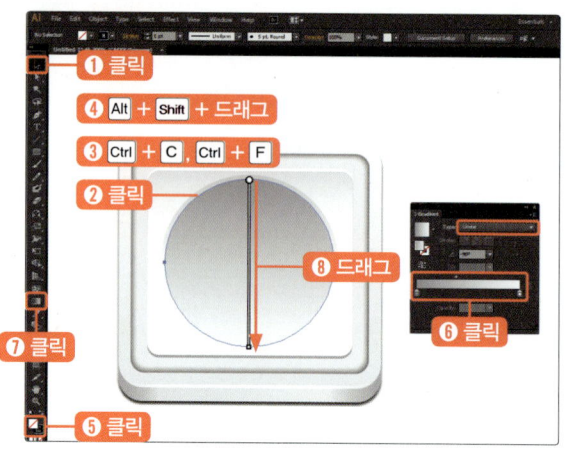

04 원형 객체는 Ctrl+C를 눌러 복제합니다. Ctrl+F를 눌러 배치한 후 크기를 작게 조절해서 '흰색'으로 채색합니다. [Effect]-[Stylize]-[Inner Glow] 메뉴를 선택하고 음영의 색상 및 합성 모드(Mode:Multiply, Opacity:20%, Blur:1mm)를 수정합니다.

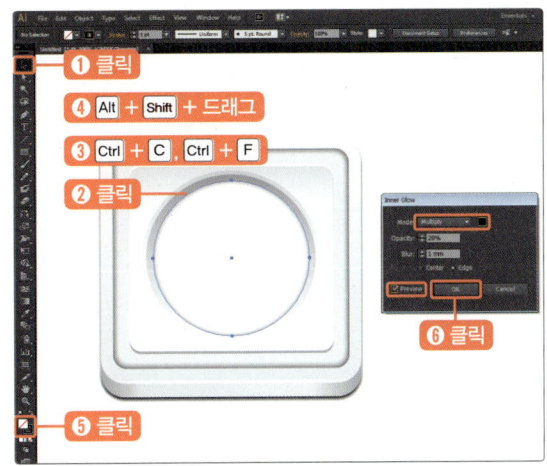

05 원형 객체는 Ctrl+C를 눌러 복제한 후 Ctrl+F를 눌러 배치합니다. 크기를 작게 조절한 다음 그라디언트를 채색합니다.

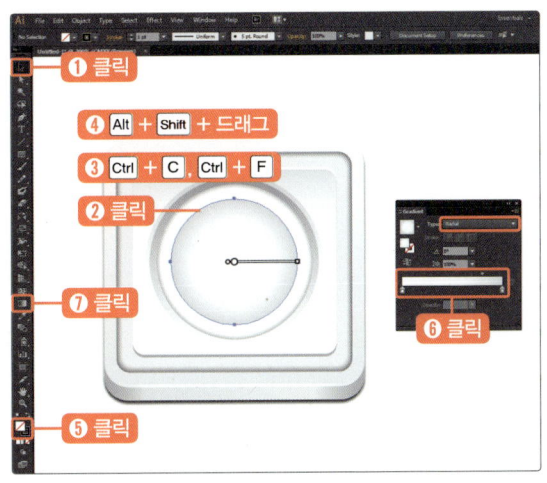

06 [Effect]-[Stylize]-[Inner Glow] 메뉴를 선택하고 음영의 색상과 합성 모드(Mode:Multiply, Opacity:20%, Blur:0.6mm)를 수정합니다.

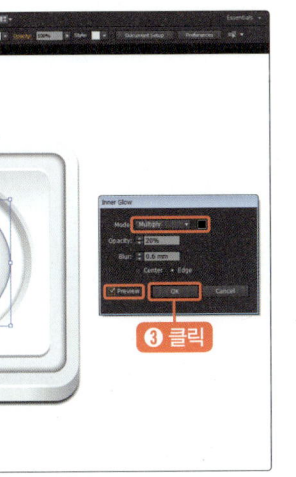

07 카메라를 따라서 문자가 입력되도록 원형 객체를 생성합니다.

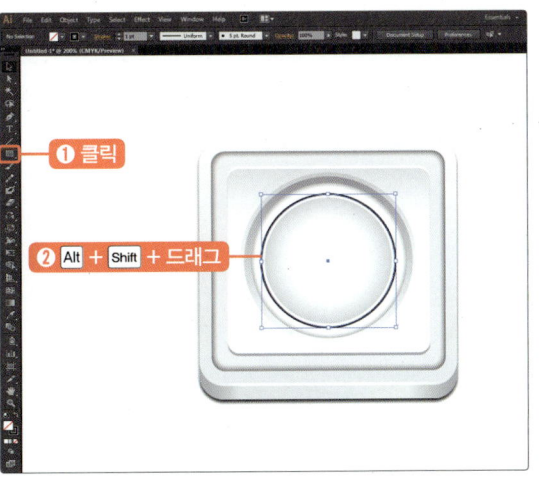

08 [Tools] 패널의 패스 상의 문자 도구 툴을 선택하고 원형 객체를 따라서 'camera app'을 입력합니다. 선택 툴로 패스에 입력된 문자를 선택하고 패스 문자의 핸들을 드래그해서 위치를 조절합니다.

09 카메라 렌즈를 제작하겠습니다. 원형 객체를 생성하고 원형 객체에 맞추어서 선 툴로 직선을 생성합니다.

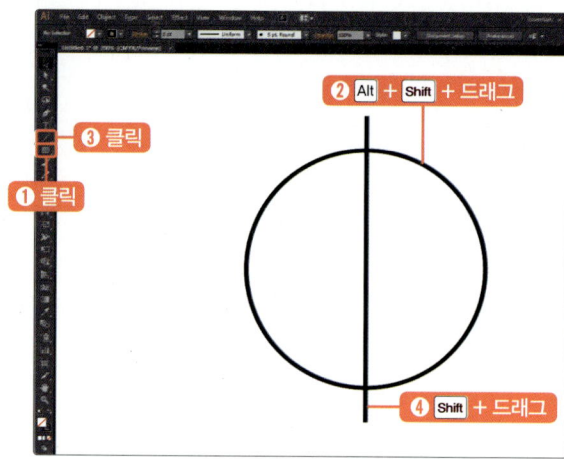

10 회전 툴을 더블클릭하여 회전 각도를 '45도'로 입력하고 [Copy] 버튼을 클릭합니다. Ctrl+D를 눌러 회전하며 복제되는 명령을 반복 실행합니다.

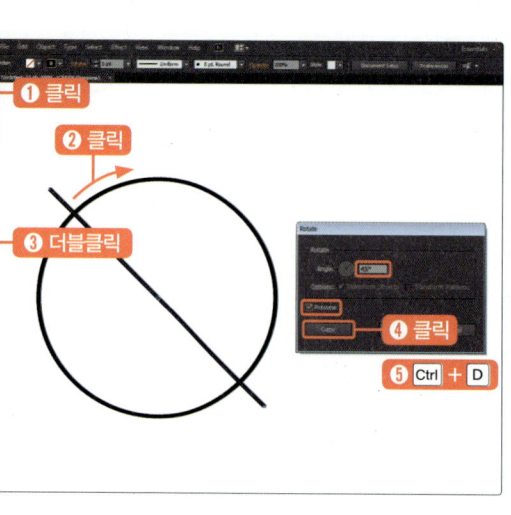

11 2개의 객체를 다중 선택하고 [Pathfinder] 패널에서 'Divide'를 클릭합니다. [Pathfinder] 패널의 'Divide'를 적용합니다. 마우스 오른쪽 단추를 클릭한 다음 'Ungroup'을 선택해서 개별 객체로 풀어줍니다.

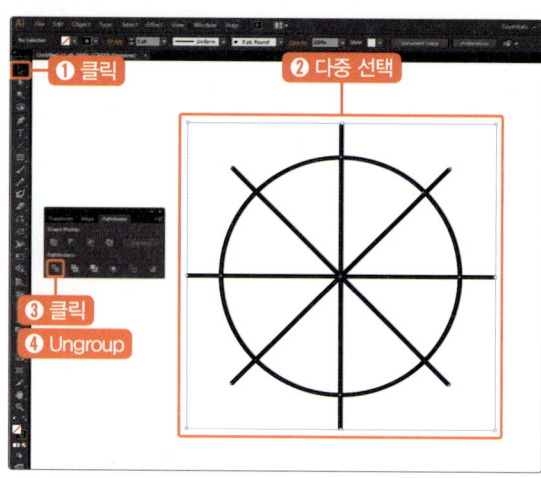

12 분리된 객체를 선택하고 [Tools] 패널의 'Stroke'는 'None'으로 지정한 다음 'Fill'을 클릭해 그라디언트를 채색합니다.

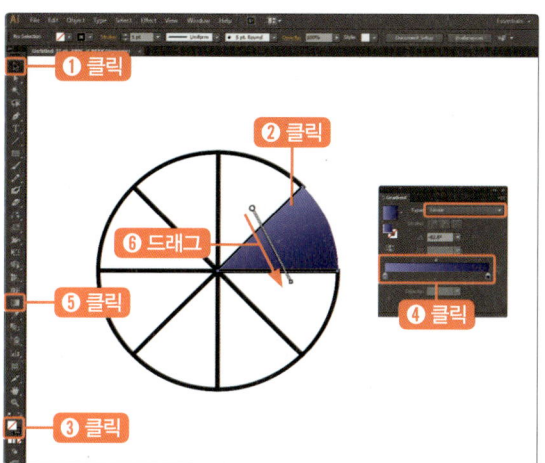

13 나머지 객체들도 같은 방법으로 그라디언트를 채색합니다. 객체들을 다중 선택한 후 그룹으로 묶어줍니다.

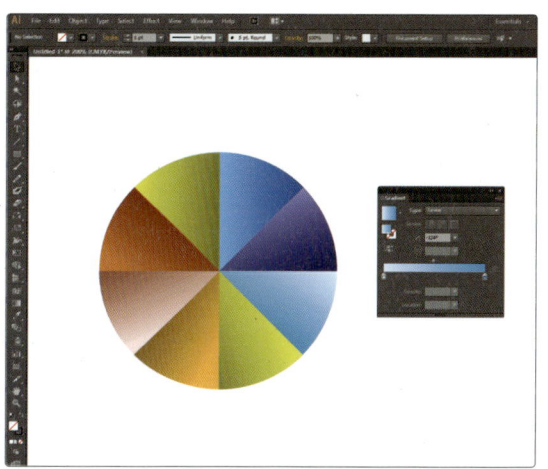

14 렌즈 가장자리를 밝게 합성하겠습니다. 원형 객체를 생성하고 [Tools] 패널의 'Stroke'는 'None'으로 지정한 다음 'Fill'을 클릭해 그라디언트를 채색합니다.

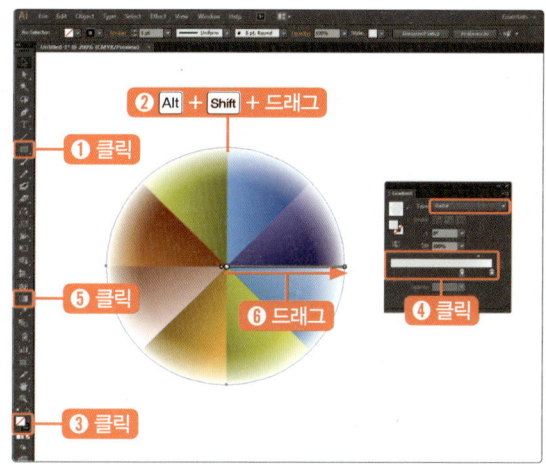

15 [Transparency] 패널에서 합성 모드를 'Overlay'로 지정해서 자연스럽게 합성합니다.

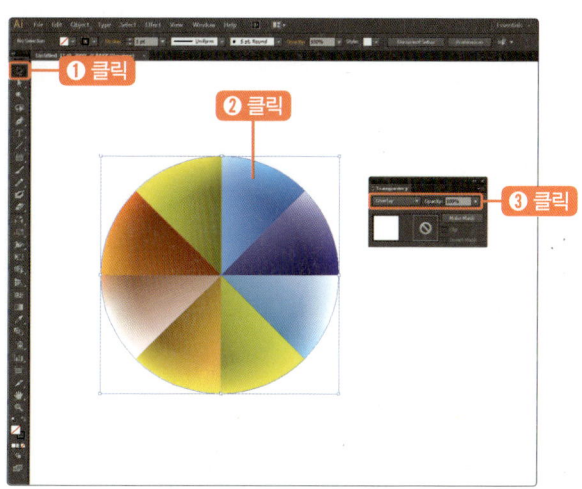

16 합성시킨 객체는 Ctrl+C를 눌러 복제한 후 Ctrl+F를 눌러 배치합니다. 크기를 작게 조절합니다.

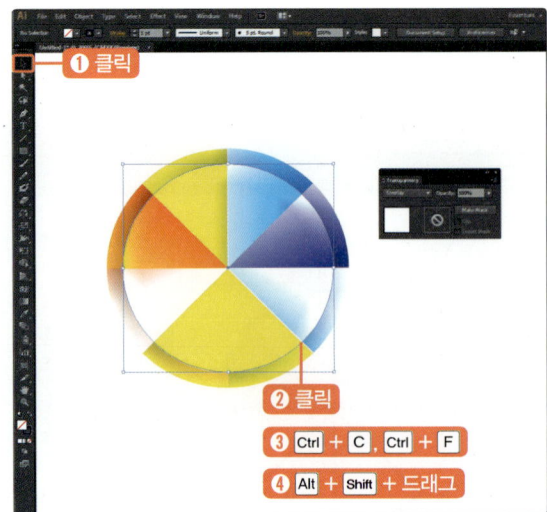

17 원형 객체를 생성하고 그라디언트를 채색합니다.

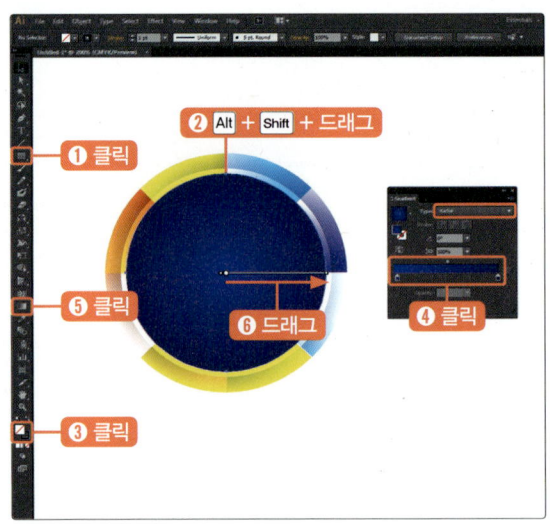

18 [Effect]-[Stylize]-[Inner Glow] 메뉴를 선택하고 음영의 색상과 합성 모드(Mode:Multiply, Opacity:40%, Blur:1.12 mm)를 수정합니다.

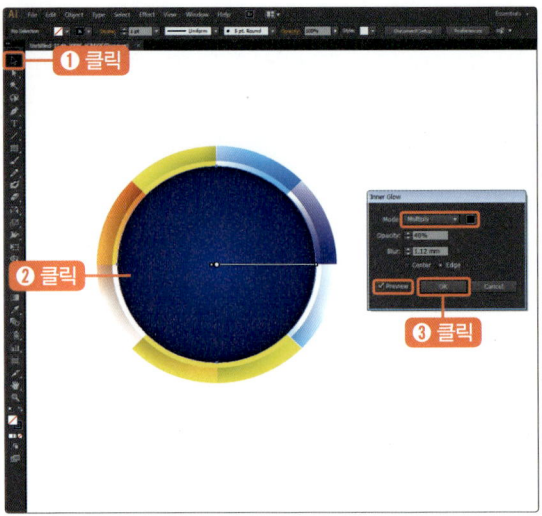

19 같은 방법으로 원형 객체를 생성한 후 그라디언트를 채색합니다. [Effect]-[Stylize]-[Inner Glow] 메뉴를 선택하고 음영의 색상과 합성 모드(Mode:Multiply, Opacity:30%, Blur:0.86mm)를 수정합니다.

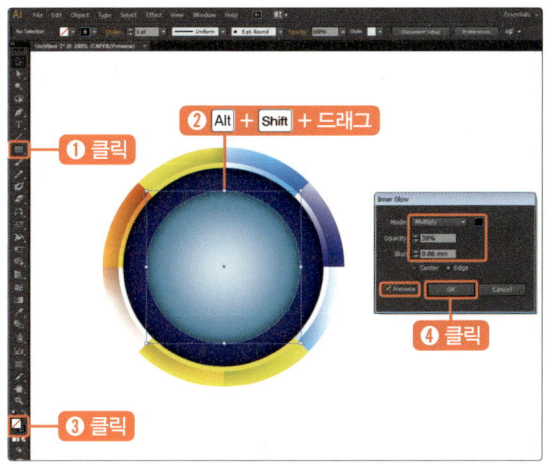 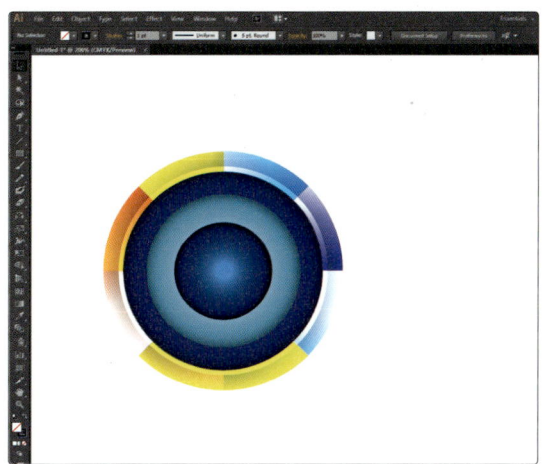

20 렌즈 중앙에 하이라이트를 제작하겠습니다. 타원형 객체를 생성하고 [Tools] 패널의 'Stroke'는 'None'으로 지정한 다음 'Fill'을 클릭하고 그라디언트를 채색합니다.

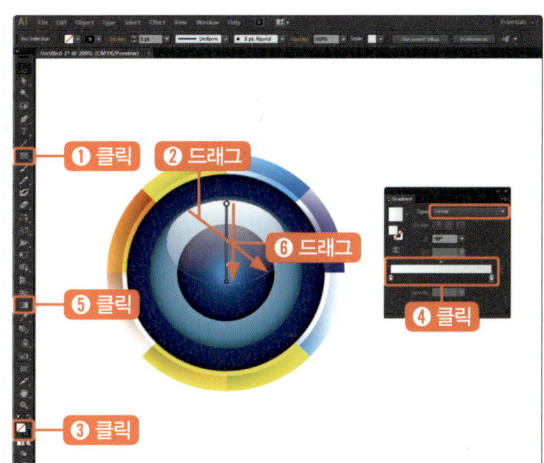

21 렌즈 객체를 아이콘의 배경 객체에 배치합니다.

스피커를 이용한 뮤직 아이콘 제작

도형 툴을 이용하여 스피커의 볼륨 객체를 제작하고 이를 뮤직 아이콘으로 제작하겠습니다.

01 아이콘 배경 객체를 배치합니다. 색상과 명도를 수정해서 그라디언트를 채색합니다.

02 원형 객체를 생성하고 그라디언트를 채색합니다.

03 원형 객체를 선택하고 [Effect]-[Stylize]-[Drop Shadow] 메뉴를 선택하고 옵션(Mode:Multiply, Opacity:100%, X Offset:0mm, Y Offset:1.05mm, Blur:0.52mm)을 조절합니다.

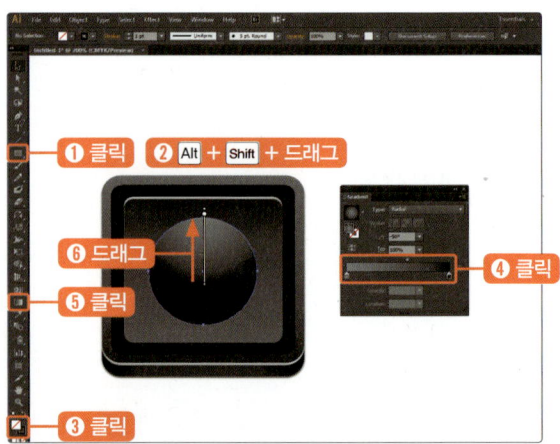

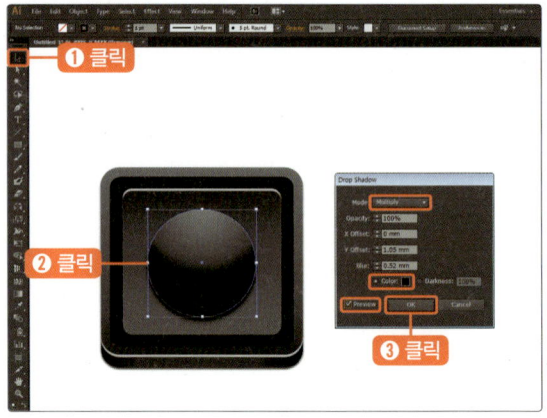

04 원형 객체를 2개 생성합니다. 2개의 원형 객체를 다중 선택하고 [Pathfinder] 패널에서 'Exclude'를 클릭합니다.

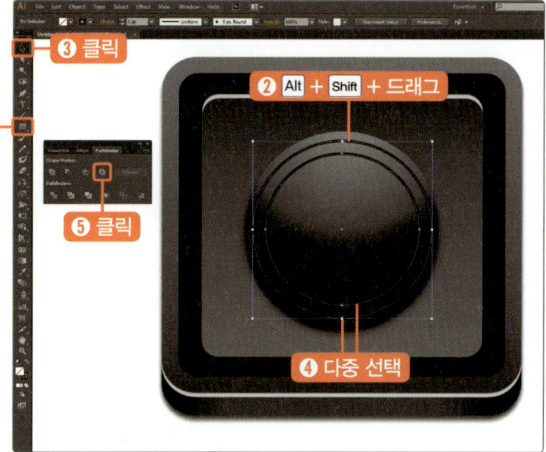

05 원형 객체를 선택하고 그라디언트를 채색합니다.

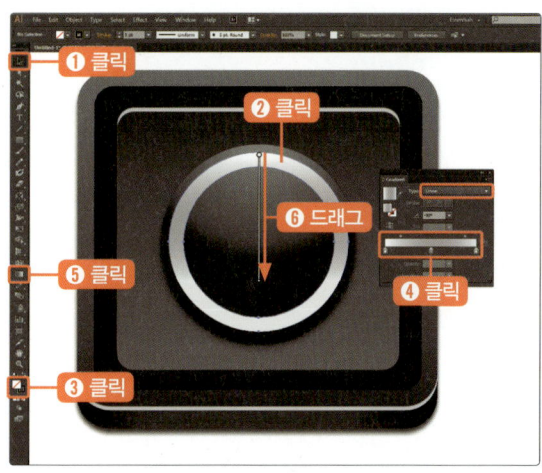

06 원형 객체를 선택하고 [Effect]-[Stylize]-[Outer Glow] 메뉴를 선택합니다. 옵션창 하단의 미리보기를 선택하고 음영의 색상 및 합성 모드(Mode: Multiply, Opacity:80%, Blur:0.34mm)를 수정합니다.

07 원형 객체는 Ctrl+C를 눌러 복제한 후 Ctrl+F를 눌러 배치합니다. 크기를 작게 조절한 뒤 채색합니다.

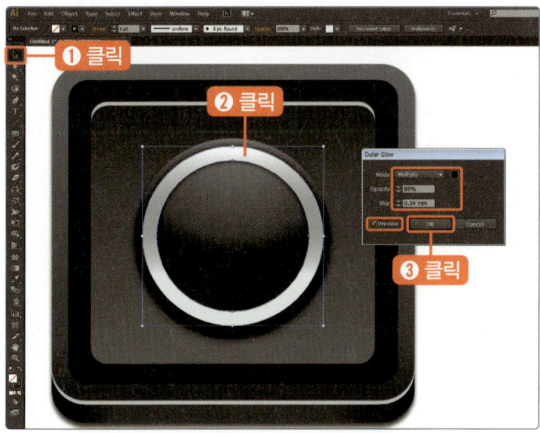

08 [Effect]-[Stylize]-[Inner Glow] 메뉴를 선택하고 음영의 색상 및 합성 모드(Mode:Multiply, Opacity: 70%, Blur:0.81mm)를 수정합니다.

09 블랜드를 이용한 스피커의 스틸 재질감을 제작하겠습니다. 원형 객체에 맞추어서 선 툴로 직선을 생성합니다. 회전 툴을 더블클릭한 다음 회전 각도에 '45도'를 입력하고 [Copy] 버튼을 클릭합니다.

10 Ctrl+D를 3번 눌러 회전하며 복제되는 명령을 반복 실행합니다. 왼쪽과 오른쪽의 2개의 선을 다중 선택하고 회색(C:0%, M:0%, Y:0%, K:80%)으로 채색합니다.

Tip 선 복제 시 마지막으로 복제한 선이 처음에 생성한 선 위에 배치되어야 색상이 고르게 연결된 스틸 재질감으로 블랜드를 적용할 수 있습니다.

11 Ctrl+Y를 눌러 'Outline' 모드로 변경합니다. 선택 툴로 상단의 선을 드래그해서 다중 선택합니다. 나머지 선은 Shift를 누른 상태에서 다중 선택합니다.

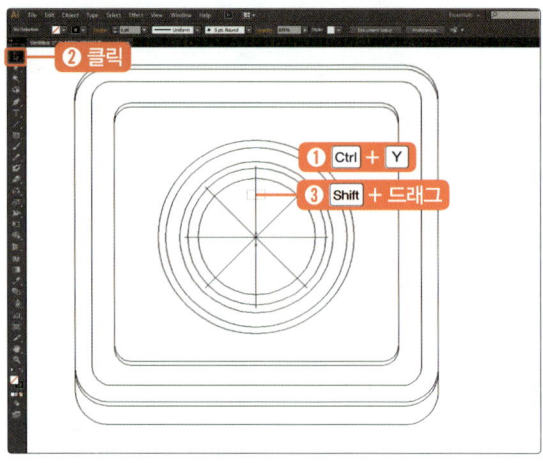

Tip 위쪽에 배치된 2개의 선을 다중 선택하려면 드래그해서 선택해야 합니다. 이때 드래그 선택 시 아이콘의 배경 객체와 그 밖의 원형 객체들도 함께 선택되므로 'Outline'으로 변경하여 해당 선 부분만 다중 선택하였습니다.

12 Ctrl+Y를 눌러 'Preview' 모드로 변환합니다. [Object]-[Blend]-[Blend Options] 메뉴를 선택하고 'Spacing'의 옵션을 'Smooth Color'로 변경합니다. Ctrl+Alt+B를 눌러 블랜드를 적용합니다.

Tip 마지막으로 복제한 선이 처음에 생성한 선 위에 배치되지 않았을 경우 블랜드는 고르게 연결되지 않습니다.

13 원형 객체를 생성합니다. 블랜드가 적용된 객체와 다중 선택한 후 마우스 오른쪽 단추를 클릭해 'Make Clipping Mask'를 적용합니다.

14 블랜드가 적용된 원형 객체를 선택하고 [Effect]-[Stylize]-[Outer Glow] 메뉴를 선택합니다. 옵션창 하단의 미리보기를 선택하고 음영의 색상 및 합성 모드(Mode:Multiply, Opacity:80%, Blur:0.35mm)를 수정합니다.

15 원형 객체를 생성하고 [Tools] 패널의 'Stroke'를 클릭한 다음 선 색상을 '검은색', 선 두께를 '1.5pt'로 조절합니다. 'Fill'을 클릭해 그라디언트를 채색합니다.

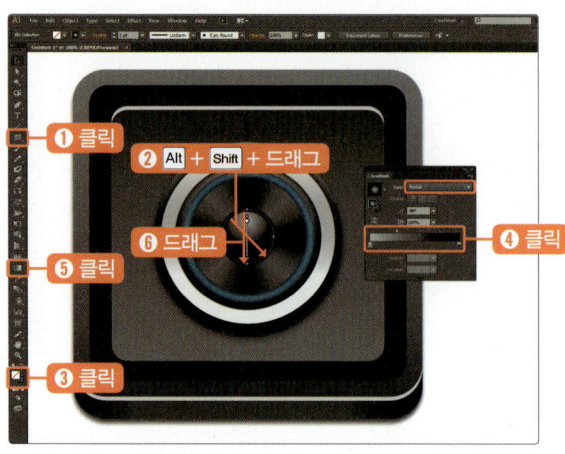

16 원형 객체 내부에 볼륨 객체를 배치하겠습니다. [Window]-[Symbols] 메뉴를 선택하고 화살표를 클릭하고 숨겨진 목록에서 [Open Symbol Library]-[Mobile]를 클릭합니다. [Symbol] 패널에서 볼륨 심벌을 작업창으로 드래그해서 가져옵니다.

17 볼륨 객체를 선택하고 [Symbol] 패널 하단의 'Break Link to Symbol' 아이콘을 클릭합니다.

18 볼륨 객체는 마우스 오른쪽 단추를 클릭한 다음 'Ungroup'을 선택해서 개별 객체로 풀어줍니다. 볼륨 객체를 제외한 나머지 객체들은 선택한 후 Delete 를 눌러 지웁니다. 볼륨 객체는 크기를 조절하여 원형 객체에 맞추어 배치한 후 흰색으로 채색합니다.

19 원형 객체를 생성합니다. 원형 객체 하단의 패스 위에 펜 툴을 대고 점을 2개 추가합니다.

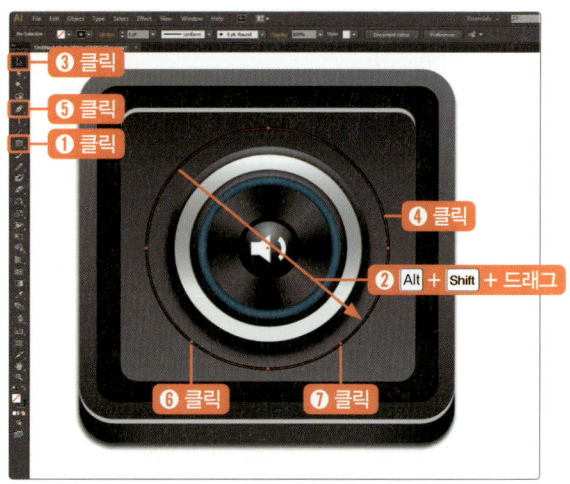

20 직접 선택 툴로 하단의 패스를 선택하고 Delete 를 눌러 지웁니다. 선 두께를 '9pt'로 조절합니다.

21 [Object]-[Path]-[Outline Stroke] 메뉴를 선택하고 적용된 선 두께를 객체 속성으로 변환합니다.

22 객체는 그라디언트를 채색합니다.

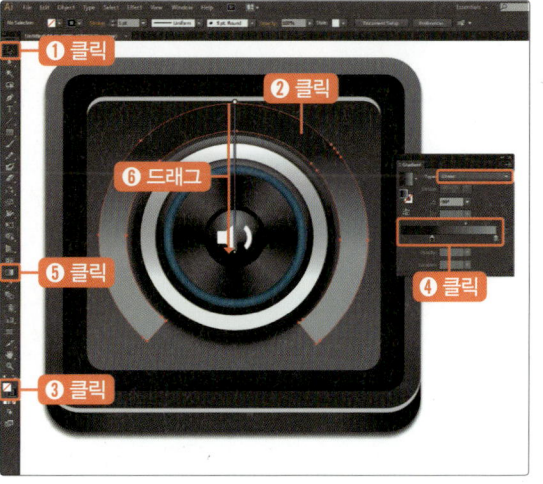

23 [Effect]-[Stylize]-[Inner Glow] 메뉴를 선택하고 음영의 색상 및 합성 모드(Mode:Multiply, Opacity: 60%, Blur:0.8mm)를 수정합니다.

24 [Object]-[Path]-[Offset Path] 메뉴를 선택하고 옵션(Offset:0.6, Joins:Miter, Miter Limit:4)을 지정해 객체를 하나 더 복제합니다.

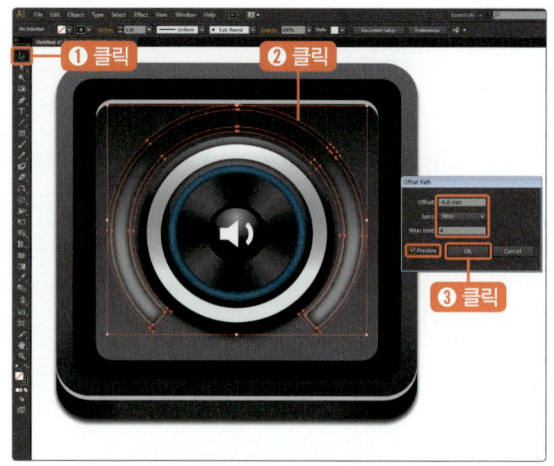

25 객체 오른쪽 위쪽에 선을 생성합니다. 2개의 객체를 다중 선택하고 [Pathfinder] 패널에서 'Divide'를 클릭합니다. 마우스 오른쪽 단추를 클릭한 다음 'Ungroup'을 선택해서 개별 객체로 풀어줍니다.

26 분리된 객체를 선택하고 채색합니다.

27 [Object]-[Path]-[Offset Path] 메뉴를 선택하고 객체를 하나 더 복제합니다.

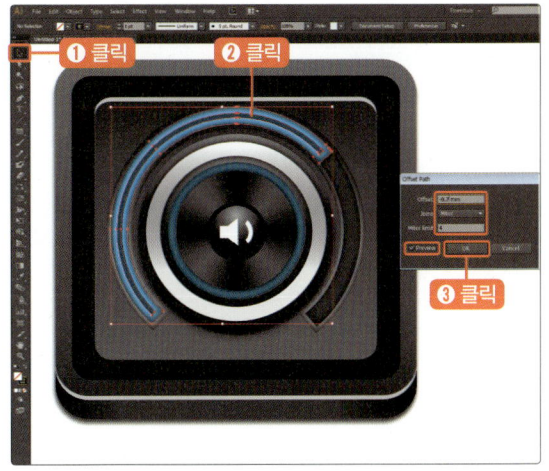

28 복제한 객체는 [Appearance] 패널의 'Inner Glow' 항목을 패널 하단의 휴지통 아이콘으로 드래그합니다.

29 크기를 작게 조절한 객체는 '흰색'으로 채색합니다. [Effect]-[Stylize]-[Feather] 메뉴를 선택하고 부드럽기를 조절합니다.

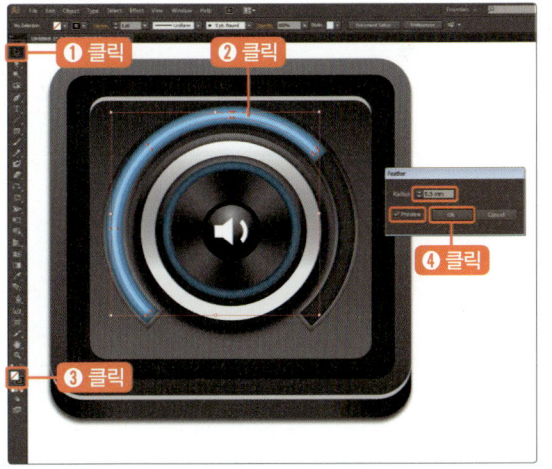

30 원형 객체를 생성하고 그라디언트를 채색합니다.

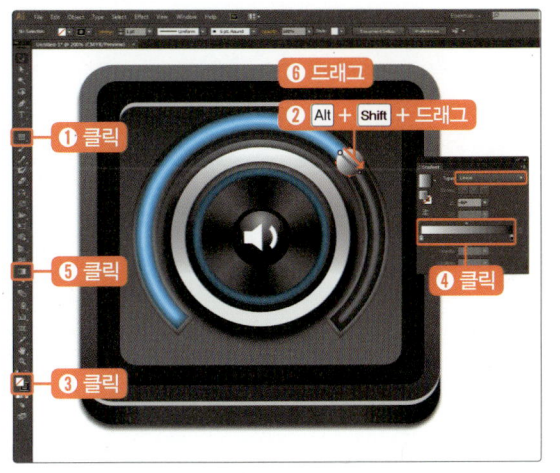

31 원형 객체를 선택하고 [Effect]-[Stylize]-[Drop Shadow] 메뉴를 선택하고 옵션(Mode:Multiply, Opacity:100%, X Offset:0.07mm, Y Offset:0.07mm, Blur:0mm)을 조절합니다.

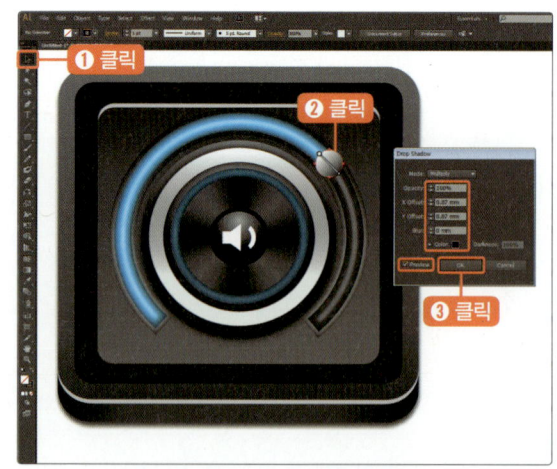

32 앞에서 제작한 같은 방법으로 블랜드를 이용한 버튼의 스틸 재질감을 제작하겠습니다. 선을 생성한 다음 회전 툴로 복제한 후 채색합니다.

Tip 앞의 과정 **09**번, **10**번, **11**번, **12**번과 동일합니다.

33 배치한 선을 다중 선택합니다. Ctrl+Alt+B를 누르고 블랜드를 적용합니다.

34 블랜드가 적용된 객체에 맞추어 원형 객체를 생성합니다. 2개의 객체를 다중 선택하고 마우스 오른쪽 단추를 클릭한 다음 'Make Clipping Mask'를 적용합니다.

35 일러스트에서 작업한 아이콘 객체를 포토샵으로 가져와서 사이즈를 조절하겠습니다. [File]-[Export] 메뉴를 선택하고 파일 형식을 'PSD' 파일로 변경합니다.

Tip [File]-[Export] 메뉴는 일러스트에서 작업한 파일을 다양한 확장자로 변경하여 저장할 수 있습니다.

36 모바일에서 사용하는 이미지는 RGB의 색상 모드를 사용하므로 'Color Model'의 색상 모드를 'RGB'로 변경합니다.

37 포토샵을 실행하고 [File]-[Open] 메뉴를 선택하고 저장한 'PSD' 파일을 불러옵니다. 그리고 아이콘의 크기를 조절하기 위해서 [Image]-[Image Size] 메뉴를 선택합니다.

38 이미지의 'Height' 값에 이미지 크기로 적용할 '200'을 입력합니다.

> **Tip** 포토샵 CC 이하의 버전은 'Image Size' 옵션창 하단의 [Resample Image]와 [Constrain Proportion] 옵션을 체크하고 이미지 크기로 적용할 수치를 입력합니다.

39 각각의 아이콘 이미지를 레이어로 분리하기 위해서 사각형 선택 툴로 선택 영역을 지정합니다.

> **Tip** [File]-[Export] 메뉴를 선택하고 파일 형식을 'PSD' 파일로 변경 시 'Color Model'의 색상 모드가 'CMYK'이고 'Write Layers' 옵션을 체크하면 그룹별로 묶인 객체들이 포토샵의 레이어로 분리된 'PSD' 파일로 저장됩니다. 하지만 색상 모드를 'RGB'로 변경하여 저장하면 'Flat Images' 옵션으로 적용되어 하나의 레이어로 통합된 'PSD' 파일로 저장됩니다. 통합된 레이어는 포토샵에서 선택 영역을 지정하고 레이어로 분리하여 사용할 수 있습니다.

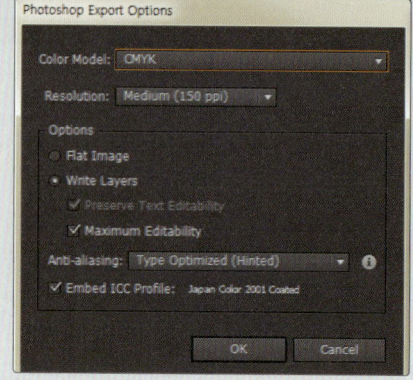

40 모바일 아이콘 레이어를 클릭합니다. 그리고 [Layer]
-[New]-[Layer Via Cut] 메뉴를 선택하고 선택 영
역으로 지정된 이미지를 레이어로 분리합니다.

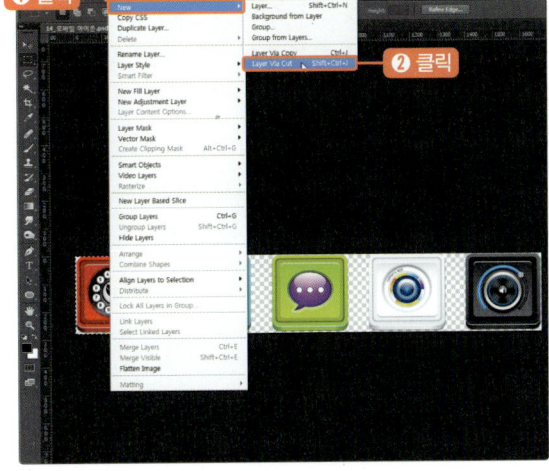

Tip 다른 아이콘도 같은 방법으로 모바일 아이콘 레이어를 클
릭하고 선택 영역을 지정해서 레이어로 분리합니다.

41 같은 방법으로 아이콘을 형상화시켜 다양하게 디자
인할 수 있습니다. 앞에서 제작한 모바일 배경 디자
인에 아이콘을 배치하여 완성합니다.

일러스트레이터 단축키

툴 선택을 위한 단축키

결과	Windows	Mac OS
대지 툴	Shift + O	Shift + O
선택 툴	V	V
직접 선택 툴	A	A
자동 선택 툴	Y	Y
올가미 툴	Q	Q
펜 툴	P	P
물방울 브러시 툴	Shift + B	Shift + B
고정점 추가 툴	+	+
고정점 삭제 툴	-	-
고정점 변환 툴	Shift + C	Shift + C
문자 툴	T	T
선분 툴	W	W
사각형 툴	M	M
원형 툴	L	L
페인트 브러시 툴	B	B
연필 툴	N	N
회전 툴	R	R
반사 툴	O	O
크기 조절 툴	S	S
변형 툴	Shift + R	Shift + R
폭 툴	Shift + W	Shift + W
자유 변형 툴	E	E
도형 구성 툴	Shift + M	Shift + M
원근감 격자 툴	Shift + P	Shift + P
원근감 선택 툴	Shift + V	Shift + V

결과	Windows	Mac OS
심볼 분무기 툴	Shift + S	Shift + S
막대 그래프 툴	J	J
망 툴	U	U
그라디언트 툴	G	G
스포이드 툴	I	I
블렌드 툴	W	W
라이브 페인트 통 툴	K	K
라이브 페인트 선택 툴	Shift + L	Shift + L
분할 영역 툴	Shift + K	Shift + K
지우개 툴	Shift + E	Shift + E
가위 툴	C	C
손 툴	H	H
돋보기 툴	Z	Z

아트워크 보기를 위한 단축키

메뉴 명령이나 툴 팁에 표시되는 단축키 제외

결과	Windows	Mac OS
[표준 화면 모드], [메뉴 막대가 있는 전체 화면 모드], [전체 화면 모드] 사이에서 화면 모드 전환	F	F
표현 영역을 윈도우에 맞추기	손 툴 두 번 클릭	손 툴 두 번 클릭
100%로 확대	돋보기 툴 두 번 클릭	돋보기 툴 두 번 클릭
텍스트 편집 모드가 아닌 경우 손 툴로 전환	Space Bar	Space Bar
확대 모드에서 돋보기 툴로 전환	Ctrl + Space Bar	Space Bar + Command
축소 모드에서 돋보기 툴로 전환	Ctrl + Alt + Space Bar	Space Bar + Command + Option
돋보기 툴로 드래그하는 동안 [확대/축소] 선택 윤곽 이동	Space Bar	Space Bar
선택되지 않은 아트워크 가리기	Ctrl + Alt + Shift + 3	Command + Option + Shift + 3
수평/수직 안내선 사이 전환	Alt + 안내선 드래그	Option + 안내선 드래그
안내선 풀기	Ctrl + Shift 를 누른 채 안내선 두 번 클릭	Command + Shift 를 누른 채 안내선 두 번 클릭
대지 표시/숨기기	Ctrl + Shift + H	Command + Shift + H
대지 눈금자 표시/숨기기	Ctrl + Alt + R	Command + Option + R
윈도우에서 모든 대지 보기	Ctrl + Alt + 0	Command + Option + 0
활성 대지에서 제자리에 붙여넣기	Ctrl + Shift + V	Command + Shift + V
대지 툴 모드 종료	Esc	Esc
다른 대지 내부에서 대지 만들기	Shift + 드래그	Shift + 드래그
[Artboard] 패널에서 여러 대지 선택	Ctrl + 클릭	Command + 클릭
다음 문서로 이동	Ctrl + F6	Command + F6
이전 문서로 이동	Ctrl + Shift + F6	Command + Shift + F6
다음 문서 그룹으로 이동	Ctrl + Alt + F6	Command + Shift + F6
이전 문서 그룹으로 이동	Ctrl + Alt + Shift + F6	Command + Option + Shift + F6
전체 화면 모드 종료	Esc	Esc
복수 대지를 Illustrator CS3 또는 이전 포맷으로 저장	Alt + V	

드로잉을 위한 단축키

메뉴 명령이나 툴 팁에 표시되는 단축키 제외

결과	Windows	Mac OS
모양의 비율이나 방향 제한: • 사각형, 둥근 사각형, 원형 및 격자에 대해 같은 높이와 폭 • 선 및 호 선분에 대해 45° 증가 • 다각형, 별모양 및 플레어에 대한 원래 방향	Shift + 드래그	Shift + 드래그
도형을 그리는 동시에 도형 이동	Space Bar + 드래그	Space Bar + 드래그
도형의 중심에서부터 그리기 (다각형, 별모양 및 플레어는 제외)	Alt + 드래그	Option + 드래그
다각형 면 수, 별모양 점, 호 각도, 나선의 굴곡 또는 플레어의 광선 수를 증가 또는 감소	드래그 시작 후 ↑ 또는 ↓	드래그 시작 후 ↑ 또는 ↓
별모양의 내부 반경을 일정하게 유지	드래그 시작 후 Ctrl	드래그 시작 후 Command
별모양의 면을 직선으로 유지	Alt + 드래그	Option + 드래그
열린 호와 닫힌 호 사이에서 전환	드래그 시작 후 C	드래그 시작 후 C
참조점을 유지하면서 호 뒤집기	드래그 시작 후 F	드래그 시작 후 S, F
나선의 길이를 증가하면서 나선의 굴곡을 더하거나 뺌	드래그 시작 후, Alt + 드래그	드래그 시작 후, Option + 드래그
사각형 격자에 수평선 또는 극좌표 격자에 동심선 추가 또는 제거	드래그 시작 후 ↑ 또는 ↓	드래그 시작 후 ↑ 또는 ↓
사각형 격자에 수직선 또는 극좌표 격자에 동심선 추가 또는 제거	드래그 ← 또는 →	드래그 ← 또는 →
사각형 격자의 가로 분할자 또는 극좌표 격자의 방사형 분할자에 대한 경사 값을 10% 감소	드래그 시작 후 F	드래그 시작 후 F
사각형 격자의 가로 분할자 또는 극좌표 격자의 방사형 분할자에 대한 경사 값을 10% 증가	드래그 시작 후 V	드래그 시작 후 V
사각형 격자의 세로 분할자 또는 극좌표 격자의 동심 분할자에 대한 경사 값을 10% 감소	드래그 시작 후 X	드래그 시작 후 X
사각형 격자의 세로 분할자 또는 극좌표 격자의 동심 분할자에 대한 경사 값을 10% 증가	드래그 시작 후 C	드래그 시작 후 C
물방울 브러시의 크기 늘리기	]	]
물방울 브러시의 크기 줄이기	[	[
그리기 모드를 통해 전환	Shift + D	Shift + D
둘 이상의 패스 연결	패스 선택 후 Ctrl + J	패스 선택 후 Command + J
모퉁이 또는 부드러운 연결 만들기	패스 선택 후 Shift + Ctrl + Alt + J	고정점 선택 후 Shift + Command + Option + J

선택을 위한 단축키

메뉴 명령이나 툴 팁에 표시되는 단축키 제외

결과	Windows	Mac OS
마지막으로 사용한 선택 툴로 전환(선택 툴, 직접 선택 툴 또는 그룹 선택 툴)	Ctrl	Command
직접 선택 툴과 그룹 선택 툴 간 전환	Alt	Option
선택 툴, 직접 선택 툴, 그룹 선택 툴, 라이브 페인트 선택 툴 또는 자동 선택 툴을 사용하여 선택 항목 추가	Shift + 클릭	Shift + 클릭
선택 툴, 직접 선택 툴, 그룹 선택 툴 또는 라이브 페인트 선택 툴을 사용하여 선택 항목 빼기	Shift + 클릭	Shift + 클릭
자동 선택 툴을 사용하여 선택 항목에서 빼기	Alt + 클릭	Option + 클릭
올가미 툴을 사용하여 선택 항목 추가	Shift + 드래그	Shift + 드래그
올가미 툴을 사용하여 선택 항목 빼기	Alt + 드래그	Option + 드래그
올가미 툴에 대해 포인터를 십자형으로 변경	Caps Lock	Caps Lock
활성 대지에서 아트워크 선택	Ctrl + Alt + A	Command + Option + A
선택한 오브젝트 주위에 자르기 표시 만들기	Alt + C + O	
오브젝트 뒤를 선택	Ctrl를 누른 채 두 번 클릭	Command를 누른 채 두 번 클릭
격리 모드에서 뒤를 선택	Ctrl를 누른 채 두 번 클릭	Command를 누른 채 두 번 클릭

모양 편집을 위한 단축키

메뉴 명령이나 툴 팁에 표시되는 단축키 제외

결과	Windows	Mac OS
펜 툴을 고정점 변환 툴로 전환	Ctrl	Command
고정점 추가 툴과 고정점 삭제 툴 간 전환	Alt	Option
가위 툴을 고정점 추가 툴로 전환	Shift + 클릭	Shift + 클릭
펜 툴을 매끄럽게 툴로 전환	Shift + 클릭	Shift + 클릭
펜 툴로 그리는 동안 현재의 고정점 이동	Alt + 클릭	Option + 클릭
칼 툴로 직선 오리기	Shift + 드래그	Shift + 드래그
칼 툴을 사용하여 45° 또는 90°로 오리기	Alt + 드래그	Option + 드래그
도형 구성 툴을 선택	Alt + C + O	

오브젝트 페인팅을 위한 단축키

메뉴 명령이나 툴 팁에 표시되는 단축키 제외

결과	Windows	Mac OS
칠과 선 간 반복 교체	X	X
칠과 선을 초기값으로 설정	D	D
칠과 선 교체	Shift + X	Shift + X
그라디언트 칠 모드 선택	>	>
색상 칠 모드 선택	<	<
선/칠 없음 모드 선택	/	/
이미지에서 색상 샘플링 또는 그라디언트에서 삽입 색상 샘플링	Shift + 스포이드 툴	Shift + 스포이드 툴
스타일을 샘플링하고 현재 선택된 항목의 모양을 추가	Alt + Shift 를 누른 채 스포이드 툴 클릭	Option + Shift 를 누른 채 스포이드 툴 클릭
새 칠 추가	Ctrl + /	Command + /
새 선 추가	Ctrl + Alt + /	Command + Option + /
강모 브러시 크기 줄이기	[	[
강모 브러시 크기 늘리기	]	]
강모 브러시 페인트 불투명도 값을 설정	숫자 0 또는 1 숫자 0은 값을 100%로 증가 숫자 1은 값을 10%로 증가	숫자 0 또는 1 숫자 0은 값을 100%로 증가 숫자 1은 값을 10%로 증가

오브젝트 변형을 위한 단축키

메뉴 명령이나 툴 팁에 표시되는 단축키 제외

결과	Windows	Mac OS
회전 툴, 크기 조절 툴, 반사 툴 또는 기울이기 툴을 사용할 때 원점 설정 및 대화 상자 열기	Alt + 클릭	Option + 클릭
선택 툴, 크기 조절 툴, 반사 툴 또는 기울이기 툴을 사용할 때 선택 항목 복제 및 변형	Alt + 드래그	Option + 드래그
선택 툴, 크기 조절 툴, 반사 툴 또는 기울이기 툴을 사용할 때 오브젝트와 독립적으로 패턴 변형	~ 를 누른 채 드래그	~ 를 누른 채 드래그

문자 작업을 위한 단축키

- 메뉴 명령이나 툴 팁에 표시되는 단축키 제외
- 문자 단축키에 대한 증분값을 변경하려면 [Edit]-[Prefernces]-[Type](Windows) 또는 [Illustrator]-[Prefernces]-[Type](Mac OS)를 선택 [크기/행간], [기준선 이동] 및 [자간] 텍스트 상자에 원하는 값을 입력한 다음 [확인]을 클릭

결과	Windows	Mac OS
한 문자 오른쪽 또는 왼쪽으로 이동	← 또는 →	← 또는 →
한 행 위 또는 아래로 이동	↑ 또는 ↓	↑ 또는 ↓
한 단어 오른쪽 또는 왼쪽으로 이동	Ctrl + ← 또는 →	Command + ← 또는 →
한 단락 위 또는 아래로 이동	Ctrl + ↑ 또는 ↓	Command + ↑ 또는 ↓
한 단어 오른쪽 또는 왼쪽 선택	Shift + Ctrl + ← 또는 →	Shift + Command + ← 또는 →
한 단락 이전 또는 이후 선택	Shift + Ctrl + ↑ 또는 ↓	Shift + Command + ↑ 또는 ↓
기존 선택 항목 확장	Shift + 클릭	Shift + 클릭
단락을 왼쪽, 오른쪽 또는 가운데로 정렬	Ctrl + Shift + L, R 또는 C	Command + Shift + L, R 또는 C
단락 양쪽 정렬	Ctrl + Shift + J	Command + Shift + J
소프트 리턴 삽입	Shift + Enter	Shift + Return
커닝 강조	Ctrl + Alt + K	Command + Option + K
가로 크기 조절을 100%로 재설정	Ctrl + Shift + X	Command + Shift + X
문자 크기 늘리기 또는 줄이기	Ctrl + Shift + 〉 또는 〈	Command + Shift + 〉 또는 〈
행간 늘리기 또는 줄이기	Alt + ↑ 또는 ↓(가로 텍스트), ← 또는 →(세로 텍스트)	Option + ↑ 또는 ↓(가로 텍스트), ← 또는 →(세로 텍스트)
추적/커닝을 0으로 재설정	Ctrl + Alt + Q	Command + Option + Q
기준선 이동 늘리기 또는 줄이기	Alt + Shift + ↑ 또는 ↓(가로 텍스트), ← 또는 →(세로 텍스트)	Option + Shift + ↑ 또는 ↓(가로 텍스트), ← 또는 →(세로 텍스트)
문자와 세로 문자, 영역 문자와 세로 영역 문자 및 패스 문자와 세로 패스 문자 툴 간 전환	Shift	Shift
영역 문자와 패스 문자, 세로 영역 문자와 세로 패스 문자 간에 전환	Alt	Option

기능 키

결과	Windows	Mac OS
도움말 호출	F1	F1
오리기	F2	F2
복사	F3	F3
붙이기	F4	F4
[Brushes] 패널 표시/숨기기	F5	F5
[Color] 패널 표시/숨기기	F6	F6
[Layers] 패널 표시/숨기기	F7	F7
새 심볼 만들기	F8	F8
[Info] 패널 표시/숨기기	Ctrl + F8	Command + F8
[Gradient] 패널 표시/숨기기	Ctrl + F9	Command + F9
[Stroke] 패널 표시/숨기기	Ctrl + F10	Command + F10
[Attributes] 패널 표시/숨기기	Ctrl + F11	Command + F11
복귀	F12	F5
[Graphic Styles] 패널 표시/숨기기	Shift + F5	Shift + F5
[Appearance] 패널 표시/숨기기	Shift + F6	Shift + F6
[Align] 패널 표시/숨기기	Shift + F7	Shift + F7
[Transform] 패널 표시/숨기기	Shift + F8	Shift + F8
[Pathfinder] 패널 표시/숨기기	Shift + Ctrl + F9	Shift + Command + F9
[Transparency] 패널 표시/숨기기	Shift + Ctrl + F10	Shift + Command + F10
[Symbols] 패널 표시/숨기기	Shift + Ctrl + F11	Shift + Command + F11
원근감 격자 표시/숨기기	Ctrl + Shift + I	Command + Shift + I

일러스트레이터, 그 매력에 빠지다.

1판 1쇄 발행 2015년 6월 30일

저　　자 | 신은파
발 행 인 | 김길수
발 행 처 | 영진닷컴
주　　소 | (우)153-803 서울특별시 금천구 가산디지털1로 24
　　　　　대륭테크노타운 13차 10층
등　　록 | 2007. 4.27. 제16-4189호

가격 23,000

ⓒ2015. (주)영진닷컴
ISBN 978-89-314-4841-2

이 책에 실린 내용의 무단 전재 및 무단 복제를 금합니다.

도서 문의처 | www.youngjin.com